HISTOIRE DU MAROC

Du même auteur
en poche

Le passé d'une discorde : Juifs et Arabes depuis le VIIe siècle, Paris, Perrin, tempus n° 35, 2003.

Juifs et Arabes au XXe siècle, Paris, Perrin, tempus n° 157, 2007.

Les deux terres promises, Les Juifs de France et le sionisme, 1897-1945, Paris, Perrin, tempus n° 341, 2010.

Les Juifs d'Afrique du Nord sous Vichy, Paris, CNRS Editions, Biblis n° 34, 2012.

collection tempus

Michel ABITBOL

HISTOIRE DU MAROC

PERRIN
www.editions-perrin.fr

Secrétaire générale de la collection :
Marguerite de Marcillac

12, avenue d'Italie
75013 Paris
Tél. : 01 44 16 09 00
Fax : 01 44 16 09 01
www.editions-perrin.fr

ISBN : 978-2-262-04412-1

tempus est une collection des éditions Perrin.

Pour Annie.

PREMIÈRE PARTIE

DE L'ANTIQUITÉ À LA CONQUÊTE ARABE

Coin de terre du nord de l'Afrique blotti entre la Méditerranée, l'océan Atlantique et le Sahara, le Maroc est resté jusqu'à l'époque moderne un pays à vocation continentale, gravitant autour de l'Atlas, toujours accessible et jamais dépeuplé. Tournant le dos à l'Océan et coupé de l'Europe par un détroit de 14 kilomètres, c'est suivant Ibn Khaldun « un pays détaché de tout autre », entouré « de mers et de montagnes [1] » qui n'est relié au reste du Maghreb que par un étroit couloir se rétrécissant à l'extrême, sous les murs de Taza.

Sauf à l'ouest, dans les riches plaines du Gharb, de la Chaouia, des Doukkala et des 'Abda, on trouve peu de basses terres au Maroc, mais surtout de hautes plaines entourées des montagnes de l'Atlas et du Rif et qu'arrosent le Loukkos, le Sebou, et le Bou Regreg, au nord, l'Oum al-Rbi', au centre, la Moulouya, à l'est, le Tensift, le Sous et le Dra', au sud. L'altitude moyenne est de 800 mètres, avec des sommets culminant à plus de 4000 mètres comme le Jbel Toubkal, au centre du Haut Atlas. À cette chaîne montagneuse de 700 kilomètres de long qui domine le Haouz de Marrakech et qui constitue l'épine dorsale du Maroc se rattache, au sud, l'Anti-Atlas et, au centre, le Moyen Atlas. Le premier, surplombant la vallée du Sous et les plateaux du Dra' et du Tafilelt, descend vers l'Atlantique non loin de l'oued Noun. Le second s'élevant au-dessus des plaines intérieures du Sraghna et du Tadla, s'étire jusqu'à l'entrée de Fès, puis, remontant la vallée orientale de la Moulouya, atteint les abords du Rif, au nord-est : une barrière abrupte de 300 kilomètres, d'accès malaisé, longeant le littoral inhospitalier de la Méditerranée, entre le détroit de Gibraltar et Melilla. La disposition du relief y empêche la formation de cours d'eau importants, mais grâce au voisinage de la mer, les pluies sont fréquentes, et les vallées étroites qui sillonnent cette région se prêtent à l'arboriculture, à l'élevage ainsi que, par endroits, à la culture des céréales.

Contrairement à ce qui se passe en Algérie, les derniers plis de l'Atlas marocain ne forment pas partout une limite assez précise avec le Sahara : à l'est, ils se perdent dans un chapelet d'oasis s'égrenant le long des vallées du Dadès, du Dra', du Ziz et du Guir et, à l'ouest, le voisinage de l'Atlantique assure au Sahara occidental une quantité de pluie suffisante pour qu'il ne soit pas complètement dépourvu de réseaux de rivières jusqu'à la Saqiya al-Hamra. Plus au sud, c'est l'Adrar mauritanien avec ses oasis adossées aux ergs du Maqteir et du Waran : Atar, Wadan, Chinguetti. On n'est déjà plus très loin des mares et des puits du Tagant et du Hodh, étapes obligées des caravanes faisant route vers le Sahel soudanais, chargées de sel et de produits impérissables, en provenance du Nord.

1

Le Maroc et l'Afrique du Nord dans l'Antiquité

Situé à la limite du monde connu des Anciens, le Maroc a donné naissance à une multitude de légendes et de mythes : c'est la patrie du géant Atlas qui portait les colonnes soutenant le ciel, et celle de sa fille Calypso, habitant l'île d'Ogygie, à l'entrée de Ceuta, où Ulysse passa sept ans après son naufrage. C'est non loin de là, près de Tanger, qu'aurait vécu le roi Antée, fils de l'Océan et de la Terre : il voulait ériger un temple à son père avec les crânes des étrangers qui s'aventuraient sur son territoire quand il fut vaincu et tué par Hercule. Celui-ci, qui ouvrit le détroit de Gibraltar en fendant en deux une montagne s'étendant entre l'Espagne et le Maroc, voulait arrêter les envahisseurs venus du Nord parmi lesquels les Atlantes, peuple mythique dont les rois passaient pour être des fils de l'Océan. Installés au pied de l'Atlas dans leur capitale de Cerné, les Atlantes auraient étendu leur domination du Sénégal aux îles Britanniques, ainsi qu'en Espagne, en France et jusqu'en Italie. Ils se battirent contre les Grecs et les Égyptiens, mais attaqués par mer par les Phéniciens et par terre par les Gétules sahariens, ils furent refoulés peu à peu d'Afrique du Nord avant de disparaître complètement, laissant au Maroc des descendants… aux cheveux blonds et aux yeux bleus.

Voilà qui nous conduit à la question très controversée de l'origine des premiers habitants du Maroc et de l'Afrique du Nord, qui a donné lieu à des discussions passionnées au cours de l'époque coloniale et au lendemain de l'indépendance. Appelés « Libyens », « Afri », « Gétules », « Numides » ou « Maures » par les Anciens, les Berbères – nom d'origine grecque étendu par les Arabes à l'ensemble de la population autochtone d'Afrique du Nord – appartiennent à un même socle ethnique. Ils descendent pour l'essentiel, selon Gabriel Camps, de vagues « groupes protoméditerranéens » originaires de l'Orient apparus à l'est du Maghreb au VIIIe millénaire avant notre ère et qui se seraient répandus ensuite lentement dans le Tell algérien et autour de l'Atlas marocain, jusqu'au sud du Sahara [1]. Ils ne sont en tout cas ni des Gaulois, ni des Germains, ni des Ibères ayant franchi le Détroit comme certains le pensaient à l'époque coloniale, ni des descendants de Perses, d'Arméniens, de Cananéens ou de Philistins descendants de Goliath, comme on le soutenait dans l'Antiquité. Suivi par de nombreux auteurs arabes du Moyen Âge, tels Al-Mas'udi, Al-Tabari, Al-Bakri, Al-Idrissi et Ibn Khaldun, Procope est, après Flavius Josèphe, l'un des premiers à rattacher les Berbères au récit biblique de Josué et des Cananéens :

> Lorsque les Hébreux, après leur sortie d'Égypte, arrivèrent près des limites de la Palestine, Moïse qui les avait guidés mourut. Il eut pour successeur Josué, fils de Navé, qui fit entrer ce peuple en Palestine et qui occupa le pays, montrant dans la guerre une valeur surhumaine. Il triompha de toutes les tribus, s'empara sans peine des villes et acquit la réputation d'un chef invincible… La population, lorsqu'elle vit qu'il était impossible de résister au général étranger, sortit de sa patrie et se rendit en Égypte. Mais constatant que la place leur manquerait dans une contrée

qui fut de tout temps très peuplée, elle se dirigea vers la Libye[2]...

Un second récit aussi fameux que le précédent est fourni par Salluste qui, s'appuyant sur des sources carthaginoises, attribue aux Berbères une origine asiatique :

Les Gétules et les Libyens furent les premiers habitants de l'Afrique. C'étaient des êtres rudes et grossiers, qui, tels les animaux, se nourrissaient de la chair des animaux sauvages et broutaient de l'herbe. Chez eux ni coutumes, ni lois, nulle espèce de gouvernement. Errants, vagabonds, ils ne s'arrêtaient que là où la nuit venait les surprendre. À la mort d'Hercule, lequel périt en Espagne – ainsi que le croient les Africains –, son armée composée d'hommes qui appartenaient à différentes nations se trouva sans chef, et plusieurs ambitieux aspirant à se créer une domination personnelle, elle ne tarda pas à se disloquer. Les Mèdes, les Perses et les Arméniens passèrent dans leurs barques en Afrique et occupèrent les contrées les plus rapprochées de notre mer. Les Perses, cependant, s'écartèrent des autres, dirigèrent leur marche du côté de l'Océan... Peu à peu, ces Perses se mêlèrent aux Gétules par les mariages. Constamment à la recherche de terres nouvelles, ils passèrent d'une région à l'autre. C'est pourquoi ils se donnèrent le nom de Numides.

Quant aux Mèdes et aux Arméniens, ils se joignirent aux Libyens qui habitaient plus près de la mer africaine et se trouvaient moins exposés aux ardeurs du soleil que les Gétules. De bonne heure, ils se mirent à bâtir des villes, car n'étant séparés de l'Espagne que par le Détroit, ils purent établir avec elle un trafic de marchandises. Le nom de Mèdes fut altéré peu à peu par les Libyens et finit par devenir Maures dans leur langage barbare[3].

En l'absence de toute trace écrite de leur long passé, il est malaisé de reconstituer les grandes lignes de l'évolution historique des Berbères avant leur rencontre avec les grands empires de l'Antiquité. Ce que l'on sait avec certitude, c'est qu'ils ne vivaient pas dans un isolement total par rapport au reste du monde et que certaines affinités culturelles, très difficiles à cerner par ailleurs, les liaient aux habitants de l'Espagne méridionale et des Baléares ainsi qu'aux populations autochtones de Sicile, de Sardaigne et de Malte.

Connus pour leurs qualités militaires exceptionnelles qui en faisaient des mercenaires très prisés par Ramsès II (1301-1235), les Libyens ou « Lebou » furent appelés à jouer un rôle important dans l'histoire de l'Égypte ancienne et, à deux reprises au moins, ils s'y manifestèrent comme des envahisseurs, d'abord sous Méneptah (1235-1224) puis sous Ramsès III (1198-1166) qui leur barra la route du Delta. Leur poids resta tel cependant qu'au début du Ier millénaire avant notre ère c'est le descendant d'un chef libyen, Chéchonq Ier (959-929), qui fonda la XXIIe dynastie égyptienne. Une interaction durable qui explique sans aucun doute maints apports égyptiens aux cultes religieux berbères, comme en témoigne Hérodote, au ve siècle av. J.-C. :

> De l'Égypte jusqu'au lac Tritonis, les Libyens sont des nomades, mangeurs de viande et buveurs de lait; ils s'abstiennent de la viande de vache pour le même motif que les Égyptiens et n'élèvent pas de porcs. Les femmes de Cyrène se refusent aussi à manger de la vache, à cause de l'Isis des Égyptiens, qu'elles honorent de plus par des jeûnes et des fêtes[4].

De Cyrénaïque, l'influence égyptienne se répandit au reste de l'Afrique du Nord ainsi que le prouve, entre autres, la persistance du culte du bélier et du taureau en

Tunisie, en Algérie et au sud du Maroc. Ils étaient pratiqués jusqu'à une date très avancée de l'ère musulmane, si l'on en croit le voyageur andalou Al-Bakri[5].

Berbères, Phéniciens, Romains et Vandales

D'une ampleur autrement plus vaste furent les relations développées par les Berbères avec les Phéniciens : venant de Tyr au Liban, ceux-ci profitèrent de l'affaiblissement des navigateurs grecs, installés en Italie du Sud et en Cyrénaïque, pour étendre leurs activités commerciales jusqu'en Espagne, riche en ressources minières de toutes sortes – cuivre, étain, fer, argent plomb, or – et c'est dans ce but qu'ils jalonnèrent de stations commerciales la route reliant l'est et l'ouest de la Méditerranée. Ils furent dès lors amenés à s'attarder sur le littoral nord-marocain dès le XIIe siècle av. J.-C. mais il est couramment admis que c'est au VIIe siècle av. J.-C. seulement que le premier comptoir phénicien fut fondé à Lixus, la « ville du soleil », près de Larache qui leur servit d'escale vers le littoral espagnol. D'autres établissements de même type furent créés à la même époque, sur l'île d'Essaouira (Mogador) puis à Rusaddir (Melilla), Tamuda (Tétouan), Tingis (Tanger), Tchemmich près de Larache, Banasa (Sidi-'Ali-bou-Jnoun), à l'embouchure du Sebou, Sala (Salé), Rusibis (Azemmour)[6]. Fondée au IXe siècle av. J.-C., Carthage existait déjà mais, contrairement à la situation ayant prévalu en Tunisie et dans l'Est algérien, la présence punique au Maroc ne revêtit jamais un caractère politique bien prononcé.

Attirés par la richesse des trois pays où, selon Homère, « tout homme a son content de fromage, de viande et de laitage… [et où] trois fois dans l'année les brebis mettent bas », les Phéniciens trouvaient en Berbérie, en plus des produits d'élevage décrits dans *L'Odyssée*, le blé, la vigne, le figuier et l'olivier cultivés de longue date par la population locale, qui exploitait aussi les mines de cuivre, de plomb, de fer et d'argent, très nombreuses au sud de l'Atlas. Les indices ne sont pas négligeables non plus concernant l'utilisation du chameau à des fins guerrières et commerciales[7], avant le début de notre ère. Monture et animal de bât, il fournit aux nomades sahariens leur nourriture et leur boisson : le lait de chamelle, parfois additionné de farine d'orge et de mil, est leur repas habituel. En outre, tandis que les autres animaux domestiques doivent être abreuvés tous les jours, le chameau reste des semaines sans boire. Introduit au Maghreb à partir de l'Égypte et de la Cyrénaïque, le chameau ne devint cependant d'une utilisation courante au Sahara que vers le VIe siècle apr. J.-C., c'est-à-dire pas avant la fin de l'époque vandale et le début de l'époque byzantine.

Auparavant, d'après Hérodote, les Garamantes du Fezzan libyen traversaient le désert en utilisant des chevaux attelés à des chars. Reconstituées à partir des centaines de sites de peintures et de gravures rupestres répertoriés à travers le Sahara, deux « routes de chars » principales reliaient l'Afrique du Nord au sud du Sahara : l'une, orientale, partait du Fezzan et de Ghadamès jusqu'à Gao sur le Niger, et passait par Ghat, le Tassili des Ajjers, le Hoggar, l'Adrar des Ifoghas et Es-Souk (Tadmekka) avec une bretelle en direction du Tibesti ; l'autre, occidentale, partait du Sud-Oranais et du Sous marocain à la boucle du Niger et passait par le Zemmour, l'Adrar mauritanien et la falaise Tishitt-Walata[8]. De leurs échanges avec les populations noires du Sahara méridional, les Berbères rapportaient une pierre semi-précieuse appelée l'escarboucle, ainsi que des émeraudes, des plumes et des œufs d'autruche, de l'ivoire et des esclaves noirs en échange de tissus, poteries, huiles et verroterie. Il est peu probable cependant que l'or du Soudan et du Sénégal ait déjà trouvé le chemin de la Méditerranée à cette époque ;

certes, Hérodote évoque le commerce muet pratiqué par les Phéniciens, qui avaient l'habitude de venir au sud du littoral atlantique du Maroc pour acquérir le précieux métal jaune, mais il s'agit plus sûrement d'or local, recueilli dans le Sous, que de l'or venu du sud du Sahara. Plagié par plus d'un auteur du Moyen Âge, son témoignage mérite en tout cas d'être rapporté *in extenso* :

> D'après les Carthaginois encore, il y a sur la côte libyenne un point habité, au-delà des colonnes d'Hercule, où ils abordent et débarquent leurs marchandises ; ils les étalent sur la grève, regagnent leurs navires et signalent leur présence par une colonne de fumée. Les indigènes qui voient la fumée viennent au rivage, déposent sur le sable de l'or pour payer les marchandises et se retirent ; les Carthaginois descendent alors examiner leur offre : s'ils jugent leur cargaison bien payée, ils ramassent l'or et s'en vont ; sinon, ils regagnent leurs navires et attendent. Les indigènes reviennent et ajoutent de l'or à la somme qu'ils ont déposée, jusqu'à ce que les marchands soient satisfaits. Tout se passe honnêtement, selon les Carthaginois ; ils ne touchent pas à l'or tant qu'ils jugent la somme insuffisante, et les indigènes ne touchent pas aux marchandises tant que les marchands n'ont pas ramassé l'or[9].

Maîtresse sans partage du nord-est de la Tunisie, Carthage laissa les Berbères développer à leur guise, au cours des quatre derniers siècles avant l'ère chrétienne, leurs villes et leurs royaumes – le royaume de Maurétanie, à l'ouest, et les deux royaumes numides de Massaessylie au centre et de Massylie à l'est. Les villes berbères, à l'exemple de Volubilis, au nord du Maroc, Cirta (Constantine), à l'est de l'Algérie, Dougga et Gafsa, en Tunisie, comptaient, dès leur fondation, de nombreux ressortissants étrangers, Grecs, Juifs et surtout Phéniciens, qui y diffusèrent librement leurs pratiques funéraires, leur architecture et leurs institutions administratives et juridiques dont s'inspirèrent, à des degrés divers, les trois royaumes berbères.

Couvrant le nord du Maroc actuel, entre l'Atlantique et la Moulouya, la population de la Maurétanie était constituée d'agriculteurs et de pasteurs, ainsi que de nomades vivant dans le sud du pays et désignées globalement sous le nom de Gétules dans les textes anciens. Le pouvoir politique y était détenu par un roi qui était aussi le chef des armées. Subissant l'influence directe de Carthage, princes et hauts fonctionnaires utilisaient le phénicien dans leurs échanges avec leurs voisins étrangers tandis que le berbère et ses différents dialectes continuaient d'être la langue vernaculaire de la population, elle-même divisée en une multitude de groupes tribaux.

Restée dans l'ombre sous Carthage, la Maurétanie s'éveilla à la vie sous le roi Bocchus, qui, profitant de l'entrée en scène des Romains, parvint à agrandir son territoire au détriment de son voisin numide Jugurtha, descendant de Massinissa. À sa mort entre 80 et 70, la Maurétanie fut partagée entre ses deux fils, Bogud Ier et Bocchus II, qui, lors de la guerre civile entre partisans de Jules César et de Pompée, eurent la présence d'esprit de se ranger du côté de César, qui débarqua à Hadrumète en 47. À la mort de César, les deux frères optèrent chacun pour un des camps adverses qui se disputèrent sa succession : partisan d'Antoine, Bogud fut tué tandis que Bocchus II, qui suivit Octave, fut récompensé en annexant le royaume de son frère. Il garda le pouvoir jusqu'à sa mort en 33 av. J.-C., mais ne laissa pas de successeur ; les Romains installèrent à sa place, en 25, Juba II, fils du roi numide Juba Ier et descendant de Jugurtha.

Très cultivé, élevé à Rome dans la famille de César et marié à Cléopâtre Séléné, la fille de Cléopâtre et de Marc Antoine, Juba II se conduisit en fait comme un loyal et zélé dignitaire romain. Faisant bon accueil aux colonies romaines installées par Auguste sur son territoire, il donna le nom de Césarée à sa résidence principale de Cherchell et en fit une très belle ville, ornée de palais, de temples et d'autres monuments construits par des architectes grecs. À l'instigation de son épouse, des éléments d'inspiration égyptienne firent aussi leur apparition dans l'architecture de Césarée ainsi que dans les mœurs de ses habitants : outre l'érection d'un temple en l'honneur d'Isis, divers symboles égyptiens tels que l'ibis, le crocodile ou l'hippopotame figuraient en effet sur les monnaies maurétaniennes de l'époque. Versé dans les lettres grecques comme ses ancêtres numides, Juba II écrivit plusieurs ouvrages sur différents sujets, dont aucun ne nous est parvenu. Une érudition et une activité artistique remarquables qui ne l'empêchèrent pas cependant de se consacrer au développement économique de son pays ainsi qu'à l'embellissement de ses grands centres urbains, Volubilis, Sala, Lixus, Tamuda et Banasa. Il fit installer ainsi sur l'île d'Essaouira un centre de collecte de murex, une variété de coquillage produisant la pourpre, et, près de Lixus, une manufacture de conditionnement de poissons. En outre, il prit une part active dans la répression des fréquentes révoltes des tribus gétules, dans le sud du pays. La plus longue et la plus dure de ces rebellions fut celle provoquée par Tacfarinas, un ancien soldat de l'armée romaine qui, pendant sept années entières, de 17 à 24 apr. J.-C., tint en échec Juba II et son fils et successeur Ptolémée. Ce dernier, en récompense de l'aide apportée aux soldats romains, reçut le bâton d'ivoire, la toge brodée ainsi que le titre de « roi, ami et allié du peuple romain[10] ».

En 40, Caligula mit brusquement fin à l'existence d'une Maurétanie indépendante en faisant périr à Lyon Ptolémée et en annexant son territoire au reste de l'Afrique romaine. Un assassinat dont on ignore les raisons véritables mais qui provoqua un soulèvement dirigé par Aedemon, un esclave affranchi du défunt monarque. La révolte, qui eut de graves conséquences à Tamuda, à Cotta près de Tanger et à Lixus, fut réprimée violemment par les Romains, qui mobilisèrent à cette occasion des forces auxiliaires locales, soutenues par un parti proromain en activité à Volubilis. Le calme rétabli, ils divisèrent le pays en deux provinces séparées par la Moulouya : à l'est, la Maurétanie césarienne avec Césarée (Cherchell) pour capitale et, à l'ouest, la Maurétanie tingitane, qui tirait certes son nom de Tingis (Tanger), mais dont la capitale était Volubilis. Tanger n'en devint le centre politique que sous Dioclétien, au début du IVe siècle, après l'évacuation et l'abandon définitif de Volubilis par les Romains[11].

Il fallut ainsi à Rome plus de trois siècles et demi pour étendre sa domination lentement et non sans soubresauts à l'ensemble du Maghreb. Mais parvenue à sa plus grande extension, au cours du Ier siècle de l'ère chrétienne, cette immense province qui s'étendait des rivages de l'Atlantique jusqu'aux confins de la Cyrénaïque ne couvrait pas plus de la moitié du territoire nord-africain : au Maroc, la présence romaine était contenue *grosso modo* dans un triangle formé par les villes actuelles de Tanger, Salé et Fès, et couvrait un espace de 9 000 km^2 environ, faisant de la Tingitane l'une des plus petites provinces de l'Empire. Celle aussi qui paradoxalement abrita le plus grand nombre de soldats, des auxiliaires dans leur écrasante majorité, dispersés dans plusieurs camps et tours de guet à travers le pays[12].

Province impériale dont le gouverneur ou procurateur dépendait directement de l'empereur, la Tingitane comptait quatre colonies romaines dont les habitants jouissaient des mêmes droits que les habitants de Rome, Tingis, Zilil (Arzila), Volubilis et Banasa sur le Sebou. Elles avaient les mêmes institutions municipales que les cités romaines et étaient administrées par des décurions appartenant à un certain nombre de grandes familles « romanisées » locales, qui étaient chargés du maintien de l'ordre public, de la célébration des cultes impériaux et de l'entretien des services de voirie et d'adduction d'eau. D'autres établissements romains de moindre importance existaient à Ceuta, Cotta, au sud de Tanger, Kouass près de Zilil, Lixus et Sala, ou dispersés à l'intérieur comme Tamuda (Tétouan), Oppidum Novum (El-Ksar el-Kebir), au sud de Lixus sur le Loukkos, Babba devenue ultérieurement Julia Campestris (à une vingtaine de kilomètres à l'est d'El-Ksar), Thamusida (Sidi-'Ali-ben-Ahmad) à l'embouchure du Sebou, l'étape routière Ad Mercurios (Skhirat), Tocolosida (Akbet-al-'Arabi) à proximité de Volubilis, quelques localités situées sur l'oued Beth, affluent du Sebou, ainsi que, plus au sud, l'île de Mogador.

À l'exemple des Phéniciens, les Romains ne laissèrent pas au Maroc une empreinte aussi forte qu'en Tripolitaine, en Tunisie ou en Algérie. De nature essentiellement militaire, leur domination ne semble pas avoir eu, en tout cas, d'effet profond sur la démographie ni sur l'organisation économique et sociale du pays. Moins encore que dans le reste de l'Afrique du Nord, elle ne fut accompagnée de mouvement de population notoire, les militaires, d'origines diverses, étant les seuls éléments étrangers appelés à y passer de longs séjours. Certains choisirent certes de s'y installer définitivement après leur démobilisation, mais, à partir du IIe siècle, la plupart d'entre eux étaient des vétérans d'origine nord-africaine. Dès lors, leur contribution à la romanisation de la société berbère – très superficielle, en dehors des centres urbains où depuis l'édit de Caracalla de 212 tous les hommes libres avaient droit de cité – fut par la force des choses très modeste. D'autant que longtemps avant le reste de l'Afrique du Nord, la présence romaine au Maroc commença à s'étioler dès la fin du IIIe siècle, pour ne laisser sur place qu'une enclave minuscule autour de Tanger, Ceuta et Volubilis.

Entre-temps, comme en Kabylie et au sud de la Tripolitaine, les Romains eurent à faire face à la rébellion incessante des tribus berbères désignées sous les noms de Zegrenses, Baquates, Bavares et Macénites dans les textes latins. Nomades ou sédentaires, elles englobaient pratiquement toute la population qui, volontairement ou pas, se trouvait exclue de la culture romaine en Maurétanie tingitane.

Certes, notre documentation littéraire et épigraphique sur le Maghreb occidental à l'époque romaine demeure très fragmentaire, mais il est incontestable que la Maurétanie tingitane n'a pas suscité à Rome le même intérêt que la Proconsulaire ou la Numidie : on n'y trouve en effet ni garnisons militaires de grande envergure, ni fortifications frontalières comme dans les provinces voisines – en dehors du *fossatum* de quelques kilomètres partant de Salé en direction de Volubilis –, ni grands aqueducs, ponts, barrages, routes et autres ouvrages d'art analogues à ceux aménagés en Tunisie et en Algérie : tout juste deux tronçons routiers entre Tingis et Sala, et de cette ville à Volubilis et à la localité voisine de Tocolosida.

C'est que l'exploitation économique du Maroc par les Romains fut des plus modeste, comparée à celle des autres provinces nord-africaines qui ravitaillèrent largement l'Empire en blé, huile et vin ainsi qu'en bois de thuya, en bétail et en animaux sauvages destinés à des spectacles d'amphithéâtre. La Tingitane, elle, fut mise à contribution seulement pour sa production de sel et d'huile ainsi que pour ses salaisons de poissons et son garum, sauce à base de poisson fort prisée des Romains, fabriquée de Thamusida à Lixus[13]. Elle exportait aussi à Rome une partie de ses minerais de plomb, de cuivre, d'argent et de fer, exploités déjà par les Phéniciens selon toute vraisemblance. En échange, la Tingitane faisait venir du vin d'Italie et de Grèce, du mobilier, des tissus, des statues de marbre, des bronzes et autres œuvres d'art, ainsi que de grandes quantités d'objets en céramique, en provenance de Gaule et d'Espagne. Des articles destinés en exclusivité ou presque à la très fine aristocratie locale, romaine ou romanisée, à qui l'on doit notamment les majestueux monuments publics (arcs de triomphe, forums, amphitéâtres, basiliques) et les belles maisons privées construites à Volubilis, Lixus, Sala et Banasa.

Succédant aux Romains, les Vandales ne prirent même pas la peine de s'arrêter au Maroc lorsque, venant d'Espagne, ils envahirent le littoral nord-africain sous la conduite de Genséric, au début du ve siècle : peu nombreux – 80 000 personnes en tout –, « vieux, jeunes, enfants, esclaves ou maîtres », selon le chroniqueur latin contemporain Victor de Vita[14], ils franchirent le détroit de Gibraltar en 429 et s'avancèrent directement vers Hippone (Bône) avant de prendre d'assaut Carthage en 439. Les jours de l'Empire romain étaient comptés : en 455, l'Afrique du Nord devenait vandale. Professant un christianisme sectaire et intolérant, l'arianisme, les Vandales ne tinrent leur conquête que de façon incomplète et par la violence surtout :

> Trouvant une province qui jouissait de la paix et de la tranquillité, les Vandales s'en prenaient de tous côtés avec les bataillons de l'impiété à la magnificence de toute cette terre florissante, ils la ravageaient en faisant le vide, détruisant tout par l'incendie et le massacre. Ils n'épargnaient pas même les arbres fruitiers pour éviter que d'aventure ceux que les grottes de montagne ou des escarpements ou toutes sortes de retraites avaient dissimulés se trouvent à subsister après leur passage grâce à cette nourriture [...]. C'était surtout contre les églises et les basiliques des saints, contre les cimetières ou les monastères qu'ils sévissaient de la

façon la plus criminelle. [...] Lorsque l'action du feu avait été inefficace contre certaines constructions, vastes palais et grandes demeures, les Vandales démolissaient complètement les édifices, rasaient jusqu'au sol la beauté des murs, au point que maintenant cette antique splendeur des cités, il n'apparaît même plus du tout qu'elle ait jamais existé. Mais aussi combien de villes n'ont plus que de rares habitants ou n'en ont plus du tout. Car aujourd'hui encore[15], si certaines subsistent, elles sont souvent ravagées : par exemple, ici à Carthage, ils ont détruit de fond en comble l'odéon, le théâtre, le temple de la Mémoire et la rue qu'on appela « rue des Caelestis »[16].

Christianisme et judaïsme

Datant de la fin du IIe siècle, le plus ancien témoignage sur l'Église africaine a trait aux douze martyrs de Scilli, qui, en juillet 180, furent décapités sur l'ordre du proconsul Vigellius Saturninus. Cinq femmes et sept hommes, tous d'origine africaine à l'exemple du pape Victor, qui occupa entre 189 et 199 le trône pontifical. S'appuyant sur une organisation bien structurée, il est fort probable que la nouvelle religion était déjà implantée à Carthage où vivait depuis longtemps une communauté juive fort nombreuse et très influente, aux marges de laquelle évoluaient judaïsants et judéo-chrétiens. Ce n'est donc pas le fait du hasard si l'antique nécropole juive de Gamarth, près de Carthage, renfermait également des tombes chrétiennes. Comme en Palestine, en Syrie, en Égypte ou à Rome, c'est dans les synagogues qu'avait commencé en effet le prosélytisme chrétien. Cela devait finir par agacer les responsables de la communauté juive : les synagogues allaient se transformer dès lors en « sources de persécution » contre les chrétiens, selon Tertullien. À la fin du IIe siècle, l'expansion du christianisme était telle que – toujours selon Tertullien – les chrétiens n'avaient nul besoin de recourir aux armes pour s'imposer à leurs voisins, païens ou juifs :

> Nous pourrions vous combattre, écrit-il à l'adresse des autorités romaines dans son *Apologétique*, simplement en nous séparant de vous ; car si cette multitude d'hommes vous eût quittés pour se retirer dans quelque contrée éloignée, la perte de tant de citoyens de tout état aurait décrié votre gouvernement et vous eût assez punis ; vous auriez été effrayés du silence de votre solitude, du silence, de l'étonnement du monde qui aurait paru comme mort ; vous auriez cherché à qui commander ; il vous serait resté plus d'ennemis que de citoyens… Nous ne sommes que d'hier et nous remplissons tout, vos villes, vos îles, vos castella, vos décuries, le palais, le sénat, le forum[17].

Il y a probablement beaucoup d'exagération dans ce texte, mais de nombreux indices donnent à penser que la nouvelle religion était bel et bien présente dans les grandes villes de l'est et du centre de la Berbérie : dès le début du IIIe siècle, en effet, l'évêque de Carthage était en mesure de réunir un concile de 70 évêques venant de la Proconsulaire et de la Numidie ; entre 236 et 248, un second concile allait en réunir près d'une centaine, un chiffre qui contraste vivement avec l'extrême faiblesse numérique des hiérarchies épiscopales de pays comme l'Italie ou la Gaule à la même époque.

Le christianisme s'implanta également dans les villes romanisées de la Tingitane, à Tingis et Volubilis en premier lieu, puis, plus tardivement, à Oppidum Novum, Rusaddir, Lixus et Ceuta notamment. Une expansion sans doute honorable qui n'atteignit jamais cependant les succès enregistrés dans le reste de l'Afrique du Nord : dans la Proconsulaire notamment, où les chrétiens furent l'objet de sévices et de persécutions périodiques, comme en 258 sous l'empereur Valérien qui fit condamner à mort l'évêque de Carthage Cyprien, ou lors de la grande persécution déclenchée entre 303 et 305 par Dioclétien, qui ordonna la destruction des églises et la réduction en esclavage de tous les fonctionnaires provinciaux convertis.

Cette vague de persécutions fut la dernière avant la conversion de l'empereur Constantin et la promulgation en 313 de l'édit de Milan qui restitua à l'Église les biens confisqués et exempta le clergé des charges municipales. Une reconnaissance triomphale qui plaça l'Église catholique sous l'égide de l'État romain et que vint parachever, quelques années plus tard, sur le plan doctrinal, l'œuvre de saint Augustin, né à Thagaste (Souk-Ahras) en 354. Évêque d'Hippone de 395 à sa mort en 430, il eut à combattre notamment le schisme donatiste qui condamnait l'alliance de l'Église et de l'État, et voulait donner au christianisme africain une identité propre ancrée dans le culte des saints et des martyrs [18]. Accompagnée de polémiques théologiques très vives sur la nature du baptême et de la pénitence, la lutte entre catholiques et donatistes aurait eu, selon certains spécialistes une coloration sociale et régionale assez nette, opposant d'un côté les riches citadins romanisés de Carthage et les propriétaires fonciers catholiques de l'Afrique proconsulaire (Tunisie), de l'autre les Berbères donatistes de condition plus modeste des hauts plateaux de Numidie et de Tripolitaine [19]. Les plus déshérités parmi ces derniers – ouvriers agricoles saisonniers, paysans sans terre, esclaves fugitifs, aventuriers de tout genre – rejoignaient les circoncellions – rôdeurs de celliers – qui, groupés autour de « chefs des saints », erraient dans les campagnes de Numidie et terrorisaient les propriétaires fonciers. Cette jacquerie paysanne à caractère religieux désorganisa l'économie du pays mais jouissait de la compréhension du bas clergé donatiste, qui vénérait comme des martyrs les insurgés tués en masse par les soldats romains. Saint Augustin présenta le massacre des insurgés comme une forme de suicide, les circoncellions se livrant spontanément, selon lui, à leurs meurtriers : « À la manière des bêtes sauvages exposées aux chasseurs dans l'amphithéâtre, [ils] se jetaient eux-mêmes sur les épieux qu'on leur opposait [...]. Ils recouraient rarement à l'eau et au feu, ce sont les précipices qui en engloutissaient d'immenses troupes [20]. »

En 347, les donatistes, qui comptaient autant d'évêques que les catholiques, condamnèrent officiellement les excès des circoncellions, mais quelques années plus tard, ils prirent fait et cause pour eux contre Rome. La rébellion fut écrasée et la répression qui frappa la Kabylie s'étendit avec une impitoyable violence à l'ensemble des donatistes : le 12 février 405, un édit dit « d'unité » assimila le donatisme à une hérésie. Sept ans plus tard, au lendemain du concile de Carthage réunissant l'ensemble des évêques des deux Églises, un nouvel édit impérial ordonna la confiscation des biens donatistes et la déportation de leurs clercs. Un climat de terreur ponctué d'attentats individuels, d'incendies d'églises et de massacres de prêtres donatistes s'instaura alors en Berbérie, les donatistes associant désormais dans leur haine l'Empire romain et l'Église officielle.

Les catholiques sortirent certes triomphants de cette guerre de religion mais ils ne tardèrent pas à se voir appliquer par les Vandales les mêmes méthodes répressives que celles qu'ils avaient eux-mêmes utilisées à l'encontre du donatisme, du manichéisme et des autres sectes chrétiennes qui firent florès en Afrique du Nord. Le 25 février 484, en effet, l'Église vandale leur appliqua ses propres prescriptions contre les hérétiques – suppression des réunions de culte, destruction par le feu des livres religieux, interdiction de bâtir des églises, confiscation des biens, déportation de prêtres, destitution des fonctionnaires et interdiction de legs et de successions entre catholiques. Ces mesures affaiblirent considérablement le christianisme africain, désorganisèrent la vie économique du pays et poussèrent de larges secteurs de la population à se révolter contre le pouvoir central, lui-même divisé entre plusieurs clans rivaux jusqu'à l'arrivée des Byzantins.

Mais, loin de tomber dans l'anarchie, les Berbères se dotèrent, à partir de cette époque, de plusieurs principautés indépendantes comme à Volubilis, dans l'Oranie et dans les Aurès, où vécurent côte à côte et jusqu'à l'avènement de l'islam des Berbères romanisés (appelés globalement Africains), des Romains, des Juifs et de nombreux autres étrangers parmi lesquels des Espagnols et même quelques arabes – comme à Volubilis où vécut un certain Julius Naser. Leurs chefs, souvent chrétiens, portèrent pendant longtemps les titres romains de *rex* et d'*imperator*.

Datant de l'époque du second Temple de Jérusalem (515 av. J.-C.-70 ap. J.-C.), la présence juive en Afrique du Nord est très antérieure à celle du christianisme. Elle remonte, si l'on en croit Flavius Josèphe, à l'époque des rois lagides d'Égypte qui, au IVe siècle av. J.-C., firent appel à des mercenaires juifs originaires d'Alexandrie pour renforcer les villes grecques de Chypre et de Cyrénaïque[21]. De petites communautés juives autonomes ou *politeuma*, de langue et de culture grecques, se constituèrent ainsi à Cyrène et à Bérénice (Benghazi) où elles purent observer librement leur religion. Elles conservèrent ce privilège jusqu'au passage de la Cyrénaïque aux mains des Romains, qui ôtèrent aux Juifs leur statut civil de minorité hellène. Certes, ils furent autorisés à observer en toute liberté leurs lois religieuses, mais leurs relations avec leurs voisins grecs se détériorèrent considérablement à la suite de l'arrivée en Cyrénaïque, au lendemain de la destruction du Temple (70), de milliers d'exilés juifs de Judée.

Quelques zélotes, échappés des massacres de Jérusalem, s'étaient glissés parmi les nouveaux venus.

L'un d'eux, nommé Jonathan, « un vil personnage, tisserand de son métier » selon Flavius Josèphe, tenta en 73 de soulever ses coreligionnaires contre les Romains et persuada un grand nombre d'entre eux de le suivre au désert, « leur promettant de leur montrer des signes divins et des apparitions ». Dénoncé par les dirigeants de la communauté, Jonathan et ses 2 000 adeptes furent exterminés en même temps que les 3 000 personnes les plus fortunées de la communauté accusées à tort par les autorités d'avoir trempé dans la rébellion [22]. D'autres soulèvements de même caractère messianique, ayant pour toile de fond le traumatisme de la destruction du Temple, se produisirent au cours des années suivantes. L'un des plus graves éclata entre 115 et 117 et s'étendit de la Cyrénaïque à l'ensemble de la diaspora égyptienne, ainsi qu'aux Juifs de Chypre et de Mésopotamie. Le bilan en fut désastreux, si l'on en croit Eusèbe de Césarée :

> L'empereur Trajan dépêcha alors contre eux Marcius Turbo à la tête d'une armée comportant des forces terrestres et maritimes, ainsi que la cavalerie. Il les combattit vigoureusement dans une guerre marquée par de nombreuses batailles et qui dura un temps considérable, mettant à mort plusieurs milliers de Juifs, non seulement ceux qui étaient venus de Cyrène, mais aussi les Juifs d'Égypte qui entre-temps avaient rallié Loukouas, leur [23] roi. Craignant que les Juifs de Mésopotamie n'attaquent eux aussi les habitants de cette région, l'empereur ordonna à Lucius Quietus d'en nettoyer la province [24].

Lucius Quietus était d'origine berbère, ainsi que les cavaliers maurétaniens et une partie des soldats de la IIIe légion de Cyrénaïque qui participèrent à la répression sanglante de la révolte. Les sources juives de l'époque évoquent avec horreur leurs méfaits et c'est ainsi, sous un jour peu glorieux, que les Berbères furent mentionnés pour la première fois dans le Talmud et dans la littérature homilétique juive (Midrash et Aggada).

En tout état de cause, la répression qui suivit eut pour conséquence de vider la Cyrénaïque de sa population juive. Les survivants, bientôt renforcés par les rescapés de la grande révolte de Judée dirigée par Bar Kokhba (132-135)[25] s'échappèrent vers l'ouest et cherchèrent refuge à Carthage ainsi que dans les autres parties de l'Afrique du Nord. Quelques familles seraient venues s'installer au sud de l'Atlas marocain et dans la région du Rif, dans des secteurs insoumis aux Romains.

Avec l'avènement des Sévères (fin du IIe siècle-début du IIIe siècle), des relations plus apaisées s'établirent entre les Juifs et les Romains. C'est sans doute à partir de cette époque que de nouvelles communautés juives virent le jour à travers l'Afrique du Nord, depuis la Cyrénaïque jusqu'au nord du Maroc, comme le laisse supposer la très riche documentation épigraphique et archéologique réunie par Paul Monceaux[26].

La plus importante de ces communautés fut sans conteste celle de Carthage. Les Juifs vivaient aussi en grand nombre à Naro (Hamman-Lif), à Utique, à Simittus (Chemtou) et à Thusurus (Tozeur) – où d'après le témoignage de saint Augustin il y avait aussi de nombreux judaïsants –, à Henchir-Djouana, située à l'ouest de Kairouan ainsi que dans le grand port de la région, Hadrumète (Sousse). En Tripolitaine, il y avait des Juifs à Leptis Magna et à Oéa (Tripoli) dont le rabbin, nous raconte saint Augustin, fut mis à contribution par l'évêque de la ville pour vérifier la qualité d'une nouvelle traduction latine du livre de Jonas ; non loin de là, les Romains avaient déporté à *Locus Judoerum Augusti* des captifs juifs de Judée, après la destruction du second Temple. En Numidie, les Juifs d'Hippone (Bône) nous sont connus par les sermons de saint Augustin qui évoque par ailleurs la présence de Juifs et de judaïsants à Cirta (Constantine) ; en Maurétanie césarienne, des Juifs se trouvaient en grand nombre à Sétif, dont le responsable de la synagogue était citoyen romain, ainsi qu'à Auzia, Tipasa et Césarée (Cherchell) ; enfin, dans la Tingitane, les communautés de Sala et de Tingis furent constituées par des réfugiés venus d'Espagne pour échapper aux persécutions des Wisigoths ; à Volubilis a été découvert un chandelier en bronze à sept branches et un débris d'épitaphe du IIIe siècle, portant l'inscription hébraïque « Matrona, fille du rabbin Yehouda. Que repose (son âme) ». Les Juifs vivaient encore dans cette localité à l'arrivée des Arabes, qui trouvèrent dans la région des tribus berbères judaïsées, au moment de la fondation de Fès, par Idris Ier au début du IXe siècle [27].

La situation des Juifs en Berbérie changea considérablement après la conversion de Constantin, au début du IVe siècle. Toutes les mesures d'interdiction prises à l'encontre des donatistes et des païens leur furent appliquées. Celles en particulier qui frappèrent les sectes hérétiques comme la secte des Coelicoles, qui, selon saint Augustin, paraît avoir mêlé à des idées chrétiennes et juives des croyances phéniciennes ; et la secte eut, semble-t-il, beaucoup d'adeptes en Numidie (Algérie) et en Afrique proconsulaire (Tunisie) [28]. La pression antijuive baissa quelque peu sous les Vandales entièrement absorbés par leur lutte contre les catholiques. Elle reprit de plus belle cependant après la conquête byzantine : à l'instar des donatistes, des ariens et des païens, ils furent exclus de toutes les charges publiques, leurs synagogues transformées en églises, leur culte proscrit et de nombreuses communautés, en Cyrénaïque notamment, converties de force au christianisme. Traqués dans les villes du littoral, les Juifs se réfugièrent dans les massifs de l'Atlas et à la lisière du Sahara. Nul doute que ce soit là l'explication de leur présence parmi les tribus berbères lors de la conquête arabe, comme l'atteste Ibn Khaldun :

Une partie des Berbères professait le judaïsme, religion qu'ils avaient reçue de leurs puissants voisins, les Israélites de la Syrie. Parmi les Berbères juifs on distinguait les Djéraoua, tribu qui habitait l'Aurès et à laquelle appartenait la Kahena, femme qui fut tuée par les Arabes à l'époque des premières invasions. Les autres tribus juives étaient les Nefouça, Berbères de l'Ifrikia, les Fendelaoua, les Mediouna, les Bahloula, les Ghiatha et les Fazzaz, Berbères du Maghreb el-Acsa. Idris premier, descendant d'El-Hacen, fils d'El-Hacen (petit-fils de Mahomet), étant arrivé au Maghreb, fit disparaître de ce pays jusqu'aux dernières traces des religions (chrétienne, juive et païenne) et mit un terme à l'indépendance de ces tribus[29].

L'intermède byzantin. La fin de l'Afrique romaine

Des envahisseurs étrangers en chassant d'autres, un corps expéditionnaire byzantin envoyé de Constantinople par Justinien et commandé par Bélisaire vint occuper l'Afrique du Nord en 533. Son objectif principal était de restaurer l'autorité romaine en Afrique. Vivant dans un état permanent d'insécurité et mal vus des chrétiens locaux qui ne partageaient pas leurs doctrines théologiques, les Byzantins eurent à leur tête, à partir de la fin du VIe siècle, un exarque aux prérogatives politiques renforcées mais ne pouvant compter que sur de faibles effectifs militaires. Coupés de leur métropole et entourant les rares villes sur lesquelles ils régnaient de forteresses réputées inexpugnables, ils se détachèrent peu à peu de Constantinople, contraints de restreindre leur domination effective à la Tunisie et à l'est de l'Algérie actuelle. Au Maroc, leur présence ne dépassa guère les limites de Ceuta que Justinien « entoura de bonnes murailles » et où il « bâtit une belle église à la Vierge ». Elle devait lui servir surtout de base logistique contre les Wisigoths, mais, comme il dut renoncer à ses plans d'invasion de la Péninsule, il se désintéressa rapidement de la Tingitane où les Byzantins se bornèrent à quelques raids sans lendemain contre Rusaddir (Melilla), Tingis et Lixus.

Au début du VIIe siècle, ce furent les Wisigoths espagnols qui tentèrent de déloger les Byzantins du Maroc : ils s'emparèrent en 621 de Tingis, puis, descendant le long du littoral atlantique, ils arrivèrent jusqu'à Sala qu'ils occupèrent pendant quelque temps. Ils échouèrent cependant devant Ceuta, la dernière possession de Byzance à l'ouest de la Berbérie, dont le dernier gouverneur chrétien, Julien, était un Berbère de la tribu rifaine des Ghomara.

Au même moment, en Tunisie, l'exarque Grégoire se faisait proclamer empereur. S'appuyant sur les Berbères, parmi lesquels il leva ses soldats, il créa en 646, à Sbeitla, loin de Carthage, un nouveau royaume dont l'assise sociale était berbère et la direction politique et militaire byzantine. Il s'écroula dès l'année suivante, lors du premier raid musulman contre la Berbérie.

Auparavant, l'arrivée des Byzantins en Afrique du Nord avait été accueillie avec enthousiasme par les catholiques, qui, aussitôt libérés du joug vandale, s'étaient attaqués violemment à leurs voisins païens, ariens, donatistes et juifs. Justinien s'en prit pour sa part tout particulièrement aux Juifs nord-africains qui, à partir de 535, virent leurs synagogues détruites ou désacralisées et durent chercher refuge chez les tribus berbères de l'intérieur. Celles-ci, en les accueillant, contribuèrent à la préservation du judaïsme nord-africain, lui épargnant le sort du christianisme. L'influence chrétienne s'étiola considérablement après l'avènement de l'islam, avant de disparaître complètement de Berbérie, en même temps que les derniers vestiges de la civilisation romaine.

2

L'avènement de l'islam

Le Maroc du VIIe au XIe siècle

Débutant par la prise de Tripoli en 642, la conquête musulmane du Maghreb dura plus d'un demi-siècle, soit trois fois plus de temps qu'il n'en fallut aux armées arabes pour conquérir la Syrie, l'Égypte, l'Iran et l'Espagne réunis. Alors que chacun de ces pays fut soumis à l'issue d'une ou deux batailles décisives, la conquête de l'Afrique du Nord fut riche en soubresauts de toutes sortes : incursions ponctuelles suivies de retraites tactiques, victoires sans lendemain – comme celle remportée en 647 contre le patrice Grégoire à Sbeitla –, défaites sanglantes, etc.

L'offensive générale proprement dite ne commença que vers la fin du VIIe siècle avec l'envoi par le calife omeyyade de Damas, Yazid b. Mu'awiya, de 'Uqba ibn Nafi' al-Fihri, à la tête d'une armée de 10 000 cavaliers. Les chroniqueurs arabes ne fournissent que peu de détails sur la biographie de ce personnage entré de son vivant dans la légende, si ce n'est qu'il participa en 662 à la conquête de l'oasis de Ghadamès, dans le Sud tripolitain. Il jouissait, en tout cas, d'un immense prestige dû à ses origines qurayshites. Guerrier et propagateur de la foi, il avait rompu avec le caractère limité des opérations antérieures et accompagné son action militaire par la conversion systématique des populations conquises et leur incorporation immédiate dans son armée. Faisant ainsi participer les Berbères à la conquête de leur propre pays et au triomphe de l'islam en Afrique du Nord, il fonda, dès son arrivée, la première ville musulmane de Berbérie, Kairouan, où il installa son administration. Rappelé provisoirement à Damas, 'Uqba en revint en 681-682 plus décidé que jamais à parachever son œuvre d'islamisation du Maghreb et de poursuivre son équipée victorieuse vers le centre et l'ouest de l'Afrique du Nord.

'Uqba ibn Nafi' et la reconnaissance du Maroc

Après avoir défait les Byzantins à Baghay et à Monastir, 'Uqba affronta les tribus berbères du Mzab avant de se diriger vers Tlemcen et le Nord du Maroc[1]. Il parvint à Tanger où « il tua toute la partie mâle de la population et emmena le reste en captivité[2] », puis reçut la soumission des Ghomara du Rif et traita avec le gouverneur Julien de Ceuta. De là, il marcha sur Volubilis avant de traverser le Moyen Atlas où il se heurta à une puissante coalition berbère, conduite par les Masmouda, qu'il poursuivit jusque dans la vallée du Dra', aidé des Zénètes, « peuple dévoué aux musulmans[3] » depuis le début de la conquête. Il rebroussa chemin peu après en direction du Haut Atlas qu'il contourna par l'est, puis redescendit vers la vallée du Sous où il combattit les Sanhaja « porteurs de litham » et les Jazula qu'il convertit à l'islam. Descendant plus au sud, « au-delà du Sous », il attaqua les Massoufa parmi lesquels « il fit une quantité de prisonniers[4] ». Traversant la Saqiya al-Hamra (Rio de Oro), il aurait poussé jusqu'à « la terre des noirs » *(Ard al-Sudan)*, où on lui présenta « une ou deux filles esclaves de la race appelée *Ijjan* par les Berbères, qui n'avaient qu'un seul sein[5] ». Estimant sa mission terminée, 'Uqba reprit ensuite le chemin du retour, et à proximité du cap Guir, selon la tradition, il fit avancer son cheval dans les flots, prenant à témoin Allah que, si l'Océan ne l'avait arrêté, il aurait porté bien au-delà l'étendard de l'islam. Il s'arrêta pendant quelque temps sur les bords du Tensift auprès des Berbères Regraga avant de remonter vers l'Oum al-Rbi'. Contraint d'avancer son retour en Ifriqiya, 'Uqba décida de scinder ses forces en deux, ne gardant avec lui que 5 000 hommes. Des effectifs qui allaient s'avérer insuffisants face aux 50 000 hommes commandés par Kusayla ou Kasila, le chef de la puissante tribu berbère des Awraba, qui vint à sa rencontre alors qu'il venait d'atteindre le Mzab. Tombant sous les coups de ses assaillants, 'Uqba périt « sur la voie d'Allah » à Tahudha, près de Biskra. La nouvelle de son martyr parvint à Kairouan qui fut investie aussitôt après par le chef berbère et ses alliés byzantins, contraignant les Arabes à évacuer tout le pays et à se retirer en Tripolitaine[6].

Kairouan fut reprise en 691 par Hassan ibn Nu'man, qui s'empara également de Carthage et de Bizerte, en 695. Mais le nouveau chef du corps expéditionnaire arabe essuya de lourdes défaites face aux Berbères de l'Aurès qui l'obligèrent à se replier pendant une dizaine d'années à Barqa, en Cyrénaïque[7]. Ces derniers étaient alors commandés par une femme, la Kahina, aussi appelée Dahiya ou Damiya, qui appartenait à la tribu des Jarawa. Cette « prophétesse » était prétendument de religion juive, ce qui paraît fort douteux compte tenu du très mauvais souvenir conservé d'elle dans la tradition orale judéo-maghrébine, celle d'un personnage sanguinaire qui se livra aux pires exactions à l'encontre des Juifs vivant sur son territoire. Cette légende noire est un écho probable de l'opération de la terre brûlée décidée par la Kahina, qui, pour empêcher l'avance des troupes musulmanes, avait saccagé villes et villages autour d'elle, avant d'être cernée et tuée par les soldats de Hassan ibn Nu'man en 702 :

« Cette vaste région qui, depuis Tripoli jusqu'à Tanger, avait offert l'aspect d'un immense bocage, à l'ombre duquel s'élevait une foule de villages touchant les uns aux autres, ne montra plus que des ruines », écrivit Ibn Khaldun au sujet des excès de la reine berbère qui fut délaissée par une partie des siens, avant de succomber à l'assaut final des armées arabes [8].

L'opposition byzantine et berbère une fois neutralisée, il ne restait plus aux Arabes qu'à stabiliser la situation à l'est et au centre du Maghreb et à achever la conquête du Maroc (Maghreb al-Aqsa). Cette dernière phase fut l'œuvre de Musa b. Nusayr qui remplaça Hassan b. Nu'man à partir de 704 et sur lequel nous disposons d'informations plus parcellaires encore que sur ses prédécesseurs. On sait néanmoins qu'il fut le premier conquérant musulman de Tanger et du nord du Maroc actuel. Aidé de ses fils 'Abdallah et Marwan, il fut particulièrement odieux à l'égard des Berbères du *Sus al-Adna* ou « Sous-Proche », c'est-à-dire de la région s'étendant au sud du Sebou et dont la population, affirme Ibn 'Abd al-Hakam, fut « durement traitée et menée en captivité [9] ». En 710, Musa ibn Nusayr nomma un de ses affranchis berbères, Tariq ibn Ziyad, aux fonctions de gouverneur de Tanger ; l'année suivante, Tariq franchit le Détroit – qui porte depuis son nom, Jbel Tariq (Gibraltar) ou mont de Tariq – à la tête d'une puissante armée constituée principalement de Berbères. Il avait pour objectif la conquête de l'Espagne et son intégration dans le giron de l'islam.

Les Berbères du Maroc entre hérésie et soumission : la révolte kharijite

Revenant à leurs anciennes croyances après chaque défaite arabe ou à chacune des crises politiques ayant secoué le califat, ce n'est qu'après la conquête de l'Espagne, qui leur offrit l'occasion de participer directement à l'extension des frontières de l'islam au nord de la Méditerranée, que les Berbères perdirent « leur ancienne habitude d'apostasier », affirme Ibn Khaldun[10]. Dès lors, c'est à l'intérieur de l'islam qu'ils allaient désormais s'employer à défendre leur particularisme identitaire. Ils eurent ainsi recours à des cadres de référence islamiques pour exprimer leur colère face aux excès de leurs vainqueurs arabes qui ne les aimaient guère : « Des soixante-dix turpitudes [créées par Satan], les Berbères en ont soixante-neuf, les djinns et le genre humain une seule », disait un proverbe arabe de l'époque cité par Ibn 'Abd al-Hakam[11].

Considérés comme des croyants de seconde zone, rudes et grossiers, et envoyés par milliers comme esclaves en Orient, les Berbères supportaient mal, par ailleurs, l'injustice de devoir payer l'impôt foncier du *kharaj* et celui de la capitation, ou *jizya*, comme s'ils étaient de vulgaires infidèles. Ils furent particulièrement humiliés par la décision du calife Yazid ibn Abi Muslim de faire tatouer les soldats berbères avant de les enrôler dans sa garde personnelle[12]. Ce n'est donc pas le fait du hasard si c'est du nord du Maroc et de Tanger plus précisément que partit en 740 l'insurrection kharijite qui secoua violemment l'ensemble du Maghreb arabe, remettant gravement en question l'autorité du califat et l'hégémonie de l'islam sunnite en Afrique du Nord.

Né en Orient peu de temps après la mort du calife 'Ali, le gendre du Prophète, et prônant un islam rigoriste fondé sur l'égalité absolue entre tous les croyants, quelles que soient leur origine et leur race, le kharijisme offrait en effet aux Berbères un cadre de protestation adéquat contre l'arbitraire méprisant des conquérants arabes, « une puissante arme pour attaquer le gouvernement » suivant les termes d'Ibn Khaldun. Il fut introduit au Maghreb par des émissaires originaires d'Irak et de Perse, appartenant aux deux principales sectes du mouvement, la 'Ibadiyya et la Sufriyya, qui commencèrent par s'implanter dans le djebel Nefousa tripolitain et le Djérid tunisien avant de s'étendre au reste du Maghreb.

Lancée à l'appel d'un ancien vendeur d'eau à Kairouan, du nom de Maysara, qui se fit proclamer émir des croyants avant d'être tué par l'un de ses proches, la rébellion kharijite s'étendit comme une traînée de poudre à partir de Tanger dans tout le Maghreb, encore faiblement islamisé et où subsistaient toujours de fortes concentrations chrétiennes, juives et païennes. Subissant de graves défaites à chacun de leurs affrontements avec les rebelles, d'abord sur le Sebou puis aux portes mêmes de Kairouan, les Arabes ne réussirent à mettre fin à la révolte qu'en 742, mais au prix de lourdes pertes, les plus sévères depuis le début de la conquête selon les chroniqueurs arabes.

Assurément, l'émergence du kharijisme en milieu berbère n'est pas sans rappeler celle du donatisme face au catholicisme à l'époque romaine. Mais alors que les « schismatiques » chrétiens s'étaient épuisés dans des luttes théologiques et politiques sans fin contre l'Église et l'État romains, les kharijites, eux, une fois délogés des grands centres urbains tenus par l'islam sunnite, allaient choisir de se grouper dans des zones rurales éloignées du pouvoir central pour y constituer des communautés indépendantes offrant les meilleures garanties de survie religieuse et de prospérité économique. C'est ainsi qu'ils fondèrent, au cours de la deuxième moitié du VIIIe siècle, un chapelet de villes-États dans le Sud maghrébin appelées à devenir les centres économiques florissants. Les trois plus importantes furent créées, l'une à Tahert par l'imam ibadite d'origine persane 'Abd al-Rahman ibn Rustam, la deuxième à Tlemcen par Abu Qura, le chef sufrite de la tribu des Banu Ifran et la troisième à Sijilmassa par les midrarides, qui étaient également d'obédience sufrite et appartenaient à la tribu des Miknassa.

Survenant en même temps que les remous suscités par le remplacement en 750 des Omeyyades par les Abbassides de Bagdad, la révolte kharijite précipita l'autonomie administrative et spirituelle de l'Afrique du Nord et scella sa séparation définitive de l'Orient arabe. Assez paradoxalement, cependant, elle hâta aussi son islamisation qui était désormais le fait des Berbères eux-mêmes et non plus des Arabes : en effet, à l'exception de l'Ifriqiya où l'hégémonie politique arabe continua de s'exercer plus ou moins pleinement jusqu'au xe siècle, les autres régions du Maghreb développèrent leurs propres structures politiques et religieuses marquées par la prépondérance du facteur ethnique berbère, la remise en question de l'autorité centrale du califat et, enfin, l'émergence de multiples sectes musulmanes d'inspiration hétérodoxe, sinon ouvertement hérétique.

Ce fut le cas notamment des Barghwata de la Chaouia marocaine qui donnèrent naissance à un curieux mouvement religieux. Son instigateur, un ancien compagnon de Maysara, Salih b. Tarif, se présentait comme un prophète berbère auquel Dieu avait fait parvenir un Coran en berbère ainsi qu'une nouvelle doctrine religieuse. Il demanda à ses disciples de la garder secrète « avant d'avoir acquis assez de forces pour ne craindre aucun danger ». Et pour cause : elle recommandait de jeûner pendant le mois de rajab et de manger pendant celui de ramadan ; de prier cinq fois par jour et cinq fois par nuit, de pratiquer de nouvelles règles d'ablutions et de prières ; de célébrer la prière publique le jeudi et non le vendredi, de jeûner un certain jour de chaque semaine et le même jour toutes les semaines suivantes ; d'épouser autant de femmes que l'on désirait et non pas quatre seulement comme le recommande la *shari'a*, la loi musulmane ; de ne pas prendre de femme ni de concubine sunnite ; de lapider les femmes coupables de conduite licencieuse ; de mettre à mort les voleurs dont la culpabilité est reconnue et de chasser du pays les menteurs ; de ne pas manger d'œufs, de poulet, ni la tête d'aucun animal. Quant au Coran des Barghwata, il comportait quatre-vingts sourates, portant chacune le nom d'un prophète ou d'un personnage biblique, la première étant celle d'« Ayoub » (Job) et la dernière, « Younos » (Jonas). On y trouvait aussi les sourates de « Firaoun » (Pharaon), « Haman », « Yadjouj et Madjouj » (Gog et Magog), « Talut » (Saül) et « Nemroud » (Nemrod) [13].

Fidèles à l'enseignement de leur prophète, les Barghwata ne commencèrent à professer publiquement leur religion qu'au milieu du IXe siècle, lorsque l'un des arrière-petits-fils de Salih b. Tarif parvint à se tailler un puissant royaume au centre du Maroc actuel. Son État pouvait aligner jusqu'à 12000 cavaliers pour faire face aux *Mujahidun* (« combattants de la foi ») sunnites groupés dans des *ribats* ou garnisons fortifiées à vocation militaire et religieuse de la région de Salé. Néanmoins, Ibn Hawqal, qui visita la région en 951-952, décrit les Barghwata comme des gens plutôt pacifiques qui entretenaient des rapports commerciaux avec l'ensemble de leurs voisins :

> On rencontre chez les Barghwata de la bonne foi, une grande générosité alimentaire, une répugnance vis-à-vis des péchés mortels et des actions illicites et répréhensibles. Les habitants d'Aghmat et du Sous importaient parfois des marchandises chez eux et certaines personnes de Sijilmassa font de même. Leur pays est indépendant, en ce sens qu'il n'a nul besoin d'un autre. Ce sont des gens

d'une belle prestance, vigoureux et forts, endurants dans la poursuite de leurs rancunes et de leurs entreprises [14].

Résistant aux offensives menées contre eux par leurs voisins sunnites, les Barghwata devaient préserver leur intégrité territoriale et leur identité religieuse distincte jusqu'à l'avènement des Almohades au XIIe siècle [15].

3

Idris Ier et la naissance du premier royaume chérifien du Maroc

Originaire de Médine et descendant en droite ligne d'"Ali, Idris b. 'Abd Allah ou Idris Ier, le fondateur éponyme de la première dynastie chérifienne du Maroc, était un dissident chiite de la branche zaydite [1]. Fuyant devant les Abbassides, il vint chercher refuge au nord du Maroc auprès des Berbères Awraba. En compagnie de son fidèle affranchi Rashid, il s'installa en 788 à Walili, l'antique cité de Volubilis, à l'invitation d'Ishaq b. Mohammed b.'Abd al-Hamid, le chef mu'tazilite des Awraba. Ceux-ci lui prêtèrent serment d'allégeance (*bay'a*), suivis par d'autres tribus berbères du nord du pays. À la tête de soldats qu'il recruta parmi eux, Idris partit islamiser la population du Tamesna et celle du Tadla, dans le Moyen Atlas, où « les Chiites et les Juifs étaient très nombreux ». Portant le titre d'imam, il étendit son influence jusqu'à Tlemcen, à l'est de la Moulouya, et à Salé, au sud du Sebou [2]. Il finit par attirer l'attention d'Haroun al-Rashid, qui le fit empoisonner en 791 par un Zaydite du nom de Sulayman b. Jarir que le calife avait réussi à soudoyer en lui offrant une forte somme d'argent et en lui faisant des « promesses magnifiques [3] ».

Idris mourut le 16 juillet 793 et fut enterré dans la région de Walili. Sa concubine berbère, Kanza, mit au monde le 14 octobre 793 un fils, Idris II, auquel les tribus du Moyen Atlas firent leur *bay'a* en 803, alors qu'il n'avait que onze ans :

> Il était le portrait vivant de son père, raconte le *Rawdh al-Qirtas* ; teint rose, chevelure frisée, taille parfaite, yeux noirs et parole ferme ; très bien élevé, savant dans le livre de Dieu dont il suivait fidèlement les préceptes, versé dans la doctrine de la Sunnah, distinguant sagement ce qui est permis de ce qui est défendu, jugeant sagement tous les différends, désintéressé, religieux, charitable, généreux, bon soldat, laborieux, courageux, très intelligent, profond dans les sciences et versé dans les affaires [4].

En 808-809, Idris II décida de fonder, sur la rive gauche de l'oued du même nom, la ville de Fès. Il commença par jeter les fondations du futur quartier des Andalous où il construisit la mosquée des cheikhs, dans laquelle il prononça la première *khutba*. L'année suivante, il inaugura le quartier des Qarawiyyin où il construisit également une mosquée, la mosquée des chérifs. Il bâtit sa propre maison, le Dar al-Qaytun, qui allait être habité par ses descendants, les chérifs Jutiyyun. Il éleva ensuite la Qaysariyya, ou quartier commercial de la ville. Celle-ci attira par la suite de nouveaux habitants originaires de toutes les parties du Maghreb, d'Ifriqiya et d'Andalousie notamment [5]. En 814, à la suite de l'insurrection des faubourgs (*rabad*) de Cordoue, quelque 8 000 familles andalouses y furent accueillies. Remplissant des fonctions centrales à l'intérieur du *Makhzen* (« gouvernement ») idrisside, les nouveaux venus arabes eurent tôt fait d'éloigner Idris II de ses anciens alliés berbères, allant jusqu'à lui suggérer de mettre à mort le chef des Awraba, Abu Layla Ishaq. Le conseil fut malencontreux, sans aucun doute ; il fragilisa le pouvoir d'Idris II avant sa mort, en 828, dans des circonstances pour le moins étonnantes : il mangeait une grappe de raisin quand un grain resta coincé dans sa gorge ; or, raconte le géographe andalou al-Bakri, « ne pouvant s'en débarrasser, il demeura la bouche ouverte, bavant et écumant jusqu'à ce que la mort survînt[6] ». Il fut enterré dans la mosquée des chérifs à Fès ou, selon certains, à Walili, à côté de son père.

Avant sa mort, Idris II avait eu le temps de conquérir Nafis et Aghmat, dans le sud du pays, ainsi que Tlemcen et sa région où il passa les trois dernières années de sa vie avant son retour à Fès. Nous disposons de très peu d'informations sur l'organisation de l'État idrisside, sinon qu'il était dans l'ensemble très rudimentaire, se contentant d'organiser le prélèvement des impôts, la frappe des monnaies et la conduite des opérations militaires.

Le pays fut partagé entre les descendants d'Idris II, « d'après le conseil de son aïeule Kanza, mère d'Idris[7] ». Sidi Mohammed garda le titre d'imam et le gouvernement de Fès et de Walili (Volubilis), il légua le Habt et les villes du Nord, Tanger, Basra, Ceuta, et Arzila à al-Qasim ; la région des Ghomara dans le Rif ainsi que Tétouan à 'Umar ; à Yahiya, il laissa Larache et la région d'Arzila selon Ibn Abi Zar', ou le Tadla, le Dr'a et ses riches mines d'or et d'argent de Tamdult selon le géographe al-Ya'qubi[8] ; à Hamza, le Zerhoun et Tlemcen où s'était établi auparavant Sulayman, le frère d'Idris Ier ; à 'Isa, la région de Salé, limitrophe du pays Barghwata ; Meknès, le nord du Moyen Atlas et le Tadla revinrent à Ahmed ; le pays des Hawwara et des Miknassa à Dawud et, enfin, le djebel Lamta, au nord de Fès, ainsi que les localités d'Aghmat et de Nafis, à l'entrée du Sous, à 'Abd Allah. Le nombre des héritiers et de leurs apanages varient d'un auteur à l'autre, mais toutes les parts réunies préfigurent les contours du Maroc « historique » tel qu'il allait être édifié, au cours des siècles, par les futures dynasties.

Éparpillés ainsi à travers tout le Maroc et jouissant d'un immense prestige du fait de leur origine chérifienne, les descendants d'Idris continuèrent partout l'œuvre d'islamisation initiée par le fondateur de la dynastie. Ils ne purent cependant poser les bases d'un État viable, passant leur temps à s'entre-déchirer et à entraîner dans leurs luttes fratricides les tribus arabes et berbères qui soutenaient les différentes branches de la dynastie. Inéluctable, la déchéance de la dynastie commença à la fin du IXe siècle sous Yahia II, le petit-fils de Mohammed b. Idris. Il fut chassé du pouvoir après le viol d'une jeune Juive dans un bain public : un acte « répréhensible qui indisposa contre lui toute la population de Fès », rapporte al-Bakri[9]. Peu de temps après, les Mediouna kharijites de la région d'Oujda occupèrent momentanément Fès, mais les Idrissides s'y maintinrent, vaille que vaille, jusqu'à la conquête de la ville, en 921, par les Fatimides.

Née de la rencontre d'un *da'i* (prédicateur) chiite venant du Yémen, Abu 'Abd Allah al-Muhtasib, et de la tribu kabyle des Kutama, la dynastie fatimide fut fondée au début du Xe siècle par le Mahdi 'Ubayd Allah. À l'instar d'Idris Ier, il était venu se réfugier au Maghreb, venant d'Orient. Mais moins heureux que ce dernier, il se retrouva en prison à Sijilmassa, d'où il fut libéré en 909 par Abu 'Abd Allah et ses adeptes. Ceux-ci s'emparèrent de la ville après avoir ravagé Tahert et commencé la conquête du Maghreb central, tenu par les Aghlabides. Le Mahdi se retourna ensuite contre son mentor qu'il fit assassiner. Les yeux déjà tournés vers l'Orient et l'Égypte, il instaura entre-temps en Ifriqiya un régime d'une grande rigueur sectaire. Ce qui suscita, entre 944 et 947, la violente révolte d'Abu Yazid, l'« homme à l'âne », kharijite qui faillit entrer en vainqueur à Mahdia, la nouvelle capitale fatimide érigée en 915 sur la côte du Sahel tunisien, loin de Kairouan l'orthodoxe.

Ces remous furent mis à profit par les califes omeyyades de Cordoue pour installer une garnison à Ceuta en vue de la libération de Fès et de l'est du Maroc de la tutelle fatimide. Ils imposèrent dans le même temps leur patronage aux Zénètes habitant l'ouest du pays. Jusqu'à l'émergence des Almoravides, au XIe siècle, ceux-ci allaient constituer la principale force politique du Maroc, aux côtés des Ghomara du Rif, des Barghwata de la Chaouia, des Masmouda du Haut Atlas et des Sanhaja, porteurs de *litham*, dans le Grand Sud.

Un pays riche et prospère

Très divisé et en butte à des guerres intestines endémiques, le Maroc était néanmoins un pays riche et prospère. En atteste le témoignage d'Ibn Hawqal qui parcourut la région au milieu du Xe siècle. Un siècle plus tard, le géographe andalou al-Bakri confirme ces propos. Un pays « qui regorge d'habitants », couvert de vergers et de champs de blé, d'orge et de lin, riche en cours d'eau, en pâturages et en matières premières et traversé par d'innombrables pistes caravanières, allant du nord au sud, vers les oasis sud-sahariennes et les royaumes du Soudan occidental et de l'ouest à l'est, par Tlemcen, Tahert et Miliana vers l'Ifriqiya et l'Orient.

Cette prospérité se doublait d'un rigorisme religieux qui ne pouvait que plaire à Ibn Hawqal :

> On ne trouve pas dans leur pays une immoralité flagrante, ni l'usage des distractions répréhensibles, comme les luths, les pandores, les timbales, l'emploi des pleureuses, des chanteuses et des mignons, en somme de ces abominations affreuses qu'on voit s'étaler en bien d'autres pays. Il est vrai qu'il se produit parfois dans certaines de leurs régions des explosions de férocité, de rage subite qui les font trop

vite recourir à l'épée et commettre des fâcheux incidents chez eux[10].

Les denrées agricoles y étaient abondantes et de prix abordable et les exportations à destination de l'Orient étaient des plus variées, allant des esclaves d'origine slave ou noire aux textiles, aux métaux et aux bêtes de somme :

> Parmi les exportations du Maghreb vers l'Orient, il y a les belles et jolies mulâtresses qui sont devenues les favorites des Abbassides et autres grands personnages. Puis il faut énumérer les beaux esclaves de l'Europe, l'ambre, la soie, les vêtements de laine très fine ou ordinaire, les manteaux de laine et autres habits de cette étoffe, les tapis de cuir, le fer, le plomb, le mercure, les esclaves importés du pays des Noirs ainsi que les esclaves provenant de la région des Slaves par le canal de l'Espagne. On y possède aussi d'excellents bardots, des mules agiles, des chameaux, des moutons, des bœufs[11]...

Pays à prédominance rurale, le Maroc comptait néanmoins de nombreux centres urbains, datant pour la plupart de l'époque musulmane.

Voici Fès, la capitale politique et spirituelle des Idrissides :

> C'est une cité prospère ; elle est pavée de pierres. Chaque jour en été, on lâche l'eau du fleuve à travers ses marchés pour les laver ; ainsi les dalles sont rafraîchies. Les fruits, les produits agricoles, les comestibles, les boissons, les marchandises, les ressources des diverses taxes, les caravansérails, surpassent ce qu'on peut constater dans les régions plus ou moins rapprochées du territoire de Habt (au nord du Maroc). Sa grande importance est évidente par cette abondance même[12].

Une richesse qui survécut aux luttes sanglantes que se livrèrent, tout au long du xᵉ siècle et jusqu'au milieu du xɪᵉ siècle, les Idrissides, les Fatimides et les Omeyyades andalous, comme l'atteste al-Bakri :

> Chaque habitant y avait un moulin devant sa porte et un jardin rempli d'arbres fruitiers. La ville possédait plus de trois cents moulins et une vingtaine de bains. Elle produisait toutes les denrées alimentaires dont ses habitants avaient besoin, telles que l'huile, la farine, le miel, le raisin sec ainsi que des citrons et des pommes dites de Tripolitaine qui étaient douces, grosses et agréables au goût.

Au nord, sur le littoral méditerranéen, se trouvait Ceuta, « jolie ville au bord de mer », dotée d'un port « favorablement situé », à proximité duquel « on récolte du corail de bonne qualité » et entourée de vergers et de jardins qui suffisaient aux besoins des habitants [13] ».

Non loin de là se dressait Tanger, « ville d'une antiquité reculée », dont les monuments anciens étaient encore visibles – « des châteaux, des voûtes, des cryptes, un bain, un aqueduc, des marbres en grande quantité et des pierres de taille » précise al-Bakri [14]. Après avoir été l'une des villes marocaines les plus peuplées au début de la conquête musulmane, Tanger vit sa population et son importance décroître au cours du ɪxᵉ siècle : abandonnée par les Idrissides et leurs clients Sanhaja, la ville, qui n'était pas entourée de remparts, passa aux mains des Omeyyades d'Espagne et de leurs alliés zénètes installés à Ceuta, obligeant ses habitants à s'éloigner du bord de mer et à édifier une nouvelle cité, « à la distance d'un mille sur le flanc de la montagne » : « L'eau y est amenée dans des conduits, car elle provient d'un point éloigné… La région est fertile en blé et en orge et les prix y sont favorables », précise Ibn Hawqal.

Plus au sud, non loin de l'embouchure du Loukkos, s'étendait la ville de Basra riche en lin « exporté en Ifriqiya et autres lieux », en blé, en orge et en « légumes farineux » dont les habitants faisaient pousser « des quantités abondantes ». La ville est entourée de remparts. Fondée par Idris II, elle possédait de « beaux marchés » et « l'air [y] est agréable » :

> On y trouve des personnalités de valeur, caractérisées par leur vertu et leur science religieuse. Les mœurs de ses habitants, femmes et hommes, sont excellentes ; ils sont pour la plupart, d'une belle prestance et d'une haute taille, d'une harmonieuse structure du corps et ont des extrémités bien proportionnées. Ils sont dans leur ensemble animés de pudeur, d'esprit pacifique et de bienfaisance [15].

Un siècle plus tard, la ville gardait encore sa réputation de cité riche et industrieuse dont les habitants s'impliquaient également dans le trafic maritime de Tanger et d'Arzila. Elle surpassait toutes les localités voisines par l'étendue de ses pâturages et le nombre de ses troupeaux, apprend-on par al-Bakri : « On y trouve une telle abondance de lait, que la ville a reçu le nom de Basra-t-ed-Dobban, "Basra des mouches" ; elle s'appelle aussi "Basra-t-el-Kittan", "Basra du lin", parce que, à l'époque où elle commença à se peupler, on y employait du lin en guise de monnaie dans toutes les opérations commerciales. Elle s'appelle aussi El-Hamra, "la rouge" parce que le terrain sur lequel elle est bâtie est d'une couleur rougeâtre [16]. »

Au sud de Basra, dans le Gharb, les Idrissides avaient fondé la ville fortifiée d'Aqlam, qui résista aux Fatimides mais fut enlevée par les Omeyyades qui « ne l'avaient pu prendre que par la faim à la suite d'un blocus sévère ». Ils furent moins heureux cependant face à Qart, « une jolie ville au flanc d'une montagne qui possédait de nombreux cours d'eau, des jardins étendus et qui était riche en produits agricoles comme le blé, l'orge et le coton [qui] y étaient abondants ». Ils échouèrent aussi face à la ville de Masina qu'arrosait l'un des affluents septentrionaux du Sebou. Visitée par Idris Ier immédiatement après sa venue à Walili, la ville était connue pour la qualité de ses produits agricoles ainsi que pour l'or « parfaitement pur et d'une qualité excellente » que ses habitants extrayaient d'une montagne de la région [17].

Mais selon Ibn Hawqal, c'est le Sous qui était la région la plus riche du pays et « la plus pourvue de produits précieux » : on y cultivait « toute espèce de comestibles, tant des régions froides que des régions chaudes » comme des citrons, des noix, des amandes, des dattes, du sésame, du chanvre et « toutes sortes de légumes qui ne se trouvent guère réunis ensemble en d'autres lieux » [18]. On y trouvait aussi du minerai de cuivre que l'on exportait au « pays des infidèles », du miel « de qualité supérieure à celui qui se trouve dans les autres grandes villes », ainsi que de l'huile d'argan « dont le goût ressemble à celui du blé grillé », d'après al-Bakri : « C'est un aliment sain et agréable, qui échauffe les reins et facilite l'écoulement des urines » affirme-t-il encore [19].

Ibn Hawqal est par ailleurs le premier géographe arabe à faire mention de la présence de la canne à sucre dans le Sous où elle fut introduite par les Arabes, probablement en provenance d'Égypte [20]. Plus précis, al-Bakri ajoute que la canne était cultivée dans la ville d'Igli « située à côté d'une grande rivière » et qu'elle était exportée « dans tous les pays du Maghreb [21] ». « Dans cette région, indique-t-il, la canne à sucre est le produit le plus abondant ; pour un quart de dirham, on peut s'en procurer une si grande quantité qu'un homme aurait de la peine à la soulever. On y fabrique beaucoup de sucre, dont le quintal se vend à raison de deux mithqals, ou moins encore. »

Les deux géographes sont d'accord sur un autre point : la grande diversité religieuse des habitants de la région et de celle du Dra' voisin, parmi lesquels on trouvait des Juifs comme à Ifran de l'Anti-Atlas, à Taghawust et à Goulimine, des idolâtres adorateurs du bélier tels les Beni Lemmas de la région d'Igli, des chiites appartenant à diverses obédiences parmi lesquels des « Bedjlites » qui avaient pour habitude de maudire dans leurs prédications les compagnons du Prophète, les « Mussawis », adeptes d'"Ali ibn Warsand, qui s'arrêtaient à l'imam Musa b. Dja'far, et des mu'tazilites ainsi que des malékites sunnites, « durs et grossiers et aux « mœurs dépravées » : « Plus s'élève leur niveau de vie, plus ils deviennent brutaux et turbulents », écrit Ibn Hawqal à leur propos[22].

Tous prenaient une part active au commerce transsaharien qui, depuis l'avènement de l'islam, constituait l'une des principales activités économiques du Maghreb méridional. Deux routes essentielles rivalisaient alors en importance : l'une, occidentale, connue sous le nom de *Triq Lamtuni* reliait le Sous et le Dra' à Awdaghust et au royaume noir de Ghana en passant par l'Adrar mauritanien ; l'autre, plus ancienne, aboutissait également à Awdaghust et à Ghana mais venait de l'est, de Tadmekka, Wargla et du Djérid tunisien où elle faisait jonction avec la route reliant le Fezzan à Bilma et au Tchad.

Islam et commerce transsaharien

En rapprochant les régions et les populations les unes des autres, l'islam créa un immense champ d'échanges s'étendant à tout le Maghreb et l'Orient et jusqu'aux confins méridionaux du Sahara. L'établissement de règles juridiques communes, l'adhésion à des valeurs et à des codes de conduite dérivant d'une même foi, l'existence d'une langue unique pouvant être parlée, lue et comprise par une multitude d'individus, d'origines et de races différentes, la présence d'une autorité politique centrale couvrant de larges espaces et pouvant assurer la sécurité des gens et la circulation des biens le long des voies caravanières, tous ces facteurs et d'autres encore donnèrent un coup de fouet au commerce transsaharien dont l'importance sauta aux yeux des Arabes dès les premiers temps de la conquête musulmane. Ainsi, d'après Ibn 'Abd al-Hakam, la première expédition arabe au sud du Sahara eut lieu en 734, sous le commandement de Habib b. 'Ubayd Allah al-Fihri, petit-fils de 'Uqba b.Nafi'. Il partit du Sous vers le Soudan où il « remporta une victoire sans égale et ramena une profusion d'or[23] ». Son fils 'Abd al-Rahman, qui s'empara du pouvoir à Kairouan entre 744 et 755, ordonna le creusement de toute une ligne de puits au sud du Dra'[24], le long de la piste empruntée par les caravanes se dirigeant vers Awdaghust et le royaume noir de Ghana – que le géographe arabe al-Fazari signale dès la fin du VIIIe siècle comme étant le « pays de l'or[25] ». Le royaume, situé entre le Sénégal et le Niger, contrôlait en effet les mines d'or de Galam et du Bambouk. Son émergence fut étroitement liée à celle des émirats kharijites du Sud maghrébin, ceux de Tahert et de Sijilmassa notamment, qui jouèrent un rôle de premier plan dans le développement du commerce transsaharien et dans l'établissement de contacts diplomatiques directs entre Maghrébins et Soudanais[26].

L'or que les deux villes tiraient de ce trafic était utilisé sur place pour la fabrication de bijoux et de pièces de monnaie, le surplus était exporté vers les États musulmans voisins. Ceux-ci en faisaient un usage similaire, à mesure qu'ils devenaient plus autonomes par rapport au califat, dont c'était habituellement la prérogative exclusive de fabriquer des dinars en or et des dirhams en argent. Le métal jaune, le seul métal précieux avec l'argent, pouvant servir à la fabrication de monnaies « légales », vit ainsi sa demande exploser. En effet, les prises de guerre du début de la conquête arabe s'épuisaient tandis que se tarissaient les sources traditionnelles d'approvisionnement de l'oued Allaki, au sud d'Assouan, en Égypte.

Le commerce transsaharien créait un véritable trait d'union entre plusieurs civilisations : l'Afrique noire, manquant de sel, de chevaux et de produits manufacturés, troquait son or et ses esclaves contre les marchandises que lui apportaient les commerçants maghrébins. Ceux-ci écoulaient ensuite une partie de cet or en Orient et en Europe, l'Europe, qui jusqu'à la découverte de l'Amérique souffrait d'une « faim frénétique » de métal jaune.

Tahert fut la première des villes kharijites du Maghreb à engager des rapports commerciaux étroits avec le royaume de Ghana et celui de Gao, sur le Niger[27]. Après la mort en 772 de l'imam ibadite de Tripolitaine, toutes les tribus ibadites du Maghreb central et oriental, comme les Nafusa, les Hawwara, les Zawagha, les Kutama, les Banu Ifran et les Zénètes, reconnurent l'autorité de son émir. La ville devint ainsi, jusqu'à sa conquête par les Fatimides au début du xe siècle, une grande cité marchande qui attirait non seulement les Ibadites, mais aussi des Juifs et des commerçants musulmans de Kairouan, de Bassora et de Kufa, en Irak.

Dans le Tafilelt marocain, la montée de Sijilmassa ne fut pas très postérieure à celle de Tahert. Le pouvoir y était exercé par des émirs appartenant à la dynastie des Banu Midrar de la tribu kharijite des Miknassa. Au début du ixe siècle, ils se rapprochèrent des Ibadites de Tahert dont les caravanes à destination du Soudan occidental passaient par Sijilmassa. Délaissant peu à peu leurs convictions kharijites, les émirs filaliens revinrent à l'orthodoxie malékite au cours du siècle suivant, mais cela ne les empêcha pas de s'arroger le titre califal d'*Amir al-Mu'minin*, ou « Prince des Croyants », qu'ils firent figurer sur les dinars en or et les dirhams en argent qu'ils continuèrent de frapper en leur nom jusqu'à la conquête de la ville par les Fatimides en 921. Réservant un meilleur sort à Sijilmassa qu'à Tahert dont ils précipitèrent la chute, obligeant ses habitants ibadites à se réfugier à Wargla, les Fatimides obtinrent du commerce avec le Soudan tout l'or ainsi que les esclaves noirs nécessaires à leur expansion au Maghreb et en Égypte dont ils se rendirent maîtres à partir de 972. Les fouilles archéologiques du site sud-mauritanien d'Awdaghust le prouvent avec certitude : tous les dinars retrouvés sont fatimides et pour la plupart frappés en Ifriqiya[28].

Ibn Hawqal, qui visita Sijilmassa en 951, laissa de la ville qui était alors en plein essor une description des plus élogieuse :

> Sijilmassa ressemble à Kairouan par la salubrité du climat et le voisinage du désert. Il y a en outre un commerce ininterrompu entre cette ville et le pays des Noirs et d'autres contrées, ce qui assure des gains abondants à l'aide des caravanes commerciales continuelles, avec la maîtrise des activités et un souci de perfection dans la méthode et les affaires. Leurs procédés s'éloignent de l'esprit méticuleux des gens du Maghreb ; ils agissent avec correction et leur zèle à accomplir de bonnes œuvres est courant. Ils montrent une tendance pieuse et chevaleresque à s'entraider : même s'il y a des haines et des rancunes anciennes, ils se réconcilient en cas de besoin et rejettent toute dissension dans un sentiment de magnanimité et de tolérance, par une noblesse qui leur est innée, une délicatesse d'âme qui leur est propre... Je dois dire que nulle part au Maghreb je n'ai vu plus de cheikhs d'une conduite aussi régulière, encourageant la science et les savants, avec une élévation de pensée et des sentiments purs et nobles[29].

À l'exemple de Tahert, Sijilmassa était aussi une ville cosmopolite habitée notamment par des ressortissants irakiens originaires de Bagdad, Bassora et Kufa :

> Eux et leurs enfants s'adonnaient à un commerce incessant, par petits groupes, continuellement en mouvement ou en caravanes ininterrompues. Ils arrivèrent ainsi à des gains considérables, à des avantages importants et à une opulente richesse. Bien peu de commerçants dans les pays de l'islam ont approché d'une situation aussi considérable.

Une preuve parmi d'autres de l'extraordinaire dynamisme économique de Sijilmassa : on y montra à l'auteur une reconnaissance de dette (*shakk*) d'une valeur de 42 000 dinars représentant le montant d'une transaction contractée par un commerçant d'Awdaghust, le dernier relais saharien avant l'entrée dans le royaume de Ghana : « Je n'ai ni vu ni entendu en Orient quelque chose de pareil à ce fait, affirme-t-il. Je l'ai raconté en Irak, dans le Fars et dans le Khurasan, il a paru partout inouï. »

Autre indice de l'extrême richesse de Sijilmassa : les Fatimides y percevaient la moitié de leurs recettes pour l'ensemble du Maghreb : un montant de 400 000 dinars consistant en impôts locaux et en taxes douanières sur les caravanes en provenance et à destination du Soudan, « de l'Ifriqiya, de Fès, de l'Espagne, du Sous et d'Aghmat ».

Sijilmassa garda sa position de grande métropole économique du Sud marocain longtemps après le départ des Fatimides, vers 970, et son passage sous l'autorité des Omeyyades andalous par Zénètes interposés. En 1068, al-Bakri la décrivit comme une ville verdoyante abritant de belles maisons et des édifices magnifiques. Les habitants y cultivaient des dattes, des raisins « et toutes les autres espèces de fruits ». Le sol y était très fertile : « Il suffisait d'ensemencer une fois les terres autour de Sijilmassa pour avoir des récoltes pendant trois ans consécutifs. » Dans cette ville, ajoute-t-il, « on engraisse les chiens pour les manger, ainsi que cela se pratique à Gafsa et à Castiliya (Djérid). On y regarde aussi comme une friandise les grains de blé qui commence à germer. Les lépreux y font le métier de vidangeur ; celui de maçon est réservé spécialement aux Juifs[30] ».

Venant de Fès, chargées d'épices, de poteries, de céramiques, de verreries, de tapis et d'autres produits raffinés, en partie de fabrication andalouse et ifriqiyenne, les caravanes se dirigeant vers les relais transsahariens du Sud pouvaient emprunter plusieurs voies :

— la « route des dattes », qui passait par Sefrou, « une ville ceinte de murs et entourée de ruisseaux et de jardins », et le long des vallées de la Moulouya et du Ziz aboutissait à Sijilmassa ;

— la route du Moyen Atlas, où il y avait « beaucoup de pins, de cèdres et de chênes à glands doux » qui passait à proximité du pays des Matmata, « un canton considérable qui abonde en céréales et dont la totalité est arrosée par les eaux de cette rivière et couverte de troupeaux de bœufs et de moutons » et, plus au sud, à l'entrée d'Erfoud, par le qsar de Yerara dont les habitants élevaient des moutons d'une belle race : « Leur laine, qui est d'une qualité supérieure, s'emploie à Sijilmassa pour fabriquer des étoffes, dont chaque pièce se vend à un prix qui dépasse vingt mithqal » ;

— la route du Dra' aux bords « couverts de bocages et d'arbres fruitiers en quantité prodigieuse[31] » qui descendait jusqu'à Zagora et Tamgrut et que les voyageurs en provenance de Sijilmassa atteignaient après avoir longé les vallées du Ghéris, de la Todgha et du Dadès ;

— la route du Sous, que les caravanes en provenance du Dra' atteignaient par Aghmat et Nafis ou, plus au sud, par Aqqa et Ifran de l'Anti-Atlas. Ses habitants, rapporte al-Bakri, étaient « les plus industrieux des hommes et les plus ardents dans la poursuite des richesses[32] ». Connue sous le nom de *Triq Lamtuni*, cette route était le principal corridor du trafic marocain avec le Soudan et passait par l'oued Noun, la Saqiya al-Hamra et l'Adrar mauritanien.

À chacune de leurs étapes successives à travers le Sud marocain, les commerçants qui se rendaient au Soudan chargeaient leurs dromadaires de denrées alimentaires impérissables – blé, huile, raisins et fruits secs – ainsi que de textiles et de divers produits miniers – cuivre, fer, argent notamment – de bonne vente au pays des Noirs. Entre la Saqiya et l'Adrar, ils pouvaient se ravitailler dans les salines d'Awlil en pains de sel indispensables pour obtenir l'or et les esclaves recherchés au sud du Sahara. Deux mois après leur départ, les caravanes parvenaient à Awdaghust, à la lisière du Sahel, et, dix jours plus tard, à Ghana, la capitale du royaume africain du même nom.

De l'oued Noun au Sahel soudanais, tout le Sahara occidental était habité, à l'époque, par les Sanhaja qui étaient divisés en plusieurs tribus. Les Lamta et les Jazula occupaient le nord de la région, limitrophe du Sous et du Dra'. Nomades, ils descendaient avec leurs troupeaux jusque dans l'Adrar où ils côtoyaient les Massoufa qui servaient de guides aux caravanes de Sijilmassa se dirigeant vers Awdaghust. Cette ville était aux mains des Lamtuna, qui dominaient également l'Adrar et le Tagant mauritaniens. Ils avaient pour voisins, à l'ouest, le long de la côte atlantique, les Juddala, qui contrôlaient les salines d'Awlil :

> La contrée entre Awdaghust et Sijilmassa, raconte Ibn Hawqal, est occupée par plusieurs tribus berbères vivant isolées dans le désert et qui n'ont aucune idée de la vie urbaine. […] Ils ne connaissent ni le froment, ni l'orge, ni la farine […] ils se nourrissent de lait et quelquefois de viande. Ils possèdent de la vaillance et de la force plus que d'autres. Ils montent admirablement leurs chameaux,

> légers à la course et endurants. Ils ont une connaissance approfondie des formes et des aspects du sol, de la faculté d'y trouver leur route, d'y déceler des points d'eau d'après une description seule ou une simple indication. Ce sens de l'orientation dans le désert se trouve exclusivement chez ceux qui vivent dans les mêmes parages et mènent le même genre de vie. [...] On n'a jamais vu chez eux autre chose que les yeux car ils se voilent déjà la face dès l'enfance et grandissent ainsi. Ils pensent que la bouche est une chose ignoble qu'il faut cacher comme les parties sexuelles, à cause de ce qui sort, qui est aussi malodorant que les excrétions des parties honteuses[33].

Divisés et menacés de perdre une partie de leurs ressources à la suite du contrôle d'Awdaghust par le royaume de Ghana, au XIe siècle, les Lamtuna et les Juddala s'unirent sous la conduite d'"Abd Allah b. Yasin et de ses disciples, les deux frères Abu Bakr et Yahiya b. 'Umar et leur cousin Yussuf ibn Tashfin. Ils donnèrent naissance au mouvement almoravide qui commença par forcer les tribus berbères de l'Adrar à « rentrer dans la bonne voie et à embrasser la vraie religion[34] » avant de se lancer à la conquête du Sahara et de l'ensemble du Maghreb extrême et de l'Andalousie.

Des événements non moins dramatiques se déroulèrent, au même moment au Maghreb oriental : après la conquête de l'Égypte par les Fatimides et leur départ d'Ifriqiya en 972, ils confièrent le pays à leurs alliés Zirides de la tribu des Sanhaja dont l'autorité s'étendait ainsi sur tout le territoire de la Tunisie actuelle ainsi que sur une bonne partie du Maghreb central, de Constantine à Alger. D'abord harmonieuses, les relations entre les Fatimides et leurs vassaux zirides se détériorèrent gravement au fur et à mesure du rejet par la population de l'Ifriqiya de la doctrine chiite prônée par les Fatimides. En 1048, l'émir ziride al-Mu'izz rompit officiellement son allégeance au Caire et prôna le retour à l'orthoxie sunnite. La réaction fatimide fut aussi immédiate que violente : ils firent envahir la province rebelle par la tribu arabe des Banu Hilal qui nomadisait alors en Haute Égypte et qui, « semblables à des sauterelles », écrivit trois siècles plus tard Ibn Khaldun, détruisirent tout sur leur passage ». Ces déprédations provoquèrent la déchéance économique de l'Ifriqiya, la décadence de son agriculture jadis florissante et la ruine définitive de ses villes comme Gafsa, Gabès et Kairouan ainsi que la fragmentation du pouvoir politique en de petites principautés, recroquevillées sur elles-mêmes, le long du littoral et dans les massifs montagneux. Ce fut bientôt la chute de la province la plus riche et la plus civilisée de la Berbérie, celle qui pendant plus d'un millénaire avait été son pivot politique, économique et culturel. Dès lors, l'Afrique du Nord allait voir ses centres de gravité politiques, économiques et religieux se déplacer vers l'ouest, vers le Maghreb extrême et l'Andalousie, où, loin de toute influence orientale, les Almoravides allaient fonder l'une des dynasties les plus brillantes du monde musulman, qui étendit son emprise du Sénégal à l'Espagne.

DEUXIÈME PARTIE

L'ÈRE DES GRANDS EMPIRES BERBÈRES

4

Les Almoravides

L'épopée almoravide remonte à Yahya b. Ibrahim, le chef de la tribu berbère des Juddala, qui, de retour de La Mecque en 1039, voulut renforcer la foi religieuse des habitants du Sahara en leur inculquant un islam purifié de toute influence kharijite ou païenne. Sur les conseils de l'un des juristes sunnites les plus réputés rencontré à Kairouan, le cheikh Abu 'Imran Musa b. Abi Hajjaj al-Fasi, il se rendit à Nafis, dans le Sous, à l'école malékite de *Dar al-Murabitin* où il recruta l'un des meilleurs élèves de l'établissement, 'Abd Allah ibn Yasin. Celui-ci accepta de l'accompagner au Sahara et de l'aider dans sa mission [1].

Un mouvement de réforme politique et religieuse venu du Sahara

Aussitôt arrivé dans l'Adrar, Ibn Yasin créa un ermitage fortifié ou *ribat* pour y former des élèves combattants qui portèrent par la suite le nom de *Murabitun* ou Almoravides [2]. Austère et d'une grande piété, il « ne mangea point de viande et ne but point de lait, car les troupeaux n'étaient pas purs, à cause de la profonde ignorance du peuple ». Mais cela ne l'empêcha pas d'avoir un grand nombre de femmes : chaque mois, il en épousait plusieurs et s'en séparait successivement, rapporte l'auteur du *Rawdh al-Qirtas*.

Il ne parvint cependant pas à se rallier les Juddala, tribu de la grande confédération des Sanhaja. Découragé, il envisagea d'abandonner sa mission. Prenant finalement son mal en patience[3], il resta dans le désert, effectuant à la manière du Prophète sa propre *hijra* « loin de la société des hommes ». Venant de toutes les tribus de l'Adrar, le nombre de ses disciples ne cessa ainsi de grandir :

> Il purifiait chaque personne qui se présentait à lui pour exprimer son repentir en lui administrant cent coups de fouet. Ensuite, il enseignait à tous le Coran et les lois de l'islam et leur ordonnait de veiller à la pratique de la prière et au paiement de la charité (*zakat*) et de l'impôt légal du *'Ushr*. Les sommes ainsi perçues furent versées au *Bayt al-Mal* (Trésor) dont il préleva l'argent nécessaire aux troupes pour l'achat des montures et des armes utilisées contre les tribus. [...] Il récupérait les biens laissés par ceux qui périssaient dans ces expéditions et les proclamait propriété *fay* des Almoravides[4].

Une fois leur formation religieuse achevée, les *Murabitun* étaient affectés dans plusieurs bataillons de combat auxquels Ibn Yasin prêchait le devoir de guerre sainte contre les tribus récalcitrantes du Sahara en même temps qu'il leur donnait une instruction militaire très complète :

> Ils combattent à cheval ou montés sur des chameaux de race; mais la plus grande partie de leur armée se compose de fantassins, qui s'alignent en plusieurs rangs. Ceux du premier rang portent de longues piques, qui servent à repousser ou à percer leurs adversaires; ceux des autres rangs sont armés de javelots; chaque soldat en tient plusieurs, qu'il lance avec assez d'adresse pour

atteindre presque toujours la personne qu'il vise et la mettre hors de combat. Dans toutes leurs expéditions, ils ont l'habitude de placer en avant de la première ligne un homme portant un drapeau : tant que le drapeau reste debout, ils demeurent inébranlables ; s'il se baisse, ils s'asseyent tous par terre, où ils se tiennent aussi immobiles que des montagnes ; jamais ils ne poursuivent un ennemi qui fuit devant eux. Ils tuent les chiens partout où ils les rencontrent, et ils n'en gardent jamais aucun parmi eux[5].

Ibn Yasin attendit cependant la mort de son protecteur Yahya b. Ibrahim pour rompre définitivement avec les Juddala. Il se tourna alors vers les Lamtuna dont l'un des chefs, Yahya b. 'Umar, venait d'être choisi à la tête de la confédération des Sanhaja. Il lui confia, ainsi qu'à son frère Abu Bakr, la direction militaire du mouvement qui, à partir de 1049, devait se lancer à la conquête systématique du Sahara méridional puis du sud du Maroc.

Le prétexte leur fut fourni par les oulémas du Tafilelt et du Dra' qui demandèrent en 1054 à Ibn Yasin d'intervenir à Sijilmassa et de libérer ses habitants de la « tyrannie » des Maghrawa zénètes et de l'oppression de leur émir, Mas'ud ibn Wanudin. Commencée comme une opération destinée à éradiquer « les abus qui choquaient la religion[6] », l'expédition se termina en razzia qui rapporta aux Almoravides un énorme butin d'« environ 50 000 chameaux » enlevés dans le Dra' aux émirs de Sijilmassa. Les Almoravides retournèrent ensuite dans leurs campements de l'Adrar « après avoir rétabli l'ordre dans le pays » et laissé à Sijilmassa une garnison commandée par un chef des Lamtuna.

Peu de temps après la population de Sijilmassa se révolta contre les Almoravides, massacrant la garnison qu'ils avaient laissée sur place. « Le désert lui paraissant depuis quelque temps trop petit[7] », le nouveau chef militaire du mouvement, Abu Bakr b. 'Umar, décida dès lors de faire franchir, une fois de plus, le Sahara à ses hommes. En 1056, les Almoravides entrèrent de nouveau à Sijilmassa, obligeant ses habitants à leur faire allégeance. Ils y établirent leur quartier général pour la suite des opérations, sous le commandement de Yussuf ibn Tashfin, cousin d'Abu Bakr, et y frappèrent leurs premières pièces de monnaie en or, au nom d'Abu Bakr b. 'Umar. À partir de 1058, ils se lancèrent à la conquête du Sud marocain. Ils s'emparèrent ainsi sans coup férir du port de Massa, au sud d'Agadir, et de la ville de Taroudant, dont ils exterminèrent la population chiite qui y avait été installée par les Fatimides. Maîtres du Sous, du Dra' et du Tafilelt, ils soumirent sans difficulté les Masmouda du Haut Atlas ainsi que les tribus voisines des Haha et des Regraga. Ils entreprirent ensuite de conquérir le Maroc central, ce qui les conduisit, à partir de 1063, à un long affrontement avec les Zénètes. Ils commencèrent par les déloger de la grande cité commerciale d'Aghmat, les poursuivant à travers le Moyen Atlas jusqu'aux abords de Fès. L'ancienne capitale idrisside était toujours aux mains des Maghrawa ; les Almoravides ne purent s'en emparer qu'en 1069[8].

Entre-temps, les Sahariens entrèrent dans le Tamesna et la Chaouia où ils engagèrent une « guerre sainte » en bonne et due forme contre les Barghwata. 'Abd Allah ibn Yasin, le fondateur du mouvement, y perdit la vie en 1059. Il fut enterré à Keriflet près de Rabat, la capitale moderne du Maroc.

Investi de la direction religieuse et militaire du mouvement, c'est à Abu Bakr qu'il échut de venir à bout de la résistance des Barghwata. Il retourna ensuite à Aghmat pour y épouser Zaynab, la veuve de l'ancien gouverneur de la ville, que l'on disait belle, habile, perspicace et intelligente – autant de qualités qui lui valurent le qualificatif de « magicienne[9] ». Mais, contraint de retourner subitement dans l'Adrar pour régler une grave querelle opposant les Lamtuna aux Massoufa, il dut la répudier peu de temps après leur mariage. Il la céda alors à son cousin Yussuf ibn Tashfin auquel il délégua ses pouvoirs au Maroc.

De retour au Sahara, Abu Bakr résolut de « donner libre cours à l'ardeur » des tribus Sanhaja en les conduisant à la guerre contre les Noirs « jusqu'à la distance de quatre-vingt-dix journées au-delà du pays des Almoravides [10] ». En 1076-1077, il s'empara ainsi du royaume noir de Ghana, « dévasta [le] territoire, pilla [les] propriétés » et « obligea un grand nombre [d'entre eux] à embrasser l'islam ». Événement de portée considérable qui allait entraîner, au cours des siècles suivants, l'islamisation de l'Afrique noire sahélienne.

Du fleuve Sénégal au Guadalquivir : Yussuf ibn Tashfin et l'unification politique et religieuse du Maroc et de l'Espagne

Yussuf ibn Tashfin avait cinquante ans quand il s'empara de la direction du mouvement almoravide au Maroc :

> Teint brun, taille moyenne, maigre, peu de barbe, voix douce, yeux noirs, nez aquilin, mèche de Mohammed retombant sur le bout de l'oreille, sourcils joints l'un à l'autre, cheveux crépus. Il était courageux, imposant, actif, veillant sans cesse aux affaires de l'État et aux intérêts de ses villes et de ses sujets, entretenant avec soin des forteresses et toujours occupé de la guerre sainte, aussi Dieu le soutenait et lui donnait la victoire. Généreux, bienfaisant, il dédaignait les plaisirs du monde ; austère, juste et saint, il fut modeste jusque dans ses vêtements ; quelque grande que fût la puissance que Dieu lui donna, il ne se vêtit jamais qu'avec de la laine, à l'exclusion de toute autre étoffe. Il se nourrissait d'orge, de viande et de lait de chamelle, et s'en tint strictement à cette nourriture, jusqu'à sa mort [11].

Aidé de Zaynab, qui déploya tout son savoir-faire pour l'amener à se libérer complètement de la tutelle d'Abu Bakr, Yussuf ibn Tashfin poursuivit l'action militaire et religieuse de son cousin avec, à sa disposition, une partie seulement des Lamtuna. Comme Idris Ier avant lui, il fonda en 1071 la ville de Marrakech dont le site, un ancien repaire de brigands habité uniquement « par des autruches et des gazelles », avait été, semble-t-il, choisi auparavant par Abu Bakr, qui, avant son retour au Sahara, aurait même eu le temps de jeter les fondations de la citadelle du Qsar al-Hajar ou « Forteresse de pierre ». Destinée à désenclaver la ville d'Aghmat qui débordait d'habitants depuis sa conquête par les Almoravides, la nouvelle capitale convenait parfaitement aux gens du désert qui refusaient de vivre dans des centres urbains ou sur le bord des rivières : « Un lieu dont les rives du Nafis leur servirent de jardins, les plaines des Doukkala de champs de culture, de manière à permettre à l'émir de tenir en main, durant sa vie entière, les rennes des montagnes du Daran [l'Atlas] [12] », précise Ibn al-'Idhari.

Mettant à profit l'immense fortune de son épouse, Yussuf ibn Tashfin réorganisa son armée en vue de la conquête du centre du Maroc : il y incorpora de nouvelles unités de fantassins et se dota d'une garde personnelle constituée de 250 cavaliers chrétiens et d'une milice de 2 000 esclaves noirs ramenés du Soudan. L'argent nécessaire à cette opération fut en grande partie fourni par une taxe extraordinaire qu'il imposa aux Juifs et qui, selon le *Bayan al-Mu'rib*, rapporta plus de 113 000 dinars [13].

Comptant plusieurs dizaines de milliers de soldats, l'armée almoravide était commandée par des *caïds* issus des trois grandes tribus fondatrices de la dynastie, les Lamtuna, les Massoufa et les Juddala, auxquelles s'ajoutaient les unités de mercenaires chrétiens et noirs. Elle était composée principalement de fantassins portant des cotes de mailles et des boucliers en peau d'antilope et qui étaient armés de javelots, de longues piques, de sabres, d'arcs et de flèches[14].

Maître de Fès et de tout le sud et le centre du Maroc à partir de 1070, Yussuf ibn Tashfin ne manqua pas, par sa réussite fulgurante, de susciter la jalousie du chef du mouvement Abu Bakr b. 'Umar, qui se voyait pour ainsi dire évincé du pouvoir au Maroc[15]. Après avoir envisagé un moment de retirer le pouvoir à Ibn Tashfin, Abu Bakr se ravisa et, ne voulant pas semer la discorde parmi les siens, il accepta, en 1072, de se réconcilier avec son successeur, qu'il rencontra près d'Aghmat. Tout en protestant de sa loyauté envers son cousin dont il reconnaissait la suprématie morale, Ibn Tashfin refusa cependant de se démettre de ses fonctions. Se rendant aux conseils de son épouse Zaynab, il offrit à Abu Bakr un riche présent dont la composition ne pouvait qu'impressionner le chef saharien : 25 000 dinars d'or pur, 70 chevaux dont 25 tout harnachés d'or portant 20 esclaves vierges, 70 sabres, 20 paires d'éperons incrustés d'or, 120 mules de qualité, 100 turbans en calicot fin, des centaines de turbans, de tuniques, de robes et de burnous, noirs, blancs et rouges, 1 000 toises de lin, 70 capes en tissu, 7 grands étendards, 151 esclaves adultes, 10 livres de bois d'aloès de la meilleure qualité, 5 livres de musc, 2 d'ambre parfumé, 15 d'ambre gris, sans compter un troupeau de bovins et d'ovins et une grande quantité de blé et d'orge[16].

N'étant plus contesté par quiconque, Ibn Tashfin avait désormais les coudées franches pour hâter l'unification politique et religieuse du Maroc, jamais réalisée depuis la conquête arabe. Luttant farouchement contre les sectes et les mouvements hérétiques qui se partageaient le monde berbère depuis le VIIIe siècle, il favorisa ainsi l'enracinement de l'islam sunnite et du malikisme.

Dans ce but, il jeta les bases d'une nouvelle administration gouvernementale et y nomma aux principaux échelons ses propres fils et ses cousins appartenant comme lui au clan lamtounien des Banu Targhut[17]. Il divisa en outre le Maroc entre quatre grandes provinces : la première, au nord comprenait Tanger et Ceuta, et s'étendait jusqu'à Salé à l'ouest, et Meknès à l'est ; la deuxième était constituée par Fès et ses dépendances ; la troisième couvrait Sijilmassa et le Dra', la dernière, qui était la plus vaste et la plus riche, englobait Marrakech, Aghmat, le Sous, le Haut Atlas, le Tadla et le Tamesna.

Signes évidents de prospérité et de pouvoir, Yussuf ibn Tashfin ouvrit plusieurs ateliers monétaires à travers le Maroc, à Nul Lamta, Sijilmassa, Aghmat, Marrakech et Fès ainsi qu'à Tlemcen. Les pièces qu'on y frappait étaient d'une teneur élevée en or et « inondèrent » de ce fait les marchés européens, ifriqyiens et égyptiens ; elles étaient connues jusqu'en Chine[18]. Elles étaient estampillées au nom de l'émir Abu Bakr b. 'Umar, puis, après la mort de ce dernier en 1087, au nom de Yussuf ibn Tashfin. Hasard ou non, les pièces almoravides portaient, en filigrane, le même verset coranique que celui utilisé par les Zirides tunisiens au lendemain de leur rébellion contre les chiites Fatimides[19] et leur retour au malikisme : « Quiconque recherche une religion autre que l'islam, ne sera pas agréé et il périra dans le monde futur[20]. »

La victoire de Zallaqa (23 octobre 1086) et la conquête de l'Espagne

Parvenu ainsi au faîte de la gloire, Yussuf ibn Tashfin fut appelé à l'aide par les musulmans andalous qui depuis la désagrégation du califat omeyyade de Cordoue, au début du siècle, vivaient sous la menace des royaumes chrétiens de Léon, de Castille, de Navarre et d'Aragon. Ils étaient divisés en une vingtaine de petites principautés rivales ou *Tawa'if* (sing. *Ta'ifa*, littéralement « bande ») et dirigées par des émirs indépendants, les *Muluk al-Tawa'if*, ou « Reyes de las Taifas » dont les plus importants étaient ceux de Séville, Tolède, Saragosse, Valence, Grenade et Badajoz. Riches mais impuissants, ils ne dédaignaient pas, pour leur protection, de recourir aux services de mercenaires et d'aventuriers chrétiens. L'exemple le plus célèbre est celui de l'aventurier Rodrigo Diaz de Vivar, le Cid (al-Sayyid) « Campeador ». Aristocrate castillan né à Burgos, il fut envoyé en mission par Alphonse VI à Séville où il repoussa les soldats grenadins qui attaquaient la ville sous la conduite d'un autre mercenaire castillan. Victime d'intrigues de toutes sortes, le Cid dut abandonner par la suite sa Castille natale. Il se mit alors au service de l'émir de Saragosse avant d'offrir son concours à celui de Valence qu'il défendit contre Alphonse VI.

Enhardi par la faiblesse du camp musulman et soutenu par le pape qui, dès 1063, avait appelé les chrétiens à participer à la croisade pour la libération de l'Espagne, c'est Alphonse VI qui s'imposa comme le héros de cette phase préliminaire de la « Reconquista », commencée par son père Ferdinand Ier. Grâce à l'intervention du Saint-Siège, il s'était assuré par ailleurs le concours des autres rois chrétiens de la Péninsule qui allaient prendre leur part dans la guerre qui s'annonçait contre les Almoravides.

Prudent, Yussuf ibn Tashfin refusa de répondre aux sollicitations des Andalous tant qu'il ne disposait pas de navires et de galères lui permettant de franchir le détroit de Gibraltar et tant que les deux ports marocains de Ceuta et Tanger étaient la possession de l'émir de Malaga. N'excluant pas néanmoins l'éventualité d'un débarquement en Espagne, le souverain almoravide envoya ses troupes à la conquête de Taza, Guercif, Melilla et du Rif, au nord du Maroc ; en 1080, il entra à Oujda puis à Tlemcen dont il fit « un des boulevards de son empire et un lieu de station pour ses troupes[21] » et, enfin, entre 1081 et 1082, il prit le contrôle d'Oran, de Tenès et d'Alger, ajoutant ainsi l'Ouest de l'Algérie actuelle à la liste de ses multiples conquêtes maghrébines qu'il clôtura par la prise de Ceuta en 1083.

Pendant ce temps, Alphonse VI accentuait sa pression sur les *Muluk al-Tawa'if*, bousculant l'une après l'autre les minuscules armées qu'ils opposaient à ses troupes conquérantes. Le 6 mai 1085, Tolède se rendit à l'« empereur de toute l'Espagne », qui, poursuivant son offensive, assiégea peu après Valence et Saragosse et imposa un lourd tribut à Séville. Ces succès finirent par inquiéter Ibn Tashfin et le décidèrent à envahir l'Espagne, comme l'en exhortait une importante délégation religieuse venue à Marrakech et composée des cadis de Badajoz, Grenade et Cordoue. Ceux-ci lui rappelèrent le devoir de guerre sainte incombant à tout prince musulman pour sauver ses coreligionnaires en détresse. En paiement de son aide, l'émir de Séville al-Mu'tamid lui céda ses navires ainsi que le port d'Algésiras où le monarque almoravide débarqua, en juillet 1086, à la tête d'une puissante armée.

D'Algésiras, les troupes almoravides se dirigèrent en septembre 1086 vers Séville où les « hommes voilés » eurent droit à un accueil enthousiaste de la part de la population, galvanisée par les appels au *djihad* lancés dans toutes les mosquées de la ville. Grossie de jour en jour par des renforts envoyés de Séville, Grenade, Almeria, Malaga et Badajoz, l'armée marocaine quitta Séville en direction de Tolède. Arrivé le 23 octobre 1086, à Zallaqa, aux environs de Badajoz, Yussuf ibn Tashfin y fit subir à Alphonse VI une lourde défaite aussi retentissante que la prise de Tolède par les Castillans l'année précédente. Les soldats noirs se distinguèrent particulièrement dans cette bataille[22] qui permit aux Almoravides d'ajouter l'Espagne musulmane à leur immense royaume qui s'étendait désormais des « montagnes de l'or » soudanais, selon Ibn Abi Zar' à la vallée du Tage. Se plaçant sous l'égide du calife de Bagdad, Yussuf s'arrogea le titre inhabituel mais néanmoins glorieux de *Amir al-Muslimin wa nasir al-Din* (prince des musulmans et défenseur de la Foi) et, se prévalant de l'appui des *fuqaha* malékites d'Andalousie et du Maroc, il soumit l'un après l'autre les *Muluk al-Tawa'if* coupables à ses yeux de collusion avec les chrétiens et responsables du relâchement des mœurs de leurs sujets[23].

Austérité religieuse et raffinement culturel

De retour au Maroc où il apprit la mort, à Ceuta, de son fils et héritier Abu Bakr, Yussuf ibn Tashfin laissa les *fuqaha* malékites renforcer leur emprise sur l'administration du pays. Ils avaient leur mot à dire sur toutes les affaires de l'État et inondaient de leurs *fatwas* tous les responsables du royaume. Conseiller juridique du roi et juge suprême du Royaume, le *Qadi al-Quda* devint ainsi l'homme le plus puissant de l'administration almoravide, celui qui avait notamment la haute main sur le *bayt al-mal*, l'argent des fondations pieuses. Ses prérogatives dépassaient de loin celles des gouverneurs provinciaux et des officiers de l'armée ou celles du *Sahib al-Madina* – chef de la police –, qui avait la charge du maintien de l'ordre dans les grandes villes[24].

Si l'on s'en tient cependant au témoignage du cadi Ibn 'Abdun de Séville, les villes almoravides étaient loin d'être les îlots de sainteté et de conformisme religieux dont rêvaient les *fuqaha* almoravides. La « débauche » y était répandue et les « libertins, les maraudeurs et les vauriens » ne manquaient pas parmi les musiciens, les barbiers, les marchands et les jeunes. Peu assidus à la prière, ceux-ci avaient l'exécrable habitude de se laisser pousser les cheveux et de harceler les femmes dans les cimetières et les jardins publics où par ailleurs ils venaient boire leur vin en cachette. Ils fabriquaient eux-mêmes leur propre production en pressant de grandes quantités de raisin dans des récipients qu'ils achetaient chez des verriers et des potiers complices. Même les règles de conduite régissant les rapports avec les *dhimmi* juifs et chrétiens étaient peu respectées : ainsi les musulmans n'hésitaient ni à laver les latrines et jeter les ordures – métiers vils s'il en était – des juifs et des chrétiens, ni à leur servir de masseurs, de palefreniers ou d'âniers alors que la tradition interdit de leur tenir l'étrier. Quoiqu'il fût également prohibé de leur vendre des livres de science, sauf s'ils ont trait à leur propre loi, cette règle n'était pas plus respectée que celle de ne laisser aucun médecin juif ou chrétien soigner les musulmans[25].

Malékites intransigeants formés à l'école de Kairouan, les *fuqaha* almoravides étaient adeptes d'un islam austère centré sur la compréhension littérale du Coran et marqué par une méfiance extrême à l'égard de toute spéculation rationnelle. Délaissant le *hadith*, ils s'adonnaient à l'étude de traités d'applications juridiques de seconde main, les *forou'*, dont ils admettaient sans réserve l'autorité. Ce faisant, ils abolissaient la science des *Usul al-Din*, les fondements juridiques qui permettaient de tirer du *hadith* des applications pratiques nouvelles. Au risque de tomber dans l'erreur du *taqlid*, cela interdisait toute interprétation indépendante et originale des Textes. Leurs intransigeance finit par éloigner d'eux le plus grand théologien de l'époque, al-Ghazzali, qui dénonça leur casuistique desséchée et l'ignorance de leurs lettrés : « Une mouche sur un tas d'excréments est plus sensée qu'un lecteur de Coran parmi ces gens-là », écrivit à leur propos l'auteur de l'ouvrage *Ihya' 'Ulum al-Din* (« Renaissance des Sciences de la Religion »)[26].

Ses propos provoquèrent un véritable tollé parmi les *fuqaha* du Maghreb, qui, à l'exemple du célèbre cadi Iyyad de Ceuta et du cadi Ibn Hamdun de Cordoue, ordonnèrent l'autodafé des ouvrages du grand savant et la mise à mort ou le bannissement de toute personne propageant son enseignement[27].

La conquête de l'Espagne avait mis néanmoins les Almoravides au contact d'un monde nouveau et d'une civilisation raffinée dont ils finirent par adopter les mœurs. Héritiers des *Muluk al-Tawa'if* qu'ils avaient dépossédés, ils s'entourèrent comme eux de lettrés de grand talent comme le cadi Ibn 'Abdun ou le philosophe et musicien Ibn Bajja qui servit pendant une vingtaine d'années dans les palais de Grenade, Saragosse et Marrakech, de médecins renommés comme Avenzor et Avenzoar, d'ingénieurs qualifiés comme 'Abd Allah ibn Yunus al-Muhandis qui introduisit à Marrakech le système d'irrigation des *khattara*[28] et, enfin, d'architectes et d'artistes doués qu'ils firent travailler à la construction de multiples mosquées à Cordoue, Fès, Tlemcen, Nédroma et Alger. La Qarawiyyin de Fès, agrandie par le monarque 'Ali b. Yussuf entre 1132 et 1142, avec sa longue cour étroite, ses deux minarets carrés et symétriques aux extrémités, sa salle de prières aux nombreuses rangées de piliers, parallèles au mur où se trouve le *mihrab* et surtout son toit en tuiles vertes, peut servir d'exemple du style almoravide qui fut d'abord inauguré dans la grande mosquée de Cordoue avec ses nombreuses nefs, ses décorations en marbre sculpté et ses piliers droits surmontés d'un arc en fer à cheval.

« Maîtres des deux rives », les Almoravides servirent en quelque sorte d'agents de liaison entre l'Espagne et le Maghreb, permettant ainsi à l'influence andalouse de s'étendre jusqu'aux confins du Sahara. Marrakech et Fès devinrent dès lors des lieux de prédilection pour de nombreux poètes andalous. Certains à l'exemple de Mohammed ibn Qasim al-Fihri, Abu Bakr Yahiya ibn Sahl al-Yakki et Abu Bakr ibn Baqi qui n'avaient plus l'heur de plaire aux émirs de leur pays, purent exercer librement leur talent au sud du Détroit, à Fès, Marrakech ou Salé.

Il faut attendre cependant le milieu du XIIe siècle pour voir apparaître le premier poète fassi, Mohammed ibn Husayn ibn Habus, qui dut s'enfuir en Espagne jusqu'à la fin de la dynastie des Almoravides et l'arrivée au pouvoir des Almohades. Il rentra aussitôt à Marrakech où il devint le poète officiel du calife 'Abd al-Mu'min[29].

L'or du Soudan et l'expansion économique de l'Empire almoravide

Période de grande expansion politique et culturelle, le siècle almoravide fut aussi faste sur le plan économique. Relié à l'Andalousie au nord et au Soudan au sud, le Maroc connut en effet une prospérité remarquable sous Yussuf ibn Tashfin et son fils 'Ali, comme l'atteste l'auteur du *Rawdh al-Qirtas* :

> Leurs jours furent heureux prospères et tranquilles et, durant leur période, l'abondance et le bon marché furent tels que pour un demi-ducat [*mithqal*] on avait quatre charges de blé, et que les autres grains ne se vendaient ni ne s'achetaient. Il n'y avait ni tribut, ni impôt, ni contribution pour le gouvernement si ce n'est l'aumône et la dîme. La prospérité s'augmenta toujours, le pays se peupla et chacun put s'occuper librement de ses propres affaires. Leur règne fut exempt de mensonges, de fraude et de révolte, et ils furent chéris de tout le monde jusqu'au moment où le Mahdi, l'Almohade se leva contre eux[30].

La contribution du commerce transsaharien à cette prospérité est indéniable. Il suffit, à cet égard, de rappeler l'abondance du monnayage almoravide fondé sur l'or africain pour s'en convaincre. En dehors de Sijilmassa et de Marrakech, des ateliers monétaires furent ouverts à Nul, dans le Sous, Aghmat, Fès, Ceuta, Salé ainsi qu'à Tlemcen, Séville et Grenade et c'est ainsi que les « marabotins » furent connus en Orient et dans l'Europe chrétienne longtemps avant la conquête de l'Espagne musulmane par Yussuf ibn Tashfin[31]. Fortement perturbé par l'invasion des Banu Hilal à l'est et au centre du Maghreb, l'axe occidental reliant le Maroc au Soudan, le long du Sous et de l'Adrar mauritanien, devenait ainsi, grâce aux Almoravides, la voie principale des échanges de part et d'autre du Sahara.

L'omnipotence des juristes et la fin de l'Empire almoravide

À sa mort, presque centenaire, le 4 septembre 1106, Yussuf ibn Tashfin laissa à son fils et successeur 'Ali, qui était âgé de vingt-trois ans, un immense empire. Son nom, raconte une chronique locale, était proclamé dans plus de deux mille mosquées du Maghreb et d'Andalousie où l'on continuait néanmoins à prononcer la *khutba* au nom du calife abbasside de Bagdad. Le nouveau monarque, né à Ceuta d'une ancienne captive chrétienne, avait passé la plus grande partie de sa jeunesse non pas au Sahara, comme ses prédécesseurs, mais en Espagne où il revint fréquemment jusqu'à sa mort en 1143. Aussitôt intronisé, il reprit la guerre sainte en Espagne où il infligea à l'armée castillane une lourde défaite en 1108 à Ucles. Le fils d'Alphonse VI, Sancho, y trouva la mort. L'année suivante, 'Ali attaqua Tolède tandis qu'un de ses généraux entreprenait une expédition contre le Portugal. Au cours des deux décennies suivantes, Saragosse, Santarem, Badajoz, Porto, Coimbra, Evora, Cintra, Lisbonne, les îles Baléares et même Fraga, qu'il arracha à Alphonse le Batailleur dans une victoire inespérée en 1134, devinrent almoravides.

Malékite intransigeant, 'Ali ibn Yussuf était cependant un instrument docile aux mains des *fuqaha*, nota le chroniqueur 'Abd al-Wahid al-Marrakushi :

> Le commandant des musulmans, 'Ali ibn Yussuf ibn Tashfin, a continué l'action de son père en poursuivant la

> guerre sainte pour la défense du pays. Sa manière de faire était bonne, ses pensées élevées et son âme était pure, mais ami de la continence et ennemi de l'injustice, il méritait de figurer plus parmi les ascètes et les ermites que parmi les princes et les conquérants. Son respect envers les docteurs de la loi était tel qu'il n'entreprenait rien sans leur demander leur avis, leur permettant ainsi d'exercer une influence sans limite sur les affaires du royaume. [...] C'est ainsi que depuis son accession au pouvoir [...] les grands du royaume n'en firent qu'à leur tête, prétendant mieux diriger l'État que le prince lui-même. Pis, même leurs femmes en firent autant, ne s'interdisant aucun vice, pas même le vin ni la prostitution. Pendant ce temps, le commandant des musulmans s'affaiblissait et négligeait ses fonctions. Satisfait d'exercer une autorité nominale et de toucher les produits de l'impôt, il ne songeait qu'à la religion, priant la nuit et jeûnant le jour. Il négligea ainsi de la manière la plus absolue le bien-être de ses sujets, laissant l'Andalousie revenir à l'état où [l'avait trouvée son père] [32].

Ce n'est que partiellement exact, car ce roi était aussi un grand bâtisseur. Son règne fut marqué notamment par une très forte hispanisation du Maroc. C'est lui qui ordonna en effet l'agrandissement et l'embellissement de la Qarawiyyin de Fès et des grandes mosquées de Tlemcen et d'Alger ; lui aussi qui construisit un pont sur le Tensift avec l'aide d'architectes qu'il fit venir d'Espagne, lui qui transforma Marrakech en une véritable capitale impériale. Il y fit construire un nouveau palais, à côté du Qsar al-Hajar laissé par son père, et qui allait être rasé par les Almohades pour faire place à la mosquée de la Koutoubia. Au nord de la ville, il érigea la « mosquée de la Fontaine » (*Masjid al-Siqaya*), la plus vaste de toutes les mosquées édifiées par les Almoravides dans le pays et dont le *minbar*, importé de Cordoue, allait être utilisé par les Almohades à la Koutoubia. Enfin, c'est lui le premier qui, à l'exemple de son père à Fès, entoura Marrakech de remparts qui allaient jouer un rôle crucial face aux Almohades. La ville n'avait encore ni la renommée de Fès ni la célébrité qui allait être la sienne sous les Almohades, mais son nom était déjà cité parmi ceux des grands centres culturels maghrébins de l'époque, lieu de résidence de savants et de médecins ramenés par les souverains almoravides de leurs fréquents séjours en Andalousie. Ce fut ainsi que le célèbre médecin sévillan Abu 'Ala Zuhr (Avenzor) et son fils Marwan 'Abd al-Malik ibn Zuhr (Abenzoar) y passèrent une bonne partie de leur vie. Grâce à leurs observations, nous savons que les habitants de Marrakech souffraient de plusieurs maladies endémiques parmi lesquelles ils citaient en premier lieu la dysenterie, les coliques hépatiques, le coryza, les tumeurs aux jambes, la fièvre et une toux chronique due à la sécheresse et à la poussière. Autres habitants célèbres de cette ville, le philosophe et musicien Abu Bakr ibn Bajja, originaire de Saragosse qui mourut à Fès en 1138, et le cadi Iyad de Ceuta, qui se distingua dans la polémique entre les Almoravides et al-Ghazzali, et qui devint, après sa mort en 1149, l'un des saints patrons de la ville[33].

Tout en s'efforçant de maintenir intact le territoire conquis par son père en Espagne et au Portugal – qu'il parvint même à élargir au cours des premières années de son règne –, 'Ali ibn Yussuf fut incapable de juguler la montée des *Muwahhidun* ou Almohades, qui, depuis quelques années, dénonçaient maintes aberrations religieuses de l'idéologie almoravide. Les Almohades mirent à profit les premiers signes de décomposition de l'empire fondé par Yussuf ibn Tashfin pour asseoir leur prépondérance dans le sud du Maroc, avant de passer à l'offensive dans le reste du pays. Tandis que les chrétiens reprenaient Saragosse et poussaient leur avance au sud de l'Èbre, émirs et chefs religieux andalous se révoltaient partout contre les Almoravides, ramenant l'Espagne musulmane au régime des *Taifas* où l'avait trouvée Yussuf ibn Tashfin. Ce fut d'ailleurs à l'appel d'un de ces chefs rebelles, Ibn Qasi, le fondateur de la secte des *Muridin* dans l'Algarve, que les Almohades intervinrent pour la première fois en 1145 dans les affaires de la Péninsule. Ils venaient tout juste de mettre en déroute, dans les environs de Tlemcen, les derniers débris de l'armée almoravide conduite par Tashfin b. 'Ali, petit-fils de Yussuf ibn Tashfin.

5

Les Almohades

Exacte réplique, à un siècle d'intervalle de l'épopée almoravide, l'aventure almohade débuta comme un mouvement de réforme religieuse chez les Masmouda du Haut Atlas, à l'instigation d'un cheikh berbère, Mohammed ibn Tumart. Plaçant son mouvement sous le signe de l'unité absolue de Dieu – ce qui valut à ses adeptes le titre d'« unitariens » ou *Muwahhidun*, le Mahdi fut secondé par un chef militaire de haut vol, le calife 'Abd al-Mu'min, qui réédita de façon éclatante l'œuvre accomplie par Abu Bakr b. 'Umar et Yussuf ibn Tashfin, ajoutant à ses conquêtes l'Ifriqiya qui avait été épargnée par les Almoravides. Les différences entre les deux mouvements ne manquent pas cependant de sauter aux yeux. C'est d'abord un fossé religieux qui sépare leurs fondateurs, Ibn Yasin et Ibn Tumart. D'un côté, un disciple zélé des docteurs malékites de Kairouan mais qui ne laissa aucun écrit, de l'autre un théologien révolutionnaire qui reçut sa formation religieuse en Orient et qui maniait avec la même aisance la plume et la parole, en arabe et en berbère. L'origine sociale de leurs troupes diverge aussi : des nomades sahariens d'un côté, et des sédentaires montagnards de l'autre, qui firent montre néanmoins de la même disposition d'esprit à se laisser conduire par des chefs religieux qui n'avaient pour les séduire que leur force de conviction et leur charisme. C'est enfin dans des contextes régionaux et internationaux très distincts que les deux mouvements évoluèrent : les Almoravides avaient agi dans un monde où l'hégémonie musulmane était encore intacte, tandis que les Almohades étaient appelés à subir les premiers effets du reflux politique et militaire de l'islam en Méditerranée : en Espagne d'abord où, profitant de l'affaiblissement des Almoravides, les chrétiens relancèrent la *Reconquista* en s'emparant de Lisbonne, Almeria et Tortosa ; en Palestine ensuite où les croisés, partis d'Europe occidentale à l'appel du pape Urbain II, s'emparèrent de Jérusalem en 1099 et y fondèrent un royaume catholique et latin appelé à perdurer pendant près de deux siècles ; en Ifriqiya encore, où les Normands de Sicile avaient pris le contrôle entre 1134 et 1154 de nombreux points du littoral, Djerba, Mahdia, Tripoli, Sousse, Gabès et Bône, avant de soumettre les derniers fragments de l'émirat ziride issu de l'invasion hilalienne ; au Levant, enfin, avec l'invasion mongole et la conquête de Bagdad (1258) par un peuple non musulman venu des steppes d'Extrême-Orient, mettant ainsi fin au califat abbasside dont les Almoravides avaient continué de reconnaître l'autorité spirituelle jusqu'à leur disparition de la scène marocaine en 1147.

Mohamed ibn Tumart, réformateur des mœurs et combattant de la Foi

Fils d'un *Amghar* (notable) de la tribu berbère des Hargha, Mohammed b. 'Abd Allah ibn Tumart naquit entre 1097 et 1105 dans un village situé à la limite du Sous et de l'Anti-Atlas, dans la région de Taroudant. « Avide de connaissances », il quitta son village natal pour Marrakech où il approfondit son instruction malékite puis séjourna à Cordoue où il s'initia à la doctrine d'Ibn

Hazm, combinant *hadith* et juridisme. Vers dix-huit ou vingt ans, il partit au Levant et s'y familiarisa avec la science des fondements juridiques de la religion, ou *Usul al-Din*, ainsi qu'avec la théologie dialectique d'al-Ash'ari sur l'interprétation rationnelle du Coran et la philosophie scolastique du *Kalam*. Il semble exclu qu'il ait rencontré au cours de ce voyage l'illustre théologien al-Ghazzali (1058-1112) mais il ne fait aucun doute qu'il eût connaissance de ses doctrines sur l'*islah* et la réforme des mœurs contenues dans son œuvre maîtresse *Ihya' 'Ulum al-Din* (« Renaissance des sciences de la religion »)[1]. Aspirant à faire la synthèse de ces différents courants, il se distingua, dès le début de ses études, par un activisme moral dont il n'allait plus se départir jusqu'à son retour au Maroc, entre 1116 et 1118. À La Mecque, ses excès lui attirèrent tant de désagréments qu'il dut partir en toute hâte vers Alexandrie où l'on n'apprécia guère non plus le ton véhément de ses diatribes sur la séparation des sexes, l'interdiction des boissons fermentées et des distractions profanes. Jeté à bord du premier bateau en partance pour le Maghreb, il faillit y laisser la vie : seule l'intervention des passagers, raconte le chroniqueur almohade 'Abd al-Wahid al-Marrakushi, empêcha les membres d'équipage de le jeter par-dessus bord après qu'il eut brisé les amphores de vin qui se trouvaient sur le navire :

« Écartez-vous du vin, car c'est la source des turpitudes, enseignait-il à ses disciples. N'en buvez pas, n'en offrez pas en pressant des raisins, n'en vendez pas, n'en achetez pas, car c'est une souillure, œuvre de Satan[2]. »

Après un long périple qui le conduisit de Tripoli à Mahdia, Monastir, Tunis et Constantine, il arriva à Bougie dont le souverain hammadide aimait s'entourer de « toutes les délices de la vie[3] ». Ibn Tumart fut scandalisé à la vue d'habitants portant des sandales aux lanières dorées « à la manière des femmes » ainsi que des turbans « de l'époque du paganisme[4] ». Il appela la population à se soulever, ce qui suscita tout naturellement la colère des autorités qui le chassèrent de la ville. Contraint de se réfugier dans le village voisin de Mallala, il y rencontra le jeune homme qui était destiné à porter au firmament l'étendard almohade et bâtir, en moins d'une vingtaine d'années, le plus grand empire nord-africain de tous les temps : 'Abd al-Mu'min b. 'Ali, un berbère de la tribu des Goumiya, né à Tadjra dans la région de Tlemcen :

« Il était blanc de peau et avait les cheveux très noirs ; son corps robuste et de taille moyenne était haut en couleur ; le visage était beau et la voix claire ; il s'exprimait avec élégance et de la manière la plus convaincante ; il était très sympathique et personne ne pouvait le voir sans devenir aussitôt son ami[5] », écrivit à son propos le chroniqueur 'Abd al-Wahid al-Marrakushi.

Le récit de la rencontre d'Ibn Tumart avec 'Abd al-Mu'min prit avec le temps un caractère miraculeux. Il est rapporté comme suit par Abu Bakr b. 'Ali al-Baydaq, le secrétaire particulier d'Ibn Tumart dont le témoignage constitue une pièce essentielle pour la reconstitution des débuts de l'histoire almohade :

> Quand le soir tomba, l'imam prit par la main 'Abd al-Mu'min et ils s'en allèrent. Au milieu de la nuit, l'Impeccable m'appela : « Abu Bakr, donne-moi le livre qui se trouve dans l'étui rouge. » Je le lui remis et il ajouta : « Allume-nous une lampe. » Il se mit à lire ce livre à celui qui devait être le calife après lui, et tandis que je tenais la lampe, je l'entendais qui disait : « La mission sur quoi repose la vie de la religion ne triomphera que par 'Abd al-Mu'min b.'Ali, le flambeau des Almohades. » Le futur calife, entendant ces paroles, se mit à pleurer et dit : « Ô faqih, je n'étais nullement qualifié pour ce rôle ; je ne suis qu'un homme qui recherche ce qui pourra le purifier de ses péchés. – Ce qui te purifiera de tes péchés, repartit l'Impeccable, ce sera le rôle que tu joueras dans la réforme

de ce bas monde. » Et il lui remit le livre en lui disant : « Heureux les peuples dont tu seras le chef, et malheur à ceux qui s'opposeront à toi, du premier au dernier[6]. »

Accompagné dès lors d'"Abd al-Mu'min, Ibn Tumart rentra finalement au Maroc après un bref séjour à Tlemcen, Oujda, Guercif et Fès, où comme à son habitude et suivant l'enseignement d'al-Ghazzali[7], il ordonna à ses disciples de saccager des boutiques vendant des instruments de musique, « des tambours, des castagnettes, des flûtes, des luths, des guitares, etc.[8] ». Passant ensuite par Meknès, Khémisset et Salé, il parvint en 1121 à Marrakech où il engagea de vives discussions théologiques, à deux reprises au moins, avec les *fuqaha* almoravides et le souverain 'Ali b. Yussuf lui-même[9]. Désespérant de voir changer la conduite de ses interlocuteurs, qu'il traita « d'apostats et d'oppresseurs » et dont il fustigea par la suite la conduite licencieuse ainsi que l'« anthropomorphisme » religieux, il s'installa provisoirement à Aghmat où il composa son traité polémique *A'azz ma Yutlab* (« La chose la plus chère à laquelle on peut aspirer ») et commença à y préparer ses disciples à la guerre sainte contre les Almoravides :

> S'ils répondent à votre invitation et reviennent à la Sunna, s'ils vous aident à faire la guerre sainte contre les infidèles, alors laissez-les en paix; ils seront vos frères dans la religion d'Allah et la Sunna de son Prophète. Mais s'ils sont rebelles à la vérité et persistent à apporter leur concours aux gens du mensonge et de la corruption, alors tuez-les partout où vous les trouverez et ne choisissez parmi eux ni compagnon ni allié[10].

Car, leur expliquait-il, le *djihad* contre les « infidèles voilés » (*Mulathamun*) est plus important que celui contre les chrétiens, « deux fois et plus encore »[11].

Proclamant l'unité absolue de Dieu (*tawhid*), la doctrine d'Ibn Tumart consistait en une synthèse assez éclectique d'emprunts ash'arites, mutazilites et chiites, voire kharijites « dont il ne laissait rien transparaître aux yeux des masses [12] » mettant en avant la centralité du Coran et de la Sunna. Interdisant toute interprétation littérale et non allégorique du Coran, elle reposait notamment sur une définition rationnelle des attributs divins et impliquait un rigorisme moral infaillible de tous les instants, suivant le précepte coranique : « Ordonnez-vous ce qui est reconnu bon, empêchez ce qui est blâmable. »

Adoptant ce verset comme devise et multipliant prédications et professions de foi (*'Aqida*) en berbère, Ibn Tumart appelait ses disciples à « mettre fin à toutes les pratiques du paganisme » et à s'éloigner des plaisirs « de ce bas monde, car il est vain ». Face aux épreuves qui les attendaient, il exigeait d'eux une obéissance totale et une solidarité sans faille avec l'ensemble de la communauté almohade : « Entre vous liez-vous d'amitié, ne cessez pas vos relations, aimez-vous les uns les autres et ne vous tournez pas le dos; soyez en pleine entente et ne vous querellez pas [13]. »

Entre-temps, l'étau se resserrait autour de lui et de ses compagnons. Craignant d'être incarcéré par les hommes du sultan auxquels des devins avaient prédit l'apparition toute proche « d'un roi de race berbère [14] », il s'éloigna le plus loin possible de la région de Marrakech ainsi que de sa province natale du Sous. Reproduisant consciemment la *Sira* du Prophète après sa fuite de La Mecque, il répondit en 1124 à l'invitation des Masmouda du Haut Atlas et vint effectuer sa propre *hijra* [15] à Tinmal, une bourgade bien protégée dans la vallée de l'oued Nfis qui lui servit dorénavant de capitale. Peu de temps auparavant, il s'était arrogé le titre à forte connotation chiite de Mahdi et d'imam « impeccable ». Or, comme les détenteurs de ce titre devaient être des descendants d'‘Ali, le gendre du Prophète et troisième calife de l'islam, il se dota, pour les besoins de la cause, d'une généalogie chérifienne qui le rattachait à la dynastie des Idrissides[16] et lui assurait une légitimité politique infaillible[17]. Ce faisant, il cessait d'être un simple censeur des mœurs pour devenir un chef politique menant ses disciples à la guerre pour en faire, le cas échéant, des martyrs « sur la voie d'Allah ».

Usant d'une méthode de propagande religieuse efficace dans un milieu rural peu arabisé, il prit soin par ailleurs de divulguer l'essentiel de sa doctrine en berbère, dans un certain nombre d'opuscules et d'aide-mémoire que les membres de la communauté étaient tenus d'apprendre régulièrement :

« Quiconque ne suivra pas ces maximes, menaçait-il, ne sera pas almohade, mais un Infidèle avec lequel on ne fera pas la prière et on ne mangera pas la chair des animaux tués par ses mains[18]. »

En outre, afin d'aider les nouvelles recrues à mémoriser les textes sacrés, il appelait chacun par un mot de la phrase qu'il devait apprendre par cœur ; chaque jour, à l'appel de leurs chefs, les disciples indiquaient leur nom dans l'ordre de cette phrase, permettant à tous de la mémoriser[19].

Se préparant ensuite à affronter les Almoravides et à prendre le pouvoir à leur place, il se consacra à l'organisation militaire et politique de ses partisans. Ceux-ci lui vouaient un respect sans bornes, au point, raconte al-Marrakushi, que, « s'il avait donné à l'un d'eux l'ordre de tuer son propre père, son frère ou son fils, il eût été obéi avec empressement[20] ». Il en écarta néanmoins les plus tièdes à l'issue d'une purge ou *tamyyiz* (« tri ») d'une extrême rigueur au cours de laquelle des milliers de personnes, dont cinq tribus entières, furent passées par les armes[21]. Le reste des troupes fut réparti en plusieurs catégories (*asnaf* ou *tabaqat*) à l'intérieur d'un cadre hiérarchique à la fois religieux et politique transcendant les divisions tribales. Ainsi, il y avait en premier lieu les *Ahl al-Dar*, les « gens de la maison », qui étaient composés des membres de la famille du Mahdi ; venait ensuite le « Conseil des Dix » ou *Ahl al-'Ashra*, appelé aussi *Ahl Jama'a*, qui comprenait les compagnons de la première heure. Parmi eux on comptait 'Abd al-M'umin, Abu Hafs 'Umar al-Hintati ou al-Inti et 'Abd al-Wahid ibn Bashir al-Wansharisi, le responsable de la sinistre opération du *tamyyiz*. Venait ensuite le Conseil des Cinquante et le Conseil des Soixante qui discutaient des problèmes les plus importants de la communauté. Ils comprenaient des représentants des principales tribus qui avaient soutenu Ibn Tumart, parmi lesquels les Hargha, tribu d'origine d'Ibn Tumart, les « gens de Tinmal », les Hintata, tribu souche des futurs Hafsides de Tunisie, les Gadmiwa, les Genfisa ainsi que les Goumiya, la tribu d'origine d''Abd al-Mu'min. À côté de cette structure tribale, qui allait avoir beaucoup de peine à survivre à la mort d'Ibn Tumart, il y avait une seconde hiérarchie, plus fonctionnelle, qui connut une plus grande longévité : elle était constituée principalement des *tolba* (sing. *talib*), qui avaient pour tâche de répandre la doctrine almohade dans les différentes couches de la société, des *hufadh* (sing. *hafidh*), les récitateurs du Coran dont 'Abd al-Mu'min allait plus tard élargir la formation politique et militaire pour recruter parmi eux les chefs de son armée (*jund*) auxquels allaient s'ajouter des contingents noirs, chrétiens et arabes ainsi que des mercenaires turcs *oghuz*[22] et, enfin, l'ensemble du « personnel de l'État » ou *Ahl al-Makhzen*, comprenant les *sakkakin* chargés de la frappe de la monnaie, les *tabbala* ou joueurs de tambour accompagnant les cortèges officiels, ainsi que d'anciens esclaves enlevés dans différentes razzias et devenus *'abid al-Makhzen* ou « esclaves de l'État » entièrement dévoués à la cause almohade.

La lutte contre les Almoravides

Sa communauté ainsi organisée, Ibn Tumart passa à l'offensive contre les troupes almoravides dans le sud du pays. Ne pouvant atteindre les soldats du Mahdi dans leurs bastions inaccessibles du Haut Atlas, les Sahariens entreprirent de grands travaux de défense autour de Marrakech et d'Aghmat. Ils élevèrent ainsi la forteresse inexpugnable de Tasghimout qui surveillait tout le pays s'étendant de Marrakech à l'Atlas ainsi que les vallées du Nfis, de la Reghaya et de l'Ourika par lesquelles les Almohades étaient censés déferler sur la capitale[23]. Sage précaution : ce n'est que de la sorte que le sultan 'Ali b. Tashfin put sauver son armée d'une défaite certaine en 1128, en repoussant les Almohades de Buhayra[24], aux portes mêmes de Marrakech.

Conduits par 'Abd al-Wahid ibn Bashir al-Wansharisi et 'Abd al-Mu'min, les Almohades avaient aligné 40 000 hommes dans cette bataille. Ils purent ainsi tenir longuement en échec les soldats almoravides à Aghmat avant de foncer en direction de Marrakech. Au bruit de leur venue, les habitants de la capitale se précipitèrent pour les voir à l'entrée de la ville. La mêlée fut effroyable et des centaines de personnes périrent étouffées ; le roi lui-même n'eut la vie sauve que parce qu'il eut la présence d'esprit de regagner son palais par une autre porte de la ville. Mais au lieu de se lancer à la poursuite du souverain almoravide et de sa garde rapprochée, les combattants almohades se dirigèrent à l'est de la cité, à Buhayra, où se trouvaient les silos à grains de Marrakech. Ils y restèrent une quarantaine de jours, permettant ainsi à l'armée almoravide de se réorganiser et de les repousser peu après sans ménagement.

Défaits, les Almohades perdirent beaucoup d'hommes dans cette bataille. L'un de leurs principaux chefs militaires, 'Abd al-Wahid ibn Bashir al-Wansharisi, y fut tué et c'est 'Abd al-Mu'min, blessé, qui ramena les survivants à Tinmal. Le futur calife avait pris soin auparavant d'informer le Mahdi de l'issue désastreuse de la bataille et dépêcha auprès de lui, dans ce but, le fidèle secrétaire Baydaq :

> Je partis sans tarder, raconte ce dernier, rejoindre le Maître et lui rendis compte de l'événement.
>
> — Abd al-Mu'min est-il en vie ? me demanda-t-il.
>
> — Oui, lui répondis-je.
>
> — Allah soit loué, rien n'est perdu pour vous. A-t-il été blessé ?
>
> — Il a été atteint à la cuisse droite.
>
> — Il n'y a de force et de puissance qu'en Allah, s'écria-t-il. Rien n'est perdu.
>
> Et il ajouta :
>
> — Retourne vers lui. Rien n'est perdu ! Ne vous affolez pas[25] !

Peu de temps après cette débâcle, entre 1128 et 1130, Ibn Tumart mourut. Il avait à peine trente-cinq ans. L'auteur du *Rawdh al-Qirtas*, qui ne l'aimait guère, lui accorda néanmoins un éloge funéraire nuancé :

> Il était d'une belle taille ; il avait le teint cuivré, le visage petit, les dents écartées, le nez aquilin, les yeux enfoncés, peu de favoris, le dessus de la main orné d'un tatouage. Il était prudent, très rusé, très instruit, savant docteur. Il possédait le hadith du Prophète. Zélé, connaissant les sciences théologiques, éloquent et capable de diriger les grandes affaires, énergique et sanguinaire, ne revenant jamais sur ses décisions, se connaissant mieux soi-même que personne ne le connaissait, très actif et très soigneux dans ses affaires, il rencontra des peuples ignorants et il

usa de cette ignorance au profit de sa cause. [...] Sa fourberie était aussi grande que sa cruauté[26].

La nouvelle de la mort du Mahdi fut cachée à ses partisans pendant deux ou trois ans. Le temps qu'il fallait aux dix plus proches collaborateurs de l'imam pour s'assurer de la cohésion du mouvement avant de rendre publique l'élection de son successeur. Ce n'est qu'alors, raconte Ibn Khaldun, qu'« ils jetèrent le masque et placèrent 'Abd al-Mu'min, l'exécuteur de toutes leurs décisions, à la tête de la nation[27] ». Ils l'avaient préféré à Abu Hafs 'Umar al-Hintati, qui appartenait pourtant aux Masmouda.

'Abd al-Mu'min, calife et bâtisseur d'empire

Arborant désormais le titre de *khalifa* (calife) du Mahdi comme Abu Bakr avait été celui du Prophète, 'Abd al-Mu'min attendit un long moment à Tinmal avant de se lancer à la conquête du Maroc. Personnage charismatique et cultivé, aimant s'entourer de lettrés « qu'il comblait de ses bienfaits », il était aussi un fin stratège. Évitant de s'aventurer en plaine et ne s'éloignant guère des massifs du Haut Atlas et du Moyen Atlas où les cavaliers almoravides avaient du mal à manœuvrer, il parcourut ainsi, sans encombre, tout le flanc oriental du Maroc, avec, à ses trousses, le prince héritier Tashfin b. 'Ali et sa milice de cavaliers chrétiens commandés par le Catalan Reverter. « De montagne en montagne », il remonta ainsi de Tinmal à Demnat puis du Fazaz à Azrou et Sefrou, avant d'atteindre les hauteurs du Rif aux alentours de Ceuta. Il se transporta ensuite par le corridor de Taza dans la région de Tlemcen et c'est là qu'il choisit d'affronter l'armée almoravide déjà sérieusement affaiblie par la désertion d'une partie des Sanhaja et la défection de la population locale qui se joignait, en masse, aux forces du Mahdi.

La situation générale du royaume était au plus bas : « Les contribuables du Maghreb furent tellement accablés par les maux de la guerre et de la disette qu'ils ne purent plus acquitter leurs impôts ; et les musulmans de l'Espagne, aussi malheureux que leurs frères de l'Afrique, eurent à subir les attaques sans cesse renouvelées du roi chrétien[28]. »

Sur ces entrefaites, 'Ali ibn Yussuf mourut le 23 janvier 1143 à Marrakech. Son fils Tashfin fut proclamé à sa place alors qu'il battait la campagne entre Fès et Tétouan. Ne changeant rien à ses plans de guerre, 'Abd al-Mu'min laissa l'armée almoravide commandée par Tashfin traverser tranquillement la vallée de la Moulouya, avant de l'attaquer par surprise près de Tlemcen en mai 1144. Reverter fut tué au combat et sa milice taillée en pièces. Découragé par cette cuisante défaite, Tashfin renvoya à Marrakech son fils et héritier présomptif, Ibrahim, puis s'éloigna vers Oran qui avait été saccagé peu de temps auparavant par les Almohades. Il y attendit en vain l'arrivée de nouveaux renforts en provenance d'Almeria, puis, entouré du dernier carré de ses fidèles, il s'enferma dans un fortin que les soldats almohades eurent tôt fait de découvrir et d'incendier. Cerné de toutes parts, le souverain almoravide, dont tout le monde reconnaissait la bravoure, galopa seul et sans escorte en direction des hauteurs de la ville. Il y trouva la mort, le 22 février 1145, dans un accident qui avait toutes les apparences d'un suicide :

> [Voyant] l'énergie dont faisaient preuve les Almohades pour le combattre et tout le bois qu'ils avaient apporté de tous côtés pour allumer l'incendie [...] il prit ses richesses et ses vêtements et les jeta lui-même dans le feu. Il dit adieu à ses compagnons et se précipita à travers les flammes hors

de la porte : la nuit était tombée et l'armée se préparait au combat. On le retrouva mort le lendemain matin ; il ne portait ni trace de coup de lance ni blessure. On dit que son cheval le fit tomber du haut d'une des falaises qui sont nombreuses en cette région. Son cadavre fut rapporté aux Almohades ; ils l'exposèrent au lieu du supplice et Allah mit fin ainsi à sa destinée[29].

Reprenant sa marche victorieuse, 'Abd al-Mu'min conquit Oran puis Tlemcen dont il massacra la population parce qu'elle s'était opposée à son entrée. Repassant ensuite par Oujda et Guercif, il s'empara de Meknès que protégeait un contingent almoravide de cavaliers chrétiens avant de conquérir Fès, à l'issue d'un siège de neuf mois, puis Salé et enfin Marrakech, qui tomba entre les mains des Almohades en mars 1147. Les vainqueurs y massacrèrent tous les princes almoravides qui s'y trouvaient, parmi lesquels le jeune roi Ishaq b. 'Ali qui venait tout juste de succéder à son neveu Ibrahim et que l'on trouva caché « au milieu d'un tas de charbon » dans une chambre du palais :

« On le traîna devant l'émir ['Abd al-Mu'min] qui fut pris de compassion et eut pitié de son jeune âge [il n'avait que seize ans] ; il allait lui pardonner et le faire mettre en prison, mais des cheikhs almohades le décidèrent à le faire périr. Et ils lui portèrent à la nuque un coup mortel – qu'Allah très Haut lui fasse miséricorde. La puissance des émirs "voilés" prit alors fin[30]. »

La conquête du Maroc était cependant loin d'être achevée car immédiatement après son entrée à Marrakech, le calife eut à combattre un soulèvement général à caractère religieux. Partie en 1147-1148 de Massa, dans le Sous, à l'instigation d'un pseudo-Mahdi, la révolte, qui s'étendit à tout le pays, gagna entre 1149 et 1150 Sijilmassa et le Dra' puis les Haha, les Doukkala, les Haskoura et toutes les régions méridionales du pays. Elle se répandit ensuite dans le Tadla et le Tamesna, le pays des anciens « hérétiques » Barghwata et jusque chez les Ghomara du Rif. À Ceuta, elle fut encouragée notamment par le célèbre cadi 'Iyyad.

Aidé de son principal compagnon Abu Hafs 'Umar al-Hintati qui s'en prit en premier lieu aux Barghwata, 'Abd al-Mu'min réagit de façon aussi rapide que violente : il ordonna de procéder à des représailles d'une brutalité terrifiante faisant plus de 32 000 morts à travers tout le pays. En somme, un second *tamyyiz* plus féroce et plus sanglant que le premier opéré en son temps par le Mahdi. Appelée pudiquement *I'tiraf* (« reconnaissance ») par les chroniqueurs almohades, cette nouvelle « purge » fut exécutée suivant un plan d'action détaillé, établi par le calife lui-même. Il ordonna à ses cheikhs de rétablir l'ordre au plus vite dans les principaux centres urbains du pays – Sijilmassa, Salé, Tanger, Ceuta et Meknès – qui avaient profité du désordre général pour se soulever :

« La reconnaissance se termina ainsi, grâce à Allah et à son aide, rapporte Baydaq. Allah rendit le pays tranquille pour les Almohades. Ils redressèrent la foi sans la moindre divergence d'aucune sorte. Le pays connut l'apaisement et Allah fit cesser les perturbations qui s'y donnaient cours. Tels furent les motifs de l'*I'tiraf*... de l'année 544 (1149-150) [31]. »

Le calife ne montra cependant aucun empressement à intervenir en Espagne où l'anarchie n'était pas moins grande qu'au Maroc depuis le départ des Almoravides. Certes, plusieurs villes, à l'exemple de Cordoue, Cadix, Jérez, Niebla, Silves, Beja, Badajoz, Séville et Grenade, avaient adressé leur acte d'allégeance, ou *bay'a*, aux Almohades, mais de larges régions de l'Andalousie étaient repassées depuis 1145 aux mains d'émirs et de chefs religieux indépendants. À l'exemple du « Mahdi » Ibn Qasi de Mertola, du cadi Ibn Hamdun de Cordoue ou encore de l'émir almoravide Abu Zakariya Yahiya ibn

Ghaniya de Séville, qui, dans son fief des Baléares, allait tenir tête aux Almohades jusqu'au début du XIIIe siècle. Se bornant à envoyer de faibles renforts dans la Péninsule, 'Abd al-Mu'min préféra s'occuper en priorité du Maghreb central où il était né et de l'Ifriqiya voisine dont toutes les villes du littoral étaient tombées aux mains des Normands de Sicile.

La conquête du Maghreb central et oriental

'Abd al-Mu'min se fixa dès lors pour objectif immédiat de conquérir le royaume hammadide de Bougie, ce qu'il fit en 1152 sans trop de difficultés. Venant de Tlemcen et d'Oran, il s'empara sans coup férir d'Alger puis de Bougie, qu'il mit à feu et à sang. Il pénétra ensuite en Kabylie où il conquit la Qal'a, l'ancienne capitale hammadide, puis se dirigea vers Constantine qu'il soumit sans aucune résistance après avoir neutralisé les tribus arabes des Banu Hilal qui nomadisaient dans la région. Guère enchantés par la venue des soldats marocains, ils livrèrent bataille aux Almohades au printemps 1153 près de Sétif. Défaits au bout de trois jours de combats sanglants, les Bédouins s'enfuirent jusqu'à Tébessa, abandonnant femmes et enfants sur le champ de bataille. Désireux de les employer ultérieurement à son service, 'Abd al-Mu'min n'usa pas contre eux de représailles. Il leur rendit leurs prisonniers et invita leurs chefs à venir le rencontrer à Marrakech. Ils allaient lui être d'une grande utilité dans la confrontation qui se dessinait déjà entre lui et ses anciens compagnons de Tinmal, qui n'appréciaient guère la tournure très monarchique que prenait son régime. Délaissant de plus en plus l'organisation oligarchique imaginée par Ibn Tumart, 'Abd al-Mu'min n'avait pas hésité, en effet, à nommer ses propres frères et fils aux principaux postes de commandement de l'empire. Ainsi, au lieu de Abu Hasfs 'Umar al-Inti qui devait accéder au pouvoir après lui, il choisit pour lui succéder, s'appuyant sur les tribus arabes d'Ifriqiya, son fils aîné 'Abd Allah Mohammed. Ce choix devait lui aliéner beaucoup de ses anciens compagnons de Tinmal, et plus particulièrement les membres de la famille du Mahdi.

À l'issue de sa campagne victorieuse contre Bougie et Constantine, le calife repassa par Alger et Oran et, à l'approche de Tlemcen, il ne se priva pas du plaisir de faire défiler les troupes en grande pompe dans son village natal de Tadjra :

> Il arriva en vue de ce lieu, toutes ses troupes le précédant, plus de 500 drapeaux, tant bannières qu'étendards, flottant sur sa tête, plus de 200 tambours battant. C'étaient de très grands et très gros tambours, sous le bruit desquels la terre semblait frémir et dont le son, se répercutant dans les entrailles de ceux qui l'entendaient, était près de leur faire mal[32].

À son retour, peu après, à Marrakech, la crise qui couvait entre 'Abd al-Mu'min et la famille du Mahdi éclata au grand jour : n'acceptant pas d'être évincés du pouvoir, deux frères d'Ibn Tumart, 'Abd al-'Aziz et 'Isa, tentèrent de soulever la population de la capitale contre le calife. L'émeute fut étouffée dans l'œuf et les deux comploteurs, arrêtés et exécutés ainsi que tous leurs complices. Dès lors, la classe dirigeante almohade fut divisée entre les *sayyid-s* d'un côté, qui groupaient l'ensemble des descendants directs du calife et qui avaient seuls la légitimité du pouvoir ; et de l'autre les cheikhs, groupés autour de la famille d'Abu Hafs'Umar al-Inti qui représentaient l'aristocratie religieuse et militaire du régime et qui étaient eux-mêmes répartis en trois catégories, suivant la date de leur adhésion au mouvement : les Almohades de la première heure ou *al-sabiqun al-awwalun* qui avaient combattu aux côtés du Mahdi ; venaient ensuite les vétérans de la bataille de Buhayra en 1130 et, enfin, ceux qui avaient rejoint le mouvement après la prise d'Oran en 1145[33].

Dès lors, ne cachant plus sa méfiance à l'égard des Masmouda, 'Abd al-Mu'min s'appuya pour sa sécurité de plus en plus sur les tribus arabes ainsi que sur sa propre tribu des Goumiya, qu'il plaça juste après les gens de Tinmal dans la hiérarchie almohade : « Ils allaient à cheval immédiatement derrière lui, se tenaient debout auprès de lui dans les conseils, étaient tous près de lui pour exécuter ses ordres et ils marchaient à pied devant lui quand il sortait. »

En 1159, 'Abd al-Mu'min partit à la conquête de l'Ifriqiya, parachevant ainsi l'unification du Maghreb sous son autorité. Le pouvoir y était partagé entre plusieurs forces : les Banu Khurasan à Tunis, les Arabes Riyah, Athbaj et Zoghba à l'intérieur, les Normands qui dominaient la plupart des villes du littoral et, enfin, des *condottieri* almoravides de la famille des Banu Ghaniya qui s'étaient taillé, entre-temps, un royaume indépendant dans les Baléares. Comme leurs anciens maîtres du Maroc, ces derniers reconnaissaient la suprématie spirituelle des Abbassides et c'est en leur nom qu'ils partaient en guerre sainte, deux fois par an, ravageant les villages chrétiens du littoral méditerranéen dont ils rapportaient du butin et des captifs en grands nombre « si bien que tous leurs partisans étaient gorgés de richesses », raconte al-Marrakushi.

La conquête de l'Ifriqiya fut relativement aisée. Elle avait été soigneusement préparée par le calife qui n'avait rien laissé au hasard :

> On prépara des sacs à provisions, des outres et tout ce qu'il faut à une armée en marche ; il écrivit à ses lieutenants dans le Maghreb de conserver et d'emmagasiner sur place toutes les récoltes en laissant le grain dans l'épi et de creuser des puits sur toutes les routes. Conformément

> à ses ordres, le produit de trois récoltes successives fut amassé, transporté aux lieux de halte et recouvert de terre, de manière à former de véritables collines. En février 1159 [...] le prince partit [...] avec cent mille combattants et un nombre égal de suivants et de goujats. Grâce aux précautions prises, [Ils] traversèrent des campagnes cultivées sans toucher à un épi[34].

Au même moment, il faisait partir de Salé une flotte de guerre de 70 bateaux qui suivit la marche de l'armée en longeant la côte jusqu'à Mahdia. Sfax, Tripoli, Gafsa et Sousse furent conquis sans beaucoup de difficultés. Il en fut tout autrement de Mahdia, qui se rendit le 22 janvier 1160, au bout de neuf mois de blocus maritime et terrestre et après qu'"Abd al-Mu'min eut promis la vie sauve à ses défenseurs chrétiens s'ils regagnaient sans tarder la Sicile. Il en fut de même à Gabès, qui résista et qui fut emportée d'assaut. Kairouan, le Djérid et le reste du pays furent soumis jusqu'à Barqa en Cyrénaïque.

Désormais maître de tout le Maghreb, « de Barqa à l'oued Noun », le calife envisagea de lancer sa première grande expédition en Espagne, où depuis une dizaine d'années, la situation s'était nettement dégradée du fait des agissements du chef rebelle Ibn Mardanish. Maître de Valence et de Murcie, celui-ci avait profité de l'engagement d'Abd al-Mu'min en Ifriqiya pour étendre son pouvoir dans plusieurs autres villes du Sud de l'Andalousie, menaçant directement Séville, Cordoue et Grenade. Méthodique comme à son habitude, 'Abd al-Mu'min constitua une flotte considérable de plus de cinq cents bateaux qu'il dispersa dans les différents ports du royaume, à la Mamora, au nord de Salé, Tanger, Badis, Hunayn et Oran. Il franchit une première fois le Détroit en 1161, pour un séjour de deux mois qu'il mit à profit pour fonder la ville de Gibraltar. L'année suivante, il y dépêcha de nouveaux renforts constitués principalement des contingents arabes du Maghreb central, qui parvinrent effectivement à écraser la rebellion d'Ibn Mardanish. Lorsque, peu de temps après, il décida finalement de lancer sa grande expédition contre les chrétiens espagnols, il mourut subitement, en mai-juin 1163, dans sa nouvelle forteresse de Ribat al-Fath (Rabat). Son corps fut transporté à Tinmal et enseveli aux côtés d'Ibn Tumart dans la nécropole où seraient enterrés au cours des années suivantes ses deux successeurs immédiats, Abu Ya'qub Yussuf et Ya'qub al-Mansur.

Marrakech, capitale impériale

Depuis la mort du Mahdi, Tinmal était devenue en effet le centre spirituel des Almohades. Chaque fois, raconte Ibn Khaldun, « qu'ils voulaient entreprendre une expédition militaire, ils allaient visiter le tombeau de l'imam dans l'espoir d'attirer ses mérites sur leur tentative et d'assurer le succès de leurs armes. Ils regardaient même ce pèlerinage comme un de leurs plus saints devoirs[35] ».

En témoignage de cet attachement, 'Abd al-Mu'min y bâtit une grande mosquée, aussi imposante que celle qu'il érigea au début de son règne à Taza, qui reçut de lui également ses remparts.

Mais, à l'évidence, c'est Marrakech, sa capitale, qui attira le plus l'attention du calife. Il y fit élever notamment la grande mosquée de la Koutoubia. Construite en deux étapes, en 1147 et 1158, la Koutoubia représente la quintessence de l'art almohade en matière d'architecture, une synthèse harmonieuse entre influences hispanique, maghrébine et orientale, permettant d'appréhender d'intéressantes similitudes entre elle et les mosquées de Cordoue, Kairouan et Damas[36]. Une salle de prières immense avec sa forêt de piliers, ses hauts plafonds de bois, ses arcs à stalactites, sa nef et ses travées harmonieuses et son somptueux *mihrab* de même ordonnance et décoré des mêmes motifs floraux que celui construit à Tinmal. Elle est surmontée d'une tour carrée de 67 mètres abritant six salles superposées, dont les façades sont percées de fenêtres aux arcs richement décorés. Le lanternon se termine par trois boules de cuivre de diamètre décroissant dont la plus volumineuse a 2 mètres de diamètre, tandis que la plus haute est si polie qu'elle brille au soleil comme de l'or[37].

'Abd al-Mu'min avait désigné son fils, Abu 'Abd Allah Mohammed, pour le remplacer après sa mort. Mais connu pour sa conduite indigne, « son amour pour le vin, son manque de sagesse, la légèreté de son caractère et sa lâcheté », il semble n'avoir jamais accédé au trône, à moins qu'il en eût été dépossédé au bout de quelques semaines seulement, après le décès de son père en 1163. Il fut remplacé par son frère Abu Ya'qub Yussuf (1163-1184), candidat favori des contingents arabes, qui attendit jusqu'en 1168 avant de se voir accorder le titre califal de Prince des Croyants[38].

Ce long interrègne fut mis à profit par les Portugais pour s'emparer de plusieurs villes de l'Algarve parmi lesquelles Béja et Evora. Ibn Mardanish en profita lui aussi pour continuer à défier les autorités almohades jusqu'à sa mort en 1172. Ses fils vinrent ensuite faire leur soumission à Abu Ya'qub qui les combla d'honneur et épousa, deux ans plus tard, l'une de leurs sœurs. Suivant leurs conseils, il lança une campagne contre la Castille qui pourvoyait les rebelles musulmans en mercenaires. Les résultats furent loin d'être probants et l'armée califale revint à ses bases de départ après avoir échoué devant Huete.

Tirant profit, au cours des années suivantes, des dissensions entre les rois chrétiens de la Péninsule, le souverain almohade put accorder toute son attention à l'Ifriqiya où ses représentants avaient beaucoup de mal à s'imposer face aux Arabes. Partie prenante de toutes les séditions antigouvernementales, les Bédouins firent cause commune notamment avec les Banu Ghaniya des Baléares qui, à l'aide d'une petite force navale, étaient parvenus à occuper Bougie et sa région. En 1180, Abu Ya'qub vint en personne les déloger de Bougie et de Gafsa. Mais ni cette expédition ni celles qui suivirent ne permirent aux Almohades de rétablir durablement la situation en leur faveur, dans cette région lointaine de leur Empire. Au tournant du XIIIe siècle, ils n'avaient plus aucune prise sur Kairouan, Tunis et Mahdia laissant 'Ali Ibn Ghaniya et ses mercenaires arabes, turcs et chrétiens constituer un petit royaume indépendant s'étendant de Bône au djébel Nefousa et s'enfonçant jusqu'à Biskra, dans le Sud.

Pendant ce temps, en Espagne, Alphonse VIII de Castille se préparait à une offensive générale contre les musulmans. Alerté, Abu Ya'qub repassa une fois de plus le Détroit en 1184 et se mit aussitôt en route pour Séville, assiégée par les chrétiens. Mais au lieu de s'y arrêter, il poussa avec ses troupes jusqu'à Santarem, au Portugal. Après un siège de quelques jours, il ordonna à son armée de se retirer sur la rive droite du Tage. Ce fut la débandade. Le calife y trouva la mort le 13 juillet 1184, dans des circonstances pour le moins étranges :

> Pendant plusieurs jours, il fit le siège de cette place, puis il y renonça, et, le matin même du jour où il devait décamper, il trouva que ses troupes étaient déjà parties et qu'on l'avait laissé sans moyens de défense. Les chrétiens firent alors une sortie contre lui et ses compagnons ; un combat acharné eut lieu dans lequel le monarque almohade déploya la plus grande bravoure. Ils effectuèrent alors leur retraite et le calife mourut le même jour. L'on dit qu'il fut atteint d'une flèche au plus fort de la mêlée ; mais d'autres assurent qu'il fut emporté par une subite indisposition[39].

L'apogée : Ya'qub al-Mansur

Abu Ya'qub Yussuf eut pour successeur son fils Ya'qub al-Mansur (1184-1199), le plus fameux des rois almohades après 'Abd al-Mu'min :

> Fils d'une ancienne esclave chrétienne, il était d'un brun très clair, plutôt grand, beau de figure, et avait les yeux et la bouche grands, le nez aquilin, les sourcils très noirs, la barbe arrondie, les membres forts, la voix sonore, la parole abondante, des plus précise et des plus élégante ; ses prévisions étaient d'une rare justesse et se réalisaient presque toujours ; il avait l'expérience des affaires et connaissait aussi bien les causes que les effets du bien et du mal[40].

Comme tous les rois de la dynastie, son règne fut relativement bref. Il mourut en 1199, à l'âge de quarante-huit ans « alors que ses cheveux commençaient à peine à grisonner ». Il avait eu le temps néanmoins de prendre conscience de l'immense prestige dont lui et ses prédécesseurs jouissaient dans le monde musulman. Deux ans après la délivrance de Jérusalem par les forces musulmanes, Saladin lui demanda en 1189 de lui prêter main-forte contre les croisés à Saint-Jean-d'Acre. Engagé lui-même dans une guerre sainte interminable contre les chrétiens d'Espagne, Abu Yussuf Ya'qub ne donna pas suite à la requête du libérateur de Jérusalem. Ce dernier n'avait pour sa part pas hésité à apporter son soutien aux Banu Ghaniya et à leurs mercenaires arabes et turcomans qui s'étaient emparés d'une bonne partie du Maghreb central. En 1185, seules Mahdia et Tunis étaient encore entre les mains des Almohades, qui avaient vu ainsi se reconstituer, d'Alger à Djerba, un nouvel État almoravide qui bénéficiait de surcroît de la bénédiction des Abbassides. En 1187, Abu Yussuf avait dû venir en personne à Tunis à la tête d'une puissante armée pour chasser les Banu Ghaniya de Gabès et de Gafsa et de tout le Sud tunisien.

La victoire d'Alarcos (18 juillet 1195)

Mais c'est en Espagne qu'il allait enregistrer l'un de ses plus beaux faits d'armes : le 18 juillet 1195, à Alarcos, près de Badajoz, il fit subir à Alphonse VIII l'une des défaites les plus retentissantes de l'histoire de la Castille, « la plus grande des victoires que les Almohades remportèrent pour l'amour de leur Dieu et de leur religion ». Une victoire qui coûta aux chrétiens un nombre de victimes « qui ne peut se compter ni se dépasser » ainsi que 24000 prisonniers « des plus nobles chrétiens », auxquels le calife rendit « généreusement » leur liberté au risque de susciter la colère de ses propres troupes[41].

Portant désormais le titre d'al-Mansur (« le Victorieux »), Abu Yussuf Ya'qub poursuivit sa campagne espagnole en s'emparant de Calatrava, Guadalajara, Madrid, Salamanque, Abalete et Trujillo. Fort de ces succès, il consacra le reste de sa vie à l'agrandissement et à l'embellissement de Séville, Marrakech, et surtout Rabat, la citadelle du Ribat-al-Fath érigée par son grand-père en 1150, à l'emplacement de l'actuelle casbah des Oudaya, non loin du site où il devait exécuter l'un des projets architecturaux les plus grandioses de la dynastie : la construction de la mosquée de Hassan, aux dimensions colossales, dans laquelle al-Mansur souhaitait voir son armée entière se réunir pour prier. S'étendant sur une superficie de près de 200 mètres de long sur 140 mètres de large, l'édifice était surmonté d'un minaret carré de plus de 16 mètres de large qui devait atteindre jusqu'à 80 mètres de hauteur, dépassant ceux de la Giralda de Séville et de la Koutoubia de Marrakech. Une rampe intérieure de faible déclivité permettait aux mules chargées de matériaux de construction d'atteindre chacun des six niveaux de la bâtisse où furent aménagées des salles de prières aux plafonds différents, le décor devenant plus raffiné à mesure que l'on montait les étages. Mais la mort inopinée du souverain interrompit les travaux : la « tour Hassan » reste néanmoins l'un des monuments les plus surprenants du Maroc almohade et l'un des témoignages les plus remarquables de la mégalomanie de Ya'qub al-Mansur.

Al-Mansur eut néanmoins le temps d'achever la construction du minaret de la Giralda à Séville ainsi que l'immense chantier de la casbah de Marrakech, où il érigea de nombreux palais ainsi que la splendide mosquée al-Mansur dont il avait inauguré les travaux à la veille de la victoire d'Alarcos. Le calife y aménagea également les jardins de la Buhayra et fonda l'hôpital de Dar al-Faraj pour les pauvres de la capitale. Cet édifice n'avait pas son pareil au monde, affirme al-Marrakushi, qui en laissa la description suivante :

> Il commença par choisir un vaste emplacement dans la partie la plus plate de la ville et donna l'ordre aux architectes de le construire aussi bien que possible, de sorte que ceux-ci y déployèrent un luxe de sculpture et d'ornementation plus grand qu'on ne leur avait demandé ; il fit planter toutes sortes d'arbres d'agrément et d'arbres fruitiers ; l'eau y fut amenée en abondance et autour de toutes les chambres, dans des outres, à partir de quatre grands bassins situés au centre de l'établissement et dont l'un est en marbre blanc. Il garnit l'édifice de tapis précieux de laine, de coton, de soie, de cuir, etc. Une rente quotidienne de 30 dinars fut assignée pour la nourriture proprement dite indépendamment des remèdes et des drogues qu'il y fit déposer pour préparer les potions, les onguents et les collyres ; des provisions de vêtements de jour et de nuit,

d'été et d'hiver y furent installées à l'usage des malades. Après sa guérison, le pauvre recevait en sortant une somme d'argent pour vivre jusqu'au moment où il pouvait se suffire […]. Tous les vendredis, le prince après la prière s'y rendait à cheval pour visiter les malades et prendre les nouvelles de chacun[42].

Toutes ces travaux transformèrent de fond en comble la physionomie de Marrakech, au point que la ville devint, selon le *Kitab al-Istibsar*, l'une des plus belles et des plus élégantes villes au monde, tant par la splendeur de ses monuments que par l'harmonie de ses rues, la luxuriance de ses jardins et le grand nombre de bassins et de canaux qui les irriguaient :

> Marrakech est la ville du Maghreb où il y a le plus de jardins et de vergers, où l'on trouve le plus de raisins, de fruits et d'arbres fruitiers de toutes sortes, alors qu'autrefois les oiseaux qui volaient alentour tombaient de soif et de chaleur. C'est l'olivier qui y domine principalement et ce territoire fournit assez d'olives et d'huile pour suppléer la production de tout autre ; aussi en approvisionne-t-il bien des régions. Auparavant, on employait en guise d'huile la matière grasse provenant de l'argan dont il y a énormément dans le pays. Plus abondant à Marrakech qu'à Meknès, l'olivier y donne une huile meilleur marché et souvent de meilleure qualité. Parmi les embellissements apportés par Notre Seigneur le prince des croyants Abu Yussuf Ya'qub à sa glorieuse capitale figure un canal à ciel ouvert, qui passe au milieu de la ville et fournit de l'eau à son propre palais ; il coupe la ville dans le sens sud-nord ; des canaux dérivés servent à abreuver les chevaux et les bêtes de somme et fournissent de l'eau aux habitants. Aussi est-ce aujourd'hui la plus glorieuse ville du monde, en même temps que celle où le climat est le plus tempéré.

La dynastie almohade était alors à son zénith. Une position de force qui lui permettait d'entretenir des relations commerciales assez étroites avec les villes chrétiennes d'Italie et de Provence. C'est ainsi que les premiers fondouks firent leur apparition à Mahdia, Tunis, Bône, Bougie, Tlemcen, Ceuta et Salé sous al-Mansur qui, en 1197, signa une trêve avec la Castille. Des marchands européens s'installaient provisoirement dans ces quartiers spéciaux où ils détenaient des maisons, des échoppes et même des lieux de culte. La sécurité y était garantie par les autorités locales qui laissaient aux consuls des nations concernées le soin de veiller à l'ordre public.

Las Navas de Tolosa (16 juillet 1212) et le début du reflux almohade

Telle était la situation qui prévalait lors de l'arrivée au pouvoir du successeur désigné d'al-Mansur, son fils Mohammed al-Nasir : un jeune homme de dix-sept ans, timide et renfermé qui souffrait d'un grave handicap « de prononciation », selon al-Marrakushi qui travailla sous ses ordres : « Il avait le teint clair, la barbe rousse, les yeux bleu foncé, les joues pleines, une belle stature ; il tenait souvent les yeux baissés et était très silencieux, ce qui était dû surtout à un vice de prononciation dont il était atteint ; il était impénétrable. »

Mohammed al-Nasir aurait voulu consacrer toute son énergie à remédier aux lacunes et aux « abus » du Makhzen almohade. C'est ainsi qu'il commença par la reconstruction des remparts de Fès que son grand-père 'Abd al-Mu'min avait détruits lors de la conquête de la ville. Il ne tarda pas cependant à être absorbé par des questions d'ordre militaire qui remettaient en question les gains territoriaux de ses prédécesseurs. Dès lors, le règne de ce roi « doux et peu enclin à verser le sang » allait s'écouler à l'ombre d'une série de faits d'armes qui marquèrent durablement l'avenir du royaume almohade, sinon de l'Occident musulman tout entier.

Ce fut d'abord la prise des Baléares en 1202-1203 et la reconquête de l'Ifriqiya des mains des Banu Ghaniya qu'il défit complètement entre 1205 et 1207. Une victoire inespérée obtenue grâce au talent et à l'énergie du cheikh Abu Mohammed 'Abd al-Wahid, fils d'Abu Hafs 'Umar al-Inti, qui écrasa les *condottieri* almoravides et leurs alliés arabes à Taghra près de Gabès, puis sur l'oued Shabru, non loin de Tebessa. En signe de reconnaissance, al-Nasir lui accorda une large autonomie d'action, préparant ainsi le terrain, de ses propres mains, à l'émergence d'un royaume hafside indépendant en Tunisie. À son retour au Maroc, il jeta les fondations de la ville d'Oujda et entoura le port de Badis de remparts.

Sur ces entrefaites, le calife fut informé des préparatifs de guerre d'Alphonse VIII de Castille. Il proclama aussitôt la guerre sainte et débarqua en Espagne à la tête d'une immense armée d'un demi-million de soldats, selon Ibn Abi Zar', composée d'Arabes, d'Almohades, d'Andalous et d'un corps de volontaires comptant à lui seul près de 160 000 hommes, ainsi que d'une unité de 30 000 soldats noirs qui lui servaient de garde et d'escorte. Les opérations commencèrent en 1211 par le siège inutilement long de la place forte chrétienne de Salvatierra. Épuisée par les rigueurs de l'hiver, l'armée almohade dut abandonner la localité voisine de Calatrava à ses assaillants chrétiens : découragés et divisés par des luttes intestines, les soldats almohades n'avaient à l'évidence qu'une seule hâte, celle de fuir l'ennemi à la première occasion. C'est ce qui arriva effectivement à al-'Uqab ou Las Navas de Tolosa, le 16 juillet 1212. À la vue de la débâcle des volontaires, les corps d'armée andalou et almohade prirent la fuite, laissant le monarque seul sur le champ de bataille, entouré de sa seule garde rapprochée. Assis sur son bouclier, devant l'entrée de sa tente rouge, ce dernier ne se décida à quitter les lieux qu'après avoir vu tuer « plus de dix mille hommes », le tiers de ses soldats noirs qui faisaient cercle autour de lui : « C'est ainsi que la puissance musulmane fut détruite en Andalousie et ne se releva plus, tandis que celle de leurs ennemis s'affermit », écrit Ibn Abi Zar'[43].

De fait, bien que ses conséquences n'eussent pas été immédiates, la défaite de Las Navas de Tolosa accéléra sans aucun doute le déclin des Almohades. Ainsi, tandis que Castillans et Portugais allaient accentuer leur pression sur l'Andalousie et que le Hafside Abu Mohammed 'Abd al-Wahid renforçait son emprise sur l'Ifriqiya, les Beni Mérine zénètes faisaient leur apparition à l'Est du Maroc et approchaient dangereusement de Fès.

De retour à Marrakech, al-Nasir s'enferma dans son palais où il « s'adonna entièrement aux plaisirs, s'enivrant nuit et jour jusqu'à sa mort » à la fin de 1213, âgé d'une trentaine d'années seulement. Al-Marrakushi le dit victime d'une « inflammation du cerveau ». Il fut plus certainement empoisonné par ses ministres, qu'il avait lui-même l'intention de faire périr, mais qui le devancèrent en lui faisant donner par l'une de ses concubines « une coupe de vin qui le tua subitement », d'après Ibn Abi Zar'.

Il eut pour successeur en 1214 son fils Yussuf al-Mustansir, qui était à peine âgé de dix ans. Le Hafside de Tunis le jugea trop jeune et se fit longtemps prier avant de lui envoyer son hommage. « Entraîné par l'ardeur de sa jeunesse », et ne s'intéressant qu'à ses plaisirs, le nouveau monarque négligea l'administration de son royaume et s'en remit entièrement à ses nombreux oncles et aux cheikhs almohades qui se détestaient les uns les autres. Son règne d'une dizaine d'années se passa malgré tout dans « la paix et la tranquillité[44] ». Grand amateur de chevaux et de taureaux andalous, il trouva la mort accidentellement, en 1224, sous le coup de corne d'une vache en furie.

Al-Ma'mun et l'abrogation de la doctrine almohade

En l'absence d'héritier, la mort d'al-Mustansir aggrava les luttes de clans parmi les Almohades : ses deux successeurs immédiats, Abu Mohammed 'Abd al-Wahid dit al-Makhlu' et al-'Adil, furent assassinés et, à partir de 1227, deux prétendants allaient se disputer amèrement le pouvoir : al-Ma'mun, jeune fils d'al-Nasir, qui était le favori des émirs d'Andalousie, et son oncle Yahiya qui était celui des cheikhs almohades du Maroc et des contingents arabes de l'armée. C'est finalement le premier qui accéda au trône, grâce à l'aide de Ferdinand III de Castille qui accepta de lui fournir un contingent de 12 000 cavaliers chrétiens pour s'emparer de Marrakech. Ce dernier exigea en échange qu'al-Ma'mun leur accorde le droit d'exercer ouvertement leur culte et celui de disposer à Marrakech d'une chapelle où ils pourraient sonner librement les cloches. Des clauses pour le moins incroyables, mais il n'en demeure pas moins qu'une fois parvenu au pouvoir al-Ma'mun répudia officiellement l'idéologie d'Ibn Tumart. Il le fit ouvertement du haut du *minbar* de la mosquée d'al-Mansur de Marrakech :

« Ô hommes ! s'écria-t-il, ne dites plus que le Mahdi est *ma'thum*, impeccable, mais appelez-le le grand *madmun*, le séducteur misérable, car il n'y a point de Mahdi, si ce n'est Jésus, fils de Marie, que le salut soit sur lui. Je vous dis moi que toute l'histoire de votre Mahdi n'est qu'une imposture[45]. »

Il ordonna d'effacer le nom du Mahdi sur les pièces de monnaie, rétablit l'appel à la prière dans sa forme arabe habituelle et non plus en berbère, restaura le malikisme et engagea une violente répression contre les cheikhs almohades qu'il massacra par centaines[46]. La contre-révolution ne fit pas l'unanimité parmi les dignitaires de l'empire ; ceux d'Andalousie et d'Ifriqiya notamment se saisirent de ce prétexte pour s'éloigner davantage encore des Almohades du Maroc. En plus de l'Andalousie, Al-Ma'mun eut à affronter plusieurs foyers de dissidence au Nord et au Sud du Maroc et c'est au retour d'une expédition punitive contre Ceuta qui était passée sous l'autorité de l'émir andalou Ben Hud, qu'il trouva la mort le 16-17 octobre 1232.

Son fils al-Rashid (1232-1242) le remplaça dans des circonstances pour le moins désastreuses : tandis que plusieurs villes d'Andalousie à l'exemple de Murcie et de Grenade sollicitaient la protection de Ferdinand III de Castille, la *Reconquista* semblait atteindre jusqu'aux côtes du Maroc, avec l'attaque surprise de Ceuta par une flotte espagnole en 1234. Le grand port du Nord marocain ne dut son salut qu'à l'intervention de navires génois appelés à la rescousse par l'émir indépendant de la ville. Al-Rashid avait le plus grand mal à conserver Marrakech et Fès ainsi que tout l'est du Maroc, où les Banu Marin ou Mérinides se préparaient à assener le coup de grâce à la dynastie almohade déjà moribonde.

Al-Rashid mourut noyé le 4 décembre 1242. Il eut pour successeur son frère al-Sa'id (1242-1248), qui, dans un dernier soubresaut, tenta de redresser la situation au sud et à l'est du Maroc. Trahi par ses alliés arabes de la tribu des Kholt, il fut tué dans une embuscade devant Tlemcen où l'émir Yaghmorasan ibn Ziyan venait de proclamer son indépendance. Désorganisée, l'armée almohade rebroussa aussitôt chemin vers Taza. Elle fut surprise par les Mérinides qui la taillèrent en pièces à Guercif. Commandés par Abu Yahia Abu Bakr, ces derniers poussèrent ensuite leur avance jusqu'à Fès qu'ils occupèrent le 20 août 1248 avant de s'emparer rapidement de Taza, Meknès, Rabat, Salé et Sijilmassa. Au même moment Ferdinand III s'emparait de Séville le 23 novembre 1248 et de toute l'Espagne musulmane, à l'exception de Malaga, Almeria et Grenade. En Ifriqiya, le Hafside Abu Zakariya, portant désormais le titre de « prince des musulmans », étendait son influence sur tout le Maghreb central, allant même jusqu'à disputer Ceuta et Sijilmassa aux Almohades, Tlemcen aux 'Abd al-Wadides et Fès aux Mérinides. Dès lors, l'autorité effective des Almohades ne dépassait plus le Sous, au sud, et la vallée de l'Oum al-Rbi', au nord. Attaqués de toutes parts, les descendants d'Abd al-Mu'min purent néanmoins élire à leur tête un nouveau roi, 'Umar al-Mortada (1248-1266), qui tenta, non sans panache, de freiner l'avance mérinide dans la région de Salé. Comparé à celui de ses prédécesseurs, son règne fut relativement tranquille et prospère : « L'abondance fut si grande sous son règne, rapporte Ibn Abi Zar', que les habitants du Maghreb n'en virent plus jamais de semblable[47]. »

Il fut néanmoins déposé par son cousin Abu al-'Ala al-Dabbous al-Watiq billah qui était parvenu à un accord préalable avec les Mérinides, maîtres de Fès et de ses environs. Ce qui n'empêcha pas ces derniers de venir l'attaquer dans le Doukkala où il perdit la vie. Conduits par Abu Yussuf Ya'qub, les Mérinides entrèrent à Marrakech en septembre 1269 tandis que les derniers cheikhs almohades, réunis à Tinmal, nommaient à leur tête le fils d'Abu Dabbous, 'Abd al-Wahid al-Mu'tasim billah. Ce dernier trouva la mort à Tinmal en 1275, lorsque les nouveaux maîtres du pays vinrent s'emparer de ce qui avait été jadis l'inexpugnable capitale spirituelle du mouvement créé par Ibn Tumart. Ils dévastèrent la nécropole des souverains almohades et y déterrèrent les corps d'"Abd al-Mu'min et de son fils Ya'qub al-Mansur qu'ils décapitèrent[48]. Auparavant, ils avaient procédé à une véritable épuration de la capitale et en avaient chassé tous les partisans de l'ancienne dynastie et notamment les chérifs Tahiriyyun, parmi lesquels les Almohades avaient recruté nombre de leurs cadis.

État et société au Maroc aux XIIe-XIIIe siècles

Grands guerriers et bâtisseurs hors pair, les rois almohades étaient aussi d'excellents administrateurs : en 1159, 'Abd al-Mu'min procéda à un vaste arpentage de son empire, de Barqa en Cyrénaïque à l'oued Nun, au sud du Sous : un tiers du territoire ainsi enregistré était composé de montagnes, de rivières, de lacs salés, de routes et de déserts. Les deux tiers restants étaient exploités et leurs habitants, assimilés globalement à des non-musulmans parce qu'ils n'adhéraient pas à la doctrine almohade, furent soumis à l'impôt foncier du *kharaj*, payable en espèces et en nature suivant un barème fixé par les hommes du calife. L'impôt devait représenter une somme colossale : à titre d'illustration, al-Marrakushi affirme que, sous Abu Ya'qub Yussuf, l'impôt versé par l'Ifriqiya seule représentait annuellement « les charges [en or ?] de 150 mulets ». Sans parler des provinces de Bougie, de Tlemcen et celles du Maghreb qui, d'après ce chroniqueur se répartissaient comme suit :

> Les limites du territoire auquel on applique le terme de Maghreb vont de Ribat Taza à Miknasat Zaytoun [Meknès], c'est-à-dire comprenant un territoire de sept étapes en long et en large, formant le pays le plus fertile que je connaisse où l'on trouve le plus de rivières, d'arbres touffus, de céréales et de vignobles ; en outre Salé et son territoire, Ceuta et son territoire. Ce dernier est des plus vaste car il renferme le pays des Ghomara qui est d'environ douze étapes en long et en large ; enfin, il faut ajouter la péninsule Ibérique, le tout ayant environ vingt-quatre étapes en long et en large ; Marrakech aussi était très riche car non loin de là se trouvaient de grandes tribus et de nombreux pays [49].

Mais tout le monde n'était pas astreint à payer l'impôt : en étaient exemptées les tribus arabes et berbères qui constituaient le *jund* (armée) almohade et qui, en échange de leur service militaire de « tribus Makhzen », jouissaient de nombreux privilèges dont celui de percevoir le *kharaj* au nom du Makhzen ou encore de faire travailler des sédentaires et des esclaves sur les terrains de parcours qui leur étaient concédés par le pouvoir.

Tout en laissant pratiquement intacte l'organisation de la communauté almohade conçue par Ibn Tumart, 'Abd al-Mu'min y apporta quelques modifications assez significatives. Ainsi, à son initiative, les *hufadh* et les *tolba* cessèrent-ils d'être de simples étudiants en matières religieuses. Il les contraignit à parfaire leur éducation générale et militaire et recruta parmi eux les cadres professionnels de son administration. Ils étaient en outre chargés de la police des mœurs et de la surveillance des principaux dignitaires du royaume que le calife et ses successeurs révoquaient et faisaient exécuter sans le moindre état d'âme, fussent-ils leurs propres fils et frères.

Coiffé par un vizir qui s'occupait des affaires politiques et qui changeait fréquemment au gré du souverain, le Makhzen almohade, dont la stabilité n'était pas l'un des traits les plus distinctifs, comprenait un ou plusieurs secrétaires ou *katib-s* généralement d'origine andalouse, qui étaient chargés notamment de la correspondance du monarque ; un chambellan ou *hajib*, un esclave affranchi ou un eunuque qui l'accompagnait comme son ombre dans tous ses déplacements ; un grand cadi qui avait la charge des problèmes juridiques du royaume ; un *khatib* qui lisait le sermon du vendredi et d'un ministre des Finances ou *Sahib al-Ashghal* qui était aussi préposé aux armées[50]. Calife du Mahdi, 'Abd al-Mu'min se désignait comme Prince des Croyants ou *Amir al-Mu'minin* avec toute la solennité et tout le cérémonial protocolaire qu'un tel titre impliquait.

Ainsi, quand à l'occasion des grandes fêtes ou d'une expédition militaire il quittait son palais, c'est à cheval, précédé du roulement de centaines de tambours et entouré de sa garde personnelle hissant étendards verts et bannières blanches ornées de versets du Coran, qu'il se déplaçait. Derrière lui venaient ses fils, accompagnés des plus grands dignitaires du royaume, et devant lui marchait une chamelle rouge, couverte de riches ornements et de pièces de brocarts précieux portant le Coran du calife 'Uthman, trouvé par les Almohades dans la mosquée de Cordoue. Le livre sacré, richement décoré de pierres précieuses – et notamment du rubis appelé « sabot de cheval » offert par Guillaume II de Sicile à Abu Ya'qub – reposait sur un bât de brocart vert orné de deux hampes supportant des étendards verts. Derrière cette chamelle marchait un mulet portant un exemplaire du Coran écrit de la main d'Ibn Tumart, moins volumineux que l'exemplaire d'"Uthman et couvert d'ornements en argent doré.

L'armée participait à ces défilés grandioses : des dizaines de milliers de fantassins et de cavaliers composés d'Almohades appartenant à toutes les tribus berbères du Maroc, de contingents arabes et turcs qui jouissaient d'un traitement de faveur et dont la solde était supérieure à celle des autres recrues, d'unités andalouses et de milices noires ainsi que d'un corps de renégats. Lorsqu'ils étaient tous mobilisés, comme lors de la bataille de Las Navas de Tolosa, les effectifs de cette puissante armée pouvaient atteindre jusqu'à 500 000 hommes.

Bien davantage que sous les Almoravides, la marine occupa une place centrale dans l'armée almohade et comme par le passé elle était commandée par des amiraux originaires d'Andalousie. Ses deux principales bases se trouvaient à Ceuta qui commandait le littoral méditerranéen et à Salé qui commandait la région atlantique. Séville, Bougie et Tunis jouaient également un rôle important dans le dispositif naval almohade [51].

D'une piété exemplaire, 'Abd al-Mu'min resta jusqu'à la fin de ses jours très attaché à la doctrine almohade et ne manqua aucune occasion d'en affermir les bases au sein de la population. En 1161, il ordonna à toute la population d'apprendre par cœur les différentes *'Aqida* (professions de foi) rédigées par le Mahdi, menaçant de la peine de mort toute personne, homme ou femme, libre ou esclave, qui refuseraient de s'y conformer. Il chargea par ailleurs les *tolba* almohades de veiller scrupuleusement au respect de l'obligation de la prière et à la récitation par cœur de la sourate initiale du Coran, « ainsi qu'une autre et autant que possible d'autres passages ». Les *tolba* menaient en outre une guerre à outrance contre la consommation du vin et des boissons fermentées[52].

Ses deux successeurs, Abu Ya'qub Yussuf et Ya'qub al-Mansur firent preuve de la même piété que lui. Le premier avait pour habitude, quand il se préparait à la guerre sainte contre les chrétiens, de renforcer les connaissances religieuses de ses soldats en matière de *djihad* : il demandait alors à ses oulémas de réunir tous les hadiths relatifs à la guerre sainte que tous les cheikhs et les *sayyid-s* almohades se devaient d'apprendre et étudier « apportant chacun sa tablette pour écrire sous sa dictée[53] ». Homme cultivé aimant la compagnie des philosophes comme Ibn Tufayl (1110-1185) et Ibn Rushd (Averroès, 1126-1198), qui étaient des familiers de sa cour, Abu Ya'qub avait d'amples connaissances en médecine et en droit. Il possédait aussi une solide érudition en matière religieuse, allant même jusqu'à apprendre par cœur, d'après al-Marrakushi, le recueil de *hadiths* du *Sahih* d'al-Bukhari. Mais plus que toute autre chose, ce qui frappa le plus ses contemporains, c'était son amour des livres qu'il recherchait partout avec frénésie, au Maghreb et en Espagne, au point de réunir dans son palais de Marrakech l'une des plus belles bibliothèques du monde musulman.

Elle égalait « presque » – disait-on – en nombre d'ouvrages celle du calife omeyyade al-Hakim Mustansar billah.

Quant à Ya'qub al-Mansur, que l'on disait décidé à s'éloigner de la doctrine almohade, il conduisit néanmoins jusqu'à son terme logique l'enseignement d'Ibn Tumart en interdisant les traités d'application juridiques du *furu'* qui étaient si chers aux anciens *fuqaha* almoravides, puis en ordonnant l'autodafé des livres du rite malékite, qu'il prit soin d'expurger au préalable des versets du Coran et des passages du *hadith* : « C'est ainsi, raconte al-Marrakushi, que de nombreux ouvrages furent brûlés dans tous ses États, tels par exemple la *Mudawwana* de Sahnoun, le traité d'Ibn Yunus, les *Nawadir* et le *Mukhtasir* d'Ibn Abu Zayd... Moi-même, ajoute-t-il, j'ai vu, à Fès, des livres par charges entières qu'on amoncelait et auxquels on mettait le feu[54]. »

Il ordonna dans le même temps aux traditionnaires de lui composer un recueil de *hadiths* sur le modèle des traditions du Prophète recueillies par Ibn Tumart :

> Lui-même le dictait au peuple et forçait celui-ci à l'apprendre, si bien qu'il se répandit dans tout le Maghreb et était su par cœur de tous, grands et petits, car cette connaissance était récompensée de vêtements et d'argent. En somme, son but était de ruiner la doctrine malékite et de la chasser entièrement du Maghreb, pour amener le peuple à ne plus pratiquer que le sens apparent du Coran et des Traditions ; tel aussi avait été le but de son père et de son grand-père mais ceux-ci ne l'avaient pas ouvertement affiché.

Aussi farouchement doctrinaire que son grand-père, il favorisa également l'ascension des *tolba*, c'est-à-dire ceux qui se consacraient à la propagation de l'idéologie almohade. Les *tolba*, disait-il aux autres Almohades qui étaient jaloux de leur influence, « n'ont d'autre tribu que moi et, en cas de besoin, c'est à moi qu'ils auront recours, près de moi qu'ils se réfugieront, de moi qu'ils se réclameront[55] ».

Sous son règne, Marrakech rivalisait avec Fès, Séville, Cordoue et les grandes villes d'Orient en tant que centre intellectuel du monde musulman. Deux noms sont attachés tout particulièrement à cette extraordinaire ascension de la capitale du Sud, ceux des philosophes Ibn Tufayl et Ibn Rushd (Averroès). Le premier rédigea un roman philosophique, *Hayy Ibn Yaqdhan* (« Le Vivant, fils du Vigilant »), décrivant comment un enfant né dans une île déserte franchissait seul les différentes étapes de la connaissance humaine jusqu'à arriver, par son propre jugement, au concept de Dieu. Quant à Averroès, qui s'occupa beaucoup du rapport entre science et foi, il rédigea dans la capitale almohade son traité intitulé *De la substance de l'Univers* et une partie de son *Commentaire moyen sur le traité du Ciel*. Tombé en disgrâce à la fin du règne de Ya'qub al-Mansur, il mourut en 1198 à Marrakech où il fut enterré provisoirement avant que son corps fût transféré dans sa ville natale de Cordoue.

Les califes almohades étaient aussi de grands amateurs de musique andalouse et de poésie arabe. Le poète Abu 'Abd Allah ibn Habus, après avoir servi les Almoravides en Espagne, revint au Maroc avant de se fixer finalement dans sa ville natale de Fès. 'Abd al-Wahid al-Marrakushi, qui ne l'aimait guère, lui reprochait son style ronflant et « ses mots pompeux, tragiques mais vides ». 'Abd al-Mu'min entretint des rapports cordiaux avec la poétesse andalouse Hafsa bint al-Hajj qui fut aimée par l'un de ses fils, Abu Rabi', lui-même poète au talent non négligeable.

Il va sans dire que toute cette intense activité culturelle fut déployée en arabe, la langue officielle de la dynastie, langue de ses diplomates, de ses juristes, de ses philosophes et et ses chroniqueurs. C'était aussi la langue des lettrés qui avaient la charge de la prestigieuse bibliothèque royale fondée par Ya'qub al-Mansur à Marrakech, non loin de la Koutoubia, à l'ombre de laquelle des dizaines de librairies exposaient aux passants leurs livres en arabe. Jointe à la présence accrue de tribus arabes dans le royaume, cette effervescence culturelle eut pour effet de promouvoir l'arabisation du Maghreb extrême et de sa population, ce qui n'était pas le moindre des paradoxes de cette dynastie berbère. Par ailleurs, à défaut de pouvoir instaurer dans tous ses aspects la réforme antimalékite prônée par Ibn Tumart, les Almohades parachevèrent sans aucun doute l'unification religieuse du Maroc en poursuivant, avec plus de vigueur encore, la lutte engagée par les Almoravides contre les courants hétérodoxes et les minorités non musulmanes. Ce faisant, ils contribuèrent sans le vouloir à la victoire définitive du malikisme dans le pays et, phénomène non moins paradoxal, au rapide développement du soufisme au Maroc et à l'ouverture du pays aux grands courants mystiques nés en Orient et en Andalousie. Qu'il s'agisse de savants rompus aux doctrines d'al-Ghazzali et d'Ibn al-'Arabi, ou de simples marabouts « faiseurs de miracles », nombreux furent les cheikhs soufis qui vécurent à Marrakech et à Fès sous les Almohades. Leur influence, qui imprégna la vie religieuse au Maroc, déborda assez rapidement le cadre des grandes villes pour atteindre de larges secteurs de la population rurale, qui admirait leur abnégation et croyait en leur *baraka*. Le culte des saints – hommes de toutes conditions, Berbères ou Arabes, savants ou illettrés, ascètes ou illuminés – allait devenir ainsi l'une des composantes remarquables de l'islam marocain. Il fut appelé à jouer un rôle crucial dans les périodes de crise politique et religieuse que connut le pays au cours des siècles suivants.

L'économie almohade

L'époque almohade laissa dans les mémoires le souvenir d'une période de grande prospérité, du moins jusqu'à l'époque d'al-Nasir, au début du XIIIe siècle : un empire immense s'étendant sur tout le Maghreb, de Barqa en Cyrénaïque à l'oued Noun, au sud du Maroc, ainsi que sur la majeure partie de la péninsule Ibérique ; un empire où l'ordre et la sécurité régnaient partout, à quelques exceptions près, jusqu'au lendemain de la défaite de Las Navas de Tolosa. Cela ne pouvait que favoriser l'épanouissement des échanges commerciaux entre toutes les parties de l'empire et entre le Maghreb et le Soudan nigérien, la Méditerranée orientale, l'Europe méridionale des Baléares à l'Adriatique, en passant par Marseille, Gênes, Pise, Syracuse, Venise et Chypre.

À l'époque du sultan Abu Ya'qub Yussuf, raconte al-Marrakushi, « ce ne fut que fêtes, banquets et réjouissances, tant l'abondance était grande, la sécurité générale, l'argent abondant et les vivres nombreux ; jamais les habitants du Maghreb n'avaient eu pareille chose [56] ». Une impression de prospérité que confirme largement la lecture du *Nuzhat al-Musthaq fi Ikhtiraq al-Afaq*, ou « Description de l'Afrique », du géographe andalou Abu 'Abd Allah Mohammed al-Idrissi et celle de l'anonyme *Kitab al-Istibsar*, écrites toutes deux au cours de la deuxième moitié du XIIe siècle.

Il s'avère néanmoins que tout en restant un axe central autour duquel s'articulait la vie économique du Maghreb, le commerce transsaharien perdit beaucoup de sa vigueur au cours de la période almohade. L'affaiblissement des Sanhaja sahariens, maîtres traditionnels des pistes caravanières de l'Adrar, y était pour quelque chose. À cela il faudrait ajouter l'instabilité politique du Sahel nigérien consécutive à l'effondrement du royaume de Ghana, ainsi que les multiples soulèvements du Sous ou encore les luttes pour la prise de Sijilmassa entre Almohades, 'Abd al-Wadides et Mérinides, au cours de la deuxième moitié du XIIIe siècle. Ce n'est qu'avec la montée simultanée, à la fin de ce siècle, des Mérinides et du royaume soudanais du Mali que le trafic transsaharien devait retrouver tout son dynamisme d'antan.

Mais cette mauvaise conjoncture n'empêcha pas cependant les Almohades de se doter, pendant toute la durée de leur règne, d'une monnaie en or d'une excellente facture, très prisée jusqu'en Europe, et qui resta en circulation, longtemps après leur disparition. Appelées *masmoudias* en Espagne, les pièces almohades étaient d'un poids supérieur à celles des Almoravides et elles étaient recherchées pour la pureté de leur or. Jusqu'à l'avènement d'al-Ma'mun, l'imamat du Mahdi y était toujours mentionné et nombreux au Maroc étaient les ateliers où on les frappait : Salé, Rabat, Marrakech, Fès, Meknès, Ceuta, Sijilmassa, auxquels s'ajoutaient les ateliers de Tlemcen, Bougie, Séville et Cordoue. Non moins abondant fut le monnayage almohade en argent : des pièces carrées émises par 'Abd al-Mu'min dont la forme originale se voulait une confirmation de l'avènement du Mahdi[57].

Force est donc de constater que, en dépit de toutes les vicissitudes qu'il traversa au cours du XIIe et du XIIIe siècle, le commerce transsaharien joua un rôle essentiel dans la vie économique du Maghreb almohade.

Région proche du Sahara, le Sous demeura comme par le passé l'une des régions les plus riches du Maroc. L'abondance de sa production agricole – blé, orge, figues, noix, raisin, coings, grenades, citrons, pêches, pommes « rondes comme les mamelles d'une femme », olives, caroubes et huile d'argan –, l'habileté de ses commerçants et le savoir-faire de ses tisserands et de ses forgerons dont les produits – étoffes en toile fine, javelots en acier et ustensiles en cuivre jaune – étaient exportés jusqu'au pays des Noirs, en faisaient une région très industrieuse et particulièrement peuplée. Mais l'une de ses principales sources de richesse consistait dans la culture de la canne à sucre et dans la fabrication de sucre dans des pressoirs le long de la vallée du Nfis ainsi qu'à Marrakech même, où l'on trouvait l'eau et une main-d'œuvre nécessaire. Connu sous le nom de *taberzed*, le sucre du Sous était exporté à partir d'Igli et de Taroudant « dans tout le Maghreb, en Espagne en Ifriqiya[58] ». Les habitants consommaient sur place le suc de canne, mais selon al-Idrissi ils étaient particulièrement friands d'une boisson appelée *'anziz* qu'ils fabriquaient à partir du moût de raisin qu'ils faisaient bouillir « jusqu'à ce qu'il ne reste que les deux tiers dans le vase » : « Cette boisson est tellement forte qu'on ne peut en faire usage inopinément sans y ajouter la même quantité d'eau. Les habitants du Sous en considèrent l'usage comme permis tant qu'elle ne cause pas une complète ivresse[59]. »

À l'est du Sous, la vallée du Dra' offrait également la même impression de prospérité : à l'intérieur de leurs villages, collés les uns aux autres, les habitants avaient largement de quoi se nourrir et produisaient pour l'exportation du henné, du cumin et de l'indigo utilisé dans tout le Maghreb sous forme de mélange avec de l'indigo « venant de l'étranger qui était de meilleure qualité ».

Non loin de là, Sijilmassa continuait d'être l'un des principaux débouchés du commerce transsaharien à partir du Maroc. Comme sous les Almoravides, la ville était une cité caravanière « grande et populeuse, entourée de vergers et de jardins, belle au-dedans et au-dehors », dont le seul souci était l'ophtalmie qui frappait tous ses habitants, « qui avaient la vue faible et les yeux pleurant sans cesse[60] ».

Elle entretenait des relations régulières avec Tlemcen et Fès d'où elle tirait « d'excellentes étoffes et des marchandises de toute espèce ». Du Tadla, elle recevait ses vêtements en coton ainsi que le produit des mines de cuivre de Day : un minerai « très pur » que l'on mélangeait « facilement » à de l'argent pour la fabrication de mors de chevaux que l'on exportait également dans tout le pays[61].

Sur la route de Marrakech, les caravanes venant de Sijilmassa s'arrêtaient à Aghmat, qui avait pu préserver son statut de grande cité commerciale en dépit de la proximité écrasante de la capitale. Riches et fiers de l'être, les habitants d'Aghmat, raconte al-Idrissi, avaient l'habitude d'afficher publiquement l'étendue de leur fortune en plaçant aux portes de leurs maisons des soliveaux indiquant le montant de leurs revenus. Comme à Sijilmassa, ils pâtirent des troubles ayant accompagné l'avènement des Almohades, mais, souligne al-Idrissi, « on peut encore les appeler riches, opulents même, et ils ont conservé leur ancienne fierté et leur mine altière[62] ».

Mais l'une des nouveautés les plus remarquables de l'époque almohade fut l'essor du commerce maritime qui s'effectuait entre les différentes parties de l'empire, de l'Andalousie jusqu'à Tripoli. Il constituait en quelque sorte le pendant de l'intense activité navale déployée par Abd al-Mu'min et ses successeurs pour assurer leur hégémonie en Méditerranée occidentale et c'est ainsi que, en dehors de Salé et de Ceuta qui étaient les deux grands ports militaires de l'empire, de nombreux ports marocains de l'Atlantique et de la Méditerranée s'ouvrirent au commerce extérieur au cours de la deuxième moitié du XIIe siècle. Les petits ports d'Anfa, à l'emplacement de l'actuelle Casablanca, et de Fédala, l'actuelle Mohamedia, sont ainsi cités par al-Idrissi au même titre que Safi, « la dernière station des navires sur la Mer Ténébreuse », Mazagan (El-Jadida) et Azemmour, qui servaient de débouchés aux marchandises provenant de Marrakech et du sud du Maroc à destination de Cadix, de Séville et du Portugal : du blé, de l'orge, des petits pois et des fèves ainsi que des brebis, des chèvres et des bœufs que des bateaux espagnols venaient charger régulièrement. Outre ses activités militaires, Salé avait aussi un commerce maritime très florissant : elle importait de Séville « et d'autres lieux en Espagne » de grandes quantités d'huile en échange de « toutes sortes de comestibles » : « Ses habitants sont riches ; les vivres à bas prix et abondants ; on y voit des vignes, des vergers, des jardins, des champs cultivés [...]. La pêche est tellement abondante que le poisson ne trouve quelquefois pas d'acheteurs[63]. »

Une place à part fut détenue, dans ce contexte, par Rabat ou Ribat-al-Fath, construite en 1150 par 'Abd al-Mu'min qui lui avait donné le nom de Mahdia, en souvenir du Mahdi Ibn Tumart. Trente-cinq ans plus tard, son petit-fils Abu Yussuf Ya'qub l'agrandit, l'entoura d'une citadelle, la « citadelle de la joie » ou Hisn al-Farah et assura son alimentation en eau potable en la reliant par un aqueduc à la source de 'Ain Ghaboula située à une vingtaine de kilomètres de Rabat. Désireux d'y attirer commerçants et artisans, al-Mansur promit une allocation spéciale à toute personne qui accepterait de s'y établir.

Sur la côte méditerranéenne, Ceuta était le grand entrepôt du trafic extérieur almohade, dont le port était fréquenté par des marins andalous et maghrébins aussi bien que par des navires chrétiens appareillant vers les Baléares, Marseille, Savone, Gênes, la Sicile et l'Égypte. C'était par ailleurs un lieu de passage obligé pour les pèlerins de l'Occident musulman se rendant à La Mecque et un centre de piraterie très actif dont les habitants s'adonnaient à la course pour leur compte personnel ou pour celui des *sayyids* almohades qui les gouvernaient. Sa renommée fut telle que Léon l'Africain en parlait encore au début du XVIe siècle comme de « la ville la plus belle et la plus peuplée de Maurétanie »; elle était célèbre notamment pour ses « remarquables ouvriers en travaux de cuivre, tels que chandeliers, bassins, écritoires et autres objets » qui étaient particulièrement prisés en Italie[64]. Ceuta exportait aussi beaucoup de laine, des cuirs, des produits agricoles ainsi que des esclaves noirs. Parmi les importations européennes, les produits les plus demandés étaient les épices, les parfums, les textiles ainsi que – malgré tous les interdits – le vin, essentiellement en provenance de Fès. Un commerce très développé était soutenu par la présence dans la ville d'une petite classe de riches négociants entretenant des relations commerciales étroites avec le monde méditerranéen et le Soudan.

Plus à l'est, l'activité maritime almohade se déploya avec le même dynamisme à Hunayn qui servait de port à Tlemcen, à Mers el-Kébir où « même les plus grands vaisseaux peuvent mouiller en toute sécurité, protégés contre tous les vents », à Oran qui entretenait un commerce florissant avec l'Espagne, à Ténès connue pour ses coings « d'une grosseur et d'une beauté admirables » qu'elle exportait en même temps que de grandes quantités de blé, et surtout à Bougie qui était fréquentée aussi bien par les caravanes sahariennes que par les navires venant du Maghreb occidental, de l'Ifriqiya et d'Orient. En plus de son activité commerciale et artisanale, Bougie abritait un chantier naval très actif « où l'on construisait de gros bâtiments, des navires et des galères car les montagnes et les vallées environnantes sont très boisées et fournissent de la résine et du goudron de très bonne qualité[65] ». Les Almohades exploitaient un second chantier, d'importance moindre, celui de Ceuta qu'ils perdirent en même temps que le reste du littoral méditerranéen sous les coups conjugués des Hafsides, des 'Abd al-Wadides et des Mérinides au milieu du XIIIe siècle.

Les sources sont très peu loquaces sur le monde rural marocain à l'époque almohade. On sait néanmoins avec certitude que de larges régions du pays, au nord et à l'est notamment, furent dépeuplées à la suite du déplacement de plusieurs tribus berbères aux confins de l'empire. Les pertes humaines occasionnées par les guerres innombrables menées par les Almohades ainsi que les calamités naturelles qui assombrirent les dernières années de la dynastie – invasions de sauterelles, sécheresses, inondations catastrophiques, famines, épidémies, etc. – aggravèrent ce processus de paupérisation auquel contribua par ailleurs l'établissement de plusieurs tribus arabes au sud du Rif, dans les régions de Fès et de Tlemcen et le long de la Moulouya jusqu'au Tafilelt, le Sous, ainsi que le long du littoral atlantique, de l'oued Noun jusqu'à la vallée du Sebou. Une présence qui eut pour effet d'attiser les tensions entre nomades et sédentaires et de vider les centres urbains de leur population. Les déprédations causées par les nomades arabes étaient telles que certains docteurs de la loi dispensèrent les Maghrébins, du fait de l'insécurité des routes, du devoir du pèlerinage à La Mecque. À ceux qui voulaient réaliser, vaille que vaille, cette obligation religieuse, ils conseillaient d'emprunter des navires appartenant aux infidèles, bien que le rite malékite en interdît l'usage. D'autres oulémas cités par Mohamed Kably n'hésitaient pas à décréter le boycott des intrus hilaliens, allant même jusqu'à prêcher le *djihad* à leur encontre[66].

Juifs et chrétiens sous les Almohades

La politique religieuse almohade fut fatale aux Juifs et aux chrétiens du Maghreb qui devaient choisir entre la conversion, l'exil ou la mort, en dépit du verset coranique *la ikraha fi-l-din*, « pas de contrainte en religion[67] » interdisant expressément la conversion forcée des « gens du Livre ». Ayant réponse à tout, les Almohades faisaient état d'un *hadith* bien opportun selon lequel la liberté de culte accordée par le Prophète aux Juifs et aux chrétiens était limitée à une période de cinq cents ans après l'Hégire, c'est-à-dire jusqu'en 1107, date à laquelle, au plus tard, suivant la « promesse » faite par les Juifs de Médine à Mohammed, le Messie devrait faire son apparition. Ce délai étant depuis longtemps révolu, les Juifs n'avaient plus de raison valable de conserver leur religion et se devaient, par conséquent, d'embrasser l'islam.

Organisée par 'Abd al-Mu'min à partir de 1146, immédiatement après la prise d'Oran et de Tlemcen, la conversion forcée des Juifs et l'exécution des récalcitrants affecta l'ensemble de l'Afrique du Nord et de l'Espagne musulmane. Elle débuta, au lendemain de *l'I'tiraf*, à Sijilmassa où les Almohades prirent la peine de tenter de convaincre paisiblement les Juifs d'abjurer leur foi : après sept mois de discussions infructueuses, ils décidèrent de passer aux actes, massacrant une partie de la population juive et obligeant les rescapés – dont le *dayyan* (juge) de la ville – à embrasser l'islam[68]. Ils firent preuve de la même cruauté vis-à-vis des autres communautés juives au fur et à mesure de l'extension de leur empire à travers le Maghreb et l'Espagne. Il n'est qu'à lire les quelques témoignages directs recueillis par les Juifs maghrébins émigrés au Caire, à Aden ou en Inde ou encore de parcourir l'élégie *Ahah Yarad 'al Sefarad* composée par Abraham ibn Ezra pour constater l'ampleur du desastre qui s'était abattu sur ces communautés.

Complétée ultérieurement par des mains anonymes, l'élégie d'Ibn Ezra aligne l'un après l'autre les noms du chapelet très serré de communautés sinistrées, à commencer par les petites localités de la vallée du Dra', à l'ouest, jusqu'à celles de la Cyrénaïque, à l'est, en passant par les grands centres d'Aghmat, près de Marrakech, Sijilmassa, Fès, Tlemcen, Bougie, Mahdia, Tunis, Sousse, Gabès, Gafsa, Djerba et Tripoli. Si, en règle générale, l'écrasante majorité des Juifs d'Andalousie tout comme des chrétiens du Maghreb put échapper aux persécutions en se réfugiant dans les royaumes catholiques du nord et du centre de la Péninsule[69], les Juifs maghrébins choisirent, pour leur part, de se convertir publiquement à l'islam tout en continuant à professer en cachette leur religion. Le laxisme relatif des autorités almohades, qui, fait étonnant, n'exercèrent pas de contrôle véritable sur la vie privée des néomusulmans, avait permis un tel état de fait.

« On n'a jamais vu une persécution aussi merveilleuse où l'on ne vous impose que des paroles » et où chacun peut appliquer, en secret, s'il le veut « les 613 commandements » de la Torah,écrivit à ce sujet Moïse Maïmonide, qui, en compagnie de toute sa famille, avait dû quitter sa ville natale de Cordoue à destination de Fès, où il vécut de 1159 ou 1160 jusqu'en 1165 avant de s'installer définitivement au Caire[70]. D'ailleurs, ajoutait-il dans son épître sur la persécution[71], « nos oppresseurs » eux-mêmes savent parfaitement que « nous ne croyons pas à ces paroles qui ne sont prononcées que pour nous sauver du roi, pour l'apaiser par des paroles verbales ».

Aussi, s'appuyant sur sa propre expérience, Maïmonide allait-il recommander le « marranisme » tout en évitant de condamner ouvertement les Juifs qui choisissaient le martyr au nom de la « sanctification de Dieu » (*Kiddush Hashem*) :

> Quiconque se fait tuer pour ne pas reconnaître la mission prophétique de cet homme [Mahomet], il sera dit de lui qu'il a fait ce qui est droit et bon... car il s'est sacrifié pour la sanctification du Nom, qu'il soit béni et exalté ; mais à celui qui vient nous interroger pour savoir s'il doit se faire tuer ou reconnaître [la mission prophétique de Mahomet], nous lui répondons qu'il reconnaisse [Mahomet] et ne se fasse pas tuer[72].

C'est que, au fil des ans, les autorités almohades elles-mêmes finirent par changer de politique à l'égard des convertis après avoir voulu les forcer à abandonner toute trace de leur ancienne identité religieuse, en leur interdisant de pratiquer le commerce, de jouir de biens reçus en héritage et même en les obligeant à renoncer à l'éducation de leurs enfants. Constatant l'échec d'une telle politique, et étant pour le moins sceptiques quant à la sincérité de leur conversion, les successeurs d'Abd al-Mu'min choisirent de les tenir séparés du reste de la population en les contraignant à porter un habit spécial, une longue tunique de couleur bleu foncé « pourvue de manches si larges qu'elles tombaient jusqu'aux pieds, et, au lieu de turban, une calotte de la plus vilaine forme qu'on aurait prise pour un bât et qui descendait jusqu'au-dessous des oreilles ». Plus tard on leur fit porter des vêtements et des turbans jaunes pour les distinguer des « vrais » musulmans[73]. Il n'empêche : aux yeux des Almohades, il n'y avait en principe plus de Juifs ni de chrétiens au Maghreb depuis leur avènement :

> On n'accorde point chez nous de sauvegarde ni aux Juifs, ni aux chrétiens depuis l'établissement du pouvoir masmoudite, et il n'existe ni synagogue, ni église dans tous les pays musulmans du Maghreb, écrit tout bonnement al-Marraskushi au début du XIIIe siècle. Seulement, les Juifs chez nous professent extérieurement l'islamisme ; ils prient dans les mosquées et enseignent le Coran à leurs enfants, en se conformant à notre religion et à notre foi. Dieu seul connaît ce que cachent leurs cœurs et ce que renferment leurs maisons[74].

Toutes ces mesures ségrégationnistes[75] eurent pour effet de perpétuer le sentiment d'appartenance juive chez bon nombre de néomusulmans et chez leurs descendants. Ils continuèrent ainsi à se marier entre eux, à vivre dans leurs anciens quartiers, à dépendre de leurs anciens chefs communautaires, devenus musulmans comme eux, et, dans la plupart des cas, à pratiquer les mêmes professions qu'avant leur conversion. Le commerce demeura leur domaine d'excellence à Fès comme à Sijilmassa jusqu'à la fin du XIIe siècle si l'on en croit le copiste almohade du *Kitab al-Istibsar*[76]. Voilà qui explique pourquoi les Juifs allaient faire leur réapparition en tant que tels, au Maghreb, lorsque, peu de temps après la défaite de La Navas de Tolosa en 1212, le calife al-Ma'mun rompit avec l'idéologie de ses prédécesseurs et abrogea toutes les mesures prises à l'encontre des *dhimmi* ; voilà qui explique aussi pourquoi, dans l'ensemble, les Juifs résistèrent à la tornade almohade et ne disparurent pas totalement du paysage maghrébin à l'exemple des chrétiens, qui, eux, quittèrent en masse le sol nord-africain, certains de pouvoir trouver un refuge sûr en Europe où, s'ils le désiraient, ils avaient le loisir de poursuivre la lutte contre les infidèles[77].

En dehors de quelques rares missionnaires franciscains qui vinrent s'installer au péril de leur vie à Marrakech et à Ceuta en 1220 et 1227, les seuls chrétiens ayant vécu au Maroc à cette époque étaient soit des prisonniers de guerre, soit des marchands de passage ou des soldats – mozarabes et autres – recrutés pour la garde personnelle des califes almohades. Ces derniers venaient généralement avec femmes et enfants et étaient accompagnés d'aumôniers espagnols qui veillaient à tous leurs besoins religieux : ainsi, profitant du départ en campagne d'al-Ma'mun à Ceuta, Yahia ibn Nasir n'eut rien de plus pressé, en s'emparant en 1232 de Marrakech, que de détruire l'église et sa cloche et de massacrer « une grande foule » de chrétiens des deux sexes ainsi que bon nombre de Juifs qui venaient à peine de sortir de la clandestinité dans laquelle les avait jetés 'Abd al-Mu'min[78]. À la mort d'al-Ma'mun, son fils al-Rashid refusa de dissoudre la milice chrétienne tandis que le pape Grégoire IX nommait en 1237 un premier évêque à Marrakech qui demeura en fonctions jusqu'à sa mort en 1243. Un nouvel évêque fut nommé en 1248 à la tête du diocèse de Marrakech, qui resta « unique et isolé » au Maroc longtemps après l'extinction de la dynastie des Almohades et jusqu'à la fin du XIVe siècle.

6

Mérinides et Wattasides

Analysant les causes de la déchéance des dynasties almoravide et almohade, Ibn Khaldun délaissa les facteurs économiques ou militaires pour mettre principalement en cause l'épuisement physique et moral des deux groupes sociaux qui avaient favorisé l'ascension des deux royaumes berbères, les Lamtuna et les Masmouda. Deux tribus berbères du Sud marocain façonnées par les difficultés de la vie rurale et dont les membres étaient liés, au départ, par un très fort esprit de corps (*'asabiyya*). Au fil des années, ce sentiment avait fini par s'émousser quand, une fois leurs conquêtes terminées, les fondateurs des deux dynasties et leurs descendants se mirent à aimer le confort de la vie citadine. Ils perdirent dès lors graduellement les vertus « viriles » qui avaient caractérisé leurs ancêtres et assuré la réussite de leurs mouvements :

> Plus rien ne les distinguait des sédentaires ordinaires, que leur talent militaire et leurs emblèmes. Leur défensive s'affaiblit, leur énergie se perdit et leur puissance fut minée. Les fâcheux effets de cette situation sur la dynastie se traduisirent par la décrépitude [1].

C'est ainsi qu'au bout de trois générations – qui est l'espérance de vie de toute dynastie selon Ibn Khaldun – les Almoravides cédèrent la place aux Almohades qui, à leur tour, devaient être balayés par les Banu Marin, tribu nomade originaire de l'est de la Moulouya qui avait conservé intactes toutes les qualités « bédouines » – intrépidité, « rapacité », etc. – qui avaient fait naguère la gloire de leurs prédécesseurs. Mais les nouveaux maîtres zénètes du Maghreb manquaient cruellement d'un atout majeur qui avait assuré la victoire des Almoravides et des Almohades ainsi que celle des Fatimides avant eux : ce qu'Ibn Khaldun appelle la « propagande religieuse », à savoir une idéologie religieuse reposant sur une lecture particulière de la Tradition, à l'exemple des doctrines religieuses élaborées, à moins d'un siècle de distance, par 'Abd Allah ibn Yasin et Mohammed ibn Tumart :

> Au Maghreb d'autres tribus étaient plus nombreuses et plus unies par l'esprit tribal [que les Lamtuna et les Masmouda]. Néanmoins, leur organisation religieuse doubla la force de leurs liens du sang. Leur certitude de posséder la « vision » (*istibsar*) spirituelle, et leur mépris de la mort, tout se réunit pour les rendre invincibles[2].

Ni réformateurs religieux ni chérifs, les Mérinides allaient s'employer à combler le prestige religieux qui leur manquait en multipliant *medersas* et autres fondations religieuses de toutes sortes et en se rapprochant des chérifs du royaume, qui, sous leur règne, accédèrent à un statut social jamais atteint par le passé. Ce faisant, ils contribuèrent à la revivification de l'islam marocain qui garda de cette époque les traits principaux qui le caractériseraient jusqu'à l'époque moderne – un mélange d'orthodoxie légaliste sourcilleuse et de mysticisme populaire débridé. Ils voulurent, dans le même ordre d'idées, récupérer l'héritage spirituel des Almohades et des

Almoravides en reprenant l'étendard de la guerre sainte contre les chrétiens et effacer en quelque sorte les conséquences de la bataille de Las Navas de Tolosa (1212). Mais ils n'allaient pas tarder à apprendre à leurs dépens que les grandes heures de l'islam dans la Péninsule appartenaient au passé et qu'il valait mieux pour le Maroc se consacrer aux questions maghrébines plutôt que de se heurter aux royaumes ibériques.

Battant son plein en Espagne, la *Reconquista* chrétienne menaçait désormais directement le littoral marocain, qui, avant les Grandes Découvertes, était devenu le point de mire des soldats et des commerçants chrétiens. Mais la haine inexorable que la Croix et le Croissant se vouaient n'excluait pas une vaste gamme d'échanges et de liens politiques et culturels de part et d'autre du Détroit : ainsi les soldats castillans qui s'attaquèrent à Salé, en 1260, et à Larache, en 1270, avaient toutes les chances de se retrouver nez à nez avec d'autres soldats chrétiens – Castillans ou Aragonais – qui combattaient du côté musulman ; en outre, tandis que des corsaires espagnols allaient dévaster les villes marocaines du littoral atlantique, d'autres marins européens – Catalans, Génois, Pisans, Marseillais – venaient au même moment écouler paisiblement leurs produits dans les *fondouks* de Ceuta, de Fès et de Tlemcen. Ce faisant, ils entraient en contact direct avec le marché africain et ses caravanes sahariennes chargées d'esclaves, d'or, de plumes d'autruche, de gomme, de poivre « de Guinée » dit « graine de paradis », d'ivoire, d'« alun blanc » dit de Sijilmassa et d'autres produits soudanais. C'est que l'Europe continuait d'être plus dépendante que jamais pour son métal jaune du commerce maghrébin : avant la découverte de l'Amérique, l'Afrique du Nord était son fournisseur principal en or africain que les caravanes maghrébines allaient quérir au sud du Sahara. Un commerce triangulaire dont dépendait également le bien-être des royaumes noirs de la boucle du Niger, celui du Mali en premier lieu, dont le roi Mansa Musa fut à l'origine des premiers contacts officiels avec la dynastie mérinide : ainsi, au moment où les deux rives du Détroit semblaient s'éloigner dangereusement l'une de l'autre, les échanges politiques, économiques et culturels de part et d'autre du Sahara prenaient une importance accrue.

Une histoire politique mouvementée

À la fin du XIIIe siècle, quatre royaumes musulmans se disputaient les derniers débris de l'Empire almohade : les Nasrides de Grenade, qui poussèrent l'audace jusqu'à s'emparer de Ceuta en 1306 avant de s'impliquer profondément dans les guerres de succession des Mérinides à la fin du XIVe siècle ; les 'Abd al-Wadides de Tlemcen, qui visaient Sijilmassa et toute la partie centrale du Maghreb jusqu'à Bougie ; les Hafsides de Tunis, qui se considéraient comme les héritiers légitimes du régime fondé par Ibn Tumart et 'Abd al-Mu'min ; enfin les Mérinides, qui, maîtres de Meknès puis de Fès sous Abu Bakr b. 'Abd al-Haqq, ne désespéraient pas de voir réunifiées, sous leur seule autorité et avec l'aide des tribus hilaliennes, toutes les parties éparses de l'Empire almohade qu'ils avaient grandement contribué à démanteler. Sans oublier les royaumes chrétiens de la péninsule Ibérique, qui, intéressés au plus haut point par l'issue du bras de fer auquel se livraient leurs voisins maghrébins, n'hésitaient pas à prendre fait et cause pour l'une ou l'autre des coalitions qui se faisaient et se défaisaient à l'envi entre les royaumes musulmans des deux rives de la Méditerranée occidentale. Un interventionnisme qui était loin cependant d'être le seul apanage des Espagnols : Mérinides et 'Abd al-Wadides s'immisçaient pareillement dans les affaires intérieures des royaumes chrétiens soit pour départager des prétendants au trône de Castille, comme à la mort d'Alphonse X en 1284, soit pour semer la discorde entre les royaumes de Castille, d'Aragon et du Portugal, parvenant ainsi à déjouer la plupart des tentatives d'invasion conjointe des côtes du Maghreb.

Du côté mérinide, cette politique interventionniste fut activement suivie par le sultan Abu Yussuf Ya'qub al-Mansur billah (1258-1286) qui se distingua en chassant les chrétiens de Salé en 1260, peu de temps après avoir succédé à son frère Abu Bakr b. 'Abd al-Haqq.

Les Mérinides et l'Espagne

Premier souverain mérinide à entreprendre le *djihad* contre les chrétiens, voici, selon Ibn Abi Zar', l'emploi du temps quotidien de ce prince dont on disait qu'il ne quittait jamais son chapelet :

> Il passait un tiers de la nuit à lire le Coran et récitait ses prières et son chapelet jusqu'au lever du soleil ; ensuite, il lisait des livres de morale et d'histoire, entre autres, le *Futuh al-Sham* (« Conquêtes de la Syrie ») et il écrivait lui-même de très belles pages ; cela l'occupait jusqu'à dix heures ; il faisait alors sa prière et se remettait au travail ; il expédiait de sa propre main ses lettres et ses ordres ; ensuite il donnait audience et présidait le conseil des cheikhs mérinides, qui l'entouraient comme les perles étoilées entourent la lune. À midi, il se rendait à la mosquée (du Vieux Mashwar à Fès[3]) et il y restait jusqu'à trois heures ; de là, il passait dans la salle de justice, où il jugeait le bien et le mal jusqu'à l'heure de la prière du soir, après laquelle il congédiait ses ministres et ses serviteurs, et il se retirait dans son intérieur, où il s'endormait pour rêver à la guerre sainte contre les chrétiens[4].

« Blanc, haut de taille et fort » et portant le titre d'*Amir al-Muslimin* et non celui d'*Amin al-Mu'minin* qu'arborait fièrement le calife hafside de Tunis, Abu Yussuf attendit la prise de Marrakech en 1269, puis celle de Tanger et de Ceuta en 1273 – grâce à l'appui de la flotte d'Aragon – avant de lancer, en 1275, sa première guerre sainte en territoire espagnol, à l'appel de l'émir nasride de Grenade. Harcelé sans cesse par la Castille et affaibli par la sédition des émirs Bani Chekilola de Malaga et de Cadix, Mohammed al-Faqih (1273-1302) offrit au Mérinide, qui accepta, les places de Tarifa, d'Algésiras et de Ronda ainsi que le ravitaillement de son armée durant l'expédition. Celui-ci avait pour sa part promis au roi d'Aragon de permettre la construction d'une église à Ceuta s'il mettait à sa disposition des navires et des soldats catalans contre la Castille. Les résultats de cette campagne furent plutôt mitigés : il fit subir aux chrétiens de lourdes pertes notamment près d'Ecijà, où il massacra l'armée de don Nuno de Lara, fit prisonnier l'évêque de Tolède venu sur place avec des renforts et poussa l'offensive jusqu'au nord du Guadalquivir. Mais la situation générale de la Péninsule ne fut pas modifiée pour autant et demeura dans l'état où l'avait laissée les Almohades. Il en fut de même à l'issue des quatre expéditions suivantes, qui se résumèrent dans l'ensemble à de simples razzias. Elles ne rapportèrent rien de bien concret au monarque mérinide en dehors, peut-être, de Malaga que les Bani Chekilola lui offrirent ainsi que de la couronne de Castille qu'Alphonse X lui donna en gage en 1282 lorsqu'il fit appel à lui contre son fils rebelle don Sanche qui avait l'Aragon et Grenade pour alliés ; ce dernier, devenu Sanche IV après la mort d'Alphonse X en 1284, lui restitua les livres et les manuscrits arabes pris par les chrétiens aux musulmans, à la suite de l'accord de paix signé entre eux le 21 octobre 1285. Ce traité, qui garantissait par ailleurs la protection des commerçants musulmans en territoire chrétien, fut reconduit en mai

1286 par son fils Abu Ya'qub 'Abd Allah Yussuf Nasir al-Din (1286-1307) pour une période supplémentaire de quatre ans. Proclamé à Algésiras le jour même de la mort d'Abu Yussuf, le nouveau monarque marocain, qui n'était pas aussi pieux que son père, manifesta dans l'ensemble peu d'intérêt à l'égard de l'Espagne et ne franchit qu'une seule fois le Détroit, en 1291, pour empêcher Tarifa de tomber aux mains des Castillans. Les affaires ibériques lui tenant moins à cœur, il finit par abandonner l'Andalousie musulmane aux Andalous, se délestant du même coup de toutes les possessions marocaines en Espagne à l'exception d'Algésiras, Tarifa, Ronda et Cadix. Au même moment, il signait une véritable alliance avec la couronne d'Aragon stipulant qu'en cas de guerre soutenue par l'une des deux parties, l'autre ne devrait rien exporter vers les pays ennemis de la première ni admettre dans son territoire aucun de leurs sujets[5].

La guerre contre Tlemcen

Le Mérinide déploya en revanche toute son énergie pour écraser ses voisins et rivaux 'Abd al-Wadides, zénètes comme lui, qui depuis toujours se rangeaient systématiquement du côté de ses ennemis : commandés par Yaghmorasan b. Ziyan (1235-1283), les maîtres de Tlemcen avaient déjà fait cause commune, en 1244, avec le calife almohade al-Sa'id pour barrer la route de Fès aux Mérinides. Vingt ans plus tard, ils s'acoquinèrent avec Abu Dabbous pour les empêcher d'entrer à Marrakech. Les Mérinides les battirent sévèrement sur l'oued Isly, dans la région d'Oujda, cependant que les Arabes Munabbat leur livraient Sijilmassa qu'ils conservèrent jusqu'en 1274. Évincés de la grande cité caravanière du Sud, les 'Abd el-Wadides se rapprochèrent ensuite des Nasrides et de leurs protecteurs chrétiens, rompant ainsi l'accord de paix que les deux antagonistes maghrébins avaient conclu peu de temps auparavant. Irrité par un tel comportement, Abu Yussuf attaqua Yaghmurasan une première fois en 1281 et il s'en fallut de peu que son armée entrât dans Tlemcen. Les deux belligérants convinrent alors d'une nouvelle trêve qui fut respectée tant bien que mal jusqu'à la mort du souverain tlemcénien en 1283. Tirant la leçon de sa longue guerre fratricide avec les Mérinides, il aurait conseillé à son fils et successeur Abu Sa'id 'Uthman (1283-1304) de ne pas suivre son exemple en s'attaquant au Maroc et d'essayer plutôt de s'étendre vers l'est, dans le territoire de l'Ifriqiya hafside que la mort du calife al-Mustansir en 1271 avait beaucoup affaiblie. Conseil partiellement suivi. Tout en acceptant de signer un traité de paix avec Abu Ya'qub, Abu Sa'id 'Uthman accorda une large hospitalité à ses opposants parmi lesquels étaient les oncles et les neveux du roi de Fès. En 1288, 'Uthman alla même jusqu'à jeter en prison l'émissaire mérinide venu lui demander l'extradition de l'un d'eux, Mohammed ibn 'Attu, l'ancien gouverneur de Marrakech. Un « acte de violence » qui décida le sultan mérinide « à tirer vengeance des nombreux affronts qu'il avait eu à souffrir de la part du seigneur de Tlemcen[6] ».

Mais avant de lancer son armée contre Tlemcen, Abu Ya'qub dut s'acquitter de plusieurs tâches urgentes. En premier lieu, la situation en Espagne où l'émir de Grenade venait de se rapprocher de Sanche IV de Castille ainsi que de Jacques II d'Aragon, une coalition soutenue par le roi de Tlemcen qui inquiéta le Mérinide et l'amena à franchir en toute hâte le Détroit en 1291. L'expédition mérinide tourna court : lâché par ses marins qui se révoltèrent en pleine mer, Abu Ya'qub put néanmoins « satisfaire sa passion pour la guerre sainte » en faisant de fréquentes incursions contre Jérez et Séville[7]. Mais les rigueurs de l'hiver le contraignirent à rentrer plus tôt que prévu à Fès, laissant Sanche IV et le versatile émir de Grenade Mohammed al-Faqih s'emparer de Tarifa.

Au Maroc même, où la population souffrait d'une terrible famine depuis trois ans, la situation politique n'était pas moins inquiétante : le sultan dut passer ainsi de longs mois à Tazouta, dans le Rif, à réprimer la rébellion des Beni Wattas qui étaient parents des Mérinides, puis à pourchasser l'un de ses fils, Abu 'Amr qui avait trouvé refuge chez les Ghomara. Il avait aussi fort à faire contre les Ma'qil qui s'agitaient dans le Sous, le Dra' et dans le pays des Haskoura avant d'être refoulés jusqu'à la Saqiya al-Hamra.

Les enjeux du conflit entre Fès et Tlemcen étaient autant économiques que politiques : il s'agissait pour Abu Ya'qub d'attirer de nouveau vers le Maroc le trafic transsaharien qui depuis le milieu du XIIIe siècle avait déserté les axes occidentaux du Sous et du Dra' au profit des routes plus orientales passant par le Maghreb central et l'Ifriqiya. Ces tracés détournés influaient directement sur le commerce européen dans la région, plus riche et plus diversifié au centre et à l'est du Maghreb qu'à l'ouest. Abu Ya'qub avait pu s'en rendre compte personnellement en recevant en 1291 une délégation de commerçants génois qui pour l'inciter à ouvrir son pays au commerce européen, lui fit don « de présents magnifiques, au nombre desquels figurait un arbre en or sur lequel étaient des oiseaux qui chantaient au moyen d'un mécanisme, absolument comme celui qui avait été inventé par Al-Mutawakil l'Abbasside[8] ».

La guerre contre Tlemcen était dès lors inévitable. Elle débuta en 1295 par la prise de la ville frontalière de Taourirt où Abu Ya'qub installa une garnison. L'année suivante, alors que Tlemcen s'assurait le soutien de Jacques II d'Aragon, l'armée mérinide avança jusqu'à Nédroma qu'elle « foudroya avec ses catapultes » sans parvenir cependant à la faire capituler. Elle se rabattit ensuite sur Oujda avant de partir à la conquête des villes voisines de Tlemcen telles que Taount, Hunayn, Cherchell, Miliana, Oran, Médéa, Mostaganem et l'Ouarsenis tandis que Nédroma, Alger, Bougie et Constantine adressaient des messages de soumission à Fès. En 1298, Abu Ya'qub s'approcha à nouveau de Tlemcen, « qu'il entoura de son armée, ainsi que le halo entoure la lune ». L'objectif principal, cette fois, était d'y essayer une nouvelle arbalète « énorme » de portée « extraordinaire » appelée *cos-ez-ziar*. Il fallait onze mulets pour transporter les matériaux nécessaires au montage de l'engin, rapporte Ibn Abi Zar'[9]. Mais la bataille proprement dite de Tlemcen ne commença que le 5 mai 1299 : Abu Ya'qub cerna alors de toutes parts la ville ; il l'entoura d'un « mur en circonvallation, bordé en dedans d'un fossé très profond », une barrière infranchissable que même des esprits et des êtres invisibles auraient eu du mal à pénétrer dans la ville, précise Ibn Khaldun[10]. Le siège dura plus de huit ans au cours desquels les Mérinides bâtirent face à Tlemcen une nouvelle ville, Al-Mansura (« la Victorieuse ») vers laquelle ils détournèrent toutes les caravanes en provenance des villes du littoral algérien ou se dirigeant vers elles. La « nouvelle Tlemcen » – qui renfermait, un palais royal, une mosquée, « l'une des plus grandes du monde[11] », surmontée d'une « pomme d'or de 700 dinars[12] », de vastes bains publics, un immense réservoir d'eau, un caravansérail, des jardins traversés par des ruisseaux, un hôpital et des écoles – devint en moins de trois ans un centre commercial florissant où des marchands maghrébins et européens côtoyaient fréquemment des ambassadeurs étrangers venant d'Ifriqiya, d'Égypte et de La Mecque. Signe évident de légitimité politico-religieuse vis-à-vis de ses propres sujets et de ses « concurrents » maghrébins : en 1305-1306, Abu Ya'qub qui était lui-même fils d'une *chérifa*, reçut la *bay'a* des chérifs du Hedjaz en même temps qu'un habit fabriqué d'un morceau de la *kiswa* couvrant la Ka'ba de La Mecque. Deux ans auparavant, le souverain mérinide y avait envoyé une caravane de pèlerins marocains pour le *hajj* annuel.

Ces développements ainsi que l'instauration par ce même prince, à partir de 1292, de la fête du *Mouloud* célébrant la nativité du Prophète allait dans un même sens : le renforcement des liens de la dynastie mérinide avec les chérifs, les chérifs idrissides de Fès de la branche des Juti plus particulièrement.

Mais pendant que les marchés de Mansura regorgeaient de denrées, les habitants de Tlemcen mouraient par centaines, décimés par la famine et la maladie. En 1307, alors que la ville était sur le point de succomber Abu Ya'qub fut assassiné dans sa nouvelle ville de Mansura par l'un de ses eunuques pour des raisons restées obscures. Son neveu Abu Thabit – de son nom complet 'Amir b. 'Abd Allah b. Ya'qub – s'empara du pouvoir après avoir exécuté son cousin Abu Salim, désigné héritier ainsi que tous les autres prétendants au trône, à l'exception de son propre frère et futur successeur, Sulayman b. 'Abdallah Abu Rabi'. Il avait promis aux émirs 'Abd al-Wadides de lever le siège de Tlemcen s'ils s'engageaient à lui fournir asile et protection en cas d'échec de sa prise de pouvoir. C'est ce qu'il fit sans tarder, suivant ainsi l'avis unanime des cheikhs mérinides et arabes qui constituaient le socle de son gouvernement. La récupération de Ceuta, principal débouché maritime du Maroc en Méditerranée, annexée par les Nasrides en 1306, lui tenait aussi beaucoup à cœur : un de ses cousins, 'Uthman b. Abu al-Ula, y avait fait sécession et venait de rallier à sa cause les villes de Ksar-al-Saghir et d'Arzila. Voulant mettre fin à cette sédition, Abu Thabit choisit de s'installer dans la localité voisine de Tétouan qu'il renforça, mais il mourut subitement le 28 juillet 1308 à Tanger qu'il venait de reprendre. Il laissa le pouvoir à son jeune frère Abu Rabi', qui, sans trop d'efforts, obtint le retrait des Nasrides de Ceuta : les habitants les avaient tout simplement chassés de leur ville.

Le 6 juillet 1309, Abu Rabi' signa à Fès un traité de paix avec la couronne d'Aragon, stipulant notamment l'ouverture de tous les ports marocains aux ressortissants catalans. Mais contrairement aux attentes des chrétiens, Abu Rabi' non seulement refusa de prendre part à la guerre préparée par la Castille et l'Aragon contre l'émirat de Grenade, mais envoya ses troupes soutenir le royaume de Grenade. En échange de cette assistance, l'État andalou cédait au Maroc les villes d'Algésiras et de Ronda, au grand mécontentement de l'Aragon qui ne s'attendait pas à un revirement aussi rapide des Mérinides, quelques mois seulement après l'accord de Fès.

Abu al-Hassan (1331-1357) et la conquête de l'Ifriqiya

Abu Rabi' mourut peu de temps après la prise de Taza en 1310. Son grand-oncle 'Abd Allah 'Uthman Abu Sa'id II (1310-1331), frère d'Abu Ya'qub, lui succéda. Une trêve d'une trentaine d'années s'instaura dès lors dans les relations du Maroc avec ses voisins. Elle dura jusqu'à l'avènement d'Abu al-Hassan 'Ali (1331-1357), qui, en 1337, parvint finalement à enlever Tlemcen avant de se lancer à la conquête de l'Ifriqiya, un objectif caressé déjà par son grand-père Abu Ya'qub Yussuf qui avait reçu, en son temps, plusieurs délégations venues d'Alger, de Bougie et de Tunis en même temps qu'il établissait les premiers contacts de la dynastie marocaine avec les souverains mamelouks du Caire et le chérif de La Mecque.

Mais paralysés par leur guerre interminable contre Tlemcen et les révoltes incessantes qui secouaient leur royaume, les prédécesseurs d'Abu al-Hassan avaient dû mettre en veille leurs visées régionales. Sous Abu Sa'id II, ils avaient même renoncé à leurs dernières possessions en Andalousie, tendant à considérer le Détroit comme la frontière entre le Maghreb et l'Espagne. En 1319,

Grenade avait ainsi été à deux doigts de tomber aux mains des Castillans, laissant indifférent Abu Sa'id II que l'on disait certes pieux et miséricordieux, mais « point sanguinaire, digne et intelligent[13] ». Le monarque mérinide avait des soucis plus urgents à régler – notamment la révolte de Ceuta en 1317 et les remous provoqués l'année suivante par la découverte de la tombe d'Idris Ier à Walili (Volubilis) qui attira aussitôt des milliers de pèlerins de tous les coins du Maroc. Craignant des émeutes, le sultan dut envoyer son armée pour les chasser du lieu saint[14]. Dans le même temps, il avait à faire face à une sédition de son fils Abu 'Ali 'Umar et des commandants de la milice castillane, Juan Sanchez de Bugea et Juan Ruiz de Mendoza, qui agissaient selon toute probabilité à l'instigation d'Alphonse XI, après son accession au trône de Castille en 1312[15].

Tlemcen avait profité, bien sûr, de ce repli marocain et son entreprenant roi, Abu Tashfin, avait cru dès lors pouvoir attaquer en toute impunité, en 1325 puis en 1329, le royaume de Tunis qui se délitait sous l'effet conjugué des luttes intestines entre les cheikhs almohades et des attaques répétées des nomades arabes. Ces menaces avaient amené le Hafside Abu Yahiya Abu Bakr à solliciter l'aide d'Abu Sa'id 'Uthman II qui se décida finalement à marcher sur Tlemcen en 1231, contraignant les 'Abd el-Wadides à mettre un terme à leurs incursions en territoire tunisien. En échange de ce « service », le Mérinide avait demandé pour son fils, le futur sultan Abu al-Hassan, la main de la princesse hafside Fatima. Se rendant pour l'accueillir au port de Ghassassa, près de Melilla, Abu Sa'id II fut terrassé par la maladie qui devait l'emporter le 25 août 1231 à Taza. Il venait tout juste de parvenir à un modus vivendi avec son fils, Abu 'Ali 'Umar. Après s'être réconcilié avec son père, celui-ci s'etait taillé une petite principauté quasi indépendante à Sijilmassa : il s'y était établi « comme roi » indique Ibn Khaldun, avec son administration et son armée de fantassins et de cavaliers. Grâce au concours des Arabes Ma'qil, Abu 'Ali avait pu étendre son autorité sur le Dra', le Sous, ainsi que sur les oasis sahariennes du Touat et du Gourara qui étaient devenues des passages incontournables des caravanes transsahariennes. L'ancienne *Triq Lamtuni* était délaissée depuis quelque temps, par crainte des exactions des Dhawi Hassan, des Shabbanat et autres nomades arabes [16]. Voilà qui explique pourquoi, malgré la baisse du trafic transsaharien à destination du Maroc, les réserves en or des premiers rois mérinides étaient suffisamment importantes pour leur permettre de construire des monuments grandioses à Fès, Meknès, Salé, Taza, Ceuta, El Ksar el-Kébir, Gibraltar, Mansura, Safi, Azemmour, Marrakech et Aghmat et de venir en aide à leurs sujets, victimes de sécheresses et de disettes récurrentes, comme en 1311 et entre 1323 et 1324 [17].

Cela dit, c'est Tlemcen et le Maghreb central qui drainaient désormais une bonne partie de l'or africain que venaient charger à Hunayn les navires européens. Une situation que le sultan Abu al-Hassan voulut changer à son avantage en la reprenant de force à son frère Sijilmassa en 1332, puis en s'emparant de Tlemcen en 1337.

Grand guerrier pour qui « les fatigues étaient des plaisirs [18] », Abu al-Hassan – qui, selon son hagiographe Ibn Marzuq, était fier de ne jamais avoir appelé un Juif aux fonctions de vizir, de médecin ou de trésorier « comme le firent d'autres souverains » musulmans [19] – s'intéressa à l'Andalousie avant de se tourner vers Tlemcen. En 1333, il reprit Gibraltar à Alphonse XI et, sept ans plus tard, il vint assiéger Tarifa avec le concours d'une force navale imposante qu'appuyaient une vingtaine de vaisseaux mis à sa disposition par les Hafsides. La bataille fut rude et se termina par la déroute de la flotte castillane :

Dans moins de temps qu'il n'en aurait fallu pour dire deux mots, la victoire se déclara pour les vrais croyants qui, s'étant élancés à l'abordage, massacrèrent les équipages à coups de pique, à coups d'épée et jetèrent les cadavres à la mer. L'Amirante [de Castille], caïd des chrétiens, fut tué dans cette bataille. On prit à la remorque les navires enlevés à l'ennemi et on les conduisit à Ceuta, où une foule de monde s'était rassemblée pour voir ce beau spectacle[20].

La défaite de Rio Salado (30 octobre 1340) et la fin des ambitions mérinides en Espagne

Mais le vent tourna rapidement au détriment des musulmans qui, laissèrent par inadvertance l'avant-garde chrétienne pénétrer dans la ville. L'engagement décisif se déroula sur le Rio Salado. Il se termina par la déroute de l'armée mérinide (30 octobre 1340). De nombreux membres de la famille royale y trouvèrent la mort parmi lesquels l'épouse d'Abu al-Hassan, la princesse Fatima. Quatre ans plus tard, le 26 mai 1344, Abu al-Hassan perdait également Algésiras, à l'issue d'un siège si long que les soldats chrétiens qui y avaient pris part avaient fini « par se construire des maisons en bois », souligne Ibn Khaldun. Il ne restait plus aux Marocains que Ronda, Zahara, Gibraltar, Jimena, Castellar Marbella et Estepona sur le sol espagnol.

Cette campagne sanglante devait être la dernière expédition marocaine contre l'Espagne depuis la conquête musulmane. Abu al-Hassan y avait mis en jeu tout son prestige de grand monarque musulman, reconnu comme tel par ses voisins maghrébins et andalous ainsi que par les Mamelouks d'Égypte et le chérif du Hedjaz avec qui il eut de fréquents contacts. Ainsi, au lendemain de la prise de Tlemcen, il dépêcha une importante délégation auprès du souverain égyptien Nasir Mohammed et du chérif de Médine, qui fit dresser « son étendard sur le mont 'Arafa » et fit prononcer des prières en sa faveur à la Ka'aba[21]. La délégation qui voulait effectuer le pèlerinage de La Mecque était composée de la mère du sultan – une ancienne esclave d'origine éthiopienne – et de nombreux grands personnages du royaume, tant mérinides qu'arabes. Elle était porteuse d'un riche présent destiné au souverain égyptien : il était constitué de pierres précieuses, de vêtements luxueux, de tapis, de tentures, de couvertures, d'objets de harnachement, de sabres incrustés en or fin, de boucliers en peau de lamt et d'un nombre impressionnant d'animaux – 700 chameaux, 335 chevaux et juments, 120 mulets et 34 faucons « de race »[22]. Le cadeau destiné au chérif du Hedjaz consistait en un exemplaire du Coran écrit de la propre main du sultan ainsi que d'une forte somme d'argent destinée à l'achat « de plusieurs terres en Orient ». Leur revenu devait être consacré à la rétribution des lecteurs du Livre sacré (*Hufadh*) qui feraient usage de l'exemplaire royal dont la couverture était garnie de lamelles d'or, de perles et de rubis[23].

Toujours en quête de reconnaissance par les États musulmans, Abu al-Hassan dépêcha une autre délégation auprès du roi du Mali, Mansa Sulayman, qui était « le plus grand des souverains noirs » au sud du Sahara : « Voulant étaler de nouveau le faste de sa puissance, il fit prendre dans son garde-meuble une quantité d'objets rares et précieux de fabrique maghrébine, et les expédia au roi Mansa Sulayman, qui venait de perdre son père Mansa Musa[24]. »

C'est ce dernier qui avait pris l'initiative des contacts avec le sultan de Fès : apprenant l'occupation de Tlemcen et de Sijilmassa par Abu al-Hassan, Mansa Musa voulait s'assurer que cela n'aurait aucune répercussion fâcheuse sur le trafic commercial de son royaume avec le Maroc.

Ses arrières internationaux ainsi confortés, il ne restait plus à Abu al-Hassan qu'à justifier l'invasion de l'Ifriqiya qu'il projetait depuis longtemps. Au printemps 1346, il prit prétexte de la fin de non-recevoir supposée à sa demande de mariage d'une seconde princesse hafside, après la mort tragique de la première dont il avait gardé « un tendre souvenir ». Comme il devait l'expliquer à son beau-père, le calife Abu Yahya Abu Bakr, il se rappelait sans cesse les bonnes qualités de sa défunte épouse, son charme et sa douceur et « son plus grand désir » était de pouvoir remplir le vide qu'elle avait laissé par 'Azzuna, sa sœur. Mais ce ne fut pas sans difficulté que le Mérinide obtint la main de cette princesse. Son père considérait cette alliance « comme une chose épouvantable », ne voulant pas « exposer une autre de ses filles à la nécessité d'être toujours en voyage de pays en pays ». Mais il finit par changer d'avis sous la pression de son chambellan Abu Mohammed 'Abdallah ibn Tafraguin, qui le convainquit de répondre favorablement à la requête du souverain marocain. Ses atermoiements faillirent donner lieu à un grave incident diplomatique entre les deux pays, 'Abu al-Hassan allant même jusqu'à mobiliser ses troupes pour envahir l'Ifriqiya.

Cependant, à peine la délégation tunisienne eut-elle mis le pied à Tlemcen que l'on apprenait la mort du calife hafside et la prise du pouvoir par l'un de ses fils, Abu Hafs 'Umar. Indigné par la conduite « dénaturée » de ce prince qui n'hésita pas à tuer l'héritier désigné par son père, Abu al-Hassan donna aussitôt l'ordre à son armée de marcher sur Tunis et confia à son fils Abu 'Inan les rênes du pouvoir en son absence.

La campagne débuta le 25 mars 1347. Partant de Tlemcen, l'armée marocaine soumit facilement Oran, Alger, Bougie, Biskra et le Mzab tandis que des délégations venues de Gafsa, Tripoli et Bizerte lui présentaient leur soumission. Elle entra ensuite dans Constantine où Abu al-Hassan fut informé de la fuite de l'usurpateur Abu Hafs 'Umar vers Tripoli. Envoyés aussitôt à ses trousses, les soldats marocains l'interceptèrent avec ses partisans dans la région de Gabès et le tuèrent. Le 15 septembre 1347, Tunis tombait. L'Empire mérinide s'étendait désormais de « l'extrémité du pays habité au Maghreb jusqu'aux confins de Barqa », indique Ibn Marzouk, et « du Sous al-Aqsa jusqu'à Ronda en Espagne », ajoute Ibn Khaldun.

Après une randonnée victorieuse à travers le pays, ses sites historiques et ses sanctuaires qui le conduisit à Kairouan, Mahdia et Monastir, Abu al-Hassan organisa l'administration de sa nouvelle conquête, assurant aux cheikhs mérinides de son entourage le contrôle des villes et abandonnant aux tribus arabes de l'intérieur la jouissance des fiefs ruraux qui étaient en leur possession depuis toujours. Celles-ci rechignèrent à accepter cet arrangement qui les écartait des centres urbains. Elles entrèrent en rébellion lorsqu'elles se virent interdire le prélèvement, auprès des cultivateurs, du tribut dit de « protection » ou *khufara*. L'affrontement avec les troupes d'Abu al-Hassan était inévitable. Il eut lieu un an à peine après la conquête : réunissant plusieurs tribus arabes nomadisant au sud de la Tunisie, les insurgés, avec à leur tête un obscur descendant du dernier calife almohade Abu Dabbous, eurent le dessus sur l'armée d'Abu al-Hassan aux environs de Kairouan. Le sultan en réchappa de justesse avec un petit nombre seulement de soldats, laissant sur le terrain son trésor et plusieurs femmes de son harem. La débandade fut totale : tandis que les pillards accompagnant les nomades se jetaient « comme des loups » sur les régions voisines, les rebelles vinrent mettre le siège devant Tunis, ralliant autour d'eux les partisans hafsides, les déserteurs mérinides ainsi que « la lie de la population » urbaine. Profitant des dissensions internes entre les assaillants arabes, Abu al-Hassan put néanmoins dégager la ville grâce à l'intervention de la flotte qui mouillait dans le port de Sousse. Mais la partie était loin d'être gagnée car, peu de temps après, Constantine et Bougie se soulevaient. Les habitants n'appréciaient guère l'arrogance de leurs nouveaux maîtres mérinides qui contrastait « d'une manière fâcheuse » avec « l'administration douce et indulgente à laquelle le gouvernement hafside les avait habitués[25] ». Le moment qu'ils choisirent pour sortir dans les rues n'était pas fortuit : Constantine ne désemplissait pas de délégations marocaines et étrangères venues complimenter Abu al-Hassan pour sa conquête. Outre les fils du sultan, qui devaient remettre à leur père le montant des impôts prélevés depuis son départ du Maroc, il y avait aussi des représentants du roi de Castille et ceux du roi du Mali, Mansa Sulayman, chargés de présents à l'intention du sultan. Ces trésors mirent l'eau à la bouche de la population raconte Ibn Khaldun. La débâcle de Kairouan n'allait pas arranger les choses par la suite.

Au Maroc, où le bruit avait couru de la mort du roi, Abu 'Inan Faris se fit proclamer roi à Tlemcen et rentra immédiatement à Fès en juin 1348 pour recevoir la *bay'a* de la population. La confusion la plus totale régnait alors dans la ville où un autre fils d'Abu al-Hassan s'était soulevé contre Abu 'Inan qui s'était arrogé également le titre califal de Prince des Croyants. L'agitation gagna rapidement Ceuta, où, grâce à un chérif local, le nouveau roi put gagner cette ville à sa cause. À Tlemcen, les 'Abd al-Wadides profitaient du départ d'Abu 'Inan pour reprendre le contrôle de leur ville.

Quant à Abu al-Hassan, informé de ces développements, il décida de quitter Tunis à la fin de 1349 et de rentrer au Maroc par la mer, ce qui faillit lui coûter la vie, une violente tempête ayant dispersé sa flotte devant Bougie. Arrivé dans le dénuement le plus complet à Alger, il fut accueilli par un de ses fils, Al-Nasir, qui put rallier autour de lui quelques tribus arabes de la région de Biskra. À la tête de cette petite armée, Abu al-Hassan tenta de reconquérir Tlemcen mais en vain. Entouré des Banu Suwad, il se dirigea ensuite vers Sijilmassa qu'il dut abandonner à l'approche de l'armée d'Abu 'Inan et après la défection de ses alliés arabes. Il put néanmoins gagner Marrakech, où il obtint l'aide des Masmouda du Haut Atlas et des Arabes Jushaym. Poursuivi par son fils qui voulait le contraindre à abdiquer, il trouva refuge chez les Hintata avant de mourir, malade et sans ressources, le 21 juin 1351. On rapporte qu'Abu 'Inan pleura à chaudes larmes à la vue du corps de son père qu'il fit transporter dans la nécropole de Chella, à Salé, où étaient enterrés tous les souverains mérinides. Son tombeau devint aussitôt l'objet d'un véritable culte populaire, celui d'un saint auquel on demandait secours et protection contre les revers de fortune.

Le déclin : Abu 'Inan et ses successeurs

Maître incontesté désormais de tout le Maroc, le nouveau souverain mérinide voulut suivre les traces de son père au Maghreb central et en Ifriqiya : il commença par reprendre Tlemcen aux 'Abd al-Wadides, le 14 juin 1352, puis s'empara quelques semaines plus tard de Bougie. Contraint d'arrêter son offensive pour réprimer de graves rébellions dans le Sud du Maroc ainsi qu'à Gibraltar, il revint en force dans la région, durant l'été 1357 reconquérir Constantine et Tunis. Comme son père, il ne parvint pas à maîtriser les tribus arabes du pays et dès novembre 1358 il fut contraint de rentrer à Fès où il tomba malade et désigna l'un de ses fils, Abu Ziyan, comme héritier. Mais ce dernier n'avait pas l'heur de plaire au puissant vizir Hassan ibn 'Umar al-Fududi qui lui préférait son jeune frère Al-Sa'id, âgé alors de cinq ans à peine. L'affaire fut réglée promptement : le roi agonisant fut étranglé ainsi que son successeur désigné par son ministre qui périt peu de temps après à Marrakech. Al-Sa'id quitta la scène aussi vite qu'il y était apparu, remplacé par l'un de ses frères, Abu Salim, en juillet 1359. Celui-ci non plus ne resta pas longtemps sur le trône : il fut déposé par le chef de la milice chrétienne qui mit à sa place, le 19 septembre 1361, un fils idiot d'Abu al-Hassan, nommé Tashfin, qui garda le pouvoir durant quelques mois seulement. Il avait eu le temps cependant de recevoir une nouvelle délégation du royaume du Mali, porteuse de divers présents « tous extrêmement rares ». Entre autres curiosités, elle était accompagnée d'une girafe, « un quadrupède d'une forme bizarre, d'une taille colossale », dont l'entrée à Fès fit sensation :

> Le jour de son entrée dans la ville (au début de l'année 1361), raconte Ibn Khaldun, fut une véritable fête : pendant que le sultan allait s'asseoir dans le Kiosque d'Or, d'où il avait l'habitude de passer ses troupes en revue, les crieurs publics invitèrent tout le monde à se rendre dans la plaine, en dehors de la ville. L'on s'y précipita en foule de tous les côtés et bientôt cet endroit fut tellement encombré que les visiteurs durent monter sur les épaules de leurs voisins. Le désir de voir la girafe et d'en admirer la forme étrange avait attiré toute cette multitude. Les poètes profitèrent d'une si belle occasion pour réciter au sultan des éloges et des compliments dans lesquels ils eurent soin de décrire le singulier spectacle[26].

Mais la délégation africaine à peine repartie, Abu Salim fut renversé et remplacé par un autre de ses frères, Abu Ziyyan, un protégé du roi de Castille, qui l'avait accueilli à sa cour après la mort d'Abu 'Inan. Lui non plus n'eut pas la vie longue : comme son père, il fut étranglé par son vizir, 'Umar ibn 'Abd Allah, qui fit nommer à sa place à l'automne 1366 l'un de ses oncles, Abu Faris 'Abd al-'Aziz. L'anarchie était à son comble : faisant preuve d'une énergie remarquable pour un homme qui avait passé de longues années dans les geôles de ses frères, le nouveau souverain tenta de rétablir l'ordre dans le pays. Prudent, il commença par exécuter son puissant vizir, puis, le 7 août 1370, après avoir réprimé de graves désordres à Marrakech et dans le sud du pays, il alla reconquérir, Tlemcen où les 'Abd el-Wadides s'étaient réinstallés quelques années plus tôt à la faveur des désordres qui paralysaient la dynastie mérinide. Il parvint même par la suite à restaurer la souveraineté mérinide sur le Maghreb central. Il mourut subitement le 23 octobre 1372, laissant le pouvoir à son jeune fils Abu Sa'id et à son vizir Abu Bakr ibn Ghazi, qui, comme tous ceux qui l'avaient précédé dans cette fonction depuis la mort d'Abu 'Inan, était en fait le vrai maître du pays.

Le règne des vizirs reprit de plus belle tandis que les « candidats » au trône se disputaient les faveurs des différentes tribus arabes et berbères et l'aide de l'émirat nasride de Grenade. Les Andalous firent ainsi triompher la cause du prince Abu al-'Abbas Ahmed, qui, entre 1387 et 1393, essaya de freiner un tant soit peu la décomposition de la dynastie mérinide. Il lança les corsaires de Tétouan, qui rivalisaient d'audace avec ceux de Ceuta contre les bateaux castillans et reprit la guerre contre Tlemcen, mais ne put rien ou presque contre les tribus arabes et les cheikhs mérinides qui se déchiraient dans le Nord comme dans le Sud du pays. Ses trois successeurs immédiats 'Abd al-'Aziz, 'Abd Allah et Abu Sa'id 'Uthman III, ne furent pas plus heureux que lui, tant sur les questions intérieures que sur le plan de leurs relations avec la Castille et l'émirat de Grenade.

En 1399, Henri III de Castille vint ainsi châtier les corsaires de Tétouan pour leurs méfaits. Profitant de l'interminable guerre entre Fès et Tlemcen et soutenu par l'émirat de Grenade, il saccagea la ville, massacra la moitié des habitants et réduisit le reste en captivité. Les assaillants quittèrent rapidement la ville mais leur action mit en émoi la population et exacerba ses sentiments religieux. Tandis que le pouvoir central se montrait incapable d'assurer le retour des prisonniers, des chefs religieux locaux prirent la relève, à travers le pays, pour réunir l'argent nécessaire au rachat des captifs. Marabouts soufis ou chérifs, ils allaient se transformer au cours des années suivantes en chefs de guerre, conduisant leurs adeptes sur le chemin d'Allah pour la défense de l'intégrité religieuse et territoriale du Maroc.

La conquête de Ceuta par le Portugal et le début de l'expansionnisme ibérique au Maroc

C'est ce qui se passa effectivement après la conquête de Ceuta par le Portugal en août 1415, un événement de portée considérable tant à l'extérieur qu'à l'intérieur de la ville qui fut désertée par une bonne partie de ses habitants[27].

Aidé de l'émir de Grenade, le monarque mérinide Abu Sa'id 'Uthman III tenta bien timidement de chasser les Portugais de Ceuta, mais l'action échoua et, excédé par la faiblesse de son allié marocain, l'émir andalou se rabattit sur Tanger où il encouragea l'un de ses protégés, Salah b. Salah, à y prendre le pouvoir avant de rentrer chez lui pour enlever au sultan ses dernières possessions en Espagne, et notamment Gibraltar.

Abu Sa'id 'Uthman III fut assassiné en 1420 par son vizir 'Abd al-'Aziz al-Labani qui l'accusait d'avoir voulu séduire son épouse. Tous les membres de la famille royale furent massacrés, à l'exception du jeune prince 'Abd al-Haqq qui était âgé d'un an seulement. Profitant de ces graves remous, l'émir 'abdelwadide de Tlemcen, qui venait à peine de récupérer sa ville, vint occuper Fès, y faisant proclamer son protégé, un arrière-petit-fils d'Abu 'Inan du nom de Moulay Mohammed, réfugié depuis longtemps à la cour de Tlemcen. Un succès qui déplut profondément au sultan hafside Abu Faris, qui attaqua Tlemcen en 1431. Ce fut le moment choisi par le gouverneur de Salé, Abu Zakariya Yahiya b. Ziyyan al-Wattasi pour chasser Moulay Mohammed de Fès et imposer à sa place le jeune prince 'Abd al-Haqq dont il devint le régent. Appartenant à la branche des Banu Wazir qui était du même groupe tribal zénète que les Mérinides, Abu Zakariya résista à la tentation de se proclamer roi, laissant ainsi la dynastie mérinide mourir de sa triste fin. À la tête de ses propres hommes, il tenta d'enlever Tanger à son gouverneur indépendant Salih b. Salih, qui appela à son secours le sultan de Tunis. Par un habile subterfuge, le régent wattaside put rallier finalement à sa cause le Hafside et, aidés des *mujahidun* accourus du Rif, de l'Atlas et du Tafilelt, ils vinrent assiéger ensemble Ceuta, mais en vain. Abu Zakariya put néanmoins libérer Arzila et empêcher Tanger de tomber aux mains des Portugais en 1437. Les envahisseurs furent encerclés et l'un de leurs officiers, l'infant Ferdinand, fut pris en otage. Abu Zakariya exigea en échange de sa libération le retour de Ceuta au Maroc. Ce que le roi du Portugal, Dom Duarte, refusa, préférant sacrifier son frère plutôt que de restituer le port marocain.

Cette même année, un événement d'une grande portée symbolique se produisit à Fès : la découverte, trois mois après la victoire sur les Portugais, et en présence d'Abu Zakariya, de la tombe du fondateur de la ville, Idris II. Comme celle de la tombe d'Idris Ier, à Walili, au siècle précédent, cette découverte insuffla une nouvelle vie au culte d'Idris II et renforça le prestige religieux de Fès à un moment où le pouvoir mérinide était au plus bas et où les *zawiya* soufi essaimaient à travers tout le pays. Abu Zakariya, qui avait acquis beaucoup de crédit auprès des chérifs idrissides de la ville, périt en 1448 dans une expédition contre les Ma'qil mais il fut remplacé auprès d''Abd al-Haqq II par son neveu 'Ali b. Yussuf al-Wattasi qui essaya de remédier à l'érosion du pouvoir mérinide à travers le pays. Il mourut en 1458 en tentant d'écraser une révolte dans le Tamesna.

Pendant ce temps, répondant à l'appel du pape à la suite de la prise de Constantinople par les Turcs (1453), les Portugais étaient revenus à la charge au nord du Maroc pour s'emparer de Ksar-al-Seghir. En 1463, ils tentèrent un nouveau raid – qui échoua – contre Tanger et ce n'est qu'en 1471, après un raid contre le petit port d'Anfa en 1469, qu'ils parvinrent à occuper Tanger ainsi qu'Arzila.

Les Lusitaniens devaient installer, au cours des années suivantes, de nouvelles factoreries (*feitoras*) et de nouveaux camps fortifiés (*fronteiras*) de Tanger à Santa Cruz de Cap de Guer (Agadir) : ils prirent pied ainsi à Azemmour (1513), El-Jadida (1514), Safi (1508) et Agouz ou Sawira-al-Qdima (1519). Ils laissèrent aux Espagnols Melilla, au nord, qui servait de port méditerranéen à Fès et Taza, le peñon de Velez de Gomera, îlot rocheux près de Badis et, au sud, Santa Cruz de Mar Pequena, non loin de Tarfaya. Profitant de la faiblesse du Makhzen, les Portugais étendirent leur autorité à de larges secteurs de la population des 'Abda, des Doukkala et des Haha qui leur payaient, en guise de tribut, d'énormes quantités annuelles de céréales et des centaines de bœufs, de moutons et de chevaux. Outre son but religieux évident – désir de croisade contre l'islam maghrébin –, l'objectif économique de l'entreprise portugaise inspirée par le prince Henri était aussi clair qu'ambitieux : détourner le trafic de l'or africain en direction de leurs *feitoras* du Maroc, de Mauritanie et du golfe de Guinée.

La révolte des chérifs de Fès (1465) et la fin de la dynastie mérinide

À cette date, la dynastie mérinide avait cessé d'exister depuis bien longtemps. Son dernier roi, 'Abd al-Haqq II, avait récupéré toutes ses fonctions en 1458 en se débarrassant de la tutelle des Wattasides et en faisant exécuter son nouveau régent, le très corrompu Yahiya ibn Abu Zakariya al-Wattasi que l'on tenait pour responsable de la mort d'un des personnages religieux les plus respectés du pays, l'imam soufi Abu 'Abd Allah Mohamed b. 'Abd al-Rahman al-Jazuli dans le sud du pays. Ne tenant guère compte des sentiments religieux de ses sujets, qu'exacerbait la présence chrétienne sur le territoire, 'Abd al-Haqq II appela à ses côtés, pour diriger ses finances, un courtisan juif du nom d'Aharon Ben Batash, dont la politique fiscale allait mécontenter les puissants chérifs de la ville. En 1465, à l'appel de l'imam de la mosquée des Qarawiyyin, 'Abd al-'Aziz al-Waryaghili, connu pour ses sympathies prowattasides, et du chef de la corporation des chérifs ou *Mizwar al-Shurafa'*, Abu 'Abd Allah Mohammed b. 'Imran al-Juti, la population de Fès se révolta et tua le sultan dans d'atroces sévices[28] ainsi que son ministre juif[29]. S'emparant aussitôt du pouvoir, le chef des chérifs inaugura son règne de sept ans en permettant le massacre de toute la population juive de Fès, à l'instigation de l'imam de la Qarawiyyin. Délogés depuis 1438 du quartier de Fas al-Bali où l'on venait de découvrir le tombeau d'Idris, les Juifs étaient confinés dans un quartier spécial appelé *mellah*, qui fut le premier du genre au Maroc.

Selon le chroniqueur égyptien 'Abd al-Basit b. Khalil, une dizaine de personnes seulement échappèrent au massacre[30] :

> Ce fut un événement considérable, une grande tuerie [...]. Ensuite, les gens éloignés de Fès ayant appris ces faits se soulevèrent contre les Juifs de leurs villes et firent d'eux à peu près ce que les habitants de Fès avaient fait des Juifs de chez eux. Ce fut une catastrophe pour les Juifs, comme ils n'en avaient peut-être point subi de semblable jusque-là ; il en périt autant que Dieu le très Haut voulut[31].

L'intermède wattaside et la fragmentation politique du Maroc

Ayant appris la fin de la dynastie mérinide alors qu'il se trouvait dans son fief d'Arzila, le chef des Wattasides, Mohammed al-Cheikh, tenta de reprendre le contrôle de Fès en 1466. Mais aidé par les Arabes Kholt et Sufyan, le chérif Mohammed b. 'Ali b. 'Imran le mit en déroute à l'entrée de Meknès. Il renouvela sa tentative plusieurs fois de suite et ce n'est qu'en 1471, après avoir abandonné aux Portugais sa ville d'Arzila, qu'il put s'emparer de l'ancienne capitale mérinide où il se fit proclamer roi.

Il conserva le pouvoir jusqu'à sa mort en 1505, date à laquelle lui succéda son fils Ahmed, dit le Portugais « al-Burtughali » (1505-1524), qui, enfant, avait été pris en otage par les Portugais et avait passé une douzaine d'années à Lisbonne. Pour gagner la confiance de ses sujets, le nouveau monarque wattaside crut bon de revendiquer une origine chérifienne plus que douteuse et de faire preuve de plus de ténacité à l'égard des Portugais que son père. Mais ses capacités militaires ne lui permirent guère de changer la situation du pays, déchiré entre une multitude de potentats locaux tels les émirs Hintata qui, depuis 1359, régnaient sur Marrakech. D'après le témoignage contemporain de Léon l'Africain, l'ancienne capitale almohade vivait dans une décadence qui confinait à la décrépitude : il ne restait plus rien de sa splendeur passée ; la ville était aux deux tiers inhabitée et le quartier de la Koutoubia était si encombré de ruines que l'on avait du mal à se frayer un chemin jusqu'à la célèbre mosquée :

> Maintenant il n'y a plus que le palais de la famille royale et le palais des arbalétriers qui soient habités. Dans ce dernier logent les portiers et les muletiers du souverain actuel. Tout le reste sert de gîte aux ramiers, aux corneilles, aux

chouettes, aux hiboux et aux autres oiseaux de ce genre. Le jardin, jadis si beau, est devenu le dépotoir de la ville. Le palais où se trouvait la bibliothèque a été utilisé en partie comme poulailler, en partie comme pigeonnier. Les armoires qui contenaient les livres servent de cages à ces volailles[32].

Il en était de même d'Aghmat, l'ancienne cité florissante visitée par al-Idrissi, devenue depuis « un repaire de chacals, de renards, de corbeaux et d'oiseaux ou bêtes de ce genre[33] ».

Fès, au contraire, était toujours grouillant de vie. La ville restait la capitale intellectuelle et religieuse du royaume, dont les frontières ne dépassaient pas le Rif au nord, la vallée de l'Oum al-Rbi' au sud et la Moulouya à l'est. Les ressortissants andalous qui s'établirent en grand nombre à Fès ainsi qu'à Tétouan, Chechaouen, El Ksar el-Kebir, Rabat, Salé, Marrakech et jusqu'au Sous allaient fortement influencer la vie culturelle, politique et économique du pays au cours des décennies suivantes[34]. Ainsi, le style architectural andalou allait être adopté par beaucoup de citadins qui commençaient à s'habiller à la mode hispano-musulmane en se vêtant de blanc en été ou à l'occasion d'un deuil. Les notables marocains, surtout les lettrés, adoptèrent le bonnet rouge (*qalansawwa*) à queue bleue andalou tandis que ministres et grands serviteurs du Makhzen commençaient à se couvrir du caftan en drap de luxe que l'on appellerait plus tard *al-Mansuriyya*. L'usage devait se généraliser à la fin du XVIe siècle dans l'aristocratie marocaine après que le Sa'dien Ahmed al-Mansur l'eut mis au goût du jour[35].

Les Andalous avaient en règle générale peu de sympathie pour le pouvoir marocain en place auquel ils reprochaient sa nonchalance face à la tragédie des musulmans espagnols. Expulsés en masse d'Andalousie et de Castille en 1501-1502, ils furent totalement bannis de la Péninsule au siècle suivant par Philippe III, qui, en 1609, décida l'expulsion des Morisques.

Les plus mécontents étaient les émigrés andalous de Fès, qui voyaient les autorités l'accueillir sans rechigner les agents européens. Ceux-ci venaient y acheter du blé et autres céréales que la loi religieuse musulmane interdisait pourtant de vendre aux chrétiens – et, pis encore, négocier des traités de paix avec les Portugais installés sur le littoral. Les visiteurs chrétiens passaient effectivement de longs séjours dans les *fondouks* de la ville, qui, raconte Léon l'Africain, étaient devenus des lieux mal famés habités par des prostituées et des « hommes qui s'habillent en femmes et portent des ornements comme des femmes » et qui, de surcroît, avaient « l'autorisation d'acheter et de vendre du vin sans être inquiétés par les fonctionnaires de la cour[36] ».

Certains réfugiés hispano-musulmans, qui s'attendaient en général à un meilleur accueil de la part de leurs coreligionnaires maghrébins, allaient parfois jusqu'à regretter d'avoir quitté l'Espagne. Cette attitude irritait fort les notables locaux qui condamnaient leurs errements « criminels » et leur manque de convictions religieuses. Ainsi, cette réponse du secrétaire du sultan, le cheikh Ahmad b. Yahiya al-Wansharisi à l'un des défenseurs de ces malheureux expatriés :

> Ils ont dit qu'ils n'avaient point trouvé l'accueil qui leur était dû, qu'ils n'avaient trouvé en pays de l'islam, au Maghreb [...] dans leur recherche d'un gagne-pain, ni douceur, ni bienveillance, ni facilités d'aucune sorte, pas plus du côté des administrateurs des provinces que du public. Ils ont montré ouvertement par leurs mauvais propos la faiblesse de leur foi et le manque de solidité de leurs convictions. Ils ont fait voir qu'ils avaient fui l'Espagne non pour Dieu et son Prophète, comme ils le prétendent, mais pour les biens terrestres qu'ils ont cherché à

> acquérir rapidement en ce pays, courant après la réussite de leurs désirs et de leurs espérances. Dès qu'ils ont vu que les choses ne tournaient pas selon leur gré, ils ont affecté du mépris pour ce pays d'islam et son gouvernement. Ils ont blâmé amèrement celui qui les avait entraînés à fuir. Ils ont vanté le pays des chrétiens, ses populations. Ils ont regretté leur départ[37].

Assurément, l'incompréhension était totale entre le Makhzen et ses ressortissants de l'« autre rive ».

Le royaume mérinide : institutions et État

Coiffant une oligarchie de cheikhs zénètes et arabes à fidélité variable, les Mérinides n'avaient jamais pu établir des règles de succession stables, les fins de règne et les interrègnes devenant systématiquement des périodes d'extrême violence entre les nombreux prétendants et leurs « clients » tribaux. Les premiers rois mérinides avaient cru remédier à cette situation chaotique en désignant de leur vivant leur héritier. Mais cela ne suffisait pas toujours à calmer les ambitions des princes évincés ni à écarter définitivement le risque de guerre civile à la mort du souverain. D'autant que dès leurs premières victoires, les fondateurs de la dynastie avaient cru bon de partager le pays entre les différentes tribus berbères et arabes composant leur Makhzen, ne gardant pour eux-mêmes que le gouvernement direct des provinces du Nord – Habt, Tamesna, Fès et Meknès.

Une fois investi, le nouveau roi recevait la *bay'a* des cheikhs mérinides puis celle de toute la population, qui l'acclamait à son entrée officielle dans la capitale. Porteur du titre de « Prince des musulmans » ou plus rarement de celui de « Prince des Croyants » que seul Abu 'Inan osa porter, le souverain mérinide nommait les titulaires des principales fonctions du Makhzen : les vizirs, choisis généralement dans un nombre restreint de grandes familles alliées des Mérinides et plus tard des Wattasides ; le *katib* ou secrétaire, maghrébin ou andalou qui devait être un fin lettré en arabe ; le *hajib* ou chambellan, que le roi prenait parmi les plus dévoués de ses proches, des esclaves affranchis et des Juifs à l'exemple des Roqasa et des Ben Batash ; le Grand cadi ou juge suprême, qui était aussi le cadi de Fès et avait la main sur la marche des tribunaux ; le *muhtasib*, chargé de la bonne tenue des marchés et de la surveillance des bonnes mœurs sur la voie publique ; enfin un grand nombre de préposés à différentes fonctions militaires ou administratives tels que les caïds des tribus Makhzen, les *wali-s* ou gouverneurs des villes ou des provinces, le chef de la garde royale, le maître des cérémonies, ceux des écuries royales et des pâturages de chameaux, le capitaine de cavalerie[38], un intendant militaire chargé de « rassembler, d'entretenir et de distribuer les vivres pour le roi et l'armée[39] » et un autre chargé de l'organisation des convois royaux, un responsables des porte-drapeaux et un autre des timbaliers munis de « timbales de cuivre qui ont la forme de grandes cuvettes, larges d'en haut, étroites d'en bas, avec une peau tendue dans le dessus » :

> Les chevaux des timbaliers sont les meilleurs et les plus rapides que l'on puisse se procurer, car on considère comme une grande honte de perdre une timbale. Ces timbales résonnent avec une si effrayante sonorité qu'elles se font entendre à une énorme distance et qu'elles font trembler les chevaux et les hommes. On les bat avec un nerf de bœuf[40].

Chefs de guerre, les rois mérinides et wattasides pouvaient compter sur les tribus berbères et arabes hilaliennes – Subayh, Sufyan, Zoghba, Riyah et Kholt – et Ma'qil – Dhawi Hassan et Shabbanat – qui constituaient leur

Makhzen. Suivant la nature des opérations envisagées, celles-ci étaient renforcées par des unités de mercenaires andalous, turcs ou kurdes (*ghuzz*), chrétiens ou d'origine chrétienne (*'ilj*) ainsi que par les combattants de la foi qui se portaient volontaires pour faire le *djihad*. Comptant plusieurs dizaines de milliers de fantassins et de cavaliers, les armées mérinides et wattasides étaient moins nombreuses que les armées almoravides et almohades. C'est ce qui explique, entre autres, leurs échecs répétés devant Tlemcen ou encore la facilité avec laquelle les tribus arabes d'Ifriqiya mirent en déroute Abu al-Hassan à Kairouan et celle avec laquelle les chérifs sa'diens dispersèrent les troupes wattasides dans le Moyen Atlas.

Comme toutes les dynasties de l'Occident musulman, Mérinides et Wattasides avaient pris un soin particulier à établir leur propre étiquette royale, tant dans le protocole de leur correspondance que dans l'organisation des cérémonies officielles et le choix de leurs uniformes : ainsi, le roi, les cheikhs et tous les officiers du *jund* mérinide revêtaient des turbans « longs et légers » en toile qu'ils mettaient par-dessus un voile qui leur tombait jusqu'aux épaules. Ils étaient armés d'un sabre suspendu à un baudrier, portaient des ceintures et chaussaient des bottes munies d'éperons. Le sultan portait en outre un burnous blanc et fin ; le cadi et les docteurs de la loi avaient le même, mais ils se distinguaient par le port d'un turban vert et ne portaient jamais de sabre ni de bottes comme les autres officiels du Makhzen.

Le sultan avait pour habitude de tenir audience tous les jours, assis sur un trône « qui n'est guère élevé », voire... sur une natte. Ses déplacements donnaient lieu à un cérémonial très strict :

> Dès les premières lueurs de l'aube, les gens font leurs préparatifs et chacun s'équipe pour le départ [...] ; chaque tribu et chaque groupe du *jund* a un étendard particulier,

et une place dans l'ordre de la cérémonie, dont il ne doit point s'écarter. Quand la prière du *subh* est terminée, le sultan s'assied en face de la foule et il est entouré comme d'un halo par les esclaves noirs (*'abid*) et les domestiques (*wusfan*) et les gens de la milice *ghuzz* qui lui tiennent lieu de gardes du corps. Puis s'asseyent autour de lui les *tolba* [...] qui se partagent la lecture d'un *hizb* du noble Coran [...].

Quand brille l'éclat du matin, le sultan monte à cheval et on porte devant lui l'étendard blanc qui est le drapeau de la dynastie et que l'on nomme al-Mansur (le Victorieux). Immédiatement devant lui marchent les hommes à pied en armes ; les chevaux tenus en main, couverts de caparaçons d'étoffe à ramages, c'est-à-dire de couvertures de selle. Au moment où le sultan pose le pied sur l'étrier on frappe trois coups sur un grand tambour... Le sultan se met alors en marche entre les deux rangées de cavaliers qui l'encadrent à droite et à gauche et qui le saluent en criant : « Le salut sur vous. » À ce moment battent tous les tambours qui sont sous les grandes bannières de diverses couleurs, derrière le vizir et assez loin du sultan[41]...

Toutes ces cérémonies coûtaient beaucoup d'argent au Trésor et, les Wattasides n'ayant pas les moyens financiers de leurs prédécesseurs, réduisirent leur nombre ainsi que leurs apparitions publiques, en dehors des fêtes religieuses. Ils durent aussi diminuer leurs effectifs militaires permanents en supprimant notamment les unités de mercenaires chrétiens et kurdes : selon Léon l'Africain, au début du XVIe siècle, l'armée de métier wattaside était composée de 6000 cavaliers, de 500 arbalétriers et autant d'arquebusiers. En campagne, elle faisait appel à des contingents arabes et berbères dont le nombre dépendait de la situation politique interne du moment[42].

Bien que mieux lotis que leurs successeurs, les Mérinides aussi avaient dû réduire leurs dépenses à mesure que le butin de guerre se raréfiait et que la dynastie s'affaiblissait : les impôts légaux et illégaux restaient la seule ressource fixe du budget national. Ainsi, sous Abu Sa'id 'Uthman II, le montant des contributions fiscales s'élevait à près de 900 000 dinars par an, d'après al-'Umari. À son époque, les trois villes les plus riches du pays étaient Fès, Marrakech et Sijilmassa qui payaient 150 000 dinars (ducats) chacune. Venaient ensuite Meknès (60 000 dinars), Ceuta (50 000 dinars), Salé et Anfa (40 000 dinars chacune), Tanger, Taza, Mozemma (Al Hoceima) et Melilla (30 000 dinars), Safi et Aghmat (25 000 dinars chacune), Azemmour et El-Ksar el-Kebir (20 000 dinars chacune) et enfin les villes de Larache, Badis et Taghassa, dans le nord, Sefrou et Tit (Jadida), entre 6 000 et 10 000 dinars chacune[43].

Au début du XVIe siècle, Léon l'Africain estimait à 300 000 dinars seulement les revenus fiscaux de la cour wattaside : « Et ce n'est même pas le cinquième de cette somme qui parvient en ses mains… De plus, la moitié de ce revenu consiste en grain, en bétail, en huile, en beurre[44]. »

Certains impôts étaient affectés à des objectifs bien précis : sous le Mérinide Abu Yussuf, la *jizya* des Juifs, qui se montait à 2 dinars et 1/8 par personne, était utilisée pour l'entretien des hôpitaux, des léproseries, des maisons de fous ainsi que pour les soins apportés aux mendiants et aux aveugles ou encore pour le lustre de la grande mosquée de Fès[45].

Comme leurs prédécesseurs almohades, les premiers rois mérinides – au contraire des Wattasides qui étaient très peu riches – furent aussi de grands bâtisseurs de villes nouvelles, de casbahs, de mosquées, de *medersas*, d'hôpitaux, de ponts et de remparts. En dehors de Mansura, la ville champignon construite face à Tlemcen, du quartier de même nom érigé à Ceuta et de la cité de Binya près d'Algésiras, on leur doit notamment l'édification de Fas

Jdid, la nouvelle ville de Fès appelée aussi Fès la Blanche. Selon Ibn Khaldun, c'est Abu Yussuf lui-même qui en traça les plans. Les travaux de construction commencèrent le 21 mars 1276 après que les astrologues eurent donné leur avis sur le moment « où les planètes offriraient un aspect propice ». On y éleva de grandes maisons, des palais traversés de cours d'eau, des remparts, un marché, une grande mosquée qui fut inaugurée en janvier 1279. Située à l'ouest de l'ancienne ville de Fès, ou Fas al-Bali, dont elle est séparée par l'oued Fas, on lui adjoignit sous Abu Sa'id 'Uthman II deux nouveaux quartiers : le premier appelé Homs ou Mellah jouxte l'enceinte du palais royal : c'est là que l'on transféra en 1438 les Juifs de la ville après la découverte dans *Fas al-Bali* du tombeau du roi Idris[46] ; le second, plus éloigné et désigné sous le nom de Faubourg des chrétiens, abritait les casernes des milices chrétiennes et était plus proche de la vieille ville que de la nouvelle[47].

Abu Yussuf fut celui aussi qui dota Salé d'un arsenal maritime. Mais Ceuta resta jusqu'à son occupation par les Portugais la principale base navale du Maroc.

Prenant les Almohades pour exemple, les Mérinides furent aussi d'ardents diffuseurs de l'architecture andalouse. Son influence est visible dans tous les monuments laissés par les rois de cette dynastie et plus particulièrement dans les nombreuses écoles religieuses, ou *medersas*, qu'ils érigèrent à travers le pays. Ainsi en est-il de la plus vieille école religieuse de Fès, la *medersa* al-Saffarin du quartier des Qarawiyyin construite par Abu Yussuf. Son successeur Abu Ya'qub dota Fès Jdid de vastes jardins irrigués par une grande roue hydraulique qui puisait l'eau de l'oued Fas. Il laissa son empreinte architecturale à Taza où il reconstruisit en l'agrandissant la mosquée almohade. Il se surpassa à Mansura, face à Tlemcen, qu'il bâtit de fond en comble et qu'il dota d'une mosquée qui, par la taille de son minaret, rivalisait avec les grands monuments almohades. Après lui, Abu Sa'id 'Uthman II reconstruisit la muraille de Fès Jdid et fit élever des fortifications à Ceuta, Taourirt et Guercif. Il fonda aussi plusieurs *medersas* à Fès dont celle du quartier des 'Attarin qui est considérée comme la plus élégante de toutes ; mais, incontestablement, c'est Abu al-Hassan qui fut le plus grand bâtisseur de la dynastie mérinide : outre les innombrables casbahs, mosquées, minbars, minarets, hôpitaux, ponts et fontaines élevés à Fès, Marrakech, Ceuta, Taza, Tlemcen – que son hagiographe Ibn Marzouk se plaît à énumérer de façon exhaustive –, le grand roi mérinide fit construire plusieurs *medersas* dans toutes grandes villes du royaume parmi lesquelles celles de Ceuta, Meknès et de Marrakech comptent parmi les plus belles :

> Dans toutes, explique l'auteur du *Musnad*, se trouve une belle construction, des décorations merveilleuses, des chefs-d'œuvre nombreux, de l'élégance ; elles comprennent des sculptures, des revêtements de stuc, un pavage de dessins divers suivant les combinaisons des carreaux de mosaïque, des assemblages de marbres de différentes couleurs, des bois artistiquement sculptés, de l'eau en abondance[48].

Afin d'assurer le bon fonctionnement de ces lieux de science religieuse, Abu al-Hassan constitua des fondations de mainmorte (*waqf* ou *habus*) pour leur entretien et pour la rétribution des enseignants et du personnel religieux – imams, muezzins… – qui leur étaient affectés. Non seulement les oulémas issus des *medersas* mérinides constituaient un contrepoids véritable aux cheikhs soufi et aux saints ruraux dont le nombre n'avait cessé de grandir depuis les Almohades, mais ils remplissaient aussi une fonction politico-religieuse essentielle : la formation des prédicateurs, des juristes et des cadres d'enseignement malékites en nombre suffisant pour remplir le vide laissé par les Almohades autant que pour offrir un soutien idéologique adéquat à la dynastie au pouvoir[49]. Dans le même ordre d'idée, les Mérinides tentèrent par tous les moyens de s'assurer l'appui des chérifs des grandes villes, ceux de Fès notamment, qui, sous Abu al-Hassan recevaient de généreuses gratifications ainsi qu'un salaire mensuel.

De la sorte, les Mérinides contribuèrent grandement à l'institutionnalisation sinon à l'« étatisation » de diverses pratiques religieuses marocaines : Abu Ya'qub fut ainsi le premier à introduire la fête de la nativité du Prophète (*Mouloud*), le jour du 12 rabi' de l'année ; d'inspiration soufi, la célébration de cette fête s'accompagnait d'allumage de cierges dans les écoles et les mosquées, de la composition et la lecture, en présence du roi, de poèmes à la gloire du Prophète, et de nombreuses manifestations musicales tout au long de la journée. Abu Ya'qub fut aussi le premier organiser les caravanes officielles du pèlerinage à La Mecque, une initiative qu'allait amplifier et systématiser Abu al-Hassan.

Tout en favorisant les oulémas citadins et les chérifs de Fès, les Mérinides accordèrent aussi beaucoup d'attention au culte des saints et à l'entretien de leurs *zawiya* et leurs tombes. Abu al-Hassan construisit ainsi de superbes mausolées à l'emplacement de la tombe du cheikh Abu Madyan à Tlemcen, de Sidi Buzikri à Salé, ainsi que plusieurs *ribats* comme celui d'Abu Mohammed Salih à Safi, qui servit de centre de ralliement aux combattants de la foi du littoral atlantique.

Abu al-Hassan fit enfin du cimetière royal de Chella, au pied du rempart almohade de Rabat, une nécropole grandiose qu'il entoura d'une enceinte élevée, bordée de jardins luxuriants le long du Bou Regreg ; Abu Yussuf et son épouse Umm al-'Izz furent les premiers à être ensevelis dans ce site, suivis par Abu Ya'qub, Abu Thabit, Abu Sa'id et enfin par Abu al-Hassan ainsi que son fils

'Abd al-Malik – qui ne régna jamais – et l'une de ses femmes, Shams al-Duha, une esclave affranchie d'origine chrétienne qui était la mère d'Abu 'Inan[50]. Le sanctuaire comprenait deux minarets aux faïences polychromes surmontant la mosquée élevée par Abu Yussuf, et la *zawiya* construite par Abu al-Hassan lui-même. Champ de repos des « combattants pour la foi » mérinides qui étaient révérés comme des saints, Chella allait devenir au cours des siècles un site sacré et un lieu de pèlerinage renommé où les croyants venaient se réfugier pour demander l'intercession des *Mujahidun* auprès de Dieu.

Abu 'Inan, qui avait eu cœur de transporter le corps d'Abu al-Hassan de Marrakech à Chella, devait poursuivre la politique de son père en matière religieuse : il fonda la majestueuse *medersa* Bu 'Inaniya de Fès, avec ses superbes vitraux, ses sculptures sur bois, ses colonnes, ses escaliers et ses chapiteaux qui sont parmi les plus beaux du Maroc :

> Dans tout le collège, raconte Léon l'Africain, au début du XVIe siècle, le revêtement des murs porte des inscriptions en vers mentionnant la date de la fondation du collège et de nombreux éloges de cet édifice et de son constructeur le roi Abu Henan. Elles sont écrites sur des carreaux de majolique en grandes lettres noires sur fond blanc, de telle sorte qu'on peut les lire de très loin. Les portes du collège sont toutes de bronze finement travaillé avec beaucoup d'ornements et les portes des chambres [des étudiants] sont en bois sculpté. Dans la grande salle réservée aux prières existe une chaire à neuf marches, entièrement faite d'ébène et d'ivoire, qui est un meuble véritablement admirable[51].

À titre indicatif, la construction de ce monument coûta à Abu 'Inan l'équivalent de six ou sept mois d'impôts du temps d'Abu Sa'id 'Uthman II.

En outre, s'écartant de l'usage suivi par son père qui se suffisait du titre d'*Amir al-Musulimin*, Abu 'Inan choisit le titre plus glorieux d'*Amir al-Mu'minin* ou « Prince des Croyants » qu'un seul de ses successeurs, l'avant-dernier roi mérinide Abu Sa'id III, père d''Abd al-Haqq II, osa utiliser. Ahmed al-Wattasi, lui, s'arrogea le titre de chérif. Une prétention non moins douteuse que celle de ses prédécesseurs mérinides…

Économie et société

Hors des rares grands centres urbains du pays, tout se passait comme si le monde rural était divisé en d'innombrables « terroirs » couvrant les zones montagneuses du nord, du centre et du sud du pays, qui s'étaient refermés sur eux-mêmes. À la fin du XIIIe siècle, l'arrivée des Ma'qil avait transformé la physionomie du Sous extrême et de tout le Sud marocain où plusieurs tribus berbères furent tout simplement « absorbées » par les nouveaux venus arabes qui contrôlaient aussi tout le flanc oriental du Maroc, de Taza à Sijilmassa et du Tafilelt aux confins méridionaux de l'Anti-Atlas. Au cours du XVe siècle, une partie de ces tribus arabes furent contraintes de quitter le Sous, impropre au nomadisme, pour s'enfoncer de plus en plus profondément dans le désert saharien qui allait devenir ainsi la zone de prédilection des nomades arabes. Ceux-ci laissèrent dans le Nord, dans la région de Marrakech et le long du littoral atlantique entre Agadir et Essaouira, chez les Chtouka, les Haha, l'oued Noun et la Saqiya al-Hamra, des sédentaires qui finirent par devenir semblables à leurs voisins berbères, par le genre de vie, les pratiques religieuses et la langue même. Il en fut de même pour les Hilaliens du Tadla qui se mêlèrent aux Haskoura et aux Sedrata berbères du Dra' et du Dadès. Un mélange important de populations qui finit par faire disparaître, par endroits, les vieilles divisions ethniques entre Berbères et Arabes, allant même jusqu'à effacer des mémoires les liens unissant les tribus de cette époque aux grandes confédérations berbères des ères almoravide et almohade.

Dès lors, une certaine unité ethnique allait se créer de l'Atlas marocain au Sahel soudanais, s'ajoutant à l'homogénéité religieuse – islam malékite – en place depuis l'épopée almoravide, unité religieuse et ethnique doublée d'une unité sociale. Ainsi, par les alliances tribales et par le réseau des confréries maraboutiques, des liens solides et suivis furent entretenus de la Méditerranée à l'Atlas et de l'Atlas au sud du Grand Désert.

Depuis les travaux de Robert Montagne[52] repris et amplifiés par ceux d'Ernest Gellner[53], c'est devenu un truisme que d'évoquer la nature segmentaire de la société rurale marocaine, une société en état permanent de décomposition et de recomposition, divisée en hameaux, villages, clans ou cantons, tribus et confédérations (*leff*), jamais stables et toujours en état « latent » de guerres et de conflits jamais définitivement éteints. De ce jeu de bascule continu étaient généralement exclus les Juifs et les esclaves noirs, très nombreux au sud du Maroc.

Mais ce pays si divisé et apparemment si peu sûr était cependant animé par un mouvement incessant de déplacements et d'échanges. De la famille au *leff*, aucune unité socio-politique ne vivait en effet en circuit fermé : grâce en premier lieu à l'islam, plus particulièrement l'islam des saints et des marabouts dispensateurs de *baraka* qui liaient entre eux, par ce que Jacques Berque appelle des « sutures mystiques », différents villages ou différentes régions ; grâce aussi au système des *leffs* – alliances militaires autant que réseaux d'échanges – qui réunissaient dans une même structure diverses unités tribales éloignées les unes des autres ; grâce enfin à la grande diversité régionale de la production de ses champs, de son sous-sol, de ses villages et de ses villes.

Fès, pour ses toiles, devait faire appel aux tisserands du Rif, du Habt ; pour son coton et pour ses peignes en bois, à Salé ; pour sa laine, aux villageois du Zerhoun et à ceux du Tadla ; pour ses armes, au fer des Banu Sa'id du Rif, du jbel Awwam, du Moyen Atlas et de la région d'Entifa, chez les Haskoura[54] ; pour ses cuirs, aux envois de peaux du Tafilelt et du pays des Haskoura ; pour ses forges, au cuivre de l'Anti-Atlas et pour ses chandeliers et ses bassins en cuivre, aux artisans de Ceuta. Sans parler des produits soudanais : or, esclaves, ivoire, etc., que les Génois et les Aragonais, par Tlemcéniens interposés, lui disputaient en Méditerranée avant les Portugais et leurs *feitoras* de l'Atlantique.

Déjà significatifs sous les Almohades, les échanges maritimes de l'Europe et du Maghreb s'intensifièrent de façon remarquable à partir de la chute du royaume croisé de Saint-Jean-d'Acre (1291) qui amena princes, marins et marchands chrétiens à tourner leurs regards de ce côté-ci de la mer intérieure : malgré l'esprit de croisade et de guerre sainte d'un côté comme de l'autre, malgré les actes d'hostilité – raids, piraterie – incessants, d'étroites relations s'établirent ainsi d'une rive à l'autre de la Méditerranée et le long du littoral atlantique marocain[55]. En règle générale, les périodes de déclin des dynasties en place étaient les plus favorables à la recrudescence de la piraterie maritime. Tel fut le cas du Maroc almohade et plus tard, mérinide – au lendemain de la défaite de Las Navas de Tolosa et après la chute de Grenade – qui virent la montée de Salé, de Ceuta et de Chechaouen comme centres d'activité des corsaires musulmans. La présence dans le nord du Maroc des riches forêts du Rif et de la Mamora, offrait aux constructeurs la matière première pour leurs bateaux. Mais cette activité de nature guerrière n'étouffait pas le commerce ; elle était pour lui « ce que la grêle est aux moissons », un simple risque qui s'ajoutait à l'ensemble des périls de la mer. Pour preuve, les ports marocains de la Méditerranée et de l'Atlantique furent rarement abandonnés par les commerçants européens pour des raisons de sécurité : outre Ceuta et Salé, qui étaient les principales plaques tournantes du commerce maritime marocain, les ports les plus fréquentés étaient ceux de Mozamma, Badis, Ghassassa et Melilla à l'est, et ceux dits de « la région des plages », à savoir Tanger, Arzila, Larache, Fédala, Anfa, Azemmour, El-Jadida et Safi sur l'Atlantique.

Les Hafsides furent les premiers à permettre à des trafiquants pisans de s'installer à Bône, Bougie, Sfax, Gabès et Djerba. Ils furent suivis par les Mérinides, qui allaient aussi laisser les marins catalans, génois et vénitiens visiter régulièrement les ports de Badis et de Salé ainsi que Ceuta dont la prospérité était déjà ancienne. Depuis le XIIe siècle, les bateaux génois avaient le monopole des liaisons avec Alexandrie, assurant ainsi le transport des pèlerins maghrébins vers La Mecque. Ils furent relayés au XIIIe siècle par les Marseillais et au cours du siècle suivant et les Vénitiens les Castillans et les Catalans. Ces derniers, en guerre contre la Castille à la fin du XIIIe siècle, ne se privaient pas de vendre au Maroc des vivres, des armes et autres marchandises prohibées par l'Église. De leur côté, les Marocains ne se gênaient pas pour vendre des céréales aux chrétiens malgré les mêmes prohibitions religieuses. En 1356, Abu 'Inan, qui prétendait au titre de Prince des Croyants, était l'associé d'un négociant de Majorque dans une société de commerce[56].

L'occupation de Ceuta par Grenade en 1306 fut désastreuse pour la ville et eut pour effet immédiat de détourner une partie de son commerce maritime vers les ports d'Arzila et d'Anfa sur l'Atlantique. Désertée, Ceuta se tourna alors vers la course tandis que les Mérinides, en favorisant Badis, accélérèrent finalement le déclin de Ceuta dont ils avaient repris le contrôle en 1307.

Toujours en proie à la faim de l'or, l'Europe méditerranéenne apportait ses matières premières et ses produits finis en Occident musulman, qui en réexpédiait une partie vers les royaumes du Soudan occidental, obligés d'échanger leur or et leurs esclaves contre des chevaux, des armes, du sel et d'autres denrées rares destinées aux besoins de leur classe politico-militaire et de leurs citadins. Selon Charles-Emmanuel Dufourcq, les premiers esclaves noirs apparurent dans les pays de la couronne d'Aragon à partir du XIIIe siècle au plus tard. Les commerçants catalans venaient à Tlemcen se ravitailler en esclaves noirs ainsi qu'en esclaves musulmans « volontaires », qui, en périodes de sécheresse ou de mauvaises récoltes par exemple, acceptaient d'être conduits en captivité aux Baléares ou en Catalogne[57].

Ce regain d'intensité du commerce extérieur marocain fut relayé par le redéploiement des communautés juives du Maghreb qui allaient y jouer un rôle prépondérant, les grands centres de négoce du pays devenant à nouveau, à partir de la deuxième moitié du XIIIe siècle, autant de centres de peuplement juif : la part des Juifs, artisans, orfèvres ou commerçants, fut particulièrement importante dans l'exploitation des mines de cuivre, de fer et d'argent du Sous et du Dra' dont les produits étaient acheminés régulièrement vers le Soudan[58].

Léon l'Africain, au début du XVIe siècle, recensait quelque trois cents commerçants et artisans juifs logeant dans un quartier à part de Taghawust, dans l'oued Noun où se rassemblaient, une fois l'an, les grandes caravanes « qui vont à Tombutto [Tombouctou] et à Gualata [Walata], au pays des Noirs[59] ». À Tiyyut du Sous où vivaient « beaucoup d'artisans juifs », leur importance dans la vie économique était telle qu'ils étaient dispensés de l'impôt de la *jizya* : « Ils sont sont simplement tenus de faire quelques présents aux gentilshommes. » Au Tafilelt, les Juifs étaient particulièrement nombreux dans les *ksour* de Tabua'samt et al-Ma'mun où, au début du XVIe siècle, ils eurent la charge de la frappe des monnaies d'argent et d'or.

Au Touat, autre porte d'accès maghrébine au Soudan, la communauté juive locale redoubla d'activité aux XIVe et XVe siècles et jusqu'à sa destruction en 1492 à l'instigation du cheikh tlemcénien 'Abd al-Karim al-Maghili. L'axe caravanier Tlemcen-Touat-Niger, devenu l'une des principales voies d'échanges du commerce transsaharien, éclipsait de plus en plus les pistes du Sahara atlantique. Il avait bénéficié tout particulièrement de la montée, à l'est de la boucle du Niger, de l'Empire songhaï qu'il était plus commode de visiter pour les caravanes venant du Maghreb central et oriental plutôt que du Maghreb extrême. Signe évident du déclin des pistes « marocaines » du trafic transsaharien, la ruine de Sijilmassa et son abandon par ses habitants, au début du XVIe siècle, après avoir été si âprement disputée par toutes les dynasties maghrébines tout au long du Moyen Âge[60].

Les émeutes antijuives qui s'étaient déchaînées en 1391 à travers l'Espagne avaient provoqué une forte émigration juive en direction du Maghreb central, principalement de Catalogne et des Baléares. À Hunayn et à Tlemcen, les Juifs eurent vite fait de monopoliser l'exportation des grains. Succès qui n'était pas sans risques, car, outre la suspicion traditionnelle des musulmans à l'égard des sorties de céréales vers la chrétienté, les Juifs pouvaient être accusés à tout moment, en période de pré-disette notamment, de vouloir affamer la population locale. C'est pourquoi, d'un commun accord, ils tentaient périodiquement de conjurer l'orage en s'interdisant ce commerce sous peine d'anathème. Mais ces mesures, en se prolongeant, finissaient parfois par leur porter préjudice : les autorités musulmanes supportaient mal les effets d'un tel boycottage sur leurs revenus douaniers.

Plus à l'est, Bougie et Constantine étaient deux têtes de ligne importantes sur les routes sahariennes du Mzab et du Djérid. Propriétaires fonciers, trafiquants en sel, en peaux, en cire et en esclaves « incirconcis », les Juifs de Bougie importaient de l'argent d'Europe, destiné soit à l'artisanat local, soit à la réexportation. Plus volontiers colporteurs, les commerçants juifs de Constantine – dont le chef de la communauté et les siens avaient même pu obtenir le droit de monter à cheval – s'enfonçaient avec leurs marchandises jusqu'à Tuggurt, Gafsa et Tozeur, au sud de la Tunisie, où ils étaient assurés de trouver des coreligionnaires.

Changeurs ou prêteurs sur gages, ils avaient recours à la lettre de change – appelée dans les sources rabbiniques maghrébines *cambio* – et, grâce à leurs relations avec leurs coreligionnaires d'Europe, on faisait appel à eux comme intermédiaires pour faciliter la délivrance de captifs musulmans en terre chrétienne[61]. Le commerce avec l'Europe couvrait par ailleurs une gamme très variée de produits : textiles, articles manufacturés, denrées périssables mais aussi vin kasher des Baléares, jusqu'aux ouvrages de logique arabes exportés par des Juifs de Tunis en Europe après que les autorités religieuses musulmanes en eurent expurgé toutes les eulogies propres à l'islam[62].

De Tlemcen à Tunis et de Marrakech à Tozeur, la plupart des communautés méridionales du Maghreb participaient, d'une façon ou d'une autre, au commerce caravanier avec l'Afrique noire. L'importance de ce trafic, qui, comme au Touat, constituait l'« unique ressource » de ses habitants juifs, avait amené les rabbins d'Alger à se pencher sur les problèmes d'ordre religieux que rencontraient les commerçants itinérants. Se posait ainsi la question épineuse des risques de profanation du shabbat par ceux qui ne pouvaient abandonner leurs caravanes le jour du repos rituel hebdomadaire, par crainte de « rester seuls dans le désert immense et terrifiant[63] ».

Les Juifs du Touat entretenaient d'étroites relations avec leurs coreligionnaires de Tlemcen et d'Oran auxquels ils vendaient plumes d'autruche et poudre d'or (*tibar*) en échange de blé et de cuivre. Ce métal que des marins vénitiens et génois déchargeaient sur la côte était acheminé au Soudan où ses revendeurs étaient assurés de l'écouler avec de grands bénéfices. Selon le Génois Antoine Malfante, qui séjourna à Tamentit en 1447 venant de Hunayn et de Tlemcen, les Juifs touatiens menaient « une vie sociale très douce » :

> Les Juifs ici [à Tamentit du Touat] abondent; leur vie s'écoule en paix dans la dépendance de plusieurs maîtres qui défendent leurs subordonnés; ainsi mènent-ils une vie sociale très douce. Le commerce ici a lieu par leur intermédiaire, et il y en a plusieurs en qui on peut avoir une grande confiance. Ce territoire est une étape du pays des Noirs où les marchands apportent et vendent leurs marchandises; l'or qui y est apporté est acheté par ceux qui viennent de la Côte[64]...

La communauté touatienne fut exterminée à l'instigation du cheikh al-Maghili à la fin du XVe siècle, mais comme cela fut confirmé quelques années plus tard par Léon l'Africain, les oasis du Gourara continuèrent de jouer un rôle important dans le commerce avec le Soudan : « La population de cette contrée est riche parce qu'elle a coutume d'aller fréquemment avec ses marchandises à la Terre des Noirs. C'est là que se trouve la tête de ligne des caravanes. En effet, les commerçants de Berbérie y attendent ceux de la Terre des Noirs, puis ils partent ensemble[65]. »

Auparavant, la vitalité du commerce judéo-maghrébin et l'impressionnante mobilité de ses agents n'étaient pas passées inaperçues des puissances européennes de l'époque : c'est ce qui explique sans doute l'attitude bienveillante des rois d'Aragon du XIIIe et du début du XIVe siècle – avant les graves émeutes de 1391– à l'égard des Juifs de Tlemcen et du Tafilelt. Jacques le Conquérant (1213-1276), qui invita « les Juifs et les Juives » de Sijilmassa à venir s'installer à Majorque et en Catalogne, saisit toute l'importance de la dispersion des communautés juives le long de l'axe Barcelone-Majorque-Tlemcen-Sijilmassa par lequel passait le ravitaillement en or d'une bonne partie de la péninsule Ibérique, avant la découverte de l'Amérique[66]. En 1274, alors qu'à la suite d'une rupture momentanée avec les 'Abd el-Wadides il autorisait la guerre de course contre Tlemcen, il en excepta les Juifs de ces villes qui affrontaient la mer pour venir s'installer dans ses États. Ses successeurs du XIVe siècle, à l'exemple de Pierre IV (1336-1387), firent preuve de la même sollicitude à l'égard de leurs marchands juifs allant faire du commerce en Tunisie et en Algérie, ainsi qu'à l'égard des négociants judéo-maghrébins venant pour leur commerce en Catalogne et en Aragon.

Mais le témoignage le plus éclatant de cette activité économique reste attaché à l'œuvre des cartographes de Majorque des XIVe et XVe siècles : Angelino Dulcert, Abraham et Yéhuda Cresques, Mecia de Viladestes, Guillermus, Soleri, Petrus Roselli et Oliva étaient tous d'origine juive, convertis de gré ou de force au christianisme aux alentours de 1391. Leurs cartes ne se limitent pas à donner la description politique et géographique des pays situés au sud du Sahara sur la base des relations de voyages des chroniqueurs arabes : marquant un très net progrès par rapport aux cartes antérieures, les portulans majorquins fournissent des précisions d'une grande érudition sur le tracé des principales voies caravanières, les noms des principales étapes sahariennes et soudanaises, avec une connaissance très précise de la réalité politique de l'époque.

Ainsi, en 1339, Angelino Dulcert était-il en mesure d'indiquer l'emplacement du royaume africain du Mali (*Melli*) ainsi que le nom de la ville de Walata, ville caravanière du Hodh visitée par Ibn Battuta en 1353. Son planisphère porte également le tracé de la route reliant Sijilmassa à Walata, en passant par le Touat, ce qui constitue une preuve supplémentaire de l'excellente qualité de ses informations, cette route n'ayant commencé à être empruntée qu'au début du XIVe siècle pour des raisons de sécurité.

L'apogée des connaissances sur l'intérieur du continent noir fut atteint avec l'*Atlas catalan* d'Abraham Cresques (1375), dont les données principales devaient être reprises quelques années plus tard par Mecia de Viladestes (1413) et Gabriel de Vellascha (1439). Très au fait des changements politiques survenus au Soudan occidental depuis l'effondrement du Mali, il indique notamment les différentes étapes de la voie reliant Sijilmassa à Tombouctou (*Tenbuth*) passant par le Touat et les salines sahariennes de Taghaza (*Tagaza*), une voie nouvellement fréquentée par les caravanes à la suite de l'émergence du royaume de Songhaï et que connaissait également l'italien Ca da Mosto [67].

Assurément, l'œuvre de l'école cartographique de Majorque était un aspect essentiel des immenses progrès techniques accomplis par l'Europe à la veille des Grandes Découvertes – perfectionnement des techniques de navigation, découverte du gouvernail d'étambot, utilisation de la boussole, amélioration de la voilure, etc. Joints à de puissantes motivations économiques et aux mobiles traditionnels qu'étaient l'esprit de croisade et la crainte de l'Islam, ravivée par la prise de Constantinople, ces progrès allaient jouer un rôle déterminant dans les entreprises navales et militaires déclenchées par les Portugais au début du XVe siècle et qui, avant de transformer la face du monde, allaient bouleverser d'abord la physionomie politique de l'espace méditerranéen[68].

Immédiatement après la conquête de Ceuta en 1415, l'infant Henri décidait de découvrir la côte de Guinée « parce qu'il avait appris que les Maures allaient chercher de l'or du côté de cette région occidentale de l'Afrique[69] ». Il déclenchait ainsi suivant l'heureuse expression de Magalhaes-Godinho, le duel entre entre la caravane et... la caravelle.

Originaires d'une métropole n'ayant pratiquement rien d'autre à offrir que l'ingéniosité de ses marins et l'ambition de ses princes, les Portugais avaient tout intérêt à se conformer aux circuits d'échanges préexistants entre le Maroc et ses voisins méridionaux. Car c'est de ce pays et non d'Europe que provenaient la plupart des objets de commerce qu'ils écoulaient au Sahara et au Soudan. C'est aussi des factoreries d'Azemmour, de Safi et d'Agadir qu'ils recevaient de grandes quantités de pièces d'or marocaines – une moyenne de 41 000 *dobras*, ou ducats, entre 1491 et 1500 – qu'ils transféraient ensuite à Lisbonne en échange de leurs realis d'argent et de quelques autres marchandises de pacotille. D'où l'importance des positions acquises au Maghreb extrême : jusqu'au milieu du XVIe siècle au moins.

Arguin, sur la côte mauritanienne, était portugais depuis 1445. Il n'est qu'à lire le catalogue des produits que la factorerie vendait aux marchands du pays pour constater que la plupart d'entre eux étaient d'origine maghrébine[70]. Ainsi en était-il des textiles qui depuis toujours figuraient dans les exportations marocaines à destination du Sahel : les noms arabes et berbères des vêtements écoulés par les Portugais à Arguin mais aussi à Elmina, sur la côte ghanéenne, tels que *albarnozes* (burnous), *alquices* (kissa), *aycas* (haïk), *abanes* (*a'ban*) en disent long sur leur origine. On sait avec davantage de précision que les *duqueles* étaient des haïk confectionnés chez les Doukkala et que les *lambees* ou *hanbels* étaient des couvertures à bandes rouges, vertes et blanches qui, d'abord importées d'Ifriqiya, étaient fabriquées à Safi et à Azemmour bien avant l'occupation de ces deux ports de l'Atlantique par les Portugais[71].

Ces derniers y vendaient aussi du blé qu'ils chargeaient à Tit (El-Jadida) et Safi, ainsi que des chevaux qu'ils échangeaient contre des esclaves. Selon Ca da Mosto, ils se heurtaient à une vive concurrence de la part des tribus du Sud marocain « qui avaient un grand nombre de chevaux barbares, lesquels ils exposent en la terre des Noirs, là où ils vendent aux seigneurs qui donnent en troque des esclaves à quinze têtes par cheval[72] ».

À ces produits il faudrait ajouter aussi le sucre qui, d'après Pacheco Pereira, valait très cher à Djenné, sur le Niger[73]. Selon Léon l'Africain, les commerçants noirs allaient eux-mêmes s'en approvisionner dans le Sous, à Tiyyut et à Tedsi, près de Taroudant, en même temps que des marchands de Marrakech et Fès qui y achetaient aussi du blé, de l'orge, des légumes et de l'indigo[74].

Centres importants de négoce, les relais marocains du commerce transsaharien devaient largement leur prospérité aux richesses minières de l'Atlas. Le grand nombre de gîtes cuprifères ainsi que celui des artisans dans les villes du Sud donnent une idée assez précise de la place du cuivre dans ces échanges. Selon les renseignements recueillis par V. Magalhaes-Godinho, la part de ce métal fut très importante dans les importations portugaises jusqu'au début du XVIe siècle. C'est ainsi qu'après la prise de Ceuta, de petites pièces de cuivre entrèrent en circulation à Lisbonne : les *ceitis*, du nom de la ville marocaine où elles étaient frappées[75]. Plus tard, les habitants d'Ifran de l'Anti-Atlas achetaient des textiles à la factorerie portugaise de Santa Cruz du Cap de Gué (Agadir) en échange de vases de cuivre qui étaient « de bonne vente dans le pays des Noirs[76] ». L'importance du métal marocain diminua lorsque les places portugaises commencèrent à faire appel aux maisons d'Anvers et de Bruges qui se ravitaillaient dans les mines cuprifères d'Europe centrale actives dès le milieu du XVe siècle.

Un autre métal dont l'exportation dans les États africains du Sahel donnait lieu à des gains substantiels était l'argent, que l'on trouvait au Maroc dans le jbel 'Addana, à l'ouest d'Aqqa dans le Dra' ainsi qu'à Tamdult chez les Hilala de l'Anti-Atlas et dans le djebel Awwam, à proximité de la route reliant Fès au Tafilelt[77]. Il perdit toute importance après la découverte de l'Amérique, dont les répercussions furent très graves sur l'attractivité des relais marocains à destination du Soudan qui souffraient déjà du contrôle des salines de Taghaza par l'Empire songhaï à la fin du XVe siècle.

L'axe méridien, qui, à travers les dunes de l'Iguidi et les pitons et falaises de l'Églab, très peu fournis en points d'eau, reliait les oasis marocaines à l'erg Cheich et à Taghaza, n'avait d'attrait que dans la mesure où les caravaniers du Nord avaient le monopole de la production des plaques de sel destinées au Soudan. Or, depuis le milieu du XIVe siècle, comme l'indique le voyageur marocain Ibn Battuta, les Noirs commençaient à venir à Taghaza et à « en emporter le sel ». La modification des termes de l'échange au détriment du Sud marocain frappa ainsi de plein fouet le Dra' et le Tafilelt. Contrairement au Sous, ces régions étaient en effet dépourvues des ressources agricoles et minières qui leur aurait permis de survivre malgré la baisse du trafic transsaharien. Ainsi, au Tafilelt, les *ksour* de Tabu'asamt et d'al-Ma'mun étaient les seuls vestiges de l'ancienne prospérité de Sijilmassa qui n'était plus qu'un amas de ruines au début du XVIe siècle. Dans le Dra', le puissant Amghar de Tanzita dans la région de Zagora pouvait encore, à cette époque, expédier au roi wattaside de Fès de riches présents composés notamment d'une cinquantaine d'esclaves soudanais des deux sexes, d'une dizaines d'eunuques, d'une girafe et de plusieurs centaines de peaux de lamt. Mais la minceur des pièces d'or qu'il frappait (d'un poids inférieur presque de moitié à celui du mithqal légal) était à l'image du trafic d'or entre le Maroc et le Soudan à la veille de l'arrivée au pouvoir à Marrakech de la dynastie sa'dide. Ce trafic était, au contraire, plus soutenu à destination de l'Ifriqiya et de l'Égypte, en passant par Wargla, Ghat ou Takedda, comme l'attestent les témoignages d'Ibn Battuta, al-'Omari, Ibn Khaldun et Malfante[78].

Il est toutefois permis de penser que la « crise du sel » n'était que l'un des révélateurs d'une conjoncture de plus en plus défavorable aux échanges entre le Maghreb occidental et le Sahel nigérien, à la suite du dépérissement simultané du royaume mérinide au nord, et de l'empire du Mali au sud. Une longue agonie à l'issue de laquelle on assista au réveil des forces politiques à l'est d'une ligne allant de Tlemcen à Tombouctou, Ifriqiya et Maghreb central au nord, Songhaï et Bornou au sud.

Ainsi les axes transsahariens du Centre et de l'Est maghrébins allaient éclipser les routes reliant le Sud marocain à la vallée du Niger. Un changement radical dont pâtirent les Mérinides aussi bien que les Wattasides et que les Sa'diens allaient essayer d'enrayer en envoyant leurs troupes conquérir le Soudan en 1591.

Cheikhs, oulémas et chérifs : les bouleversements religieux du xve siècle

L'intense activité religieuse déployée par les Mérinides n'était qu'un aspect du renouveau spirituel et intellectuel que connaissait le Maroc depuis le début du xiiie siècle, marqué par la multiplication des *zawiyas* et la prolifération des confréries mystiques à travers tout le pays. Parti du sud du pays, de tout temps terre de prédilection de *murabit-s*, de cheikhs mystiques et de faux *mahdi-s*, le mouvement prit une ampleur extraordinaire sous l'effet conjugué de plusieurs causes locales, régionales et mondiales, au nombre desquelles il y avait la chute de Bagdad, celle de Grenade et, enfin, l'invasion chrétienne du littoral marocain. Contrairement aux époques précédentes, la plupart des grands cheikhs soufis qui furent à l'origine de l'effervescence spirituelle des XIVe-XVIe siècles étaient originaires du Maghreb ou d'Andalousie, et non plus exclusivement ou presque d'Orient. Ce qui explique vraisemblablement le succès extraordinaire de saints locaux comme Abu Madyan de Tlemcen (XIIe siècle) et Abu Mohammed Salih de Safi (XIIIe), le fondateur de la confrérie de la Maghiriyya, et surtout la facilité avec laquelle certains grands ordres mystiques s'épanouirent au Maghreb. Outre la Qadiriyya, la Rifa'iyya et la Suhrawardiyya nées en Orient, la plus influente des ces *Tariqa-s* était la Shadhiliyya fondée au XIIIe siècle par un chérif né au Maroc, Abu al-Hassan al-Shadhili. Il était l'élève du plus grand maître (*qutb*) du soufisme sud-marocain, Moulay 'Abd al-Salam ibn Mashish. À l'époque mérinide et wattaside, la Shadhiliyya recruta surtout parmi les couches aisées de la population et les lettrés des grandes villes du pays. Mais elle compta parmi ses membres un éminent érudit d'origine berbère, le cheikh Mohammed ibn Sulayman al-Jazuli, qui, après des études à la *medersa* Al-Saffarin à Fès et un passage par Tanger, Le Caire et La Mecque, assura à la confrérie un accueil triomphal dans le Sud marocain. Ce succès fut tel que le nom de la Shadhiliyya devint interchangeable avec celui de la Jazuliyya. Dénonçant la corruption des mœurs et l'ignorance des élites politiques et religieuses de son temps, prêchant la guerre sainte contre les chrétiens du littoral, al-Jazuli fit des milliers d'adeptes répartis dans des dizaines de *zawiyas* et de *ribats* en face des places fortes portugaises de l'Atlantique aussi bien qu'à Fès, Meknès, Tlemcen, au Dra' et dans le Sous[79].

À la mort d'al-Jazuli, son corps fut « capturé » par son disciple 'Umar b. Sulayman al-Shiadmi al-Sayyaf qui se disait prophète. Transportant le cercueil du cheikh dans toutes ses expéditions, il accrut de la sorte le nombre de ses partisans dans le Sous, qui, loin du pouvoir central wattaside, devint ainsi à la fin du xve siècle une zone d'intense activité maraboutique – il l'avait toujours été, en fait, depuis les Almohades. Léon l'Africain, qui en parle comme d'un prédicateur devenu « un affreux tyran » semant la ruine, put constater néanmoins l'emprise qu'il avait conservée dans la région, au début du xvie siècle[80]. Concentrés dans les *ksour* de Qli'at Muridin, Tasgaldat, Imgiagen, Afoughal et Tasirut, il défendait les habitants de ces petits villages berbères contre les incursions des Arabes Ma'qil qui, le moment venu, ne refusèrent pas leur aide aux Portugais[81].

Une spécificité marocaine : le chérifisme politique

Al-Jazuli se disait chérif. Dans le Maroc du xve siècle, cette prétention – non fondée d'ailleurs – n'était pas sans éveiller un large écho dans la population. Dans tous les pays de l'islam, le plus grand respect est dévolu aux descendants du Prophète. Mais nulle part ailleurs qu'au Maroc cette « noblesse de sang » musulmane ne suscite autant de vénération.

Le chérif marocain est en effet une sorte de « super-marabout » à la *baraka* paisible dont la seule présence suffit pour rendre un pays prospère. C'est ainsi que les chérifs sa'diens vinrent de Yanbu' al-Nakhl dans le Hedjaz au xive siècle pour s'établir dans le Dra' à la demande de la population locale, qui espérait que la *baraka* des descendants du Prophète leur garantirait de meilleures récoltes de dattes. Cette prééminence des chérifs dans la société marocaine n'est pas uniquement le fait de causes culturelles propres à la société locale. Un souvenir historique précis s'y attache : l'État idrisside du XIe siècle de Fès, fondé par un descendant de la cinquième lignée du Prophète.

Ainsi, quand en 1415 les Portugais occupèrent Ceuta, ce fut un chérif qui organisa la résistance à partir de son fief de Chechaouen où il s'était proclamé *amir*. Plus tard, après l'échec du premier assaut des Portugais contre Tanger en 1437, le régent wattaside Abu Zakariya, dans le but de détourner à son profit, les forces religieuses galvanisées par cette victoire, crut bon d'accréditer les rumeurs faisant état de la découverte à Fès du corps intact d'Idris II. Ce miracle relança le culte idrisside et consacra la renaissance du chérifisme, désormais aspect intrinsèque du réveil de l'islam marocain à la fin de l'époque mérinide.

Or, c'est précisément de la rencontre du chérifisme et du soufisme, voire du mahdisme[82], que devait émerger la dynastie sa'dide, qui allait balayer Mérinides et Wattasides du Maroc :

> Lorsque les gens du Sous se virent menacés des plus grands malheurs par les entreprises des chrétiens qui convoitaient leur pays, ils s'adressèrent à leur patron, le saint personnage Abu 'Abd Allah Mohamed ibn Mubarak. Ils lui exposèrent la triste situation que leur faisaient, d'une part, la dispersion de leurs forces et la division qui règne parmi eux et, d'autre part, l'ardeur de l'ennemi dont les attaques étaient incessantes. Ils proposèrent ensuite au saint homme de se grouper autour de lui et de lui prêter serment d'obéissance, lui donnant ainsi l'autorité nécessaire pour gouverner les tribus et les conduire au combat contre l'ennemi. Abu 'Abd Allah refusa énergiquement cette proposition : « Il y a, dit-il à Tagmadart, dans le Dra', un chérif qui assure que ses deux fils sont appelés à un

grand avenir. Adressez-vous à ce personnage et prêtez-lui serment d'obéissance : cela sera plus digne et plus utile. » Les gens du Sous envoyèrent alors une députation au chérif qui se rendit auprès d'eux et y joua le rôle que le sort lui réservait[83].

Les premiers pas des chérifs sa'diens

Le chérif en question s'appelait Abu 'Abd Allah Mohamed ibn 'Abd al-Rahman, un lettré d'une grande piété qui était également versé dans les sciences occultes. À une date indéterminée, il fit le pèlerinage de La Mecque, et, à l'exemple d'Ibn Tumart, il se fit remarquer en Égypte et en Ifriqiya pour son zèle religieux à prêcher le bien et condamner le mal, « veillant à la police des mœurs et exigeant des contributions des Juifs[84] ». Il en revint persuadé que ses deux fils Ahmed al-A'raj et Mohammed al-Cheikh régneraient un jour sur le Maghreb et leur assura une solide instruction avant de les envoyer, en 1506, faire le pèlerinage de La Mecque. Luys del Marmol, qui se trouvait au Maroc à cette période, raconte :

> À leur retour, faisant fonction de Morabites, ils furent estimés comme saints par ces Barbares. On courait leur baiser la robe partout où ils passaient, et ils allèrent dans les rues répétant souvent le nom de Dieu, comme élevés dans la contemplation, sans vouloir vivre que d'aumônes. Ils commencèrent à entrer en crédit par cette superstition, se disant de la race de Mahomet et se faisant nommer chérifs Huscénis[85].

Ahmad al-A'raj et Mohamed al-Cheikh furent envoyés ensuite par leur père à la cour de Fès où ils contribuèrent à l'effort militaire des Wattasides contre les infidèles, à Tanger et Arzila. Leur père s'installa entre-temps à Tidsi, dans le Sous, où se répandaient des nouvelles

« apocalyptiques ». La présence des Portugais depuis 1505 à Agadir ou Santa Cruz du cap de Gué n'avait pas contribué non plus à assainir l'atmosphère. Seule consolation : le fortin, mal protégé, attirait de nombreux trafiquants européens qui se livraient à une profitable contrebande d'armes et de munitions que les Sa'diens allaient utiliser quelques années plus tard contre les Portugais et leurs alliés indigènes.

Après avoir obtenu en 1511 la *bay'a* des populations du Sous qui s'en remirent à lui pour combattre l'anarchie et les infidèles, le chérif choisit le surnom à forte connotation mahdiste d'al-Qa'im billah. À sa mort en 1517 à Afughal, où il fut enterré aux côtés d'al-Jazuli, le pouvoir fut confié à son fils aîné et héritier Ahmed al-A'raj, qui était considéré par ses partisans comme « le Fatimide, devant paraître à la fin des temps » et à son cadet Mohamed al-Cheikh. Ce dernier, après avoir écarté son frère du pouvoir, devait adopter tout simplement le titre de Mahdi. Une prétention qui allait soulever contre lui de nombreux lettrés citadins, ceux de Fès notamment qui restèrent attachés jusqu'à la fin à la dynastie wattaside.

TROISIÈME PARTIE

LE TEMPS DES CHÉRIFS

7

Les Sa'diens

Au mouvement d'expansion ibérique aux accents de croisade répondit un mouvement de libération maghrébin au ton non moins mystique. Cette réaction ne fut pas l'œuvre du pouvoir central wattaside en ruine. Elle n'émergea pas non plus des grands centres urbains – Fès, Salé, Meknès, Marrakech par exemple –, où agents et facteurs des puissances européennes côtoyaient des Andalous fraîchement venus d'Espagne que l'indifférence des oulémas citadins exacerbait. Le mouvement était patronné par de petits chefs locaux, cheikhs de tribus, de confréries, de *zawiyas* et de *ribats* qui fournirent les premiers contingents de *Mujahidun*. Ceux-ci avaient essaimé dans les régions du Sud qui étaient les plus exposées aux incursions des Portugais et qui, par un curieux hasard, étaient aussi celles qui étaient travaillées depuis longtemps par de puissants courants mahdistes.

À cette catégorie de volontaires de la foi devait s'ajouter une autre composante, d'un genre plus particulier, les Morisques andalous, qui allaient s'installer en grand nombre sur le littoral algérien et tunisien, mais aussi à Badis, Tétouan et Salé où, avec le temps, ils fonderaient de petites républiques de corsaires vivant de prises de guerre et d'expéditions militaires. Certes, le pouvoir central, aussi bien wattaside que hafside et ‘abdelwadide, ne les regardait pas toujours d’un bon œil. En 1512, le roi de Tlemcen, excédé par leurs méfaits, se rendit à Burgos pour contracter une alliance formelle avec Ferdinand le Catholique dont les troupes fanatisées par les appels à la croisade du cardinal Ximenes de Cisneros avaient occupé Mers el-Kébir (1505), le peñon de Velez près de Badis (1508), Oran (mai 1509), Bougie (janvier 1510), Tripoli (juillet 1510), mais avaient échoué devant Djerba (1511). Les Espagnols avaient évité cependant de s’attaquer de front à Alger, se bornant à installer leurs canons sur un îlot au large de la ville, qu’ils fortifièrent et auxquel ils donnèrent le nom de Peñon. De là, ils allaient tenir en respect les Algérois qui vivaient à l’époque sous la coupe de la puissante tribu arabe des Tha’aliba. En 1516, c’est afin d’éloigner la menace espagnole que les Algérois firent appel au corsaire turc ‘Arudj, installé à Djidjelli et qui, avec ses trois frères Khayr al-Din, Ilyas et Ishaq, terrorisaient les vaisseaux espagnols naviguant en Méditerranée. Connus sous le surnom des frères Barberousse, ils jouissaient d’un immense prestige auprès de leurs contemporains depuis qu’ils avaient porté secours aux milliers de réfugiés andalous fuyant l’Espagne après la chute de Grenade. Installé à Djerba, ‘Arudj tenta en vain de chasser les Espagnols de Bougie avant de se rabattre en 1514 sur Djidjelli. En 1516, il prit possession d’Alger mais mécontenta ses habitants lorsque, au lieu de s’attaquer au Peñon, il préféra étendre son contrôle sur Cherchell, Miliana, Médéa, Tenès et jusqu’à Tlemcen. Les Espagnols mirent fin à sa carrière à Tlemcen où il fut capturé et tué en 1518. Son frère Khayr al-Din le remplaça aussitôt à Alger. Fin stratège, il ne mit pas longtemps à comprendre que, pour chasser les Espagnols du littoral maghrébin, il devait s’appuyer sur une force militaire autrement plus puissante que celle dont disposaient les corsaires.

Il s'adressa dès lors à Constantinople et prêta serment d'allégeance au sultan Sélim Ier qui lui octroya le titre de *beylerbey* et lui envoya un corps expéditionnaire de plusieurs milliers de soldats turcs ainsi que de l'artillerie. Une dizaine d'années plus tard, tout le Maghreb central, de Cherchell à Constantine, passait sous domination formelle de l'Empire ottoman. L'effet immédiat fut d'inquiéter Charles Quint, qui, en juillet 1535, chassa les Turcs de Tunis afin d'empêcher le libre passage de la flotte ottomane en direction d'Alger et de l'Ouest de la Méditerranée. L'ancienne capitale hafside tomba définitivement sous l'emprise ottomane en 1574, trois ans après la célèbre bataille navale de Lépante qui avait vu la destruction quasi complète de la flotte ottomane en Méditerranée par les Espagnols.

Survenant en même temps que l'intervention espagnole, l'entrée en scène de l'Empire ottoman bousculait complètement le rapport des forces en Méditerranée occidentale. Débordant rapidement le cadre étroit du conflit entre islam et chrétienté, la mer intérieure devenait dès lors une pièce maîtresse dans la rivalité opposant les puissances européennes (Espagne, Portugal, Angleterre, Pays-Bas et France) et dans celle mettant aux prises les puissances musulmanes (Maroc et Empire ottoman principalement). Ce nouveau contexte régional était marqué également par la fin des royaumes berbères du Maghreb. Ils furent remplacés à l'est de la Moulouya par des Ojaks dirigés par des *condottieri* d'origine turque tirant leur force de la guerre de course et du soutien de la Sublime Porte et, à l'ouest, par la dynastie marocaine des Sa'diens qui édifiait sur les décombres de l'Empire mérinide un État d'un type nouveau. L'État sa'dien était sans assise tribale bien définie et sans autre légitimité religieuse que celle que lui conféraient ses étroites relations avec la Jazuliyya ainsi que l'origine chérifienne de ses fondateurs, une origine inscrivant d'emblée ses détenteurs dans une perspective califale englobant l'ensemble du *Dar al-Islam* et non plus seulement le Maghreb. La guerre sainte contre la péninsule Ibérique n'étant plus d'actualité depuis fort longtemps et la Tlemcénie et l'Ifriqiya étant devenues des chasses gardées de l'Empire ottoman depuis le début du XVIe siècle, l'Afrique musulmane subsaharienne était la partie du monde musulman où les Sa'diens avaient encore quelque chance de réaliser leurs ambitions califales et impériales. Au même moment, le Maroc entrait de plain-pied dans la politique européenne. À aucune autre époque de son histoire, en effet, on ne vit les États européens rechercher avec autant d'assiduité son amitié que depuis la bataille des Trois Rois en 1578.

L'établissement de la dynastie sa'dide

Comptant sur l'aide des volontaires de la foi (*ghuzzat*) et soutenus par la population du Sous, du Dra' et des Haha, les Sa'diens poursuivirent leur avance dans le sud du pays, sous la conduite d'Ahmed al-A'raj et de son frère Mohammed al-Cheikh al-Mahdi qui, à la mort de leur père, installèrent leur centre d'activité à Taroudant. En 1518, ils intensifièrent leur lutte contre les Portugais et leurs alliés berbères et arabes et tuèrent ainsi Yahiya ibn Ta'fuft, le chef des « Maures de paix » de Safi, avant de s'emparer en 1524 de Marrakech où ils firent transporter les corps d'al-Qa'im billah et du Cheikh al-Jazuli. Les mauvaises langues racontaient qu'on leur avait dit qu'un trésor était caché sous le corps du saint homme [1]. Il leur fallut néanmoins une trentaine d'années supplémentaires avant d'entrer à Fès et d'établir leur pouvoir sur tout le pays.

Conscient du danger, le roi de Fès, Ahmed al-Wattasi (1524-1549), les affronta une première fois en 1527 en mettant le siège devant Marrakech, mais une révolution de palais le rappela d'urgence à Fès alors qu'il était presque parvenu à faire céder les Sa'diens. Il renouvela sa tentative en 1529 mais fut arrêté par les troupes sa'dides près de Demnat avant d'accepter l'intercession des notables religieux de Fès et de Marrakech qui le convainquirent de céder à ses adversaires tout le sud du pays. Sept ans plus tard, le 24 juillet 1536, il essuya sur l'oued al-'Abid, au gué de Bu 'Aqba, une seconde défaite, plus grave que la première : sous la pression renouvelée des dirigeants religieux, le souverain wattaside accepta de traiter d'égal à égal avec les Sa'diens auxquels il concéda tout le territoire s'étendant de la vallée de l'Oum al-Rbi' jusqu'au Sous. Sentant son pouvoir chanceler, Ahmed al-Wattasi accepta de signer, le 8 mai 1538, une trêve de onze ans avec les Portugais tandis que les Sa'diens poursuivaient leur offensive en direction du Tafilelt avant de revenir dans le Sous pour y affronter les garnisons portugaises. Ils manquaient cruellement d'armes à feu et, pour se les procurer, ils ouvrirent aux abords d'Agadir un port marin destiné à attirer des marchands chrétiens, anglais pour la plupart, qui leur fournissaient des armes contre du sucre : « Ils en portèrent tant de toutes sortes, et en si grandes quantité qu'elles vinrent à aussi bon marché [en Angleterre] qu'en Espagne, voire à meilleure compte[2]. »

Ils obtinrent ainsi les moyens de conquérir durant l'été 1541 Santa Cruz de Cap de Gué, dont la chute fut un coup fatal pour les établissements portugais du Maroc – Safi, Azemmour, ainsi qu'Arzila – que le Portugal dut évacuer peu après pour ne plus conserver que les places de Ceuta, Tanger et El-Jadida. Trois ans plus tard, Mohammed al-Cheikh al-Mahdi chassa son frère Ahmed al-A'raj du pouvoir, le relégua à Sijilmassa et s'installa en maître à Marrakech en juin 1544. Il rompit aussitôt la trêve qui liait son frère à Ahmed al-Wattasi et, revendiquant la province du Tadla, il vint mettre le siège devant la forteresse de Fishtala. La rencontre entre les deux armées se termina par une nouvelle défaite wattaside, plus humiliante que les précédentes, sur l'oued Derna, affluent de l'Oum al-Rbi'. Le chérif avait compté sur le manque de combativité de l'armée wattaside et sur son impatience à regagner au plus vite ses foyers raconte l'Espagnol Marmol qui assista à la bataille :

> Après avoir passé la rivière des Nègres (oued al-'Abid) par le gué de Mecherat, [le chérif] s'avança à petites journées avec ses gens en bon ordre, sur l'espérance que ceux de Fès, nourris dans les délices, et les Arabes légers et incontans, s'ennuyeraient d'etre long-temps absens de leurs familles, et se retireraient. Car encore qu'il eust résolu de donner bataille dès qu'il partit de Maroc, il témoignait le contraire, et feignoit de reculer le plus qu'il pouvoit[3].

Abandonné par son armée, qui se dispersa au bruit de la première canonnade, le roi de Fès, blessé, fut capturé et emmené à Marrakech ainsi que son fils aîné Abu Bakr. Les oulémas de Fès qui pourtant ne portaient pas les Sa'diens dans leur cœur en raison de leurs prétentions chérifiennes et califales[4], virent cependant dans cette débâcle une juste punition de la conduite licencieuse du roi prisonnier qui élevait des lions dans son parc et permettait aux chrétiens de la ville de vendre leur vin aux musulmans. Répondant à ces récriminations, le prince Ahmed al-Qasri, qui fut choisi pour assurer l'intérim de son père, fit « défoncer les tonneaux et tuer à coups de flèche les lions du parc » avant d'obtenir la libération de son père contre la cession du Habt, du Gharb et de la ville de Meknès à Mohammed al-Cheikh.

L'accord obtenu le 22 juillet 1547 était assorti d'une trêve de cinq ans, mais dès le mois de novembre suivant le chérif vint attaquer Fès, ravageant au passage les villages des alentours occupés par des réfugiés andalous.

Fès résista courageusement à chacun de ses assauts. Il tenta de nouveau sa chance le 2 mai 1548 et vint assiéger la ville. Elle était solidement défendue par l'oncle du roi, 'Ali Abu Hassoun, tandis que les oulémas appelaient la population à résister aux Sa'diens dont ils condamnaient l'action contre un régime légitime. Une prise de position qui devait coûter cher au célèbre mufti Mohammed b. 'Abd al-Wahid al-Wansharisi, qui fut assassiné à la mosquée des Qarawiyyin par des hommes de main de Mohammed al-Cheikh à la veille de l'entrée des Sa'diens dans la ville le 31 janvier 1549.

Pris de pitié pour les souffrances de ses sujets qui enduraient depuis plusieurs semaines les conséquences du siège, Ahmed al-Wattasi décida de se livrer à Mohammed al-Cheikh : « Faites de moi ce que vous voulez, lui dit-il en larmes, infligez-moi une mort qui serve d'exemple, mais épargnez les habitants de Fès, qui ne sont allés à la mort et n'ont exposé leurs enfants à la faim qu'à cause de moi. »

Reçus avec beaucoup d'égard par Mohammed al-Cheikh, le roi de Fès et sa cour – quelque 400 personnes en tout, comprenant « des nègres, des négresses, des muletiers et des litières » – furent emmenés ensuite en captivité à Marrakech. La population de Fès versa « des larmes de sang » à leur départ raconte la *Chronique anonyme sur la dynastie sa'dienne*.

Tous les membres de la dynastie wattaside n'acceptèrent pas cependant de baisser les bras : en premier lieu, l'oncle du roi déchu, 'Ali Abu Hassoun, qui, ayant réussi à s'échapper de Fès, était parti pour l'Espagne demander l'aide de Charles Quint. Éconduit, il se tourna ensuite vers le roi du Portugal, qui lui donna six navires, mais à peine avaient-il franchi le Détroit qu'ils furent arraisonnés par des corsaires turcs qui conduisirent Abu Hassoun à Alger auprès de Salah Raïs auquel il demanda l'aide des Turcs. Le *beylerbey* en référa aussitôt à Soliman le Magnifique, qui sans hésiter accepta l'offre du prince marocain. La possession du Maroc était censée consacrer la domination de la Sublime Porte sur tout l'Orient et l'Occident musulmans. C'était compter sans l'opiniâtreté de Mohammed al-Cheikh dont le dessein califal contrecarait ouvertement les ambitions du sultan ; il se considérait en effet comme le seul Prince des Croyants depuis la mort du dernier calife abbasside. Soliman le Magnifique n'avait d'ailleurs pas attendu la venue à Alger d'Abu Hassoun pour adresser un véritable ultimatum au chérif de Marrakech, lui demandant de reconnaître sa suprématie et de réciter la *khutba* en son nom. L'Espagnol Diego de Torrès, qui assista à l'entrevue de Mohammed al-Cheikh avec l'émissaire du sultan rapporta ainsi l'événement :

> En juillet 1548 arriva au chérif qui estoit lors à Maroc [Marrakech] un ambassadeur de Soliman Turc lequel entra avec peu de cérémonies et submissions pour parler au chérif qui s'en mit en colère au possible, et encore plus du contenu en la lettre, attendu qu'il ne demandoit pas en priant, mais commandant, qu'à l'instant il mist en liberté, et eust à satisfaire aux dommages du roy de Fas, ce que faisant il feroit service qu'il reconnaitroit et autrement il s'en offenseroit ; et ce qui plus l'offensa, fut la souscription de la lettre, qui disoit : Au cheikh des Arabes, Mohammed Cherif, tellement qu'il fut sur le point de trancher la tête de l'ambassadeur[5].

La réponse de Mohammed al-Cheikh fut aussi nette que violente : « Annoncez à votre maître que je me dispose à marcher contre lui et à conquérir son pays », avait-il dit au malheureux émissaire.

Sentant « naître en lui d'ambitieux desseins sur les pays de l'Orient », le souverain sa'dide, une fois maître de Fès, donna l'ordre à ses troupes de franchir la Moulouya en direction de Tlemcen qu'il conquit en juin 1550 sur les Turcs : « Il faut, disait-il, que j'aille en Égypte, que je chasse les Turcs de leurs repaires et que je m'établisse à leur place en ces contrées[6]. »

Mais le « sultan des barques » – comme Mohammed al-Saykh aimait appeler avec dédain Soliman le Magnifique « parce que les Turcs étaient constamment sur leurs vaisseaux » – ne pouvait rester longtemps impassible devant de telles provocations. En 1553, il ordonna au pacha d'Alger d'arrêter l'avance des troupes marocaines vers Mostaganem et de les chasser de Tlemcen. Ce que Salah Raïs effectua promptement avant de poursuivre sa marche en direction de Fès. Une première confrontation entre les armées marocaine et turque eut lieu près de Taza, en décembre 1553, suivie d'une seconde sur le Sebou, non loin de Fès. À chaque occasion, Abu Hassoun et ses alliés turcs eurent le dessus sur le Sa'dien dont les effectifs militaires étaient insignifiants, selon al-Zayyani[7]. Battu à Qudyat-al-Mahali, dans la banlieue de Fès, le 7 janvier 1554, Mohammed al-Cheikh dut évacuer la ville, abandonnant sur place son trésor et son harem ainsi qu'une grande quantité de matériel de guerre.

La population fit un excellent accueil aux Turcs avant de se rebeller contre eux en les voyant « faire main basse sur les femmes et les enfants et pillant ce dont ils avaient envie[8] ». Revenant sur ses promesses, Salah Raïs appréhenda Abu Hassoun et envoya des messagers au pacha d'Alger pour demander l'occupation de la ville par la Sublime Porte :

> Cette ville, lui écrivit-il, vaut mieux qu'Alger et sa population est des plus obéissantes : elle est incapable de faire la guerre, car elle très féminine. Nous y sommes entrés sans combat. Hâte-toi donc de venir en personne ou envoie un représentant avec des renforts, car nous sommes maîtres de la citadelle de Fès avec tout ce qu'elle renferme de canons et d'armes[9].

À la nouvelle de l'arrestation d'Abu Hassoun, les habitants se révoltèrent et, armés « de haches, de pioches et d'échelles », ils vinrent libérer leur ancien régent emprisonné à Fès Jdid. Salah Raïs céda, puis négocia avec Abu Hassoun le départ des troupes turques contre une rançon de 400 000 ducats payée en partie par les Juifs et les marchands chrétiens de la ville, ainsi que par les *rescatadores* espagnols chargés du rachat des captifs chrétiens auprès des sultans de Fès [10].

Se proclamant roi, Abu Hassoun leva aussitôt une nouvelle armée formée de Turcs laissés sur place par Salah Raïs, de Rifains, de Fassis et de chrétiens puis se dirigea vers Ras-al-Ma', à une douzaine de kilomètres de Fès, où Mohammed al-Cheikh avait concentré ses troupes. Le chérif avait eu vent entre-temps des tractations de son frère Ahmed al-A'raj, réfugié dans le Touat, et du nouveau roi wattaside. Le complot fut éventé : Ahmed al-A'raj et ses fils furent internés à Marrakech tandis qu'Abu Hassoun était tué dans l'embuscade que lui tendait le chérif le 13 septembre 1554. Privés de leur chef, les soldats wattasides lâchèrent pied, laissant ainsi le chérif reprendre le contrôle de Fès, où il réprima durement les partisans des Wattasides. L'une de ses premières victimes fut le cadi Abu Mohammed 'Abd al-Wahab al-Zaqqaq qui fut torturé à mort en présence de Mohammed al-Cheikh : « Panse de baudet, lui dit le sultan – raconte la *Chronique anonyme sur la dynastie sa'dienne* –, qu'est-ce qui t'empêche de me reconnaître, et pourquoi as-tu reconnu Abu Hassoun ? – Ma panse, répondit le savant, est une panse de science ; c'est la tienne qui est une panse d'âne bourrée d'usure et de gains illicites [11]. »

Une seconde victime célèbre de la répression qui s'était abattue sur la ville fut le prédicateur (*khatib*) 'Ali Harzuz qui avait osé dire ouvertement de Mohammed al-Cheikh qu'il n'était ni chérif ni sayyid et qu'« il infestait la terre de ses produits [12] ».

Se sachant peu aimé de la population de Fès, le chérif décida de transférer sa capitale à Marrakech, après avoir pris des leçons de « bonnes manières » princières chez d'anciens serviteurs des Wattasides, en l'occurrence un ancien vizir, Qasim al-Zarhuni et une intendante (*'arifa*) de harem. Il apprit auprès d'eux comment s'habiller et enrouler le turban, comment harnacher les montures royales et orner d'or et d'argent les armes d'apparat, comment engager des discussions « avec des grands » et les faire asseoir en audience « chacun suivant son rang », ou encore à quel moment devaient avoir lieu les repas et comment présenter les mets aux convives. L'ancien ministre le mit aussi au courant du système fiscal en vigueur chez les Mérinides, des soldes militaires et de l'administration des tribus. Quant à l'ancienne intendante du harem, elle enseigna aux rustres chérifs du Sud tout ce qui concernait la vie domestique :

> Elle leur montra la préparation et la cuisson des mets, la disposition des repas d'après les moments de la journée et les saisons : en hiver, avec les fruits et la vaisselle de cette saison ; au printemps, avec les fines bouchées et les condiments de cette période ; en été, avec les fruits frais de l'époque, et de même à l'automne ; elle leur fit voir comment présenter les mets, lors de la rupture du jeûne, avec les accessoires convenables, etc., tout comme encore l'ordonnancement des repas du matin et du soir, en y ajoutant les indications nécessaires concernant le personnel suffisant pour la tenue de l'intérieur. Elle leur enseigna aussi comment habiller leurs femmes avec de beaux vêtements, comment employer les parfums pour les maquiller, comment les parer magnifiquement et faire usage de tapis de soie ainsi que de broderies sur les oreillers et les portières, l'emploi de cierges comme moyen d'illumination, etc. [13].

Dès son retour à Marrakech, Mohammed al-Cheikh se mit en tête de développer la production sucrière du pays en faisant usage de la force quand il le fallait pour élargir le domaine public destiné à la culture de la canne dans les environs de Taroudant et de Tiyyut dans le Sous, ainsi qu'autour de Chichaoua et de Marrakech et dans le Haha. N'hésitant pas à expulser les tribus récalcitrantes et à confisquer leurs biens, il construisit des barrages, des aqueducs, des moulins et diverses autres installations hydrauliques pour garantir la desserte en eau des plantations. Il leur assurait par ailleurs une main-d'œuvre abondante en y installant des tribus chassées pour cause de rébellion d'autres régions du pays. Une fois coupée, la canne était acheminée dans les meilleurs délais à dos de chameau ou de mulet dans des pressoirs à meule en pierre que faisaient fonctionner semble-t-il beaucoup de techniciens européens, génois et portugais principalement. Le jus qui s'écoulait des meules était récupéré par un système de rigoles au sol dans des citernes où l'on procédait à sa cuisson, puis à sa purification et enfin à sa cristallisation dans des moules en terre de forme conique dont on allait extraire les fameux « pains de sucre » marocains. Une fois ces opérations terminées, on obtenait différentes sortes de sucre, suivant son degré de raffinage : les sucres blancs, les « panelles » ou sucres roux moins élaborés, les mélasses, les marmelades, dans la fabrication desquelles entraient également des fruits, et des « succades », sorte de confiserie que les rois du Maroc servaient à leurs hôtes à l'occasion des grandes fêtes solennelles[14].

Une faible partie seulement de cette production était écoulée dans les grandes villes du pays. À partir de 1550, c'est vers l'Europe – Angleterre, Pays-Bas, France – qu'elle fut acheminée. Elle était affermée par le gouvernement à des marchands juifs et chrétiens contre le paiement d'une somme forfaitaire, à charge pour eux d'en couvrir le montant en important des armes, des tissus et d'autres produits de luxe de fabrication européenne destinés au sultan. Mohammed al-Cheikh qui tirait de ce commerce une bonne partie de ses ressources, put ainsi se doter d'une administration (Makhzen) entièrement dévouée à sa cause et libre de toute entrave « tribale » :

> On lui payait, indique Diego de Torrès, pour chaque tête d'homme ou de femme de douze ans et au-dessus, cinq quarts de ducat, pour chaque feu autant et pour chaque hanega de terre, un hanega de bled ; on luy payait aussi la disme du nourry et de la terre que l'on cultivait, et de chaque seprier de bled qu'on faisait moudre au moulin un demi-real. Outre cela, il mettait de grandes impositions sur le peuple en forme de taille ordinaire et extraordinaire. Il prélevait aussi des impôts sur le commerce des Européens qui lui rapportait 400 000 ducats par an. Partout il avait des douanes où l'on payait des droits sur les marchandises que l'on sortait du pays. Ajoutez à cela le sucre du royaume de Taroudant, les mines d'argent et d'autres métaux[15].

De la sorte, renchérit Marmol, il devint le plus puissant « roy d'Afrique » dont le territoire s'étendait de la Méditerranée au « pays des Nègres » et de l'Océan au « royaume de Tremecen », jusqu'aux confins du Touat et du Gourara, au sud. Disposant d'une puissante armée comptant plusieurs milliers de cavaliers, il se croyait en mesure de provoquer les Turcs, ses voisins orientaux, et n'hésita pas à engager des pourparlers avec les Espagnols en vue d'une action commune contre l'Empire ottoman.

Lorsque Salah Raïs en fut informé, il résolut aussitôt d'attaquer le Maroc ainsi que la place espagnole d'Oran. Il était sur le point de quitter Alger à la tête d'un puissant corps expéditionnaire renforcé par l'envoi de troupes fraîches et d'une trentaine de galères d'Istanbul quand la peste le terrassa. L'opération fut suspendue au grand mécontentement des janissaires qui devaient y participer, permettant ainsi aux Marocains de reprendre le contrôle de Tlemcen.

En juin 1557, un nouveau *beylerbey* débarquait à Alger. Fils du célèbre Khayr al-Din Barberousse, Hassan Pacha était déterminé à mettre un terme au règne de Mohammed al-Cheikh. Il chargea de cette tâche l'un de ses plus fidèles lieutenants, Salah al-Kahiya. Celui-ci se fit passer pour un déserteur de l'armée turque et vint offrir ses services et ceux de ses hommes au monarque sa'dien qui, depuis son départ de Fès, avait à son service une milice turque utilisée déjà par Abu Hassoun. Mohammed al-Cheikh tomba dans le piège et fit montre de la plus grande estime envers sa nouvelle « recrue » turque. Jusqu'au jour où profitant de manœuvres militaires dans l'Atlas, Salah et ses hommes le cernèrent et l'assassinèrent à Taroudant, le 23 octobre 1557, avant de prendre la fuite en direction de Sijilmassa, Tlemcen et Alger d'où ils envoyèrent la tête d'al-Mahdi à Istanbul. La mort de Mohammed al-Cheikh jeta le trouble dans le royaume : tandis que Hassan Pacha reprenait Tlemcen et s'apprêtait à franchir la Moulouya, 'Abd Allah al-Ghalib billah, fils de Mohammed al-Cheikh, était proclamé roi à Marrakech :

> C'était un homme savant et distingué, qui aimait la justice, s'entourait de savants et de cheikhs, s'occupait personnellement des affaires, protégeait le faible contre l'oppresseur et restreignait les empiètements de celui-ci ; il n'y avait ni ville ni bourgade où il n'eût installé un cadi et un gouverneur qui y appliquaient les décisions légales, les ordres divins et les règles administratives [16].

Aucun fait d'arme important, en dehors d'une attaque avortée contre El-Jadida en 1561 et la prise de Chefchaouen des mains des chérifs du jbel 'Alam en 1566, n'est attaché au souvenir de ce roi que Diego de Torrès décrit comme « adonné à l'amour et à la boisson[17] ». On lui doit cependant la reconstruction de Marrakech en tant que capitale digne de ce nom du royaume. Il y aménagea notamment la nécropole des tombeaux sa'diens où il fit enterrer son père Mohammed al-Cheikh, restaura l'ancienne casbah almohade où il édifia son palais sur l'emplacement du futur Grand Palais Badi' érigé par son frère Ahmed al-Mansur quelques années plus tard. Face au palais, s'élevait la mosquée des Chorfa qui faillit s'effondrer en 1569 à la suite d'une terrible explosion de poudre qui ravagea tout le quartier. Le sultan la fit réparer et profita de cet événement pour accélérer la construction de sa propre mosquée, la grande mosquée Mawassin qui comprenait, outre la salle de prières et le minaret, une fontaine monumentale, un *hammam*, une *medersa* et même des logements pour les employés chargés du culte. Par ailleurs, c'est ce roi qui déplaça les Juifs de Marrakech, à partir de 1557, dans un quartier entouré de murailles qui devait porter beaucoup plus tard le nom de Mellah – à l'exemple de celui de Fès – et où vivaient également quelques chrétiens ainsi que les émissaires européens de passage au Maroc. Jouxtant la casbah, ce quartier était « aussi grand que Meaux » constata Jean Mocquet qui visita en 1606 Marrakech. La ville était selon ses dires beaucoup plus vaste que Paris[18] ; la « juderia » fonctionnait effectivement de façon autonome et disposait de sa propre administration, elle avait ses synagogues, son cimetière, ses rues marchandes, ses *fondouks* et ses habitations[19]. Il semble toutefois que jusqu'à la fin du XVIe siècle au moins des Juifs vivaient aussi dans d'autres quartiers de la ville.

Moulay 'Abd Allah al-Ghalib billah prit par ailleurs l'initiative d'enrôler de force tous les Andalous établis dans le pays depuis la chute de Grenade : quelque 14000 hommes qu'il installa avec femmes et enfants dans la région de Marrakech, auxquels il attribua des terrains de culture et donna des armes, suscitant ainsi la colère des notables andalous, qui n'avaient aucune envie de servir dans son armée[20]. Ils ne lui pardonnaient pas non plus son refus d'accorder la moindre aide aux Morisques soulevés contre Philippe II dans les monts des Alpujarras. Un refus qu'il tenta d'expliquer, sans convaincre personne cependant, par le manque de vaisseaux rapides dont souffrait sa marine :

> Le petit nombre de corvettes dont il disposait tenait à l'absence dans le pays de bois propre à ce genre de construction ; mais maintenant l'importation à Fès du bois de Roûm [Europe] est permise, de sorte que le chérif s'efforce de se constituer une flotte. Son intention est, dit-on, de conquérir l'Espagne, car il sait que cette entreprise n'est pas difficile par suite du nombre de ceux des habitants qui cachent dans leur cœur des sentiments musulmans[21].

Une intention fort louable, certes, mais al-Ghalib ne fut pas pour autant apprécié des habitants de Marrakech, qui cessèrent même de venir faire leurs prières dans sa mosquée, la mosquée Mawassin. Fidèle hagiographe des Sa'diens, Mohammed al-Saghir al-Ifrani peine à expliquer cette mauvaise humeur : tout en reconnaissant que l'entourage immédiat du sultan « s'adonnait à la boisson des spiritueux, entretenait des chanteuses et portait des vêtements de soie et des ornements d'or et d'argent », c'est, fit-il valoir, parce qu'on disait que cette mosquée avait été bâtie sur l'emplacement d'un cimetière juif que les fidèles s'abstenaient d'y venir. En tout cas, se hâta-t-il d'ajouter, « tout ce qui a été dit sur ce roi ne repose sur aucun fondement[22] ».

La capitale avait connu néanmoins de grands changements à son époque et du temps de son père : elle était redevenue un grand centre d'érudition et de commerce grâce notamment à l'industrie sucrière, si fougueusement développée par Mohammed al-Cheikh, et à l'afflux des réfugiés espagnols dans la ville. La description de Diego de Torrès donne une idée assez précise de l'amélioration du niveau de vie de ses habitants depuis le passage de Léon l'Africain à Marrakech au début du siècle :

> À Marrakech, les habits du peuple sont des chemises de toile avec des hauts de chauffes, et des vestes de drap de couleur [...] qui leur descendent jusqu'aux pieds. Les habits des principaux sont de soie, qui sont comme des manteaux longs, et au lieu de chapeaux ils portent des bonnets rouges d'écarlate de Tolède, et des coiffes. Ils ont des brodequins, des pantoufles, des escarpins, et des souliers de couleur. Il y a des Maures et des Juifs qui en font fort bien et en quantité. Les femmes portent des chemises fort larges, qui leur tombent au-dessous des genoux et même des caleçons, qui sont larges par en haut, s'estrecissent par embas et leur descendent jusqu'au gras de la jambe. Elles ont aussi selon la qualité des femmes des juppes à la Turque, qui sont de soye en esté, et d'écarlate ou de fins draps en hiver. C'est là l'habit des plus considérables dames de Maroc qui portent aussi des escarpins et des pantoufles. Par-dessus leurs robes, elles ont un habit long qui est de soye ou de laine et est ouvragé et a des franges aux bords ; il est plissé de telle sorte que le jettant sur elles il s'attache sur la poitrine, avec une espèce d'anneau qui est d'or, d'argent ou de métal. Outre cela, elles portent quantité de bagues d'or et d'argent, des perles et des pierreries, pendans d'oreille, colliers et cordons, et y attaches des reales d'Espagne. Elles ont des bracelets aux bras, et d'autres aux jambes, faits comme l'anneau que l'on met aux fers des criminels et elles les portent si justes sur la cheville du pied, qu'il n'y a point de dames qui n'ait des cals fort durs, tant elles ayment à estre braves et avec cela elles s'imaginent estre fort bien vestues, car l'habillement est lascif, et il y en a plusieurs qui sont très belles[23].

Al-Ghalib mourut le 21 janvier 1574. Le pouvoir fut confié à son fils Abu ‘Abd Allah Mohammed al-Mutawakkil, un « personnage orgueilleux, sans égards pour personne, porté à répandre le sang et très dur envers ses sujets », selon al-Ifrani. Au grand dam de trois des frères du défunt, Moulay ‘Abd al-Malik, Moulay Ahmed et Moulay ‘Abd al-Mu'min qui se réfugièrent chez les Turcs d'Alger à l'annonce de l'avènement de leur neveu. ‘Abd al-Malik et Ahmed, accompagnés de leur mère, poussèrent jusqu'à Istanbul où ils offrirent leurs services à Mourad III dont les relations avec l'Espagne étaient au plus mal en Méditerranée occidentale. Les deux frères purent ainsi rejoindre la flotte de Sinan Pacha, qui le 12 avril 1575 libéra définitivement Tunis et Bizerte de l'emprise espagnole et, comme promis, les Turcs leur fournirent hommes et argent pour renverser leur neveu, Mohamed al-Mutawakkil.

Abandonné par une partie de ses troupes – l'unité andalouse créée par son père en premier lieu –, le sultan esquiva à deux reprises le combat contre ses oncles, une première fois aux environs de Fès, l'autre près de Salé, permettant ainsi à Moulay ‘Abd al-Malik de lui ravir le pouvoir et d'entrer en vainqueur le 3 mars 1576 à Fès Jdid où il fut intronisé par les oulémas de la ville et prit le surnom d'al-Mu'tasim billah.

Très ouvert « aux choses nouvelles et ne craignant pas de le laisser paraître », selon le chroniqueur marocain al-Ifrani, voici le portrait très élogieux qu'en fit l'observateur espagnol Fray Luis Nieto au lendemain de la bataille des Trois Rois :

> [Ce prince] estoit de moyenne stature, bien formé de corsage, aiant larges épaules, blanc de couleur en la face, et un taint vermeil qui luy embellissoit les joues, et icelles couvertes de barbe noire bien espaisse et touffue. Il avoit les yeux verts et grans, et outre ce, estoit de grandes forces,

lesquelles il exerçoit continuellement en s'escarmouchant et assaillant ses gentils hommes à tirer de l'arc en vain et sans nulle flesche Il parlait fort bien espagnol et le parlant avoit une bonne grâce, discrétion, et bienséance, comme encor il escrivoit en la mesme langue. Il scavoit l'Italien plus que tout autre langage, mais surtout avoit-il à commandement la langue turcque, et ne se soucioit point de l'Arabesque qui luy estoit naturelle et en laquelle il estoit poëte des meilleurs de son temps. Ce prince fut très ingénieux et de subtil jugement et grande sagesse en toute chose, et surtout à bien et deuëment gouverner ses royaumes[24].

Après s'être acquitté de ses dettes auprès des soldats turcs, qu'il renvoya chez eux chargés de riches présents, Moulay 'Abd al-Malik organisa son armée sur le modèle de l'armée ottomane en vue de poursuivre la guerre contre son neveu. Le fer de lance en était la garde royale, constituée de détachements désignés suivant leurs activités par des noms turcs (*bondokdar*, *bélébédrouch*, *boyyak*, *peik*, *sollak*, *spahis*, etc.) utilisés par les formations de janissaires[25]. Puis venaient les corps des affranchis, des renégats, des Turcs et des Andalous, les unités berbères du Sous, les tribus guerrières des Arabes de l'Est, constituées notamment des Jusham et des Banu 'Amir, celles des Arabes de l'Ouest comprenant les Sufyan, les Banu Malik et les Kholt, et enfin les « gens du Haouz » recrutés dans la région de Marrakech[26].

Il désigna en outre son frère Moulay Ahmed, dont il n'avait pourtant pas une haute opinion, comme *khalifa* ou vice-roi. Il lui reprochait sa mollesse et son manque d'audace dans les affaires et sa « négligence des choses importantes », affirme al-Zayyani[27].

Acculé à la défensive, Mohammed al-Mutawakkil se réfugia pendant un moment dans le Sous où il avait conservé de nombreux partisans. Il se rendit ensuite à Ceuta et à Tanger où il eut une entrevue avec le roi Sébastien du Portugal, avant de s'embarquer avec lui, en juillet 1578, à destination d'Arzila. Éconduit par Philippe II, qui ne voulait pas d'une nouvelle aventure en Afrique pour ses troupes déjà empêtrées dans la révolte des Provinces-Unies, il s'était tourné vers le roi portugais, qui accepta sans hésiter d'engager son armée aux côtés d'al-Mutawakkil. Le roi d'Espagne essaya quelques mois plus tard d'en dissuader son jeune et exalté neveu, mais en vain : la tête remplie de rêves de croisades, le dernier héritier mâle de Jean III, qui avait à peine vingt-trois ans, resta ferme sur ses positions. Préférant Dieu et les armes aux femmes, c'est la Couronne portugaise qu'il risquait de faire disparaître avec lui en cas d'accident fatal sur le champ de bataille : « Il n'aymoit point les femmes – écrit à son sujet un témoin contemporain, Palma Cayet[28], ainsi mesme il sembloit les abhorrer, ce qui donnoit aux Portugais un préjugé de quelque façon estrange en ce prince, comme s'il eust eu affection de laisser après soy quelque lignée qui regnast. » Sobre, fuyant le luxe et ne pensant qu'à « exalter et dilater la Saincte Foy Catholique », il envisageait depuis quelque temps d'effectuer une grande expédition au Maroc quand Mohamed al-Mutawakkil vint quérir son aide, lui faisant miroiter une conquête facile « de toute la Barbarie ».

Au Maroc même, l'alliance avec les chrétiens n'était pas chose facile à expliquer, dans le contexte de l'époque, même pour un sultan détrôné comme un vulgaire usurpateur. Pour justifier son geste, il accusa les oulémas de Fès d'avoir enfreint la loi religieuse en reniant la *bay'a*, le serment d'allégeance qui les liait à lui, pour introniser son oncle à sa place :

> Si j'ai demandé secours aux chrétiens, leur écrivit-il dans une missive, c'est uniquement parce que l'appui des musulmans m'a manqué. Or les oulémas ont toujours

affirmé qu'il était licite d'user de tous les moyens contre quiconque ayant ravi les biens d'un autre [...] Puisque vous n'avez pas voulu agir autrement, reconnaissez au moins que vous méritez d'être combattus au nom de Dieu et du Prophète[29].

Les oulémas ne purent rien lui rétorquer de valable sur ce point, si ce n'est qu'au nom du droit de primogéniture il était légitime que son oncle accédât au pouvoir avant lui. Un « droit » de nature plutôt sociale que religieuse et qui n'avait pas empêché son grand-père Mohammed al-Cheikh de ravir le trône à son frère aîné Ahmed al-A'raj. De fait, faute d'arguments juridiques plus convaincants, les chefs religieux justifièrent sa déchéance en invoquant sa faiblesse de caractère, son manque de zèle religieux et surtout sa couardise, causes des malheurs de ses sujets devenus la proie des agressions et de l'anarchie :

Certes, vous avez été notre souverain légitime en vertu du serment de fidélité que vous avez fait prêter par nous [...] Personne n'a songé à changer ni à modifier cet état de choses, personne ne vous a été hostile ni rebelle, jusqu'au jour où votre oncle a pris les armes contre vous, invoquant un droit qu'il vous est impossible de méconnaître, car il est parfaitement établi. C'est vous-même alors qui vous êtes hâté de transmettre et d'abandonner votre situation à votre oncle et qui avez été l'instrument de sa fortune, en portant en quelque sorte son drapeau. En effet, votre oncle n'avait avec lui qu'une faible troupe [...]. Et pourtant à peine le combat a-t-il commencé que vous vous êtes dérobé malgré les appels de vos soldats [...].

Maintenant que vous les avez fuis en les laissant livrés à l'anarchie, les gens de Fès ne pouvaient plus penser qu'à examiner la situation qui leur était faite [...] dans la sagesse.

Une victoire mémorable : la bataille des Trois Rois (4 août 1578)

Au cours de la dernière semaine de juin 1578, en pleine chaleur de l'été, une flotte portugaise de plus de 1 000 vaisseaux transportant une armée de 8 000 hommes appareilla de Lisbonne à destination de Cadix où elle accosta le 28 juin. Elle était commandée par le roi Dom Sebastien, qui, accueilli par le duc de Médina Sidonia, passa deux semaines dans le port espagnol « pour se fournir d'aucunes choses qui lui défailloient » et pour y accueillir plusieurs milliers de combattants européens – espagnols, italiens, français et anglais. Accompagné d'une foule innombrable de civils – religieux, domestiques, épouses, pages, laquais « goujats » et « femmes pour servir »[30] –, le corps expéditionnaire portugais mit le cap, le 8 juillet, sur le littoral atlantique marocain. Le lendemain, 9 juillet, Dom Sebastien rencontrait à Tanger al-Mutawakkil qui était venu de Ceuta où il avait passé trois mois après sa fuite du Sous. Ils embarquèrent ensemble à destination d'Arzila qui avait été livrée aux Portugais quelques mois plus tôt à la suite de la trahison d'un caïd local. Les deux rois y accostèrent le 13 juillet, attendus par les troupes et les courtisans fidèles à al-Mutawakkil.

Informé du débarquement portugais à Arzila, Moulay 'Abd al-Malik qui se trouvait avec son armée à Salé la fit partir aussitôt vers le nord : le 21 août, elle campait à la Mamora et, trois jours plus tard, elle atteignait Suq-al-Khemis, dans les environs immédiats d'El-Ksar-el-Kebir[31]. Elle comptait quelque 50 000 hommes en tout – dont plus de 35 000 cavaliers –, qu'étaient venues renforcer, en cours de route, plusieurs tribus berbères et arabes. Très gravement malade depuis plusieurs jours[32], Moulay 'Abd al-Malik avait tout essayé pour convaincre Dom

Sebastien de rester dans son pays, allant même jusqu'à lui offrir deux villes marocaines, lui garantissant que son neveu n'avait aucune chance de revenir au pouvoir : « Moi vivant, lui écrivit-il, je ferai tout pour l'en empêcher car je le veux faire vallet des vallets de mes esclaves, et ny toi ny tes forces ne m'en scauraient empescher[33]. »

Mis au courant, par la suite, des agressions commises par les Portugais depuis leur débarquement sur le littoral marocain, Moulay 'Abd al-Malik adressa un nouveau message à Dom Sebastien, tout aussi menaçant :

> Tu as manifesté ton énergie en quittant ton royaume et en franchissant la mer pour assaillir le territoire musulman. Si tu te tiens ferme sur le littoral jusqu'à ce que nous nous dressions contre toi, tu es un vrai et valeureux chrétien ; mais si tu pousses dans l'intérieur et te diminues en attaquant quelques-uns de mes sujets avant qu'un émir ton pareil te fasse face, tu n'es qu'un Juif, fils de Juif[34].

Mais le monarque portugais n'était pas homme à changer d'avis si vite. Rien ne pouvait le détourner de son but : ni les menaces du Sa'dien ni l'état déplorable de ses soldats, qui, à court de vivres avant même le début de la campagne, commencèrent à mourir de faim dès leur arrivée au Maroc. Plusieurs officiers portugais conseillèrent alors à leur roi de diriger les troupes vers la ville voisine de Larache dont la conquête ne devait poser aucun problème, au lieu de s'aventurer à travers les chemins sinueux du massif rifain. Un tel changement d'objectif aurait permis, sans perdre la face, d'éviter un affrontement généralisé avec les troupes marocaines qui se battaient chez elles pour la défense de leur territoire contre les infidèles. Passant outre les observations de son état-major et préférant écouter les conseils très intéressés d'al-Mutawakkil, qui rêvait d'une défaite totale de son oncle, Dom Sebastien fit partir son armée le 29 juillet d'Arzila et, au lieu de longer le littoral en direction de Larache, il la fit avancer à l'intérieur des terres, à la rencontre de l'armée marocaine. Celle-ci, en apprenant la sortie des Portugais hors d'Arzila, leva le camp immédiatement et dépassa El-Ksar, continuant de longer la rive gauche du Loukkos en direction de l'oued al-Makhazin, un affluent du Loukkos.

Pendant ce temps, l'état de santé du sultan empirait et, le 31 juillet, son médecin juif jugea bon d'en avertir son frère, le *khalifa* Moulay Ahmed. Celui-ci lui ordonna de garder le secret, d'autant que l'armée portugaise poursuivait son avance en direction d'El-Ksar. Le 2 août, elle atteignit effectivement la rive droite de l'oued al-Makhazin, qu'elle s'apprêtait à traverser le lendemain. Informé par ses espions du mouvement des troupes ennemies, Moulay 'Abd al-Malik vint établir son camp, dans la soirée du 3 août, dans la vaste plaine située entre la rive droite du Loukkos et la rive gauche de l'oued al-Makhazin, à quelques centaines de mètres des positions ennemies. Réduite à quelque 2000 cavaliers et 15000 fantassins, exténués et mal équipés, l'armée portugaise, parvenue à une vingtaine de kilomètres d'El-Ksar, avait franchi à gué l'oued al-Makhazin, à un endroit où il formait comme un delta avec l'un de ses affluents, l'oued Waruru. Une fois encore repoussant les conseils de ses officiers qui lui demandaient de permettre à ses soldats de se reposer, Dom Sebastien décida de passer à l'attaque dès le lendemain, 4 août. Il refusa également d'écouter un officier déserteur de l'armée sa'dienne qui lui expliquait que la mort de Moulay 'Abd al-Malik était une question d'heures seulement et qu'il n'avait qu'à attendre patiemment pour voir l'armée marocaine se disperser sans combattre[35].

En fait, tenus bien en main par leurs chefs, les soldats marocains restèrent sur le qui-vive toute la nuit du dimanche à lundi, l'arme au pied, attendant l'ordre de passer à l'attaque. Leurs sapeurs, « porteurs de haches et de pics », avaient pu, sous le commandement de Moulay Ahmed, détruire entre-temps le gué qui avait permis aux Portugais de faire passer leurs chevaux « bardés de fer » et leur artillerie, la veille[36].

Le lundi 4 août au matin, après un déjeuner pris sous la surveillance de son médecin, Moulay ‘Abd al-Malik, rassemblant ses dernières forces, passa ses troupes en revue. Le teint livide et le corps à demi paralysé, il monta à cheval malgré les conseils de son médecin. Il était habillé de brocart et de draps d'or « comme un jour de fête », la tête couverte d'un bonnet à plumes orné de pierres précieuses et armé d'une épée et d'un sabre aux poignées serties de rubis et de turquoises qu'il chérissait beaucoup et qui ne le quittaient pas depuis son retour de Turquie[37].

C'est ainsi qu'il harangua ses soldats, leur prodiguant encouragements et promesses avant de leur donner l'ordre de partir au combat. Ce qu'ils firent tous avec ardeur, « hardis comme lions », raconte Fray Luis Nieto.

Il était midi. L'effet de surprise du premier choc passé, l'avant-garde portugaise passa à l'attaque et enfonça l'aile gauche de l'armée marocaine qui se dispersa dans tous les sens, donnant l'illusion d'une victoire portugaise. ‘Abd al-Malik, qui suivait la bataille, s'aperçut du recul de ses soldats et en conçut une indignation et une colère si vives qu'il se leva sur ses étriers comme s'il voulait descendre de cheval pour arrêter les fuyards et raviver la fougue de ses combattants. Ce geste brusque hâta sa mort : « Il fut saisi d'un tel tremblement, raconte son médecin, qu'il ne put ouvrir la bouche, puis il perdit connaissance ainsi que la vie[38]. »

Il ne put assister quelques instants plus tard au revirement de la situation sur le champ de bataille, lorsque les arquebusiers marocains prirent à revers l'avant-garde portugaise après que les Andalous et les renégats eurent réussi à colmater la brèche. C'est que, suivant à la lettre les instructions de Dom Sebastien, les soldats portugais avaient attendu un ordre formel de leur roi pour poursuivre l'offensive. Ce qui permit à l'armée marocaine – à laquelle on avait caché la nouvelle de la mort de son roi – de refermer facilement les rangs avant de charger « furieusement » les chrétiens :

> Ce fut lors que toute la masse du camp mahométan vint des monts avant de se ruer avec la plus grande furie qu'on scauroit imaginer, et que jamais homme ouyt dire [...]. Le cheval du roy Sebastien fut occis d'une arquebusade, sans que le Roy eust mal quelconque : et qui plus est, les Mahométans gaignèrent l'artillerie des Chrestiens qui ne leur avait servy de guère et néanmoins ce fut une grande perte pour eux et desplaisir extreme pour le roy de Portugal.

N'en faisant qu'à sa tête et changeant plusieurs fois de cheval, ce dernier continua de se battre jusqu'à la limite de ses forces, comme « une foudre de feu céleste » entouré seulement d'une poignée de cavaliers de la *fronteira* portugaise de Tanger tandis que nombre de ses officiers « las et avilis », voyant le combat perdu, cherchaient par tous les moyens à s'enfuir.

Tel aussi fut le cas d'al-Mutawakkil, qui, dans sa fuite, s'élança avec son cheval dans la rivière, à un endroit marécageux : tombant dans l'eau et ne sachant pas nager, il mourut noyé, « suffoqué parmy la bourbe ». Quant au roi Sébastien, se voyant cerné de tous côtés, il aurait demandé à un de ses hommes de hisser un « linge blanc au bout d'une lance » en signe de reddition. Mais, ne comprenant pas la signification de ce geste, raconte Fray Luis Nieto, ses assaillants l'attaquèrent et le blessèrent mortellement à la tête et au visage.

Décapitée, l'armée portugaise fut ensuite taillée en pièces jusqu'à la tombée de la nuit : « Les chrétiens mis en déroute refluèrent en fuyant vers le Wadi al-Makhazin, où le pont devait assurer leur salut ; mais ils n'en trouvèrent plus que les traces et se précipitèrent dans la rivière, d'où ne devait sortir aucun de ceux qui y entraient ; les musulmans les entouraient et ils les massacrèrent presque tous en n'en faisant prisonniers qu'un petit nombre [39]. »

Ce fut un carnage : entre 15 000 et 30 000 morts des deux côtés, des blessés et des prisonniers par milliers. Mais ce qui frappa le plus les imaginations et resta gravé dans les mémoires fut le fait « inouï » que trois rois périrent au même moment ce jour-là sur les bords de l'oued al-Makhazin : 'Abd al-Malik dont la mort ne fut annoncée publiquement que dans la soirée après la proclamation de son frère Moulay Ahmed par ses soldats ; Dom Sebastien, qui fut mortellement blessé en milieu d'après-midi mais dont on ne retrouva le corps que deux jours plus tard, enfin Mohamed al-Mutawakkil, qui périt noyé. Son corps fut repêché puis écorché, empaillé et promené dans les villes du Maroc. Il dut à cette triste fin le titre de *Maslukh* ou « l'Écorché » tandis que Moulay Ahmed, lui, fut honoré du titre glorieux d'al-Mansur, le Victorieux :

> C'est un grand mystère de Dieu qu'en l'espace d'une heure moururent trois rois dont deux étaient si puissants, écrivit le médecin de Moulay 'Abd al-Malik. Et miracle plus grand encore, un roi mort a vaincu un roi du Portugal en si peu de temps que cela tient du prodige. Tous les chevaliers de Portugal, du fils du duc de Bragance jusqu'à l'écuyer, sont morts ou captifs. C'est une chose jamais vue ni entendue [40].

Un spectacle « effroyable », tirant des larmes aux « cœurs les plus durs à esmouvoir qui soient au monde », suivant les termes utilisés par l'Espagnol Fray Luis Nieto, voyant trois puissants rois, tous morts en une même bataille, « le camp de l'un desquels, estant vaincu qu'il vivoit, après sa mort vainquit les armées deux autres rois ses adversaires ; et tous les trois aspirans à la couronne de Barbarie, n'y en eut pas un d'eux qui en jouyt[41] ».

Plus que son roi et ses nobles, le Portugal perdit aussi dans la bataille son indépendance, car deux ans après l'oued al-Makhazin, la couronne portugaise passait à Philippe II d'Espagne. Il n'allait plus être question désormais de « croisade » chrétienne contre le Maghreb ni de guerre sainte musulmane contre la Péninsule. Philippe II et Ahmed al-Mansur en convinrent dès le lendemain de la bataille. Même la menace turque sur le Maroc devait s'estomper au cours des années suivantes et n'être plus qu'un mauvais souvenir. Ahmed al-Mansur fut sans nul doute le grand vainqueur de cette journée historique qui marqua les esprits et que musulmans, juifs et chrétiens allaient commémorer des années durant après 1578[42]. Porté aux nues par ses soldats et intronisé à Fès le 15 août, al-Mansur rejeta le conseil de ses officiers qui le pressaient d'aller libérer les villes de Tanger et Arzila de la domination portugaise. Prince des Croyants, il allait tirer de la victoire obtenue par son frère un immense prestige politique et religieux ainsi qu'une fortune considérable – celle qu'allait lui rapporter la libération de milliers de prisonniers de guerre dont certains appartenaient à la fine fleur de la noblesse portugaise[43].

Un grand monarque marocain : Ahmed al-Mansur (1578-1603)

« D'une taille élevée, de large carrure, les joues pleines et recouvertes d'une teinte jaunâtre, brun, les cheveux et les yeux noirs, il avait les dents bien plantées et les incisives fort brillantes. Son visage agréable était de forme régulière, son abord était affable, ses manières gracieuses et son maintien élégant. »

Tel est le portrait brossé par al-Ifrani « du joyau des chérifs saadiens, l'honneur de leur dynastie [44] » qui arriva au pouvoir à l'âge de trente ans et auquel la *Chronique anonyme sur la dynastie sa'dienne*, généralement moins dithyrambique, ajouta les traits suivants :

> Il avait le teint brun, les yeux enfoncés dans leurs orbites, la barbe épaisse, dès scarifications sur la joue gauche, le corps épais et la voix forte ; un défaut de prononciation lui faisait changer le ch en s ; il se couvrait de longs vêtements qui traînaient sur le sol, et quand il marchait paraissait près de s'appuyer sur les chevilles [45].

Prodigues de louanges à l'égard de Moulay 'Abd al-Malik pour son ouverture d'esprit et ses manières « civilisées », les chroniqueurs chrétiens de la bataille des Trois Rois avaient, pour leur part, le plus profond mépris pour Ahmed al-Mansur. Ainsi, Fray Luis Nieto déplorait son peu d'intérêt à l'égard du « fait militaire » et le trouvait plutôt « efféminé, mol, délicat », et prenant plaisir à rester enfermé dans son palais : « Noir de couleur, mal basty, quoy que grand, mais faible et sans force, et encor plus sans sçavoir ny discretion pour le gouvernement d'un royaume, et en somme du tout different au roy Abdelmelec, son frère [46]. »

D'après son ministre et chroniqueur al-Fishtali, al-Mansur se savait prédestiné aux fonctions de calife, aimant à raconter à ses proches comment, du vivant même de son frère, il avait vu le Prophète en songe lui indiquer que le califat allait lui échoir : « Dès lors, je gardai le secret là-dessus comme un avare et fermai les boutons de mon for intérieur jusqu'au moment où eut lieu la tentative du souverain portugais avec les hordes des polythéistes au

Wadi al-Makhazin, puis l'inquiétude des gens à cause de la maladie de mon frère 'Abd al-Malik[47]. »

D'une très grande piété, poète à ses heures et versé dans les lettres arabes et les sciences religieuses aussi bien que dans les matières profanes, au dire de ses hagiographes, al-Fishtali et al-Ifrani, il n'avait jamais douté de ses attributs « messianiques » et c'est caché derrière un voile le séparant du public que ce fils du « Mahdi » Mohamed al-Cheikh, donnait audience[48]. Ce qui lui valut, beaucoup plus tard, la remarque sarcastique du savant soudanais Ahmed Baba qui lui rappela que c'est avec Dieu seulement qu'on pouvait communiquer « caché derrière un voile[49] ».

En tant que descendant du Prophète auquel « Dieu [...] a attribué exclusivement la noble qualité d'appartenir à la tribu des Quraysh », al-Mansur, assurent ses biographes, n'aspirait qu'à une chose : préserver la puissance de l'islam et entreprendre aussitôt que possible le *djihad*[50]. Mais cette tâche « aussi immense qu'une mer sans rivage » requérait des ressources considérables et surtout la réunion « en une seule et même pensée » de tous les pays de l'islam[51]. C'est la raison pour laquelle il s'intéressa très vite à l'Afrique subsaharienne. Les subsides qu'il se proposait de tirer des salines sahariennes de Taghaza, où venaient s'approvisionner les caravanes soudanaises n'allaient avoir pour objectif que celui de renflouer le *Bayt al-Mal*, le Trésor de l'Islam, en prévision de la guerre sainte contre les États chrétiens[52]. Il en était de même des esclaves qu'il comptait ramener du Soudan après la conquête du Songhaï en 1591 : ils étaient destinés à servir dans la flotte qu'il s'apprêtait à envoyer un jour attaquer les infidèles[53], une initiative qui était du ressort exclusif du Prince des Croyants auquel il appartenait d'« exercer au nom de l'islam, la suzeraineté et la tutelle sur tous les peuples musulmans[54] ».

Force cependant est de constater qu'après son entrée en fonctions, Moulay Ahmed al-Mansur abandonna rapidement toute velléité de *djihad* à l'encontre des chrétiens. Comme son père avant lui, il porta en revanche toute son attention sur le péril « ottoman » que venait de lui rappeler la toute récente mutinerie des contingents turcs et andalous du Sous que commandait Sa'id al-Dughghali. Celui-ci agissait semble-t-il pour le compte du pacha d'Alger, 'Eulj 'Ali, qui avait accueilli l'une des veuves de Moulay 'Abd al-Malik et son fils Moulay Isma'il, un des prétendants au trône sa'dien, parmi lesquels on pouvait aussi compter Al-Nasir, un frère du défunt Mohamed al-Mutawakkil « l'Écorché », qui, lui, vivait en Espagne, sous l'égide de Philippe II.

Une politique de grandeur

Ne cachant point sa volonté de ravir au sultan ottoman le titre de calife, al-Mansur avait ainsi réservé un accueil des plus froids aux représentants de la Sublime Porte venus lui présenter leurs vœux au lendemain de la bataille des Trois Rois. L'incident dégénéra en une crise diplomatique très grave entre les deux pays : mis au courant de l'accueil réservé à la délégation du sultan, 'Eulj 'Ali donna l'ordre à ses vaisseaux de faire immédiatement mouvement en direction du littoral marocain. Pris de panique, al-Mansur adressa aussitôt ses excuses à Mourad III qui demanda à son pacha de revenir sur ses pas, d'autant qu'il avait besoin de ses services pour réprimer la révolte de l'Arabie. Au même moment, Philippe II mobilisait son armée et sa flotte pour venir en aide au Sa'dien qui, en échange, s'était engagé à céder aux Espagnols la ville de Larache.

Ce fut le début d'une brève lune de miel entre le Maroc et l'Espagne. Le chérif possédait de sérieux atouts qui lui avaient attiré les bonnes grâces du Roi catholique.

Il détenait en effet un bon nombre de captifs portugais de haut rang dont la libération était ardemment désirée par Philippe II en passe de s'approprier la couronne du Portugal. En outre, la victoire de l'oued al-Makhazin avait porté à son zénith le prestige des armes marocaines et les Espagnols craignaient justement que le royaume chérifien ne constituât, à l'ouest de la Méditerranée, une puissance militaire aussi redoutable que l'Empire ottoman à l'est. Rien de plus normal dès lors que l'ouverture de négociations entre les deux pays pour la signature d'un accord « de paix et d'amitié » qui devait être de même nature que celui conclu à la même époque entre François Ier et Soliman le Magnifique. L'alliance projetée avec l'Espagne ne comportait pas que des clauses défensives. Elle prévoyait une offensive conjointe contre les Turcs d'Alger à l'issue de laquelle les Espagnols auraient les villes du littoral algérien et les Marocains celles de l'intérieur.

Les deux pays n'allèrent pas très loin cependant dans leurs tâtonnements de paix. Leur rapprochement ne plaisait guère, en tout cas, aux Anglais et aux Hollandais, qui allaient s'employer à le saborder, d'autant qu'ils ne pouvaient déjà franchir le détroit de Gibraltar sans s'exposer aux corsaires espagnols et marocains. Aussi des ambassades en provenance de Londres et de La Haye allaient-elles se succéder à Fès et à Marrakech, apportant des cadeaux somptueux à al-Mansur et des propositions d'alliances et de traités commerciaux.

Empêtré dans sa guerre contre les Safavides de Perse, l'Empire ottoman desserra entre-temps son emprise sur le Maghreb central où, après la mort d'"Eulj ‘Ali en 1586, les *beylerbeys* d'Alger furent remplacés par des pachas triennaux moins belliqueux. C'était la fin des visées turques sur le Maroc et le début du désengagement ottoman en Méditerranée occidentale. Un changement géopolitique de taille qui allait rendre moins urgente la signature d'un accord de paix entre l'Espagne et le Maroc. Maître des *fronteiras* portugaises du Maroc depuis qu'il s'était arrogé en 1581 la couronne du Portugal, Philippe II n'avait plus besoin d'« amadouer » le roi du Maroc et exigea dès lors la cession immédiate de Larache à l'Espagne, pour solde des frais occasionnés à son armée lors de l'expédition avortée d'"Eulj 'Ali contre le royaume sa'dien.

À l'abri désormais de toute menace turque, Ahmed al-Mansur ne cacha plus son irritation contre l'Espagne et entra dès lors dans la coalition des puissances européennes – la Grande-Bretagne, les Pays-Bas et la France – qui refusaient d'avaliser l'annexion du Portugal par Philippe II[55]. À la demande d'Elizabeth d'Angleterre, il promit une subvention de 400 000 livres – qu'il ne paya jamais – à l'expédition qui échoua en faveur de Dom Antonio de Crato, le prétendant évincé de la couronne de Portugal.

À partir de 1585, l'Espagne mit en sourdine ses revendications sur Larache, mais cela n'améliora guère ses relations avec le Maroc, qui, pendant ce temps, avait développé des liens très étroits avec les deux grands ennemis de l'Espagne sur le continent, l'Angleterre et les Provinces-Unies. Ainsi, lorsque en octobre 1588 les négociants anglais, hollandais et français – sans doute protestants – apprirent à Marrakech la nouvelle de la débâcle de l'Invincible Armada, ils se rendirent au palais royal pour demander à Ahmed al-Mansur l'autorisation d'exprimer leur joie en public à l'occasion de la défaite du *Demonio del Mediodia* Philippe II et de la ruine de sa flotte. Le chérif acquiesça et permit l'organisation dans les rues de sa capitale, avec la participation des habitants de la ville, d'une manifestation au cours de laquelle les effigies de Philippe II et du pape Sixte Quint furent hissées et promenées au milieu d'insultes grossières. Le cortège arriva devant la maison de l'agent espagnol Diego Merin, qui, aidé de son serviteur, se jeta sur la foule des manifestants, en tua deux et en blessa plusieurs autres grièvement. Informé, le sultan fit arrêter Diego Merin et le jeta en prison où il resta vingt ans. Espérant pouvoir renforcer ses relations avec l'Angleterre, al-Mansur se déclara prêt, en échange de la livraison de navires de guerre, à prendre part à l'expédition envisagée contre le Portugal en vue de l'installation de Dom Antonio. La reine Elizabeth déclina poliment son offre et l'expédition elle-même se termina par un fiasco retentissant aux Açores. Ce qui valut à al-Mansur de récupérer en septembre 1589 Arzila des mains de Philippe II, qui voulait le remercier ainsi de sa non-participation à la guerre anglo-espagnole conclue par l'échec de la marine anglaise devant Lisbonne. Al-Mansur avait une raison supplémentaire de se méfier des Anglais : Elizabeth avait souhaité voir la Sublime Porte prendre part à l'opération des Açores, éventualité qui ne satisfaisait guère le roi du Maroc, alarmé par ailleurs des tentatives du pacha d'Alger de dresser contre lui son neveu Moulay Isma'il qui pensait que le trône du Maroc lui revenait de droit. La mort du pacha ottoman en 1590 calma les craintes du chérif, qui allait dès lors se consacrer calmement à la préparation de sa campagne contre le Soudan.

Unis par la même aversion de l'Espagne, c'est visiblement avec les Hollandais que les Sa'diens développèrent les relations les plus cordiales. Depuis la fin du XVIe siècle, ils avaient incontestablement acquis la suprématie commerciale en Europe grâce à leur nombreuse marine, mais aussi à leur tolérance religieuse qui avait attiré dans leur pays de nombreux réfugiés originaires de tous les coins de l'Europe occidentale. Ils avaient accueilli ainsi de nombreux Juifs séfarades parmi lesquels beaucoup d'anciens marranes qui allaient entretenir des relations commerciales très suivies avec leurs coreligionnaires du Maroc. Ce furent ces émigrés juifs ou d'origine juive venus de la péninsule Ibérique qui transportèrent aux Pays-Bas le commerce du Portugal, et ce fut grâce à eux qu'Amsterdam supplanta Lisbonne dans le commerce des épices en même temps qu'elle héritait à Rotterdam du trafic maritime d'Anvers, réduit à néant par les guerres religieuses entre catholiques et protestants. C'est pourquoi l'histoire des relations du Maroc et des Pays-Bas est inséparable de celle des Pallache, courtisans juifs marocains originaires d'Espagne et du Portugal qui furent particulièrement actifs sous le premier successeur d'Ahmed al-Mansur, son fils Moulay Zidan. Samuel Pallache, ami et courtisan du comte Maurice de Nassau, devint à la fin de sa vie ambassadeur du roi du Maroc en Hollande. À sa mort, le prince d'Orange et les principaux dignitaires du pays accompagnèrent sa dépouille en grande pompe jusqu'au pont de Houtsraat à La Haye, d'où elle fut transportée en traîneau à Amsterdam[56].

Le littoral atlantique marocain revêtait une importance de premier plan pour les pays entretenant un commerce suivi avec les Antilles, car la plupart des navires venant des Îles ou du Brésil, chargés d'épices, de sucre, d'esclaves ou de métaux précieux, passaient à proximité avant de remonter vers l'Europe. Il importait donc de trouver des points d'appui dans les ports marocains pour ces navires et leurs riches cargaisons qui risquaient, à tout moment, d'être attaqués par des pirates de toutes nationalités à l'entrée des ports de Larache, Mahdia (La Mamora), Salé et Fédala. Les Pays-Bas, à l'instar de l'Angleterre et de la France, avaient dès lors un intérêt majeur à signer des accords de paix avec les rois du Maroc, qui, pour leur part, permettaient tacitement aux pirates et à leurs trafiquants sur place de poursuivre leur activité pour peu qu'ils s'acquittent d'un pourcentage convenu sur leurs prises. Prêts à tout pour améliorer leurs relations avec le Maroc, les Hollandais, qui en juillet 1596 s'emparèrent de Cadix, menacèrent de céder le port espagnol au Maroc, ouvrant ainsi l'Espagne à la présence musulmane. Seule une divergence avec l'Angleterre empêcha la réalisation de ce plan. Les Anglais aussi étaient prêts à inclure le Maroc dans leurs projets – même les plus fous – contre l'Espagne, par exemple l'envoi d'un corps expéditionnaire conjoint pour la conquête des Caraïbes « d'où l'Espagne tire toutes ressources ». Avant de mourir en 1603, al-Mansur accepta non seulement de participer au financement de l'entreprise mais aussi d'y envoyer des soldats marocains qui avaient l'habitude des pays chauds. Elizabeth avait récusé en revanche la proposition qui lui fut faite auparavant par al-Mansur, au lendemain de la défaite de l'Invincible Armada, d'envahir ensemble la péninsule Ibérique et de la partager entre l'Angleterre et le Maroc [57].

La restauration de Marrakech

Outre son emplacement géographique – sa proximité avec l'Espagne –, l'intérêt européen pour le Maroc provenait aussi de la richesse de son commerce maritime : sucre, peaux, huile d'olive, miel, ambre gris, bois, mais aussi plomb, cuivre, soufre, fer et salpêtre étaient les principaux produits exportés auxquels allaient s'ajouter après 1591 l'or du Soudan, les esclaves noirs et l'ivoire qui étaient vendus à la Barbary Company anglaise ainsi qu'aux maisons de commerce hollandaises, françaises et italiennes. En échange, les Européens vendaient à al-Mansur les articles de guerre nécessaires à son armée et à sa flotte [58], des étoffes et les produits de luxe destinés à sa cour, ainsi que de grandes quantités de marbre italien pour la construction de son fastueux palais du Badi' à Marrakech, conçu pour éclipser les plus beaux palais d'Occident et d'Orient musulmans [59].

Les travaux de construction de cette « merveille des merveilles », à l'intérieur de la casbah érigée par les Almohades, commencèrent en décembre 1578, quatre mois seulement après le triomphe de l'oued al-Makhazin qui avait rapporté à al-Mansur un butin considérable ainsi que d'énormes rançons. Le souverain sa'dien utilisa pour les travaux les milliers de captifs chrétiens qui étaient trop pauvres pour être rachetés en plus des centaines d'artisans locaux et des dizaines d'architectes qu'il fit venir d'Europe et d'Oran pendant les seize années qu'allait durer la construction du Badi'. La population marocaine aussi fut largement mise à contribution, chaque habitant devant apporter sa part dans la construction, comme le raconte al-Ifrani :

> On trouva même dans les comptes un reçu constatant qu'un individu avait livré un *sâ* [mesure locale] de chaux qu'il avait apporté de Tombouctou et qui formait sa part contributive dans la masse des charges imposées au peuple. Toutefois, Al-Mansur se montra très libéral et très bienveillant pendant les travaux ; il paya largement les ouvriers chargés de la construction et leur prodigua des gratifications. Il s'occupa même de l'entretien de leurs enfants, afin que ces artisans puissent se consacrer entièrement à leur œuvre et n'en fussent distraits par aucune préoccupation[60].

C'était un édifice de taille moyenne au milieu duquel se trouvait une immense cour occupée par des bassins et couverte de jardins. De chaque côté de ce patio, il y avait des coupoles, des palais et des habitations :

> On y trouvait des onyx de toutes les couleurs et des marbres blancs comme l'argent ou entièrement noirs ; les chapiteaux des colonnes étaient recouverts d'or fondu ou de feuilles d'or fin. Le sol était pavé de superbes dalles de marbre poli et finement taillé ; les revêtements des murs couverts de mosaïques de faïence, simulaient un entrelacement de fleurs ou les riches broderies d'un manteau. Enfin, les plafonds étaient incrustés d'or et les murailles,

décorées de ce même métal, étaient en outre ornées de brillantes sculptures et d'inscriptions élégantes faites du plus beau stuc. La décoration terminée, le sultan fit courir l'onde la plus pure dans les cours de ce palais. Pour tout dire [...] c'est une sorte de paradis terrestre, une merveille du monde, le comble de l'art[61].

Chacun des pavillons principaux qui constituaient le palais portait un nom spécial tiré de son ornementation ou de sa toiture : ainsi la Coupole verte ou « Qubba al-Khadra' » était recouverte de tuiles vertes, la Coupole de cristal ou « Qubbat al-Zajaj » était éclairée de nombreuses glaces, et la « Qubbat al-Khamsiniyya », la Coupole des cinquante coudées, était la demeure du souverain. Un grand nombre d'inscriptions en vers couvraient les murs des pavillons, composées par le secrétaire du sultan, Abu Faris al-Fishtali, dessinées sur les faïences, moulées en stuc et forgées sur les ferroneries qui célébraient la gloire d'al-Mansur, l'imam, le Prince des Croyants « qui tient la terre entière sous sa domination[62] ».

Un demi-siècle après sa construction, défiant l'usure du temps et les catastrophes qui ravagèrent Marrakech et le Maroc à la fin du règne d'al-Mansur, le palais du Badi' émerveillait encore par l'éclat de sa splendeur inaltérée : c'est la huitième merveille du monde, écrivit le peindre hollandais Adriaen Matham qui visita Marrakech en 1641 : « C'est une place sans pareil, n'y ayant palais ni maison royale au monde accomparable à icelle, surpassant de beaucoup, tant en grandeur qu'en sumptuosité et splendeur d'édifice, tout ce qui se peut trouver ; et par conséquent doibt non seulement estre tenu pour un huictiesme miracle du monde, mais pourroit à bon droit estre reputé et nommé le merveil des merveilles[63]. »

Le Badi' – dont il ne reste de nos jours que des ruines – ne fut pas le seul monument érigé par al-Mansur. Il fit reconstruire les remparts de Fès Jdid et de Larache, et réaménagea les chantiers naval de Salé et de Rabat, sans oublier les installations hydrauliques du sud du pays où il construisit des « raffineries de sucre grandes comme des pyramides[64] ».

Al-Mansur prit soin par ailleurs de se doter d'une puissante force militaire dont l'organisation s'inspirait indistinctement de celles des Mérinides et des Ottomans. Deux éléments principaux la composaient : des soldats de métier d'origine étrangère, andalous, renégats, turcs et Zouawa (d'Algérie) d'un côté, et des tribus Guish d'origine arabe et berbère que l'on appelait sous les drapeaux en cas de besoin. Comme ses prédécesseurs, il s'entoura de généraux choisis parmi d'anciens prisonniers de guerre chrétiens qui lui étaient entièrement dévoués, à l'exemple de Mustafa al-Fil, le commandant des spahis qui était aussi le chef du Protocole, du pacha Mahmud b. Zarqun, le commandant du corps d'élite des affranchis et des renégats (*'Ulj*) qui était gardien des trésors royaux et gouverneur militaire du Sous, et du pacha Djouder, le chef de l'unité des Andalous qui allait commander le corps expéditionnaire destiné au Soudan.

Les troupes régulières, qui comptaient quelque 40 000 hommes à la fin du règne d'al-Mansur, étaient divisées en plusieurs corps d'armée qui portaient tous uniformes et noms turcs : *biyak*, porteurs d'un bonnet jaune orné d'une aigrette en plumes d'autruche de diverses couleurs, qui suivaient le sultan dans ses déplacements et montaient la garde devant ses appartements et ses tentes ; *sollak* aux longs bonnets surmontés de tubes jaunes et aux ceintures à plumes d'autruche qui marchaient immédiatement après les *biyak* ; *beleberdouch*, porteurs de lances au manche court ; *shanshariyya*, chargés des cuisines et du transport des vivres ; *qabadiyya*, gardiens des portes du palais ; *shaoush* itinérants qui avaient pour fonction d'assurer la liaison entre le palais et les différentes unités de l'armée.

Al-Mansur aimait voir son armée parader. Il affectionnait tout particulièrement les défilés organisés à l'occasion du *Mouloud* et de la fête de clôture du mois de ramadan. D'habitude, c'étaient les troupes du Sous qui ouvraient la marche suivis des tribus Guish des Cheraga et des deux corps d'élite des affranchis et des Andalous commandés respectivement par les pachas Mahmud b. Zarqun et Djouder, les futurs conquérants du Soudan. Ils marchaient côte à côte, auprès du sultan, et avançaient pas à pas sous les drapeaux et entourés de cavaliers montés sur des chevaux magnifiques, « les uns blancs comme le jour, d'autres noirs comme la nuit, d'autres bais, d'autres à la robe isabelle, couleur de safran, d'autres alezans dorés, dont les robes semblaient tissées de rayons de soleil, d'autres enfin aux robes bigarrées où s'unissaient le jour et la nuit », droits sur leurs selles « comme des fers de lance[65] ». Le tout formait « un ensemble tel qu'il jetait l'effroi dans les cœurs », indique al-Ifrani, qui note aussi la présence de nombreux chevaux de valeur dans ces défilés, ainsi que des étendards de plusieurs couleurs dont la bannière blanche du sultan, des tambours, des *ghiyata* « que l'on confiait à des artistes étrangers », des flûtes et, enfin, des trompettes en cuivre qui étaient une innovation des princes sa'diens[66].

Les fêtes religieuses étaient l'occasion pour al-Mansur de montrer le faste de sa monarchie et la puissance de son règne et, parmi ces solennités officielles, la fête de la nativité du Prophète, instituée par les Mérinides, donnait lieu aux réjouissances les plus suivies. Commémoration religieuse autant que fête « patriotique », le *Mouloud* permettait à la population marocaine de célébrer les vertus immortelles du Prophète ainsi que la gloire de son auguste descendant, le Prince des Croyants, Ahmed al-Mansur.

Les sources historiques nous permettent de reconstituer jusque dans leurs moindres détails les cérémonies se déroulant, à cette occasion, durant le douzième jour de *rabi'*. Elles commençaient en fait dès le début du mois lorsque chanteurs soufis et muezzins ainsi que les fabricants de cierges de tout le pays recevaient du palais l'ordre de se préparer pour la fête du *Mouloud*. La veille de la fête, soit le 11 au soir, avait lieu la procession des cierges[67] que l'on faisait transporter en grande pompe au palais par les porteurs de litières de mariées : « Aussitôt que la chaleur du jour tombait et que le soleil commençait à se coucher, raconte al-Nasiri, les porteurs de litières se mettaient en marche vers le palais, tenant sur leurs têtes ces cierges, richement décorés et de toutes les couleurs qui semblaient être alors de jeunes vierges traînant les pans de splendides tuniques ; leur nombre était tel qu'on croyait voir une forêt de palmiers. » Tout le monde se pressait et tendait le cou, et même « les femmes et les jeunes filles, d'habitude gardées au harem, sortaient pour admirer au passage ce beau cortège que suivaient d'habiles musiciens jouant du tambour et de la trompette »[68].

Le lendemain à l'aube, le sultan se rendait à la mosquée des chérifs et dirigeait lui-même la prière, puis, vêtu d'une tunique blanche, emblème de la dynastie sa'dienne, il allait prendre place sur le trône, devant lequel on avait déposé toutes les lanternes aux couleurs variées. La foule était ensuite admise – « chacun se plaçait selon son rang » – pour entendre la prédication du *khatib* sur les vertus du Prophète. Cette allocution terminée, les assistants chantaient des poèmes célébrant les miracles du Prophète, Puis c'était au tour du grand cadi, de l'imam, des vizirs et des poètes de prendre la parole pour réciter des louanges au Prophète et des chants rédigés à cette occasion à la gloire du Prince des Croyants, qui, à la fin de la cérémonie, remettait à chacun sa gratification suivant son mérite et la qualité de sa prestation.

La fête se terminait par un grand festin dans la grande Qubba du palais : « Tout le monde était admis, mais chacun était placé suivant le rang que lui assignaient ses fonctions, la classe à laquelle il appartenait par ses origines et par son extraction. Tous prenaient place sous la *qubba* : chérifs, cadis, saints, vizirs, caids, secrétaires, juristes, hôtes, fantassins, cavaliers, tous pouvaient s'imaginer qu'ils étaient dans les jardins du Paradis[69]. »

En dehors de cette fête et de celle de l'*Achoura* au cours de laquelle le roi assistait à la circoncision d'enfants nécessiteux qui recevaient à cette occasion « quelques coudées d'une belle étoffe, des pièces d'argent et un morceau de viande », l'*Aid al-Kebir* ou Fête du sacrifice donnait lieu à de grandes réjouissances publiques : suivi de ses ministres et de ses soldats, le sultan sortait de la ville, le matin de la fête, au son de tambourins, de trompettes et de cymbales. Arrivé au lieu choisi, on lui présentait deux béliers qu'il égorgeait. La croyance populaire voulait qu'une mort trop rapide des animaux fût un mauvais présage pour le royaume ; si, en revanche, ils se débattaient un certain temps avant de succomber, c'était un signe de prospérité et de bénédiction pour le roi et le pays. Le retour au palais s'effectuait dans la même allégresse.

À l'inverse de ses prédecesseurs, al-Mansur n'eut à affronter que de rares séditions religieuses, la plus sérieuse ayant été celle de Qarqush al-Miknasi en 1584 dans la région de Tanger, dont il put se défaire facilement. Beaucoup plus fréquentes et bien plus graves furent en revanche les révoltes suscitées par les siens et plus particulièrement par son fils, le prince héritier Mohammed al-Cheikh al-Ma'mun. Un fils « dénaturé » qui laissa le souvenir d'un prince tyrannique et de mauvaises mœurs « se livrant au désordre avec des chanteuses, des enfants et des jeunes gens, adonné au vin et au hashish, ne pratiquant pas les ablutions dues pour impureté majeure, n'assistant jamais à la prière du vendredi, chiqueur de tabac éhonté, faisant tort aux pauvres, dévorant les biens de ses sujets, qui devaient pendant la nuit garder leurs boutiques, leurs marchés et leurs demeures[70] ».

Ne lui tenant pas rigueur de ses méfaits, al-Mansur le reconduisit dans ses fonctions d'héritier en 1579 à l'issue d'une cérémonie haute en couleur au cours de laquelle le prince vint à la tête de ses troupes demander pardon à son père :

> Le prince s'avança pieds nus vers son père et se prosterna la face contre terre; ensuite il baisa le pied d'al-Mansur qui était resté à cheval entre les rangs des deux armées. Al-Mansur bénit alors son fils et parut très satisfait. Al-Ma'mun avait équipé ses soldats d'une façon telle qu'on n'avait jamais vu de pareil car aussi bien sur le plan du costume que sous les autres rapports, il les avait admirablement organisés [71].

Le « cas » al-Ma'mun était loin cependant d'être résolu. Par ses frasques, il continua de gêner considérablement l'action de son père jusqu'à la fin de ses jours. Pour autant, celui-ci ne cessa pas de lui accorder sa confiance et c'est à lui et non à ses frères qu'il allait faire appel pour mettre un terme aux agissements de son neveu al-Nasir, le fils d'al-Ghalib billah, qui, depuis la bataille des Trois Rois, avait trouvé asile chez les Espagnols. Œuvrant pour le compte de Philippe II, le prince rebelle était parvenu à recruter en quelques mois un nombre non négligeable de partisans, avant d'être blessé et capturé à la bataille d'al-Rukn, le 3 août 1595, dans le nord-est de pays [72].

Une sédition qui montre combien, malgré ses succès sur la scène internationale, le Makhzen sa'dien demeurait d'une grande fragilité à l'intérieur. La peste et la famine qui ternirent les dernières années d'al-Mansur allaient accélérer la décadence du régime, qui, avant de sombrer, devait connaître un bref moment de gloire au Soudan.

La conquête du Soudan

Mobiles économiques et religieux

Imbu de son titre de Prince des Croyants mais freiné dans ses ambitions califales par l'Espagne chrétienne, au nord, et l'Empire ottoman, à l'est, c'est l'Afrique noire musulmane que choisit Ahmed al-Mansur pour assouvir sa volonté de puissance. Mobiles économiques, politiques et religieux présidaient à ce choix qui, en 1591, allait conduire l'armée marocaine sur les bords du Niger.

Au début de leur ascension, les Sa'diens n'avaient pratiquement qu'un seul produit à monnayer en échange des biens de fabrication européenne dont ils avaient besoin : le sucre du Sous. Mohammed al-Cheikh, qui avait résidé jusqu'en 1540 à Taroudant avant de chasser son frère du pouvoir à Marrakech, était très conscient de l'importance de la culture de la canne à sucre pour le développement du commerce extérieur de son pays. C'est lui qui en monopolisa la commercialisation pour le bénéfice du Makhzen. Car un autre monopole en dépendait : celui des armes à feu qui avait accru considérablement la puissance des Sa'diens face à leurs adversaires musulmans et portugais.

Lors de l'avènement d'Ahmed al-Mansur, la situation des sucreries marocaines était très précaire : plantations et installations hydrauliques avaient été sérieusement endommagées au cours des affrontements qui dans le Sous entre les partisans de Mohammed al-Mutawakkil et ceux de Moulay 'Abd al-Malik[73]. Le marché en fut désorganisé, les fermiers juifs des sucreries cessèrent d'honorer leurs engagements auprès des pouvoirs publics et de leurs commanditaires étrangers et ceux-ci se contentèrent d'importer d'autres produits – peaux, cire, etc. – moins lucratifs que le sucre. Al-Mansur, qui avait un besoin impérieux de produits européens pour équiper sa flotte et construire son palais du Badi', essaya par tous les moyens de rétablir la situation. Il multiplia les expéditions de pacification dans le sud du pays et construisit de nouvelles installations sucrières dans le Haha et dans la région de Chichaoua. Mais sans grand succès, comme le prouvent en dernière analyse la faillite de la Barbary Company dont l'un des objectifs premiers était d'assurer l'approvisionnement en sucre marocain de la cour d'Angleterre, ainsi que l'abandon du Maroc par les marchands français et néerlandais à partir de la fin des années 1580[74]. Les causes de cette crise sont multiples : insécurité des zones de culture, invasions de sauterelles, interventionnisme excessif du Makhzen, faiblesse des moyens de communication et limites du système de fermage. Mais la cause principale résidait ailleurs, nous semble-t-il : en butte à la concurrence de plus en plus victorieuse du sucre du Nouveau Monde, la canne à sucre n'avait pas trouvé au Maroc les conditions climatiques et humaines optimales permettant son développement à grande échelle[75].

Voulant freiner ce processus de décadence qui affectait directement les revenus du Makhzen, al-Mansur imagina probablement de copier les Portugais et les Espagnols en important d'Afrique noire la main-d'œuvre servile indispensable à l'exploitation de nouvelles implantations. Comme le prouvent certains résultats des recherches effectuées sur place par P. Berthier, des *'abid* (esclaves noirs) furent utilisés effectivement dans les sucreries marocaines. Aussi est-il logique de penser que l'un des objectifs visés par la conquête du Soudan par al-Mansur était l'approvisionnement des plantations en main-d'œuvre servile.

Le chérif avait aussi besoin d'or, tant pour ses dépenses somptuaires que pour la bonne marche de l'économie de son pays. Mais, depuis le début du XVIe siècle, le commerce transsaharien demeurait dans l'ensemble peu favorable au royaume chérifien, cependant que la conjoncture mondiale était marquée, dans l'ensemble, par une relative pénurie de l'or à la suite de l'abondance de l'argent d'Amérique sur les marchés européens et même maghrébins. On ne s'étonnera pas, par conséquent, de la grande discrétion des sources historiques concernant le monnayage en or des premiers sa'diens, al-Qa'im, al-A'raj et même al-Mahdi. Dès lors, la numismatique marocaine ne gardera que le souvenir de très rares pièces jaunes de la frappe d'al-Mahdi dont les dinars se distinguaient par ailleurs par leur très faible teneur en métal jaune (2,5 g à 2,9 g)[76].

Or, précisément, le nom de Mohammed al-Cheikh al-Mahdi et celui de son aîné Ahmed al-A'raj sont liés à deux initiatives visiblement destinées à bouleverser la situation monétaire du Maroc sa'dien : il s'agit de l'occupation de Taghaza et du raid sur Wadan, au sud du Sahara, par l'armée marocaine.

Ce raid est connu seulement par le témoignage de Marmol qui y aurait participé lors de son séjour au Maroc entre 1537 et 1545. L'opération n'eut semble-t-il aucune conséquence majeure, le Sa'dien ayant appris « que le Roy nègre marchait contre lui avec 300 000 hommes, se hasta de regagner Tarudant[77] ».

L'initiative concernant Taghaza fut au contraire de portée bien plus grande. Originaires d'une province, le Dra', dont les relations avec le Soudan étaient constantes, les Sa'diens n'étaient pas sans ignorer la place du sel dans le trafic avec les États du Sahel. Ils n'étaient pas sans savoir non plus que, depuis que Taghaza était aux mains des souverains songhaï, le commerce du Sud marocain avec le Soudan avait considérablement décrû. Le contrôle de la saline devenait dès lors à leurs yeux d'une nécessité impérieuse.

Ainsi, la première revendication marocaine eut lieu sous l'Askiya Ishaq Ier (1539-1549) qui y répliqua, raconte la chronique de Tombouctou *Ta'rikh al-Sudan*, en lançant ses Touareg contre les oasis des Banu Sabih, dans le Dra'[78]. Une dizaine d'années plus tard, les Marocains purent s'emparer définitivement de la saline en mettant à profit un conflit entre ses exploitants touareg. Le sultan sa'dien s'accorda cependant avec l'Askiya Dawud du Songhaï sur le partage des redevances payées sur place par les caravanes qui s'y approvisionnaient[79].

À la suite de cet arrangement, d'importantes quantités d'or furent transférées au Maroc. Le successeur d'al-Mahdi, son fils al-Ghalib billah, allait ainsi être le premier souverain sa'dien à reprendre le monnayage régulier des pièces d'or, d'un poids (3,6 g à 3,9 g) nettement supérieur à celui des dinars frappés par ses prédécesseurs. C'est ainsi par ailleurs qu'à partir de 1557 l'or recommença à figurer parmi les articles exportés du Maroc à destination du Portugal et de l'Angleterre. En 1561, les marchands de Londres pouvaient se flatter de troquer leurs textiles au Maroc non seulement contre du sucre, des dattes et des amandes, mais aussi contre beaucoup d'or, « *for a secrett treasure, great quantitie of fyne golde of the coyng of that countrye; whiche was afterwards convertid into Englishe coing to the benefit of this realme*[80] ». Pour certains trafiquants de la Barbary Company créée en 1585, le métal précieux constituait leur principal fret de retour et comme son exportation était soumise à des règlements prohibitifs de la part des autorités marocaines, les trafiquants en dissimulaient parfois de grandes quantités dans des caisses de sucre[81].

Cette abondance d'or était liée aussi aux énormes rançons de la bataille des Trois Rois et se reflétait par ailleurs dans la qualité des dinars frappés par al-Mansur après la bataille, qui atteignaient désormais le mithqal canonique (4,3 g). Toutefois, il y a lieu de supposer qu'à la veille de la conquête du Songhaï l'afflux de l'or soudanais ne suffisait pas aux besoins du souverain sa'dien qui dépensait toute sa fortune dans la construction de son luxueux palais du Badi'. En témoigne la dévaluation effectuée en 1589 : la teneur du dinar marocain en métal jaune fut non seulement ramenée à 4 g, mais sa valeur nominale fut dans le même temps augmentée [82]. Les manipulations finirent par décourager les commerçants européens, tels l'Anglais Cardenas, qui, en octobre 1589, constatait que le cours des monnaies marocaines était si élevé qu'il y avait plus de perte que de profit à les transporter en Angleterre [83].

De plus, le commerce du Maroc avec le Soudan n'était pas à l'abri de toute menace. De la part des Portugais, tout d'abord, qui après avoir tenté d'entrer en contact avec le chef de la ville mauritanienne de Wadan essayèrent en 1565 de parvenir à Tombouctou en venant du Sénégal, comme le montre l'expédition malheureuse de Diogo Carreiro [84]. De celle des Turcs, ensuite, qui d'Égypte, du Maghreb central et de l'Ifriqiya attiraient une bonne partie de l'or soudanais et entendaient étendre sinon renforcer leurs axes d'approvisionnement sahariens. Les indices ne manquaient pas : expédition de Salah Raïs en 1552 à Wargla, conquête du Fezzan en 1577 par Ja'far Pacha, traités successifs signés avec le royaume tchadien du Bornou par les pachas de Tripoli, l'échange de lettres entre Mourad III et le roi de ce pays, May Idris Aluma, et surtout les deux tentatives algéro-turques de pénétration au Touat entre 1579 et 1589 – le Touat d'où les chérifs recevaient une bonne partie de leur or.

Enfin, les espoirs fondés par les Sa'diens sur Taghaza se dissipaient au fur et à mesure que les Soudanais exploitaient les salines « concurrentes » de Taoudenni. Au point que, dès son avènement, al-Mansur demanda en 1578 à l'Askiya Dawud (1549-1582) la suspension de l'arrangement qui le liait à ses prédécesseurs au sujet de l'exploitation conjointe de la saline de Taghaza. La réaction du souverain africain fut éloquente : non seulement il ne fit montre d'aucune résistance, mais il fut même étonné de la « générosité » du monarque marocain qui lui offrait 10 000 mithqal en échange de son consentement. Une somme qui devait dépasser de très loin les entrées annuelles que chacune des deux parties percevait sur le sel de Taghaza. Al-Mansur installa sur place une garnison marocaine de 200 fusiliers et commença à percevoir une taxe d'un mithqal par charge de chameau. Comme il devait l'expliquer ultérieurement à l'Askiya Ishaq II, cette décision découlait naturellement de ses prérogatives en tant que calife sous l'autorité duquel le droit musulman place l'ensemble des mines situées en terre d'islam. En outre, l'impôt prélevé serait affecté au renforcement des armées marocaines qui combattent pour la défense de l'islam : « N'étaient-ce ces armées, lui écrivit-il, l'effrayant déluge de l'idolâtrie vous submergerait, ses torrentielles ondées tomberaient sur votre sol et les rênes de l'impiété vous maîtriseraient[85]. »

L'initiative marocaine eut un effet contraire à celui escompté : abandonnée par ses mineurs au profit de Taoudenni, Taghaza fut délaissé par les caravanes transsahariennes avec le plein accord des autorités songhaï.

Les préliminaires de la conquête

La conquête du Soudan s'annonça par la reprise en main en 1583 du Touat et du Gourara « qui étaient la porte du Soudan », rappelle al-Zayyani[86] et dont la position géographique en faisait depuis le XIVe siècle la plaque tournante du commerce transsaharien. Loin du Maghreb extrême, la célèbre « rue des palmiers » saharienne avait attiré un grand nombre de saints personnages, réfractaires ou même franchement hostiles à l'enseignement de l'imam Jazuli auquel se rattachaient les Sa'diens. Parmi eux, il y avait de nombreux chérifs idrissides et surtout la famille saharienne des Kounta qui étaient d'orientation religieuse plus levantine que maghrébine. Ils avaient élu domicile près du Qsar Abu 'Ali où vers 1480 vint s'installer le cheikh qadiri de Tlemcen 'Abd al-Karim al-Maghili. Prêchant un islam austère et plus intransigeant que celui des Jazuliyyun, le cheikh qui fut à l'origine de l'extermination des Juifs du Touat en 1492 était particulièrement actif dans l'Aïr, en pays hausa et chez les Songhaï, empruntant les routes fréquentées jadis par les commerçants ibadites.

Les garnisons turques d'Algérie ne s'intéressèrent cependant que très tardivement au Touat et c'est en 1578 seulement que le pacha d'Alger Hassan Veneziano envoya ses soldats inspecter les lieux, à la demande de la population qui subissait les attaques des nomades arabes du Tafilelt. Mais sitôt sa mission achevée, l'armée turque rentra chez elle « sans laisser personne derrière elle [87] ».

Quatre ans plus tard, les Turcs étaient de retour dans la région. Cette fois en mission diplomatique que dirigeait le fils du bey de Tripoli qui employa son séjour à nouer des contacts avec les personnalités religieuses du Touat. Cela suffit à alarmer Ahmed al-Mansur qui craignait de voir les Turcs s'installer au sud-est de son royaume d'où ils pouvaient, d'une part, alimenter les foyers de dissidence du Tafilelt et, d'autre part, détourner une partie du trafic saharien destiné au Maroc vers le Maghreb central et oriental. C'est ainsi qu'en 1583-1584, un corps expéditionnaire marocain doté de pièces d'artillerie et composé d'unités bien entraînées envahit les Oasis, venant à bout facilement de la résistance des *ksours* du Gourara, du Chott et du Touat [88].

Présentée officiellement comme une entreprise visant à rétablir l'ordre dans une province marocaine ayant depuis longtemps « secoué le joug de l'autorité royale », la conquête des oasis fut la première étape du vaste plan d'expansion qui conduisit le sultan de Marrakech, huit ans plus tard, sur les bords du Niger. Entre-temps, il s'était rendu maître de toutes les voies d'accès du Soudan occidental.

Pendant qu'il s'apprêtait à envoyer ses troupes au Touat, al-Mansur fut informé de l'arrivée dans sa capitale d'un émissaire du roi du Bornou, May Idris Aluma. L'ambassadeur était venu lui demander des armes à feu et des soldats pour combattre les tribus païennes des « confins du Soudan ». Cétait une occasion inespérée pour le Sa'dien de traduire dans les faits ses prétentions califales et de soustraire du même coup à l'influence des Ottomans un pays africain avec lequel ils entretenaient des relations régulières par l'intermédiaire de Tripoli. Ces relations venaient cependant de passer par une grave crise après la prise du Fezzan par les Turcs de Tripoli en 1576-1577. Craignant l'avance éventuelle des troupes de la Régence dans ses territoires, May Idris avait fait appel à Mourad III, lui demandant la restitution d'une localité frontalière tchadienne dont ses hommes s'étaient emparés. Le Grand Seigneur ne donna pas suite à la requête du Bornou, auquel il refusa également de vendre des armes à feu[89].

Ce fut après ce double refus que May Idris se tourna vers Ahmed al-Mansur. Après quelques atermoiements, dus semble-t-il aux difficultés éprouvées par l'ambassadeur du Bornou à expliquer clairement l'objet de sa mission, al-Mansur consentit à fournir l'aide demandée. Mais à une condition : la reconnaissance par le roi du Bornou de l'« imamat prophétique » et de la suzeraineté califale du monarque chérifien, le « Mahdi suprême » :

> Quand al-Mansur eut la certitude de l'intention du souverain du Bornou, il dévoila la vérité en l'invitant à reconnaître son autorité, à être son vassal et à adopter son parti, qui est celui du Prophète, auquel tout peuple, dans n'importe quel pays, devait se soumettre ; il prouva par des arguments tirés du Livre sacré et de la Sunna que

> la guerre sainte pour laquelle le souverain affichait des prétentions et manifestait le plus grand désir ne pourrait être obligatoire pour lui et ne serait un acte méritoire aux yeux de Dieu que si ce prince était détenteur d'une autorisation émanant de l'imam de la communauté musulmane, incarné en la personne du Commandeur des Croyants [*al-Mansur*] [90].

L'ambassadeur du Bornou accepta les conditions du chérif et repartit dans son pays porteur du projet d'acte d'allégeance que May Idris n'avait plus qu'à signer. Cette modalité accomplie, il prit une fois de plus le chemin du Maghreb, mais il tomba malade en cours de route et mourut au Gourara. La délégation qui l'accompagnait arriva cependant vers la fin de 1583 à Marrakech où elle remit à al-Mansur la *bay'a* dûment signée du souverain du Bornou. Celui-ci déclarait y adhérer et s'y conformer « de génération en génération et de siècle en siècle jusqu'à la fin du monde et l'approche du jour de la résurrection [91] ».

Al-Mansur envisagea d'envoyer ses troupes au Soudan dès 1586 après que l'Askiya eut interdit à ses caravanes de s'approvisionner à Taghaza que venaient d'occuper les troupes marocaines. Mais une partie de ses soldats était déjà engagée sur un autre théâtre d'opérations au sud du Sahara, dans la vallée du Sénégal précisément. Les causes de cette expédition ne sont pas suffisamment claires, pas plus que ses résultats : tout ce que l'on en sait, d'après al-Fishtali, c'est qu'en 1584 le guish du Sous, renforcé par des contingents des 'Abda, franchit les « confins méridionaux » du Maghreb, traversa Taghawust et l'oued Noun, et au bout de quatre-vingt-dix jours atteignit le « Nil », terme par lequel les géographes arabes désignaient aussi bien le Sénégal que le Niger. Attaquées par surprise, les populations, « atterrées et terrorisées » par les bruits des armes à feu qu'elle n'avaient jamais vues, se rendirent aux soldats marocains qui les accueillirent avec tous les égards et remirent à leurs chefs « un message du Prince des Croyants leur enjoignant de faire leur soumission et de se placer sous son autorité [92] ».

Selon le *Ta'rikh al-Sudan*, l'opération aurait été un échec total : décimés par la soif et la faim, les « survivants retournèrent dans leur pays sans avoir rien accompli de leur mission [93] ». Cette information rejoint l'opinion de la *Chronique anonyme sur la dynastie sa'dienne*, qui va même jusqu'à accuser al-Mansur d'avoir voulu se débarrasser de ses unités séditieuses en les jetant dans une opération désespérée [94]. La version d'al-Fishtali est tout autre, bien sûr : l'armée chérifienne, soutient-il, revint chargée de butin au Maroc après avoir soumis parmi les Arabes nomades transhumant entre le Maghreb et le Soudan « des populations évaluées au moins à 40 000 tentes et possédant un nombre infini de chameaux et de chevaux [95] ».

L'invasion, qui avait débuté comme une opération de conquête, se termina ainsi en razzia. En 1588, al-Mansur demanda à Elizabeth d'Angleterre de lui fournir trois navires de guerre en vue d'une expédition contre Arguin, le comptoir portugais du littoral mauritanien qui était situé à proximité du théâtre d'opérations que son armée venait tout juste de quitter [96]. Tout se passait donc comme si en envoyant ses troupes au sud du Sahara le monarque marocain avait voulu prendre part, à sa façon, à la course que les puissances se livraient pour s'emparer de l'héritage portugais sur le littoral ouest-africain.

L'invasion du Songhaï (1591)

Al-Mansur avait à surmonter un dernier obstacle avant de déclencher l'invasion du Soudan : l'hostilité des notables de son royaume – oulémas, conseillers, officiers et « autres hommes d'expérience et de bon conseil » – qui n'eurent pas de mots assez durs pour critiquer l'action envisagée par al-Mansur lorsqu'il les convoqua pour leur en parler :

> J'ai résolu d'attaquer, leur déclara-t-il, le prince de Kaghou[97], qui est le maître du Soudan, et d'envoyer des troupes contre lui, afin de réunir dans une seule et même pensée toutes les forces de l'islam. Le Soudan étant un pays fort riche et fournissant d'énormes impôts, nous pourrons aussi donner une importance plus grande aux armées musulmanes et fortifier la valeur de la milice des croyants. D'ailleurs, le chef actuel des Soudaniens, celui qui exerce sur eux l'autorité royale, est légalement déchu de ses fonctions, car il n'appartient pas à la famille des Quraysh et il ne réunit aucune des autres conditions requises pour disposer de la puissance suprême[98].

Un échange des plus vif entre al-Mansur et son auditoire s'ensuivit alors. En voici un extrait, tel qu'il fut rapporté par al-Ifrani :

> « Sire, s'écrièrent tous les conseillers, votre dessein est loin d'être correct et ne mérite pas d'être considéré comme judicieux ; comment a-t-il pu germer dans l'esprit d'un prince, alors qu'il ne serait jamais venu à l'idée d'un malfaiteur ?
>
> — Qu'est-ce à dire ? s'exclama le sultan.
>
> — Prince, répondirent-ils, il y a entre le Soudan et nous un immense désert sans eau ni plantes, et si difficile à franchir que le qatha[99] lui-même ne le traverserait pas sans inquiétude [...]. D'ailleurs ni les Almoravides, ni les Almohades, ni les Mérinides n'ont essayé de le faire et nous espérons donc que vous suivrez les traces de ces gouvernements, car les modernes ne surpassent pas les anciens en intelligence. »

Al-Mansur leur expliqua alors que la traversée du désert n'était pas un problème, comme le prouvaient les nombreuses caravanes qui le faisaient quotidiennement, et que, de toute manière, son armée – qui disposait d'un grand nombre de canons, de mortiers et de fusils abandonnés par les chrétiens à l'oued al-Makhazin – était mieux équipée que celles des gouvernements qui l'avaient précédée : ils ne connaissaient ni la poudre, ni les armes à feu « au bruit terrifiant ». Encore aujourd'hui, ajouta-t-il, « les gens du Soudan n'ont que des lances et des sabres, armes qui ne sauraient servir utilement contre les nouveaux engins de guerre. Il nous est donc aisé de combattre ces peuples et de guerroyer contre eux ». Enfin, le Soudan est une contrée plus riche que l'Ifriqiya, et il serait plus avantageux d'en faire la conquête que de lutter contre les Turcs, « ce qui nous occasionnerait de grandes fatigues pour un médiocre profit[100] ».

Autant d'arguments militaires et politiques qui finirent par emporter l'adhésion de l'entourage du roi.

C'est ainsi que le premier jour de l'an 999 de l'hégire (30 octobre 1590), une armée de 20000 soldats – dont 3000 à 4000 fusiliers, parfaitement équipés, entraînés et commandés par l'ancien captif espagnol de Las Cuevas, Djouder, quitta Marrakech à destination du Soudan. La colonne franchit le Haut Atlas en passant par le col de Tizi-n-Glawa puis, par le Tifernin et la dépression de Ouarzazat, descendit la vallée du Dra' jusqu'au pays Ktawa, chez les Banu Sabih. Le 22 décembre, le convoi pénétra dans le Sahara, empruntant l'axe méridien Dra'-Taghaza-Niger. Après soixante jours de marche, apparemment sans heurts, les soldats marocains parvinrent le 1er mars 1591, sur les bords du Niger, à Karabara, à l'ouest de Bamba.

Onze jours plus tard, Djouder conduisit ses troupes à Tondibi, à une soixantaine de kilomètres de Gao, pour y affronter les troupes de l'Askiya Ishaq II. Celui-ci avait attendu jusqu'au dernier moment pour mobiliser son armée. Il put néanmoins aligner une force considérable – 27000 à 42000 hommes selon les sources africaines – contre l'envahisseur, qu'il faillit même surprendre. Mais face aux armes à feu de Djouder, il n'avait aucune chance de repousser les assaillants dans une bataille rangée. Aussi, les troupes songhaï furent-elles écrasées après une seule journée de résistance héroïque à Tondibi (12 mars 1591).

Poursuivant les restes de l'armée songhaï, Djouder pénétra dans Gao abandonné par ses habitants. Son désappointement fut d'autant plus grand que le palais de l'Askiya où il espérait trouver toutes les richesses du Soudan était désert et d'aspect peu attrayant, « où même un conducteur d'ânes au Maroc n'accepterait pas de vivre ». Mais les soldats marocains, qui ne tardèrent pas à succomber en grand nombre à la maladie, n'avaient ni la force ni les moyens de poursuivre l'Askiya qui s'était réfugié avec ses hommes sur la rive droite du fleuve, dans la région de Gao. Comme paralysé par sa première défaite, ce dernier ne tenta néanmoins aucune contre-offensive et préféra négocier une trêve avec Djouder ainsi que les conditions de son retour au Maroc.

Très conscient de la précarité de sa situation, Djouder ne pouvait qu'émettre un avis favorable à la trêve proposée par l'Askiya, qui consentait à verser une caution de 100000 dinars à al-Mansur et à lui envoyer un millier d'esclaves. Dès lors, tout se passa pour le pacha marocain comme si l'invasion du Soudan touchait à sa fin et, dans l'attente de la réponse de son souverain, il fit passer ses troupes à Tombouctou, la ville à forte population d'origine nord-africaine du Soudan, dont le climat était plus sain que celui de Gao.

Mais al-Mansur ne l'entendait pas ainsi : il entra dans une grande colère, « lança tonnerres et éclairs », révoqua sur-le-champ son général qui lui demandait d'abandonner

« un pays qui n'existe que dans le rêve » et le remplaça par le second dignitaire de son armée, Mahmud b. Zarqun, auquel il assigna une seule tâche : la conquête totale du Soudan.

Pendant ce temps, au Maroc, la conquête du Soudan avait suscité un immense enthousiasme à travers tout le pays : tandis que le sultan distribuait présents et gratifications aux principaux notables religieux et ordonnait de pavoiser les rues pendant trois jours, courtisans et poètes se succédaient au palais pour réciter leurs hommages et leurs éloges au souverain. Le plus dithyrambique, comme prévu, fut le fidèle secrétaire Abu Faris al-Fishtali, qui écrivit ce poème :

> L'armée du jour s'est précipitée contre l'armée de la nuit,
> et la blancheur de celle-là a effacé la noirceur de celle-ci.
> Les étendards de ton armée se sont élevés au-dessus des noirs et leur masse blanche, qui flottait,
> A brillé dans cet horizon de ténèbres pareils à la colonne de l'aube qui s'élance dans l'obscurité de la nuit.
> Ils se sont ensuite répandus en formant une nuit noire qu'a éclaircie ton glaive[101].

Au Soudan même, toute l'administration songhaï s'effondra, entre la journée fatidique de Tondibi et la venue, cinq mois plus tard, de Mahmud b. Zarqun. Reprenant de zéro le travail accompli par Djouder, il s'empara de Gao et pourchassa Ishaq II et ses successeurs jusqu'à Koukiya, l'ancienne capitale traditionnelle des Songhaï. Il y tendit un guet-apens sanglant aux dirigeants songhaï qu'il captura et exécuta après un simulacre de réception de réconciliation. Maître du bras oriental du Niger, Mahmud b. Zarqun entra ensuite à Tombouctou, qu'il trouva en pleine rébellion contre le pouvoir marocain à l'instigation de ses notables religieux.

Renouant avec les méthodes draconiennes utilisées par les Sa'diens contre les oulémas de Fès, le nouveau gouverneur fit exécuter deux chérifs de la ville et ordonna l'arrestation ainsi que l'exil au Maroc du cadi de Tombouctou et des principaux dignitaires religieux de la ville, parmi lesquels figurait le cheikh Ahmed Baba, l'un des savants les plus respectés du Soudan dont les écrits étaient très répandus au Maghreb [102].

Tombouctou devint alors « un corps sans âme », note la chronique soudanaise *Ta'rikh al-Fattash* [103]. Il n'en fallait pas plus à Mahmud b. Zarqun – qui périt au combat en 1595 – et à ses successeurs pour en faire la nouvelle capitale de la première « colonie » marocaine au sud du Sahara, appelée à un devenir étonnant au cours des deux siècles suivants : un *pachalik* ayant le Niger, de Koukiya à Djenné, comme épine dorsale, de part et d'autre de laquelle les soldats marocains – qui comptaient de nombreux Andalous ainsi que des Arabes du Sous, des Haha et des régions de Fès, Marrakech et de Sijilmassa –, installèrent leurs casbahs à l'intérieur des villes et des villages songhaï. Placée sous l'autorité d'un pacha nommé à Marrakech parmi les plus hauts dignitaires de l'armée, l'administration marocaine n'essaya pas de bouleverser l'organisation du pays qui continua à se gouverner par l'intermédiaire de ses chefs traditionnels, « coiffés » d'un Askiya nommé par les Marocains parmi les membres de la famille des rois de Gao. En dehors des opérations de police, les nouveaux maîtres du pays se bornaient à prélever les impôts et les taxes sur les marchandises dont le produit était acheminé tous les ans au Maroc [104].

En somme, c'était une « colonie » aux dimensions plutôt modestes. Mais cela n'empêcha pas al-Fishtali d'écrire qu'avec la conquête du Songhaï, l'empire d'al-Mansur englobait tous les royaumes soudanais « depuis l'océan Atlantique jusqu'aux confins méridionaux du Maghreb, jusqu'au pays de Kano, limitrophe du Bornou [105] ». Un empire immense comptant 83 000 cités, comme al-Mansur lui-même l'annonçait à Elizabeth d'Angleterre[106], et disposé le long des possessions ottomanes d'Afrique, un empire puissant « tel que personne avant lui n'avait possédé de pareil[107] ».

Peu importe : en établissant son autorité de la Méditerranée au Niger, Moulay Ahmed al-Mansur conduisit à son terme la politique inaugurée par les premiers Sa'diens, consistant à bouleverser les termes de l'échange du commerce transsaharien au profit du Maroc. L'Empire sa'dien couvrait en effet les trois zones d'échanges qui, par leur complémentarité, firent la fortune du trafic transsaharien : la zone maghrébine et ses produits locaux ou de fabrication européenne ; la zone saharienne, ses mines de sel et ses relais caravaniers ; la zone sahélo-soudanaise, enfin, et ses richesses en or et en esclaves. Depuis 1591, les douanes marocaines étaient postées non seulement au Sous, au Dra' et au Tafilelt, mais aussi au Touat, à Taghaza, à Tombouctou et à Djenné.

Cette nouvelle situation géo-économique n'était pas sans risques pour les positions nouvellement acquises par les Européens sur la côte occidentale africaine : tandis que les Portugais appréhendaient de voir les Wolof du Sénégal se soumettre au chérif, de vives pressions étaient exercées sur Philippe II pour la réactivation de la factorerie d'Arguin, afin de faire refluer sur le littoral mauritanien une partie de l'or soudanais drainé vers le Maroc[108].

Toutes les sources en conviennent : des quantités considérables d'or affluèrent au Maroc après la conquête du Soudan, faisant du sultan de Marrakech « le prince le plus riche du monde ». Selon ses biographes, al-Mansur ne payait plus ses fonctionnaires qu'en « métal pur » et en « dinars de bon poids », frappés dans les nouveaux ateliers de Taroudant, Ktawa et Zagora du Dra' ainsi qu'à Sijilmassa et Marrakech. Indice qui ne trompe pas : tous les dinars frappés après 1591 étaient d'un poids supérieur à 4,5 g[109].

À la porte du Badi', raconte al-Ifrani, il y avait 1400 marteaux qui frappaient chaque jour des pièces d'or et fabriquaient des bijoux : « Ce fut cette surabondance d'or qui fit donner au sultan le surnom d'al-Dhahabi [l'Aurique]. »

En 1594, la caravane où avaient pris place les chefs religieux déportés de Tombouctou ne comprenait pas moins de trente mules chargées d'or (3000 à 3600 kilos), selon le témoignage de l'Anglais Laurence Madoc. Cinq ans plus tard, lors du retour de Djouder au Maroc, un autre commerçant anglais, Jasper Tomson, annonçait à son correspondant de Londres que le pacha avait rapporté du Soudan une quantité de *tibar* « qui est de l'or brut » d'une valeur de 604800 sterling, représentant un poids de 5600 à 6400 kilos[110].

En 1607, quatre ans après la mort d'al-Mansur, le Français Arnoult de Lisle annonçait à Mgr de Villeroy, conseiller d'Henri IV, la prochaine arrivée à Marrakech du « trésor qui vient du royaume de Gago et de Toumouquetou que le chérif tient en Guynée » d'un montant de 4600000 livres, « le tout en or de tibre », ce qui réprésente, suivant le cours de l'époque, un poids de 4402 kilos[111]. Trois ans plus tard, Moulay Zidan, le successeur d'al-Mansur, recevait du pacha de Tombouctou, Mahmud Longo, un nouvel envoi de « quarante quintaux, soit en tout 1700 kilos d'or[112].

En dehors de l'or, les caravanes du sultan rapportaient au Maroc de l'ivoire, du bois de teinturerie, des chevaux et surtout des esclaves. Ils sont mentionnés par toutes les sources, mais rares sont les évaluations chiffrées. Tout laisse supposer, cependant, que leur nombre était particulièrement élevé.

C'est ainsi qu'aux premiers temps de la conquête marocaine, le prix de vente d'un esclave à Tombouctou même tomba entre 200 et 400 cauris, soit environ un dixième de dinar, alors que le prix courant était de 6 dinars au début du XVIe siècle et de 10 dinars au milieu du siècle. Cette traite n'épargna aucune population de la boucle du Niger, pas même les populations musulmanes, songhaï ou autres. Cela n'allait pas sans susciter des remous et des troubles de conscience au sein de la société marocaine et de ses lettrés, qui admettaient mal que des musulmans fussent réduits en esclavage comme de vulgaires infidèles pour la seule raison qu'ils étaient noirs.

Un exemple parmi d'autres : la caravane qui accompagnait Djouder à son retour au Maroc comptait 20 000 esclaves hommes et femmes « tous parvenus à la puberté ». Des chiffres probablement exagérés, fournis par al-Zayyani, qui indique que la moitié de ces esclaves furent affectés à la marine et le reste à l'armée régulière. Ces derniers reçurent des armes et des chevaux, et furent mariés à des femmes esclaves : les enfants nés de ces unions allaient être les ancêtres de la fameuse armée des *'Abid al-Bukhari* mise sur pied à la fin du XVIIe siècle par le sultan 'alawite Moulay Isma'il[113].

C'est probablement l'une des rares conséquences tangibles de la conquête du Soudan sur la société et l'économie marocaines, en dehors peut-être de l'usage du tabac qui fut introduit dans le pays à partir de 1599, suscitant de vives polémiques d'ordre religieux quant à sa licité. Les responsables en étaient les accompagnateurs soudanais de l'éléphant envoyé par le pacha de Tombouctou à al-Mansur qui expliquaient que fumer « présentait de grands avantages », raconte al-Ifrani. D'après lui, « l'usage de la funeste plante dite tobacco » toucha d'abord le Dra', puis Marrakech et enfin tout le Maroc, avant d'être importé en Égypte et en Orient par les pèlerins marocains de La Mecque.

Pour peu qu'elles aient été ressenties par l'ensemble de la population, les conséquences économiques de la conquête du Soudan allaient être en tout cas rapidement annulées par les effets conjugués des révoltes, des famines et de la terrible épidémie de peste qui ravagèrent le pays et assombrirent les dernières années du règne d'Ahmed al-Mansur. Celui-ci, dont les succès sur la scène internationale sont indéniables, ne semble pas avoir été beaucoup aimé de ses sujets qui ployaient sous la charge d'impôts toujours croissants. « Il n'était pas avare non plus de leur sang », écrivit sans autre précision son très discret historiographe al-Ifrani, qui s'était fixé comme ligne de conduite de « voiler les turpitudes » et les « actions honteuses » de son prince : « Ce que nous en disons, suffit du reste pour que le lecteur sache à quoi s'en tenir sur ce que nous dissimulons [114] », ajoute-t-il, sibyllin.

La fin du royaume sa'dien

Les premiers signes de décomposition du régime étaient perceptibles dès 1595 à la suite de la révolte du prince héritier Mohammed al-Cheikh al-Ma'mun. Pour mater cette rébellion, le sultan dut dégarnir le corps expéditionnaire du Soudan en rappelant Djouder et les meilleures unités de son armée. Al-Ma'mun fut certes capturé en 1602 et incarcéré à Meknès, mais al-Mansur était aux abois : son royaume sombrait dans l'abîme. Depuis bientôt cinq ans le pays était dévasté par la famine et la peste. L'épidémie avait selon toute vraisemblance été importée d'Espagne par les Juifs séfarades, Maures andalous, Morisques et Hornacheros qui fuyaient le pays depuis un siècle. Toutes les sources locales et étrangères en conviennent : le Maroc était devenu méconnaissable à la suite de ce fléau qui décima le cheptel et les moissons, dépeupla les villes et les villages et porta un coup mortel aux infrastructures sucrières qui représentaient le noyau essentiel de l'économie sa'dienne. Voici, pour donner une idée de l'ampleur de la catastrophe ce témoignage contemporain des rabbins de Fès :

> Voilà que depuis trois ans et demi, de l'an 5364 à 5366 (1603-1606), nous sommes en proie à la famine et à beaucoup d'autres calamités. Depuis la néoménie de Tammuz 5364 (juillet 1604) jusqu'à celle de Kislev 5366 (novembre 1605) environ 800 âmes [115] sont mortes de faim à Fès. Les précieux enfants de Fès sont gonflés comme des outres, dépérissent d'inanition ; ils sont devenus comme de vils tessons, ils étreignent les tas d'ordures pour y picorer comme des poules. Plus de six cents hommes, femmes, jeunes gens et jeunes filles ont apostasié. Les routes sont peu sûres, les communications suspendues. Quiconque reste dans la ville meurt de faim, quiconque sort tombe victime du glaive ; chacun avale vif son prochain [...]. Et en plus de ces malheurs, nous avons encore à subir les conséquences funestes des guerres, au point que l'on préfère la mort à la vie. Nous en avons vu qui allèrent se noyer dans les puits, d'autres s'égorgèrent avec un couteau [...]. Il n'y a pas de jour où dix ou vingt personnes ne meurent de faim [116].

Des détails et des chiffres terrifiants que confirment les sources musulmanes qui parlent de 1000 morts par jour à Fès et 2000 à Marrakech pour la seule année de 1595 [117] alors que la population totale du pays ne devait pas dépasser 7 millions d'habitants à cette époque [118]. Survenant après une série de catastrophes naturelles – épidémies, famines, inondations, invasions de sauterelles – ayant endeuillé le pays depuis le début du XVIe siècle, le nouveau fléau connut un premier point culminant en 1598, régressa entre 1599 et 1601, pour reprendre avec plus d'intensité encore jusqu'en 1607 ou 1608 décimant suivant certains calculs entre un tiers et la moitié de la population [119]. Cet effondrement démographique, dont le

Maroc peinerait à se relever, s'accompagna du déclin de la vie urbaine, de l'abandon des riches plaines agricoles de l'ouest et du centre aux pasteurs semi-nomades et de la destruction de toute l'infrastructure administrative mise en place par les Sa'diens depuis leur arrivée au pouvoir. Fuyant la maladie, al-Mansur erra de ville en ville, changeant sans cesse de camp et vivant sous la tente, au milieu de son armée, comme s'il était continuellement en campagne. Il était devenu injoignable. Un émissaire de la reine Elizabeth dut même rentrer bredouille en Angleterre sans avoir pu lui remettre une lettre de sa souveraine [120].

Seul l'état de santé des siens lui importait. En 1601, il conseillait ainsi à son fils Abu Faris, resté à Marrakech, de quitter la ville au moindre indice de peste « même si le mal était sans grande gravité et qu'une seule personne eût été atteinte ». Surtout, lui écrivit-il, « ne faites pas comme nous avions fait nous-mêmes, n'hésitez pas à vous mettre en route et à vous déplacer constamment. Aussitôt que vous avez quitté la ville ne séjournez jamais plus de deux jours dans un même endroit [121] ».

Comme la province du Sous était la plus touchée, al-Mansur demanda à son fils d'éviter tout contact avec les habitants de cette région :

> Ne lisez et même ne laissez pénétrer dans votre palais aucune des lettres que vous recevrez du Sous, soit du gouverneur de cette province, soit de votre cousin ou de tout autre ; faites remettre ces lettres à votre secrétaire qui se chargera de les lire et vous donnera connaissance de leur contenu. Et comme le secrétaire devra venir en votre présence et qu'il sera alors en contact avec vous, qu'il n'ouvre jamais ces lettres avant de les avoir au préalable trempées dans du vinaigre très fort ; il les étendra ensuite et les fera sécher. C'est alors seulement qu'il les lira et qu'il vous en communiquera le contenu [122].

Quelques mois plus tard, et malgré toutes ses précautions, Moulay Ahmed al-Mansur fut touché par la maladie alors qu'il se déplaçait dans le nord du pays. Il mourut le 25 août 1603 à Dahr-al-Zawiya, près de Fès Jdid. Avec lui disparaissait le premier grand roi « moderne » du Maroc dont la légitimité politico-religieuse d'essence chérifienne transcendait les fidélités tribales, régionales ou locales. Grâce aux immenses ressources que lui avait procurées la bataille des Trois Rois, le monopole du commerce du sucre et la conquête du Soudan, il avait réussi à mettre sur pied une administration « nationale » digne de ce nom. Appuyé sur l'armée de métier créée par al-Mansur et son frère Moulay 'Abd al-Malik sur le modèle ottoman, cet appareil d'État s'acquittait convenablement du seul devoir qui lui était dévolu : le prélèvement des impôts, dont le fardeau s'alourdissait à mesure que les besoins du Makhzen sa'dien augmentaient et se diversifiaient. Par manque de volonté ou par imprudence, al-Mansur et ses prédécesseurs n'avaient pas osé affronter le seul pouvoir en mesure de leur tenir tête : celui des *zawiyas* et des « combattants de la foi » qui, aux premiers signes de décomposition du Makhzen, allaient resurgir pour combler le vide laissé par les Sa'diens et apporter réconfort et salut à une population désespérée, décimée par la famine et la peste.

Une atmosphère de fin du monde et d'attente imminente du Mahdi régnait en effet dans tout le pays en ce début de l'an mil de l'hégire : ajoutées aux calamités naturelles ayant précédé la mort d'al-Mansur, la destruction du royaume musulman du Songhaï et ses excès, ainsi que l'extension de la menace européenne sur le littoral en constituaient des signes précurseurs supplémentaires, suivant tous les prédicateurs qui se succédaient dans les mosquées[123].

Appelé par Ahmed al-Mansur peu de temps avant qu'il ne soit emporté par la maladie, le prince Moulay Zidan prit de court ses frères et se fit proclamer roi à Fès dès l'annonce du décès de son père. Il fut suivi peu de temps après par Abu Faris, qui fut intronisé à Marrakech, puis par al-Ma'mun, aussitôt libéré de prison par Djouder à la demande d'Abu Faris, son frère utérin.

Alliés à deux contre un et changeant chaque fois de camp, les trois fils d'Ahmed al-Mansur allaient se livrer dès lors à une tragique empoignade. Abu Faris, « un homme ventru, gros mangeur et sujet à des attaques d'épilepsie » selon al-Ifrani, fut éliminé le premier de la course (1610), laissant ses frères diviser le pays en deux royaumes, celui de Fès où al-Ma'mun, aidé des tribus guish des Cheraga, s'imposa pour un temps et celui de Marrakech que Moulay Zidan gagna tant bien que mal à sa cause en se faisant aider d'artilleurs anglais commandés par le capitaine John Giffard de Buckinghamshire – et accessoirement aussi des Turcs d'Alger. Al-Ma'mun n'avait pas hésité pour sa part à s'adresser à Philippe III, qui reçut Larache pour prix de son appui. Ce qui irrita au plus haut point les combattants de la foi de la région de Badis qui tuèrent en 1613 cet « ennemi des musulmans » et « ami des chrétiens » tandis que les Espagnols élargissaient leur emprise au nord du littoral atlantique et érigeaient une forteresse à Mahdia (La Mamora) à proximité de Rabat. Al-Ma'mun eut pour successeurs à Fès son fils 'Abd Allah (1613-1623), qui était aussi débauché que lui, et son petit-fils 'Abd al-Malik (1623-1626), « qui était d'intelligence courte et jeune d'âge ». Ils firent régner dans la ville un régime de terreur et d'injustice sans précédent. À la mort d'Abd al-Malik, l'ancienne capitale mérinide, passant d'un chef de bande à un autre, finit par être prise par les Sanhaja de la puissante *zawiya* de Dila du Moyen Atlas, qui, avant la montée des 'Alawites, furent sur le point de reconstituer l'unité du Maroc des premiers Sa'diens.

Marrakech avait préservé vaille que vaille son statut de capitale du pays sous Moulay Zidan ; elle avait pu retrouver aussi son dynamisme économique d'antan : en 1606, Jean Mocquet la trouva « fort peuplée » – 300 000 à 400 000 habitants – avec des rues très animées, des mosquées en grand nombre « bien bastis de marbre et couverts en dome avec du plomb », des *medersas*, des fontaines richement décorées, de « grandes halles » marchandes exposant quantités de vivres de bonne qualité et bon marché. Il y avait même quelques « tavernes » tenues par des Juifs et des chrétiens où l'on vendait des vins « excellents » et « merveilleusement forts », bien sûr interdits aux musulmans : « Quand un More s'est enyvré chez quelque Juif et Chrestien qui vendent le vin, le juge vient faire casser tous les vaisseaux à vin qui sont de terre, et encore donne une bonne avanie ou amende au maistre tavernier[124]. »

Chassé de Fès, l'infortuné Moulay Zidan n'avait pu y entrer qu'au prix d'innombrables batailles contre ses frères et ses neveux « qui auraient fait blanchir les cheveux d'un nourrisson ». Comptant à son actif plus de défaites que de victoires, ce roi « sanguinaire qui ne reculait devant aucun crime », d'après al-Ifrani, parvint néanmoins avec plus ou moins de bonheur à maintenir l'autorité chérifienne sur le littoral atlantique où se poursuivait un important trafic avec les Européens, ainsi que sur le Dra' qui demeurait avec le Tafilelt la seule province présaharienne en liaison avec la « colonie » marocaine de Tombouctou. Cette dernière, laissée à elle-même, s'autoadministrait par l'intermédiaire de ses chefs militaires et de leurs descendants appelés « Arma » par leurs voisins africains. Plongés dans leurs guerres intestines et plus que jamais soucieux de préserver leur trône, les sultans furent de moins en moins en mesure d'envoyer des contingents au Soudan et cessèrent à partir de 1612 de nommer les pachas de Tombouctou. Ceux-ci continuaient néanmoins à reconnaître l'autorité du Maroc et chaque nomination des principaux dignitaires du *pachalik* était soumise à l'approbation du sultan de Marrekech.

À la mort de Moulay Zidan en 1627, l'autorité politique de ses successeurs ne dépassa guère la zone limitée par l'Oum al-Rbi' au nord, l'Atlantique à l'ouest et le Haut Atlas au sud. Ses deux fils, Moulay 'Abd al-Malik II et Moulay 'Abd al-Walid II, furent assassinés par leurs hommes en 1630 et 1636. L'avant-dernier roi sa'dien, Mohammed al-Cheikh al-Saghir, eut un règne plus long et gouverna avec l'aide de son unité de renégats jusqu'en 1654. Avec son fils Moulay Abu al-'Abbas Ahmad II vint à son terme la dynastie sa'dienne. Le dernier descendant d'Ahmed al-Mansur fut assassiné en 1659 par les Arabes Shabbanat et leur cheikh Karrum al-Hajj. Ceux-ci gardèrent le pouvoir à Marrakech et dans ses environs jusqu'à l'avènement des chérifs 'alawites, cousins des Sa'diens, en 1669.

De fait, depuis la mort d'al-Mansur, l'histoire du Maroc avait déserté les capitales historiques de Fès et de Marrakech où le pouvoir sa'dien moribond assurait seulement un gouvernement de façade. Elle s'écrivait désormais dans des chefs-lieux provinciaux et dans des villes et des *ksours* de la périphérie rurale où se croisaient chefs de guerre sainte, personnages religieux charismatiques, cheikhs arabes et *condottieri* morisques en quête d'aventures. Palliant l'impuissance des descendants d'al-Mansur, ils créèrent un peu partout à travers le pays de petites villes-États autonomes vivant de la guerre et du commerce et entretenant souvent des relations intenses avec l'Europe. Les bateaux européens écoulaient à Salé, à Safi comme à Massa et à Agadir les produits les plus divers : textiles, armes et munitions, épices, parfums, montres, violons, et même bibles en hébreu et boissons alcoolisées.

Cette fois encore, le Sud marocain fut le principal pourvoyeur de chefs religieux à vocation politique. Cela est vrai plus particulièrement des deux provinces du Sous et du Tafilelt qui continuaient par ailleurs de déployer une intense activité économique – la première profitant de sa proximité avec les ports de l'Atlantique, la seconde de ses liens avec les relais transsahariens du Touat et du Soudan.

Porté par la vague mahdiste qui agita le pays à la suite des calamités naturelles de la fin du siècle, le premier dirigeant religieux qui tenta de combler le vide laissé par la mort d'al-Mansur, fut Ahmed b. 'Abd Allah b. al-Qadi, plus communément connu sous le nom d'Ibn Abi Mahalli ou Abu Mahalli [125]. Né à Sijilmassa vers 1560, il étudia, à partir de 1572 à la Qarawiyyin de Fès dont il s'enfuit à l'annonce du débarquement de Dom Sebastien à Arzila (1578). Il partit alors se réfugier dans « une campagne de beurre et de miel » à l'intérieur du pays. Au cours des douze années suivantes, il s'initia au soufisme, adhéra à la Shadhiliyya et effectua un premier pèlerinage à La Mecque, passant plusieurs mois au Caire où il fit la connaissance des grands savants d'al-Azhar sur lesquels, semble-t-il, il ne fit pas grande impression. À son retour au Maroc, il trouva un pays désespéré et ravagé par la peste et la famine. Sijilmassa, sa ville natale, abandonnée par une bonne partie de ses habitants, n'était plus qu'un amas de pierres. Il y installa momentanément sa *zawiya*, avant de fuir plus au sud, à Beni-Abbès, dans la Saoura, où lui parvint la nouvelle de la mort d'al-Mansur. Il y resta quelques mois avant de partir pour un second pèlerinage à La Mecque, en passant par le Gourara et le Fezzan. De retour à Beni-Abbès, où il installa sa zawiya, il attira un nombre croissant de fidèles qui croyaient en ses capacités surnaturelles. Il exploitait pour cela les nombreux signes prophétiques qu'il portait sur le corps, tels que la présence entre ses épaules d'une tache noire couverte de poils ou la marque d'un anneau au doigt et celle d'un éperon sur le pied droit. À la suite de la cession de

Larache aux Espagnols par al-Ma'mun, le 20 novembre 1610, il sortit de sa réserve pour dénoncer l'infamie du fils d'al-Mansur et appeler les tribus à un soulèvement général. Se présentant désormais comme le « Fatimide attendu » et « roi des deux Mers et des déserts de Guinée », il s'élança à la conquête de Sijilmassa (1611), chassa les Sa'diens du Dra' où il installa sa base à Ktawa, puis marcha sur Marrakech pour mettre un terme aux turpitudes des « enfants d'al-Mansur[126] ». Moulay Zidan aligna contre lui une armée considérable commandée par son frère Moulay 'Abd Allah al-Zabda, mais Ibn Abi Mahalli le défit promptement, faisant croire à ses disciples qu'ils étaient invulnérables aux balles[127]. Chassé de sa capitale (20 mai 1612) où Ibn Abi Mahalli s'installa en maître[128], le sultan s'enfuit avec armes et bagages à Safi, puis embarqua avec sa famille à bord d'un vaisseau hollandais à destination d'Agadir, après avoir songé un instant à se réfugier en Espagne, pays qui soutenait déjà son frère al-Ma'mun. Moulay Zidan tenta vainement d'attirer à lui les tribus du Sous et se rabattit finalement sur un chef religieux de la région, Abu Zakariya Yahiya al-Hahi al-Dawudi qui vint avec ses hommes libérer Marrakech en 1613. Le combat entre les deux chefs religieux eut lieu au pied du Guelliz et se solda par la mort d'Ibn Abi Mahalli, tué d'une balle dès le début de la bataille. Ses hommes se dispersèrent, mais nombre de ses disciples, conduits par son fils, ne crurent pas à sa mort et continuèrent la lutte contre les troupes sa'diennes jusqu'en 1623 au moins[129].

Abu Zakariya devint à son tour indocile. Retranché dans ses montagnes après avoir inutilement tenté de se faire proclamer sultan à la place de Moulay Zidan, il songea à étendre son autorité dans le Sous en s'emparant de Taroudant. Ce qui eut pour résultat d'alerter Abu al-Hassan 'Ali b. Mohammed b. Musa, le puissant cheikh charismatique de la *zawiya* d'Iligh, dans le Tazerwalt, qui l'affronta et mit un terme à sa brève épopée en 1626. Connu sous divers noms dans les relations européennes contemporaines – Sidi 'Ali, Abu Dmi'a, Bou Hassoun ou Abu Hassoun –, le cheikh, qui fut formé à l'école de Mohammed Taba', disciple d'al-Jazuli, avait le contrôle de l'oued Noun et du Sous et plus particulièrement des deux ports de Massa et d'Agadir, qui lui permettaient de fructueux échanges commerciaux avec l'Europe[130]. En 1631, il étendit son influence sur le Dra'ainsi que sur le Tafilelt où il vainquit et emprisonna le chérif 'alawite Mohammed al-Chérif, le père de Moulay al-Rashid et Moulay Isma'il, qui commençait à faire parler de lui dans la région. Évitant de dépasser les limites du *leff* ou confédération tribale des Iggizzulen dont il était le chef spirituel, Abu Hassoun n'essaya à aucun moment de s'étendre vers le nord du pays. Il négligeait ainsi les derniers vestiges de la monarchie sa'dienne, qui, réduite à Marrakech et à ses environs, ne disposait plus que d'un seul port, celui de Safi, affermé aux Anglais.

Maître des principales voies d'accès au Sahel soudanais ainsi que de la saline de Taghaza, abandonnée par son dernier gouverneur sa'dien en 1623, le cheikh du Tazerwalt avait un quasi-monopole sur le commerce transsaharien dont il échangeait les produits – or et plumes d'autruche notamment – contre armes et munitions d'Europe[131]. La libération contre rançon de captifs européens tombés entre les mains du marabout constituait un élément important de ces échanges, qui butaient souvent sur des problèmes de communication les plus divers. Ainsi, en 1640, l'émissaire des Provinces-Unies Isaac Pallache crut un instant que sa mission prenait fin avant même d'avoir commencé, lorsqu'il présenta à Abu Hassoun des lettres de créance rédigées en arabe : « Voyez, croyants de Mohamed, s'exclama ce dernier à l'adresse de son entourage, combien grands sont nos péchés pour que les lettres de notre Coran soient entre les mains des chrétiens[132]. »

Pendant ce temps, sur la bordure montagneuse du Tadla, dans le centre du pays, la *zawiya* de Dila, située à une trentaine de kilomètres de la ville actuelle de Khénifra, montait en puissance. C'était un lieu d'étude et un centre d'assistance pour les faibles dont le fondateur, connu pour sa science et sa grande générosité, Abu Bakr b. Mohammed al-Zemmuri ou al-Ajjuri (1536-1612), se réclamait d'une famille berbère ayant servi sous les ordres des Almoravides. Adepte de la Shadhiliyya et jouissant d'un très grand charisme, il était devenu très célèbre grâce à ses initiatives en faveur des cultivateurs acculés à la famine, bâtissant des ponts sur l'Oum al-Rbi' et régulant le cours des torrents à leur intention. L'hospitalité et la générosité étaient parmi les qualités les plus vantées du cheikh, qui distribuait des repas aux visiteurs de façon hiérarchisée, à chacun suivant son rang social. Aux pauvres habitués à manger du mil, il donnait du pain d'orge accompagné de fruits ordinaires, des figues par exemple et d'une bouillie de légumes appelée *dchicha* ; les visiteurs d'un rang plus élevé avaient du pain de blé, des dattes, du poulet et une sorte de crêpe appelée *thrid* ; ceux de la classe supérieure recevaient un bol de *hso*, c'est-à-dire de soupe, accompagnée de pain de froment, de jaunes d'œufs à la cannelle ou au safran, de mouton à l'étuvée ou en ragoût aux navets et à d'autres légumes, le tout suivi de fruits choisis[133].

Mais c'est sous son fils Mohammed b. Abu Bakr (1560-1637) et son petit-fils Mohammed al-Hajj (1591-1671) que la *zawiya* de Dila devint une véritable puissance temporelle. Groupant les Berbères du Moyen Atlas, du Gharb et du Rif, les chefs dilaïtes firent reconnaître leur autorité sur Fès, Taza, Meknès ainsi que sur le versant occidental de la Moulouya et jusqu'au centre du Haut Atlas. Alliés pendant un premier temps du *mujahid* Moesphammed

b. Ahmed al-Zayyani, dit al-'Ayyashi, qui, à la tête de ses guerriers, harcelait Ceuta et les autres *fronteiras* espagnoles de l'Atlantique, de Tanger à El-Jadida, ils élargirent leur champ d'action jusqu'à Salé, empêchant en 1638 le Sa'dien Mohammed al-cheikh al-Saghir d'y pénétrer et de franchir l'Oum al-Rbi'. La popularité d'al-'Ayyashi et de son lieutenant Ghaylan était grande dans tout l'Ouest du pays et plusieurs personnages religieux comme le cheikh de la toute nouvelle *zawiya* de Tamgrut du Dra', Mohammed b. al-Nasir[134], le chef de la Shadhiliyya de Fès ainsi que Mohammed al-Hajj lui-même l'invitaient à prendre le pouvoir. Hésitant à sauter le pas, le dirigeant de la guerre sainte entra néanmoins en relation avec les Anglais et signa une convention avec eux pour le rachat d'esclaves anglais détenus à Salé. Une initiative qui déplut fortement aux dirigeants morisques de la ville, lesquels appelèrent les Dilaïtes à leur rescousse. Maîtres d'une grande partie du Maroc central et septentrional, ceux-ci battirent al-'Ayyashi, qui dut fuir avant d'être assassiné par les Arabes Kholt en 1643[135].

Mohammed al-Hajj, qui se conduisait en vrai monarque et entretenait des relations régulières avec les puissances européennes, voulut ensuite étendre son influence dans le Tafilelt, mais il y rencontra cependant deux adversaires de taille, le cheikh du Tazerwalt d'abord, puis l'"Alawite Mohammed al-Chérif qu'il défit en 1646. Ne se tenant pas pour vaincu, celui-ci adressa à Mohammed al-Hajj une lettre pleine de verve dans laquelle il lui conseillait au chef berbère de rentrer dans sa *zawiya* et de continuer à y donner des cours au lieu de viser des fonctions pour lesquelles il n'avait ni la compétence ni les qualités culturelles requises :

> Les feux de l'insurrection que vous avez rallumés alors qu'ils étaient éteints vous dépassent. Aussi bien le peuple du Maroc ne vous reconnaît-il à vous, gens de Dila,

que la capacité de servir des plats de bouillies (*'asida*). Entre vous vous mangez de la bouillie, tandis que nous mangeons, nous, du couscous. Entre vous, vous rivalisez de poèmes impossibles à écouter tant ils sont horribles. Quant aux sciences, nous vous en concédons équitablement l'apanage, tant que vous ne visez par elles que la jurisprudence ou un salaire d'enseignant[136].

Les Dilaïtes avaient en revanche établi d'excellentes relations avec les Morisques de Salé dont le nombre s'était considérablement accru depuis les ordonnances de bannissement de Philippe III d'Espagne entre 1609 et 1610. Parmi les nouveaux venus, il y avait ceux que l'on appelait les Hornacheros, des Andalous de la ville de Hornacho, en Estrémadure, qui, bravant tous les interdits depuis la chute de Grenade, avaient réussi à préserver farouchement leur identité musulmane. Continuant à pratiquer la circoncision, à faire usage exclusivement de l'arabe et à se marier entre eux, ils furent installés par Moulay Zidan à leur arrivée au Maroc dans l'ancienne casbah almohade (la future casbah des Oudaya) de Salé[137]. Ils réparèrent les remparts, relevèrent les maisons écroulées et invitèrent d'autres Morisques à venir habiter près d'eux, sur le site de Ribat al-Fath, la ville actuelle de Rabat, à quelques encablures seulement du port de Mahdia (La Mamora) que les Espagnols occupaient depuis 1614. Les vaisseaux espagnols étaient dès lors pourchassés par les pirates morisques habitant les trois « républiques » salétines du Bou Regreg, et c'est ainsi que la navigation sur l'Atlantique devint aussi dangereuse qu'en Méditerranée, où croisaient habituellement les corsaires algérois, tunisiens et tripolitains : de 1618 à 1626, alors que l'activité des Salétins n'en était qu'à ses débuts, les Morisques avaient déjà capturé 6 000 chrétiens et la valeur de leurs prises était évaluée à 15 millions de livres[138]. Cette somme s'élevait à près de 27 millions de ducats une douzaine d'années plus tard. C'est qu'entre-temps ils avaient étendu leur rayon d'action des Canaries à Brest et parfois jusqu'au littoral britannique et même à Terre-Neuve. Souvent, quand le butin leur manquait en mer, ils n'hésitaient pas à effectuer des raids audacieux dans les terres, notamment sur le littoral espagnol dont ils connaissaient les moindres criques et parlaient couramment la langue. Ils construisaient des navires légers et à fond plat dans les chantiers de Salé en utilisant des matériaux venant de Hollande, où ils recrutaient aussi quelques-uns de leurs meilleurs *ra'is*, à l'exemple de Mourad Ra'is, anciennement Jan Janssen de Haarlem.

De ce fait, les Pays-Bas jouissaient d'une sécurité absolue pour leurs bateaux, ce qui confortait leur position de première puissance maritime d'Europe et de premier client du commerce extérieur marocain. C'est que la piraterie, au lieu de gêner le commerce maritime du royaume chérifien, avait paradoxalement contribué à son développement. Salé et ses deux « villes-satellites » de la casbah et de Rabat s'enrichirent : comme beaucoup d'articles de prise ne pouvaient être écoulés au Maroc, des marchands européens venaient les acheter sur place, en dépit de tous les interdits prohibant dans leurs pays les opérations de recel. Le rachat des esclaves, dont le nombre s'était considérablement accru tout au long du XVIIe siècle, était une autre source de revenus pour les Salétins qui avaient, de la sorte, tout intérêt à ne pas rompre avec les pays européens. Incapables de mettre un terme par la force aux activités des pirates, les Européens furent ainsi acculés à signer des trêves et des conventions de paix avec eux. Un premier traité de paix fut signé en 1627 entre la cour d'Angleterre et Salé. Il fut suivi huit ans plus tard par un traité similaire avec la France, que Richelieu fit contresigner par le sultan de Marrakech Moulay 'Abd al-Walid, qui n'exerçait en fait aucune autorité sur les Salétins[139].

Ces succès diplomatiques accrurent les tensions entre les trois « républiques » : ne supportant plus leur concurrence, les Andalous de Salé voulurent chasser en 1635 les Hornacheros de la casbah. Ceux-ci appelèrent à leur secours al-'Ayyashi, qui, aidé des bâtiments anglais de l'amiral Rainsborough avec lequel il venait de signer une convention pour le rachat de captifs anglais incarcérés à Alger et à Tunis, vint mettre le siège devant Salé. Les deux parties acceptèrent finalement l'arbitrage du sultan de Marrakech Mohammed al-Cheikh al-Saghir, qui en avril 1638, rétablit les Hornacheros dans leurs anciens droits à la casbah tandis qu'al-'Ayyashi installait son pouvoir à Salé.

Un développement prévisible qui, ne plut guère cependant à la *zawiya* de Dila et à son chef Mohammed al-Hajj. Ce dernier décida d'intervenir aussitôt dans les affaires du Bou Regreg, à la demande des Andalous de Salé. Les Dilaïtes battirent al-'Ayyashi et placèrent ainsi sous leur suzeraineté les trois « républiques », qui reprirent de plus belle leurs activités guerrières. Rien n'allait plus arrêter désormais la montée en puissance de la zawiya du Tadla jusqu'à l'unification du Maroc par les 'Alawites : ni l'apparition à Tétouan et à El-Ksar el-Kebir d'un nouveau chef de guerre sainte, Ghaylan qui avait les meilleures relations avec les Turcs d'Alger, ni les révoltes sporadiques des chérifs idrissides de Fès mettant à mal la présence des Dilaïtes dans la ville, ni même les représailles contre Salé des puissances européennes. Celles-ci étaient elles-mêmes très divisées à la suite des guerres de Trente Ans et de Succession d'Espagne, depuis la fin du règne de Philippe IV (1621-1665). À sa mort, celui-ci laissa l'Espagne définitivement amputée du Roussillon – attribué à la France en 1642 – ainsi que des Pays-Bas et du Portugal, qui, retrouvant son indépendance, reprit le contrôle de Tanger et El-Jadida, mais abandonna définitivement Ceuta à l'Espagne. En 1661, Tanger changeait une fois de plus de statut. Comprise dans la dot que la princesse Catherine de Portugal apportait à Charles II d'Angleterre, elle devint anglaise avant d'être récupérée en 1688 par Moulay Isma'il, qui arracha également aux Espagnols Larache en 1689 et Arzila en 1691 après Mahdia dix ans plus tôt. Seules Ceuta et Melilla demeuraient encore entre leurs mains.

Ainsi donc, un certain équilibre des forces, certes précaire, persistait encore entre les deux rives du Détroit à la fin du XVIIe siècle. Tout en accusant un retard sérieux dans le domaine militaire, scientifique et technique, les Maghrébins parvenaient toujours à traiter sur un pied d'égalité avec les Européens. En outre, bien que la guerre sainte soit sur le déclin et que des formations et des acteurs à caractère religieux – *zawiyas*, chérifs, *mujahidun*… – y jouassent un rôle prépondérant, il y avait toujours place, entre l'Europe et le Maroc, pour d'assez larges espaces d'échanges pacifiques. Ils permettaient le développement du commerce, la libération des captifs et la multiplication des voyages et des ambassades de part et d'autre de la Méditerranée.

8

Le Maroc sous le règne des 'Alawites

L'ascension des chérifs filaliens

Exacte réplique, à un siècle d'intervalle, de la montée des Sa'diens dans le sud du Maroc, l'ascension des 'Alawites se déroula dans un même climat de troubles sociaux et religieux marqué par l'effacement du pouvoir central et l'aggravation de la pression européenne sur les régions du littoral. Originaires du Hedjaz comme leurs cousins sa'diens du Dra', les 'Alawites s'établirent au Tafilelt au milieu du XIIIe siècle à l'invitation des habitants qui subissaient les effets d'une sécheresse effroyable. Les sources et les rivières tarissaient, les palmiers ne donnaient plus de dattes et la famine guettait la population. Aussi espéraient-ils, en faisant venir parmi eux le chérif Hassan b. al-Qasim, que la *baraka* émanant de sa personne régénérerait le pays.

Les sources sont avares en renseignements sur les débuts de Hassan b. al-Qasim, dit « al-Dakhil » ou « premier arrivant » au Maroc. Tout ce que l'on sait à propos de l'ancêtre de la dynastie qui règne à l'heure actuelle sur le pays, c'est que c'était un homme d'une grande piété et qu'il fit souche à Sijilmassa. À sa mort, il laissa un fils, Abu 'Abd Allah Mohamed, lequel à son tour ne laissa qu'un seul descendant portant le même nom que son grand-père.

L'un des fils de ce dernier, 'Ali al-Chérif, effectua à une date indéterminée le pèlerinage de La Mecque et participa à la guerre sainte en Andalousie. Il refusa cependant de s'installer à Grenade à la demande des oulémas de la ville mais passa de longues années à Fès ainsi qu'à Sefrou avant de retourner au Tafilelt. Son fils Moulay Yussuf lui succéda à la tête du foyer familial qui fut dirigé, après lui, par son petit-fils Moulay 'Ali al-Chérif, puis par son arrière-petit-fils Moulay al-Chérif. Né en 1588, celui-ci était le contemporain d'Ibn Abi Mahalli et du cheikh du Tazerwalt, Abu Hassoun, les deux principaux chefs politico-religieux du Sud marocain à l'heure du déclin de la dynastie sa'dienne. En litige avec les habitants du *qsar* de Tabu'asamat, Moulay al-Chérif fit appel en 1631 au cheikh Bu Dmi'a du Tazerwalt, qui en profita pour étendre son influence au Tafilelt. Ce qui ne fit pas l'affaire du chérif 'alawite, qui, ne cachant pas son mécontentement, se vit arrêté en 1637, puis déporté par Bu Dmi'a dans le Sous. À sa libération, de retour au Tafilelt, Moulay al-Chérif constata avec déplaisir qu'il avait été « lâché » par les siens qui avaient entre-temps proclamé à sa place son fils Moulay Mohammed b. al-Chérif. Celui-ci, sans trop attendre, chassa l'émir du Tazerwalt du Tafilelt en 1640.

Fort de ce succès, le nouveau chef 'alawite se lança ensuite à la conquête du Dra', puis évitant le sud-ouest et le centre du pays, contrôlés respectivement par Bu Dmi'a et le *ra'is* de Dila, il remonta vers le nord-est où il obtint la soumission des tribus arabes du Haut-Guir. Maître successivement d'Oujda et du Touat, il se hasarda dans les régions sous domination turque et parvint jusqu'aux environs de Tlemcen et de Nédroma, ce qui lui attira les foudres du pacha d'Alger, qui le somma, sous peine de représailles, de se retirer de la région de Tlemcen :

> Ne viens pas t'aventurer sur notre patrie, car tu aurais à craindre les griffes puissantes de notre sultan [...],

lui écrivit-il dans un message qu'il lui fit porter par des émissaires. Si c'est le pouvoir que ton âme recherche, à toi les villes que la populace berbère ne t'a pas laissé approcher [...]. Porte sur elles tes efforts pour arriver à goûter la douceur du pouvoir qui est pétri de l'onguent du salut ou de la mort. Mais renonce au pays des sables et de la poussière, et ne t'aventure pas dans les déserts et des défilés [1].

C'est ce qu'il se résigna à faire sans tergiverser, empressé qu'il était de voler au secours des habitants de Fès qui venaient de se soulever contre la zawiya de Dila. Une intervention jugée inopportune par les Dilaïtes, qui, résolus à étouffer dans l'œuf cette nouvelle menace venue du Sud, chassèrent le chérif 'alawite de l'ancienne capitale mérinide et le poursuivirent jusque dans sa ville de Sijilmassa qu'ils saccagèrent en 1649.

Moulay al-Rashid et la naissance de la dynastie 'alawite

Ce grave revers ne fut pas pardonné à Mohammed b. al-Chérif par ses frères et notamment par Moulay al-Rashid, qui attendit cependant la mort de leur père Moulay al-Chérif en 1659 pour se rebeller contre son aîné. Fuyant le Tafilelt, Moulay al-Rashid alla chercher secours à la *zawiya* de Dila, chez les ennemis de son frère, qui, craignant de garder parmi eux un « transfuge » aussi dangereux, le laissèrent partir, après un bref passage par Azrou et Fès, chez les Beni Snassen qui nomadisaient entre Taza et Oujda. Il arriva non loin du « repaire » d'Ibn Mish'al, ce riche commerçant juif de la région de Taza qui, selon la légende, opprimait les musulmans et obligeait les gens de Fès à lui envoyer, chaque année, la plus belle fille de la ville pour son harem. Mis au courant de ce scandale qui dépassait l'entendement de tout bon musulman, Moulay al-Rashid résolut d'y mettre un terme à la demande d'une *chérifa* qui était la mère de la victime désignée. Il était jeune, beau et n'avait pas encore de barbe. Aussi, le visage caché derrière un haïk de femme, put-il se substituer sans difficulté à la jeune fille et, accompagné d'une escorte formée d'une quarantaine de *tolba* cachés dans les coffres contenant les parures et la dot de la victime, il entra dans le palais d'Ibn Mish'al, le tua, « s'empara de sa maison et en retira les grandes richesses et les trésors précieux qui s'y trouvaient[2] ». Déclinée sous différentes versions, cette légende allait être commémorée chaque année à Fès, lors de la fête dite « du sultan des *tolba* » au cours de laquelle on permettait à un étudiant de la ville de se prétendre roi d'un jour.

Ayant ainsi accru ses ressources et son prestige, Moulay al-Rashid put vaincre facilement son frère, qui mourut les armes à la main en 1664 dans la plaine de l'Angad. Seul chef désormais à la tête des 'Alawites, le jeune fils de Moulay al-Chérif alla quérir la *bay'a* des habitants du Tafilelt. Puis, remontant une fois encore le long de la frontière avec l'Algérie, il pénétra dans le Rif où il captura en 1665 le cheikh A'ras, qui, proche des Espagnols d'Al Hoceima, avait aussi noué de fructueux contacts avec les Anglais, maîtres de Tanger depuis 1661. Moulay al-Rashid engagea parallèlement des négociations avec les commerçants marseillais Michel et Roland Fréjus dont les vaisseaux chargés d'armes et de munitions abordaient à Ghassassa, près de Melilla. Convenablement équipé, il se dirigea ensuite vers Tétouan, dont il emprisonna les notables morisques, puis entra en vainqueur, le 27 mai 1667, à Fès. Malgré toutes les vicissitudes subies depuis quarante ans, l'ancienne capitale mérinide conservait toujours son rang de centre culturel, religieux et économique du Maroc.

La dynastie 'alawite était née. Contrairement à celle des Sa'diens, elle arriva au pouvoir par ses propres moyens et sans l'aide des *zawiyas* dont elle « confisqua » les fonctions arbitrales au niveau local aussi bien que la légitimité politico-religieuse au niveau national. Mieux : une fois affermi dans ses fonctions, Moulay al-Rashid ne laissa aucun répit aux différents potentats locaux qui s'étaient partagé le pays après l'effondrement des Sa'diens. Il les défit un à un, à commencer par le *ra'is* de Dila qui fut écrasé, le 18 juin 1668, dans la bataille de Batn-al-Romman et pourchassé jusque dans sa *zawiya* du Moyen Atlas, qui fut détruite de fond en comble. L'année suivante, ce fut au tour de l'aventurier Khidr Ghaylan d'être délogé d'El-Ksar et de la région de Tanger, puis obligé de se réfugier chez les Turcs d'Alger. Plus tard, ce fut l'émir des Shebbanat, massacré avec les siens à Marrakech, et, enfin, en 1670, l'émir du Tazerwalt lui-même chassé avec les siens au Sahara et dont la *zawiya* d'Iligh fut dévastée et abandonnée pendant plusieurs décennies.

Renouant les liens tissés par les Sa'diens avec le Soudan occidental, Moulay al-Rashid dépêcha à Tombouctou un émissaire spécial auquel les Arma firent acte d'allégeance le 17 septembre 1670[3]. Une seule « force » locale fut épargnée par le sultan 'alawite, celle des corsaires de Salé dont il allait se servir pour développer ses relations avec l'Europe.

Comme tous ses prédécesseurs et malgré la brièveté de son règne, « qui fut époque heureuse pour la population au cours de laquelle les vivres étaient à vil prix[4] », Moulay al-Rashid tint à graver dans la pierre le souvenir de son passage au pouvoir. Il renforça ainsi les murailles de Fès-al-Bali, construisit la casbah des Cherarda pour y loger les tribus guish des Cheraga et commença les travaux de la *medersa* des Sharratin. Résidant rarement à Marrakech, c'est pourtant dans l'ancienne capitale sa'dienne où il était venu pour réprimer une révolte locale qu'il trouva la mort, le deuxième jour de l'Aid el-Kebir (avril 1672), à la suite d'un accident de cheval dans les jardins de l'Aguedal. Il était âgé de quarante-deux ans seulement. Son frère Moulay Isma'il, gouverneur de Meknès, lui succéda.

Le siècle de Moulay Isma'il (1672-1727)

Moulay Isma'il avait vingt-six ans lors de son intronisation à Meknès, où il reçut sur-le-champ la *bay'a* des populations du Gharb et de Fès. Aucun acte d'allégeance n'arriva en revanche du sud du pays, où le nouveau monarque allait avoir maille à partir, au cours des quinze années suivantes, avec deux de ses plus virulents rivaux, son neveu Moulay Ahmed b. Mahrez à Marrakech et son frère Moulay Harran dans le Tafilelt. Les deux prétendants, qui étaient soutenus par de nombreux chérifs 'alawites que rebutait la politique à poigne du souverain ainsi que par une bonne partie des populations du Sous et du Dra', avaient même pu étendre leur influence, à un moment, dans le Tadla, au centre, et dans les plaines de l'Angad, à l'est du pays.

De taille moyenne et le teint brun, Moulay Isma'il impressionnait ses visiteurs par son exceptionnelle vitalité et sa force de caractère. D'une culture religieuse impeccable, il était aussi un excellent cavalier, capable dans sa jeunesse de galoper avec un de ses fils dans un bras et brandissant une lance de l'autre. Le regard ardent, le verbe haut et la voix puissante, on le disait cruel et sanguinaire, alliant une grande vigueur physique à une extrême simplicité de mœurs. Toujours à cheval et les armes à la main, il était sobre, simplement vêtu et peu porté aux plaisirs de la table. Germain Mouette, qui passa onze ans en captivité au Maroc sous Moulay al-Rashid et Moulay Isma'il, décrit ainsi les manières de table des deux souverains 'alawites :

> Leurs tables sont de peaux peintes ou dorées, faites en rond, qu'on étend contre terre sur quelques nattes de joncs bien travaillées où ils s'assoient avec leurs familiers, lorsqu'ils les y appellent. Ils ostent premièrement leurs souliers

et s'assoient en tailleur autour de la table. Les officiers qui les servent sont leurs alcaydes noirs. Ils leur apportent un bassin de cuivre jaune, où la compagnie lave la main droite. Le premier de tous les mets qu'on leur donne, et qui sert de potage, est un plat de couscoussou, qui est de fine fleur de farine semblable à de l'anis un peu couvert, sur lequel sont quelques poules bouillies, des pigeonneaux ou du mouton ; et, sans cérémonie, ils disent seulement ces paroles *bismallah*, qui veulent dire au nom de Dieu, puis ils enfoncent leurs mains dans le plat jusqu'au poignet.

Ces plats ne sont que de faïence, fort larges par le haut et beaucoup étroits par le fond. Ils mangent à poignées, et font comme de petites pelotes de couscoussou qu'ils lancent dans leurs bouches comme s'ils jouaient au trou-madame. [...] Ensuite, on leur sert dans un grand bassin de cuivre quelques écuelles de porcelaine ou de terre vernie (car ils ne peuvent manger dans de la vaisselle en or ou en argent), les unes remplies de viandes fricassées avec du miel et des amandes, d'autres rôties ou frites dans de l'huile et quelques confitures à leur mode, sans aucune sorte de dessert[5].

Européens ou Marocains, tous les observateurs signalent l'ardeur génitrice prodigieuse de Moulay Isma'il : au milieu de la trentaine, il avait déjà plus de soixante enfants selon Mouette, « sans compter ceux qui sont morts », et à la fin de sa vie, d'après al-Zayyani, il aurait eu 528 garçons et autant de filles[6].

Une nouvelle capitale impériale : Meknès

Comme Louis XIV avec lequel il engagea une étonnante correspondance, Moulay Isma'il eut la passion de construire. Détestant Fès aussi bien que Marrakech, il se choisit une nouvelle capitale, Meknès, qu'il allait redessiner à sa mesure : il y érigea une nouvelle cité impériale qui se présentait au premier abord comme une gigantesque forteresse militaire sur l'emplacement de l'ancienne casbah mérinide et d'une partie de la médina dont il rasa les habitations. La cité fut entourée d'un rempart de 25 kilomètres percée d'une vingtaine de portes fortifiées. La dernière et la plus majestueuse de toutes, en forme de fer à cheval, Bab al-Mansur al-'Ilj, porte le nom du renégat chrétien qui la construisit. Tout y était grandiose et démesuré : depuis le bassin de l'Aguedal sur lequel « pouvaient circuler des canots et des embarcations de plaisance », au dire d'al-Nasiri[7], jusqu'au silo à blé « qui pouvait contenir les grains de tous les habitants du Maroc », en passant par l'écurie aux vingt-trois nefs et aux centaines de piliers qui était conçue pour accueillir jusqu'à 12 000 chevaux. Pour chaque bête, il y avait un palefrenier musulman et un garçon d'écurie choisi parmi les captifs chrétiens :

> Au centre du bâtiment se trouvaient des constructions voûtées pour remiser les selles des chevaux. Un grand grenier carré et en forme de dôme, construit avec des portiques et des arcs, était destiné à recevoir les armes des cavaliers qui montaient les chevaux ; la lumière y pénétrait par des grillages en fer établis sur les quatre faces du bâtiment ; chaque grillage pesait plus d'un quintal[8].

Le palais central, appelé al-Nasr ou Al-Dar al-Kubra, était constitué d'une vingtaine de salles à coupole et entouré d'une triple muraille dont la garde était confiée à 1 200 eunuques. Deux grandes mosquées y étaient aménagées, la mosquée dite des Fleurs et celle de Lalla 'Awda. Entourée de jardins fermés, chaque *qubba* était surmontée de tours carrées aux tuiles vertes « d'où l'on dominait le panorama formé par la plaine et les montagnes de Meknès ». Une cinquantaine d'autres palais ainsi que des annexes destinées aux 25 000 soldats que devait abriter la cité furent aménagés par la suite : « Chaque palais avait sa mosquée, en sorte qu'il était indépendant du palais voisin. Jamais semblable chose ne s'était vue sous aucun gouvernement arabe ou étranger, païen ou musulman », affirme al-Zayyani[9].

On est loin cependant des splendeurs du Badi' de Marrakech et des belles réalisations architecturales mérinides et almohades. Un seul cadre enchanteur dans cette masse compacte de remparts, de dédales et de bâtiments sans grâce : la « ville de jardins », ou Madinat al-Riad, aménagée à perte de vue, à l'ouest du palais royal, pour y loger les notables du Makhzen et les principaux du royaume, appelés à suivre le roi dans ses déplacements.

Fonctionnant comme une ville à part, la cité impériale possédait d'innombrables magasins, des ateliers, des terrasses, des réservoirs d'eau, des dépôts d'armes et des positions d'artillerie. Il y avait aussi une ménagerie où le roi avait l'habitude d'assister aux combats de lions et de loups contre des chiens.

Les travaux de construction s'échelonnèrent sur toute la durée du règne de Moulay Isma'il. Des dizaines de milliers de personnes y contribuèrent : des captifs européens, des prisonniers de droit commun, des esclaves noirs ainsi que des maçons, des menuisiers et des artisans spécialisés fournis, à tour de rôle, par les tribus de tout le pays. Les matériaux de construction furent le plus souvent réquisitionnés ou pillés sur des monuments anciens, à l'exemple du Badi' de Marrakech qui fut saccagé en 1693 pour « fournir » les marbres nécessaires au palais de Moulay Isma'il.

En plus de la cité impériale, Moulay Isma'il fit bâtir plusieurs mosquées à Meknès qui s'inspiraient, par bien des traits, des mosquées sa'diennes. La capitale allait avoir aussi, à partir de 1682, un nouveau quartier juif, l'ancien ayant été attribué aux Filaliens et aux soldats noirs. Mais, contrairement aux *mellahs* de Fès et de Marrakech, celui de Meknès ne fut pas installé près du palais, mais à l'ouest de la ville, à Berrima, près de Madinat al-Riad, le quartier résidentiel des hauts fonctionnaires du Makhzen.

Une nouvelle armée : les 'Abid al-Bukhari

Roi guerrier, disent ses hagiographes, Moulay Isma'il ne séjourna jamais une année entière dans son palais, passant ses cinquante-cinq années de règne à réprimer les incessantes rébellions de ses frères, neveux et fils, à organiser la libération des places tenues par les Européens sur le littoral et à harceler les positions turques dans la région de Tlemcen. Dans ce but, il mit sur pied une puissante et nombreuse armée de quelque 80 000 hommes dont 40 000 cavaliers éparpillés à travers le pays dans des dizaines de *casbah* ou forts miliaires chargés du maintien de l'ordre et de la levée des impôts. Une organisation militaire qui, ajoutée au charisme chérifien de Moulay Isma'il et à son caractère d'acier, allait permettre la réunification du Maroc et son retour aux frontières de l'époque mérinide.

Renouant avec les usages des dynasties antérieures, Moulay Isma'il commença par engager à son service les restes des tribus guish des régions de Marrakech et de Fès qui avaient servi sous les Sa'diens et qui, en échange de dons de terres et d'exonération d'impôts, fournissaient des contingents aux souverains. Il y ajouta de nouvelles tribus Ma'qil de la lisière du Sahara parmi lesquelles les Mghafra et les Oudaya qu'il installa dans les plaines atlantiques ainsi qu'à Meknès et à Fès. Les liens ainsi établis entre les tribus et le pouvoir s'accompagnaient souvent de l'envoi de concubines au harem royal et ajoutaient ainsi une dimension familiale à ces relations militaro-politiques. Ainsi les Mghafra furent-ils considérés comme les « oncles maternels » des 'Alawites. Quelques rares tribus berbères seulement comme les Aït Yimmour de l'Atlas reçurent le statut de *guish* ; Moulay Isma'il avait par ailleurs peu confiance dans la population des grandes villes qu'il écarta systématiquement des fonctions militaires. Comme à l'époque sa'dienne, les Rifains continuèrent tout au long du XVIIe siècle à assurer la défense du front maritime en harcelant en permanence les garnisons européennes de Ceuta, Larache et Tanger.

Mais la grande idée de Moulay Isma'il fut la constitution d'un corps de « janissaires » noirs, les *'Abid*, liés exclusivement à la personne du souverain par un serment de fidélité prêté sur un exemplaire du livre sacré de l'imam al-Bukhari, d'où leur nom de *'Abid al-Bukhari* : « Ils reçurent l'ordre de conserver précieusement cet exemplaire, de le transporter avec eux quand ils monteraient à cheval et de le porter en avant dans leurs guerres, comme l'arche d'alliance des fils d'Israël[10]. »

Le noyau de cette nouvelle armée fut constitué par les descendants des esclaves soudanais arrivés au Maroc après la conquête de Tombouctou en 1591 et qui étaient disséminés à Marrakech et dans le Sous, probablement autour des anciennes sucreries. On enrôla ensuite tous les esclaves noirs se trouvant aux mains de particuliers, jusque dans la région de Chinguetti, dans la Mauritanie actuelle, au point qu'il ne resta plus dans tout le Maroc « soit dans les villes, soit dans les campagnes, un seul nègre ni une seule négresse, même de condition libre[11] ». Ce qui ne manqua pas de susciter quelques remous chez leurs propriétaires et chez certains cadis, qui, à l'exemple du cheikh Abu Mohamed 'Abd al-Salam b. Hamdun Guessous, s'insurgèrent au risque de leur vie contre ce « fait du prince » dépourvu de tout fondement légal[12].

Vers 1678, le nombre des *'Abid* ainsi rassemblés à Mechra-al-Ramla, près de Sidi-Yahiya dans le Gharb où siégeait le *Diwan* (l'état-major général de l'armée) s'élevait à 14000. En tant que premières recrues, leur tâche essentielle consistait à procréer. Les enfants de troupes étaient, à l'age de seize ans, après une instruction militaire et technique très diversifiée, versés dans l'armée :

Une fois réunis, raconte al-Zayyani, le sultan fit distribuer à ces nègres des vêtements et des armes ; puis il leur désigna des chefs et, leur donnant de quoi bâtir, il les dirigea sur Mechra-al-Rmal. Arrivés sur place, ils construisirent des maisons, cultivèrent des champs et demeurèrent ainsi jusqu'au moment où leurs enfants atteignaient l'âge de puberté. Alors le sultan demanda à tous ces nègres de lui apporter leurs enfants, garçons ou filles, âgés de dix ans. Certains de ces enfants furent placés pendant une année en apprentissage chez les maçons, menuisiers ou autres artisans ; les autres furent employés comme manœuvres pour faire le mortier. La seconde année on les exerça à conduire des mulets ; la troisième, ils apprirent à damer et faire du pisé ; la quatrième année, on leur remit des chevaux qu'ils durent monter à cru sans selle et en se tenant à la crinière ; la cinquième année on leur fit monter des chevaux sellés sur lesquels ils se perfectionnèrent dans l'équitation en même temps qu'ils apprirent à tirer à cheval. Quand ces enfants eurent atteint l'âge de seize ans, ils furent enrégimentés sous l'autorité de chefs choisis dans l'armée ; on les maria alors aux jeunes négresses qui avaient été réparties dans les palais du souverain, où elles avaient appris la cuisine, le ménage et le savonnage. Quant à celles qui étaient jolies, on les avait remises à des maîtresses qui leur avaient enseigné la musique : leur éducation musicale terminée, on leur donna un costume et une dot, puis chacune d'elles fut conduite à son mari, qui l'emmena après avoir été inscrit ainsi qu'elle sur un registre. Ces époux devaient remettre leurs enfants : les garçons au service militaire, les filles à la domesticité dans les palais[13].

À la fin du règne de Moulay Isma'il, le nombre des *'Abid* s'élevait à 150 000 soldats, disent les chroniques marocaines. Un chiffre impressionnant et sans doute exagéré qui ne fut pas atteint seulement grâce à la forte natalité des recrues : il avait été alimenté par la traite d'esclaves qui joua dans la politique de Moulay Isma'il à l'égard du Soudan la même place que celle de l'or sous les Sa'diens. En tout cas, la plupart des soldats noirs étaient concentrés dans deux grands « dépôts » militaires : à Mechra-al-Remla, où l'on dénombrait, toujours suivant les mêmes sources, 70 000 *'Abid*, et à Meknès où il y en avait 25 000 ; le reste fut réparti, à partir de 1679, dans les différentes *casbah* disséminées à travers le pays.

Outre les *'Abid* et les tribus guish, Moulay Isma'il fit aussi ample usage de renégats d'origine chrétienne. Tout en évitant de leur confier des postes importants dans le Makhzen, comme cela avait été le cas sous les Mérinides et les Sa'diens, il les utilisa surtout dans l'artillerie et le génie ou encore comme que chirurgiens et médecins militaires. Contrairement aux *'Abid*, qui, en campagne comme en temps de paix, ne quittaient jamais le souverain, les renégats, dont le nombre ne devait pas dépasser plus de 2 000 hommes, étaient placés en général dans des casbahs de province.

D'après al-Zayyani et al-Nasiri, Moulay Isma'il en fit construire près de quatre-vingts, principalement aux abords des régions indociles de la Haute-Moulouya et du Moyen Atlas. D'autres furent érigées le long des grands axes de communication, les *Triq al-sultan* (« route du sultan ») ou *Triq al-Makhzen* (« route du Makhzen ») qui traversaient le pays du nord au sud et de l'ouest à l'est ; enfin, plusieurs *casbahs* avaient pour vocation première de protéger et surveiller les villes de Salé, Meknès, Taza, Oujda, Marrakech ou même Fès, dont les habitants n'avaient pas toujours été de chauds partisans de Moulay Isma'il.

La *casbah* servait souvent de caravansérail et disposait de *fondouks* où les voyageurs et les caravanes pouvaient passer la nuit en toute sécurité. Elle était une véritable ville fortifiée, avec ses mosquées, ses bains publics, sa rue principale coupée de ruelles latérales où se côtoyaient soldats et habitants, son quartier juif peuplé le plus souvent de commerçants itinérants, ses silos à grains, son *méchouar* et ses tours de garde. La population locale dut couvrir les frais d'entretien ainsi que la nourriture des soldats.

Au début de son règne, Moulay Isma'il eut beaucoup de mal à asseoir son autorité dans le pays : au nord, il eut maille à partir avec Ghaylan qui fut tué à El-Ksar en 1673 ; au centre, il combattit en 1677 les Dilaïtes soutenus par les Turcs ; jusqu'en 1687, il dut guerroyer avec son neveu Moulay Ahmed b. Mahrez qui était particulièrement actif dans le Sous et le Dra' ainsi qu'à Marrakech. Comme les autres opposants, celui-ci pouvait compter sur l'aide des Turcs d'Algérie qui venaient razzier les tribus de l'Est marocain. Ce qui, ajouté au refus de la Sublime Porte de reconnaître le statut califal du sultan marocain, ne pouvait qu'agacer Moulay Isma'il. De temps à autre, il lançait ses troupes en direction de Tlemcen pour des opérations de représailles sans grandes conséquences. Le sultan 'alawite fit preuve en revanche de plus de ténacité vis-à-vis de la présence chrétienne sur son littoral et, au terme d'opérations militaires particulièrement bien menées, libéra ainsi Mahdia (1681), Tanger (1684) et Larache (1689) [14].

Le Makhzen et l'administration du pays

S'appuyant principalement sur ses soldats et leurs caïds qui faisaient fonction de commandants militaires, de gouverneurs de provinces ou de villes, l'administration marocaine sous Moulay Isma'il était des plus rudimentaire. Auprès du souverain qui intervenait sur tout sujet, du plus grave au plus anodin, d'une multitude de conseillers et de secrétaires (*kuttab*) étaient placés sous l'autorité du grand vizir (*wazir al-a'dham)* qui faisait fonction également de pacha de Meknès. Avec le chambellan (*hajib*), le trésorier qui avait la charge du *Bayt al-Mal* et les intendants, ils formaient les *Ashab*, les « compagnons » du roi, qu'ils suivaient dans tous ses déplacements et auprès duquel ils séjournaient dans la capitale. À leurs côtés, les agents de la garde montée des *msakhrin* avaient pour tâche d'exécuter les « affaires importantes » du Makhzen. Formés de *'Abid* et de soldats *guish*, eux aussi accompagnaient le roi dans toutes ses expéditions :

> Lorsque le sultan sort à cheval ou fait une expédition, ils se séparent en deux groupes : l'un dans lequel se trouvent des 'Abid marche derrière lui, parce que ce sont des affranchis ; et l'autre, qui comprend des Oudaya et des Cheraga, marche devant lui [15].

Hors de la maison royale, le plus grand dignitaire civil du royaume était le grand mufti, qui, en principe, avait la haute main sur l'ensemble des cadis du pays, des *Hakim*-s, des *Muhtasib-s* et des *Muqaddim*-s qui faisaient respecter l'ordre sur la voie publique et dans les marchés. En dehors des chérifs de toutes origines, principalement idrissides et filaliens, qui étaient nombreux dans les conseils du roi et disposaient de la plupart des charges de confiance non destinées aux princes et aux commandants militaires, un seul grand chef religieux put garder tout son prestige face à Moulay Isma'il : le chérif d'Ouezzane, dans le nord-ouest du pays, qui fut nommé gouverneur de sa ville et conserva ses fonctions pendant toute la durée du règne du monarque 'alawite.

Afin d'informer le roi de tout ce qui passait sur son territoire, les caïds de provinces et des grandes villes devaient entretenir à la cour des agents chargés de lui communiquer les nouvelles. Tous les deux ou trois ans, les gouverneurs auxquels le roi ne versait pas de traitement étaient convoqués pour rendre compte directement de leur gestion au souverain à qui ils remettaient, à cette occasion, les impôts et les tributs collectés dont ils soustrayaient les sommes affectées à l'entretien des troupes :

> Une agitation mortelle s'empare des gouverneurs lorsqu'ils doivent aller à la cour, raconte Thomas Pellow. En effet, une mort cruelle les attend si l'empereur pense qu'ils ne lui ont pas remis tout le produit de leur charge. Avant de comparaître, ils enlèvent leurs chaussures et mettent le vêtement des esclaves. Lorsqu'ils approchent de l'empereur, ils baisent la terre que foule sa monture. S'il leur parle, ils penchent la tête en avant et de côté, signifiant de la sorte que leur vie lui appartient[16].

Les caïds des régions frontalières avaient aussi pour fonction de lui envoyer des nouvelles de l'étranger. Ainsi les deux salétins 'Abd el-Kader Perez et 'Abd Allah b. 'Aysha, qu'il envoya respectivement en Angleterre et en France, le renseignaient-ils régulièrement sur ces deux pays. De la même façon, son médecin particulier Mohammed al-Andalusi, un renégat originaire de Séville le tenait au courant des affaires espagnoles. Le poste de ministre des Affaires étrangères n'existait pas sous Moulay Isma'il et n'apparut pour la première fois au Maroc que sous son petit-fils Sidi Mohammed b. 'Abd Allah (1757-1790) sous l'appellation de *Wazir al-Bahr* ou ministre de la Mer.

Les revenus de Moulay Isma'il provenaient en majeure partie des impôts dont les deux principaux étaient l'*'ashur* et la *ghrama*. Le premier était perçu en nature et consistait en la dixième partie de toute production agricole tandis que le second était payé en espèces suivant la fortune de chacun. Le montant de ces deux impôts était fixé par les gouverneurs d'après les informations qu'ils possédaient sur la population et l'état des récoltes. À une date fixe de l'année, ils venaient percevoir l'impôt, obligeant les contribuables à fournir les montures nécessaires au transport des produits prélevés ainsi que la nourriture de l'escorte et un « don » pour le percepteur, qui, à l'exemple de tous les agents du Makhzen, n'était pas censé vivre de son salaire [17].

Outre la *jizya* ou impôt de capitation payé par les Juifs, qui était le plus souvent fixé suivant le bon plaisir du souverain, le roi recevait des contributions « volontaires » et des présents, en espèces ou en nature, de la part de tous les commis du Makhzen ainsi que des corporations de marchands et d'artisans de Fès et de Meknès qui assuraient de la sorte tous les besoins matériels de la maison royale [18]. Il va sans dire que dans les provinces et les villes de la périphérie, le même système de « dons » était reproduit par les caïds et les divers représentants du sultan au niveau local.

Quant aux taxes douanières, elles étaient de 10 % sur tous les produits transitant par les ports. Le roi, qui en avait le monopole, affermait la vente des produits destinés au négoce européen – dont étaient exclus le blé, les chevaux, les chameaux et le bétail – à un petit nombre de commerçants juifs ou musulmans ; la seule exportation de la cire, qui d'après J. B. Estelle était le principal article exporté du Maroc à la fin du XVIIe siècle lui rapportait 40 quintaux d'argent par an [19]. À ces revenus il faudrait ajouter les tributs envoyés occasionnellement du Soudan ou encore le produit de la course qui s'effectuait toujours à partir de Salé et de Tétouan : d'après les sources européennes, la plupart des bateaux qui y étaient engagés appartenaient à Moulay Isma'il et étaient armés aux frais des caïds des deux ports qui payaient à leurs capitaines 250 livres (soit 40 mithqals environ) pour chaque captif européen livré au roi.

Nul ne savait le montant exact des sommes qui passaient par le Trésor royal. Moulay Isma'il n'y touchait pratiquement pas, sauf pour la solde de ses troupes, toutes ses dépenses comme celles de ses gouverneurs et de ses fonctionnaires étant couvertes par ses sujets, au point de donner l'impression d'avoir érigé la paupérisation de ses sujets comme principe de gouvernement[20]. Ayant lancé peu de travaux d'intérêt général, Moulay Isma'il, que l'on disait particulièrement avare, aurait eu pour habitude de fondre son or et son argent en lingots qu'il empilait les uns sur les autres dans son palais de Meknès[21]. Une fortune immense qui allait être dilapidée, en peu de temps, par ses nombreux héritiers qui n'attendirent pas la mort de leur père pour tenter de lui arracher le pouvoir.

L'appel du Soudan

C'est au lendemain de la prise de Larache que Moulay Isma'il renoua avec les Arma de Tombouctou dont il sollicita et obtint la *bay'a*. Fin 1689 ou début 1690, le représentant du sultan dans la saline saharienne de Taoudenni apporta en effet au pacha de Tombouctou une missive de son roi lui annonçant la conquête de Larache, « citadelle imposante, forteresse inexpugnable, n'ayant sa pareille ni dans ce pays ni ailleurs » et lui exprimant ses remerciements pour le tribut d'allégeance que le *pachalik* avait consenti à lui verser : « C'est parce que nous savons que votre ville, Tombouctou, est peuplée d'hommes de justice et de bien et que, vous aussi, avez pour voisins des infidèles, des Noirs, que nous vous faisons part de cette victoire bénie qui réjouit les musulmans monothéistes et afflige le cœur des infidèles idolâtres », expliquait le sultan. Et d'ajouter : « Nous fîmes mille sept cent vingt-six prisonniers chrétiens et pendant les combats et le siège, nous en tuâmes près d'un millier. Nous trouvâmes dans la ville cent vingt canons d'un modèle peu répandu dans le monde chrétien ainsi que cinq cents sabres, deux mille fusils, cinq cents quintaux de poudre – Dieu détruise le reste de leurs forteresses et de leurs citadelles[22]. »

Mais les troubles qui éclatèrent au cours des années suivantes dans les provinces méridionales du Maroc rendirent très malaisées les relations de Moulay Isma'il avec l'ancienne « colonie » d'Ahmed al-Mansur. En 1697, le consul de France à Salé constatait ainsi l'amenuisement du commerce marocain avec Tombouctou à la suite du soulèvement du Sous :

> […] Le Royaume du Sous est soulevé entièrement […]. Ce quy donne beaucoup de peine au Roy de Marroc c'est qu'il y a un château à trente lieues de Ste Croix [Agadir] loin du costé du Sous quy s'est soulevé. Ce château est surnommé Tremena [Taroudant]. Il est d'une grandeur extraordinaire […]. Ce château est de dernière importance pour le Roy de Marroc, à cause que n'estant pas en paix avec celui quy le commande, les sujets du dit Roy de Marroc ne peuvent plus faire le négosse de Guinée que très difficilement, dont ils en tirent de grandes richesses à cause de la poudre d'or qu'ils en raportent dont il en vient tous les ans grand partie au dit Roy de Marroc, aussi bien que des Noirs dont ses Royaumes se trouvent remplis[23].

Trois ans plus tard, le prince Mohammed al-'Alim se faisait proclamer roi du Sous avant de s'emparer du Dra' et du Tafilelt. Le trafic avec le Soudan en fut immédiatement affecté : « Muley Ismaël […] irrité que ce fils rebelle luy eut enlevé un convoy considérable quy lui venait de Guinée, en or, en argent et en esclaves noirs, résolut d'éteindre ce feu dès sa naissance[24]. »

La sédition ne fut cependant étouffée qu'en 1706. Trois ans plus tard, Moulay Isma'il était en mesure de rétablir le contact avec Tombouctou et d'y envoyer un émissaire :

> Le pacha [de Tombouctou], raconte la chronique locale *Tadhkirat al-Nisyan*, reçut un envoyé du sultan et donna en son honneur de grandes fêtes auxquelles il convoqua une foule considérable. Il fit venir tous les gens qui étaient dans le voisinage de notre ville de Tombouctou sur les rives du Fleuve, tous les habitants des îles dans la direction des quatre points cardinaux, en sorte qu'une foule de personnes assistèrent à ces réjouissances [...]. Tous les gens convoqués vinrent à ces fêtes auxquelles le pacha se rendit à cheval ayant auprès de lui l'ambassadeur du sultan [...]. On fit le tour de la ville et on rentra ensuite, sans encombres. Puis le pacha renvoya le messager au sultan avec des cadeaux (*hadaya*)[25].

Cette visite, qui fut suivie de deux autres entre 1716 et 1719, marquait à l'évidence un regain d'intérêt de la part de Moulay Isma'il à l'égard de Tombouctou. Mais la politique « africaine » du monarque 'alawite fut loin cependant d'être accaparée entièrement par le Sahel soudanais. Tandis que les Européens se disputaient Arguin sur la côte mauritanienne et le trafic de la gomme qui s'y pratiquait, Moulay Isma'il allait en effet implanter solidement son autorité à l'intérieur de la Mauritanie actuelle, en soutenant l'émir des Trarza et en envoyant de temps à autre, en direction du Sénégal, des troupes plus ou moins régulières appelées « Ormans » dans certaines sources européennes.

L'entrée en action des 'Alawites dans les affaires de cette région coïncida avec la fin de la guerre dite de Sharr-Baba entre les Arabes Hassan et les tribus Zuwaya du Sud mauritanien. Après que ces dernières eurent fait la conquête des royaumes noirs du fleuve Sénégal, les Hassan, cherchant un contrepoids à ce renforcement de leurs adversaires maraboutiques, firent appel au sultan du Maroc qui leur aurait envoyé des troupes dès 1673[26]. En outre, l'insertion au sein du *guish* chérifien d'éléments arabes de même appartenance tribale que les Ma'qil mauritaniens, tels que les Awlad Dlim, les Mghafra et les Oudaya, donnait un caractère organique à cette alliance qui devait être scellée en 1678-1679 – après la victoire finale des Hassan – par le mariage de Moulay Isma'il avec la fille de l'émir des Brakna :

> Dans l'année 1089 (1678-1679), Moulay Ismaïl fit une expédition dans le désert du Sous et s'avança par Aqqa, Tatta, Tissint et Chenguit jusqu'aux confins du Soudan. Il y reçut la députation de toutes les tribus arabes Ma'qil de cette région, du Sahel et du Sud, Dlim, Barbouch (Bérabich), Mghafra, Ouadi (Oudaya), Mta', Jarrar qui lui apportèrent leur soumission. À la tête de cette députation se trouvait le cheikh Bekkar al-Mghafri (l'émir des Brakna) [...]. Ce cheikh offrit sa fille au sultan : elle était belle, instruite et bien élevée. Moulay Ismaïl l'épousa et en eut des enfants[27].

L'autorité du sultan marocain s'étendit dès lors jusqu'à la vallée du Sénégal, comme le souligne al-Ifrani : « [...] Ses possessions dépassèrent les rives du Nil (Sénégal). Maître des parties fertiles du Soudan, il étendit son domaine bien au-delà du point qu'avaient atteint, avant lui, le sultan Abu al-'Abbas Ahmed al-Dhahabi al-Mansur et ses autres prédécesseurs[28]. »

Opérant tour à tour pour le compte des émirs maures – Trarza aussi bien que Brakna – et des monarques noirs locaux, ceux du Fouta Toro et du Galam notamment, mais surtout pour leur propre compte, les soldats envoyés par Moulay Isma'il allaient terroriser pendant une vingtaine d'années toutes les régions riveraines du Sénégal. Leurs randonnées les conduisirent jusqu'au Bondou et au Bambouk, et surtout au Galam où ils mirent en péril, à plusieurs reprises, le comptoir français de Saint-Joseph. C'est d'ailleurs grâce aux rapports des commandants de ce fort que l'on dispose d'une assez ample documentation sur les Ormans, appelés aussi « Salétins » ou tout simplement « Maroquins ».

Les soldats marocains ne limitèrent pas leurs activités à la vallée du Sénégal. Leur présence fut signalée également dans le Hodh – à Walata, en premier lieu[29] –, ainsi que dans le Kingui et le Baghana où le souvenir de leur passage est conservé par la tradition locale. Le voyageur allemand Heinrich Barth signalait ainsi, à un jour de marche de Kasambara (au sud de Néma), trois villages connus sous l'appellation commune de *Ksour al-Ruma* : Lombo-Tendi, Barasafa et Bisaga. Barth indiquait également que Diara du Kingui avait été habitée par des Ruma[30]. D'autres traditions, plus récentes, font état explicitement d'une attaque de Diara par « l'armée de Moulay Isma'il[31] » qui aurait laissé sur place des inscriptions, des graffiti ainsi qu'un cimetière où seraient enterrés des soldats marocains.

La présence militaire marocaine est d'ailleurs attestée par les commandants français de Saint-Joseph d'après lesquels les soldats marocains ne cherchaient que l'occasion pour s'emparer du fort. Ce qui est peu probable comme l'atteste ce témoignage du commandant de Saint-Joseph qui relatait ainsi les propos du caïd [« Gaedy »] marocain venu avec ses hommes dans les parages du fort :

> […] il jurait par ce qu'il avait de plus religieux qu'il ne nous ferait jamais de mal ny pour un des nôtres, que neuf chefs d'Ormans qui l'ont précédé en pais n'ont jamais eu l'ordre d'attaquer les Blancs quoy que le Roy du Maroc sache bien qu'il y en a. Il adjoutta qu'il ne pouvait de son cheff et sans un commandement exprès, faire une telle entreprise sans encourir l'indignation de son prince en exposant des troupes qui luy sont si chères et si bien recommandées, qu'il est même de l'intérêt du Roy de

Maroc que ce contoir subsiste toujours parce que c'est de luy que les Nègres tirent toutes leurs richesses qu'il fait ensuite recueillir[32].

C'est ce que semble confirmer le témoignage très précis de l'officier anglais Thomas Pellow qui fut au service de Moulay Isma'il et de son fils Moulay 'Abd Allah, et qui prit part à une expédition de grande envergure comprenant 30 000 hommes et 60 000 chameaux. Partie de Meknès, la caravane passa par Agadir et Massa et, après une halte à Iligh et à Ifran de l'Anti-Atlas, elle traversa l'oued Noun puis la Saqiya al-Hamra avant d'atteindre Chinguetti où il y avait une *casbah* marocaine commandée par un caïd dont l'une des fonctions ordinaires était de recueillir les tributs dus au monarque marocain par les populations de la région jusqu'à la vallée du Sénégal :

> Pendant tout notre séjour en Guinée, le tribut et le butin furent entreposés au château (Chinguetti) et nous les emportâmes avec nous lorsque, une nouvelle caravane étant venue pour nous relever, nous pûmes repartir. Nous avions nos quartiers autour du château et dans son enceinte. Par trois fois nous nous rendîmes en expédition au Wadnil (le fleuve Sénégal) où nous réduisîmes par les armes tous ceux qui nous résistaient. Aussi les habitants de ces régions furent-ils obligés de se soumettre aux exigences démesurées du tyran (Moulay Isma'il) pour éviter que leur pays ne fût ravagé par nos soldats car ceux-ci dépouillaient les pauvres Noirs de leurs biens et emmenaient leurs enfants[33].

À leur retour, les soldats marocains purent emmener une dizaine de captifs européens qui se trouvaient à bord d'un navire français « de quelque quatre-vingts tonnes » que des Maures firent échouer sur le bord du fleuve, ainsi « qu'un riche butin d'or, d'ivoire, de Noirs, etc. qui fut pourtant jugé insuffisant par l'insatiable tyran qui nous gouvernait[34] ».

En tout état de cause, le bruit des activités de la *mahalla* de Moulay Isma'il parvint jusqu'à Tombouctou et les rumeurs – qui se révélèrent infondées par la suite – de leur mouvement en direction du *pachalik* suscitèrent beaucoup d'émoi chez les Arma, ces frères « lointains » des Ormans qui continuaient à reconnaître la « suzeraineté » marocaine sur leur territoire[35]. Une autorité qui s'imposait comme une évidence aux yeux des rois 'alawites eux-mêmes : se situant dans la continuité des Sa'diens, Moulay Isma'il se présentait dans sa correspondance avec l'Europe comme « roi de Meknès, de Fès, du Sous, du Touat, du Dra', des Arabes, prince du Tafilelt et seigneur du Gharb et de Guinée[36] ».

Plus que l'or, Moulay Isma'il recherchait surtout au Soudan et au Sénégal des esclaves pour la constitution de son armée des *'Abid al-Bukhari*. Nous ne disposons d'aucun élément précis permettant de chiffrer le volume de cette traite ; il reste cependant que le *pachalik* de Tombouctou connut, au début du XVIIIe siècle, des développements sociaux qui ne sont pas sans rappeler l'évolution interne de certains royaumes du golfe de Guinée, à la suite de l'accroissement du nombre d'esclaves restés sur place, du fait de l'augmentation de la traite atlantique. Plusieurs chefs militaires de Tombouctou s'étaient retrouvés, en effet, à l'exemple des marchands africains d'esclaves du littoral guinéen, en possession d'un grand surplus d'esclaves et, faute de pouvoir les exporter au Maroc, ils décidèrent de les utiliser intensivement à leur service. L'exemple le plus connu est celui des *legha* du pacha al-Mansur dont les relations avec Moulay Isma'il furent d'ailleurs des plus étroites. Violents et mécréants, constituant la garde prétorienne du pacha, les *legha* instaurèrent un véritable climat de terreur à Tombouctou et dans sa région jusqu'en 1719, date à laquelle ils furent massacrés à la suite d'un *djihad* en règle proclamé par les chérifs de la ville[37].

Les relations avec l'Europe et la Turquie

Objet de toutes les négociations entre le Maroc et les puissances européennes, des milliers de captifs chrétiens vivaient au Maroc sous Moulay Isma'il. Appartenant à toutes les nationalités, ils étaient détenus dans leur écrasante majorité à Meknès, où ils étaient employés à la construction des palais royaux. Groupés par nationalité, ils habitaient ensemble, avec femmes et enfants quand ils étaient mariés, dans un même quartier au centre de la ville. Les officiers, les ecclésiastiques et les nobles étaient dispensés de travailler et ceux dont la conduite et les talents professionnels étaient appréciés pouvaient accéder à des charges de confiance très lucratives. Tous pratiquaient ouvertement leur religion grâce aux religieux franciscains espagnols qui avaient pu ouvrir sur place une église et un couvent. Il en était de même à Salé et à Tétouan, où Moulay Isma'il autorisa également l'ouverture de deux hospices tenus par des religieux qui, comme leurs collègues de Meknès, intervenaient souvent pour obtenir le rachat des captifs en échange de certaines marchandises européennes ou de la libération de Marocains emprisonnés en Espagne ou en France[38].

Sous Louis XIV, l'échange de prisonniers fut l'objet d'intenses tractations entre la France et le royaume chérifien. Déjà établis à l'époque de Moulay al-Rashid, les contacts diplomatiques entre les deux pays s'intensifièrent au début des années 1680 avec le voyage en France de l'ambassadeur marocain al-Hajj Mohammed Tamim et la conclusion, le 29 janvier 1682 à Saint-Germain-en-Laye du premier accord de paix entre la France et le Maroc stipulant le rachat réciproque, à raison de 300 livres par personnes, des prisonniers. L'accord resta lettre morte et ne fut jamais signé, Moulay Isma'il se refusant de libérer à si vil prix les captifs chrétiens, et Louis XIV ne pouvant consentir à dégarnir les galères de Toulon en se passant de la main-d'œuvre marocaine. Les choses en restèrent là jusqu'en 1693, lorsque, devant l'intransigeance du sultan, Louis XIV se montra plus conciliant et accepta cette fois de traiter sur la base d'un échange réciproque des prisonniers. C'est François Pidou de Saint-Olon qui fut désigné pour négocier avec Moulay Isma'il, mais une fois sur place il se rendit compte que sa mission n'avait aucune chance d'aboutir, le Maroc venant de conclure un accord avec l'Espagne, qui s'était engagée à lui remettre quatre prisonniers marocains pour chaque captif espagnol libéré.

Les choses traînèrent ainsi en longueur jusqu'en 1698, lorsque devant l'imminence d'une attaque de Salé par l'escadre du chevalier de Coëtlogon, Moulay Isma'il dépêcha en toute hâte auprès de Louis XIV l'amiral 'Abd al-Allah b. 'Aysha, avec pour mission de signer un accord de paix. Cette fois non plus aucun traité ne fut signé, Moulay Isma'il demandant un statut égal à celui du sultan ottoman dans ses relations avec la France ainsi qu'une aide militaire contre l'Espagne qui détenait toujours la ville de Ceuta. Ce que Louis XIV ne pouvait accepter après l'accession, en 1700, de son petit-fils Philippe V au trône d'Espagne. Les relations du Maroc avec la France et l'Espagne connurent alors un sérieux refroidissement. En 1718, les deux pays rompirent leurs relations diplomatiques avec le royaume chérifien, abandonnant ainsi la question des captifs aux bons soins des ordres de la Merci et de la Trinité qui continuaient à œuvrer pour leur rachat et leur rapatriement en Europe. L'Angleterre, qui enleva Gibraltar à l'Espagne en 1705, demeurait la seule grande puissance européenne à entretenir des relations diplomatiques avec le Maroc. Ce qui la mettait en meilleure posture pour obtenir, en 1721, la libération de l'ensemble de ses captifs.

Le pays venait alors de sortir d'une longue série de rébellions menées par les fils du roi et réprimées avec la même sévérité que celles qui avaient eu lieu au cours des premières années du règne de Moulay Isma'il. Suivant l'exemple malheureux d'Ahmed al-Mansur le Sa'dien, le monarque 'alawite avait décidé en 1699 de répartir entre ses fils le gouvernement des grandes provinces du pays. S'estimant lésé, un d'entre eux, Moulay Mohamed al-'Alim, que l'on disait particulièrement doué, se fit proclamer roi du Sous avant de s'emparer du Dra' et du Tafilelt, arraisonnant à son profit toutes les caravanes venant du Soudan[39]. Il fut capturé et mis à mort par son père qui, déçu par cette expérience malheureuse de décentralisation, résolut aussitôt de se passer des services de ses autres fils, à l'exception de Moulay Ahmed al-Dhahabi et de son frère Moulay 'Abd al-Malik, qui gardèrent le gouvernorat du Tadla et de Marrakech. Un troisième fils, Moulay Zidan, nommé à Taza, avait décidé en 1700 de son propre chef d'envahir Mascara où il pilla le palais du bey turc, emportant « tout ce qu'il y trouva, tapis et matelas, ustensiles de ménage, beurre, etc. ». Maigre butin pour une opération qui allait rouvrir les hostilités entre le Maroc et la Régence d'Alger. Après avoir destitué Moulay Zidan, qui alla ensuite assouvir son dépit à Taroudant en passant tous les habitants, « même les femmes et les enfants », par les armes[40], Moulay Isma'il franchit la frontière algérienne et pénétra jusque dans la vallée du Chélif où le dey d'Alger s'avança à sa rencontre le 28 avril 1701. Vaincu et légèrement blessé dans les combats, il dut rebrousser chemin, laissant sur le terrain près de 3000 morts ainsi qu'un immense butin aux mains des Turcs. Ceux-ci le laissèrent regagner sans encombre son territoire, car ils avaient mieux à faire que s'enliser dans une guerre incertaine contre le Maroc : ils étaient sur le point, en effet, de s'emparer d'Oran, après deux siècles d'occupation espagnole. Les relations entre la Régence d'Alger et le Maroc restèrent néanmoins très tendues par la suite. Profitant des guerres intestines qui secouèrent la Régence au cours des années suivantes, des éléments plus ou moins contrôlés de l'armée marocaine poussèrent leurs incursions dans le Sud algérien jusqu'à Aïn-Mahdi (à l'ouest de Laghouat) et à Aïn-Sefra entre 1711 et 1713.

Âgé et malade, Moulay Isma'il mourut le 20 mars 1728 sans avoir désigné formellement son héritier. Le pays était pacifié et sûr, au point, suivant une formule consacrée, « qu'un Juif et une femme pouvaient aller d'Oujda à l'oued Noun sans rencontrer personne qui leur demandât d'où ils venaient et où ils allaient[41] ».

Mais à quel prix :

> Les habitants du Maghreb, raconte al-Nasiri, devinrent comme les fellah d'Égypte : ils travaillaient et payaient des impôts toutes les semaines, tous les mois, tous les ans. S'il leur naissait un poulain, ils l'élevaient et, dès qu'on pouvait le monter, ils le remettaient au gouverneur avec 10 mithqals pour acheter sa selle. Si c'était une pouliche, il la gardait et ne donnait au gouverneur qu'un mithqal. Dans tout le Maghreb, on n'aurait pas trouvé un voleur ou un coupeur de route. Quiconque se rendait coupable d'un acte de brigandage et s'enfuyait dans les tribus était arrêté par la tribu chez laquelle il passait, ou dans les bourgades où il apparaissait [...]. Les inconnus qui passaient la nuit dans un douar ou dans une bourgade étaient gardés à vue jusqu'à ce qu'on sût qui ils étaient. Quiconque les laissait partir, ou ne les surveillait pas, était responsable de leurs crimes et payait ce qu'ils avaient volé ou le prix du sang de leurs victimes[42].

Un pays, renchérit Thomas Pellow, dont le roi « a si bien nettoyé les campagnes que nulle part au monde peut-on voyager avec autant de sécurité[43] ». Mais ployant sous le poids des impôts et paralysé par la peur des exactions du Makhzen, l'édifice makhzénien tout entier menaça de s'effondrer dès l'annonce de la mort de Moulay Isma'il.

Trente ans d'anarchie : le Maroc après la mort de Moulay Isma'il

Le Maroc allait connaître, en effet, la même situation que celle qui avait prévalu au lendemain de la disparition de Moulay Ahmed al-Mansur. À cette différence que ce n'était plus les confréries religieuses ni les chefs de tribus qui faisaient et défaisaient désormais les titulaires du trône mais les *'Abid* et le *guish* arabe des Oudaya qui allaient instaurer une véritable dictature sur le pays. Ne remettant nullement en question la légitimité de la dynastie 'alawite, les soldats accordèrent ainsi leur appui à tout descendant de Moulay Isma'il qui leur prodiguait ses bontés. Abandonnant leurs casbahs et leurs garnisons, les soldats pressurèrent la population des villes et des campagnes, tandis que leurs favoris se livraient une lutte sans merci pour garder le pouvoir. On vit ainsi le prince Moulay 'Abd Allah porté cinq fois au pouvoir entre 1729 et 1745, évinçant, l'un après l'autre, ses frères Moulay Ahmed al-Dhahabi (1727-1728 et 1728-1729), Moulay 'Abd al-Malik (1728), Moulay 'Ali al-A'raj (1735-1736), Moulay Ahmed b.'Arbiyya (1736-1738), Moulay al-Mostady (1738-1740) et, enfin, Moulay Zayn al-'Abidin (1745). Des guerres incessantes au cours desquelles les *'Abid* finirent par payer un lourd tribut : massacrés par les rois qui ne leur devaient pas leur ascension, un grand nombre d'entre eux étaient acculés à la mendicité dans les bourgades et les villes où ils étaient souvent pourchassés par leurs voisins « qui vinrent plus d'une fois leur voler leurs enfants dans les potagers et les vergers[44] ».

Plus chanceux que les *'Abid*, les Oudaya lièrent leur sort à celui de Moulay 'Abd Allah, qui sortit vainqueur de cette compétition pour le trône. Aidé également des Berbères Guerouan qui venaient de s'établir dans la région de Meknès, celui-ci allait parvenir à rétablir l'ordre dans le pays après son entrée victorieuse à Fès en 1748. La même année, il nommait son fils Sidi Mohammed *khalifa* (vice-roi) de Marrakech.

L'ancienne capitale sa'dienne était en totale décrépitude, depuis des années :

> Marrakech était autrefois fort belle, rappelait J. B. Estelle, à la fin du XVIIe siècle ; mais à présent, ce n'est plus rien et tombe tous les jours en ruine, sans qu'on se mette en estat de faire aucune réparation. Le particulier, à qui sa maison tombe en ruine par la longueur du temps, qui aurait de quoi la faire rebastir, ne le fait pas pour ne pas passer pour riche, pour n'estre pas taxé à payer une forte garame (*ghrama*) et contribution extraordinaire, ce qui luy arrive souvent[45].

La situation du Maroc se stabilisa peu à peu au cours des années suivantes, mais c'est sous le règne de Sidi Mohammed b. 'Abd Allah (1757-1790) que le pays sortit véritablement de la crise née de la succession de Moulay Isma'il. Une crise qui étonnamment ne mit pas à mal l'intégrité territoriale du Maroc, respectée aussi bien par les Turcs que par les Européens. Tous y trouvaient leur compte, les Anglais, les Danois et les Hollandais surtout qui, après avoir éliminé les Français du commerce maritime marocain, se partageaient le trafic qui passait par les quatre principaux ports du pays, Tétouan, Salé, Safi et Agadir. Ils y échangeaient les mêmes produits que sous Moulay Isma'il, à l'exception de la gomme arabique que les caravanes marocaines allaient quérir jusqu'au Soudan et qu'elles venaient écouler ensuite aux navires européens en rade à Agadir. Moulay 'Abd Allah, qui favorisa ce négoce ainsi que le rachat des captifs chrétiens en échange de prisonniers musulmans, fut aussi le premier sultan 'alawite à conclure, en 1750, un traité « de paix et de sécurité » avec un État européen, la Hollande. Un traité stipulant la liberté des échanges entre les deux pays ainsi que l'ouverture des premiers consulats permanents européens au Maroc. Il inaugurait ainsi la voie qu'allait suivre son fils, à bien des égards le principal architecte de l'ouverture du Maroc sur l'Europe au cours de la deuxième moitié du XVIIIe siècle.

Le Maroc à la fin du XVIIIe siècle : un pays en pleine mutation démographique et sociale

Les trente années de crises politiques et militaires qui suivirent la mort de Moulay Isma'il furent accompagnées de changements démographiques et sociaux qui transformèrent durablement la physionomie du Maroc. Ce fut d'abord la poussée des populations montagnardes du Rif, du Moyen Atlas et du Haut Atlas vers les plaines de l'Atlantique. Au nord, il s'agit plus particulièrement des Jbala, des Ghomara et des Sanhaja rifains qui se déplacèrent en masse vers Ouezzane, le Zerhoun et Fès, tandis que les Berbères Guerouan s'installaient dans la région de Meknès où ils offrirent leur aide militaire à Moulay 'Abd Allah. Il s'en servit comme un contrepoids au *guish* arabe des Oudaya. Ils furent rejoints par les Zemmour, qui avancèrent jusqu'à Azrou tandis que les Aït Idrassen, partis du Todgha, dans le Haut Atlas, s'établissaient dans les riches plaines de culture du Gharb, laissant d'autres Sanhaja, les Zaïan et les Zaer, occuper la région du centre s'étendant entre Khénifra et Rabat-Salé. Au même moment, au sud-est du pays, les Aït Atta descendaient vers les oasis du Dra' et du Tafilelt tandis que dans le Sud-Ouest, poussées par la sécheresse et les épidémies, les Masmouda remontaient vers les plaines des Shiadhma, du Haouz de Marrakech et même la Chaouia. Fuyant la plaine si florissante du Tazerwalt devenue un désert, des milliers d'habitants du Sous vinrent s'établir jusque chez les Seksawa ainsi que dans la toute nouvelle ville de Mogador (Essaouira).

D'abord jugulée sous Moulay Isma'il, cette descente des populations de l'Atlas vers la plaine fut accélérée par divers fléaux qui s'abattirent sur la société marocaine au cours de la deuxième moitié du XVIIIe siècle : disettes, sécheresses, invasions de sauterelles, inondations, épidémies et même tremblements de terre comme celui du 1er novembre 1755 qui détruisit Meknès et fit près de 10000 morts, décimant notamment la garnison des *'Abid* de la ville ainsi que son *mellah*. Entré dans l'histoire pour les terribles ravages qu'il provoqua à Lisbonne, ce séisme fut suivi d'un immense raz de marée qui inonda les villes du littoral atlantique d'Agadir à Salé[46]. D'autres secousses furent enregistrées au cours des trois semaines suivantes, faisant des dégâts importants à Marrakech, Fès, ainsi qu'à Tanger[47].

Famines, épidémies, sécheresses

D'un effet beaucoup plus dévastateur, à l'évidence, fut la longue série de famines et d'épidémies qui rythmèrent la vie économique du pays à partir de la mort de Moulay Isma'il. Ainsi, dès les années 1730, les chroniques juives de Fès relatent avec force détails les effets de la terrible famine qui décima alors la population de l'ancienne capitale mérinide : jeûnes, supplications et prières rogatoires réunirent plus d'une fois, à cette occasion, Juifs et musulmans de la ville. Ceux-ci n'étaient pas loin de penser, par ailleurs, que la non-observance par les Juifs de leurs propres devoirs religieux était à l'origine du courroux divin. Lisons ce témoignage contemporain :

> [Les musulmans de] Fès-la-Neuve s'étaient réunis grands et petits, et délibérèrent entre eux pour découvrir la cause de la grande détresse qui a frappé le monde entier. Ils aboutirent à la conclusion que la faute en était aux Juifs et ils relevèrent plusieurs vices qui sont enracinés en nous. En premier lieu, c'est la fabrication de l'eau-de-vie que l'on appelle *ma-lhya* : autrefois, on ne la vendait que dans un local particulier, le Dar el-Tberna [la Taverne] mais actuellement il n'y a pas de maison où ne se trouve pas ce poison mortel et tous sont complices de ce crime d'où résultent bien d'autres. Deuxièmement, le parjure et le serment en vain. [...] Troisièmement la négligence des prières [...] [Jadis], aussitôt le matin venu, les Juifs se levaient avec diligence et d'un commun accord, se purifiaient et allaient à la synagogue pour supplier leur Créateur. Maintenant, le matin chacun quitte sa maison et s'en va à ses occupations jusqu'au soir [...]. Et les musulmans décidèrent de nous envoyer un messager [pour nous inviter] à réformer ces abus [48].

Autre signe des temps : au cours de la disette de sept ans qui s'abattit sur le pays entre 1777 et 1783, le Makhzen rompit avec son inertie habituelle et le sultan Sidi Mohammed b. 'Abd Allah (1757-1790) ouvrit largement le Trésor royal pour réduire les souffrances de ses sujets : il distribua ainsi soldes et gratifications aux militaires chargés du maintien de l'ordre, veilla aux besoins des citadins sans ressources, accorda des prêts avantageux aux commerçants pour l'achat de vivres à Cadix et à Lisbonne et leur revente au prix coûtant et, enfin, exonéra du paiement d'impôt les paysans en détresse.

C'est que la « famine fut si grande, rapporte al-Nasiri [49], que les gens en furent réduits à manger des animaux morts, du sanglier et même de la chair humaine ». Les petits pois, les fèves et les lentilles, importés de l'étranger, étaient devenus des mets de luxe que l'on comptait grain par grain, raconte, pour sa part, le consul français Louis Chénier : « Il n'y eut bientôt aucune sûreté sur les chemins ; on ne pouvait voyager qu'avec des escortes ; les provinces se faisaient une espèce de guerre pour s'enlever, réciproquement, ce qui avait échappé aux ravages des sauterelles et au dérèglement des saisons. Depuis les populations habitant la partie du pays s'étendant de Rabat et Salé jusqu'au Tadla furent exposées pendant deux ou trois ans à des déprédations que la misère du temps pouvait excuser peut-être[50]. »

Mais les bonnes dispositions du Makhzen et la sollicitude du sultan à l'égard de ses sujets n'empêchèrent pas cependant les émeutes d'éclater dans le sud et le centre du pays, prenant souvent l'aspect de troubles à caractère religieux. Dès lors, usant de moyens ayant fait leurs preuves sous ses prédécesseurs, Sidi Mohammed passa les dernières années de sa vie à déplacer les tribus en dissidence d'une région à l'autre du royaume. Il fit ainsi transférer les Awlad Bu Sba' de la région de Marrakech au sud du Sous ; les Aït Yimmour du Rif au Tadla ; les Mejjat, les Samkat et les Ghataya, du Tadla jusqu'au Gharb ; les Tekna et les Dhawi Bilal du Haouz et de Chichawa à la région de Fès. Des déplacements de populations qui s'ajoutaient à ceux, plus « réguliers », qui vidaient la montagne de son trop-plein d'habitants, incapables de résister aux dérèglements de la nature.

De toutes les catastrophes qui marquèrent l'histoire moderne du Maroc, la plus terrible fut l'épidémie de peste de 1799-1800, au cours de laquelle le royaume chérifien perdit probablement près de la moitié de sa population. Les premiers signes de ce fléau, qui, en Égypte et en Syrie, avait décimé l'armée d'Orient du général Bonaparte, apparurent au Maroc en février 1799 dans la région de Melilla, puis, trois mois plus tard, à Fès et à Rabat. L'épidémie se généralisa dans tout le pays à partir du mois de juin et n'épargna aucune région ni aucune ville du Maroc jusqu'en 1800 : à Fès, on compta près de 65 000 morts, soit près de 1 500 morts par jour, au point qu'au retour du roi de son expédition contre la Chaouia la ville paraissait inhabitée ; à Rabat-Salé on compta 30 000 morts, moins qu'à Marrakech où l'on en dénombra 50 000 et où, d'après l'Anglais J. G. Jackson, « les vivants n'avaient même plus le temps d'enterrer les morts ». Le taux de mortalité fut plus considérable dans le Sous que partout ailleurs dans le pays. Un régiment envoyé à Taroudant fut réduit en moins d'un mois à deux hommes et la région fut dépeuplée au point que le sultan Moulay Sliman (1790-1822) dut envoyer un agent spécial chargé de recenser les propriétés en déshérence[51]. Le roi lui-même fut touché par la maladie – à deux reprises, selon certaines sources –, mais il en fut guéri grâce à de fortes doses de bois du Pérou et d'autres médicaments que lui apporta d'Espagne l'un des médecins les plus réputés du pays[52].

Selon les observations faites sur place par J. G. Jackson, outre les pertes catastrophiques en vies humaines qui vidèrent de leurs habitants les villes et les villages et désertifièrent de vastes régions du pays, qui, à l'exemple du Sous et du Dra', furent aussitôt investies par des tribus nomades du Sahara, la peste provoqua des bouleversements sociaux d'une grande portée : elle toucha en premier lieu les éléments « jeunes et robustes » de la société avec toutes les conséquences que cela devait entraîner par la suite sur le développement du pays. Lorsque l'épidémie cessa, un « changement général des fortunes » s'ensuivit, souligne Jackson :

> Nous vîmes des hommes, hier simples laboureurs, possédant des milliers de chevaux qu'ils ne savaient pas monter. On les appelait en dérision des « héritiers »

(*wurata*) [...]. Les vivres devinrent bon marché car les troupeaux avaient été laissés dans les champs et tous leurs maîtres étaient morts [...]. Le penchant au pillage, habituel à ces populations, avait fait place à un sentiment consciencieux du juste, dû à l'appréhension continuelle de la mort et à cette idée que la peste – que par antiphrase ils appelaient al-Khayr, le bien – était un jugement de Dieu contre l'impiété des hommes, utile à chacun pour amender sa conduite et préparer son salut [...]. Le prix de la main-d'œuvre augmenta dans d'énormes proportions et jamais il n'y eut une telle égalité entre les hommes. Tout ce qu'il était possible de faire par soi-même, le riche le faisait de ses propres mains, car le pauvre peuple que la peste avait épargné était en nombre insuffisant pour le service des riches[53].

Demeurant à l'état endémique dans plusieurs régions du pays au cours des années suivantes, la peste frappa de nouveau durement le Maroc entre 1818 et 1820[54]. Conséquence de l'accroissement de la navigation maritime entre le Maghreb et l'Orient, le fléau fut importé, en mai 1818, à Tanger par une frégate anglaise venant d'Alexandrie où avaient pris place des membres de la famille royale et plusieurs dizaines de pèlerins de retour de La Mecque. De Tanger où elle fit en quelques semaines plus de 10 000 morts, la peste s'étendit à Tétouan, Larache et El-Ksar et dans tous les villages du Rif avant d'apparaître à Fès, Rabat-Salé et Meknès, obligeant Moulay Sliman à se réfugier à Marrakech. L'ancienne capitale sa'dienne ne fut atteinte qu'en 1819, en même temps qu'Essaouira, le sud et l'extrême sud du pays, qui continuèrent à être ravagés jusqu'en 1821. Partout dans le pays, les représentants du Makhzen appelaient la population à se prémunir contre la maladie en s'enduisant le corps d'huile d'olive et en buvant abondamment. Une première en matière de santé publique au Maroc :

> Dès qu'on se sent frappé, peut-on lire dans la circulaire en langue arabe diffusée dans les villes et les villages, il faut boire aussitôt la plus grande quantité d'huile possible, pas moins en tout cas de 5 à 6 onces, restant entendu que tout ce qu'on prendra en plus ne saurait qu'ajouter au bon effet de ce traitement. Si, après avoir bu de cette huile, on s'en onctionne également le corps, il faut avoir soin qu'elle soit tiède, jamais froide. On se mettra alors au lit, bien souvent avec une bonne couverture, jusqu'à transpiration. Une importatnte sudation produit toujours un grand soulagement. Le malade se trouvera beaucoup mieux et, avec l'aide de Dieu – qu'Il soit exalté –, guérira complètement[55].

Autre conséquence de cette épidémie de peste que suivit une grave disette : le pèlerinage de La Mecque fut interdit jusqu'en 1827 et, à la demande des consuls européens, tout navire en provenance du Levant devait subir une quarantaine avant d'être admis à Tanger.

Sans doute ces calamités naturelles à répétition qui frappèrent le pays eurent-elles comme conséquence de transformer durablement le paysage marocain. On comprend ainsi que tous les voyageurs étrangers qui visitèrent le Maroc depuis la fin du XVIIe siècle furent frappés par la désolation des campagnes et la très faible densité de la population urbaine, qui ne représentait pas plus de 10 % de la population totale du pays. Celle-ci, qui comprenait en outre quelque 40 000 Juifs, ne devait pas dépasser plus de 3 millions au début du XIXe siècle, la même que deux siècles plus tôt.

Ainsi en était-il de la province de Fès qui englobait en fait le Gharb et tout le nord-ouest du Maroc : passant pour être la région la plus riche du pays, elle était, faute de main-d'œuvre, aux deux tiers non cultivée, alors que selon le négociant français J. B. Estelle la terre y était particulièrement fertile, « donnant d'elle-mesme et sans presque aucun travail, ce que les nostres ne font que par le grand soin qu'on y prend[56] ». Une situation déjà constatée à la fin du XVIIe siècle par Germain Mouette qui trouvait que les paysans cultivaient la terre « pour ce qu'il en faut pour vivre et pour payer les droits du Roy », se contentant partout pour leur subsistance quotidienne – sauf lorsqu'ils étaient de riches citadins – « d'un peu de farine bouillie dans de l'eau ou du lait, ou d'un peu d'orge rostie dans un poisle, ou bien de quelque galette qu'ils font cuire dans une terrine avec de la fiante de viande sèche, de quoy ils se servent au lieu de bois qui est rare en beaucoup d'endroits[57] ».

En butte à des calamités de toutes sortes, la population marocaine faisait néanmoins l'admiration des visiteurs étrangers par sa sobriété, sa robustesse et son endurance physique, bravant la chaleur de l'été et les pluies froides de l'hiver pour effectuer de longs parcours à pied, se contentant pour un voyage de sept ou huit jours d'un peu de farine d'orge (*zemmita*) et de quelques figues et grains de raisin. C'est que le pays n'avait pas de voitures à roues. Pour parcourir de longues distances et transporter des marchandises, on utilisait les mules et les chevaux pour les produits légers, et les chameaux pour les charges lourdes.

C'est le spectacle que découvrit, à la fin du XVIIIe siècle, le chrirurgien anglais G. Lempriere, appelé au chevet du prince Moulay 'Abd al-Salam à Taroudant. Parcourant le pays du nord au sud, il constata également l'extrême pauvreté des habitants du royaume ; de Tanger « où Juifs et Maures vivaient mêlés ensemble », il traversa Larache, « ville propre et policée », puis un petit nombre de « méchants » hameaux de cabanes « grossièrement » construites en pierre, en terre ou en roseaux, couvertes de chaume et entourées de haies. Après avoir franchi le Sebou et longé la « belle » et impressionnante forêt de la Mamora, il passa par Salé puis Fédala d'où il atteignit Dar-al-Bayda' ou Casablanca, « un petit port de peu d'importance », mais doté d'une grande baie où des vaisseaux considérables et chargés peuvent mouiller sans problème ». De Casablanca, il se rendit à Azemmour et ne vit sur sa route qu'une « terre stérile et une chaîne perpétuelle de rochers » ; au départ d'Azemmour, il traversa un pays plus prospère qui le conduisit à El-Jadida, Safi puis Taroudant où il resta quelques jours au chevet de son malade et de sa famille. Il fut appelé ensuite par le roi à Marrakech qui, quelques années auparavant, au passage du consul français Louis Chénier, n'était toujours qu'un amas de ruines : « On aura de la peine à croire qu'une ville impériale puisse être aussi misérable et aussi déserte ; je doute qu'elle renferme plus de 30 000 habitants même quand la cour s'y trouve [58]. »

Loin derrière Fès et Meknès qui comptaient respectivement à l'époque 400 000 et 60 000 personnes, Marrakech était aussi moins peuplée que Taroudant, la capitale du Sous, qui, au XVIIIe siècle encore, était l'une des provinces les plus prospères du pays, malgré l'effondrement de sa production sucrière. Cette riche province du Sud comptait sous Moulay Isma'il près de 250 000 personnes imposables ; soit cinq fois plus que le Tafilelt qui, il est vrai, abritait des milliers de chérifs 'alawites qui étaient dispensés du paiement de l'impôt.

Sa mission médicale terminée, Lempriere reprit la route de Salé dont la population, à l'exemple de celles de Tétouan et de Tanger, ne devait pas dépasser 7 000 habitants ; il ne remarqua, pendant les sept jours de marche que dura son voyage de Marrakech à Salé, qu'« une seule habitation » en dehors de quelques tentes de nomades « clairsemées ici et là ». Les céréales dominaient dans les plaines. Quelques plantes industrielles – lin, chanvre, coton, tabac – étaient également en vente ainsi que le produit des vergers – figuiers, orangers, vignes, abricotiers, oliviers – et de l'élevage, laine, chevaux, moutons, bœufs, etc. Le manque de main-d'œuvre « laborieuse » ajouté à l'état rudimentaire des techniques agricoles et artisanales étaient, selon les voyageurs européens les causes principales de la misère générale du pays : « Leurs charrues, les outils de menuisier et de charpentier, leurs métiers de tisserands, même leurs forges, sont très grossiers. Ils ne se servent point de voitures, mais se servent de mulets et de chameaux pour leurs transports ; ils ne tracent pas de routes, ils ont peu de ponts[59] », constata Lempriere.

Un avis apparemment partagé par les rares voyageurs marocains ayant visité l'Europe au cours du XVIIIe siècle. Ne cachant pas leur émerveillement devant les avancées techniques de la civilisation européenne, ils déploraient les carences économiques et matérielles de leur pays : un pays manquant de routes en bon état et de moyens de transport adéquats, de ponts fluviaux et de canaux d'irrigation en grand nombre, de marchés bien aprovisionnés et convenablement organisés, un pays dont le savoir-faire agricole, horticole et arboricole de ses paysans laissait beaucoup à désirer[60].

Changements et permanences du commerce intérieur

Ce pays si appauvri et apparemment si peu sûr était cependant animé par un mouvement incessant de déplacements et d'échanges. De la famille à la confédération, aucune unité socio-politique ne vivait en effet en circuit fermé : grâce en premier lieu à l'islam, plus particulièrement l'islam des *moussem-s*, des confréries et des saints dispensateurs de *baraka* qui liaient différentes villes et différentes régions entre elles ; grâce aussi au système des leffs – alliances militaires autant que réseaux d'échanges – qui réunissaient dans un même cadre rural diverses unités tribales et ethniques ; grâce, enfin, à la grande diversité régionale de la production de ses champs, de son sous-sol, de ses villages et de ses villes.

Fès achetait ses toiles et ses laines aux tisserands du Rif et aux villageois du Zerhoun ; les armes et ustensiles en fer et en cuivre venaient des mines du Moyen Atlas et de l'Anti-Atlas ; les cuirs étaient fournis par les éleveurs du Tafilelt. Sans parler des produits soudanais : or, esclaves, ivoire, qu'elle continuait de recevoir de Tombouctou *via* le Touat, le Tafilelt et les gorges du Ziz ou, quand les conditions politiques et militaires le permettaient, par la vallée du Dra', les gorges du Dadès et le Moyen Atlas. Une partie de ces articles trouvait son chemin jusqu'à Tétouan, qui, avec Tanger et Larache servaient en fait d'arrière-port maritimes de l'ancienne capitale mérinide.

Un trafic assez intense continuait de relier Fès à Tlemcen. C'était de tout temps l'itinéraire emprunté par les pèlerins de La Mecque qui généraient sur leur passage une intense activité commerciale à Tlemcen, Alger, Tunis et au Caire. Au cours des premières années qui suivirent la conquête de l'Algérie par la France en 1830, le commerce de Fès avec Tlemcen connut une croissance vertigineuse du fait de l'émergence du royaume indépendant mis sur pied par l'émir 'Abd El-Kader au lendemain de ses accords de la Tafna avec le général Bugeaud.

Marrakech allait connaître le même sursaut d'activité après la fondation en 1765 du port d'Essaouira (Mogador) qui devait lui servir d'avant-port maritime comme Tétouan pour Fès et, plus tard, Jadida (Mazagan), Dar-al-Bayda' (Casablanca) et Rabat pour les riches plaines des Doukkala, de la Chaouia et du Gharb. Appelée à supplanter Agadir, Essaouira devait drainer une bonne partie du commerce transsaharien qui continuait de passer par le Sous, principal corridor du trafic avec la Mauritanie et le Soudan.

Les caravanes partant du Sud rencontraient sur une bonne partie de leur route des tribus Ma'qil ou autres, qui, à des titres divers, avaient attaché leur sort à la dynastie chérifienne. En dehors des Awlad Dlim, des

Oudaya et des Mghafra (Brakna et Trarza), Moulay Isma'il et ses successeurs avaient noué d'étroites relations avec les Ida-u-'Ali d'origine chérifienne établis dans les *ksour* de Chinguetti et de Tidjika, les Awlad M'bark installés entre Walata et le Bakhunu ainsi qu'avec les Tajakant, maîtres de tout le trafic caravanier entre le Sud marocain et l'Adrar ; à la fin du XVIIe siècle, leur chef al-Mahjub avait épousé la fille de Moulay Isma'il qui aurait mis une troupe à sa disposition pour combattre les 'Arusiyyin et les Ijemman, autres tribus de l'Adrar mauritanien[61].

Une aide similaire fut accordée par Moulay Isma'il à d'autres chefs maures, imprimant ainsi un aspect militaire et politique à la pénétration marocaine dans la région. Celle-ci fut renforcée, au cours du siècle suivant, par un facteur dont l'action fut non moins décisive : la diffusion au Sahara occidental de doctrines soufi telles que la Qadiriyya et la Tijaniyya, suscitant un puissant mouvement de circulation des hommes et des idées entre les centres religieux du Sud marocain et de Mauritanie : Aqqa, Tindouf (à partir du XIXe siècle), Smara, Chinguetti et Boutlimit furent des centres notoires de la Qadiriyya autant que d'importants relais commerciaux.

La présence dans l'Azawad (au nord de Tombouctou) de membres aussi éminents de cette confrérie que les Kounta du cheikh al-Mukhtar al-Kabir (1729-1811) élargissait encore plus l'aire des échanges économiques et des déplacements culturels. Le chef spirituel des Kounta entretenait d'ailleurs de très bonnes relations avec Sidi Mohammed b. 'Abd Allah ainsi qu'avec un grand nombre de vizirs et d'oulémas du Maroc. Ses *zawiya* étaient disséminées à Meknès et à Fès ainsi qu'à Rabat, Azemmour et Marrakech[62]. Le fils et successeur de Sidi Mohammed, Moulay Sliman (1792-1822), allait développer pour sa part d'excellentes relations avec la Tijaniyya, malgré ses appréhensions à l'égard du culte des saints et de l'action des confréries en général. Il en patronna toutes les activités dirigées vers l'Afrique noire[63].

Au départ du Maroc, Goulimine occupait au XVIIIe siècle la place qui avait été celle de Taghawust aux siècles précédents. C'est ici que se rassemblaient toutes les caravanes venant de Taroudant par Tiznit ou Ifran de l'Anti-Atlas et celles qui partaient des oasis d'Aqqa et de Tatta, sur le versant sud du jbel Bani, et qui servaient de relais intermédiaires aux commerçants venant du Dra' et du Tafilelt. Pris en charge par des guides Tajakant, les voyageurs atteignaient, au bout de sept ou huit jours, la Saqiya al-Hamra qui marquait l'entrée dans le désert. Ils longeaient ensuite le Tiris où nomadisaient les Awlad Dlim et, après un passage par les salines d'Idjil, ils parvenaient à Chinguetti ou à Wadan, habitée à la fin du XVIIIe siècle par les Oudaya.

De Chinguetti ou de Wadan, les caravanes gagnaient Saint-Louis-du-Sénégal par le pays des Trarza, le Galam par le pays Brakna ou le Hodh en suivant la piste du Dahr, conduisant à Tishit et à Walata. Du Hodh, plusieurs pistes descendaient en direction des royaumes bambara du Kaarta et de Ségou, en empruntant les relais de Diara du Kingui, Goumbou, Bassikounou et Sokolo (Kala). Diara, qui fut visitée en 1796 par le voyageur écossais Mungo Park, recevait d'autre part les pèlerins du Fouta sénégalais, qui, par Ségou, Tombouctou et le Touat, rejoignaient les caravanes du Hajj maghrébin[64]. Venant de Fès, Taza et Tlemcen, elles descendaient vers les oasis, puis, longeant le Sud algérien par Laghaout et Touggourt, elles pénétraient en Tunisie par Tozeur et Gafsa avant de passer par la Libye jusqu'en Égypte.

À Ségou, les caravanes marocaines apportaient du sel d'Idjil et de Tishit ainsi que des montures qu'ils échangeaient contre des esclaves et de l'or dont une partie était acheminée dans le fort français de Saint-Joseph-du-Sénégal et le reste au sud du Maroc[65]. Les relais de

Bassikounou et de Sokolo étaient utilisés plus particulièrement par les caravanes reliant Walata à Sansanding, devenue à la fin du XVIIIe siècle un centre de négoce important, accueillant caravaniers arabes et commerçants du Sud marocain et du Touat comme devait le constater, en 1828, le voyageur français René Caillié[66].

Les caravanes de Walata entretenaient également des liaisons directes avec Djenné, sur le Niger, *via* Tombouctou. Cette route passait par Ras-al-Ma : en 1734 et en 1739, elle fut suivie par deux petits-fils du sultan Moulay Isma'il[67].

De retour d'Afrique occidentale, René Caillié aborda le Tafilelt en suivant la route médiane Tombouctou-Télig-Taoudenni-Touat. Bien que plus courte que toutes les pistes qui reliaient le Maroc à la vallée du Niger, cette route était relativement peu fréquentée. Elle l'était encore moins au départ du sud du Maroc qu'au retour du Soudan. C'est que la caravane n'était pas seulement un mode de transport et de liaison : c'était une foire ambulante qui vendait et achetait sans cesse ; les itinéraires étaient calculés non seulement en fonction de leur durée, mais aussi d'après les possibilités d'échanges d'un point à l'autre ; plus nombreux étaient les relais, plus grand était le profit amassé au terme du voyage.

Il n'y avait pas que des marchés dans ces stations ; c'étaient fréquemment des lieux de résidence de personnages religieux influents, des *zawiyas* ou même des centres de tribus guerrières. Dans des régions où le pouvoir central fut le plus souvent inexistant ou incapable de garantir la sécurité des routes, il était nécessaire de s'assurer la *himaya* (protection) des personnages les plus en vue ou les plus agissants du pays traversé. L'acte était généralement précédé de la cérémonie de la *debiha*, consistant traditionnellement dans le sacrifice d'une bête en l'honneur de l'homme (ou de la tribu) à qui l'on demandait sauvegarde et protection. Charles de Foucauld qui en bénéficia lors de son exploration du Maroc au début des années 1880, en explique ainsi la signification :

> Il ressort de la teneur de l'acte qu'une fois cette démarche faite, on n'a rien à craindre des citoyens de son patron, on peut circuler sans péril parmi eux : s'attaquer à vous serait s'attaquer à lui-même ; toutes lois qui le sauvegardent, vous sauvegardent aussi ; on est entré sous leur protection par le fait de la *debiha* ; elle incorpore, en quelque sorte, à la tribu[68].

Au Tafilelt, où résidaient en permanence des milliers de chérifs de la très nombreuse descendance de Moulay Isma'il, un certain nombre de *ksour* avaient seuls le privilège de guider les caravanes et de leur fournir les bêtes de somme nécessaires. Grâce à cette organisation, l'ancienne province de Sijilmassa continuait d'acueillir au XVIIIe siècle les marchands de Fès et du nord du Maroc aussi bien que ceux du Dra' en partance pour le Soudan. Par la Hammada du Guir et la vallée de la Saoura, leurs caravanes prenaient la route des oasis du Touat où il y avait encore une garnison marocaine à Timimoun au début du XIXe siècle[69]. À partir de cette localité où s'embranchaient les pistes du Maghreb central à destination de Laghouat et de Touggourt, la route du Soudan se dirigeait vers les salines de Taghaza et de Taoudenni, avant de s'engager dans la partie la plus pénible du trajet : sept ou huit jours de marche dans le « désert des déserts », le Tanezrouft. Les voyageurs atteignaient ensuite l'Azawad, en liaison avec Tombouctou par Mabrouk, Bou-Jbeiha et Arawan qui étaient les centres les plus importants du rayonnement kounta.

Sous le cheikh al-Mukhtar al-Kabir, qui fut le principal propagateur de la Qadiriyya dans le Sahel, elles attirèrent voyageurs et *tolba* de tout le Sahara occidental et du Soudan. Véritable conquérant du désert, le cheikh exerçait son influence sur la plupart des tribus maures et touareg de la région et plus particulièrement sur les Bérabich et les Kel-Awlimminden dont il patronnait les activités commerciales. Lui-même participait directement au trafic saharien et ses agents commerciaux et ses fondés de pouvoir se trouvaient aussi bien à Arawan et à Tombouctou qu'à Sansanding et à Ségou. Leur seule présence en faisait les meilleurs garants et les protecteurs les plus efficaces des routes conduisant à la boucle du Niger.

Interrompues au cours des trente années ayant suivi la mort de Moulay Isma'il, les relations entre le Maroc et le Soudan reprirent normalement, au milieu du XVIIIe siècle sous Moulay 'Abd Allah (1745-1757). Au même titre que l'ivoire et les plumes d'autruche, l'or allait y tenir désormais une faible part, au point que le fils et successeur de ce sultan dut convertir à Cadix et à Lisbonne ses réserves en piastres fortes espagnoles pour s'y procurer l'or nécessaire à la frappe de nouvelles pièces. Mais parallèlement à cette pénurie « officielle » qui se manifestait dans le monnayage insignifiant en or des monarques 'alawites depuis Moulay Isma'il, il n'était pas rare de voir des ressortissants marocains exporter individuellement leur or soudanais à l'étranger. Au milieu du XVIIIe siècle, les pèlerins marocains de passage à Tripoli y laissaient annuellement une quantité de poudre d'or évaluée à 10000 ducats (mithqals). Entre août 1813 et juin 1814, des marchands de Fès et de Tanger apportèrent à Marseille 8 petits lingots d'or de 250 grammes chacun et 84 sachets de poudre d'or d'un poids total de 32 kilos. Ces sachets ou *sorra* servaient d'ailleurs de monnaie dans les ports marocains et notamment à Essaouira.

Quant aux esclaves noirs importés du Soudan, leur nombre baissa nettement à partir de la mort de Moulay Isma'il. Il était de l'ordre de 3000 à 4000 captifs par an à la fin du XVIIIe siècle. Du Maroc, une partie était réexportée en Algérie, à Mascara et à Tlemcen. Au début du siècle suivant, deux autres « articles » soudanais virent leur importance augmenter : les étoffes bleu indigo et des vêtements confectionnés à Tombouctou et sa région qui étaient très demandés par les populations du Sud marocain[70].

Les exportations marocaines à destination du Soudan était très variées. Elles consistaient en trois catégories principales :

— produits locaux : orge, blé, fèves, dattes, safran, roses séchées, tabac de Meknès et du Tafilelt, concurrencé par le tabac du Touat ; haïks, peaux tannées, baudriers, selles, babouches du Tafilelt, cuivre, fusils, poudre, tapis et chemises du Sous ; ceintures de laine et de soie de Fès, ouvrages religieux[71] ;

— produits du Levant et du Maghreb central : bonnets de Tunis, soie, mousseline, poignards turcs, épices ;

— produits européens : toiles de Silésie, draps fins écarlates de Hollande et de France, toiles d'Irlande, batiste, cotonnades, thé, café, sucre[72], armes blanches et armes à feu, papier, perles vénitiennes, verroterie, étain, ustensiles en cuivre, épices des Indes et piastres d'Espagne connues au Soudan comme au Maroc sous le nom de *riyal*.

Très varié et ininterrompu, le commerce transsaharien entre le Maroc et le Soudan donna lieu à diverses évaluations. L'Anglais G. Lempriere, se référant en 1791 « à quelques observateurs qui ont suivi le commerce de Tombut depuis vingt ans », estimait que les caravanes marocaines écoulaient annuellement au Soudan des marchandises d'un montant global d'un million de « rixdales[73] » (mithqals). Au début du XIXᵉ siècle, le consul de Suède et de Sicile Graberg di Hemsö évaluait quant à lui les exportations marocaines à un million de thalers et les importations à 12 millions[74]. Au milieu du même siècle, Léon Godard estimait à 3 ou 4 millions de francs la valeur des marchandises portées au Soudan par les commerçants de Fès, de Marrakech et de Taroudant. Régulièrement, précisait-il, l'intérêt des caravanes se calculait à 400 %[75].

Loin de baisser, ce commerce allait même suivre une courbe ascendante jusqu'au début des années 1870, du fait notamment de l'extension de la domination française en Algérie[76]. Ce qui eut pour conséquences de raviver les visées européennes sur le Grand Désert et d'accélérer la pénétration française sur les confins algéro-marocains.

La reprise en main : Sidi Mohammed b. 'Abd Allah (1757-1790)

Né vers 1715, Sidi Mohammed était un personnage d'une grande piété, alliée à une grande simplicité de mœurs :

> Ce prince, affirme le consul de France Louis Chénier qui servit sous son règne, ne se distingue des grands de la cour que parce qu'il est toujours à cheval, et à l'abri d'un parasol qui est au Maroc la marque distinctive de la souveraineté. Une suite nombreuse d'officiers, de soldats, de pages et de secrétaires attachés à la cour annoncent la présence du souverain. Ce prince ne paraît en public qu'à cheval ou en calèche : on ne le voit à pied que dans son palais, à la prière, et rarement dans les jardins. [...] Naturellement sobre, il fait peu cas de la bonne chère, il n'a pas même d'heure fixe pour le manger. La table du palais est très uniforme. Il mange presque toujours seul et le couscous est fonds de la nourriture des Maures, chez l'empereur comme chez les sujets[77].

Tous les voyageurs étrangers qui l'approchèrent témoignent de l'intérêt porté par le sultan aux usages et coutumes en vigueur dans les cours européennes. Esprit curieux, très cultivé dans les matières religieuses, il avait appris « à un degré avancé » le *hadith* et les lettres arabes, note pour sa part al-Nasiri[78]. Adolescent, il se trouvait à La Mecque lorsque lui était parvenue la nouvelle de la mort de son grand-père Moulay Isma'il. Tout porte à croire que, lors de ce séjour dans la Ville sainte, il fut attiré par les idées de la Wahabiyya qui avaient cours en Arabie, allant plus tard jusqu'à faire détruire les ouvrages théologiques d'inspiration ash'arite : « Je suis malékite de rite et hanbalite de dogme », avait-il coutume de dire, ne cachant pas qu'il aurait bien aimé pouvoir suivre simplement le dogme « tel qu'il dérive du Coran et de la Sunna sans se préoccuper des interprétations[79] ». Un islam épuré de toutes les « novations » et de toutes les « superstitions » qui s'y étaient ajoutées depuis l'époque du Prophète, comme le voulaient les Wahabites et que lui-même exprima par sa condamnation du culte des saints. Ce qui devait l'amener, en 1784-1785, à faire détruire la très populaire *zawiya* des Cherqawa de Boujad et à arrêter son cheikh, Sidi al-'Arbi, qu'il emmena en captivité à Marrakech[80]. Mais ce serait une erreur de croire qu'il fut un ennemi de toujours des confréries. En fait, il adopta à leur égard la politique de son grand-père, à savoir les réduire au silence quand elles se targuaient de jouer un rôle politique sur la scène nationale. C'est ainsi que lui-même s'affilia à la confrérie Nasiriyya de Tamgrut et qu'il favorisa l'activité de la *zawiya* du chérif idrisside de Ouezzane ou encore celle de la Tijaniyya tant qu'elles s'interdisaient toute immixtion dans les affaires politiques du royaume.

Les visiteurs européens, qui trouvaient Sidi Mohammed avare et avide de richesses, reconnaissaient cependant son ouverture d'esprit et ses bonnes qualités humaines et politiques. Des dispositions naturelles qui avaient sûrement contribué à sa réussite en tant que *khalifa* de Marrakech, fonction qu'il occupa jusqu'à la mort de son père, Moulay 'Abd Allah survenue le 10 novembre 1757.

Chérif, Amir al-Mu'minin et Mujahid

« Proclamé à la fois par les bouches et par le cœur[81] » l'accession au trône de Sidi Mohammed ne souleva aucune contestation. Ce qui lui permit, aussitôt intronisé à Marrakech de s'atteler à une véritable recomposition du paysage politique et militaire du pays.

Tirant la leçon de l'expérience malheureuse de ses prédécesseurs, il prit un soin particulier à renforcer son armée et, dans ce but, il alla jusqu'à enfreindre l'un des interdits les plus stricts de l'islam, celui d'exporter des céréales aux infidèles, pour disposer des ressources nécessaires à l'achat d'armes et de munitions. Pour ce faire, il sollicita et obtint l'autorisation des oulémas, leur expliquant que l'exportation de céréales était nécessaire au renforcement militaire de l'État, et c'est ainsi que le Maroc exporta, de 1767 à 1774, d'importantes quantités d'orge et de blé à destination de l'Espagne. Dans le même esprit, il imposa à plusieurs nations chrétiennes qui voulaient entretenir des relations commerciales avec le Maroc le paiement d'un tribut dont elles devaient s'acquitter en toute humilité. L'argent ainsi obtenu fut en partie utilisé par le sultan pour se doter de munitions, de pièces d'artillerie et d'une cinquantaine de navires achetés en Turquie, en Angleterre et dans les pays nordiques. Mais faute de trouver des équipages suffisants dans les ports du pays, adonnés à la course, il recruta les marins chez les Aït Atta du Tafilelt qu'il envoya s'instruire à Tanger. En outre, ne voulant plus compter sur les *'Abid* dont les effectifs avaient nettement diminué depuis la mort de Moulay Isma'il, il prit à son service de nouveaux contingents recrutés dans des tribus arabes et berbères du sud et de l'est du pays. C'est à cette époque que débuta l'ascension des Aït Bihi et les Aït Musa, qui furent choisis par le sultan comme caïds des tribus des Haha et des

Mtougga appelées à jouer un rôle important au sud de l'Atlas au cours du XIXe siècle.

Dans le même temps, Sidi Mohammed renforça la défense côtière des villes du littoral, Essaouira (Mogador), Dar-al-Bayda' (Casablanca), Fédala, Rabat, Salé, Larache et Tétouan en y édifiant forteresses, *bordjs*, *sqalas* et positions d'artillerie. Il entreprit en outre le repeuplement de Jadida (Mazagan) et l'agrandissement de Rabat qui commença ainsi à faire figure de ville impériale distincte de Salé. Elle était en tout cas une étape obligatoire sur la route de Fès et Marrakech, empruntée par les *harkas* du sultan, la route directe passant par le Tadla étant fréquemment coupée par les rebelles et interdite dès lors aux convois du Makhzen.

Animé par le devoir de guerre sainte, Sidi Mohammed voulut, comme ses prédécesseurs, chasser les chrétiens du littoral marocain et encouragea dans ce but la reprise de la course dans l'Atlantique et en Méditerranée. Ce qui lui attira les représailles immédiates des marines européennes qui arraisonnèrent ses bateaux et bombardèrent les villes côtières de Rabat et Larache. Mais cela ne l'empêcha pas d'enregistrer par la suite une brillante victoire militaire avec la libération, en mars 1769, de El-Jadida des mains des Portugais Il fut cependant moins heureux contre les Espagnols, qui repoussèrent ses attaques contre Al Hoceima, Melilla et Ceuta en 1774-1775. À la fin des hostilités, les deux pays acceptèrent de procéder à un échange de prisonniers, une décision qui allait servir de précédent à plusieurs autres pays européens qui aspiraient à améliorer leurs relations avec le royaume chérifien.

Toujours en politique extérieure, contrairement à Moulay Isma'il, Sidi Mohammed se montra très conciliant à l'égard des Turcs qui, pour leur part l'aidèrent dans ses efforts pour moderniser sa marine et son artillerie. À l'inverse, il poursuivit la politique de son grand-père à l'égard des populations du Sahel sénégalais et du Soudan occidental. En 1779, l'administrateur français des colonies, Le Brasseur, avait de bonnes raisons de croire que plusieurs tribus maures de la vallée du Sénégal rendaient « foy et hommage » au sultan marocain :

> Son influence, écrit-il, a pénétré le Sahara [...]. Il a soudoyé une centaine d'Arabes qui promènent leur oisiveté dans toute la Barbarie pour y introduire chez ces tribus les fables monstrueuses de l'alcoran. Et avec le recours de cette puissance coercitive il les a rendus ses tributaires et a formé des liaisons de commerce avec eux ; il se fait apporter des chameaux, des chevaux et de l'or [...] et il leur donne en échange des bœufs et de la farine[82].

À la manière des rois sa'diens, Sidi Mohammed se désigna dans sa correspondance avec les gouvernements européens « souverain de Gao et de Guinée ». Ce qui ne serait que prétention vide de sens s'il n'y avait le témoignage du digne de foi du consul anglais Joseph Matra qui servit au Maroc de 1786 à 1806. Selon ce diplomate, la *khutba* du vendredi était toujours récitée dans les mosquées de Tombouctou, au nom du souverain marocain : « *The inhabitants though they do not acknowledge the sovereignty of the Emperor of Morocco, yet publicly pray for the prosperity of his reign, a ceremony, which in this country, as strongly ratifies Empire on the one hand and subjection on the other, as a Coronation in Europe*[83] ».

Comme le suggère le consul, ce geste était bel et bien une expression d'allégeance et de soumission politique. Cela semble d'ailleurs correspondre à la manière de voir des Africains eux-mêmes, qui, jusqu'à la conquête de Tombouctou en 1825-1826 par les Peul du Macina, considéraient cette ville comme faisant partie intégrante du Maroc au même titre que Fès, Marrakech, le Sous, le Touat et les localités sahariennes de Taoudenni, Arawan ou Bou-Jbeiha[84].

Essaouira (Mogador) et l'essor du commerce maritime

Sur le plan intérieur, Sidi Mohammed n'apporta que peu de changements à la politique fiscale de ses prédécesseurs, maintenant en vigueur les taxes introduites par son père sur les transactions et les marchés qui étaient l'objet de vives controverses entre juristes. Néanmoins, faisant preuve d'un solide sens des réalités, il comprit très vite qu'il ne pouvait compter ni sur son armée ni sur le Makhzen pour assurer, comme au temps de Moulay Isma'il, la levée régulière des impôts. Dès lors, seul le commerce maritime avec l'Europe pouvait lui procurer de nouvelles rentrées fiscales dont le *Bayt al-Mal* avait cruellement besoin. C'est ainsi que, après avoir amélioré en 1760 les installations portuaires de Casablanca, il résolut en 1764 de construire le nouveau port d'Essaouira (Mogador), un port « royal », peuplé et administré directement par les soins du sultan et dont l'activité devait supplanter celle des autres ports de l'Atlantique, Agadir, Safi, Salé et Larache. Selon al-Nasiri deux autres considérations militaient en faveur de ce choix. La première était d'ordre militaro-religieux et avait trait à la volonté du souverain 'alawite de faire d'Essaouira une nouvelle base de guerre sainte : mieux situé que Rabat et Salé, qui étaient impraticables en hiver et ensablés la plupart du temps, le nouveau port pouvait être utilisé toute l'année par les corsaires durant toute l'année. Le second argument, d'ordre politico-économique concernait la menace que faisait peser sur le Makhzen la reprise d'activité de l'émirat de Tazerwalt : en demandant aux navires européens d'accoster à Essaouira, Sidi Mohammed voulait tout simplement « assécher » le port d'Agadir dont le cheikh d'Iligh, Hashim b. 'Ali (1766-1824) tirait le plus grand bénéfice au détriment du Makhzen. La fermeture du port d'Agadir dura très peu de temps cependant : il reprit son activité régulière en 1792, lorsque l'autorité du Makhzen sur la province du Sous fut complètement rétablie.

« Fantaisie européenne sur un thème marocain », pour reprendre l'expression d'Eugène Aubin[85], c'est un architecte français, l'Avignonnais Théodore Cournut, qui conçut les premiers plans de la nouvelle ville avec sa partie administrative, la *casbah*, sa grand-rue remarquablement bien tracée et ses artères latérales « alignées au cordeau », ses espaces publics, ses commerces et ses premières maisons à étages percées de vastes fenêtres extérieures que devaient occuper des marchands européens ou musulmans et juifs travaillant pour le sultan ou pour des firmes étrangères. Le port et ses fortifications du côté de la mer ainsi que la *sqala* qui le surplombe furent réalisés par des renégats génois et anglais[86].

Sidi Mohammed installa à Essaouira, conçue comme une ville-Makhzen, une imposante garnison composée de plusieurs milliers de *'Abid*. Ils furent rejoints, au cours des années suivantes, par d'autres soldats originaires du Haut-Atlas et de Fès ou appartenant au corps des renégats. Le sultan obligea les habitants d'Agadir à venir s'établir dans la nouvelle ville qui allait attirer, au fur et à mesure de son expansion, de nouveaux venus originaires de toutes les tribus du Sud et plus particulièrement des Haha et des Chiadma qui allaient fournir à Essaouira ses premiers oulémas et ses premiers chefs religieux. Le sultan encouragea dans le même temps les maisons de commerce européennes de Rabat, Salé et Agadir à transférer leurs activités dans la nouvelle ville ; ce qui donna à Essaouira un aspect cosmopolite assez marqué que vint souligner à partir de 1769 l'édification d'une église franciscaine et la présence parmi ses habitants d'un nombre croissant de ressortissants espagnols, portugais, français, anglais, italiens et hollandais. Enfin, il y fit venir aussi une dizaine de commerçants juifs et leurs familles de

Marrakech, Agadir, Rabat et Tétouan auxquels il accorda le titre de *tajir al-sultan* ou « commerçant du roi », le même que celui octroyé à leurs collègues musulmans et européens. Tous travaillaient aussi bien pour leur compte que pour celui du roi, dont ils faisaient fructifier les fonds qu'il leur accordait généreusement, sous forme de prêts et de franchises douanières, pour l'achat et la vente de produits de commerce des plus variés. Logés dans la *casbah* à la même enseigne et dans les mêmes maisons appartenant au Makhzen que les responsables administratifs et les autres *tujjar* de la ville – et non dans le *Mellah* ou la médina aux ruelles désordonnées et étriquées où s'entassait la masse des résidents juifs et musulmans –, cette petite élite de négociants juifs était exonérée de l'impôt de capitation ou *jizya* et de la plupart des obligations imposées aux *dhimmis*. D'autres négociants juifs polyglottes comme eux et liés comme eux aux grandes maisons juives d'Alger, de Marseille, de Livourne, d'Amsterdam et de Londres, allaient les rejoindre au cours des années suivantes pour faire d'Essaouira le plus grand port du Maroc avant le protectorat.

À la fin du XVIIIe siècle, le trafic du nouveau port était encore relativement modeste, selon Lempriere : il était assuré par une douzaine de firmes européennes qui exportaient des mulets à destination de l'Amérique et envoyaient en Europe toutes sortes de peaux, de la gomme arabique, des plumes d'autruche, du cuivre, de la cire, de la laine, de l'ivoire, des dattes, des figues, des raisins, des olives, des huiles, de belles nattes et de superbes tapis. En échange de ces marchandises, Essaouira recevait du bois de construction, de la poudre, des canons, des draps, des toiles, du plomb, du fer en barre, toute sorte de quincaillerie, des miroirs, des tabatières, des montres, des épices, du sucre et du thé dont la consommation devint courante au Maroc à partir de la fin du XVIIIe siècle.

Il était servi, raconte Lemprière, dans une table dont les pieds sont très courts. On le fait en y mêlant des feuilles de menthe. Lorsque cette boisson est bien infusée, on le verse dans de superbes tasses de porcelaine des Indes, d'une petitesse remarquable. Elle est présentée sans lait, ni crème à la compagnie, avec quelques gâteaux de confitures sèches. La petite quantité que l'on sert à la fois de cette boisson montre tout le cas que les Maures en font. Un régal de thé dure au moins deux heures. Il n'y a que les gens riches qui puissent en boire, à cause de la rareté dont il est en Barbarie[87].

Une politique d'ouverture tous azimuts

Très au fait des conflits dans lesquels l'Europe était empêtrée à son époque, Sidi Mohammed se considérait dans l'ensemble à l'abri de toute menace chrétienne d'envergure, une fois son différend avec l'Espagne aplani. Aussi n'hésita-t-il pas à conclure des traités de paix et de commerce avec la plupart des pays européens, exception faite de la Russie qui était en guerre contre l'Empire ottoman[88]. Le premier accord de ce genre, stipulant la présence de consuls et de vice-consuls européens au Maroc, fut signé en 1757 avec le Danemark à qui il confia le monopole du commerce de Safi, puis en 1760 avec l'Angleterre, qui obtint le ravitaillement en eau et en vivres de Gibraltar à partir de Tétouan et Tanger, en 1763 avec la Suède dont les ressortissants furent autorisés à s'établir sur le littoral marocain et en 1765 avec Venise. Deux ans plus tard, c'était au tour de l'Espagne de signer un accord de paix avec le Maroc après que Charles III eut libéré en 1766 tous les captifs marocains détenus dans son pays. Le Roi catholique, qui pensait que le royaume chérifien avait renoncé à Ceuta et Melilla, fut vite détrompé : estimant que l'accord proclamait la paix « sur mer et non sur terre » avec les

Espagnols, Sidi Mohammed vint mettre le siège devant les deux présides peu après la prise de El-Jadida. Ce n'est qu'après l'échec du siège de Melilla en 1775 qu'il accepta de mettre un point final aux hostilités « terrestres » contre l'Espagne, allant en 1780 jusqu'à lui octroyer le droit d'importer les céréales de la Chaouia et en 1782 celui d'étendre le territoire de Ceuta pour permettre le pâturage des troupeaux hors du périmètre de la ville[89]. Un traité similaire à celui conclu avec l'Espagne fut signé en 1767 avec la France après la déconfiture de l'escadre française du capitaine Du Chaffaut devant Larache, laissant des dizaines de morts et de prisonniers à l'embouchure du Loukkos. Il fut suivi en 1773 par un accord de plus grande portée avec le Portugal qui fut autorisé également à importer du blé marocain et dont les pêcheurs pouvaient s'aventurer le long du littoral marocain ; en 1777, le Maroc normalisa ses relations diplomatiques avec la Hollande qui obtint ultérieurement le monopole du commerce de Larache. En 1786, les États-Unis signèrent, dix ans après leur indépendance, leur premier traité de commerce avec le Maroc. Celui-ci leur permettait, à l'instar du Danemark, de couvrir de leur protection consulaire leurs employés « maures ou autres », un privilège appelé à se généraliser scandaleusement au cours des années suivantes au grand dam des dirigeants marocains qui allaient voir ainsi des milliers de leurs ressortissants se soustraire, par le bon vouloir des consuls, à l'autorité du Makhzen. Enfin, par la déclaration du 20 octobre 1789, Sidi Mohammed, qui depuis 1784 utilisait les services du génois Francesco Chiappe comme secrétaire aux Affaires étrangères, accordait à l'Espagne le monopole du commerce de Casablanca, qui allait abriter à partir de cette époque, à l'exemple de Tanger et d'Essaouira, une petite communauté de ressortissants européens constituée d'Espagnols, de Portugais, d'Italiens et de Français que les affres de la Révolution française et de l'Empire allaient conduire dans les ports marocains au cours des années suivantes.

Quelques agents commerciaux du sultan séjournaient périodiquement à Gibraltar, Cadix, Lisbonne et Marseille, mais il n'y avait nulle part des représentants diplomatiques permanents du royaume chérifien. À l'inverse, la plupart des pays européens avaient des consuls à cette époque au Maroc. À l'exception du représentant français, qui était établi à Rabat, ils devaient tous habiter Tanger. Ce qui, compte tenu de la position excentrée de la ville, les éloignait des centres de décision habituels du Makhzen et rendait aussi compliquées que possible leurs relations avec le sultan. Dès lors, à en croire le chirurgien anglais G. Lempriere, il n'y avait aucun plaisir à être consul dans ce pays : « Les consul anglais, suédois et danois ont fait bâtir des maisons de campagne dans les environs de Tanger, où ils vont se consoler des déboires qu'on leur fait éprouver ; ils s'y occupent de leurs jardins, de la pêche, et surtout de la chasse, qui est fort agréable dans ce pays-là, à cause de l'abondance de gibier[90].

Les deux sombres années du règne de Moulay Yazid (1790-1792)

Lorsque la Révolution éclata à Paris, Sidi Mohammed entamait la dernière année de son règne. Malade et invalide, n'ayant vraisemblablement qu'un très vague écho des événements qui agitaient la capitale française, il avait l'esprit accaparé par les graves conséquences de la terrible famine qui venait de frapper son pays ainsi que par les frasques de son fils favori, le prince Moulay Yazid, qui depuis longtemps ne faisait pas mystère de sa volonté de détrôner son père. Surnommé al-Az'ar en raison de son teint blond qu'il tenait de sa mère irlandaise, il eut, en 1789, l'idée saugrenue de piller, à son arrivée à La Mecque, la caravane marocaine du Hajj (*Rakb al-Hajj*) où avaient pris place, comme de coutume, plusieurs membres de la famille royale ainsi que de hauts dignitaires du royaume. L'affaire fit grand bruit et irrita si fort Sidi Mohammed qu'il renia publiquement son fils : interdit de séjour à La Mecque ainsi qu'à Jérusalem, Constantinople et aux mausolées chérifiens du Tafilelt et du Zerhoun, Moulay Yazid défia ouvertement son père et, après un passage houleux par Le Caire, Tripoli, Tunis et Alger, il rentra clandestinement au Maroc où il trouva asile au mausolée de Moulay 'Abd al-Salam b. Mashish dans le Rif d'où, suivant la tradition très respectée du *hurm*, personne ne pouvait le déloger[91].

Il y resta cloîtré et protégé jusqu'à la mort de son père à Rabat le 11 avril 1790, décédé alors qu'il tentait une ultime expédition contre son fils rebelle. Très populaire malgré ses excès et jouissant du soutien d'une partie de l'armée, Moulay Yazid (1790-1792) ne fut reconnu que dans le nord du pays, à Meknès et à Fès notamment, tandis que les habitants de Marrakech et des régions du Sud lui préféraient son frère Moulay Hisham, qui n'avait pourtant pas meilleure presse que lui. Aussi, à peine intronisé à Meknès, il se démarqua de la politique pacifique de son père à l'égard de l'Espagne et proclama aussitôt la guerre sainte contre la présence espagnole à Ceuta. Réagissant immédiatement à cette attaque ainsi qu'à l'arrestation de ses consuls et religieux à Larache, à Essaouira et à Tanger, la flotte espagnole bombarda Tanger. Abandonné par une partie de ses troupes – celles originaires du Haouz, des Doukkala et des Abda – qui rejoignirent Moulay Hisham à Marrakech, Moulay Yazid assiégea l'ancienne capitale sa'dienne dont il fit massacrer par milliers les habitants. Il s'en prit violemment par ailleurs aux Juifs de Marrakech ainsi qu'à ceux d'Essaouira qu'il dépouilla et fit emprisonner massivement en raison de leurs liens passés avec Sidi Mohammed. Mais ce furent sans conteste les Juifs des villes du Nord qui souffrirent le plus de la folie sanguinaire de ce roi, ceux notamment de Fès, Meknès, Taza, Arzila, El-Ksar el-Kebir, Tanger et Tétouan, qui n'eurent souvent la vie sauve que grâce à l'intervention en leur faveur des notables musulmans. À Fès, où il obligea les Juifs à se vêtir de jaune pour les distinguer des musulmans, il vida le *Mellah* de ses habitants et y fit construire une mosquée avec les pierres tombales provenant du cimetière juif[92]. Telle est l'« unique » réalisation dont l'histoire ait gardé souvenance du règne de ce prince, qui périt le 16 février 1792 à Marrakech, des blessures reçues lors d'une ultime bataille avec son frère Moulay Hisham à Tazkourt. Il fut remplacé aussitôt par un autre de ses frères, Moulay Sliman, porté au pouvoir à Fès par une coalition groupant les *'Abid*, les Oudaya, les oulémas et les chérifs de la capitale ainsi que ceux que le chroniqueur al-Zayyani, appelé à devenir le secrétaire du nouveau monarque, nomme les « notables berbères » de l'Atlas[93].

Moulay Sliman (1790-1822) : entre conservatisme religieux et prudence diplomatique

Homme cultivé et fin connaisseur des lettres arabes et des sciences religieuses, Moulay Sliman fut préféré à ses frères « à cause de sa piété, de sa réserve et de son intelligence[94] ». Avant d'être appelé à Fès, il avait passé de longues années au Tafilelt au contact des chérifs et des oulémas de la province. Loin des intrigues du palais, « jamais, raconte al-Nasiri, il n'avait eu de goût pour les plaisirs favoris de ses frères aînés et cadets, comme la chasse, la musique, les plaisanteries des courtisans et tout ce qui porte atteinte à la dignité[95] ». Le voyageur espagnol Domingo Badia Y Leiblich alias 'Ali Bey, qui le rencontra au début de son règne, le décrit comme étant

« de haute taille et d'un bel embonpoint ». Sa figure aux traits réguliers portait « l'empreinte de la bonté » et frappait par la vivacité de son regard :

> Il parle avec rapidité, et comprend facilement ; son costume est très simple, pour ne pas dire plus, car il est toujours couvert d'un haïk grossier ; ses mouvements sont aisés ; il est *faqih* ou docteur de la loi, et son instruction est entièrement musulmane[96].

Les guerres européennes et le déclin du commerce extérieur

Au lendemain de son avènement, Moulay Sliman eut fort à faire pour s'imposer à ses frères Moulay Hisham, Moulay Hussayn et Moulay Maslama, ainsi qu'aux populations dissidentes de la Chaouia, du Haha et de la région d'Oujda. Il ne parvint à ses fins qu'au bout de sept années d'efforts et d'opérations militaires, mais à peine eut-il consolidé son trône qu'il eut à affronter les conséquences de la terrible épidémie de peste qui ravagea le Maroc en 1799-1800. Le fléau qui délivra le sultan de ses deux principaux rivaux Moulay Hisham et Moulay Maslama, eut aussi pour conséquence de réduire au minimum les relations du Maroc avec l'extérieur. Ce qui n'était pas pour déplaire à Moulay Sliman, qui laissa volontairement dépérir les traités conclus par son père avec les puissances européennes. S'appuyant sur des considérations aussi bien religieuses qu'économiques, il mit fin notamment à l'exportation de céréales vers l'Europe et alla même jusqu'à interdire à ses sujets musulmans de quitter le pays à destination de Gibraltar, qui était la plaque tournante du commerce anglais avec le Maghreb occidental. Ce qui n'allait pas empêcher cependant les habitants du Rif, indifférents aux décisions du Makhzen, de continuer de vendre leur orge et leur blé aux trafiquants espagnols et portugais qui s'aventuraient chez eux.

Visiblement indifférent aux graves évenements qui secouaient l'Europe depuis le début de la Révolution française, Moulay Sliman ne semble pas avoir été ému outre mesure par l'expédition de Bonaparte en Égypte en 1798. Replié sur lui-même et entièrement accaparé par ses problèmes internes, il finit cependant par prendre conscience du danger que faisaient courir les guerres napoléoniennes à son pays, après le début du Blocus continental décrété par Napoléon contre l'Angleterre en 1807 et l'invasion du Portugal l'année suivante[97]. Une expédition française au Maroc n'était pas exclue et, selon les rumeurs qui circulaient dans le pays depuis plusieurs mois, Napoléon aurait envisagé, une fois maître d'Algésiras, « de fabriquer un pont de bois pour franchir le Détroit ». Aussi, dès l'entrée des troupes françaises à Madrid en mars 1808, Moulay Sliman ordonna à la population des principaux ports du royaume de se préparer à affronter une attaque française. Prenant fait et cause pour l'Angleterre, il refusa, dans le même temps, de fermer ses ports aux navires britanniques comme le lui demandaient les émissaires de Napoléon.

De fait, l'Empereur envisagea bel et bien d'envahir le Maroc, tant pour faire cesser le ravitaillement de Gibraltar que pour prendre possession de Ceuta où s'étaient réfugiés de nombreux insurgés espagnols après l'occupation de leur pays par la France. Le débarquement de soldats britanniques sur l'île de Peregil, à l'entrée de Ceuta, n'était pas fait non plus pour arranger les choses. Faute de pouvoir les en déloger, Napoléon proposa au sultan de l'autoriser à envoyer ses troupes à proximité de Ceuta contre le retour au Maroc de Melilla, Al Hoceima et le *peñon* de Velez. Une proposition bien alléchante mais qui risquait d'entraîner le Maroc dans le conflit opposant la France et l'Angleterre. Prudent, Moulay Sliman rejeta l'offre française et refusa, dans le même temps, d'accorder son agrément au nouveau consul d'Espagne à Tanger, envoyé par Joseph Bonarparte après son accession au trône d'Espagne.

C'est que l'alliance avec l'Angleterre lui importait beaucoup. Elle venait de l'aider à régler le différend maritime qui l'opposait aux États-Unis. Un différend ayant pour cause directe l'arraisonnement en 1802 par les corsaires de Larache d'un navire américain, à quoi les Américains. répliquèrent vivement en faisant arrêter plusieurs marins marocains.

Cet incident ainsi que les répercussions des guerres napoléniennes renforcèrent la décision du sultan de réduire autant qu'il le pouvait ses relations avec l'Europe. En 1816, il décida de vider unilatéralement les geôles du pays des derniers captifs chrétiens qui les occupaient et dont la libération avait été, pendant des siècles, au centre des liens noués entre le royaume chérifien et l'Europe. L'année suivante, il alla même jusqu'à mettre fin officiellement au « *djihad* maritime » et à interdire à ses marins de se livrer à la course contre les navires européens : « Il offrit une partie de ses bateaux aux Régences voisines d'Alger et de Tripoli et désarma les autres », écrit al-Nasiri, qui notait avec regret que la marine marocaine avait été de tout temps supérieure à celle d'Alger et de Tunis.

Certes, devant la grave disette qui sévissait en Europe en 1816-1817, Moulay Sliman était prêt à revenir sur sa décision et à reprendre ses exportations de blé à la France et au Portugal. Mais les négociations n'aboutirent point et d'infimes quantités seulement de céréales furent vendues en Europe. Ce qui, en définitive, confortait le sultan dans sa politique d'isolement du Maroc dont la faiblesse maritime s'étalait désormais au grand jour.

L'attrait de la Wahabiyya et le soulèvement des confréries

Moulay Sliman ne faisait pas mystère des considérations religieuses qui sous-tendaient sa politique étrangère : proche de la Wahabiyya, il avait établi de solides liens d'amitié avec 'Abd Allah ibn Sa'ud d'Arabie auprès duquel il dépêcha en 1812 son fils Moulay Ibrahim, en pèlerinage à La Mecque. Auparavant, il avait fait arracher toutes les plantations de tabac du pays et mis fin au prélèvement des taxes jugées illégales sur les transactions dans les marchés (*muks*).

À peine intronisé, il abrogea certes les mesures prises par son frère Moulay Yazid à l'encontre des Juifs, mais, en 1807, il ordonna aux Juifs d'Essaouira – exception faite des *tujjar* de la *casbah* – comme à ceux de Tétouan, Rabat et Salé d'habiter exclusivement dans des *Mellahs* séparés des médinas musulmanes. S'ajoutant à ceux existant depuis longtemps à Fès, Marrakech et Meknès, les *Mellahs* devenaient ainsi la forme dominante de l'habitat citadin juif du Maroc. À Tétouan, où les Juifs avaient eu droit à un délai de six mois pour s'installer dans leur nouveau quartier, le sultan avait pris soin d'expliquer aux oulémas que par cette ségrégation il voulait empêcher les Juifs de s'approcher des mosquées ainsi que des demeures des musulmans. Ceux-ci s'étaient vu également intimer l'ordre de ne pas construire de nouvelle synagogue, « car il ne faut pas qu'il y ait deux *qibla* en terre d'Islam[98] ».

Mais le grand combat de Moulay Sliman fut celui qu'il mena sans relâche contre les confréries. En effet, il ne cessa de condamner publiquement le culte des saints[99], allant jusqu'à interdire l'organisation des *moussem-s* qui réunissaient chaque année à travers le pays plusieurs milliers de personnes autour des différentes *zawiya-s* du royaume :

> Tout cela, proclama-t-il dans un *dahir* spécial, n'est qu'innovation détestable (*bid'a*), action blâmable, basse injure, coutume contraire aux lois religieuses, erreur et égarement, tromperie du diable et vice que le démon a rendu agréable à ses zélateurs. Des époques ont été fixées pour ces pratiques et des sommes considérables sont ainsi dépensées pour l'amour de Satan. Les gens fidèles à ces innovations, 'Aysawa, Jbala et autres confréries partisanes de la nouveauté et de l'erreur, de la folie et de l'ignorance y accourent. Ils attendent le moment de ces amusements. C'est par groupes qu'ils se vouent à Satan et à ses œuvres. Tout cela est interdit par la religion et toute dépense faite à cette occasion doit être considérée comme licite[100].

Il combattit dès lors ouvertement les plus importantes confréries du pays à l'exemple de la confrérie des Cherarda, dans la région de Marrakech, et celle des Cherqawa de Boujad. Il se montra en revanche très favorable à l'égard de la Tijaniyya, dont il accueillit le fondateur Abu al-'Abbas Ahmad al-Tijani en 1795 à Fès, et encouragea les activités en direction de l'Algérie et du Soudan occidental. Il en fit de même à l'égard des Darqawa, très actifs à Fès et dans l'Oranie, jusqu'au jour où ils se soulevèrent contre les Turcs.

C'est que, poursuivant la politique de réconciliation avec la Sublime Porte inaugurée par son père, Moulay Sliman avait pu obtenir des Turcs, en 1797, la cession d'Oujda. Ceux-ci ne réagirent pas non plus lorsque, quelques années plus tard, il décida de renforcer la présence marocaine à Figuig ainsi qu'au Touat et au Gourara où il envoya des troupes en 1808. Prudent, il ne donna pas suite cependant à la demande des habitants de Tlemcen qui désiraient le rattachement de leur ville au royaume chérifien[101]. Ce qui lui valut le désaveu du chef des Darqawa, le chérif idrisside Moulay al-'Arbi, qui joignit ses forces à celles du chérif d'Ouezzane pour tenter de le renverser en 1820.

Les révoltes berbères

En fait, subissant le contrecoup des bouleversements démographiques et sociaux que connut le Maroc à la fin du XVIIIe siècle et au début du XIXe siècle, Moulay Sliman eut à affronter une série de révoltes populaires au cours des douze dernières années de son règne, dans le Rif, le Moyen Atlas et le Haut Atlas. Ayant un caractère local et berbère fort prononcé, ces séditions ne remettaient guère en question la légitimité de la dynastie 'alawite ; elles exprimaient surtout le mécontentement de la population rurale face à la politique fiscale du Makhzen, à son autocratisme ainsi qu'à son incapacité à garantir l'ordre et la sécurité hors des grandes villes. De 1811 à 1822, les révoltes les plus dangereuses se déroulèrent dans le Moyen Atlas où les Berbères, d'abord en guerre entre eux, finirent par s'unir autour d'un cheikh unique, Abu Bakr Amhaouch contre les *harkas* ou *mahalla* du sultan. Profitant de la défection d'une partie du *guish* berbère, il fit subir une lourde défaite en 1818 au sultan, à Lenda, au nord d'El-Kbab. Moulay Sliman lui-même faillit périr au cours de cette bataille où son fils Moulay Ibrahim trouva la mort. Reconnu, au milieu de ses soldats en débandade, par un guerrier berbère, il fut conduit dans un village des environs du champ de bataille où on l'accueillit avec tous les égards dus à son double titre de sultan et chérif :

> Les Berbères, raconte al-Nasiri, arrivèrent jusqu'au sultan. L'un d'eux, un homme des Beni Mguild, dit-on, voulut le dépouiller, mais le sultan se fit connaître. Le

Berbère lui demanda de jurer qu'il était bien le sultan, et quand il reçut son serment, il descendit de son cheval et le fit monter avec lui. Il l'emmena ainsi jusqu'à sa *khaima* (tente). Aux Berbères qui le rencontraient et demandaient qui il avait avec lui, il repondait que c'était son frère qui avait reçu une blessure. Quand il l'eut amené ainsi à sa *khaima*, il fit connaître que c'était le sultan. Les femmes du douar accoururent de tous côtés, manifestèrent leur joie et battant du tambour. Puis elles vinrent baiser les pans de ses vêtements pour avoir sa bénédiction, et le regardèrent avec tant de curiosité qu'il en fut incommodé. Quand les hommes du douar revinrent, ils se montrèrent flattés de le voir parmi eux et lui témoignèrent beaucoup d'égards. Ils firent tout leur possible pour lui être agréable et le satisfaire, en lui apportant des tapis, de la nourriture et de la boisson. [...]. Au bout de trois jours, ils le firent monter à cheval et le conduisirent avec une escorte de cavaliers jusqu'à la casbah d'Agourat. De là, il envoya prévenir le *guish* de Meknès[102].

Maître de la montagne, le cheikh Amhaouch entra en vainqueur en 1820 à Fès où il rallia à sa cause le chérif de Ouezzane ainsi que le chef de la confrérie des Derqawa. Les rebelles prononcèrent aussitôt la destitution du sultan et proclamèrent son fils Moulay Sa'id à sa place. Mais le *guish* des Oudaya, resté fidèle au sultan, prit en otage le chef des Derqawa et ramena à la raison les chefs rebelles. Une trêve fut alors signée entre le cheikh Amhaouch et Moulay Sliman qui put ainsi recouvrer ses fonctions. Ne perdant rien de sa fougue contre les marabouts, Moulay Sliman vint deux ans plus tard attaquer la *zawiya* des Cherarda, située dans les environs de Marrakech. Il fut de nouveau battu et fait prisionnier par ses ennemis, qui le renvoyèrent, déshonoré, à Marrakech : lâché par ses derniers partisans et las de gouverner, il émit le souhait d'abdiquer en faveur de son neveu, Moulay 'Abd al-Rahman, le fils de Moulay Hisham, qui l'avait combattu au début de son règne. Il l'avait choisi, expliquait-il, non point pour ses aptitudes politiques, mais surtout pour ses qualités humaines et religieuses :

> Il ne se livre pas à la boisson, il ne commet pas d'adultère, il ne ment pas, il ne vole pas, il ne fait couler le sang et ne prend l'argent d'autrui que pour des raisons sérieuses, quand bien même il serait maître du Royaume de l'Orient et de l'Occident, écrivit-il à son propos dans son testament ; il est d'une piété exemplaire ; il observe le jeûne obligatoire et surérogatoire, et il effectue les prières obligatoires et surérogatoires [...]. Les habitants du Maghreb l'aimeront et le suivront [...]. Quiconque le suivra suivra la bonne direction ; quiconque en suivra une autre suivra la voie de la révolte et de l'erreur[103]...

« Roi malgré lui », Moulay Sliman mourut le 28 novembre 1822 à Marrakech, laissant à son successeur un pays militairement affaibli, plus fermé sur lui-même que jamais et en proie à des troubles incessants, mais un pays dans lequel la légitimité du pouvoir central ne posait plus de problème, quoiqu'elle continuât périodiquement à être battue en brèche par les cheikhs des confréries religieuses et des tribus. En effet, qu'ils fussent citadins ou campagnards, sédentaires ou nomades, Arabes ou Berbères, tous les habitans du Maroc reconnaissaient désormais la prééminence temporelle et spirituelle des 'Alawites et le caractère sacré et inviolable de la personne de leurs rois, même s'il arrivait à des régions entières du royaume d'entrer en dissidence (*siba*) contre le Makhzen et ses représentants.

QUATRIÈME PARTIE

FACE À L'EUROPE

9

Les débuts de la pénétration européenne

Un nouvel ordre politique et militaire commençait à se mettre en place en Méditerranée au début du XIXe siècle. Résultat de l'accumulation de multiples processus de changement démographique, économique, technique et scientifique, les relations de l'Europe avec les pays de l'islam cessèrent d'être fondées, à partir de cette époque, sur l'équilibre des forces. Désormais présente sur toutes les mers, au large du Maghreb comme aux portes méridionales de l'Empire ottoman, dans le golfe Persique comme sur les côtes de l'Inde, l'Europe n'allait pas tarder à inonder de ses produits finis les grandes villes d'Afrique du Nord et du Proche-Orient dont ses marchands tiraient essentiellement des matières premières – soie, coton, blé, peaux, etc.

Générateurs d'incompréhensions et de tentations de tous ordres, les premiers effets de ce déséquilibre furent d'ordre militaire. Ils se traduisirent par les défaites successives des armées ottomanes face à la Russie et l'Autriche, le bombardement français de Salé et Larache en 1765, celui de Tanger par les Espagnols en 1790, l'expédition de Bonaparte en Égypte en 1798 et, enfin, la conquête française de l'Algérie en 1830 qui bouleversa définitivement les rapports de force entre l'Europe et l'Afrique du

Nord. Elle frappa surtout de plein fouet le Maroc, devenu, depuis cette date, le point de mire des généraux, des banquiers et des politiciens français.

Le royaume chérifien était gouverné depuis huit ans par Moulay 'Abd al-Rahman b. Hisham (1822-1859), qui avait été, jusqu'à son accession au trône, *khalifa* du Tafilelt, d'Essaouira puis de Fès : rompant ouvertement avec la politique antimaraboutique de son prédécesseur, son intronisation n'avait suscité aucune dissension au sein de la famille royale ni aucune rébellion dans l'armée. Celle-ci avait d'ailleurs bien triste mine lors de son arrivée au pouvoir : tandis que les *'Abid* ne disposaient même plus de chevaux pour leurs expéditions et se cantonnaient dans quelques garnisons de grandes villes, le *guish* des Oudaya et les trois grandes factions qui le composaient se rebellaient à la moindre occasion, comme en 1831 au lendemain de la conquête de l'Algérie par la France : les Oudaya, proprement dits furent éloignés de Fès, à Larache ; les Ahl Sous à Rabat ; les Mghafra, dans les environs de Marrakech. Comme les événements sur sa frontière avec l'Algérie allaient le lui démontrer amèrement, le sultan ne pouvait guère compter sur son armée régulière pour assurer la défense du royaume. Aussi n'eut-il d'autre choix que de solliciter l'aide ponctuelle d'autres tribus, au départ de chaque *mahalla*, pour mater les rébellions, comme ce fut le cas en 1848-1849 contre les Zaër de la région de Rabat, ou en 1852 contre les Zemmour et les Banu Musa du Tadla et, en 1854, contre les Aït Atta dans le Sud. Signes évidents de cette faiblesse militaire du Makhzen : la défaite de l'Isly en 1844 face aux Français et l'occupation de Tétouan par l'Espagne en 1859, deux débâcles militaires lourdes de conséquences qui allaient préparer la voie à la pénétration européenne, puis à la perte d'indépendance du royaume chérifien au début du siècle suivant.

Le rétablissement du commerce avec l'Europe

Jouissant d'une bonne réputation en Europe, Moulay 'Abd al-Rahman annonça dès son arrivée au pouvoir son intention de développer le commerce extérieur de son pays. Il en chargea deux de ses principaux agents : le riche homme d'affaires fassi al-Hajj Talib b. Jelloun, qui avait la haute main sur le commerce avec l'Orient et le sud du Sahara, et le négociant juif d'Essaouira Méir Macnin, qui, affublé du titre de « consul et ambassadeur du sultan auprès des puissances chrétiennes », s'était vu confier la gestion directe des ports de Larache, Casablanca, El-Jadida et Safi ainsi que – pour un temps – celui de Tanger. Macnin était seul habilité à fixer le montant des tarifs douaniers sur les produits d'importation et d'exportations transitant par ces ports. Les gouverneurs de Tanger et de Tétouan étaient tenus de couvrir ses frais et de lui fournir une paire de chevaux pour ses déplacements[1]. Ce qui n'était pas un mince privilège dans un pays où il était traditionnellement interdit aux *dhimmi* de monter à cheval. Une promotion qui déplut aussi fortement aux consuls et aux négociants européens, étonnés de voir un concurrent juif accéder à de si hautes fonctions dans un pays musulman. Entre autres prérogatives, Macnin avait la charge de collecter les présents offerts régulièrement par les consuls au sultan. Plus sérieusement, il eut aussi pour mission d'acquérir, au nom du sultan, quatre frégates armées aux États-Unis. Ce qui ne pouvait que raviver les craintes d'une reprise de la course par le Maroc d'autant que deux bateaux autrichiens furent attaqués en 1825 par des marins marocains et que les pirates du Rif ne se gênaient pas pour s'en prendre aux vaisseaux anglais naviguant au sud du détroit de Gibraltar.

Mais le temps des intrépides corsaires barbaresques était bel et bien révolu : douze ans après l'expédition de

Lord Exmouth contre Alger en 1816, la marine marocaine, qui comptait trois navires de guerre seulement – quatre ou cinq vaisseaux équipés d'une douzaine de canons chacun –, ne faisait pas le poids face à la flotte britannique qui vint menacer Tanger de ses canons en 1828 ; ni face à la marine autrichienne qui, en 1830, attaqua impunément les rades de Larache, d'Arzila et de Tétouan sans susciter la moindre riposte de la part des corsaires marocains. Sans parler de l'escadre du prince de Joinville qui, comme nous le verrons, bombarda durement Tanger et Mogador en 1844.

L'état des effectifs terrestres n'était pas meilleur : une armée régulière de 35 000 hommes, au maximum – soit l'équivalent du corps expéditionnaire français en Algérie –, insuffisamment équipée et dispersée dans des forteresses à l'entrée des grandes villes et dans des garnisons urbaines mal entretenues. S'y ajoutaient, selon les renseignements recueillis par les agents du comte de Mornay en 1832, les contingents fournis occasionnellement par différentes tribus du littoral et du sud du pays. Soit quelque 65 000 hommes supplémentaires, prompts à se jeter, à tout moment, dans la bataille contre les infidèles à l'appel du sultan.

Mais tout en restant fidèle au devoir de guerre sainte qui lui incombait en tant que Commandeur des Croyants, Moulay 'Abd al-Rahman désirait bel et bien ouvrir un nouveau chapitre dans les relations de son pays avec l'Europe. Il signa ainsi dès 1823 une première convention commerciale avec le Portugal dont les pêcheurs pouvaient s'approcher sans risque du littoral septentrional du Maroc. L'année suivante, il conclut un nouveau traité commercial avec l'Angleterre, suivi en 1825 par un deuxième avec la France et un troisième avec la Sardaigne. Assez paradoxalement, c'est le besoin du Maroc en céréales, lui dont le commerce extérieur avait longtemps été fondé sur l'exportation de blé, qui donna un véritable coup de fouet aux échanges avec l'Europe. Le pays était une fois de plus ravagé par la famine qui entraînait la raréfaction du cheptel, l'insécurité des routes et la réduction du trafic terrestre : en 1825, le sultan fit ouvrir tous les ports du pays à la navigation européenne. El-Jadida, l'ancien comptoir portugais de Mazagan, bénéficia de cette nouvelle conjoncture : repeuplée rapidement, elle fut promue au rang de ville et son port administré par Méir Macnin, allait recevoir au cours des trois années suivantes, au même titre qu'Essaouira, Rabat et Larache, des dizaines de navires français, anglais, sardes et espagnols chargés de grains.

Les effets de la disette s'estompèrent à partir de 1829 et le Maroc retrouva dès lors son rôle habituel d'exportateur de céréales. Les ventes à l'étranger furent telles que le Makhzen ouvrit en 1830 un entrepôt de grains à Cadix, et c'est ainsi que Casablanca, qui était la plaque tournante de ce commerce avec l'Espagne, commença à prendre de l'essor. Coïncidence symbolique, l'ascension de la future métropole économique du Maroc débutait l'année même de la conquête française de l'Algérie et coïncidait avec l'inauguration des premières lignes ferroviaires reliant Lyon à Saint-Étienne et Manchester à Liverpool. Deux événements emblématiques qui annonçaient l'expansion militaire de l'Europe au sud de la Méditerranée et consacraient l'avance technologique et industrielle du Vieux Continent sur l'Asie et l'Afrique [2].

Cela étant, le commerce maritime du Maroc connut une nette augmentation jusqu'au début des années 1840 : tout en triplant en valeur de 1831 à 1842, il resta cependant relativement modeste et portait toujours sur les mêmes produits, une dizaine d'articles d'exportation – laines, peaux, cire, céréales, gomme arabique, huile d'olive, bœufs, plumes d'autruche – en échange d'un nombre aussi restreint de produits d'importation : cotonnades, soieries, sucre, thé, acier et fer, cochenille, ainsi que des armes et munitions qui passaient souvent en contrebande à l'intention du Makhzen et de plusieurs seigneurs de guerre indépendants ou encore de l'émir 'Abd el-Kader d'Algérie à l'intention duquel d'énormes cargaisons étaient déchargées à Tétouan en provenance de Gibraltar et de Marseille.

La conquête de l'Algérie par la France et ses répercussions

Prenant pour prétexte le stupide incident du coup d'éventail survenu le 29 avril 1827, lors duquel le dey d'Alger, excédé par les atermoiements du gouvernement français dans l'affaire des créances Bacri, avait fait le geste de souffleter le très peu fiable consul Alexandre Deval, une armée française forte de 37 000 hommes, commandée par le duc de Bourmont, quitta Toulon le 25 mai 1830 à destination du littoral algérien. Après une traversée houleuse qui les obligea à faire un détour par Palma de Majorque, les soldats français débarquèrent trois semaines plus tard sur le sol algérien, à Sidi-Ferruch. Le 5 juillet 1830, ils conquirent Alger et mirent ainsi fin à trois siècles de domination turque en Algérie.

Consulté peu de temps avant le début de l'expédition par des émissaires français, le sultan avait donné l'impression d'être indifférent au sort d'Alger. Non seulement, disait-on de source française, il aurait garanti l'hospitalité aux ressortissants français contraints de se réfugier sur son territoire, mais – plus surprenant encore – il aurait autorisé également les navires français à venir s'approvisionner dans ses ports en cas de besoin.

Les sources marocaines invitent à une lecture plus nuancée des premières réactions marocaines à la prise d'Alger : informé dès le 13 juillet du débarquement français par son agent à Gibraltar, le commerçant Benoliel, le sultan en fut consterné ainsi que tous ses sujets qui apprirent par la suite la nouvelle. Tandis que les appels au *djihad* se multipliaient à travers le pays, Moulay ‘Abd al-Rahman, qui connaissait l'état réel de ses troupes, se borna dans un premier temps à ouvrir largement ses frontières aux réfugiés algériens fuyant les soldats français. Il donna des instructions dans ce sens au gouverneur de Tétouan dont la ville avait accueilli un grand nombre de ressortissants d'Alger et d'Oran : « Ils sont nos frères, des musulmans défaits et battus par l'ennemi qui s'est emparé de leur pays et de leurs biens. Ils se sont enfuis pour lui échapper et sauvegarder leur foi, puisse Dieu le miséricordieux les assister[3]. » Il fit installer ces réfugiés dans plusieurs localités du nord du pays ; la présence parmi eux de nombreux marins, artilleurs et autres « techniciens » militaires était probablement pour beaucoup dans cette sollicitude, fort louable au demeurant, du sultan.

En tout cas, abandonné par la Sublime Porte et ne pouvant compter sur aucun secours de la part de ses voisins marocain et tunisien, le dey d'Alger demanda à quitter le territoire algérien cependant que les soldats français saccageaient sa ville et s'emparaient de son trésor. C'était la première fois depuis la fin des guerres napoléoniennes qu'une puissance européenne entreprenait une expédition militaire de cette envergure : bien que rompant le sacro-saint équilibre des forces établi depuis le congrès de Vienne (1815), tout s'était passé comme si personne en Europe ni même en France n'avait cru que Charles X, dont le trône était plus que chancelant, allait rester en Algérie plus de temps qu'il ne fallait pour châtier le « nid de pirates » algérois. De fait, avant d'envoyer sa flotte au large d'Alger, la France avait envisagé diverses solutions de rechange, militaires et diplomatiques à la fois, incluant des actions conjointes avec la Régence de Tunis et l'Égypte de Mohammed ‘Ali auquel le chef du gouvernement, le duc de Polignac, avait voulu confier la mission de punir la Régence barbaresque[4].

Charles X, pour lequel toute l'expédition n'avait été au mieux qu'une diversion à ses problèmes intérieurs, aurait sans doute retiré ses troupes d'Algérie s'il n'avait pas été lui-même déposé, quelques mois seulement après le débarquement de Sidi-Ferruch. Son successeur, Louis-Philippe, ne fut pas non plus un chaud partisan de l'extension des « possessions françaises d'Afrique du Nord » au-delà du pourtour des grandes villes de l'ancienne Régence barbaresque, mais il laissa néanmoins les généraux de l'armée d'Afrique agir à leur guise sur le terrain et prendre des initiatives qui allaient affecter profondément le fragile *modus vivendi*, instauré depuis la conquête entre l'Algérie et ses voisins maghrébins.

Incapable de courir immédiatement au secours du dey, Moulay 'Abd al-Rahman accepta, à son corps défendant, de s'impliquer dans les affaires algériennes en répondant à la demande de la population de Tlemcen, qui voulait que sa ville fût rattachée au royaume chérifien. Prudent, Moulay 'Abd al-Rahman avait d'abord commencé par rejeter cette requête : s'appuyant sur l'avis des *oulémas* de Fès qui estimaient que leur pays n'avait pas à se substituer à un autre État musulman, l'Empire ottoman, les habitants de Tlemcen revinrent à la charge en expliquant que la Sublime Porte n'était pas près de revenir en Algérie et que, compte tenu de ses prérogatives califales de Prince des Croyants, il se devait de placer Tlemcen sous son égide chérifienne. Se rendant à leurs arguments, Moulay 'Abd al-Rahman nomma ainsi son jeune cousin et beau-frère Moulay 'Ali b. Sliman, alors âgé de quinze ans, comme *khalifa* de Tlemcen et l'y envoya, en novembre 1830, à la tête d'une *mahalla* de 500 hommes commandés par le caïd d'Oujda, le très controversé Idris al-Jarrari.

Acclamés par une partie seulement de la population – les *Hadara* citadins –, mais rejetés par les *Kouloughli* ou métis d'origine turque, les Marocains eurent également beaucoup de mal à s'imposer aux tribus de l'Oranie qui avaient travaillé naguère pour les Turcs et que les Français tentaient désormais d'attirer dans leur camp. Multipliant pillages et exactions, le caïd al-Jarrari et le jeune prince se firent finalement détester de tout le monde. Ils furent rappelés sans tarder au Maroc tandis que la France manifestait de plus en plus son agacement face à l'ingérence marocaine dans les affaires algériennes. Très conscient du risque que son engagement lui faisait prendre face à la France, Moulay 'Abd al-Rahman ne pouvait compter sur ses propres forces pour se sortir d'affaire. Son seul espoir était de voir l'Angleterre voler à son secours en cas d'incident majeur avec la France. Vain espoir en vérité : tout en ne cachant pas leur mécontentement devant l'entrée des forces françaises au Maghreb, c'est au roi du Maroc et non au roi de France que les Anglais allaient demander de faire preuve de retenue et de prudence.

Laissant les choses suivre leur cours, Moulay 'Abd al-Rahman nomma un nouveau gouverneur marocain, Bel Hamri, à Tlemcen, qui, aussitôt sur place, s'employa à recueillir la *bay'a* de toute la population de l'ancien *beylik* d'Oran ainsi que l'adhésion des deux grandes confréries de la province, la Tijaniyya, qui avait son centre à Ain Mahdi, et la Taybiyya dont le chef spirituel était le chérif d'Ouezzane. Seuls les Turcs et les *Kouloughli* de Tlemcen et de Mostaganem lui restaient réfractaires. Cela ne l'empêcha pas d'attaquer Oran en octobre 1831, mais, impuissant devant les murailles de la ville que défendaient des soldats tunisiens recrutés par le général Clauzel, le gouverneur marocain se rabattit sur Mascara. Il en fit sa capitale provinciale, levant des impôts et recevant des délégations en provenance de Miliana, Médéa et Blida qui acceptaient de lui prêter serment d'allégeance.

Ces agissements finirent par inquiéter le gouvernement français, qui, en décembre 1831, dépêcha un envoyé spécial, le comte Charles de Mornay, auprès de Moulay 'Abd al-Rahman pour l'inciter à retirer ses troupes de

Tlemcen[5]. Accompagné notamment du peintre Eugène Delacroix qui immortalisa le souvenir de cette visite dans plusieurs de ses tableaux et dans son *Journal*, l'ambassadeur fut reçu le 22 mars 1832 à Meknès par le sultan qui consentit à rappeler Bel-Hamri au Maroc et à retirer ses agents de Miliana et de Médéa. Mornay saisit l'occasion pour demander par ailleurs au sultan d'établir des droits de douane fixes pour faciliter et développer les échanges commerciaux entre la France et le royaume chérifien.

Le sultan continua néanmoins à s'impliquer en Algérie, en soutenant désormais ouvertement le mouvement de résistance qui s'organisait dans le pays, à l'instigation du *moqaddim* de la Qadiriyya, Muhyi al-Din, et de son fils 'Abd el-Kader qui prit la direction du *djihad* contre les Français en novembre 1832. Tant du fait de sa haute stature intellectuelle et de sa bravoure physique que de ses origines chérifiennes et idrissides, 'Abd el-Kader jouissait d'un immense prestige en Algérie aussi bien qu'au Maroc, dans le Rif et à Fès notamment où oulémas et Chorfa idrissides lui étaient acquis ainsi qu'à Meknès où il comptait de nombreux appuis parmi les plus hauts personnages de la cour, à l'exemple du prince héritier Sidi Mohammed et du richissime homme d'affaires fassi l'Amin al-Hajj Talib b. Jelloun de Fès. Le monarque 'alawite lui-même faisait tout son possible pour faire parvenir au chef de guerre algérien, qui se désignait comme *khalifa* du sultan, vivres, armes et munitions. Marques évidentes de solidarité musulmane, considérées comme des actes de guerre par les généraux français d'Algérie qui voulurent en découdre rapidement avec 'Abd el-Kader en envahissant le Maroc. Des navires de guerre français croisaient désormais régulièrement au large des côtes marocaines tandis que le sultan renforçait en toute hâte sa flottille de guerre. Soumis à la forte pression de son opinion qui s'enthousiasmait pour les victoires du chef algérien et réclamait un engagement plus clair du Maroc dans le *djihad* antifrançais, Moulay 'Abd al-Rahman était dans l'impossibilité de répondre favorablement aux requêtes françaises réclamant un arrêt complet de l'assistance marocaine à 'Abd el-Kader.

Mais toutes les actions de 'Abd el-Kader furent loin cependant d'être bien comprises par ses partisans marocains, qui s'étonnèrent ainsi de le voir « pactiser » avec l'ennemi en signant avec le général Bugeaud la convention de la Tafna (20 mai 1837), qui le rendait maître en fait de la majeure partie du territoire de l'ancienne Régence. Se comportant désormais en émir indépendant et non plus en « représentant » du sultan, 'Abd el-Kader allait faire passer ses intérêts politiques au-dessus de ses convictions religieuses. Il fit dès lors appel à des officiers français pour réorganiser et équiper son armée, et s'employa à combattre les dissidents musulmans plutôt que les soldats français, et plus particulièrement les tribus de l'Angad et les confréries Dearqawa et Tijaniyya qui l'abandonnèrent immédiatement après la signature du traité de la Tafna. À l'encontre de ceux-ci et de tous ses autres adversaires, 'Abd el-Kader pouvait se prévaloir d'une *fatwa* rendue le 15 juin 1837 en sa faveur par les oulémas de Fès, déclarant comme rebelles tous les musulmans qui lui refusaient leur concours contre les Français[6]. Néanmoins, malgré toutes ses appréhensions, Moulay 'Abd al-Rahman continua de l'assurer de son soutien et, jusqu'à la bataille de l'Isly, il laissa Talib b. Jelloun lui faire parvenir normalement par Taza et Oujda les livraisons d'armes débarquées à son intention à Tétouan, Larache, Rabat-Salé et même Essaouira.

La débâcle de l'Isly (août 1844)

De retour en février 1841 à Alger en tant que gouverneur général de l'Algérie, le général Bugeaud résolut de mettre un terme à au royaume de 'Abd el-Kader et aux derniers vestiges de la présence marocaine dans la colonie. Le 1er février 1842, Tlemcen tomba définitivement aux mains des Français qui en chassèrent le pacha marocain Bennouna. Perdant l'une après l'autre la plupart de ses places fortes algériennes, l'émir fut contraint de déplacer ses troupes à proximité de la frontière marocaine qu'il franchissait fréquemment pour recruter, comme au printemps 1842, de nouveaux renforts chez les Beni Snassen de la région d'Oujda. Ce fut considéré comme un *casus belli* par la France : le 14 avril puis le 14 mai 1842, le ministre français des Affaires étrangères, Guizot, demanda solennellement au roi du Maroc l'internement de 'Abd el-Ḳader s'il revenait sur son territoire et l'interdiction aux ressortissants marocains de participer à l'effort de guerre de l'émir.

Subissant la pression de son opinion qui l'appelait à tenir tête aux Français, le sultan « enregistra » poliment la requête de Paris. Le mieux qu'il lui restât à faire était de renforcer la garnison d'Oujda et de recommander à son commandant d'éviter tout contact avec le chef de la résistance algérienne dont les partisans émigraient désormais en masse à Fès et dans le Rif. Une présence qui allait déranger de plus en plus sérieusement les autorités chérifiennes, mécontentes de voir se développer dans le Nord du pays un foyer de dissidence anti-'alawite et antifrançaise à la fois.

La réaction du Makhzen ne contribua pas, loin de là, à calmer les ardeurs guerrières de Bugeaud. Le général ne cachait pas en effet son désir de poursuivre 'Abd el-Kader à l'intérieur du territoire marocain. Tandis qu'il ordonnait à ses troupes de faire mouvement vers Taza, la division navale du prince de Joinville appareillait de Toulon en direction de Tanger et Essaouira. La tension était extrême entre la France et le Maroc.

Ce fut le moment que choisit l'Angleterre pour intervenir dans le conflit et demander à Moulay 'Abd al-Rahman de ne pas justifier par sa conduite une intervention militaire française. Ce qui fut entendu : en juillet 1842, le sultan publia effectivement un *dahir* interdisant à ses ressortissants tout contact avec l'Algérie. Il fit confisquer des livraisons d'armes destinées à 'Abd el-Kader à Oujda et renvoya chez elle une délégation d'Algériens venue implorer son aide en faveur de l'émir. Des gestes évidents de bonne volonté qui furent appréciés en tant que tels par Guizot et son collègue de la Défense, le maréchal Soult. Mais non par Bugeaud et ses généraux, pour lesquels une action militaire française contre le Maroc était indispensable en toute circonstance. La recrudescence des incidents de frontière, réels ou fictifs, dans la région d'Oujda entre soldats français et tribus incontrôlées allait leur fournir le prétexte recherché pour déclencher les hostilités contre le Maroc.

S'attendant à tout instant au pire, Moulay 'Abd al-Rahman envoya des renforts à Oujda et à Taza tandis qu'en Algérie même la smala de 'Abd el-Kader, qui comptait quelque 30000 personnes, fut surprise le 14 mai 1843 par un escadron de 500 hommes conduits par le duc d'Aumale. Un succès audacieux du fils du roi des Français qui s'empara d'un riche butin et de 3000 prisonniers, et précipita la défaite de l'émir. Poursuivi sans relâche par les troupes françaises, 'Abd el-Kader vint chercher refuge en janvier 1844 au sud d'Oujda, avec le reste de ses partisans. Passant outre les menaces françaises, Moulay 'Abd al-Rahman ne pouvait faire autrement que lui accorder l'asile, eu égard à son statut et conformément à ses propres convictions religieuses.

Sur ces entrefaites, on apprenait à Meknès qu'en plus de la France, trois autres puissances européennes, l'Espagne, le Danemark et la Suède, avaient émis des réclamations à l'encontre du royaume chérifien : la première demandait réparation à la suite du meurtre de son agent consulaire à El-Jadida (Mazagan) ; les deux autres estimaient qu'elles n'avaient plus à s'acquitter du tribut annuel qu'elles étaient obligées de payer depuis trois quarts de siècle au sultan pour pouvoir commercer avec le Maroc. Des requêtes vraisemblablement encouragées par la France, donnant au conflit franco-marocain une dimension européenne qui en aggravait les enjeux.

L'escalade monta d'un cran en avril 1844, après la décision du général Lamoricière d'installer un poste militaire à Lalla-Maghnia, à une dizaine de kilomètres à l'est d'Oujda, dans une région que le Maroc avait toujours considérée comme sienne. À l'exemple de Bugeaud, le gouverneur de l'Oranie ne cachait pas non plus son intention de porter la guerre à l'intérieur du Maroc. Il aurait franchi le pas depuis longtemps sans l'opposition du gouvernement français. Paris ne voulait pas mettre en péril ses bonnes relations avec Londres qui venait tout juste de reconnaître implicitement la possession française de l'Algérie. La Grande-Bretagne n'était sûrement pas encore prête à accepter l'extension de la présence militaire française au Maroc. Ce qui impliquait une certaine prudence sur les confins algéro-marocains de la part de l'armée française.

Le 22 mai 1844, le Maroc demanda officiellement à la France d'évacuer le poste de Lalla-Maghnia. Le 30 mai, 2000 cavaliers marocains attaquèrent une unité du général Lamoricière campant non loin de là, à Sidi-'Aziz. Informé de l'incident, le général Bugeaud accourut à Lalla-Maghnia, à la tête de renforts venant d'Alger. Le 17 juin, il fit une première incursion à l'intérieur du territoire marocain et occupa pendant près d'une semaine la ville d'Oujda. Au même moment, Guizot adressait à Moulay 'Abd al-Rahman un ultimatum demandant le retrait des troupes marocaines massées le long de la frontière algérienne ainsi que l'expulsion de 'Abd el-Kader du Maroc.

La guerre devenant inéluctable, la France, suivie de tous les pays européens, fit évacuer ses ressortissants du royaume chérifien tandis que des navires de guerre espagnols, danois et suédois faisaient leur apparition dans les eaux territoriales marocaines, au large de Tanger. Ce qui ne fit que renforcer les craintes marocaines d'une attaque concertée des infidèles.

Voulant parer au plus urgent, Moulay 'Abd al-Rahman confia à son fils et successeur désigné Sidi Mohammed le commandement des troupes sur la frontière avec l'Algérie et l'engagea à lever de nouveaux contingents dans le Rif. Au même moment, il appela la population au *djihad* contre l'ennemi :

> Le polythéisme est à vos portes du côté de l'Est : il a déjà imposé l'injustice aux gens de votre religion.
>
> Ne vous laissez pas séduire par sa douceur trompeuse qui déjà s'est transformée en mal contre l'islam.
>
> Car il possède toutes sortes de stratagèmes qui défient l'intelligence des jeunes et des vieux…
>
> C'est vous qu'il vise ; ne restez pas en paix ; le repos devant les ennemis est une déchéance.
>
> Celui qui reste dans le voisinage du mal sera frappé dans le malheur. Comment vivre quand on a déjà des serpents dans son panier ?
>
> L'homme noble désire la gloire qui le rend éternel et celui qui vit dans l'avilissement n'est pas heureux [7].

Désireux malgré tout d'éloigner le risque de guerre, le sultan accéda peu de temps après, sous la pression du consul anglais Drummond-Hay, reçu à Rabat au cours des derniers jours de juillet 1844, aux principales réclamations françaises : rétablissement du tracé de la frontière franco-algérienne du temps des Turcs, éloignement des troupes marocaines de la frontière algérienne et arrestation de ‘Abd el-Kader. Croyant le danger de guerre conjuré, le consul reprit la route de Tanger où le prince de Joinville venait de remettre au pacha de la ville un ultimatum auquel le sultan devait répondre dans les huit jours. Moulay ‘Abd al-Rahman refusa d’obtempérer, ayant déjà communiqué sa réponse à Drummond-Hay. Mais c’était compter sans les susceptibilités du prince français, qui, estimant que le monarque ‘alawite avait réagi à l’ultimatum du représentant anglais et non au sien, fit bombarder Tanger le 6 août 1844, faisant 150 morts et 400 blessés ; neuf jours plus tard, ce fut au tour d’Essaouira d’être la cible des canons français. Ce que voyant, « les mauvais sujets de la ville et les Chiadma des environs » entrèrent dans la ville qu’ils mirent au pillage, en commençant par ses Juifs, avant de s’attaquer au reste de la population, raconte al-Nasiri[8]. En fait, c’est tout le centre et le sud du pays, de la Chaouia jusqu’aux plaines des Doukkala et des Chiadma, qui s’embrasaient.

Le 14 août 1844, Bugeaud avait pénétré en territoire marocain jusqu’au bord de la rivière Isly, à 8 kilomètres au nord-ouest d’Oujda, où campait Sidi Mohammed à la tête de sa *mahalla*. Le parasol ouvert, portant un uniforme rouge et monté sur un cheval blanc, le *khalifa* fut pris pour cible par les Français dès le début de la bataille. Voyant cela, il changea d’habit et de cheval afin de détourner l’attention de l’ennemi. Mais cela ajouta au trouble de ses soldats, qui souffraient déjà de ne pouvoir maîtriser leurs chevaux, effrayés par le bruit des canons :

> [Dès lors], quand se tournant du côté du *khalifa* ils ne le virent pas à cause de son changement d’aspect, ils furent pris de peur car les alarmistes disaient qu’il était mort. Aussitôt le désordre se mit dans leurs rangs. Les Cherarda se hâtèrent vers la *mahalla* et, se rendant maîtres des tentes où était l’argent, s’en emparèrent, s’entre-tuèrent

pour l'arracher. Ceux qui étaient dominés par l'effroi les suivirent, les autres s'esquivèrent peu à peu, de sorte que l'armée fut battue sur tous les points[9].

Ce fut la débâcle. Il ne fallait pas plus de quatre heures au général français, et au prix d'une trentaine de tués seulement, pour prendre le dessus. Battant en retraite, l'armée marocaine laissa sur le terrain 800 morts et près de 2000 blessés, ainsi que le parasol et les bagages personnels de Sidi Mohammed, dont sa correspondance avec son père.

Bugeaud, à qui la victoire allait valoir plus tard le titre de duc d'Isly, voulait poursuivre son offensive jusqu'à Fès. Il dut cependant rebrousser chemin à cause de l'état de santé de ses troupes, de la chaleur de l'été qui atteignait jusqu'à 45 degrés, et surtout à cause de la réaction anglaise qui ne se fit pas attendre. Après la récente prise de Tahiti par la France, Londres ne cacha pas sa mauvaise humeur contre le nouveau fait accompli au Maroc. Les deux gouvernements finirent par trouver une issue rapide à la crise, après que Guizot se fut engagé à ordonner à Bugeaud de rentrer à Alger et que Lord Aberdeen eut accepté de renouveler sa médiation entre la France et le Maroc.

Des négociations de paix s'ouvrirent aussitôt à Cadix et à Tanger. Le 10 septembre 1844, les deux pays signaient le traité de Tanger qui contraignait le Maroc à réduire ses troupes sur les confins algériens et à déclarer hors-la-loi 'Abd el-Kader. Le 18 mars 1845, ils rétablissaient d'un commun accord, aux termes de la convention de Lalla-Maghnia, le tracé frontalier qui existait à l'époque turque, avec quelques modifications cependant au profit de la France qui se vit ainsi attribuer la souveraineté sur le territoire de Lalla-Maghnia. Les Marocains ne purent faire admettre, en revanche, les déclarations d'appartenance des chefs des tribus frontalières comme critère de rattachement au royaume chérifien. Un refus qui eut pour conséquence de diviser des populations entières, de part et d'autre de la frontière, semant ainsi les germes d'insolubles conflits frontaliers entre la France et le Maroc.

Allié puis rebelle : l'émir 'Abd el-Kader et le sultan

Première grave défaite marocaine face à une armée européenne, le désastre de l'Isly porta un rude coup à la réputation d'invincibilité du royaume chérifien, qui, depuis la bataille des Trois Rois en 1578, avait mis en échec toutes les incursions étrangères sur son territoire. Il montra aussi combien la cohésion sociale du pays était fragile : ainsi que l'avaient prouvé les graves incidents d'Essaouira lorsque la ville fut prise d'assaut par les tribus du voisinage, aux premiers coups de canon du prince de Joinville, la *mahalla* du *khalifa* eut à craindre autant sinon plus les assauts de général Bugeaud que le pillage des tribus de la région. Ce qui fit écrire à al-Nasiri, avec une pointe certaine d'exagération, que « ce furent seuls les musulmans qui battirent les musulmans[10] ». De plus, à l'instar de l'Empire ottoman au lendemain de l'expédition d'Égypte, le Maroc ne fut sauvé que grâce à l'intervention des Anglais qui empêchèrent Bugeaud de mettre à exécution sa menace de marcher sur Fès. Mais le mal était déjà fait : tandis qu'un grand nombre de tribus se soulevaient contre le Makhzen qui avait failli à son devoir de défense des croyants contre l'infidèle, la défaite de l'Isly avait étalé au grand jour la faiblesse militaire du royaume chérifien face aux puissances européennes – dont les bateaux assistèrent comme à une revue au bombardement de Tanger par le prince de Joinville. Un nouveau chapitre s'ouvrait dès lors dans les relations du Maroc avec l'Occident. Un chapitre douloureux consistant, d'année en année, en nouvelles concessions commerciales et en nouveaux traités politiques désastreux précipitant le royaume chérifien dans le marasme économique et l'asservissement colonial à la veille de la Première Guerre mondiale.

Dans l'immédiat, la défaite de l'Isly provoqua la détérioration irréversible des rapports entre Moulay 'Abd al-Rahman et 'Abd el-Kader, qui allait voir son ancien protecteur chérifien se ranger du côté des Français. Outre les pressions françaises qui se faisaient plus menaçantes à mesure que l'émir multipliait les allées et venues de part et d'autre de la frontière, on n'était pas loin de penser à la cour marocaine que 'Abd el-Kader, « dont les ambitions s'étaient perverties » pour reprendre l'expression d'al-Nasiri[11], avait le projet de créer un royaume indépendant dans le Rif où son ascendance idrisside lui assurait beaucoup de soutiens. Défiant ouvertement le sultan et passant désormais pour un « rebelle » (*fasid*), il devait être empêché de nuire par tous les moyens[12]. Le 8 août 1846, Moulay 'Abd al-Rahman ordonna ainsi à son fils Sidi Mohammed, qui contrôlait la région de Taza et d'Oujda, de mettre un terme à « l'affaire 'Abd el-Kader » qui avait trop duré :

> Déployez tous vos efforts contre l'agitateur et employez toute votre énergie pour faire cesser ses agissements et ceux de ses partisans dans cette région, de telle sorte que son expulsion vienne mettre fin aux propos que tiennent les ennemis de la foi. Les tribus seront alors délivrées de sa tyrannie, car il a voué une haine mortelle à notre gouvernement et il épie les occasions de lui nuire ; Dieu nous délivre par sa grâce de cet homme et qu'il fasse échouer ses entreprises[13].

Le Maroc et la France avaient désormais le même ennemi commun. Réfugié dans le Rif puis dans la zone de Melilla où il continua de recevoir des armes de contrebande en provenance de Gibraltar, l'émir mit en déroute, le 7 juin 1847 à Tafersit, le corps marocain commandé par le gouverneur du Rif, le caïd Mohammed Ahmar, venu le capturer. Une victoire qui fit renaître les espoirs de ses partisans, installés dans la région de Fès, les tribus Hashim et Bani 'Amir notamment, qui, refusant de se laisser transférer dans la région de Marrakech, furent interceptées et massacrées, en août 1847, par les troupes chérifiennes alors qu'elles s'apprêtaient à rejoindre l'émir :

> Ces gens, raconte al-Nasiri, s'étaient retranchés sur une colline et se mirent à combattre pour leurs enfants. C'étaient de bons tireurs, pas une seule balle ne se perdait. Dès qu'une troupe du *guish* s'avançait contre eux, ils la fauchaient à coups de feu. Ils relevaient leurs morts et les dressaient devant eux comme un rempart qui leur servait comme de bouclier et derrière lequel ils se battaient. Enfin fatigué de leur résistance, le *guish* dirigea sur eux un assaut général, les attaqua dans leurs retranchements et les battit, à l'arme blanche, à coups de lance et de baïonnette. Quand ils n'eurent plus de poudre, ils tuèrent leurs enfants et leurs femmes pour les soustraire à la honte, puis se tuèrent eux-mêmes, lorsqu'ils virent qu'ils allaient être faits prisonniers[14].

Voyant sa situation définitivement compromise, 'Abd el-Kader chercha dès lors à entrer en contact avec la France. Ce qu'il fit après avoir vainement demandé à Moulay 'Abd al-Rahman de lui permettre de se retirer, sous sa sauvegarde, dans le désert. Pourchassé par la *harka* du prince Sidi Mohammed et par les cavaliers des Beni Snassen, l'émir s'enfuit à l'intérieur du territoire algérien où l'attendait le général Lamoricière, prévenu par les Marocains de ses mouvements. Le 23 décembre

1847, il se rendit au général français, mettant ainsi un terme à sa résistance : « Si j'avais des hommes comme les tiens, aurait-il dit au général, je serais actuellement à Fès. »

Une déclaration qui justifiait *a posteriori* les craintes du sultan, faisant écrire à al-Nasiri : « 'Abd el-Kader fut irréprochable au début dans son application à faire la guerre sainte et à repousser l'ennemi, mais peu à peu ses ambitions évoluèrent dans un autre sens, et le pays resta aux mains des Français [15]. »

10

La France vue du Maroc au lendemain de la bataille de l'Isly

Au lendemain de la bataille de l'Isly, les relations franco-marocaines connurent une étonnante lune de miel dont les manifestations les plus spectaculaires furent la traque commune de l'émir 'Abd el-Kader et le voyage officiel en France, en 1845, de l'émissaire du sultan 'Abd el-Kader Ash'ash. Un revirement facilité par l'éclipse britannique des affaires chérifiennes et préparé de main de maître par le nouveau chargé d'affaires Edme du Chasteau et son adjoint Léon Roches, qui avait fait ses classes en Algérie en tant qu'interprète du général Bugeaud, puis de secrétaire particulier de 'Abd el-Kader. Connaissant à merveille les rouages du Makhzen, les deux diplomates comptaient des amis dans tous les cercles influents du pays, parmi lesquels figuraient en bonne place le vizir Ben Dris et le chérif d'Ouezzane. Partout où ils allaient, ils prenaient un malin plaisir à dénoncer la duplicité des Britanniques vis-à-vis du Makhzen et ses ennemis, extérieurs comme les Espagnols, intérieurs comme le cheikh d'Iligh, approché en 1835 par l'explorateur Davidson avec la bénédiction de Lord Palmerston. Mis en confiance, le sultan accepta ainsi de confier la réforme de son armée à des militaires français. Premier résultat de cette coopération militaire entre deux anciens belligérants : fin 1846, la France livra au Maroc une batterie d'artillerie accompagnée d'instructeurs chargés de former les soldats marocains dans l'utilisation du nouvel armement. Le Makhzen était, par ailleurs, particulièrement sensible à la décision de Paris d'élever son consulat au rang de légation, avec à sa tête un chargé d'affaires, le plus haut grade parmi les diplomates européens servant au Maroc.

Au même moment, les échanges économiques entre les deux pays prenaient une nouvelle tournure, avec l'implication de plus en plus significative des milieux d'affaires français dans des branches autres que commerciales. Les Seillière, dont la fortune débuta avec les guerres napoléoniennes puis la conquête de l'Algérie, furent de ceux-là et, bientôt suivis par des financiers algériens et marseillais, obtinrent entre 1846 et 1848 les premières concessions d'exploitations minières au Maroc. Depuis juin 1846, un service de correspondance mensuel entre Tanger et Oran était assuré par le navire français le *Véloce*, qui ralliait les deux villes en douze jours, une prouesse nautique qui contribua à renforcer l'influence française dans ce pays et surtout à magnifier l'image de la France.

Depuis l'expédition de Bonaparte en Égypte, la supériorité européenne n'avait cessé d'alerter hommes d'État et érudits ottomans, égyptiens et algériens face à la Russie, l'Autriche et la France. En 1844, un nouveau seuil était franchi avec la défaite de l'Isly qui mit gravement en péril l'intégrité territoriale marocaine et conduisit le Makhzen à prendre conscience de son infériorité technique et militaire. Comme l'Empire ottoman et l'Égypte avant lui, le Maroc allait tenter d'enrayer son déclin en voulant moderniser son armée. Une réforme jamais conduite à son terme, mais dont la portée globale était de toute évidence très restreinte, car elle n'était censée toucher au mieux qu'aux rouages militaires, voire administratifs de l'État, sans aucune influence ou presque sur la société. Pourtant, les rapports adressés par les premiers voyageurs et ambassadeurs musulmans en Europe au début du XIXe siècle, à l'exemple de l'Égyptien Rif'at Tahtawi, de l'Ottoman 'Abd al-Rahim Muhib Effendi ou encore du Marocain Mohamed al-Saffar, étaient d'une grande perspicacité : ne cachant pas leur admiration pour les progrès de l'Occident, ils observaient que le secret de la supériorité européenne tenait bien évidemment à l'existence d'administrations efficaces, mais aussi au développement de l'agriculture, de l'industrie et de l'éducation ainsi qu'à l'amélioration de la condition générale de la population.

Membre de la mission envoyée par Moulay 'Abd al-Rahman en France sous Louis-Philippe, Mohamed al-Saffar était, comme l'ambassadeur 'Abd el-Kader Ash'ash qui la dirigeait, originaire de Tétouan[1]. De formation strictement religieuse, son dédain pour les croyances de ses hôtes français ne l'empêcha pas cependant de noter, en toute objectivité, ce qui dans la civilisation française assurait la prospérité du pays et expliquait sa supériorité économique et militaire par rapport à ses voisins musulmans. Mettant souvent en parallèle les deux sociétés, marocaine et française, al-Saffar n'hésita pas à fustiger l'indiscipline et le manque d'ordre et d'organisation chez ses coreligionnaires du Maghreb comme sources principales de leur faiblesse face à l'Occident. À l'inverse, une législation « pertinente » jointe à une bonne « prévoyance » des questions sociales et à une gestion rationnelle des affaires politiques expliquait, selon lui, les succès et la puissance du peuple français. Cette puissance, précise-t-il dans une envolée plutôt audacieuse, la France la devait « non à la bravoure et à l'enthousiasme d'une religion, mais à une stupéfiante discipline, à une planification judicieuse et au respect sacré des lois », promulguées non par « leur sultan » mais par le Parlement. Des lois de grande valeur morale en dépit de l'impiété et de la « dénégation » de ce peuple que tout le monde était tenu de respecter, « qu'il soit illustre ou issu du peuple ». Et dans une critique à peine voilée du système politique en place dans son pays, gangrené par l'injustice et l'arbitraire des « puissants » :

> Si une personne fait la preuve de sa valeur, de prodige ou d'un exploit sans précédent, il reçoit une promotion convenable, et nul ne peut prétendre à quelque chose ou à une fonction qui ne lui appartient pas ou pour laquelle il est indigne ou incapable. Il ne craint pas par ailleurs d'être dépossédé ou dépouillé de ce qu'il a mérité. C'est pourquoi tous rivalisent et se sacrifient pour leur patrie sans la moindre hésitation[2].

Constamment à l'écoute de son peuple et partageant ses fonctions entre ses ministres, le roi de France accordait beaucoup d'attention aux opinions le concernant, exprimées librement dans les gazettes du pays :

> [Les] éloges stimulent et encouragent le sultan, et les semonces l'incitent à se rendre aux remontrances ou à s'abstenir de certaines décisions. En cas d'injustice, les gazettes saisissent également l'opinion publique : si quelqu'un a été victime d'une injustice, elles exposent les faits pour révéler l'histoire dans son ensemble, l'information parvient jusqu'au tribunal qui tranche le litige conformément à leurs lois en vigueur[3].

La lecture de journaux ? Une véritable passion française : « Leur besoin des gazettes est extrême, si bien que si certains peuvent se priver de boire et de manger, ils ne souffrent pas de manquer d'une gazette[4]. »

Un besoin à la mesure de leur soif de savoir et de connaissances, s'ajoutant à leurs autres qualités : l'assiduité, les bonnes manières, la courtoisie et la tolérance envers les étrangers, « même ceux qui ne professent pas leur religion, tels les musulmans[5] ». Sans oublier leur esprit laborieux et leur sens du travail :

> Tu ne rencontres pas un oisif ou un chômeur, quand bien même ils possèdent les lieux les plus variés de distraction et les plus tentants. Pourtant, ils ne délaissent à aucun prix leur travail et accordent à chaque chose son temps. [...] Personne n'admet d'être pauvre, car il préfère la mort à la misère et le pauvre est considéré comme vil et méprisable[6].

Al-Saffar met en relief, dans ce contexte, l'importance de l'alphabétisation et de la diffusion du savoir comme sources du dynamisme économique et de la prospérité de la France. Même l'artisan, souligne-t-il, doit savoir lire et écrire pour parfaire son art et améliorer sa technique : « Ici, il existe des écoles et des bibliothèques spécialisées dans la cuisine, la construction, l'agriculture, l'élevage des animaux et dans d'autres domaines de la connaissance. Tout ce qu'ils voient, étudient et découvrent est inscrit dans des ouvrages pour les conserver une fois pour toutes[7]. »

Et d'ajouter : « Même le commerce constitue une discipline parmi les sciences qui s'étudient chez eux ; cette science économique s'enseigne dans des écoles spéciales équipées de bibliothèques fournies en documentation abondante. »

Comme tous les voyageurs musulmans qui visitèrent l'Europe à son époque, l'érudit marocain fut particulièrement impressionné par les avancées technologiques de la France. Son attention fut captivée notamment par l'excellente qualité du réseau routier français, l'état des routes, leur entretien, la multiplicité des ponts et des tunnels, et la grande diversité des moyens de transport au service des voyageurs. En premier lieu desquels il y avait bien sûr le chemin de fer, surnommé *babour al-barr* ou « vapeur terrestre », avec sa rapidité, le confort et la propreté de ses compartiments ainsi que la précision de ses horaires de départ et d'arrivée :

> Au moment du départ, le chef donna le signal et le Babur, avec toutes ses voitures rattachées à la queue leu leu, se mit à rouler à une vitesse vertigineuse. Sa rapidité rivalisait avec celle des oiseaux dans l'air, aussi avons-nous parcouru cette distance [d'Orléans à Paris] en deux heures et demie seulement. En regardant de chaque côté de la route, nous vîmes défiler les pierres et tout ce qui se trouvait proche, comme une myriade de sillons continus qui nous accompagnaient sans que nous distinguions précisément la nature des choses qui défilaient. [...] Notre regard ne pouvait ni se fixer sur les panneaux ni distinguer les écriteaux à cause de la vitesse éblouissante qui nous entraînait[8].

Autres sujets d'émerveillement d'al-Saffar : l'agriculture et la richesse verdoyante des campagnes françaises qui tranchaient nettement avec le spectacle de désolation qu'offrait le paysage marocain aux visiteurs étrangers :

> Tu ne vois pas chez eux un lopin de terre en friche ou abandonné. [...] Partout, la terre est cultivée ; ici ils labourent, là-bas ils plantent suivant la nature du sol. [...] Tous les arbres ont été repiqués, même ceux qui se trouvent au faîte des montagnes ou dans les lits des rivières. Ils plantent des arbres partout, voire dans les rigoles, les torrents, les berges, sans que le courant ne les entraîne ou les ravage. Cela est d'autant possible qu'ils veillent constamment sur les arbres et sur leur entretien ; ils accordent le même soin à toutes les espèces d'arbres et non seulement aux arbres fruitiers qui sont d'ailleurs peu nombreux par rapport aux autres. Cette quantité d'arbres qui ne donnent pas de fruits offre généralement de l'ombre et du bois[9].

De proche en proche, l'auteur donne à ses lecteurs un tableau dithyrambique mais néanmoins assez complet de la vie française, depuis le fonctionnement du gouvernement jusqu'à l'état des musées et la propreté des villes, en passant par le costume des Français, leurs loisirs et leurs manières de table. Il consacre enfin une place non négligeable à la femme française, à son élégance, à ses toilettes et à sa sveltesse : « On dit qu'elles commencent très jeunes à former leur taille au moyen d'une ceinture propre à cet effet. La taille d'une Française est tellement svelte et gracile que tu pourrais l'entourer de tes doigts seulement[10]. »

À l'exemple de 'Abd el-Kader Ash'ash, Mohammed al-Saffar compta parmi les meilleurs avocats de la France au sein du Makhzen. Mais plus discret que l'ancien ambassadeur, qui tomba dans le plus grand discrédit après le refroidissement des relations franco-marocaines au lendemain de la révolution de 1848, Mohammed al-Saffar connut une belle carrière à son retour de France : éducateur de la famille royale puis ministre des Doléances, il servit jusqu'à sa mort les deux successeurs immédiats de Moulay 'Abd al-Rahman, son fils Sidi Mohammed et son petit-fils Moulay Hassan.

11

Le traité de 1856 et la prépondérance britannique

Mettant à profit l'effacement diplomatique de la France à la suite de la révolution de 1848 qui mit fin à la Monarchie de juillet, la Grande-Bretagne revint en force au Maroc pour s'y tailler une position de poids qui n'allait plus faiblir jusqu'à la fin du siècle. Pourtant, les sujets de friction entre les deux royaumes ne manquaient pas depuis le milieu des années 1840 : outre la mauvaise humeur du Makhzen devant les pressions répétées du gouvernement britannique au sujet de l'abolition de l'esclavage au Maroc, ou encore du fait de l'inconduite de certains négociants anglais d'Essaouira qui s'enfuirent de la ville en ne réglant pas leurs dettes à la douane marocaine, il y avait aussi la question épineuse des monopoles royaux sur divers articles destinés au commerce maritime. L'augmentation, à partir de 1845, des droits de douane sur les produits importés d'Europe n'était pas faite non plus pour arranger les choses. En quête d'argent pour couvrir les frais occasionnés par sa guerre contre 'Abd el-Kader et pour renforcer la défense de son littoral, le sultan avait fini par supprimer tous les avantages fiscaux qu'il avait concédés aux Européens à son arrivée au pouvoir. Ce qui avait tout l'air d'un nouveau repli du Maroc sur lui-même comme à l'époque de Moulay Sliman. Mieux : profitant de l'éclipse de la France sur la scène internationale, le sultan ne se croyait plus contraint de ménager les intérêts français ni d'empêcher ses sujets, comme en 1851, de piller les navires français échoués sur le littoral marocain. Salé fut bombardée en représailles et la France rappela ses représentants à Tanger, le chargé d'affaires Prosper Bourée et le secrétaire de la mission Charles Jagerschmidt qui avaient succédé en 1849 à Edme du Chasteau et à Léon Roches.

John Drummond-Hay avait profité habilement de ces incidents pour remettre en selle les relations de son pays avec le royaume chérifien. Né à Gibraltar, il avait passé toute son enfance à Tanger où son père Edward était consul avant lui. Il entra au Foreign Office en 1840, après avoir complété ses études à Oxford, puis fut envoyé à Alexandrie et à Constantinople où il assista à l'application des premières réformes (*tanzimat*) du régime ottoman. Disposant de larges ressources personnelles, il fut nommé en 1844 aux côtés de son père à Tanger. Il n'avait que vingt-huit ans lorsqu'il lui succéda l'année suivante.

Parlant et lisant couramment l'arabe, John Drummond-Hay avait noué de solides amitiés dans les plus hautes sphères du Makhzen ainsi que dans les cercles consulaires de Tanger. Pourtant, sa carrière avait commencé dans de bien mauvaises circonstances, Londres ayant été, en 1846 comme en 1848, à deux doigts de déclarer la guerre au royaume chérifien pour l'inciter à sévir contre les pirates du Rif. Cette mauvaise passe surmontée, il devint, à force de prévenances et de persévérance, un acteur incontournable de la vie diplomatique marocaine. Peu efficace à la veille de la bataille de l'Isly ou encore lors de la prise des îles Chaffarines, au nord-est du Maroc, par les Espagnols en 1848, son véritable premier coup de maître fut la signature à Tanger le 9 décembre 1856 du traité de commerce et de navigation entre son pays et le Maroc, un traité qui allait ouvrir une fois pour toutes le royaume chérifien au commerce européen.

Outre l'abolition des monopoles royaux sur la plupart des articles de commerce, la nouvelle convention réduisit à un taux de 10 % les droits de douane sur les produits d'importation, supprimant ainsi tout obstacle ou presque à l'inondation du marché marocain par des produits de fabrication européenne. Le traité reconnaissait aux citoyens britanniques le droit de propriété ainsi que l'exemption de tout impôt et droits autres que douaniers. Jouissant de l'exterritorialité, ils étaient jugés exclusivement par leurs consul dans des affaires ne concernant que des sujets britanniques. En cas de litige entre un Anglais et un Marocain, l'affaire était du ressort du défenseur et non plus automatiquement de la justice marocaine. Le traité garantissait par ailleurs la libre circulation à travers le pays des négociants britanniques, jouissant de l'immunité légale au regard du droit marocain, et pouvant étendre à leurs agents indigènes la « protection » consulaire dont ils bénéficiaient. Des avantages qui devaient être élargis par la suite et donner lieu aux pires excès de la part des consulats européens, au grand dam du Makhzen qui allait voir ainsi plusieurs milliers de ses ressortissants se soustraire à sa juridiction.

Portant ainsi une grave atteinte à la souveraineté du Maroc, le traité de Tanger accéléra la pénétration économique de l'Europe dans le pays. Il laissa le Makhzen désarmé face aux négociants européens et à leurs agents autochtones, qui, en drainant à moindres frais une bonne partie de la production agricole et artisanale du pays, provoquèrent immédiatement le renchérissement des denrées de base et attisèrent la colère des paysans contre le pouvoir central, les étrangers et les citadins. De violentes révoltes de tribus, dans le Gharb, le Tadla et le Tafilelt, assombrirent les dernières années du règne de Moulay 'Abd al-Rahman.

Le traité de 1856 raviva en outre la compétition entre les grandes puissances, qui s'efforcèrent désormais d'obtenir de nouvelles concessions et de nouveaux privilèges, ajoutant au discrédit du Makhzen auprès de ses sujets. Ainsi, voulant imiter la France en Algérie et encouragée par les médiocres performances de l'armée marocaine sur les bords de l'Isly, l'Espagne, qui se débattait dans de graves problèmes intérieurs, envoya en février 1860 son armée conquérir Tétouan. Cela ne fut pas une promenade de santé, car, décimés par la maladie et épuisés par la soif, les soldats du général O'Donnell, qui débarquèrent la fleur au fusil au large de Ceuta, n'avaient qu'une seule hâte : rentrer au plus vite dans leur pays. Mais pour le Maroc, le choc de la prise de Tétouan fut considérable, plus encore que celui de la défaite de l'Isly. Survenant quatre ans après le traité de Tanger, il eut des conséquences économiques tout simplement catastrophiques : elles entraînèrent la banqueroute financière du Makhzen et la mainmise sur l'économie marocaine des puissances européennes, au premier rang desquelles l'Espagne et l'Angleterre.

12

La guerre hispano-marocaine (1859-1860) et ses conséquences

Dernier vestige d'une autre ère, l'Espagne continuait d'occuper au nord du Maroc les présides de Ceuta, d'Al Hoceima, du *peñon* de Velez et de Melilla auxquels elle ajouta, en 1848, les trois îlots stériles des Chaffarines, à l'embouchure de la Moulouya. Harcelés en permanence par les « combattants de la foi » et les tribus du Rif, les quelques milliers d'Espagnols qui y vivaient manquaient pratiquement de tout, devant parfois faire venir de Malaga jusqu'à l'eau qu'ils buvaient. En outre, l'entretien des présides coûtait cher à l'Espagne et toutes les tentatives de ranimer l'activité portuaire de Ceuta pour concurrencer Tanger échouèrent lamentablement. Néanmoins, rares étaient ceux qui envisageaient leur cession ou leur « vente » au Maroc. Moins encore à l'Angleterre et à la France, dont les succès diplomatiques, commerciaux et territoriaux au Maghreb piquaient au vif l'amour-propre patriotique espagnol.

C'est que, depuis la *Reconquista*, les Espagnols croyaient leur destin lié à celui du Maghreb et, à ce titre, ils estimaient avoir des droits historiques au Maroc. Ils entendaient les affirmer, coûte que coûte, face aux Marocains d'abord, qui leur vouaient pour ces mêmes raisons liées à l'histoire et à la religion une haine implacable ; face aux Français et aux Anglais ensuite, qui depuis la bataille de l'Isly en 1844 et le traité de commerce anglo-marocain de 1856 étaient devenus les partenaires européens incontournables du Makhzen. Il en allait de l'orgueil national espagnol, clamait à tout bout de champ la presse nationaliste et populaire de Madrid, dont les appels à l'action militaire au Maroc ne laissèrent pas insensibles le fougueux général Leopoldo O'Donnell, rappelé au pouvoir par la reine Isabelle II en juin 1858.

Les prétextes et les occasions ne manquaient pas – meurtre de l'agent consulaire Darmon à El-Jadida, capture du navire *San Jose* à l'entrée du Détroit, activité des pirates rifains, élargissement de Melilla – pour satisfaire l'opinion et redorer le blason de l'armée espagnole qui depuis des lustres n'avait inscrit aucune victoire militaire à son palmarès. Elle était de surcroît bien mal en point à Cuba. Pour la remettre d'aplomb, rien de mieux qu'une expédition menée promptement, non plus dans la très lointaine Amérique mais dans l'Afrique toute proche, à quelques encablures seulement de Séville et d'Algésiras.

C'est ainsi qu'en août 1859, peu de temps avant la mort de Moulay 'Abd al-Rahman et la montée sur le trône chérifien, le 30 septembre 1859, de son fils et successeur Sidi Mohammed (1859-1873), un banal incident de frontière mit le feu aux poudres entre les deux pays, et déclencha une guerre ravageuse qui pesa lourdement sur l'avenir du Maroc au XIXe siècle. Mécontents de voir les Espagnols remplacer le baraquement de leur poste-frontière de Ceuta par un véritable fortin, des ressortissants marocains de la tribu des Andjara vinrent le démolir et souillèrent le drapeau espagnol. Informé de l'incident par son nouveau consul à Tanger, Juan Blanco del Valle, le gouvernement espagnol réclama la tête des douze coupables de l'outrage et menaça de bombarder Essaouira si le sultan ne donnait pas suite à l'ultimatum. Instruit par le gouverneur de Tanger de l'ambiance belliqueuse qui régnait à cette époque à Madrid, Sidi Mohammed chercha dans un premier temps une solution pacifique à l'incident, suggérant à son représentant d'accepter la reconstruction du fortin en question, aux frais du Makhzen. Mais lui-même, soumis à de fortes pressions de la part de l'opinion publique qui supportait de moins en moins l'intrusion européenne dans les affaires du pays, changea assez rapidement de position. Surtout que le chérif de Ouezzane, qui jouissait d'une forte influence dans le nord du pays appelait les tribus du Rif au *djihad*. De plus, s'attendant à être soutenu dans cette affaire par la Grande-Bretagne, le sultan fut moins enclin à faire des concessions aux Espagnols à mesure que ces derniers étalaient au grand jour leurs intentions expansionnistes.

Mais toute la population du nord du Maroc ne voulait pas de la guerre qui s'annonçait. Un clivage très net séparait les montagnards et les villageois rifains, prêts à se jeter immédiatement dans la bataille, des habitants des villes, qui, craignant la supériorité militaire des chrétiens, appelaient de leurs vœux une solution pacifique du conflit. À l'instar de leurs collègues d'Essaouira, alarmés par les bruits de guerre en provenance d'Espagne, de nombreux commerçants de Tétouan, Larache, El-Ksar et Tanger avaient d'ailleurs commencé à plier bagage et à émigrer vers Gibraltar et l'Angleterre, avant même que les hostilités n'aient commencé. Ils étaient d'autant plus pressés de partir que ni l'Angleterre ni la France n'avaient manifesté encore le moindre geste de sympathie en faveur du Maroc.

En Espagne, même, la population croyait revivre les temps héroïques de la *Reconquista*. Le pays tout entier vibrait aux cris de « À bas les Maures » et, renouvelant le geste d'Isabelle la Catholique à l'intention de Christophe Colomb, la reine offrit ses bijoux au général O'Donnell pour couvrir les frais de la *guerra de Africa* que son gouvernement appelait depuis longtemps de ses vœux.

Commandé par le très populaire général Prim, un corps expéditionnaire espagnol de 44000 hommes, appuyés par 14 navires de guerre, débarqua en novembre 1859 au large de Ceuta. Deux *harkas* de cavaliers, renforcées par des contingents de volontaires appartenant aux tribus voisines, furent dépêchées sur les lieux. Elles étaient commandées par les princes Moulay al-Abbas et Moulay Ahmed, qui, indécis et sans tactique de combat bien précise, furent incapables de freiner l'avance des Espagnols vers Tétouan. Aux premiers jours de l'offensive, ceux-ci souffrirent sans doute davantage des intempéries et des mauvaises conditions atmosphériques qui retardèrent leur progression que des contre-attaques timides et désordonnées des troupes marocaines, à Fundeq, Cabo Negro et Martil. Au soir du 5 février 1860, l'armée espagnole arriva à l'entrée de Tétouan et tira aussitôt quatre coups de canon en direction de la ville. Ces coups de semonce suffirent à semer la panique parmi les habitants qui avaient été autorisés peu de temps auparavant par Moulay al-'Abbas à évacuer la ville pour se réfugier dans la campagne :

> Alors le tumulte éclata dans la ville ; les gens policés et les gens grossiers étaient pêle-mêle, la populace se livra au pillage et la population abdiqua toute pudeur. Les gens du Djebel qui étaient là, les Arabes et les vauriens se mirent à enfoncer les portes des maisons et des boutiques. Et ceux qui entraient en ville étaient plus nombreux que ceux qui en sortaient. Ce trouble dura toute la nuit jusqu'au matin. Lorsque le jour parut, et que les visages purent se voir, on ne se contenta plus de piller, on se tua pour le butin ; une vingtaine de personnes périrent dans l'intérieur de la ville[1].

Mais le pire était encore à venir : traumatisés par les émeutes qui n'épargnèrent aucun quartier de la ville, les habitants décidèrent de déposer les armes sans combattre et d'ouvrir les portes de l'ancienne cité des *Muhajirun* (« réfugiés ») et des *Muhajidun* andalous à l'armée espagnole : « Je vous ferai plus de bien que n'en ont fait les Français aux habitants d'Alger et de Tlemcen », répondit le général O'Donnell à la délégation tétouanaise venue lui présenter la reddition de sa ville. L'occupation espagnole dura vingt-sept mois, jusqu'au 2 mai 1862. Accueillie avec enthousiasme par les Juifs, qui y virent l'avènement de temps nouveaux, elle précipita le déclin de la ville au profit de Tanger, qui devint à partir de cette époque la grande métropole économique du Maroc.

Promu à la dignité de grand d'Espagne avec le titre de duc de Tétouan, le général fit son entrée dans la ville abandonnée par une partie de ses habitants le lundi 8 février 1860 au matin. Expropriant et démolissant maisons, vergers et édifices religieux pour installer des garnisons et des dépôts de munitions et faire passer des routes carrossables, O'Donnell donna l'impression de vouloir rester pour toujours dans la ville. En fait, souffrant de la pénurie d'eau et des ravages de l'épidémie de choléra qui décimait son armée, il fut contraint de réviser rapidement ses plans. Dès le mois le mars, il exigea de Moulay al-'Abbas l'ouverture immédiate de pourparlers, allant même jusqu'à le menacer de poursuivre son offensive jusqu'à Tanger s'il tardait à lui répondre. Ce qui eut pour conséquence de sortir les Anglais de leur torpeur : craignant de voir l'armée espagnole prendre pied dans la ville du Détroit d'où elle pouvait à tout moment couper les vivres à Gibraltar, le Foreign Office ordonna en effet à John Drummond-Hay d'offrir sa médiation au Makhzen. Très impopulaire depuis Isly et en butte à de graves soulèvements dans le Gharb et dans le Haouz, le monarque chérifien n'avait aucun intérêt à faire durer la présence espagnole sur son territoire.

C'est ainsi que, pendant que des navires de guerre espagnols croisaient au large de Tanger et d'Essaouira, un traité de paix fut signé le 26 avril 1860 entre l'Espagne et le Maroc. Ratifié le mois suivant par la reine d'Espagne et le roi du Maroc, il préconisait, en échange du retrait total de Tétouan, le paiement par le royaume chérifien d'une indemnité de guerre colossale de 100 millions de pesetas (soit l'équivalent de 21 millions de riyal marocains, 105 millions de francs-or) dont la moitié dans un délai maximal d'un an[2]. Le Maroc accepta en outre de signer un accord commercial avec l'Espagne qui obtenait, par ailleurs, l'agrandissement territorial de Ceuta et de Melilla, la présence de missionnaires et de consuls espagnols à Fès ainsi que le retour à la Péninsule de l'ancien comptoir espagnol de Santa Cruz de Mar Pequeña, au sud d'Agadir, dont personne ne connaissait en fait l'emplacement exact mais que l'on s'accorda, par la suite, à situer dans l'enclave d'Ifni, non loin de l'oued Noun et du Tazerwalt où le cheikh Bayruk de Goulimine et le cheikh d'Iligh agissaient depuis plusieurs années en chefs indépendants.

C'était en tout cas la première fois depuis des siècles que le royaume chérifien renonçait à une parcelle de son territoire au profit d'une puissance étrangère. Sauvé une fois de plus par l'Angleterre, le Makhzen ne mit pas longtemps à comprendre que, plus encore que la défaite de l'Isly, la débâcle de Tétouan constituait bel et bien un tournant décisif dans l'histoire du Maroc : « Cette affaire de Tétouan a déterminé la chute du prestige du Maghreb et l'invasion du pays par les chrétiens. Jamais pareil désastre ne s'était abattu sur les musulmans », écrivit à juste titre à ce propos Al-Nasiri.

Aux termes du traité, les Espagnols devaient rester sur place jusqu'au paiement complet de la dette. Mais il s'avéra assez vite que le Trésor marocain ne disposait même pas des ressources suffisantes pour s'acquitter de la première tranche de l'indemnité. Si bien que le Makhzen, après avoir fait appel à la générosité de ses sujets, n'eut guère d'autre choix que de recourir, à l'exemple de l'Empire ottoman, de l'Égypte et de la Tunisie, aux banques anglaises pour obtenir un emprunt de 10 millions de pesetas, grossis de la même somme ou presque à titre d'intérêts et de commissions, remboursables dans un délai de vingt-cinq ans[3].

Consciente de la situation très précaire du Makhzen face à la montée de la colère populaire, l'Espagne consentit à modifier ses conditions en allégeant l'indemnité de guerre, et c'est ainsi que Tétouan fut évacué dès le 2 mai 1862, après que le Maroc eut payé une partie seulement de la dette, soit 50 millions de pesetas[4]. Le Trésor public vide, le pays courait à la faillite. Seul le commerce avec l'Europe, ouvert sans aucune restriction, lui offrait encore quelque possibilité de renflouer ses caisses. Mais dans quelles conditions ! Non seulement il n'y avait plus la moindre barrière douanière pour défendre les producteurs locaux devant l'inondation du marché par des marchandises de fabrication étrangère, mais les douanes marocaines elles-mêmes furent désormais gérées directement par des agents européens : les *recaudadores* espagnols, qui, voulant s'assurer du remboursement de la dette marocaine envers leur pays, furent chargés du prélèvement quotidien de 50 % des recettes. Les sommes restantes allaient aux fonctionnaires du Makhzen qui en disposaient en partie pour le remboursement de l'emprunt anglais.

La question de l'indemnité une fois réglée, il restait à l'Espagne et au royaume chérifien à signer, comme le traité de paix le prévoyait, une convention commerciale. Ce fut fait le 20 novembre 1861. Reprenant l'essentiel des articles de la convention anglo-marocaine de 1856, ce nouveau texte accordait à l'Espagne le droit d'envoyer des missions catholiques au Maroc et celui d'envoyer ses pêcheurs sur les côtes marocaines. Il l'autorisait en outre à avoir des consulats et des vice-consulats dans tous les ports du Maroc où elle disposait aussi de ses propres agents douaniers et de leurs inspecteurs. Une « armada » de fonctionnaires espagnols bien rétribués et pleins de morgue vis-à-vis des habitants du pays qu'ils venaient de battre fut ainsi envoyée sur place par Madrid, bientôt imitée par les autres capitales européennes, qui élevèrent le niveau de leurs représentations diplomatiques dans le royaume chérifien en les étoffant d'un personnel administratif nombreux – interprètes, secrétaires, soldats, domestiques, informateurs, tous soustraits à la législation marocaine. Le ton des rapports euro-marocains se trouvait transformé : moins respectueux que par le passé des us et coutumes du pays, nombreux étaient les diplomates et les voyageurs européens qui prédisaient déjà au royaume 'alawite un avenir semblable à celui de l'Algérie voisine, sinon à celui de la Tunisie et de l'Égypte, objets de la compétition implacable entre les puissances et qui avaient eux aussi succombé à la pénétration européenne.

Deux ans après la signature du traité hispano-marocain, ce fut au tour de la France de conclure un nouvel accord commercial avec le royaume chérifien : la convention Béclard (du nom du ministre de France au Maroc), signée le 19 août 1863 à Tanger. Outre les dispositions commerciales déjà contenues dans les traités de 1856 et 1861, elle élargissait le droit des Européens à offrir leur protection consulaire, en plus de leurs courtiers ou « censaux » installés dans les ports, à leurs « associés » ruraux chargés de leurs intérêts agricoles à l'intérieur du pays.

D'abord cantonnée dans les villes du littoral, l'influence européenne toucha dès lors l'intérieur du pays. De nombreux négociants européens, accompagnés de leurs agents juifs et musulmans, se mirent ainsi à sillonner les campagnes pour faire l'acquisition de troupeaux entiers de moutons dont ils exportaient la laine à l'étranger.

Beaucoup d'entre eux cherchaient à s'associer à des paysans : en cas de faillite de leurs partenaires, ils étaient sûrs de pouvoir acquérir, à moindres frais, le droit de propriété sur leurs terres et leurs troupeaux

Néanmoins, malgré tous ces aléas, la population marocaine avait l'impression de vivre des jours heureux sous Sidi Mohammed, une fois oubliée l'humiliation de Tétouan :

> La vie devint plus facile et les prix baissèrent sensiblement. Les gens gagnaient beaucoup d'argent sous son règne. […] Les gens riches montaient des mules de prix ; ils portaient des costumes riches, possédaient des trésors précieux et se mirent à adopter, pour leurs constructions, les *zouleiijs*, le marbre et les sculptures recherchées, surtout à Fès et à Rabat. Surtout brillait la marque du raffinement étranger[5].

Seule ombre au tableau : le prix exorbitant des loyers dû à la rareté des maisons et des propriétés, accumulées par les nouveaux bourgeois d'affaires au fur et à mesure de leur enrichissement.

13

La société marocaine à l'épreuve du premier choc européen (1856-1878)

Décuplant pratiquement en valeur entre les années 1830 et les années 1890 (de 8 à 80 millions de francs), le commerce maritime du Maroc connut un essor remarquable à partir de 1856. L'Angleterre y détenait une part prépondérante : 57 à 69% des exportations (laines, grains, peaux, huiles, plumes d'autruche) et 60 à 87% des importations (sucre, thé, cotonnades) ; puis autour de 70% de l'ensemble des échanges jusqu'à l'effroyable famine de 1878-1880. Elle était suivie par la France qui accaparait 20% du commerce marocain à la fin des années 1870, laissant loin derrière elles l'Espagne, le Portugal et l'Italie [1]. Grâce à sa balance des paiements excédentaire, le Makhzen put rembourser sans trop de difficultés sa dette à l'Espagne ainsi que l'emprunt anglais. Le solde commercial, ajouté au montant des nouveaux impôts ruraux et urbains (*meks* ou « droit de portes » prélevé sur les charges de marchandises venant de l'intérieur) instaurés au lendemain de la guerre avec l'Espagne, lui permit notamment de financer les premières réformes militaires et administratives introduites par Sidi Mohammed et son fils Moulay Hassan. L'état des finances royales s'améliora encore une fois passée la crise de 1878-1880, lorsque le royaume chérifien remboursa la dernière tranche de la dette espagnole, en 1884. Il se débarrassa du même coup des très corrompus *recaudadores* espagnols dont les agissements grevaient lourdement les recettes douanières.

Se substituant graduellement à Gibraltar, la grande place financière du commerce extérieur marocain dont l'importance diminua avec la baisse de la navigation à voile, Londres tint à partir de 1865 la première place des échanges avec le Maroc, suivie par Manchester et Liverpool. Au contraire de la France, où il n'y avait guère que Marseille pour commercer avec le royaume chérifien. Quelques rares navires partaient certes de Dunkerque et de Rouen, mais c'était pour le transport des marchandises destinées à ou en provenance de Belgique et des Pays-Bas. En Espagne aussi, seules Cadix, Malaga et Barcelone s'intéressaient au trafic du Maroc, qui gardait néanmoins des relations assez fréquentes avec les Canaries auxquelles il fournissait le maïs. L'on ne saurait en dire autant des échanges avec l'Italie, dont le nombre de bateaux fréquentant le Maroc diminua d'année en année au cours des décennies 1860 et 1870. Le commerce du Portugal, lui, se limitait à l'importation de maïs que les voiliers de Lisbonne venaient charger à Tanger, Larache ou Tanger. Nul commerce avec l'Allemagne ; très peu d'échanges avec les États-Unis ou avec l'Égypte, grosse consommatrice de babouches marocaines.

Époque de grands bouleversements économiques et technologiques, la deuxième moitié du XIXe siècle fut marquée par l'apparition des premiers bateaux à vapeur dans les eaux marocaines. Une révolution nautique qui rapprocha subitement le Maroc de l'Europe – il ne fallait plus que sept jours pour relier Marseille à Essaouira au début des années 1860 contre trente-six en 1850[2] – et frappa de plein fouet les vieux ports d'estuaire, Larache, Rabat et Tétouan, abandonnés par les nouveaux steamers à gros tonnage. Battant le plus souvent pavillon anglais ou français, ceux-ci se dirigeaient directement vers Tanger, Casablanca, El-Jadida et Essaouira où se concentrait l'essentiel du trafic maritime marocain. Autre conséquence de cette révolution : l'entrée en service des premières compagnies de navigation assurant des liaisons maritimes régulières entre le Maroc et l'Europe, à l'exemple de la Compagnie Paquet, créée à Marseille en 1863, qui assurait deux traversées, le 7 et le 22 de chaque mois, entre la France et le Maroc ; ou des compagnies anglaises Longlands-Cowell, Bland Lines et London and Lisbon North African, ainsi que la Mersey Steamanship Company de Liverpool, qui assuraient deux liaisons mensuelles entre l'Angleterre et tous les ports marocains, en plus des traversées quasi quotidiennes entre Gibraltar et Tanger et un voyage mensuel entre Londres et tous les ports marocains. D'autres compagnies de moins grande envergure devaient entrer dans la compétition à la fin des années 1870[3], ce qui eut pour effet d'abaisser le prix des voyages et le coût du fret, et surtout de faciliter l'immmigration dans le pays d'un nombre de plus en plus grand d'Européens. Depuis 1857, ceux-ci avaient également la possibilité d'utiliser les services postaux créés à l'initiative des consulats français, anglais et espagnol. Reliant les villes du littoral par Tanger à l'Europe, *via* Gibraltar, Ceuta, Algésiras ou Oran, le réseau, renforcé par l'introduction du télégraphe, fut concurrencé à la fin du siècle par le service postal du Makhzen, reliant Marrakech à Essaouira et El-Jadida, puis Fès aux différents ports du pays.

Transformations économiques et sociales

Ainsi donc, cessant de tourner le dos à la mer et vivant de moins en moins au rythme saisonnier des caravanes de l'Atlas et du Sahara, le Maroc s'ouvrit largement à l'Europe à partir de la fin du XVIIIe siècle. De vieux ports – Tétouan, Larache, Rabat, Anfa, Safi, pratiquement sans emploi, rouvrirent leurs rades au trafic commercial. D'autres, comme Essaouira et El-Jadida (Mazagan), furent construits à neuf par la volonté de souverains désireux d'élargir les perspectives économiques de leur pays.

Comme sous d'autres latitudes, ce changement radical ne s'effectua pas de plein gré ; il s'opéra sous la pression conjuguée des consuls, des négociants et des soldats européens qui obligèrent le royaume chérifien à faire une plus grande place aux intérêts et aux produits du Vieux Continent. Sa position géographique, au point de rencontre entre l'Afrique et l'Europe et entre la Méditerranée et l'Atlantique, suscita des convoitises à mesure que sa faiblesse militaire s'étalait au grand jour, comme en 1844 lors de ses démêlés avec la France, ou en 1860 face à l'Espagne.

Transformant brutalement l'équilibre interne du pays, la nouvelle conjoncture fit basculer le Maroc sur son flanc atlantique, le divisant en deux : d'un côté, le Maroc moderne des villes maritimes surpeuplées et largement ouvertes sur le monde extérieur ; de l'autre, le Maroc traditionnel des cités « civilisées » (*hadari*) et « makhzéniennes » – Fès, Marrakech, Meknès, Tétouan et Rabat – qui voyaient leur ascendant s'étioler tout en conservant le prestige que leur valait la présence du sultan et ses fils dans leurs murs. Tout ou presque séparait ces vieux centres de civilisation urbaine, qui donnèrent tant d'érudits, de bourgeois raffinés et de grands serviteurs du Makhzen, des « nouvelles » métropoles « campagnardes » surpeuplées et désordonnées du littoral : Tanger, Casablanca, El-Jadida ou Essaouira, dont la population ne cessait de gonfler par l'afflux de campagnards et d'habitants des « villes anciennes » en quête d'une nouvelle vie. Faute d'habitations et de magasins en nombre suffisant, des quartiers entiers de huttes de roseaux – ou *noualla* – se greffaient à l'entrée de chacune des « villes nouvelles ». Y habitaient une masse de campagnards poussés par la misère ou attirés par l'espoir du gain et formant un prolétariat de petits artisans, portefaix, boutiquiers, pêcheurs et domestiques.

Cette poussée démographique incontrôlée fit particulièrement ressentir ses effets à Casablanca, et toucha également, par ricochet, un certain nombre de villes-relais comme El-Ksar et Settat : la première se trouvait sur la route passant de Tanger à Fès et la seconde sur celle de Marrakech à Casablanca.

Évolution de la population des grandes villes du littoral entre 1866 et 1900[4]

	1866-1867	1884-1885	1900-1901
Tétouan	22 000 (7 500)[5]	22 000	22 000 (6 500)
Tanger	16 000 (3 500)	21 000	45 000 (10 000)
Larache	5 000 (1 700)	8 000	11 000 (2 000)
Rabat	26 000 (7 000)	27 000	30 000 (5 000)
Casablanca	6 000 (1 800)	9 000	15 000 (3 500)
El-Jadida	4 000 (1 000)	7 000	15 000 (3 000)
Safi	11 000 (2 000)	11 000	13 000 (1 500)
Essaouira	16 000 (6 000)	20 000	22 000 (10 000)

Les « nouvelles » villes maritimes de Tanger, Casablanca, Jadida et Essaouira, en drainant vers elles l'essentiel du trafic maritime, affaiblirent la position d'autres centres portuaires plus anciens, à l'exemple de Tétouan et de Larache, de plus en plus désertés par les négociants européens au profit de Tanger dont l'aire commerciale couvrait désormais le Gharb, le Rif que Mélilla lui disputait depuis 1860 ainsi que le Zerhoun. C'est de Tanger et non plus de Tétouan et de Rabat que Fès recevait *via* Larache ses soieries, ses sucres, ses thés, ses cotonnades, ses bougies et son fer. Avec ses ruelles grouillant de passants arabes, portant bas blancs et babouches jaunes, de Rifains et de Rifaines aux chapeaux de paille à pompons, de Juifs vêtus de djellabas bleues mais chaussés de souliers européens, de Noirs et d'Européens, parmi lesquels des touristes anglais, friands d'exotisme et de chasse au sanglier, Tanger, capitale diplomatique et cosmopolite du Maroc, n'était pas loin de devenir sa capitale économique. Elle était par ailleurs la seule ville du royaume, avec Tétouan et plus tard Larache, à posséder une église catholique animée par des pères franciscains espagnols. Elle disposait également d'un hôpital construit par la France en 1844, mais dirigé depuis par des médecins espagnols. Elle disposait aussi dès cette époque de deux bureaux de poste, l'un espagnol, l'autre anglais, reliés à l'Europe par Ceuta, Algésiras et Cadix pour le premier et pour le second par Gibraltar – dont la garnison anglaise était ravitaillée presque complètement par Tanger. Chaque jour partaient pour la ville du Rocher des quantités fixées d'avance de viande, de volailles, d'œufs et de légumes.

La principale occupation de la population tangéroise, notait le voyageur allemand Oskar Lenz en 1879-1880, était le commerce. Les produits importés – textiles, sucre, thé, bougies – étaient vendus par des maisons européennes ou juives, et les articles de fabrication locale par des marchands musulmans :

> La rue principale est, sur ses deux côtés, entièrement occupée par de petites boutiques ou des comptoirs arabes et juifs, qui servent en même temps d'ateliers. Ce sont de petites pièces élevées de quelques pieds au-dessus du sol, mesurant quatre ou cinq pieds carrés, qui peuvent être fermées du dehors par une porte à un battant. Le marchand y est accroupi tout le jour, de façon à pouvoir prendre,

sans se lever, ses marchandises dans tous les coins de la boutique. Généralement, ce sont des articles provenant de l'intérieur : Tanger prend peu part à leur fabrication ; ils viennent en grande partie de Tétouan et de Fès[6].

Plus au sud, Rabat connut la même évolution par rapport à Casablanca que Tétouan et Larache par rapport à Tanger. Sa rade n'étant plus abordée que par quelques voiliers remontant l'estuaire du Bou Regreg, la ville cessa progressivement d'être l'avant-port de Fès et de Meknès. Son négoce périclita et une partie de ses commerçants allèrent s'établir à Casablanca, dont le rayon d'action englobait aussi bien la Chaouia et le Gharb, ses deux régions naturelles, que le Tadla qui jusqu'alors avait le regard tourné vers Marrakech. Impressionné par l'essor rapide de l'ancienne Anfa, Auguste Beaumier recommandait dès 1868 de transférer le consulat français de Mogador à Casablanca « à cause tant de son importance actuelle que virtuelle[7] ».

En plus de Tanger et Casablanca, Mogador souffrait aussi de la concurrence de El-Jadida et dans une moindre mesure de celle de Safi – mal desservie par l'étroitesse de son anse portuaire – qui lui enlevèrent notamment le commerce des grains et des laines des Doukkala, des Rahmana et des Abda, et en partie également celui de Marrakech. L'ancienne capitale sa'dienne expédiait à Essaouira ses peaux de chèvre et à El-Jadida ses amandes, ses huiles, ses noix et ses cires. Essaouira resta néanmoins la grande plaque tournante du commerce du Sous et de l'oued Noun dont étaient originaires beaucoup de ses grands commerçants juifs et musulmans. Bien qu'affaiblie, à la fin du XIXe siècle, par la montée de Casablanca et de Tanger, elle continuait d'être le débouché principal du commerce transsaharien qui alimentait, jusqu'à la conquête française de Tombouctou en 1894, ses exportations en plumes d'autruche, en ivoire et en gomme arabique à destination de l'Europe.

La montée en puissance des villes du littoral n'entraîna pas cependant, loin de là, la déchéance immédiate des grandes métropoles de l'intérieur. Ainsi en est-il de Fès qui préserva pendant longtemps sa place prépondérante dans la vie économique du pays, comme le constata Oskar Lenz. Ses marchés étaient abondamment pourvus en produits importés d'Europe ou de fabrication locale : la ville, qui entretenait d'intenses relations commerciales avec le Tafilelt, était encore très célèbre pour ses broderies, sa maroquinerie, ses textiles, ses faïences et sa joaillerie :

> Les lames de sabre et les poignards sont garnis de ciselures artistiques ; les fusils et les pistolets, ornés d'incrustations d'argent pleines de goût ; les objets en cuir, surtout ceux de sellerie, etc., ont des formes originales et des couleurs variées. Les grands plateaux à thé en particulier sont d'un travail très élégant et très original : ils sont faits de laiton poli et brillant, couvert d'arabesques ciselées, légendes et décorations diverses, dans lesquelles se retrouve surtout le sceau de Salomon. Dans les faïences dominent les couleurs bleues ; les vases ordinaires, cruches à eau, etc. d'argile jaune clair poreuse, sont d'une forme extrêmement gracieuse et décorative. Les bijoux des femmes, généralement en argent, mais quelquefois en or, et particulièrement ceux en corail, sont de forme originale, mais d'exécution grossière[8].

Bien qu'elle ne fût pas aussi industrieuse que Fès, Marrakech non plus ne perdit pas son rang de capitale économique du Sud à la suite de la montée des villes du littoral. La cité importait ses produits étrangers de El-Jadida, Essaouira et Safi, et son rayon d'action embrassait toute la vallée du Tensift et le Moyen Atlas jusqu'au Tadla. Ses bazars regorgeaient en outre d'articles de fabrication locale – poignards recourbés, fusils à pierre ornés d'argent, tapis, haïks, babouches, sacoches, selles, sacs pour balles et poudre ainsi que de nombreuses marchandises destinées à l'exportation : gomme, cires, peaux tannées, huiles, etc.

Par ailleurs, nombreux étaient les ressortissants de Fès et de Marrakech – musulmans ou juifs – figurant dans la nouvelle bourgeoisie d'affaires marocaine issue de l'ouverture du pays au commerce européen : il suffit de citer, à ce sujet, les Benjelloun, les Tazi, les Lamrani, les Berrada et les Bennis à Fès, ou encore les Corcos et les Benkiran de Marrakech qui tous avaient de solides contacts à Londres, Manchester, Gibraltar, Marseille, Madrid ou Milan. Sans oublier le très controversé Abu Bakr al-Ghanjawi, protégé anglais que l'on disait le plus gros capitaliste de Marrakech et qui passait pour avoir déposé une bonne partie de son argent à la Banque d'Angleterre :

> C'est un vieillard un peu vulgaire qui, contrairement à l'usage musulman, se rase la moustache et la barbe, raconte Eugène Aubin qui le rencontra vers 1902; son visage glabre, aux chairs tombantes, conserve une vive expression d'intelligence. Dans son *fondouk*, accroupi par terre, entouré de papiers qui débordent de boîtes multiples et de débris de meubles européens, il représente l'incarnation marocaine d'un brasseur d'affaires retors et malin. Dans la maison d'une femme et d'un enfant favoris, où il nous offre le thé dans un service en vermeil à lui donné par le gouvernement britannique, *in recognition of his long services*, il apparaît comme un vieillard débonnaire, satisfait de la situation qu'il a su se créer lui-même, puisque son père était simple *amin* des bouchers[9]...

Née sous l'égide du Makhzen, qui lui prodigua ses faveurs et son assistance, la nouvelle bourgeoisie marocaine était constituée pour l'essentiel de *tujjar al-sultan* ou « commerçants du roi », seuls hommes d'affaires en mesure de juguler la pénétration européenne. L'institution elle-même était aussi vieille que les dynasties chérifiennes puisque, déjà au XVIe siècle, les Sa'diens avaient coutume de se décharger sur quelques-uns de leurs grands commerçants juifs pour réaliser une bonne partie de leurs transactions avec les États européens. Certains de ces courtisans, tels les Pallache, les Sumbal et les Maymoran, gravèrent leur nom dans les annales diplomatiques et économiques du Maroc au cours des XVIe et XVIIe siècles.

Mais à l'inverse de ces noms du passé, dont la chute fut aussi rapide que l'ascension, les *tujjar* du XIXe siècle apprirent à maintenir leur influence et à préserver leur fortune des coups du sort et de la mauvaise humeur des princes. Bénéficiant de la nouvelle conjoncture mondiale, ils surent accroître leurs ressources en les diversifiant, en les transformant en biens immobiliers (maisons, vergers, propriétés agricoles) et en plaçant leurs capitaux à l'étranger. Au cours des années 1870, un grand nombre de Marocains, parmi lesquels 'Abd el-Kader al-'Attar, Mohammed Tufal'azz, Abraham Corcos, Dinar Ohana et Naftali Afriat de Mogador eurent ainsi la présence d'esprit dans l'achat, par exemple, d'actions de la toute nouvelle Compagnie Paquet [10]. D'autres, tels que les Pariente et les Nahon de Tanger, créèrent leurs propres banques qui devinrent rapidement des succursales des plus grands établissements bancaires de Paris et de Londres.

Juifs ou musulmans, les *tujjar* travaillaient pour leur compte personnel autant que pour celui du Makhzen. Associés aux hauts commis de l'État, leurs intérêts coïncidaient le plus souvent avec ceux de l'élite politique du royaume, ceux en particulier du sultan, dont ils géraient l'activité commerciale privée et auxquels ils fournissaient des produits européens de toutes sortes : sucre, thé, tissus pour la confection d'uniformes ou de vêtements d'apparat, bois sculpté, dalles de marbre, mais aussi carrosses, meubles, médicaments, montres, horloges, chocolats et autres confiseries.

En même temps que leur nomination et l'autorisation d'exploiter les monopoles royaux, les « commerçants du roi » recevaient un premier prêt d'investissement pour l'achat de produits d'importation, assorti, le plus souvent, d'avantages fiscaux qui faisaient enrager leurs concurrents européens. En cas de difficulté ou même de faillite, les *tujjar* faisaient appel au sultan pour obtenir l'échelonnement de leurs dettes et l'octroi de nouveaux crédits. C'est ainsi que l'une des caractéristiques les plus étonnantes de l'institution était son endettement perpétuel auprès du Makhzen, qui, très rarement du reste, retirait son agrément à ses négociants en détresse.

Un tel système, dont la rationalité économique échappait aux Européens, eut pour principal mérite de tenir un tant soit peu en échec l'intrusion étrangère. Dès lors, il fut la cible de vives critiques de la part des consuls et des négociants européens, comme en témoigne cette description du vice-consul de France à Essaouira, Charles Delaporte, en 1848 :

> Veut-on savoir comment vit et meurt un Tajjer de l'Empereur. Un juif dans la misère, endetté envers Mouley Abd al-Rahman d'une très forte somme [...] a tant écrit à l'Empereur que celui-ci vient de lui ouvrir soit un crédit de 10 000 piastres fortes à la Douane, soit de lui accorder l'importation de 2000 quintaux de fer, droits payables à termes illimités. Le juif n'a pas un centime, mais son permis à la main, il écrit à d'autres juifs de Londres qui s'empressent de lui envoyer les 2000 quintaux. Le fer arrive, se vend à n'importe quel prix, relativement toujours avec bénéfice, puisqu'il est entré sans droits. Avec le profit, on achète des marchandises que l'on adresse au correspondant de Londres. On fait un deuxième, un troisième

navire. On est Tajjer tant que les 10 000 piastres n'ont pas été absorbées par ledit correspondant et puis, quand il n'y en a plus, on écrit, on pleure de nouveau auprès de l'Empereur[11]...

Quant au sultan, il aurait expliqué, en ces termes, le but de cette institution : « L'argent que l'on me doit alimente le commerce, fait vivre ceux qui le font travailler et entretient la navigation de mon port... Que les négociants payent ponctuellement les sommes qui suffisent à la solde des garnisons de Maroc et de Mogador, je ne leur en demande pas davantage. »

Travaillant rarement seuls, les « commerçants du roi » constituaient de véritables réseaux couvrant toutes les régions du pays, du Sahara à la Méditerranée et, au-delà, de Tanger à Marseille et à Londres, en passant par Gibraltar, Oran et Alger, avec, à chaque étape, un agent, un correspondant ou un associé sur lequel on pouvait compter parce qu'il était le frère, le cousin ou le gendre des chefs de famille siégeant à Mogador, Marrakech ou Tanger. Voici à titre d'exemple les étapes de l'ascension de la famille Afriat de Mogador. Originaire de la localité d'Ifran de l'Anti-Atlas, le premier membre de cette famille à s'installer à Mogador fut Joseph qui y arriva en 1837, venant de Goulimine où il était l'homme de confiance du cheikh Bayruk de l'oued Noun, très courtisé à l'époque aussi bien par l'Espagne que par la France. Il fut suivi, quelques années plus tard, par deux de ses frères, Abraham et Jacob, qui, tout en n'abandonnant pas les intérêts du cheikh Bayruk, s'attachèrent au service du sultan qui leur octroya le titre de *Tajir al-sultan*. Relations matrimoniales aidant, les Afriat étendirent rapidement leur commerce à Alger où Abraham devait finir ses jours, ainsi qu'à Marseille et à Londres où s'établit Jacob, qui allait investir beaucoup d'argent dans la Banque d'Angleterre et acquérir des actions dans diverses compagnies de chemins de fer britanniques. Son neveu, Aharon, qui résida jusqu'à sa mort en 1923 à Londres, fut l'un des plus gros exportateurs de thé anglais au Maroc ainsi que le plus gros fournisseur de toile indigo tissée à Manchester et destinée à l'usage exclusif ou presque des populations du Sud marocain et du Sahara.

Prenons un autre exemple, celui des Corcos : citadins de vieille ascendance séfarade, ils vinrent en 1843 de Marrakech à Mogador où Salomon Corcos fut nommé « commerçant du roi ». À sa mort, en 1853, il laissa pour lui succéder ses deux fils Abraham et Jacob tandis que leur cousin Hayyim était resté à Marrakech pour gérer les affaires de la famille. Confirmés dans leurs fonctions à chaque nouveau règne par *dahir* (décret) spécial, les Corcos comptèrent rapidement parmi « les commerçants les plus considérables » du royaume. Outre leur extraordinaire envergure géographique et la grande diversité des produits qu'ils négociaient, les réseaux de commerce qu'ils mirent en place à Mogador et à Marrakech eurent pour autre caractéristique de fonctionner en étroite collaboration avec les milieux d'affaires musulmans. Ce qui ajouta à leur efficacité et à leur compétitivité, car, en plus du soutien automatique du pouvoir central, les *tujjar* pouvaient également compter sur l'aide précieuse des autorités locales. Celles-ci les aidaient plus particulièrement pour recouvrer des dettes impayées et pour obtenir des informations de première main sur les fluctuations des prix, l'état des routes, la situation militaire des régions périphériques, etc. Abraham Corcos et son frère Jacob entretinrent d'étroites relations d'amitié avec les plus hauts dignitaires de la cour de Sidi Mohammed et Moulay Hassan qui déployaient autant de zèle dans leurs affaires privées que dans l'exécution des charges de l'État.

Née d'une longue cohabitation à l'ombre du palais, une amitié réelle, entretenue par des intérêts communs ainsi que par une véritable solidarité de classe, lia les deux composantes confessionnelles de la bourgeoisie marocaine du XIXe siècle. Fortement personnalisées, ces relations d'amitié n'engageaient pas seulement les partenaires directs, juifs et musulmans, mais aussi leurs familles, leurs alliés et l'ensemble de leurs parentèles.

Gros importateurs de marchandises européennes de toutes sortes, les *tujjar* étaient les intermédiaires indispensables entre les maisons de Gibraltar, Marseille, Paris, Londres, Manchester et Livourne et le marché intérieur marocain dont ils connaissaient tous les rouages en leur qualité d'*awlad al-bilad*, « gens du pays ». Ils furent les diffuseurs de toutes les innovations, notamment alimentaires comme le sucre et le thé qui devinrent, grâce à eux, aussi bien que les bougies ou les soieries de Madras et de Pondichéry, des articles de vente courante dans les marchés les plus reculés du pays. Ainsi, moins de 20 % seulement des 400 tonnes de sucre importées annuellement à Rabat et à Casablanca au début des années 1860 était consommés sur place, le reste étant réexpédié dans les villages du Gharb, de la Chaouia, du Tadla et jusque dans le Tafilelt et le Mzab algérien. En 1894, le sucre et le thé représentaient plus d'un quart des importations marocaines, soit trois fois plus qu'en 1840.

Expression d'amitié et d'aisance, le pain de sucre entra ainsi dans les usages comme don accompagnant toutes les grandes et petites occasions de la vie sociale, au même titre que le thé sucré parfumé à la menthe ou à la verveine, autre symbole de l'hospitalité marocaine. Importé de Gibraltar en grandes quantités dès le milieu du siècle à Essaouira (50 tonnes en 1865), Safi et Casablanca, le thé, venant de Chine et d'Inde, se répandit très vite dans les campagnes et, à partir de 1860, jusque dans les oasis du Touat. Cela n'empêcha pas le café de continuer de conserver la faveur des Marocains qui en importaient régulièrement de Gibraltar, à raison de 150 à 200 tonnes par an entre 1865 et 1868[12].

Le sucre et le thé ou encore les cotonnades n'étaient pas les seules innovations introduites au Maroc à la faveur de l'activité débordante des *tujjar* du littoral et de leurs agents à l'intérieur du pays : les bougies, dont l'importation fut multipliée par 9 entre 1870 et 1900 se substituèrent ainsi graduellement aux lampes à huile de fabrication locale avant de céder la place au pétrole, puis à l'électricité dont l'usage se répandit au palais et dans les grandes villes à la fin du XIXe siècle. Dans le costume aussi, les citadins du littoral commencèrent à se distinguer de leurs voisins de l'intérieur en adoptant souliers, chaussettes, chemises de confection ou encore parapluies et ombrelles. En fait, divers articles réputés d'origine autochtone étaient de fabrication européenne : ainsi en était-il des couvre-chefs rouges, ou fez, devenus le signe distinctif de la nouvelle bourgeoisie, qui étaient importés par milliers d'Autriche. De même pour les poteries et les tissus dits indigènes, qui étaient en fait fabriqués en Angleterre ou en France. Autant d'indices qui annonçaient le déclin de l'artisanat marocain face à l'inondation du marché local par des produits beaucoup moins chers de fabrication européenne.

La présence européenne

Pendant des siècles, les Juifs furent la seule minorité non musulmane vivant au Maroc. En dehors des prisonniers de guerre, des renégats chrétiens et des bagnards fugitifs des présides ibériques, les seuls Européens que les Marocains pouvaient croiser sur leur chemin, jusqu'à la fin du XVIIIe siècle, étaient soit des consuls, soit des aventuriers ou des marins échoués sur leurs plages, en plus de quelques rares négociants de passage dans les *fondouks* des grandes villes et d'un nombre plus insignifiant encore d'ecclésiastiques en charge du rachat des captifs.

Cette situation changea du tout au tout à la suite des conventions commerciales et de l'amélioration des communications entre le Maroc et l'étranger. Comme en Tunisie et en Égypte, un nombre de plus en plus important de ressortissants européens, appartenant à toutes les nationalités, souvent sans métier et vivant d'expédients, commença à s'installer dans les ports du pays. Quelques-uns y vinrent aussi chercher asile, comme ce fut le cas de nombreux déserteurs français depuis la conquête de l'Algérie, et de nombreux opposants et révolutionnaires espagnols tout au long du XIXe siècle.

Variant d'une période à l'autre, leur nombre total était de moins de 400 personnes en 1836. Il dépassa un millier en 1862 pour atteindre 1500 en 1867, 2900 en 1877, 3500 en 1885 et 9000 en 1894. Jusqu'au milieu du XIXe siècle, les ressortissants britanniques (originaires en majorité de Gibraltar) formaient la plus forte colonie étrangère du pays. Installés de préférence à Essaouira et Tanger, ils furent dépassés après 1860 par les Espagnols qui représentaient 60% de tous les expatriés européens en 1885. Ceux-ci constituaient 20% de la population totale de Tanger où ils imposèrent leur langue. Fort nombreux également à Tétouan, Larache, Rabat et El-Ksar, ils formaient 50% des expatriés de Casablanca et de El-Jadida. Venaient ensuite les Français, originaires pour la plupart de l'Hérault et des Bouches-du-Rhône, qui formaient l'essentiel de la population européenne de Casablanca jusqu'au milieu des années 1860 avant de diminuer considérablement par la suite. Depuis le sénatus-consulte de 1865, ils comptaient plusieurs dizaines de musulmans et de juifs algériens ou marocains naturalisés habitant Casablanca, Tanger mais aussi Essaouira et Safi. Quant aux Portugais et aux Italiens, qui étaient les moins nombreux, ils étaient établis principalement à Tanger, Casablanca, Jadida et Larache. Tard venus dans le pays, à la suite de l'ouverture en 1873 de la légation d'Allemagne à Tanger, les Allemands accrurent leur intérêt pour le Maroc au cours des années suivantes, en même temps que le volume de leurs échanges avec le royaume chérifien. Celui-ci y voyait pour sa part un contrepoids utile à la trop grande influence des Anglais, des Français et des Espagnols sur la vie du pays[13].

Jusqu'au début des années 1890, Tanger et Essaouira étaient les deux pôles principaux de la présence européenne. À partir de cette date, Casablanca prit le relais d'Essaouira et devint le siège des deux grands consulats étrangers du pays, ceux de France et d'Angleterre, tandis que la ville du Détroit demeurait le lieu de résidence des ministres plénipotentiaires et de la dizaine de légations accrédités au Maroc. Celles-ci avaient des représentants – consuls, vice-consuls et agents consulaires – dans tous les ports de la côte où vivaient la quasi-totalité des Européens ainsi que, beaucoup plus tard, à Fès et à Marrakech, où, à la fin du siècle, on comptait sur les doigts des deux mains seulement le nombre d'Européens qui y résidaient.

Outrepassant largement leurs prérogatives habituelles, ces diplomates et négociants européens s'impliquaient dans la vie urbaine au fur et à mesure de l'intensification de la pénétration européenne. Au point de créer, sous couvert de conseils sanitaires chargés de la lutte contre les épidémies, comme à Tanger, Essaouira et Casablanca, des conseils municipaux dotés de règlements appropriés et s'occupant des travaux de voirie, d'éclairage urbain et d'adduction d'eau potable dans la ville. Le Makhzen ne voyait pas toujours d'un bon œil cet engagement des étrangers dans les affaires urbaines et refusait de donner son aval, autant que faire se pouvait, à beaucoup de leurs initiatives. Comme par exemple celles ayant trait aux questions de police urbaine : ainsi, en 1892, Moulay Hassan rejeta, non sans mal, la demande du corps diplomatique de veiller, par ses propres moyens, au maintien de l'ordre public dans les quartiers de Tanger habités par des Européens.

Se livrant à tous les métiers, des plus nobles au plus vils – faussaires, contrebandiers, proxénètes – les Européens suscitèrent par leur présence bien des frictions entre les consulats et les autorités : occupation illicite de terrains, construction de maisons sans autorisation ou encore élevage public de porcs, comme à Tanger où certains Espagnols laissaient vagabonder librement leurs animaux jusque dans les cimetières de la ville[14]. Sans oublier les bagarres éclatant fréquemment dans les quelques cafés, cercles et bars ouverts sans contrôle par les Européens qui y organisaient, de temps à autre, jeux et soirées dansantes.

D'essence politique et économique, la présence européenne ne tarda pas à prendre également une allure culturelle, avec l'apparition des premières écoles, des premiers hôpitaux et des premiers services postaux et télégraphiques européens. Longtemps avant les établissements scolaires, c'est à partir du milieu du XIXe siècle que furent créés les premiers services postaux mis en place par les consulats de France (1852), de Grande-Bretagne (1857), d'Espagne (1865) et beaucoup plus tardivement d'Allemagne (1899), et reliant, par voie maritime, Tanger aux autres villes côtières du pays et chacune d'elle à l'Europe *via* Gibraltar, Cadix et Oran. Au cours des années 1890, Fès, Marrakech et Meknès furent desservis par les agences postales des quatre pays. Celles-ci étaient en compétition avec les postes privées établies par plusieurs promoteurs juifs, à l'exemple d'Isaac Brudo à El-Jadida, Joseph Benchimol à Tétouan, Abraham Mimran à Essaouira et Messaoud Bensimon à Fès, qui assuraient l'acheminement du courrier par voie terrestre entre El-Jadida et

Marrakech (1891), Essaouira et Marrakech (1892), Fès et Sefrou (1894), Tanger, Arzila et Larache (1895), Tétouan et Chaouen (1896), Fès et Meknès (1897) et El-Jadida, Azemmour et Marrakech (1897). Elles furent relayées par le gouvernement marocain, qui, ne voulant pas laisser aux étrangers le monopole postal, assura à partir de 1892 un service bihebdomadaire régulier entre Marrakech et Essaouira et entre Marrakech et El-Jadida, puis, l'année suivante, entre Fès et les villes principales de la côte. Au début du xxe siècle, la France comptait à elle seule quelque 25 bureaux postaux disséminés à travers tout le royaume, parfois dans des localités telles que Bou Denib, Oujda, Taourirt qui venaient tout juste d'être occupées par l'armée française[15].

Autre signe manifeste de la présence européenne : l'arrivée des missions religieuses chrétiennes. Certes, qu'elles fussent catholiques ou protestantes, leur nombre n'était en rien comparable à celui rencontré dans d'autres parties du continent africain. Leurs succès religieux furent loin d'être probants, ne réussissant jamais ou presque à convertir qui que ce fût. Mais outre leurs activités habituelles d'évangélisation, les missions furent très efficaces dans le domaine médical et dans celui de l'enseignement : écoles juives mises à part, avant la création de l'Alliance française en 1883, les seuls établissements scolaires européens œuvrant au Maroc étaient ceux gérés par les missions catholiques espagnoles et protestantes anglaises.

Mais plus encore que les établissements scolaires et les hôpitaux, la publication des premiers journaux fut l'une des conséquences les plus visibles de la pénétration européenne. Rédigés en espagnol, en anglais, en français ou en arabe, ils étaient tous installés à Tanger et avaient pour principaux lecteurs les membres des légations étrangères, la colonie européenne dans son ensemble ainsi que le milieu juif européanisé des villes côtières.

C'est d'ailleurs sous les auspices de l'Alliance israélite universelle qu'apparut à Tanger, en 1870, le premier hebdomadaire du pays. Ce journal cessa d'exister assez rapidement et ne fut remplacé que quinze ans plus tard par l'hebdomadaire en espagnol *Al-Moghreb al-Aksa* dont le fondateur Jose Nogales y Nogales, était connu pour sa grande proximité avec la légation espagnole à Tanger. Il en était de même concernant le deuxième journal tangérois, *Le Réveil du Maroc*, rédigé en français et sorti des presses peu de temps après. Organe des milieux d'affaires juifs de Tanger, il fut fondé par Levy Cohen, qui était très proche de la légation française. À sa mort en 1888, le journal fut racheté par un autre banquier juif acquis à la France, Haim Benchimol, avant de passer directement en 1889 sous la houlette de la légation dont il devint assez naturellement le porte-parole et celui des intérêts français au Maroc.

Les intérêts anglais ne furent pas en reste : dès 1884, l'écrivain Edward Meakin fondait, toujours à Tanger, le *Times of Morocco*. Contrairement aux deux précédents, ce journal mensuel se voulait indépendant et, à ce titre, n'hésitait pas à critiquer les abus européens. Ce qui n'allait pas lui garantir une bonne santé financière, au point de se voir absorbé par le *Moghreb al-Aksa* en 1893. Ce dernier, tout comme son concurrent français, se faisait à longueur de numéro l'apôtre du progrès et le défenseur de l'ouverture du Maroc à l'Europe. Aussi dénonçaient-ils sans cesse tout ce qui empêchait l'entrée du Maroc dans la modernité, n'épargnant ni John Drummond-Hay et ses collègues européens, taxés de timidité, ni le gouvernement marocain lui-même qui s'offusquait souvent de la vivacité des attaques portées contre le Makhzen. Ces journaux recensaient chaque émeute à caractère xénophobe dans le royaume et appelaient ouvertement de leurs vœux la conquête du Maroc par l'une ou l'autre des puissances européennes. Comme cela fut noté par

Jean-Louis Miège, paraissant en territoire étranger, la presse tangéroise se faisait rarement l'écho des préoccupations de la société marocaine et n'était point tentée de toucher le public marocain, à l'exclusion de la nouvelle génération juive issue des premières écoles de l'Alliance israélite universelle [16].

D'une tout autre signification était, bien sûr, la présence économique européenne au Maroc. Elle touchait tous les secteurs de l'économie moderne : banques, import-export, entreprises industrielles et exploitations agricoles. Appartenant à toutes les nationalités, elles utilisaient une assez nombreuse main-d'œuvre expatriée : fondés de pouvoir, représentants, ingénieurs, médecins et techniciens, habitant dans les villes portuaires aux côtés de leurs agents juifs et musulmans, protégés consulaires ou pas.

En dehors de l'ouverture de lignes de chemins de fer et de l'exploitation minière que le sultan leur refusa, malgré toutes les pressions, les Européens étaient actifs dans tous les secteurs clés de l'économie marocaine : on les trouvait bien sûr dans le grand commerce, dans l'industrie où ils furent à l'origine de l'ouverture des premiers moulins à vapeur, des premières scieries à vapeur, des distilleries, des fabriques d'eau gazeuse, de limonade et d'huile ou encore des premières usines de conserves à Tanger, Larache, Rabat, Casablanca, El-Jadida et Essaouira. Non moins impressionnante fut la place des Européens dans la vie agricole du pays, notamment dans le Gharb et autour de Casablanca : depuis la conférence de Madrid, ils étaient autorisés à louer des terres de culture dont ils laissaient l'exploitation à des métayers locaux auxquels ils abandonnaient le cinquième du produit. Ils avaient également la possibilité d'acheter des terres et des troupeaux en association avec des copropriétaires indigènes. Ils les exploitaient en commun et se partageaient les bénéfices suivant la proportion de leurs apports réciproques. De vastes domaines passèrent ainsi à partir de la fin des années 1870 dans les mains d'un petit nombre de « capitalistes » européens ou naturalisés, qui, à l'exemple des Français Jules Jaluzot des magasins Le Printemps à Paris, Haim Benchimol, Achille Petri et Théodore Furth de Tanger, ou encore de John Drummond-Hay, possédaient des biens considérables dans le nord du pays. Il en était de même à Casablanca où le Français Ferrieu comptait parmi les plus grosses fortunes de la ville et de sa région, ainsi que dans le sud du pays où l'on comptait de nombreux propriétaires européens tels les Jacquety à Essaouira, Laroche à Larache et Butler à Safi, jusqu'au caïd Mac Lean qui dut son immense fortune non à son service auprès du sultan, mais aux nombreux troupeaux qu'il possédait avec son frère chez les Doukkala.

Mais ce qui frappe le plus, en passant en revue les grandes firmes européennes impliquées dans les affaires du Maroc, c'est la place éminente qu'elles occupaient dans la vie économique et politique de leurs propres pays. Il suffit à ce sujet d'évoquer les noms de la Compagnie Paquet et de la Compagnie générale transatlantique d'Eugène Pereire, dans le secteur de la navigation ; ceux de la Manchester and Liverpool District Bank, du Crédit Lyonnais, de la Banque de Paris et des Pays-Bas, de la Société des comptoirs maritimes de crédit industriel et commercial de Marseille, de la Banque transatlantique ou encore des banques juives Pariente et Nahon de Tanger ; ou ceux encore, dans le domaine industriel, des maisons françaises Allard, Demachy, Schneider, Seillière, Pereire, Irénée Brun de Lyon et Jules Jaluzot.

Tout autant que le groupe allemand Krupp, tard venu dans la course, elle étaient sur les rangs tant pour proposer des livraisons d'armes au Makhzen et frapper ses nouvelles pièces de monnaie que pour soumettre au sultan des dizaines de projets industriels plus ambitieux les uns que les autres, concernant la construction de routes, de ponts, de chemins de fer et d'installations portuaires.

Liées aux grands journaux de Paris, Londres, Madrid et Berlin ainsi qu'aux divers « lobbies » coloniaux œuvrant à Alger, Marseille, Manchester ou Cadix, toutes ces compagnies entretenaient des contacts très étroits avec les cercles de décision et les milieux politiques les plus importants de leurs pays. Dès lors, rien ni personne ne pouvait les empêcher de penser que leurs intérêts particuliers coïncidaient parfaitement avec les ambitions nationales de leurs gouvernements.

Les protégés

Pierre angulaire de la pénétration européenne au Maroc, la protection consulaire déstabilisa rudement la société marocaine et sapa gravement l'autorité du Makhzen au cours de la deuxième moitié du XIXe siècle [17]. Partie prenante de toutes les conventions commerciales signées par le royaume chérifien avec les puissances européennes, elle permettait à ces dernières d'octroyer leur « protection » – et l'immunité juridique qui en découlait vis-à-vis du Makhzen – à des particuliers appartenant à toutes les couches de la population : Juifs ou musulmans, riches ou pauvres, hommes, femmes et enfants, employés consulaires, courtiers de commerce, associés agricoles, chefs de tribu, notables religieux à l'image du chérif de Ouezzane, « commerçants du roi », hauts fonctionnaires du Makhzen comme le vizir al-Mahdi Menabhi du futur sultan Moulay 'Abd al-'Aziz – tout ceux qui, à un titre ou un autre, étaient jugés utiles par les Européens pour approfondir leur influence politique et économique dans le pays et, par voie de conséquence, affaiblir de l'intérieur le pouvoir central marocain. Aux termes des engagements pris, le gouvernement marocain ne pouvait ni les astreindre à payer leurs impôts ni les traduire en justice en cas d'infraction des lois civiles et religieuses en vigueur. Pis : le Makhzen s'exposait aux protestations les plus véhémentes de la part des consuls quand ses représentants osaient arrêter tel ou tel protégé coupable d'abus et de fautes avérés.

N'englobant pas plus de 400 personnes jusqu'à la fin des années 1850, et vaguement réglementée en 1863 aux termes de la convention Béclard signée avec la France, la protection allait inclure plusieurs milliers de personnes jusqu'à la fin du siècle : des milliers d'Algériens juifs et musulmans notamment venus pour leurs affaires au Maroc, et qui prirent eux-mêmes l'habitude d'étendre leur protection à leurs employés et à leur parentèle, voire à des tribus entières.

Accordant à ses bénéficiaires un statut politique et social privilégié, la protection consulaire devenait dès lors l'objectif à atteindre pour tous ceux qui aspiraient à un meilleur sort dans le Maroc troublé et désarticulé de l'époque. Aux yeux de beaucoup de Juifs (et autres « marginaux »), elle était aussi l'unique moyen d'échapper aux désagréments de leur condition d'infériorité, permettant de grimper en toute sécurité les marches de la pyramide sociale et de préserver en même temps une fortune difficilement acquise, des spoliations du Makhzen.

La prolifération de la protection s'accrut au fur et à mesure de l'intensification de la rivalité entre les puissances sur le Maroc. Chaque nation européenne se fit un point d'honneur d'avoir ses protégés dans le royaume chérifien, et les plus empressées étaient celles qui voulaient hâter la décomposition du Makhzen ou qui aspiraient à un surcroît d'influence par rapport à leurs rivales plus anciennement « établies » qu'elles dans le pays. Ainsi en était-il des Italiens qui comptaient 700 à 1 000 protégés en 1880, dispersés dans une quinzaine de villes, parmi lesquelles Fès, Meknès, El-Ksar, Ouezzane, Azemmour,

Larache, en plus des grands centres portuaires où tout le monde avait les siens. Il n'était pas jusqu'au Danemark, à la Suède, aux États-Unis, à la Belgique, aux Pays-Bas, à l'Autriche-Hongrie, à l'Allemagne ou au Portugal, dont le personnel consulaire était des plus réduit, qui n'eurent les leurs. Ainsi, le représentant des États-Unis à Tanger, unique ressortissant de son pays, « protégeait » à lui seul en 1877 une centaine de riches commerçants et agriculteurs, dont une quarantaine à Casablanca.

L'Espagne, la France et dans une moindre mesure l'Angleterre détenaient, bien évidemment, le plus grand nombre de protégés. Les deux premières, dont les visées impériales se précisaient au fil des années, concentraient leurs efforts dans le nord du pays, à l'ouest pour l'Espagne et à l'est pour la France. C'est ainsi que des douars entiers, sur la frontière algérienne, se virent octroyer la protection française. Ce qui fit dire à un diplomate scandinave que bientôt le sultan ne trouverait plus de citoyens… à son réveil.

Mais ce n'était pas seulement par leur nombre ni à cause des pertes fiscales qu'ils lui occasionnaient que les protégés inquiétaient le Makhzen. Dans toutes les parties du royaume s'amoncelaient sur les bureaux des agents du pouvoir les plaintes relatives aux exactions et provocations qu'ils commettaient. Les plus remarqués étaient les excès émanant des protégés juifs dont l'« insolence » paraissait d'autant plus insupportable à la population qu'ils bénéficiaient automatiquement ou presque du soutien des représentants européens, qui pour leur être agréable allaient parfois jusqu'à menacer des pires représailles le gouvernement chérifien. Comme dans un cercle vicieux, les violentes émeutes qu'elles suscitaient ajoutaient à l'anarchie du pays et entraînaient de nouvelles protestations non moins brutales de la part des puissances.

Dès lors, soucieux de mettre bon ordre dans les conditions d'octroi de la protection et d'en limiter les effets délétères sur la société, le sultan Moulay Hassan demanda en 1877 à John Drummond-Hay d'œuvrer à une solution avec ses collègues étrangers. L'indéracinable consul anglais accepta sans hésiter de s'acquitter de la tâche, très préoccupé qu'il était de la mauvaise tournure que prenaient les affaires du Maroc à cause de l'hyperactivité franco-espagnole. Cela risquait, craignait-il, de précipiter dans l'abîme le royaume chancelant des chérifs ʻalawites. Or, déjà en peine de parvenir à un accord avec la France sur l'Égypte, l'Angleterre ne voulait pas s'encombrer d'une « crise marocaine » qui compliquerait davantage encore ses relations avec sa future partenaire de l'Entente cordiale. L'entrée fracassante de l'Allemagne dans les affaires européennes et africaines n'était pas non plus pour arranger les choses.

Une première conférence eut lieu à Tanger les 9 et 10 juillet. Tout le monde convint de mettre un frein aux abus de la protection, sans parvenir pour autant à des suggestions concrètes. Les consultations se poursuivirent au cours des deux années suivantes, sans autre résultat que de souligner les profondes divergences entre les puissances. Ainsi, face aux Anglais, aux Allemands et aux Espagnols qui se disaient prêts à satisfaire les revendications du Makhzen, les Français et les Italiens s'opposèrent à tout aménagement de la protection telle qu'elle se pratiquait depuis 1863.

C'est partagées entre ces deux positions que les puissances acceptèrent de se réunir le 10 mai 1880 à Madrid pour tenter de régler la question de « la protection indigène au Maroc ». Une conférence qui n'aboutit à aucune mesure positive du point de vue marocain et qui eut pour principal résultat le début de l'internationalisation de « la question marocaine », un développement lourd de conséquences pour l'avenir du royaume chérifien, comme le Makhzen n'allait pas tarder à s'en rendre compte[18].

Une communauté en mutation : les Juifs du Maroc

Jouant un rôle éminent dans l'ouverture du royaume chérifien, les Juifs du Maroc connurent de profonds bouleversements économiques, sociaux et culturels au cours du XIXe siècle.

Reposant sur un socle urbain, de tout temps plus large que celui de la société environnante, la communauté marocaine était dispersée dans toutes les régions du pays : en milieu arabe comme en milieu berbère, dans les capitales impériales aussi bien que dans les centres urbains de moyenne importance, au nord et au sud de l'Atlas comme à l'entrée du désert, dans les villages de l'oued Noun et du Sous ainsi que dans les *ksours* du Dadès et du Dra' et les oasis du Tafilelt.

Attirés par les nouveaux courants d'échanges, les Juifs abandonnèrent, en nombres de plus en plus grands, les villages et les villes de l'intérieur pour se rapprocher des ports atlantiques : les plus prompts à se déplacer furent les habitants des *ksours* du Sud et des petits centres commerçants parsemant les vieilles routes caravanières de l'Atlas et des zones présahariennes. C'est ainsi que, même s'ils ne représentaient pas plus de 2 à 3 % de l'ensemble des habitants du pays (soit autour de 100 000 personnes en tout), les Juifs constituaient au cours de la deuxième moitié du XIXe siècle 20 à 25 % de la population des ports du Maroc – Essaouira, Safi, El-Jadida, Casablanca, Rabat, Tanger – où s'effectuait l'essentiel de l'activité économique du pays. Voici quelques exemples pris au hasard des sources européennes : à Essaouira, leur nombre passa de 6 000 sur une population totale de 16 000 personnes en 1866, à près de 12 000 en 1878 pour tomber à 10 000 vers 1895 sur un total de 18 000 habitants[19] environ ; à Tanger, le nombre de Juifs était évalué à 3 500 sur une population de 16 000 en 1866 ; leur nombre grimpa à 10 000 sur un total de 20 000 habitants en 1880[20] mais resta inchangé jusqu'à la fin du siècle alors que la population de la ville du Détroit atteignait le chiffre record de 50 000. Même phénomène à Casablanca où la population juive tripla au cours des trente dernières années du siècle, passant de 1 500 à 5 000 entre 1866 et 1895 sur une population totale de 6 000 à 21 000 personnes.

Les nouveaux citadins juifs, comme leurs voisins musulmans, vivaient mal, très mal même, dans les « nouvelles » villes du littoral : *Mellahs* surpeuplés ; chômage récurrent ; conditions sanitaires très déficientes. Une grande masse de gens simples subissait le contrecoup de la pénétration européenne, effectuant une gamme impressionnante de métiers – colporteurs, tailleurs, ferblantiers, cordonniers, tailleurs, portefaix – aux côtés d'une petite bourgeoisie d'affaire omniprésente.

C'est indéniable : le judaïsme marocain connut une promotion sociale, économique et culturelle exceptionnelle durant cette époque, marquée par l'émergence d'une nouvelle classe de négociants, de banquiers, de courtiers et de propriétaires fonciers qui laissèrent une très forte empreinte sur l'évolution du Maroc à l'époque examinée. S'adaptant rapidement à la nouvelle conjoncture, ils se firent remarquer dans tous les secteurs modernes de la vie du pays : dans le commerce avec l'Europe, sous toutes ses formes, comme dans la création des premiers journaux en langues étrangères de Tanger et dans l'introduction d'innovations matérielles et culturelles de toutes sortes (thé, sucre), comme dans l'ouverture des premières postes privées du royaume. Premiers parmi les demandeurs de la protection consulaire, ils accoururent avec la même hâte dans les toutes nouvelles écoles européennes ouvertes dans les villes du littoral, qu'elles fussent d'inspiration juive ou d'obédience chrétienne, d'origine française, anglaise ou espagnole.

Communauté remuante, le judaïsme marocain ne donna pas seulement des négociants et des entrepreneurs de haute volée, à l'exemple des Parienté, des Nahon et des Benchimol de Tanger ou des Elmaleh, des Corcos et des Afriat d'Essaouira. Il eut aussi ses « aventuriers » aux parcours pour le moins surprenants, comme celui, remarquable à plus d'un titre, du rabbin Mardochée Abi-Serour.

Né vers 1830 dans le petit village d'Aqqa, au fin fond du Sud marocain, le rabbin Mardochée se rendit célèbre par ses fréquents voyages au Sahara et ses longs séjours à Tombouctou, où il constitua entre 1860 et 1866 une petite communauté juive formée principalement des membres de sa famille. C'est au retour d'un de ces voyages dans la cité encore entourée de mystère de la vallée du Niger qu'il entra en contact avec la Société française de géographie, par l'entremise d'Auguste Beaumier, le consul de France à Mogador. Celui-ci, très impressionné par l'étendue de ses connaissances géographiques et ethnographiques, le chargea de diverses missions d'exploration à l'intérieur de l'Afrique. Mais faute de préparation adéquate, il fallait l'encourager à venir étudier à Paris les rudiments du métier d'explorateur. Beaumier prit contact avec l'explorateur du Sahara Henry Duveyrier, qui accepta de donner à son « protégé » une formation professionnelle accélérée.

C'est ainsi que débarqua à Paris, au printemps 1874, le rabbin Mardochée dont *Le Monde illustré* publia le portrait en première page : barbe noire, chéchia ronde à gros gland tombant sur la nuque, gilet et courte veste de drap brodé. Les premiers moments de surprise passés, le rabbin d'Aqqa apprit assez rapidement l'usage des divers instruments de mesure dont la Société de géographie avait bien voulu le munir – boussole, thermomètre, baromètre – et sans tarder il retourna au sud du Maroc d'où il envoya à partir de 1875 ses premières notices sur la faune et la flore de la vallée du Sous, ainsi que des descriptions de sépultures anciennes et d'inscriptions « berbères » recueillies dans cette région, en même temps que les tracés d'itinéraires très précis entre le Sous et le sud du Sahara. En 1879, il revint à Paris pour rendre compte du dernier voyage qu'il avait effectué à Tombouctou, à la demande de la « Commission supérieure pour l'étude et la mise en communication par voie ferrée de l'Algérie et du Sénégal avec l'intérieur du Soudan ». Il profita de son séjour dans la capitale pour remettre à la direction de l'Alliance israélite universelle un rapport sur une tribu juive, les Daggatoum, qu'il disait avoir découverte aux abords de Tombouctou. La nouvelle suscita quelque bruit dans les revues spécialisées de l'époque, mais une lecture attentive des informations publiées par Mardochée prouve qu'il s'agissait non pas de Juifs mais d'une caste servile (« Dagha ») appartenant aux Touareg Kel-Awwlimminden nomadisant au nord et à l'est de Tombouctou.

De retour au Maroc, le rabbin Mardochée eut le temps d'accompagner le père Charles de Foucauld dans son périple à travers le royaume chérifien. Comme ce dernier avait décidé de se déguiser en rabbin pour mener à bien son expédition, Mardochée lui enseigna quelques rudiments de la religion juive, ce qui lui valut l'indignation de certains membres de sa famille qui ne lui pardonnèrent pas cet acte de profanation. Usé par la maladie, il quitta ensuite son pays natal pour Oran, puis Alger où il termina ses jours en 1886 comme maître d'hébreu dans une école religieuse. Alchimiste à ses heures perdues, comme son contemporain de Fès Makhlouf Emsellem, qui fut l'un des médecins de Moulay Hassan, le rabbin Mardochée serait mort empoisonné par les vapeurs toxiques dégagées au cours d'une de ses expériences[21].

Mais au-delà de ces cas particuliers, ce qui frappe le plus en regardant de près l'évolution des Juifs du Maroc fut l'amélioration constante du statut social d'un nombre grandissant d'entre eux. Ceux notamment qui vivaient dans les villes déstructurées et sans tradition du littoral où Européens et Marocains se côtoyaient sans vraiment se comprendre et dans lesquelles le Makhzen, lui-même très effiloché, avait beaucoup de mal à se faire respecter de tout le monde. Une chose est sûre : ces villes offraient le spectacle d'un nouveau type de relations entre Juifs et musulmans, comme John Drummond-Hay avait eu raison de le souligner dans le mémorandum qu'il adressa, en 1878, à l'Anglo-Jewish Association de Londres :

> Je me souviens du temps où les Juifs, même ceux qui faisaient fonction d'interprètes indigènes des légations étrangères, étaient obligés de se déchausser en passant devant une mosquée à Tanger. J'ai été le premier à mettre un terme à cette pratique, il y a une trentaine d'années [...]. Aujourd'hui, les Juifs circulent là où ils veulent, même devant les mosquées, et leur condition est meilleure que celle de la population musulmane. Aussi, je n'ai jamais ouï dire, au cours de ces vingt dernières années, qu'un Juif a été mis en prison et puni par une quelconque autorité locale à Tanger, si ce n'est à l'instigation de consuls étrangers. Les Juifs ne paient pas d'impôt spécial aux autorités ni ne sont soumis au travail forcé ; [en fait] la condition des Juifs du littoral s'est considérablement améliorée et, à ma connaissance, ils n'ont eu à se plaindre que de très peu d'actes arbitraires au cours des dernières années [...]. Assurément, la situation des Juifs n'a pas changé de la même façon dans les villes de Fès, Meknès et Marrakech[22].

Drummond-Hay attribuait ces changements à la pression des consuls étrangers sur le Makhzen. Mais il n'y avait pas que cela : urbanisation sauvage et migrations incontrôlées empêchaient la reproduction pure et simple sur la côte des relations judéo-musulmanes ayant existé traditionnellement dans les villes et villages de l'intérieur du pays. Celles-ci étaient restées d'ailleurs inchangées à

Fès et à Marrakech comme dans les provinces du Sud, visitées au début des années 1880 par Charles de Foucauld :

> Tout Juif du blad es-siba, constata-t-il, appartient corps et bien à son seigneur, son sid. Si sa famille est établie depuis longtemps dans le pays, il lui est échu par héritage, comme une partie de son avoir, suivant la règle du droit musulman ou les coutumes *imazighen* (berbères). Si lui-même est venu se fixer au lieu qu'il occupe, il a dû, aussitôt arrivé, se constituer le Juif de quelqu'un ; son hommage rendu, il est lié pour toujours, lui et sa postérité, à celui qu'il a choisi. Le sid protège son Juif contre les étrangers comme chacun défend son bien. Il use de lui comme il gère son patrimoine, suivant son propre caractère. Le musulman est-il sage, économe ? Il ménage son Juif... une redevance annuelle, calculée d'après les gains de la saison, est tout ce qu'il lui demande ; il se garde d'exiger trop, il ne veut pas appauvrir son homme ; il lui facilite, au contraire, le chemin de la fortune : plus le Juif sera riche, plus il rapportera... Mais que le seigneur soit emporté, prodigue, il mange son Juif comme on gaspille un héritage : il lui demande des sommes excessives ; le Juif dit ne pas les avoir ; le sid prend sa femme en otage, la garde chez lui jusqu'à ce qu'il ait payé... ou bien on pille et on détruit sa maison et on le chasse nu avec les siens. On voit des villages dont tout un quartier est désert. Le passant étonné apprend qu'il y avait là un mellah et qu'un jour, les sids, d'un commun accord, ont tout pris à leurs Juifs et les ont expulsés. Rien au monde ne protège un Israélite contre son seigneur ; il est à sa merci. Veut-il s'absenter, il lui faut son autorisation. Elle ne lui est pas refusée, parce que les voyages du Juif sont nécessaires à son commerce ; mais sous aucun prétexte il n'emmènera sa femme ni ses femmes ; sa famille doit rester auprès du sid, pour répondre de son retour[23].

Faits corroborés par un *dahir* du sultan publié en 1884 pour mettre un terme aux exactions subies par les Juifs de Demnat, un geste devenu nécessaire à la suite de nombreuses plaintes européennes et détaillant la longue liste des corvées infligées aux Juifs de cette petite ville du sud du Maroc et dont Moulay Hassan exigeait la suppression :

— de les obliger à travailler le jour consacré au repos par leur religion ;

— de les occuper à nettoyer les lieux infects ;

— de leur faire porter des objets lourds sur leur dos ;

— de les obliger à travailler sans rétribution ;

— de faire travailler les femmes sans le consentement des maris ;

— de céder leurs marchandises pour la moitié de leur valeur ;

— de leur vendre des produits tels que l'huile au moment où ils sont en baisse pour se les faire payer seulement au prix fort quand ils sont en hausse ;

— d'employer leurs bêtes de somme contre leur volonté et sans rétribution ;

— de les obliger à prendre de fausses pièces de monnaie contre la monnaie courante ;

— de recevoir des dirhams à raison de 13 ducats par douro ;

— de payer ensuite les douros à raison de 15 ducats ;

— de leur prendre gratuitement les peaux tannées ;

— de les obliger à donner des peaux tannées à raison de peaux fraîches ;

— de les obliger à céder la laine de leurs troupeaux contre leur volonté ;

— de tenir leurs lits et leurs meubles à la disposition des hôtes du gouvernement[24].

Pendant ce temps, l'amélioration des relations maritimes entre le Maroc et le monde extérieur avait encouragé des centaines de Juifs à chercher fortune à l'étranger, jusque dans des contrées aussi lointaines que l'Argentine, le Brésil ou le Pérou. Mais la plupart des émigrés n'eurent pas besoin de partir aussi loin : Londres, Gibraltar ou encore Oran et Alger, sous tutelle française depuis 1830, n'étaient qu'à quelques encablures seulement des rivages marocains.

Pour un grand nombre de *Barbary Jews* ou *Berberiscos* qui s'étaient réfugiés dans la ville du Rocher depuis 1860, Gibraltar n'était au mieux qu'un simple lieu de transit, les étapes ultimes du voyage étant Londres ou Manchester où siégeaient leurs maisons mères, leurs fournisseurs ou leur parentèle. Ils s'y aventuraient pour compléter leur instruction générale ou s'initier aux nouvelles techniques commerciales avant de s'allier à quelque famille séfarade d'Angleterre, souvent liée au commerce maghrébin ou le plus souvent de vieille souche marocaine elle-même, comme les Guedalla et les Sebag qui jouèrent un rôle important dans la préparation du voyage de Moses Montefiore au Maroc en 1864.

Tout comme leurs coreligionnaires qui choisirent l'Algérie, ils maintinrent des liens très solides avec leurs anciennes communautés d'origine. D'aucuns y revinrent, dotés d'une expérience professionnelle inestimable, mais détenteurs surtout d'un passeport anglais, français ou latino-américain. Ces « gens-à-passeport », ou *Ahl al-basbur* comme on les appelait couramment, eurent un statut juridique identique à celui des ressortissants européens et bénéficièrent par conséquent de tous les avantages arrachés par les puissances au royaume chérifien depuis le milieu du siècle.

À la veille de la conquête de Tétouan par les Espagnols, des centaines de Juifs s'enfuirent de la zone des combats pour se réfugier à Gibraltar et à Algésiras. Dépourvue de moyens pour venir en aide aux réfugiés, la petite communauté juive de la ville du Rocher demanda l'assistance de Sir Moses Montefiore, qui présidait à l'époque le Board of

Deputies of British Jews, l'institution centrale des Juifs de Grande-Bretagne[25].

Fort de ses succès dans l'Empire ottoman depuis la tristement célèbre affaire du meurtre rituel de Damas en 1840, Montefiore créa immédiatement un fonds de secours appelé Morocco Relief Fund à l'intention des réfugiés marocains de Gibraltar. Élargissant aussitôt sa sollicitude à l'ensemble des Juifs du Maroc, il chargea en août 1860 un de ses plus proches collaborateurs, Moses Picciotto, de se rendre dans royaume chérifien et d'y préparer un compte rendu détaillé sur la situation générale des Juifs du Maroc.

Comme Montefiore ne tarda pas à l'apprendre, ces derniers avaient à se plaindre autant sinon plus des représentants consulaires européens que des autorités et de la population musulmane elle-même. L'affaire de l'empoisonnement, en juillet 1863, d'un agent des douanes du consulat espagnol à Safi allait en administrer la preuve. Indûment dénoncés par le consul espagnol, ses deux auteurs présumés, dont un adolescent de quatorze ans seulement, furent exécutés, l'un à Safi, l'autre à Tanger ; douze autres inculpés juifs – dont deux femmes – furent jetés en prison et violemment maltraités. L'affaire suscita une vive émotion dans toutes les communautés du pays[26] au moment même où Montefiore s'apprêtait à venir au Maroc, passant par l'Espagne où il fut reçut effectivement par Isabelle II.

Arrivé début décembre 1863 à Tanger, à bord de la frégate royale britannique *La Magicienne*, Montefiore fut reçu en grande pompe au palais royal de Marrakech par le sultan, le 1er février 1864[27]. Devant un parterre de diplomates britanniques et de dignitaires marocains abasourdis, le dirigeant juif londonien demanda l'abolition pure et simple des marques distinctives humiliantes imposées aux Juifs ainsi que l'adoption par le Maroc des réformes instituées par le sultan ottoman Abdul Majid en faveur des minorités non musulmanes d'Orient.

Le 5 février 1864, le sultan fit remettre à Montefiore un rescrit royal[28], ou *dahir*, dans lequel il se contenta de rappeler les droits reconnus aux Juifs en terre d'islam et demanda à ses agents de traiter les Juifs comme « le prescrit Dieu en leur appliquant dans l'administration la balance de la justice et de l'égalité entre eux et ceux qui ne sont pas juifs, de sorte qu'aucun d'eux ne soit victime de la plus petite injustice et ne soit l'objet d'aucune mesure malveillante ni vexatoire[29] ». Le ton était très conciliant, mais on était bien loin des réformes adoptées en Tunisie et en Turquie concernant les Juifs.

Y voyant néanmoins le signe précurseur d'une véritable émancipation politique, la population juive des grandes villes réagit avec enthousiasme à l'annonce de la publication du *dahir* royal. Ce qui donna lieu à des remous d'une grande gravité dans des villes comme Essaouira et surtout Tétouan, où la population musulmane avait eu l'impression de faire face à une rébellion juive.

Risquant de dégénérer à tout moment en un affrontement généralisé entre Juifs et musulmans, la situation créée par la visite de Montefiore conduisit la légation britannique à demander à ce dernier d'adresser un appel à la modération à ses coreligionnaires marocains. Montefiore s'exécuta de bonne grâce en septembre 1864 dans un message rédigé en hébreu et en anglais à l'intention des dirigeants du judaïsme marocain, dans lequel il les conjurait de ne pas négliger leurs devoirs comme sujets du sultan.

Vite « corrigé » par diverses circulaires adressées aux caïds et pachas du pays avant d'être complètement oublié, le *dahir* du 5 février 1864 n'en suscita pas moins la colère de l'élite religieuse musulmane, qui y vit le fruit amer de l'intrusion de l'Europe – faite de surcroît par le truchement des Rothschild juifs – dans les affaires internes du pays. Lisons le commentaire à ce sujet du chroniqueur al-Nasiri :

> Quand le sultan eut remis cet ordre aux Juifs, ils en prirent des copies, qu'ils envoyèrent à toutes les communautés juives du Maghreb. Alors on les vit se livrer à l'oppression et à l'arbitraire, car ils voulaient s'administrer entre eux, d'une façon spéciale, surtout ceux des ports qui prirent à ce sujet des engagements formels. Mais Dieu ne tarda pas à détruire leurs artifices et à faire avorter leurs efforts, car dès que le sultan (Dieu lui fasse miséricorde !) comprit que c'était son dahir qui avait provoqué cet égarement des Juifs, il écrivit une autre lettre expliquant sa pensée et déclarant que les recommandations qu'il avait faites ne visaient que les Juifs respectables occupés à gagner leur vie, mais que les mauvais sujets connus pour leur injustice, leur rapacité, et leurs occupations louches, recevraient le châtiment qu'ils auraient mérité. Au surplus, cette liberté qu'ont établie les Européens dans ces dernières années est l'œuvre absolue de l'irréligion, car elle comporte la destruction complète des droits de Dieu, des droits des parents et des droits de l'humanité[30].

En tout état de cause, aggravées par les dérèglements occasionnés par l'infiltration européenne, les exactions subies par les Juifs ne passaient plus inaperçues désormais : répercutées à l'extérieur par la presse et les organisations juives européennes, elles étaient aussitôt utilisées par les puissances pour faire pression sur le Makhzen afin qu'il améliorât la condition de ses sujets juifs.

En même temps que son arrimage politique à l'Occident, le judaïsme marocain bénéficia également de la sollicitude de plusieurs organisations juives européennes et plus particulièrement de celle de l'Alliance israélite universelle[31]. Fondée en 1860 à Paris par un groupe de jeunes Juifs français pétris du culte des idéaux de 1789, l'Alliance ne se borna pas à enregistrer les atteintes à la

« dignité humaines » de ses coreligionnaires défavorisés dans le monde. Parallèlement à ses interventions en vue de l'amélioration de leur statut juridique, elle lança sa fameuse « œuvre des écoles » destinée à former « une génération d'hommes aptes à toutes les fonctions de la société, des citoyens utiles, faisant honneur à la religion qu'ils professent ».

Devenant rapidement la plus grande organisation juive du monde, elle put développer, grâce aux dons de ses bienfaiteurs et aux cotisations de ses adhérents, un vaste réseau scolaire qui entre 1862, date de l'ouverture de sa première école à Tétouan au Maroc, jusqu'à la veille de la Première Guerre mondiale fut solidement établi en Irak (1864), en Syrie (1864), en Turquie et en Grèce (1867) ainsi qu'en Palestine (1870) et en Tunisie (1878), en Libye (1890), en Algérie (1894), en Égypte (1896) et jusqu'en Perse (1898).

Effectifs scolaires
de l'Alliance israélite universelle au Maroc

	1872	*1878*	*1897*	*1905*	*1912*
Tétouan	500	364	561	494	721
Tanger	480	402	624	597	621
Safi	15				208
Larache		45		264	285
Essaouira		100	130	467	757
Casablanca			281	297	530
Fès			164	257	303
Marrakech				467	405
Meknès					224
Rabat				117	218
El-Jadida					254
Azemmour					132

Pragmatique, l'Alliance voulut faire de ses élèves des travailleurs « productifs » dotés d'une bonne éducation générale ainsi et surtout d'une maîtrise convenable de la langue française, indispensable à l'heure de l'ouverture du Maroc à l'Europe. Ce faisant, et pour modestes qu'aient pu être – avant la Première Guerre mondiale – les résultats obtenus, les écoles de l'Alliance donnèrent aux Juifs marocains une bonne longueur d'avance sur leurs voisins musulmans qui ne bénéficiaient encore d'aucune institution éducative moderne de ce genre. Ce déséquilibre s'accompagna d'un très fort sentiment d'aliénation mutuelle entre Juifs et musulmans, allongeant la liste des sujets de friction entre les deux sociétés.

Riche en tensions de toutes sortes entre Juifs et musulmans, cette période fut également marquée par des clivages de plus en plus profonds à l'intérieur de la société juive, entre une petite élite de nantis, dotée d'un riche patrimoine foncier et jouissant le plus souvent de la protection consulaire, et la masse des habitants des mellahs, subissant les affres de la pénétration économique européenne. C'est ainsi, à l'instigation du consul de France à Essaouira, Auguste Beaumier, et non à celle des commerçants aisés juifs du quartier de la casbah que le *Mellah* de la ville fut réaménagé en 1864, et ses conditions sanitaires améliorées grâce à l'ouverture par le docteur Thévenin d'un dispensaire : « J'ai encouragé cette œuvre charitable – écrit le consul français à son ministère –, pour contribuer certainement à développer dans le pays l'influence française... Sur ma demande a été bâtie une fontaine destinée à fournir à la population une eau abondante dans le quartier du Mellah. La population juive de Mogador, qui compte pas moins de cinq à six mille âmes, se montre reconnaissante de cette protection à la France[32]. »

Cette protection, les Juifs du *Mellah* en eurent bien besoin, quelque temps plus tard, lorsque profitant de l'amélioration des conditions de vie dans le quartier les propriétaires juifs, avec la bénédiction des autorités, voulurent augmenter les loyers des maisons qu'ils y possédaient. Ce vœu suscita la colère des habitants, qui défilèrent en masse devant le consulat de France. Beaumier convoqua aussitôt Abraham Corcos, « un des plus riches propriétaires de la ville », placé par lui, quelques mois auparavant, à la tête du comité de bienfaisance destiné précisément à venir en aide aux indigènes juifs : « Je lui ai fait sentir, raconte le consul, combien il était inhumain et honteux de spéculer, comme ils l'avaient fait, lui et ses confrères, sur la misère des pauvres. M. Corcos a facilement reconnu ses torts et après m'avoir témoigné son repentir, il s'est empressé ainsi que les autres propriétaires d'abaisser les loyers à leurs prix primitifs. » Quelques années plus tard, les instituteurs de l'Alliance notaient la même conduite, hautaine et égoïste, des notables communautaires, envers leurs coreligionnaires de condition modeste. Ne voulant pas les voir accéder à l'éducation européenne que l'AIU offrait en priorité aux pauvres du *Mellah*, les édiles communautaires se firent longtemps prier avant de lui permettre l'ouverture de son premier établissement à Essaouira, en 1875.

Fortement attirés par la protection consulaire et par l'éducation française que leur assuraient les écoles de l'Alliance, les Juifs du Maroc ne considérèrent pas avec la même gravité ni la même détresse que leurs voisins musulmans la perte graduelle par le Maroc de son indépendance. Pris en charge par des organismes juifs européens et des personnalités juives de haut rang, qui, à l'instar de Moses Montefiore et d'Adolphe Crémieux, intervenaient en leur faveur auprès des puissances, au moindre gémissement, une bonne partie d'entre eux rêvaient d'échapper à leur condition de *dhimmi* : « Les Juifs, écrivit avec beaucoup de justesse à ce sujet l'historien marocain 'Abd al-Wahab b. al-Mansur, ont abandonné la *dhimma* de l'Islam au profit de la *dhimma* des chrétiens[33]. »

De fait, tous les changements politiques, économiques et culturels examinés n'affectèrent qu'une partie seulement des communautés juives du Maroc. De larges segments de la population juive continuèrent comme par le passé à vivre dans la plus grande précarité. Jamais, en effet, la condition juive au Maghreb occidental n'avait été aussi diverse que depuis le milieu du XIXe : partout dans le pays coexistèrent simultanément divers modes de relations judéo-musulmanes, des plus harmonieuses – comme celles ayant prévalu dans la nouvelle bourgeoisie d'affaires – aux plus hargneuses, comme celles rencontrées dans le Sud marocain par Charles de Foucauld. Imperturbables et feignant d'ignorer les bouleversements accompagnant la présence européenne, les oulémas traditionalistes du Maroc continuaient d'ailleurs d'invoquer le pacte d'Umar pour refuser aux Juifs de Fès, en 1836 puis en 1898, le droit de construire un hammam dans leur *Mellah* ou encore la possibilité de se présenter au palais royal chaussés de babouches, et non pieds nus comme le voulait l'usage religieux : « Étant donné [...] [qu'il faut] contraindre les *dhimmi* au respect et à l'humilité tant dans leurs paroles que dans leurs actes, afin qu'ils soient sous le talon de tout musulman ; étant donné qu'il faut leur interdire toute licence de ressembler à des musulmans ou à des chrétiens, parce qu'il y aurait là un motif susceptible de faire cesser leur infériorité et leur état d'avilissement[34]... »

Sans doute ce discours rigoriste ne reflétait-il pas la réalité qui prévalait à l'époque dans les grandes villes du Maroc. Mais il exprimait parfaitement l'opinion d'une partie de l'élite du pays qui continuait de faire sienne les propos tenus par le sultan Moulay 'Abd al-Rahman au consul de France à Tanger, venu lui demander en 1842 d'améliorer la condition des Juifs de son pays :

> Les Juifs de notre pays fortuné ont reçu des garanties (*mu'ahidun*) dont ils bénéficient moyennant l'exécution

des conditions imposées par notre loi religieuse aux gens qui jouissent de la protection (*dhimma*)... Si les Juifs respectent ces conditions, notre loi défend de verser leur sang et ordonne de respecter leurs biens, mais s'ils violent une seule condition, notre loi bénie permet de verser leur sang et de prendre leurs biens. Notre religion glorieuse ne leur attribue que les marques de l'avilissement et de l'abaissement ; aussi le seul fait pour un Juif d'élever la voix contre un musulman constitue une violation des conditions de la protection. Si chez vous [en France], ils sont vos égaux en tout, s'ils sont assimilés à vous, c'est très bien dans votre pays, mais pas dans le nôtre[35].

Réformes et modernisation

Acculé à changer pour faire face au défi européen, le Maroc se résolut à réformer son armée, son administration et son économie dès la fin de sa guerre avec l'Espagne. Les circonstances internationales s'y prêtaient : absorbée depuis la révolution de 1868 par ses propres problèmes à l'intérieur comme à l'extérieur, l'Espagne relâcha sa pression militaire sur le royaume chérifien, qui profita de ce répit pour tenter de se doter librement de nouvelles structures militaires et civiles indispensables à sa survie. De plus, épaulés par l'inamovible John Drummond-Hay, les sultans allaient pouvoir bénéficier également de l'effacement de la France, qui, au lendemain de la défaite de Sedan en 1870, donna l'impression de se désintéresser – du moins provisoirement – du royaume chérifien. Celui-ci fit preuve pour sa part d'une grande retenue lors de la révolte kabyle qui agita gravement l'Algérie au cours de l'année suivante. Rien n'était plus loin de la pensée de ses dirigeants que de rééditer, au bénéfice du chef kabyle Mokrani, ce qui avait si mal tourné avec l'émir 'Abd el-Kader.

Suivi par une partie seulement de son entourage, c'est Sidi Mohammed b. 'Abd al-Rahman – que l'on disait curieux des choses du monde et qui comprenait l'anglais et le français – qui fut le pionnier des premières tentatives de transformation de la société marocaine. Après avoir assisté personnellement à la débâcle de l'Isly et vécu les graves conséquences de la défaite de Tétouan, il prit un soin particulier à transformer son armée. Constatant la faiblesse des *'Abid* et du *guish*, il s'employa à former une infanterie moderne (*'Askar*), libre de toute attache tribale et ethnique, dotée d'un meilleur équipement et entraînée par des instructeurs européens. Contrairement à ses prédécesseurs, il ne compta pas seulement sur l'apport des renégats, toujours aussi nombreux à offrir leurs services militaires aux régimes musulmans, mais fit également appel à des militaires de métier, des Anglais de préférence, pour encadrer ses soldats qui portaient l'uniforme européen et touchaient un pécule régulier prélevé sur les taxes de marché[36]. Sidi Mohammed envisagea aussi de moderniser son administration en accordant des salaires fixes aux *umana* (sing. *amin*) et autres hauts fonctionnaires chargés du prélèvement des impôts et des droits douaniers, afin d'en éliminer la corruption, principale, cause du manque d'efficacité et du discrédit du Makhzen. Non moins dignes d'attention furent les travaux d'intérêt général et les réformes économiques qu'il entreprit ou projeta de réaliser : construction et inauguration en 1865 du phare du cap Spartel, à l'entrée de Tanger, où l'on dénombrait plusieurs naufrages chaque année ; développement des premières plantations de coton et de canne à sucre dans le Haouz et création d'une manufacture de coton et d'une usine de sucre (*fabricat al-Sukkar*) à Marrakech, qui produisit ses premiers pains de sucre en 1862[37] ; installation en 1862 d'un moulin à vapeur à Tanger et ouverture en 1865 à Meknès puis à Fès de la première imprimerie du pays[38], entièrement financée par l'État ; enfin, il améliora les installations portuaires de Safi, El-Jadida et Essaouira et, sur les conseils de Drummond-Hay, envisagea d'améliorer l'état des routes reliant les grandes villes et de jeter de nouveau ponts sur l'Oum al-Rbi'.

Mais les difficultés financières du Makhzen (mauvaise récolte de 1863, crise du commerce de 1868-1869, dévaluation de la monnaie) jointes à l'opposition d'une partie du gouvernement et à la rivalité des consuls qui supportaient mal les avantages accordés aux Anglais, ruinèrent les projets réformistes de Sidi Mohammed. Il fut contraint d'en léguer l'exécution à son fils Moulay Hassan qui allait devoir agir sous l'étroite surveillance des puissances, alors que son père avait bénéficié d'une liberté d'action quasi totale dans ses choix.

Khalifa de son père à Marrakech, Moulay Hassan était acquis de longue date au mouvement des réformes tout en partageant avec son père les mêmes appréhensions vis-à-vis des puissances. Celles-ci, qui n'étaient pas à une démonstration de force près, firent mouiller leurs navires de guerre à Tanger pour garantir la sécurité des Européens, aussitôt connue la nouvelle de la mort de Sidi Mohammed. Mais, en dehors de quelques troubles à Azemmour, à Fès et dans le sud du pays, Moulay Hassan, qui était âgé de trente-sept ans et connu pour son énergie, sa piété et son ouverture d'esprit, prit possession sans difficulté de ses nouvelles fonctions, le 21 septembre 1873, dans la capitale du Sud.

Ami de John Drummond-Hay que l'âge et la lassitude rendaient de plus en plus pessimiste sur les perspectives qu'avait le Maroc de se transformer tout en conservant son indépendance, Moulay Hassan s'attela notamment à renforcer la position de son gouvernement tant à l'extérieur qu'à l'intérieur. Il parvint ainsi à préserver l'intégrité de son royaume en combattant inlassablement les forces centrifuges qui menaçaient son unité et à assurer son indépendance en faisant jouer en sa faveur la rivalité entre les puissances.

Il sut par ailleurs rehausser le prestige de la monarchie en entourant d'un cérémonial grandiose chacun de ses déplacements hors du palais à l'occasion de la prière du vendredi et, de façon plus éclatante encore, lors des trois grandes fêtes religieuses de l'Aid al-Saghir, l'Aid al-Kabir et le Mouloud. Ces jours-là, entouré des principaux dignitaires du Makhzen et de l'armée, le sultan se rendait hors de la ville pour y célébrer la prière devant des milliers de ses sujets accourus de tous les coins du royaume pour lui rendre hommage. Monté sur un cheval blanc et tout habillé de blanc, le sultan avançait au son de la musique militaire, avec à sa droite le *mawl al-madhall* portant un parasol de satin rouge surmonté d'une boule dorée ; il était précédé d'une douzaine de soldats noirs à pied, agitant de temps à autre des chasse-mouches en mousseline. À droite et à gauche de l'escorte se trouvaient les deux porteurs de lances et, tout en avant, six chevaux tenus à la longe ainsi que le caïd al-Mechouar qui, à cheval et bâton à la main, faisait office de maître de cérémonie. Derrière le souverain, une ligne de cavaliers portaient les étendards du royaume, suivis du ministre de la Guerre et de son escorte, tous habillés en blanc ainsi que des autres membres du gouvernement et de leurs invités. Une fois arrivé sur l'esplanade où avait lieu, lors de l'Aid al-Kabir, le sacrifice du mouton des propres mains du sultan, chaque délégation était annoncée par le caïd al-Méchouar. Moulay Hassan s'arrêtait un instant devant les délégués qui clamaient d'une seule voix : « Que Dieu bénisse la vie de notre maître. » Le caïd leur répondait, au nom du souverain qui ne disait mot : « Que Dieu vous bénisse et vous dirige sur la bonne voie, vous dit notre maître. » Les jours suivants, les délégations des villes et des tribus se rendaient séparément au palais pour remettre leur *hedaya*, ou cadeaux en espèces ou en nature au sultan.

Comme ses prédécesseurs, Moulay Hassan accorda une attention particulière à son armée dont dépendaient aussi bien la défense du pays que la levée des impôts et la sécurité des voies de communication. Afin d'éviter que ses choix ne fussent paralysés par la rivalité entre les missions militaires européennes présentes au Maroc, il décida de toutes les associer à ses projets.

Ainsi en fut-il des nouvelles unités des *'Askar* : portant des uniformes bleu et rouge, leurs soldats étaient armés de fusils et de munitions fabriqués en Belgique et en Allemagne ; les batteries côtières étaient allemandes ou anglaises ; les pièces de campagne et de montagne, françaises et espagnoles ; les navires de guerre, italiens ou allemands ; les instructeurs de l'artillerie, français, comme l'était le médecin-chef ; les topographes, espagnols et le commandant de l'unité d'élite des Harraba, attachée à la personne du roi, anglais : il s'agissait du très célèbre caïd Harry Aubrey MacLean, appelé à devenir le chef d'état-major « officieux » de l'armée marocaine. Ce qui ne devait pas l'empêcher de consacrer beaucoup de temps à ses juteuses transactions commerciales, au point de négliger l'instruction de ses bataillons d'infanterie dont les officiers étaient censés suivre des stages de formation à Gibraltar.

C'est d'Italie que le sultan fit venir les ingénieurs et les artificiers qui bâtirent la Makina, manufacture d'armes et de munitions érigée à l'intérieur même du palais royal de Fès. Une cartoucherie, dirigée par un Belge, fonctionnait depuis l'époque de Sidi Mohammed à Marrakech. C'est que, dans un désir d'être en règle avec les nombreuses « missions » européennes qui se pressaient à son Méchouar, le sultan fit appel à tous les pays pour bâtir son armée. Il eut recours ainsi à la plupart des grandes académies militaires et aux plus importantes usines d'armement d'Occident pour y former ses ingénieurs ainsi que les cadres de sa nouvelle armée : école du génie de

Montpellier, Le Creusot, les Forges et Chantiers de la Méditerranée, l'école d'ingénieurs militaires de Chatham, en Grande-Bretagne, l'École militaire de Berlin, les usines Krupp d'Essen en Allemagne, l'Académie d'ingénieurs de Guadalajara en Espagne, l'Académie de Turin en Italie ainsi que les usines Winchester aux États-Unis[39].

Ce furent dans l'ensemble des réformes fort coûteuses, mais qui s'avérèrent d'une grande efficacité, puisqu'elles allaient permettre au sultan d'assurer vaillamment l'intégrité territoriale de son royaume. Mélangeant tradition et modernité, l'armée marocaine allait englober ainsi des unités nouvelles, formées à l'européenne, aux côtés des troupes du *guish* makhzénien auxquelles s'ajoutaient de temps à autre des contingents de volontaires. Certes, ses succès ne furent pas négligeables, mais la nouvelle armée marocaine souffrait de nombreux handicaps : manque de cohésion interne, absence de discipline, défaillances logistiques, désertions, surtout parmi les *'Askar*, qui, insuffisamment payés et mal nourris, retournaient dans leurs villes après avoir vendu aux tribus leurs fusils automatiques et leur équipement. Ce qui devait finir, après la mort de Moulay Hassan, par porter gravement atteinte à son efficacité et sa supériorité sur le terrain.

Complétant la réforme de l'administration locale engagée par Sidi Mohammed, Moulay Hassan étoffa son Makhzen en multipliant par vingt le nombre des caïds existants. Il déploya en outre beaucoup d'efforts en direction des grands chefs « féodaux » du Haut Atlas dont l'influence s'étendait jusqu'à la vallée du Sous : al-Hajj 'Umar Mtouggi et son neveu 'Abd al-Malik sur le versant atlantique, Mohammed b. al-Hajj Ahmed et son fils Tayyib Goundafi dans la vallée du Nfiss, au centre, et Madani b. Mohammed et son fils Thami Glaoui à l'est – qu'il parvint à attacher au trône en les couvrant d'honneurs et de cadeaux. Promus aux fonctions de caïds, ils se placèrent ainsi sous l'égide du Makhzen, tout en conservant leur indépendance militaire. Ce qui eut momentanément pour avantage de les tenir éloignés des foyers de dissidence allumés par les Européens. Ce ne serait plus le cas après la mort de Moulay Hassan et l'entrée en fonctions de son fils Moulay 'Abd al-'Aziz, lorsque sous les coups de boutoir de l'Europe le pays plongerait dans l'anarchie. Par leurs actions partisanes, ils jouèrent un rôle central dans le processus qui conduisit à sa désintégration et son asservissement.

En attendant, le chroniqueur al-Nasiri relate ainsi les circonstances de l'ascension du cheikh Mohammed al-Goundafi qui était, selon lui,« plus circonspect qu'un corbeau et plus avide qu'un vautour » : chef d'une des tribu formant le *guish* des Ahl Sous, il s'installa avec ses hommes sur les hauteurs de Tinmal, l'ancien bastion almohade du Haut Atlas. Devenu maître des lieux, il continua néanmoins à reconnaître l'autorité du sultan tout en refusant de se soumettre aux ordres du caïd de la province Ahmad b. Malik : « [Il] fit savoir publiquement qu'il était soumis au sultan, que respectant le serment d'obéissance qu'il lui avait prêté il y resterait fidèle jusqu'à la mort et jusqu'à la résurrection, mais qu'il ne reconnaîtra pas l'autorité d'Ahmad b. Malik, quand bien même on le jetterait dans les flammes[40]. »

Dans un premier temps, le sultan essaya de le soumettre par les armes. Mais ne parvenant pas à ses fins, Moulay Hassan changea de tactique. Il le nomma caïd des siens si bien qu'il devint l'unique « chef de la montagne », mais un chef acceptant seulement l'autorité théorique du sultan[41].

Le sultan tenta également d'améliorer le travail de son gouvernement en définissant plus clairement les attributions de chaque ministère. Dans ce but, il accrut notamment les prérogatives du grand vizir, poste confié à un membre éminent de la puissante famille makhzen des Jama'i, et créa les fonctions de ministre des Finances, ou *Amin al-Umana*, en plus des postes déjà existants de ministre de la Guerre, de ministre des Doléances, chargé des réclamations contre les hauts fonctionnaires du Makhzen, du *Qa'id al-Mechouar* ou chef du protocole, et du *Hajib* ou chambellan, préposé aux affaires du palais, fonction occupée sous Moulay Hassan par le puissant Ba Ahmad, appelé à devenir le véritable maître du royaume après l'accession au trône de Moulay 'Abd al-'Aziz. Quant aux relations étrangères, elles étaient du ressort du *Wazir al-Bahr* ou ministre de la Mer, mais c'est le *Na'ib al-sultan* ou représentant du Roi installé à Tanger, Sidi Mohammed Bargash, qui était chargé de recevoir et de négocier avec les diplomates accrédités dans le royaume chérifien.

Des dizaines de secrétaires civils, formés dans les grandes *medersas* du pays, remplissaient les bureaux (*baniqa*) du *Dar al-Makhzen*, dans l'aile du palais réservée à l'administration centrale, à quelques pas de la Qubbat al-Nasr où siégeait le sultan. Ils appartenaient à la haute bourgeoisie de Fès, Meknès, Rabat et Tétouan, et supplantaient peu à peu le personnel traditionnel issu des grandes tribus makhzen. Ceux-ci gardèrent cependant une influence prépondérante dans les hautes fonctions gouvernementales, à la tête de l'armée et dans les corporations affectées au service particulier du souverain. Portant burnous, *farajiya* de linge blanc et coiffés d'une chéchia pointue, les *Mokhazni* constituaient les « gens de la *kummiya* », ainsi nommés parce qu'ils portaient en sautoir un poignard recourbé attaché à une ganse de soie ; en face d'eux, il y avait les fonctionnaires civils, les gens dits de la *shkara*, qui portaient une « sacoche » en bandoulière, où ils conservaient leurs papiers d'État[42].

Administration itinérante à l'image du souverain lui-même – dont le cheval, suivant l'adage populaire, était le trône et le ciel le baldaquin –, le *Dar al-Makhzen* suivait le sultan dans tous ses déplacements et ses expéditions pendant plusieurs mois par an[43]. Démonstration de force autant que moyen de gouvernement, cette pratique qui datait au moins de Moulay Isma'il visait un double but : garantir la levée des impôts par le Makhzen et réduire les foyers de dissidence (*fitna*) à l'intérieur du pays. Mais au-delà de ses objectifs pragmatiques, la *mahalla* était l'occasion pour le sultan de se « produire » devant de son peuple, dans toute sa puissance et sa splendeur. C'est en effet le palais tout entier et le pouvoir central dans son intégralité qui quittaient la capitale pour se fixer momentanément dans les coins les plus reculés et les plus « incertains » du royaume. D'ailleurs, tant par sa configuration spatiale que par sa composition, la *mahalla*, qui regroupait jusqu'à 20 000 personnes – civils et militaires – était une réplique exacte du *Dar al-Makhzen*.

Voici la description qu'en laissa le docteur Weisgerber qui fut appelé en 1897 à se joindre à la *mahalla* par Ba Ahmad, tombé malade :

> La *mehalla* se compose de deux parties distinctes : le camp du makhzen et celui de l'asker. Le premier, le plus grand des deux, est placé à l'ouest. À son centre, la grande koubba du sultan. Tout autour se groupaient les tentes plus petites du harem [...]. Le tout était entouré de l'*afrag*, vaste enceinte circulaire de toile, haute de deux à trois mètres.
>
> À l'est de l'*afrag* s'étendait le *méchouar*, bordé de tentes faisant l'office de benikas ou bureaux où les vizirs et leurs secrétaires expédiaient les affaires courantes. Au fond, adossé à l'*afrag*, le *siouan* ou bureau du sultan. Le *méchouar* était limité par le parc d'artillerie, une trentaine de canons de campagne de toute provenance, alignés face au levant, vers lesquels montait une large avenue aux abords de laquelle campaient les artilleurs.
>
> C'est au *méchouar*, près des canons, que venaient les tribus qui faisaient leur soumission et que l'on amenait les prisonniers et les têtes des rebelles coupées. Celles-ci,

salées par des Juifs spécialement chargés de cette besogne, étaient ensuite expédiées aux quatre coins de l'empire pour y être exposées au-dessus des portes des villes.

De l'autre côté de l'*afrag*, à l'ouest, se trouvaient le *roua*, vaste espace où les chevaux et mules du sultan étaient entravés en plein air et derrière celui-ci, un terrain également découvert destiné aux prisonniers de guerre.

Ce qui restait de l'intérieur du camp était réservé aux tentes des fonctionnaires du makhzen et du nombreux personnel de la maison du sultan : valets de tente, valets de garde-robe, bouchers, cuisiniers, préparateurs du thé, porteurs du parasol, du fusil, du sabre, de la lance, des étendards, musiciens, etc.[44].

Véritable ville ambulante, la *mahalla* avait aussi son souk itinérant avec tous les éléments habituels d'un marché marocain, commerçants, écrivains publics, rebouteurs, conteurs d'histoires, jongleurs, charmeurs de serpents, etc.

Néanmoins, malgré tous les efforts déployés par Moulay Hassan, vizirs, fonctionnaires et militaires continuaient de vivre, comme par le passé, « sur l'habitant », *mounas*, cadeaux et pots-de-vin, formant comme toujours l'essentiel de leurs ressources. À leur mort, quand ils s'enrichissaient trop vite, leurs biens étaient séquestrés par le sultan à qui il revenait de désigner la part de l'héritage laissée à leurs successeurs.

Soucieux du bien-être économique de son peuple, Moulay Hassan abolit en 1885 l'impôt très controversé des « droits de porte » qui lui avait valu la révolte des tanneurs et des petits commerçants de Fès lors de son intronisation. Il songea aussi à construire un chemin de fer entre Meknès et Fès et à ouvrir un service de navigation fluviale sur le Sebou. Il y renonça, ne pouvant triompher de la rivalité entre les puissances, dont la compétition effrénée mit en échec son autre grand projet économique, l'exploitation des mines de cuivre du Sous et des gisements de fer de la région d'Essaouira. Il se borna dès lors à agrandir les ports de Casablanca, Tanger et Essaouira et à tenter de remédier à la dépréciation continue de la monnaie marocaine. Une mission qui s'avéra impossible, le dirham marocain cédant de plus en plus le terrain au réal espagnol et au franc français, suivant des taux de change toujours défavorables au Trésor chérifien.

Un domaine cependant resta complètement absent des préoccupations du sultan : l'éducation et la formation d'une nouvelle élite occidentalisée. Certes il envoya en Europe quelques dizaines de *tolba* pour perfectionner leur instruction militaire et technique. Mais, tant par le nombre que par la nature de leur formation intellectuelle, ceux-ci n'allaient jamais pouvoir rivaliser avec leurs collègues d'Égypte et de Tunisie qui jouaient, en ce temps-là déjà, un rôle éminent dans l'évolution politique et culturelle de leurs pays.

On n'en était pas encore là au Maroc. Outre que la pression européenne ne fut jamais aussi vive qu'à cette époque, le royaume traversa, à partir de 1878, l'une des plus graves crises économiques et sociales de son histoire, qui décima sa population et brisa l'élan des réformes initiées par les deux derniers monarques 'alawites. Évoluant désormais dans un contexte national et international des plus inquiétant, le Maroc entrait de plain-pied dans l'engrenage qui allait lui faire perdre son indépendance et son unité.

14

L'engrenage (1878-1894)

Sécheresse, invasion de sauterelles, famine, le Maroc connut une des plus graves crises de son histoire à partir de 1877. Anéantissant les habitants et le bétail de régions entières dans le Sud du pays, cette crise fut suivie d'une terrible épidémie de choléra, de variole et de typhus, qui se déclara durant l'été 1878 à Fès et à Meknès, avant de s'étendre au cours des mois suivants à Oujda, Marrakech, Casablanca, Azemmour, El-Jadida, Tétouan, Larache ainsi qu'à Tanger où, grâce à la vigilance du conseil sanitaire local, l'épidémie fut vite enrayée[1]. Toutes les provinces furent durement éprouvées, les habitants mourant chaque jour par milliers à travers le pays. Les conséquences démographiques furent aussi graves que celles de l'épidémie qui décima la population marocaine au tout début du siècle, sous Moulay Sliman. Une véritable hécatombe : les morts étaient si nombreux, raconte al-Nasiri, qu'on n'avait même plus le temps de les enterrer et la misère était si grande qu'on volait leurs linceuls aux personnes que l'on venait d'ensevelir[2].

Un bouleversement démographique aux dimensions apocalyptiques qui augmenta l'insécurité sur les routes et provoqua le dépeuplement des régions rurales, poussant des milliers de paysans, affamés et en guenilles, à émigrer dans les villes du Nord et de l'Ouest. Elles furent elles-mêmes violemment affectées par le fléau, mais ses conséquences furent vite résorbées par l'afflux toujours abondant des émigrés de l'intérieur.

Comme toutes les autres branches de l'économie, le commerce maritime pâtit gravement de la nouvelle conjoncture, diminuant de moitié entre 1879 et 1884 par rapport aux années 1874-1877[3]. Plus d'exportations de grains, de peaux, de laines ni d'huile d'olive. Comme au début du siècle en pareilles circonstances, c'est le Maroc qui eut recours à l'Europe, pour assurer la survie de ses habitants. Dans le même temps, des comités d'aide se constituèrent à Gibraltar et à Londres pour soutenir le royaume chérifien tandis que, dans les villes du littoral, consuls et médecins européens distribuaient vivres et médicaments aux nécessiteux. De nombreuses firmes étrangères, parmi lesquelles la compagnie Paquet, prirent part à cette campagne de mobilisation. À Paris, l'Alliance israélite universelle se soucia plus particulièrement du sort des communautés juives et entra en contact, pour la première fois, avec les Juifs des villes de l'intérieur, Marrakech, Fès, Meknès et El-Ksar, auxquels elle expédia vivres et subsides.

Mais il n'y avait pas que des manifestations d'altruisme dans cette sollicitude européenne : de Tanger à Essaouira, et de Fès à Marrakech, nombreux furent les Européens et les Juifs, protégés ou non, agissant pour leur compte personnel ou pour celui de firmes étrangères, qui profitaient de cette triste conjoncture pour acheter à vil prix maisons, magasins, propriétés foncières et pâturages appartenant à des négociants musulmans en faillite ou à des agriculteurs et des paysans écrasés d'impôts et de dettes. Un grand nombre d'entreprises commerciales et d'exploitations agricoles passèrent ainsi entre les mains des Européens.

L'épidémie cessa ses ravages dès 1880 et la situation agricole du pays s'améliora à partir de 1884, mais les effets de la crise, marquée par l'affaissement des exportations et l'accroissement des importations, se prolongèrent longtemps après, jusqu'au début du XXe siècle, vidant le royaume de son numéraire. De fait, plus ouverte que jamais, l'économie marocaine était devenue très sensible aux fluctuations du marché mondial en matière d'exportations et d'importations. Ainsi, depuis l'ouverture du canal de Suez et l'expansion qui s'ensuivit du trafic maritime avec l'Inde et l'Australie, les exportations de laine et de peaux en provenance de ces deux colonies anglaises portèrent un coup mortel aux exportations marocaines des mêmes articles[4]. Il en était de même pour les grains du Maroc, concurrencés désormais directement par le blé et le maïs des États-Unis, dont l'exportation en Europe devenait compétitive grâce au développement de la navigation à vapeur. Seule une baisse drastique des droits de douanes et la libre exportation des céréales pourraient changer la donne, expliquaient les consuls à Moulay Hassan auquel ils réclamaient, en outre, la conclusion de nouvelles conventions commerciales entre leurs pays respectifs et le Maroc. Des revendications que le Makhzen repoussa énergiquement, profitant du fait que les représentants européens ne parlaient pas tous d'une même voix, les uns suspectant les autres de double jeu.

De plus en plus visé par les entreprises coloniales françaises et espagnoles, le Makhzen perdit en juillet 1886 l'un de ses meilleurs défenseurs, John Drummond-Hay, qui pendant plus de quarante ans avait défendu bec et ongles l'intégrité territoriale du royaume chérifien face aux convoitises françaises et espagnoles. Son successeur, Sir Kirby Green, avait certes une bonne connaissance du Maroc où il avait passé plusieurs années comme vice-consul à Tétouan. Mais ne faisant pas montre du même attachement affectif envers le royaume chérifien que son prédécesseur, Green n'était pas loin de penser comme la plupart de ses collègues, qui estimaient qu'il était temps de donner un nouveau coup d'accélérateur à la pénétration européenne au Maroc.

C'est que le contexte international avait beaucoup changé depuis le début des années 1880 : entrée en scène de l'Allemagne, fin de la politique de « recueillement » de la France et montée en puissance du « parti colonial » inspiré par Gambetta et Ferry, réveil des ambitions espagnoles et, enfin, début de l'effacement britannique en Méditerranée occidentale.

La conférence de Madrid (19 mai-3 juillet 1880) et le retour de la France sur la scène marocaine

Deux ans avant Madrid, le sort de l'Afrique fut au centre d'une première conférence internationale à Berlin : réunis en congrès à l'initiative du chancelier Bismarck, les représentants des puissances y convinrent d'éviter de se faire la guerre sur le sol européen, en cas de conflit d'intérêts en Afrique ; dans ce but, elles reconnurent à tout pays européen le droit de disposer de « zones d'influence » dans lesquelles il pourrait exercer librement sa souveraineté pour peu que d'autres États européens ne lui en contestent pas l'« appartenance » entière ou partielle. En pareil cas, force aux puissances concernées de trouver, par tous les moyens, des solutions de compromis à leurs litiges sur le continent africain.

Ni le Maghreb ni le Proche-Orient n'étaient à l'ordre du jour du congrès de Berlin. Et pour cause : l'Empire ottoman, puissance tutélaire de l'Égypte où s'exerçait une concurrence effrénée entre Paris et Londres, faisait partie des invités du congrès. Il venait tout juste de concéder à l'Angleterre le droit d'occuper Chypre, une décision confirmée en mars 1878 qui modifiait sérieusement l'équilibre des forces entre la France et la Grande-Bretagne en Méditerranée orientale, aux abords même du canal du Suez où la France avait de puissants intérêts. Or peu de temps avant la fin du congrès, Lord Salisbury, pour calmer les appréhensions de la France, informa son collègue français du Quai d'Orsay, William Waddington, que son pays n'était pas opposé à une mainmise française sur la Tunisie, un « troc » applaudi des deux mains par l'Allemagne qui espérait voir la France dépenser son énergie dans ses entreprises coloniales, y trouvant un dérivatif à la récupération de l'Alsace-Lorraine.

Un moment hésitant, le gouvernement français, poussé par Gambetta et Ferry, entra dans le plan imaginé par les Anglais. D'autant que le « lobby algérien » au Parlement clamait depuis longtemps que l'ancienne régence tunisienne aussi bien que le royaume chérifien étaient des zones d'influence « naturelles » de la France, du fait même de sa présence en Algérie. Le congrès de Berlin semblait leur donner raison, à supposer bien sûr que les « droits » français sur ces deux pays fussent reconnus de tous les voisins de la France en Europe. Ce qui était loin d'être le cas ; l'Espagne et l'Italie n'allaient pas tarder à mettre des bâtons dans les roues de la diplomatie française.

La « course » pour la conquête du Maroc était encore dans les limbes. Mais la conférence de Madrid allait donner à la France l'occasion de déployer une politique plus énergique et plus offensive sur la question marocaine. Pas question de toucher à la convention Béclard de 1863 sur les protections consulaires ni de rechercher le moindre compromis avec le *na'ib* chérifien Mohammed Bargash, qui participait pour la première fois à une conférence internationale consacrée à l'avenir de son pays. Pas question surtout de faire de cadeau à l'« Anglo-Marocain » John Drummond-Hay qui en avait fait voir de toutes les couleurs aux représentants français dans le royaume chérifien. Tout le monde d'ailleurs en Angleterre et aux États-Unis ne partageait pas ses opinions, ni parmi les milieux d'affaires, les journaux, les missions protestantes ni dans les organisations juives. Celles-ci, à l'instar de l'Alliance israélite universelle en France, s'opposaient fermement à toute limitation de la protection.

Plus significative à tous les égards fut l'évolution de la position allemande : après avoir soutenu Drummond-Hay lors des conférences préparatoires de Tanger, la délégation allemande changea subitement de cap et s'engagea résolument du côté français, suivant les directives personnelles de Bismarck. Elle fut suivie par l'Autriche-Hongrie ainsi que par l'Italie, dont l'attitude était plus radicale encore que la position française. Il n'y avait plus que l'Espagne qui soutînt, mais du bout des lèvres seulement, la Grande-Bretagne. C'est que le discours modéré du représentant espagnol était loin de faire l'unanimité à Madrid, moins encore dans les milieux d'affaires de Malaga et de Cadix qui réclamaient une politique plus énergique envers le Maroc et craignaient de voir la France prendre leur pays de vitesse auprès du Makhzen.

Personne ne s'y trompait : l'échec de la Grande-Bretagne signifiait bel et bien la victoire de la France et un changement du rapport des forces au Maroc. C'était un succès incontestable pour tous ceux qui, à Paris, comme le ministre de l'Éducation nationale Jules Ferry et celui des Affaires étrangères Jules Barthélemy-Saint-Hilaire poussaient à l'expansion coloniale au sud de la Méditerranée et à la conquête de la Tunisie, comme le suggéraient les Anglais et les Allemands.

Dans l'immédiat, la conférence de Madrid, qui se termina par l'adoption d'une convention de dix-huit articles, n'apporta aucune restriction à la protection – si ce n'est le fait que ses bénéficiaires devaient s'acquitter d'un impôt symbolique. Une clause que le Makhzen dut payer au prix fort, puisqu'il reconnaissait désormais à tous les étrangers le droit de devenir propriétaires de biens fonciers, et celui d'exercer librement leur culte dans le pays. Mais quand, en mars 1881, le Makhzen promulgua un décret concernant l'impôt devant être payé par les étrangers, ceux-ci, soutenus par leurs consuls, protestèrent et le nouveau règlement tomba aussitôt dans l'oubli.

Deux ans après la conférence de Madrid, le nouveau ministre français à Tanger, Ladislas Ordega, frappait un grand coup : il demandait et obtenait du Quai d'Orsay l'octroi de la protection française du chérif d'Ouezzane, 'Abd al-Salam, qui, en manquant d'argent, voulait monnayer son prestige idrisside, qui était grand dans le Rif, en influence politique auprès des puissances. De plus, il ne cachait pas son ambition de chasser la dynastie 'alawite du trône marocain. Ce qui n'était pas pour déplaire au diplomate français qui poussait Paris à prendre le contrôle d'une partie du Maroc. Or, le chérif n'avait pas que des intrigues dans son escarcelle : il était censé posséder des terres immenses dans le Rif et dans l'Andjera, que l'on disait riches en gisements miniers. Un certain comte de Chavagnac se mit aussitôt sur les rangs, entouré par un puissant groupe d'hommes d'affaires tangérois et français ameutés en toute hâte par Ordega pour prendre en main le projet et associer « dans un but humanitaire et civilisateur les travailleurs marocains et les travailleurs français ». Il y avait, outre le banquier juif Haim Benchimol et le directeur du Printemps, Jules Jaluzot, le baron Seillière, les frères Pereire, les banquiers Erlanger et Demachy ainsi que des représentants de l'Agence Havas et de la Banque transatlantique – en somme, le gotha des fortunes françaises impliquées au Maroc – et, comme si tout cela ne suffisait pas, le chérif promettait à la France le ralliement de dizaines de villages du Rif ainsi que les milliers d'adhérents algériens de la confrérie de la Taybiyya dont il était le chef spirituel. En tant que dirigeant « éclairé », al-Hajj 'Abd al-Salam s'engageait par ailleurs à abolir l'esclavage sur son territoire et à autoriser les Juifs à circuler librement, sans obligation de se soumettre aux clauses discriminatoires de la *dhimma*.

Autant d'avances et de promesses destinées à encourager la France à étendre sa domination dans le Rif et à y faire débarquer sans tarder un corps expéditionnaire, comme Ordega ne cessait de le demander. Ces tractations ne pouvaient laisser indifférents ni John Drummond-Hay que les intrigues du ministre français horripilaient, ni le sultan, qui risquait de voir ainsi son royaume voler en éclats par la faute d'un ambitieux dirigeant religieux – dont tout le monde connaissait la réputation sulfureuse.

Soucieux d'éviter tout conflit avec la France, Moulay Hassan dépêcha néanmoins en mai 1884 Sidi Mohammed Bargash pour se plaindre d'Ordega auprès de Jules Ferry. Celui-ci s'abstint certes de désavouer son représentant à Tanger mais réitéra à l'ambassadeur chérifien que la France respecterait l'intégrité territoriale du Maroc. C'est que, après avoir caressé pendant un certain temps l'idée d'une action militaire française au Maroc, Ferry fut contraint par ses difficultés au Tonkin à faire preuve de plus de prudence concernant le royaume chérifien. Il n'avait nulle envie non plus de provoquer ses voisins européens, qui, à l'unanimité, criaient au scandale et exigeaient le rappel immédiat d'Ordega.

Ce que le Quai d'Orsay fit effectivement au bout de quelques mois. Mais toutes les chancelleries avaient compris ce qui venait de se passer : cessant d'être un tabou, la conquête du Maroc n'était plus qu'une affaire de temps.

Algérie-Maroc-Sahara : le début du grignotage territorial

Fin avril 1881, l'armée française franchit la frontière orientale de l'Algérie en direction de la Tunisie. Trois semaines plus tard, le 12 mai 1881, le traité du Bardo était signé, instaurant un protectorat français sur la Tunisie. Le compte à rebours pour le Maroc avait commencé. Il fut lent et plein d'aléas, le royaume chérifien étant malgré toutes ses faiblesses un morceau bien plus difficile à dépecer et à « digérer » que l'ancienne régence. Malgré tous ses efforts, la France y avait les coudées moins franches qu'en Tunisie. Mais dans les deux pays comme en Égypte, le processus d'assujettissement colonial fut le même : pénétration économique, banqueroute financière puis délitement du pouvoir central, « anarchie », grignotage territorial et, enfin, « pacification » et prise de contrôle militaire.

Sous Moulay Hassan, le Maroc avait suffisamment d'énergie encore pour résister aux assauts européens. L'une de ses plus grandes faiblesses était cependant l'immensité de son territoire et le peu de moyens dont il disposait pour exercer pleinement sa souveraineté dans des provinces excentrées où il ne s'était jamais soucié de mettre en place une administration bien visible et efficace, surtout, dans les régions du Sud, oued Noun, Saqiya al-Hamra, Touat, convoitées ouvertement par la France et l'Espagne. Des territoires très faiblement habités, considérés par Paris et Madrid comme n'appartenant à personne et qui, du fait de leur proximité avec l'Algérie et le Sahara, allaient devenir un enjeu majeur dans la pénétration économique et militaire européenne du Maroc.

En toile de fond de cette agitation, il y avait la possibilité d'accès au Soudan occidental à partir du Maghreb méridional, que relancèrent, d'une part, l'embellie du commerce transsaharien jusqu'au milieu du XIXe siècle et, d'autre part, les résultats des explorations effectuées, d'une rive à l'autre du Grand Désert, par les Anglais Davidson et Richardson, les Français René Caillié, Henri Duveyrier et Léopold Panet ainsi que les Allemands Henrich Barth, Gerhard Rohlfs et Oskar Lenz. Plus tard, au fur et à mesure que les troupes françaises avançaient à l'intérieur de la boucle du Niger, c'est la jonction du Sahel soudanais à l'Algérie qui focalisa toutes les attentions à Paris, comme à Alger et à Dakar.

C'est ainsi que l'idée d'une liaison ferroviaire entre le Sud maghrébin et la vallée du Niger fit son chemin après la publication en 1875 par l'ingénieur Duponchel de son projet de construction d'un chemin de fer transsaharien. Une commission du ministère des Travaux publics suggéra deux itinéraires possibles, dont l'un passerait par le Touat. Ce qui impliquait, à terme, l'annexion par la France de ce territoire appartenant depuis toujours au Maroc et qui comprenait les oasis du Gourara, du Touat proprement dit et du Tidikelt, que reliait à Figuig et au Dra' la vallée de la Saoura[5].

Le projet du transsaharien fut délaissé à la suite du massacre en 1881 près d'In Salah, dans le Hoggar, de la mission Flatters. Cet abandon ne calma pas pour autant les appréhensions des autorités marocaines que préoccupaient, depuis quelques mois, les activités de l'Anglais Donald Mackenzie au sud de l'oued Noun. Son objectif était apparemment très modeste : établir à Tarfaya, à l'entrée du cap Juby un comptoir commercial dans le but de détourner vers le Rio de Oro le trafic saharien se dirigeant vers Essaouira. Outre ses retombées économiques, le sultan craignait que la North West African Company créée par l'aventurier anglais – qui voulait faire fleurir le Sahara – ne réveillât les velléités séparatistes du cheikh Husayn b. Hashim du Tazerwalt et du cheikh Mohamed Bayruk de Goulimine, qui s'était arrogé le droit de céder à Mackenzie le territoire sur lequel il érigea son comptoir.

Mais heureusement pour Moulay Hassan, il n'y avait pas que le Makhzen pour nourrir des suspicions à l'égard de Mackenzie et de son comptoir, appelé pompeusement Port Victoria : outre le cheikh du Tazerwalt qui redoutait l'ascension de son voisin de l'oued Noun, la France et l'Espagne non plus ne voyaient pas d'un bon œil cette intrusion anglaise dans la région. La première parce qu'elle empiétait sur ses projets de pénétration saharienne alors que ses troupes s'apprêtaient à foncer en direction de

Tombouctou ; la seconde, à cause de la trop grande proximité de Port Victoria avec l'archipel des Canaries et surtout avec l'emplacement présumé de Santa Cruz de Mar Pequeña, promis par le Maroc à l'Espagne au lendemain de la guerre de Tétouan.

Dans ce contexte, l'idée vint à quelques négociants juifs et français d'Essaouira d'entrer en contact directement avec le cheikh du Tazerwalt et de lui suggérer d'ouvrir un débouché maritime sur son territoire pour concurrencer aussi bien le nouveau comptoir anglais que le port d'Essaouira lui-même, dont le trafic était au plus bas à cause de la crise de 1878-1880. Soutenu par le consul de France, le projet donna naissance à une société commerciale, siégeant à Marseille et présidée par Nicolas Paquet. Le sultan eut vent des tractations et les fit échouer en faisant courir judicieusement le bruit qu'il allait remettre en activité le port d'Agadir et ouvrir au commerce européen un nouveau port, à Assaka, non loin d'Ifni. Le projet concocté par les négociants français d'Essaouira n'avait dès lors plus de raison d'être. Ce que comprit prestement le cheikh du Tazerwalt qui se désista aussitôt et il le fit savoir en juin 1881 au représentant français venu le rencontrer à Iligh.

Quant aux Espagnols, confiants dans leur « bon droit » de s'installer au sud de l'oued Noun, ils avaient pris contact dès 1865 avec le cheikh Bayruk qu'ils firent venir à Cadix et à Ténériffe. Mal leur en prit : à son retour dans son pays, le chef saharien prit en otage le responsable espagnol de toute l'opération, le commerçant Jacobo Butler qui s'aventura en 1867 à Goulimine. Il le tint prisonnier jusqu'en 1874, et ne le libéra qu'au prix d'une rançon que le consul d'Espagne à Essaouira alla lui-même porter.

Quatre ans plus tard, les Espagnols « découvrirent » finalement le site présumé de Santa Cruz de Mar Pequeña aux alentours d'Ifni. Il leur fallut cinq années supplémentaires pour installer la base de Villa Cisneros tandis que les présides de Ceuta et de Melilla devenaient des foyers de tension constante avec la population rifaine ainsi que des centres florissants de contrebande : les armes automatiques de fabrication allemande, belge ou anglaise s'y vendaient comme des « pains de sucre », à des prix défiant toute concurrence. Leur grande diffusion dans les zones de dissidence allait enlever au Makhzen son atout principal face aux rebelles : la supériorité de son matériel militaire, chèrement acquis auprès des maisons européennes d'armement.

Se sentant assailli de toutes parts, Moulay Hassan lança en 1882 une expédition militaire de grande envergure dans le sud du pays. Il rassembla à cet effet à Marrakech une puissante armée de 40 000 hommes appartenant à toutes les tribus guish aussi bien qu'aux nouvelles unités des 'Askar. Une attention particulière fut accordée aux questions d'intendance et, afin que son armée ne manquât de rien, le sultan loua les services de deux vapeurs, l'un anglais – le *Greenwood* – l'autre, français – *L'Amélie* –, pour l'acheminement de vivres et de munitions le long du littoral de Casablanca et El-Jadida à Agadir, puis d'Agadir jusqu'à Massa et Aglou, au nord d'Ifni[6].

La campagne débuta en mai 1882 : partie de Marrakech, l'armée arriva par Chichaoua et l'Iml-n-Tanoust à Agadir où *L'Amélie* l'attendait. Puis elle reprit la route en direction de Taroudant, la capitale du Sous, où Moulay Hassan reçut l'allégeance des notables de la province. Après avoir procédé à la nomination de nouveaux caïds, il se dirigea vers le littoral, à Massa, où l'attendait encore *L'Amélie*. Ses troupes réapprovisionnées, le sultan descendit vers Tiznit d'où il projetait de se rendre à Aglou, sur la côte, à quelques kilomètres seulement d'Ifni. *L'Amélie* devait y décharger de nouvelles provisions pour permettre au convoi de continuer sa marche jusqu'à Goulimine, terme prévu de l'expédition. Mais le hasard s'en mêla : la mer se déchaîna et le vapeur français ne put accoster à Aglou. Déçu, Moulay Hassan revint en toute hâte à Massa, puis à Agadir. Mais à défaut de pouvoir imposer sa volonté aux cheikhs Bayruk et Husayn b. Hashim, il leur demanda de venir le rejoindre à Agadir. Le cheikh du Tazerwalt y délégua son fils ; le cheikh Bayruk vint en personne rencontrer le sultan. Moulay Hassan les couvrit tous les deux d'honneurs et les engagea à prendre leurs responsabilités face à la pénétration européenne.

Avant son retour, le 11 août 1882, à Marrakech, le sultan fit fortifier Tiznit, qui devint ainsi une ville Makhzen, à quelques encablures seulement du littoral convoité par l'Espagne et la North West African Company. Mais cela ne suffit pas à mettre un terme aux agissements des Européens ni aux menées séparatistes des Ait Ba 'Amran, dans la région de Tarfaya.

En 1886, Moulay Hassan décida de lancer une seconde expédition dans la région. Tirant la leçon de l'opération précédente, il renonça, cette fois, au concours des vapeurs européens prenant soin, d'approvisionner plusieurs mois à l'avance les différentes étapes par lesquelles la *mahalla* devait passer. Une place importante fut accordée dans ce dispoitif à la *casbah* de Tiznit, base d'opérations principale contre les Ba 'Amran et leurs comparses de l'oued Noun.

L'armée quitta ses campements de Marrakech le 17 mars 1886 à destination d'Agadir, suivant le même itinéraire que celui de l'expédition précédente. Six semaines plus tard, elle atteignit sans trop de difficultés Tiznit où le sultan fut rejoint par le fils du cheikh Husayn b. Hashim du Tazerwalt qui lui renouvela à cette occasion son allégeance et celle du *leff* des Iggizzulen, dont son père était le chef spirituel. Ce dernier, expliqua-t-il au souverain, était trop vieux pour se déplacer jusqu'à Tiznit, demeurant la plupart du temps cloîtré dans sa *zawiya* d'Iligh. Conformément à la politique d'« association » des grands chefs « féodaux », c'est à son fils que Moulay Hassan octroya, quelque temps plus tard, le titre de caïd pour s'assurer de sa collaboration face aux empiètements européens dans l'extrême sud du pays.

S'enfonçant ensuite plus profondément à l'intérieur de l'oued Noun, la *mahalla* fit halte à Goulimine où le sultan installa une *casbah* non loin de l'aire de rassemblement des caravanes transsahariennes. De là il descendit vers le littoral, puis passa à Assaka, Ifni et à Tarfaya d'où il fit chasser Mackenzie et ses hommes. Ce qui lui valut par la suite de vives protestations de la part du ministre anglais à Tanger, William Kirby Green, qui réclama des indemnités pour son concitoyen.

De retour à Fès, Moulay Hassan fut confronté à de nouvelles initiatives françaises remettant en question la souveraineté marocaine sur le Touat. Or, depuis la chute de Ferry en 1885, dont la politique expansionniste au sud de la Méditerranée avait brouillé Paris avec Londres, Madrid et Rome, la pression française sur les confins algéro-marocains avait beaucoup diminué. Ne voulant ni faire confiance à Bismarck qui incitait la France à élargir ses conquêtes coloniales, ni s'appuyer sur l'Angleterre et l'Espagne pour contrebalancer la Triple Alliance reconduite en février 1887 entre l'Italie, l'Allemagne et l'Autriche-Hongrie, le Quai d'Orsay se contenta dès lors, et jusqu'à la fin des années 1880, d'encourager le développement des intérêts économiques, financiers et culturels français au Maroc. Dans cette optique, il s'opposa aux initiatives de l'armée visant à étendre les frontières orientale et méridionale de l'Algérie au détriment du Maroc.

Marquées notamment par l'échec du mouvement boulangiste, les élections françaises d'octobre 1889 amenèrent au pouvoir une majorité de républicains modérés acquis à la reprise immédiate de l'expansion coloniale. Soutenus par une très large partie de l'opinion, ils considéraient que le poids de la France en Europe et dans le monde était lié à l'extension de son empire outre-mer, une idée que défendait depuis toujours le député d'Oran Eugène Étienne, devenu ministre des Colonies entre 1890 et 1892. Porte-parole des milieux coloniaux d'Algérie et de métropole, Étienne avait l'appui du puissant Comité de l'Afrique française, qui, depuis sa création en 1889, réclamait l'extension de la présence française au Sahara et la jonction des possessions françaises d'Algérie et de Tunisie aux conquêtes nigériennes. Un souhait depuis longtemps exprimé par les officiers d'Algérie, et qui devint réalisable après la signature de l'accord franco-anglais du 5 août 1890, reconnaissant les droits français sur le Sahara central et occidental, en échange de la reconnaissance par la France du protectorat britannique sur les îles de Zanzibar et de Pemba, dans l'océan Indien.

L'armée française occupa aussitôt El-Goléa tandis que de nouveaux projets de construction du chemin de fer transsaharien refaisaient leur apparition sur les bureaux d'étude à Paris. Inquiet des nouvelles visées françaises sur le Touat, Moulay Hassan renforça en mars 1891 la garnison marocaine de Figuig, envoya ses représentants au Tidikelt et nomma un caïd au Gourara. Il fit appel également à l'Angleterre, qui, de concert avec l'Espagne, l'Italie et l'Allemagne, demanda à la France de respecter l'intégrité territoriale marocaine. Rien n'y fit : les préparatifs pour une opération militaire au Touat entraient dans une phase décisive à Paris et à Alger. En 1892, la France organisa ainsi la visite dans le Gourara de l'un de ses plus célèbres protégés marocains, le chérif d'Ouezzane, qui, entouré d'une escorte des Awlad Sidi cheikh, vint expliquer aux habitants des Oasis l'intérêt qu'ils avaient à passer sous domination française.

La mission du chef de la Taybiyya fut un échec, mais la nouvelle de sa visite au Touat suscita les plus grandes inquiétudes à Fès. En juillet 1893, Moulay Hassan partit à la tête de sa *mahalla* au Tafilelt, terre de ses ancêtres et province limitrophe du Touat. Il en revint malade en décembre, avant de mourir, le 5 juin 1894, dans une ultime incursion militaire dans le Tadla. Son corps fut transporté à Rabat où le chambellan Ahmad b. Musa (Ba Ahmad) organisa en toute hâte l'intronisation du jeune prince Moulay 'Abd al-'Aziz qui était âgé de quatorze ans seulement.

La France avait ajourné entre-temps son opération au Touat. Rien ne pressait : depuis le rappel à Londres, en janvier 1893, de l'ambassadeur Euan Smith, la position française n'avait jamais été aussi prépondérante au Maroc qu'à cette époque[7]. Elle allait attendre ainsi patiemment de nouvelles circonstances qui lui furent offertes par la guerre des Boers contre les Anglais en Afrique du Sud pour reprendre en 1899 ses préparatifs de conquête du Touat.

Néanmoins, de profonds changements se profilaient déjà à l'horizon : intéressant plus que jamais les puissances européennes qui attendaient son dépeçage imminent, le Maroc avait cessé d'être la « cour de jeux » des seuls Français, Anglais et Espagnols. De nouveaux acteurs mondiaux y avaient fait leur apparition : l'Allemagne et l'Autriche-Hongrie notamment, dont l'entrée en scène fracassante allait remettre en question tous les plans échafaudés, jusque-là, à Paris, Londres et Madrid au sujet de l'avenir du royaume chérifien.

Le Maroc à la mort de Moulay Hassan : le temps des incertitudes

Vers la fin du printemps 1893, alors que le colonel Archinard achevait de démanteler le royaume toucouleur nigérien et que la colonne Bonnier s'apprêtait à investir Tombouctou, une délégation de Bérabish, originaires d'Arawan et de Bu Jbeiha, arriva à Marrakech pour implorer l'aide du sultan Moulay Hassan contre l'invasion du Soudan. Les émissaires sahariens étaient porteurs de quatre lettres. Les deux premières avaient pour auteurs le « chef des notables » et le cadi de Tombouctou ; une troisième, le chef de la tribu cléricale, et la dernière, Ahmadu Shaykhu, le roi toucouleur de Ségou qui venait de perdre ses derniers bastions au Masina et au Bandiagara[8]. Certes, ce n'était pas la première fois depuis le début de la conquête française du Soudan occidental que le Maroc était appelé au secours de Tombouctou : en 1888, au lendemain de la visite de la mission Caron, la population avait demandé à Moulay Hassan d'envoyer son représentant sur place afin d'y affirmer – comme il le fit dans l'oued Noun et au Touat – la souveraineté marocaine sur Tombouctou au nom des anciens liens qui liaient cette ville au royaume chérifien depuis 1591. Mais la venue de la nouvelle délégation, qui fut suivie de l'annonce de l'occupation définitive de Tombouctou par la France (1894), suscita une émotion bien plus vive que la fois précédente : la population marocaine, à en croire le chargé d'affaires français à Tanger, « attachait plus d'importance à ce qui se passe sur le Niger que sur les bords de la Méditerranée ».

Néanmoins, aux prises avec les agissements français au Touat, Moulay Hassan n'était guère en mesure d'apporter le moindre réconfort aux Soudanais, bien qu'il clamât la souveraineté de son pays sur tous les territoires s'étendant des confins méridionaux de l'Atlas jusqu'aux vallées du Sénégal et du Niger. Déjà gravement malade, il mit cinq mois avant de communiquer sa réponse à la délégation soudanaise, lui demandant notamment de lui apporter des preuves tangibles de la souveraineté marocaine sur leur pays. Quant au devoir incombant à tout prince musulman de porter secours à un voisin musulman en danger, le sultan avait pris soin auparavant de porter la question, comme il avait l'habitude de le faire, devant les oulémas de Fès qui furent invités à lui dire si, dans ce cas précis, il était lié par le devoir de *djihad*. Comme attendu, les oulémas répondirent dans le sens souhaité par le sultan, à savoir la non-obligation de *djihad*.

Émanant de personnages appartenant à l'establishment chérifien, les réponses des oulémas intéressent moins par leur verdict sans surprise que par l'énoncé de leurs motifs. Ils exprimaient en effet aussi bien l'évolution intellectuelle de l'élite marocaine sur un sujet aussi crucial que la question du *djihad* que son état d'esprit général face à la pénétration européenne.

Il s'avère ainsi qu'aux yeux des oulémas de Fès, l'obligation du *djihad* n'est applicable qu'en fonction de ses conséquences immédiates. Dès lors, eu égard à la suprématie écrasante de l'Occident, l'obligation de « guerre sainte » n'a pas force de loi. En outre, le Maroc avait signé une « trêve » avec la France depuis la bataille de l'Isly (1844) ; or, s'il partait au secours des Soudanais, les puissances européennes ne manqueraient pas de violer immédiatement la trêve avec toutes les conséquences néfastes que cela comporterait pour le Maroc.

La France, surtout, attendait le moindre prétexte pour passer à l'action. Or, jusqu'à présent, soulignait le cheikh al-Islam de Fès, le cadi Ahmed Ibn Suda, « chaque fois que l'ennemi a ouvert des portes pour entrer chez nous, les sultans, par leur sagacité, se sont opposés à lui, en lui opposant la force de l'accord de paix conclu entre lui et nous ».

Agissant de la sorte, Moulay Hassan avait réussi – de l'avis des oulémas – à assurer la tranquillité de ses sujets et le maintien de l'ordre à l'intérieur du pays. S'il s'écartait de cette politique, il risquerait de provoquer l'invasion du Maroc et sa dislocation. Ce qui est un mal pire que la conquête du Soudan par l'infidèle : « Or l'on sait que l'on doit repousser le mal [l'invasion du Maroc] avant de rechercher le bien [le devoir de *djihad*] et qu'entre deux maux, il faut choisir le moindre », écrit le cadi de Fès Ibn Suda dans sa réponse au sultan.

Le chroniqueur al-Nasiri ne dit pas autre chose lorsqu'il souligne l'impuissance du Makhzen face au péril européen pour justifier la politique conciliatrice de Moulay Hassan. À l'exception, fait-il valoir, de « quelques gens du peuple grossiers, sans expérience des affaires qui déclaraient qu'ils ne donneraient aux chrétiens que le sabre », tout le monde appuya la décision du sultan en 1886 de reprendre les exportations de céréales et de bétail à destination de l'Europe. Et pour cause, explique longuement l'auteur du *Kitab al-Istiqsa* qui rejette sans autre forme de procès l'argument religieux suivant lequel il est défendu de vendre aux infidèles tout ce qui est susceptible de les rendre plus puissants face aux musulmans : à l'heure où cette puissance « est arrivée à un point que personne n'aurait pu soupçonner ni escompter », c'est un « non-sens » de croire qu'en vendant à l'Europe des ânes, des chèvres et du blé, on allait augmenter sa force militaire.

Dès lors, c'est pure folie, « du point de vue du bon sens, de la politique et même de la loi » que d'envisager de lui faire la guerre :

> Comment est-il possible, demande-t-il, que le faible se montre hostile au fort ou que celui qui est désarmé livre combat à celui qui est armé de pied en cap ? Comment peut-on trouver naturel que celui qui est assis renverse celui qui est debout sur ses jambes ou admettre que les moutons sans cornes combattent ceux qui en ont[9] ?

La société marocaine est, qu'on le veuille ou non, trop faible pour combattre l'infidèle. Vivant depuis des générations « dans la paix et la trêve » avec les Européens « qui nous proposent selon toute apparence que la paix et non pas la guerre », il y a longtemps que ses fils n'ont pas fait la guerre ni éprouvé ses angoisses, ne pensant qu'à manger, à boire et à s'habiller, devenant, à cet égard, semblables « à leurs femmes ». Ne serait-ce pas un suicide que d'appeler à la guerre sainte contre les nations européennes[10] ? « Nous sommes, elles et nous, ajoute al-Nasiri, comme deux oiseaux, l'un pourvu d'ailes, qui va partout où il lui plaît, et l'autre qui aurait les ailes coupées et qui retomberait toujours à terre sans pouvoir voler. Croyez-vous que cet oiseau sans ailes qui n'est pas autre chose qu'un morceau de viande sur une planchette puisse combattre celui qui vole où il veut ? »

On l'aura compris. Le Maroc ne peut se permettre la moindre provocation vis-à-vis de l'Europe : « Avec ses bateaux de guerre pourvus de nombreuses ailes, [elle] nous tient entièrement à sa discrétion : [elle] peut nous attaquer dans nos ports quand il lui plaira, et s'éloigner sans qu'il nous soit possible de l'atteindre quand il voudra[11]. »

Dans ces conditions, le *djihad* est impossible. Le proclamer, ce serait « vouloir allumer le flambeau de la révolte (*fitna*), donner prise à l'ennemi sur nous, le mettre en possession de nos ports, lui fournir les moyens de prendre nos femmes, notre argent et notre sang[12] ».

Largement prédominant parmi l'intelligentsia urbaine, les hauts fonctionnaires du Makhzen et les nouveaux bourgeois d'affaires, le courant anti-djihadien[13] n'avait pas que des adeptes dans la société marocaine. Il était violement combattu par de nombreux chefs de la périphérie rurale, et plus particulièrement dans les zones frontalières, directement menacées par l'Europe. Les partisans de la guerre sainte se trouvaient dans la cour chérifienne elle-même, où le chef saharien Ma al-'Aynayn, champion du *djihad* contre la France, allait recevoir le meilleur accueil de la part de Moulay 'Abd al-'Aziz avant de devenir, au lendemain de la conférence d'Algésiras, l'un de ses plus farouches détracteurs.

Moulay 'Abd al-'Aziz (1894-1908) et le commencement de la fin du « Vieux Maroc »

Proclamé avant même que le décès de son père ne fût rendu public, l'entrée en fonctions du nouveau sultan fut entachée de beaucoup d'irrégularités. Contrairement à la tradition, il fut intronisé non pas à Fès ou dans une autre capitale impériale mais près de Settat, sur la route de Marrakech à Rabat, sans consultation préalable des oulémas et avec seulement l'approbation des vizirs, des chefs du *guish* et des Chorfa faisant partie de la *mahalla* de Moulay Hassan. La décision fut prise par Ba Ahmad, qui, de connivence avec la mère du jeune roi, Lalla Raqiya, voulait prendre de vitesse les autres prétendants et assurer, par la même occasion, sa propre mainmise sur le Makhzen.

Ba Ahmad arriva à ses fins avec la plus grande dextérité : aussitôt à Fès, il fit destituer le grand vizir al-Ma'ti Jama'i, dont il prit la place, et le jeta en prison à Tétouan ainsi que son frère Mohammed Saghir qui faisait fonction de ministre de la Guerre. Il dépouilla également de ses biens le fils aîné de Moulay Hassan, Moulay Mohammed, qu'il fit enfermer à Meknès. Des méthodes expéditives qui soulevèrent contre le nouvel homme fort du pays, fils d'un ancien esclave noir du palais, plusieurs provinces dont la Chaouia, le Haouz, le Tadla et la région d'Oujda. À Casablanca aussi bien qu'à Rabat et à Safi, quelques ressortissants européens furent pris à partie par la population. Les pays occidentaux réagirent en envoyant leurs navires de guerre croiser au large des côtes marocaines, accentuant plus encore la colère des Marocains.

Il fallut à Ba Ahmad et à Moulay 'Abd al-'Aziz plus d'un an pour rétablir l'ordre dans le pays. Le calme restauré, le Makhzen se transporta ensuite à Marrakech où le sultan passa les cinq années suivantes, un laps de temps suffisant pour permettre à Ba Ahmad de bâtir son splendide palais de la Bahia où il reçut en grande pompe, en décembre 1896, le chef saharien Ma al-'Aynayn.

Fils du cheikh Mohammed al-Fadhil du Hodh, Ma al-'Aynayn se partageait avec ses deux frères, Sa'ad Buh et cheikh al-Hadrami, la direction spirituelle des populations mauritaniennes s'étendant entre l'Adrar et l'oued Noun. Son influence était la plus grande dans la Saqiya al-Hamra où il avait établi à Smara, près de Tindouf, l'une de ses innombrables *zawiya*. Prônant la guerre sainte contre la pénétration française en Afrique de l'Ouest, il avait noué d'étroites relations avec tous les sultans 'alawites depuis Moulay 'Abd al-Rahman, et plus particulièrement avec Moulay Hassan qui lui vouait beaucoup d'affection[14].

Ainsi donc, deux ans après la conquête de Tombouctou par la France, le cheikh saharien arriva à Marrakech à la tête d'une délégation de 150 à 200 personnes. À n'en pas douter, sa venue ne laissa pas indifférent le chef de la mission militaire française dans le pays :

> Tous les fonctionnaires du Makhzen – ministres, secrétaires, etc. – étaient sortis de la ville pour saluer le chef religieux. Quelques Chorfa de la famille impériale assistaient aussi à l'entrée. Bref, tout le monde était sur pied, sauf le sultan et le grand vizir. Il n'était possible de faire plus, et, jamais, à ma connaissance, pareils honneurs ont été rendus à un personnage indigène[15].

Ba Ahmad était le maître d'œuvre de toute l'opération. Outre que cette visite confirmait la pérennité des liens entre le Maroc et le Sahara, le grand vizir ainsi que plusieurs autres hauts dignitaires du Makhzen étaient affiliés à la Fadilliyya, dont Ma' al-'Aynayn était le « pôle[16] » Le cheikh saharien fut également reçu par Moulay 'Abd al-'Aziz à qui il apporta sa bénédiction et sa *bay'a*. Le sultan le récompensa en lui faisant ériger deux *zawiya*, l'une à Marrakech et la seconde à Fès. En outre, il mit à sa disposition son palais d'Essaouira où il séjourna, avant de regagner la Saqiya al-Hamra, en février 1897, à bord du petit vapeur chérifien, le *Bashir*, qui le conduisit jusqu'à Tarfaya.

Désireux d'asseoir son autorité dans les confins sahariens convoités par les Européens, le sultan avait besoin du concours d'un personnage aussi influent que le cheikh de Smara. Son ralliement pouvait avoir pour effet non seulement de neutraliser les groupements rebelles du Sous et du Tafilelt qui réclamaient le *djihad* mais aussi de rattacher au royaume chérifien la région mauritanienne s'étendant au nord du Sénégal. Ma al-'Aynayn avait déjà donné la mesure de sa force dans un passé récent : en 1895, il obligea les Anglais d'arrêter la construction de deux nouveaux comptoirs au cap Juby et à rétrocéder tout ce secteur au sultan.

Sur ces entrefaites, la situation diplomatique du Maroc changea du tout au tout après l'incident de Fachoda, en mars 1899, au cours duquel la mission Marchand, partie du Congo en direction du haut Nil, se trouva nez à nez avec un détachement britannique commandé par le sirdar Herbert Kitchener, qui lui barra la route. Après avoir évité de s'entre-tuer « *for a so miserable object* », suivant l'expression de la reine Victoria[17] et désireuses d'isoler diplomatiquement l'Allemagne, la France et l'Angleterre convinrent de régler à l'amiable les contentieux extra-européens qui empoisonnaient leurs relations : la France s'engagea dès lors à ne plus gêner l'action de l'Angleterre en Égypte tandis que le Royaume-Uni acceptait en retour de reconnaître la prépondérance des intérêts français au Maroc. À la seule condition que la France prenne en considération les intérêts espagnols au Maroc et n'entrave pas la liberté de navigation dans le Détroit, indispensable à la survie de Gibraltar.

Officialisée ultérieurement par l'accord du 8 avril 1904, la nouvelle entente franco-britannique permit à la France d'agir à sa guise dans le royaume chérifien. Dès lors, sans attendre, elle envoya ses troupes occuper In-Salah le 5 janvier 1900 et, au cours des mois suivants, l'ensemble des oasis du Touat, du Gourara, du Tidikelt et de la Saoura qui avaient appartenu de tout temps au Maroc.

À cette date, Moulay 'Abd al-'Aziz jouissait du plein exercice de ses fonctions après la mort, le 13 mai 1900, de Ba Ahmad. Bon mais capricieux, intelligent mais velléitaire et dépensier, le sultan nomma à sa place Si Faddul Gharnit, un septuagénaire respectable et assez effacé appartenant à une vieille famille andalouse de Fès à l'exemple de 'Abd al-Krim b. Sliman, le nouveau ministre des Affaires étrangères que l'on disait proche de la France. À l'inverse, le favori du sultan, Mahdi al-Menabbhi, *Hajib* puis ministre de la Guerre, ne cachait pas sa sympathie pour les Anglais qui le gratifièrent de leur protection consulaire après son départ des affaires. Les fonctions de ministre des Finances ou *Amin al-Umana* furent confiées au cheikh 'Umar Tazi dont la famille, répartie entre Rabat et Fès, avait fait fortune dans le commerce des cotonnades avec Manchester.

Divisé sur tous les plans, l'entourage du sultan qui comptait aussi quelques courtisans occidentaux, parmi lesquels le caïd Harry Mac Lean et le journaliste anglais Walter Harris ne s'entendait que sur un point : tenir le jeune roi, qui visiblement n'était pas préparé à ses fonctions, à l'écart des affaires de l'État en lui organisant des amusements et des distractions de tous genres. Dès lors, feux d'artifice, parties de billard, matchs de tennis, courses cyclistes, tournées de cirque et représentations théâtrales remplirent l'emploi de temps de Moulay 'Abd al-'Aziz. À l'instigation de « commis voyageurs » européens grossiers et peu scrupuleux, le palais royal de

Fès-Jdid devint ainsi une véritable galerie d'attraction où s'amoncelaient les objets les plus divers : jouets mécaniques, uniformes militaires, appareils photo dont un en or massif, pianos, orgues de barbarie, pendules, phonographes, cinématographes, bicyclettes, automobiles, carrosses de gala, cab anglais à caisse rouge, machines à glace, chemin de fer Decauville, etc.

Cet engouement quasi enfantin et excessif pour les gadgets culturels occidentaux fut très peu apprécié de l'opinion publique. Celle-ci fut scandalisée davantage encore à l'annonce de la réforme fiscale qui substituait aux impôts canoniques une nouvelle taxe, le *tartib*, payable par tous y compris par les Chorfa et les tribus *guish*. Suggéré à Moulay 'Abd al-'Aziz par ses conseillers britanniques, l'impôt devait être prélevé sur les terres arables, les arbres fruitiers et le bétail et perçue par des Umana à la place des caïds [18]. Ces derniers, censés recevoir un salaire régulier du Makhzen, n'étaient plus autorisés à percevoir des pots-de-vin ni « la moindre rognure d'ongle » de leurs administrés.

Ce fut une levée de boucliers générale. Conservateurs ou privilégiés, il n'était pas un Marocain qui ne fût atteint dans ses croyances religieuses ou dans ses intérêts par le *tartib*, dont l'instauration dénotait, sans aucun doute, la prodigieuse inexpérience du sultan. Cela suffit pour lui aliéner les principaux corps intermédiaires du royaume, Chorfa, oulémas, caïds, chefs de confréries..., jusqu'ici exemptés du paiement d'impôt et, de proche en proche, l'ensemble de la population du pays. Y voyant la conséquence directe de la pénétration européenne, celle-ci fut choquée par ailleurs par l'apparition de nouvelles pièces de monnaie en bronze frappées à Paris, à Londres et à Berlin qui ne rappelaient rien des pièces traditionnelles musulmanes, ainsi que par la violation par des soldats du sanctuaire de Moulay Idris où s'était réfugié en 1902 l'assassin d'un missionnaire européen à Fès.

Nul ne comprenait la conduite chaotique du sultan que la rumeur publique disait être devenu chrétien ou fou. Sentant monter la colère populaire, le chérif d'Ouezzane fit savoir, sans crainte, qu'il refusait d'appliquer le *tartib* sur ses terres. Personnage haut en couleur dont l'influence était toujours intacte dans le nord du pays, protégé de la France, il ne trouva personne pour oser le faire changer d'avis. Bien au contraire : c'est le sultan qui dut s'engager à lui rembourser, chaque année, les pertes occasionnées par la nouvelle politique fiscale.

En tout état de cause, ce n'était guère le moment d'irriter la France dont les troupes se trouvaient pratiquement à la lisière du Tafilelt. Venu à Paris en juillet 1901 pour protester contre la conquête du Touat – qui avait suscité un très fort mouvement de colère dans le royaume – le ministère chérifien des Affaires étrangères repartit de la capitale française avec, en poche, un protocole d'accord qui fut signé le 7 mai 1902, avalisant le fait accompli français sur les oasis. Ainsi, pendant que les Chorfa du Tafilelt et les oulémas de Fès appelaient au *djihad*, le Prince des Croyants Moulay 'Abd 'Aziz, renonçait *de facto* au profit des infidèles, à sa souveraineté sur tout le territoire s'étendant à l'est de la Hamada du Guir, incluant Figuig et les hauteurs du Béchar, bientôt rattachés à l'Algérie. Pis : l'armée française s'engageait à fournir son appui au Makhzen pour le maintien de l'ordre sur les confins algéro-marocains[19].

Autant d'événements malencontreux aggravés par les turpitudes du sultan, qui, ajoutés au début des travaux pour l'établissement d'une ligne télégraphique et d'une voie ferrée entre Fès et Meknès avec prolongation jusqu'à Rabat – autres innovations chrétiennes – portèrent l'exaspération populaire à son comble. Motivations religieuses, économiques, sociales et nationalistes y étaient enchevêtrées. Le mouvement partit du nord-est du pays où éclata, en 1901, la révolte de Jilali b. Idris, alias Bou

Hmara, l'« homme à l'ânesse ». Soutenu par les tribus vivant entre Melilla et Taza, cet ancien fonctionnaire cultivé du Makzen à Fès se faisait passer pour Moulay Mohammed, le frère aîné du sultan, évincé de la succession par Ba Ahmed. Il se déclarait aussi « maître de l'heure » ou précurseur du Mahdi et, de sa capitale de Silwan, près de Taza où il créa un Makhzen rival à celui du sultan, il lança le 22 décembre 1901 sa première attaque contre les troupes chérifiennes auxquelles il fit subir de lourdes pertes. Leur prenant chevaux, canons, fusils et munitions, le Rogui[20] les poursuivit jusque devant Fès. La panique y était telle que la population s'attendait à le voir surgir à tout instant dans la ville. Mais il préféra regagner Taza où il fut reconnu sultan et où l'on prononça la prière en son nom, en tant que Moulay Mohammed b. Moulay Hassan. Faute de pouvoir l'arrêter et voulant persuader ses partisans que Bou Hmara n'était qu'un vulgaire usurpateur, le sultan fit sortir de prison son frère Moulay Mohammed et se réconcilia publiquement avec lui. Autre initiative du roi censée affaiblir le Rogui : l'accueil chaleureux réservé au chérif d'Ouezzane qui était également menacé par Bou Hmara, dont l'influence s'étendait de la frontière algérienne à Tétouan. Imperturbable, il continua à narguer le Makhzen jusqu'à son arrestation en 1908 : pour reprendre le contrôle d'Oujda, en 1903, l'armée marocaine avait dû ainsi faire appel à l'aide de la garnison française d'Oran.

Non loin de là, dans le nord-ouest du pays, opérait au même moment le chérif Ahmed b. Mohammed Raïssouni. Héros ou bandit – suivant les appréciations de chacun –, ce « vrai » chérif idrisside qui tenait sous sa menace Tanger et sa région fut l'auteur de prises d'otages spectaculaires dont celles, en 1903, de Walter Harris, du caïd Mac Lean et de l'Américain Pédicaris[21]. Ni l'envoi de croiseurs américains au large du Rif ni les opérations punitives du Makhzen ne firent d'effet sur le « sultan des montagnes » dont l'autorité s'exerçait de Tanger à El-Ksar. Seule l'intervention du chérif d'Ouezzane finit par faire libérer les trois Occidentaux des mains de Raïssouni qui alliait à une puissance physique hors du commun une érudition théologique exceptionnelle. Refusant le sultanat que lui proposaient les habitants de Chaouen, il se rallia finalement en 1908 à Moulay 'Abd al-Hafidh et l'encouragea à brandir l'étendard du *djihad* contre les Européens [22].

Dans le Sud, alors que les troupes françaises approchaient en 1903 de Figuig et Bechar, le cheikh Ma al-'Aynayn tentait de freiner l'avance française dans le territoire actuel de la Mauritanie. En 1905, ses partisans assassinèrent Xavier Coppolani, qui, en deux ans, avait réussi à pacifier toute la région s'étendant entre le Sénégal et le Tagant. Peu de temps après, ils massacrèrent les soldats du fort français de Tijikja. Fort de ces victoires et du ralliement de plusieurs tribus de l'Adrar, Ma al-'Aynayn lança des appels au *djihad*, derrière la bannière du roi du Maroc qui, pensait-il, avait le soutien de l'Allemagne pour assurer son indépendance face aux Français.

De fait, depuis la divulgation de l'entente franco-anglaise du 8 avril 1904 et l'effacement britannique qui s'ensuivit, la France avait les mains libres au Maroc, tant sur le plan économique que sur le plan militaire. Ses militaires allaient pouvoir dès lors modifier à leur guise la carte des confins algéro-marocains : appelé en Algérie en 1903 par le gouverneur Jonnart pour mettre un terme à la révolte de Bou Amana dans le Sud oranais, le général Louis-Hubert-Gonzalve Lyautey allait passer maître en la matière. Il appliqua la stratégie dite « de la tache d'huile » qu'il avait apprise auprès du général Gallieni dans le Tonkin et à Madagascar. Installant des « postes » mobiles, avançant lentement mais sûrement à l'intérieur du territoire ennemi, il s'efforça de s'emparer des principaux *ksour* et points de passage entre l'Algérie et le Maroc, sur toute l'étendue de la vallée de la Moulouya.

Dès le mois d'octobre 1903, ses compagnies sahariennes à l'équipement allégé occupaient Béchar (baptisée aussitôt Colomb, puis Colomb-Béchar pour camoufler une atteinte flagrante à l'intégrité territoriale du Maroc), et quelques mois plus tard, en juin 1904, sans en demander l'avis du gouvernement, Ras al-'Ayn (appelée désormais Berguent). Ce qui lui attira les foudres de ses supérieurs et les critiques de Jean Jaurès à la Chambre, qui tous réclamaient l'évacuation de cette localité. Mais soutenu par le gouverneur Jonnart et par Eugène Étienne, Lyautey tint bon et poursuivit comme si de rien n'était son action de « pénétration pacifique » au sud-est du Maroc en instaurant une sorte de protectorat français à Figuig, qui devint ainsi la plaque tournante des échanges commerciaux entre le Tafilelt et le Sud algérien. Des échanges particulièrement avantageux pour Colomb-Béchar, qui attira ainsi de nombreux Juifs du Tafilelt ainsi que plusieurs gros commerçants de Fès, parmi lesquels Mohammed b. Idris Tazi qui n'était autre que le propre frère du ministre des Finances de Moulay 'Abd al-'Aziiz[23].

Le Trésor complètement vide et les impôts ne rentrant plus à cause de sa calamiteuse réforme fiscale du *tartib*, le sultan fut contraint, en juin 1904, de demander un emprunt aux banques européennes, le quatrième depuis 1902, les trois précédents ayant été engloutis dans les folles dépenses de Moulay 'Abd al-'Aziz et dans la guerre contre Raissouni. Les banques anglaises s'étant récusées, sur les conseils discrets du Foreign Office, un consortium de banques françaises, conduites par la Banque de Paris et des Pays-Bas et jouissant des garanties du gouvernement, consentit au Makhzen un prêt de 62,5 millions de francs (le Makhzen n'en toucha que 48) à un taux de 5 %, remboursable en trente-cinq ans sur les produits des douanes. Des agents français chargés de recevoir 60 % des recettes journalières furent installés dans les ports et, afin de garantir leur sécurité ainsi que celle des nombreux Européens vivant dans ces villes, un détachement spécial de police commandé par des officiers français fut créé à Tanger. Le sultan venait par ailleurs d'y nommer un nouveau *na'ib*, 'Abd al-Salam Tazi, qui était connu pour ses liens avec les Français. Son frère 'Umar aurait empoché à lui seul une commission d'un demi-million de la part de Paribas à l'issue des négociations sur l'emprunt.

Quatre mois plus tard, la France engageait des pourparlers avec l'Espagne pour le partage de la tutelle sur le Maroc. Dans un premier « geste de générosité », Paris concéda à Madrid deux zones : l'une au nord couvrant le Rif et son versant méridional jusqu'au Sebou et incluant Ouezzane, Fès et Taza ; l'autre au sud réunissant le Rio de Oro et la région autour de Villa Cisneros, face aux Canaries. Le gouvernement espagnol hésita à signer le projet de traité ; en France même, sa divulgation souleva de vives objections de la part des milieux militaires qui rêvaient d'un couloir passant par Taza et reliant l'Algérie à l'Atlantique ; elle fit pousser également de grands cris à Eugène Étienne qui présidait le tout nouveau Comité du Maroc. Cet organe, issu du Comité de l'Afrique française, groupait les représentants les plus éminents du lobby « marocain » en France[24]. De nouvelles négociations s'ouvrirent entre les deux pays. Bientôt, le gouvernement espagnol se vit attribuer une zone d'influence bien plus restreinte au nord et comprenant essentiellement les massifs montagneux s'étendant de l'Atlantique à la Moulouya, à l'exclusion de Tanger, Fès, Taza et Ouezzane qui « revenaient » ainsi à la France. Au sud, la zone d'inflence espagnole fut élargie pour inclure tout le littoral entre Ifni et le cap Juby[25].

Le démembrement du royaume chérifien était en route. Cela ne pouvait laisser indifférent même un monarque aussi imprudent et léger que Moulay 'Abd al-'Aziz : en butte à l'hostilité des oulémas proches du chérif idrisside

Mohammed b. 'Abd al-Kebir al-Kettani, qui exigeaient le rejet pur et simple des réformes françaises, il en vint à la conclusion qu'il ne pouvait laisser la situation s'envenimer davantage. Le 17 décembre 1904, il promulgua un *dahir* frappant d'exclusion les conseillers et les instructeurs militaires européens opérant dans le pays, et décida de les remplacer par des officiers musulmans de Turquie. La France réagit vivement à cette mesure. Mais ses adversaires en demandaient davantage à celui qu'ils surnommaient déjà le « roi des chrétiens » : la rupture pure et simple des relations avec la France.

Écartelé entre la pression de son opinion et la crainte des Européens, Moulay 'Abd al-'Aziz put néanmoins se sortir de ce mauvais pas grâce au chef de la diplomatie française, Théophile Delcassé qui, le 29 janvier 1905, chargea son ministre à Tanger, Saint-René Taillandier, d'imposer au sultan un programme de réformes qui signifiait à terme la mise sous tutelle française du royaume : sécurisation des six grandes villes du pays dont Fès, Oujda et Tanger sous la direction de *tabors*, policiers locaux entraînés et commandés par des officiers français ; réorganisation des douanes marocaines sous contrôle français ; monopole français des travaux publics pendant une durée de trente ans, et, enfin, établissement d'une banque d'État marocaine dont les capitaux seraient français.

Allant au-devant des souhaits de son peuple, le sultan réunit un « Conseil de notables » (*Majlis al-A'yan*) composé d'oulémas et de dignitaires du Makhzen qui confortèrent le sultan dans sa résolution de rejeter les demandes françaises. Le sultan fut soutenu notamment par Mohammed al-Kettani dont l'influence était grande parmi les populations du Zerhoun et du Moyen Atlas, les Bani Mtir, les Zemmour et les Zaian qui devaient s'opposer farouchement à la mainmise européenne sur le pays. Fort de cet appui, il avait de bonnes raisons de croire par ailleurs que le gouvernement français ne mettrait pas à exécution ses menaces. Abandonné par l'Angleterre depuis l'entente cordiale franco-britannique du 7 avril 1904, Moulay 'Abd al-'Aziz était sûr de pouvoir compter sur l'Allemagne qui le poussait effectivement à tenir tête à la France. Le 31 mars 1905, le Kaiser, Guillaume II, vint en personne à Tanger pour réaffirmer l'appui de son pays à l'indépendance du Maroc et au respect de son intégrité territoriale. Le gouvernement allemand souhaitait également que le royaume chérifien restât ouvert à toutes les nations européennes, sans annexion ni monopole d'aucune sorte. Des sociétés financières et des firmes industrielles et minières allemandes étaient déjà à l'œuvre dans le Haouz et l'Atlas tandis que, depuis 1902, un Comité allemand du Maroc, à l'image de celui créé à Paris, invitait ses concitoyens à s'intéresser davantage au royaume chérifien.

Dans ces circonstances, la « question marocaine » prit subitement l'aspect d'un conflit international pouvant dégénérer à tout instant en une nouvelle guerre entre la France et l'Allemagne. Refusant d'être tenu à l'écart des marchandages en cours sur le sort du royaume chérifien, qui intéressait au plus haut point ses milieux d'affaires – le groupe banquier Mannessman notamment –, le gouvernement allemand cherchait à mettre des bâtons dans les roues de la diplomatie française, qui s'était arrogée le privilège de se partager avec l'Espagne et l'Italie le « butin » marocain et tripolitain. Le président du Conseil, Maurice Rouvier, craignait d'être entraîné dans un conflit majeur avec l'Allemagne au moment où la Russie, alliée de la France, venait de subir une cuisante défaite par le Japon en Mandchourie. Il désavoua Delcassé et le contraignit à démissionner, au grand dam des milieux coloniaux dont il était très proche. Changeant de tactique et ne voulant pas d'une épreuve de force avec son voisin du Nord, Paris entreprit dès lors de faire participer Berlin à ses programmes marocains. C'est ainsi que les gouvernements français et allemand convinrent de la réunion d'une conférence internationale, souhaitée par le sultan et les notables de Fès, pour discuter de l'avenir du royaume chérifien, de son indépendance, de son intégrité territoriale et de son développement économique.

Algésiras et après

D'abord prévue à Tanger où elle ne put avoir lieu à cause des troubles qui agitaient le Nord du Maroc, la conférence se réunit dans le petit port d'Algésiras, en Espagne, le 16 janvier 1906. Y participèrent treize pays signataires de la convention de Madrid (1880), dont la Russie et les États-Unis. Le Maroc y était représenté par le *na'ib* Mohammed Torres et par le nouvel *Amin al-Umana*, 'Abd al-Salam al-Moqri.

Adopté à l'issue de trois mois de discussions souvent orageuses entre les délégations française et allemande, l'acte d'Algésiras, signé le 7 avril 1906, instaurait un protectorat international *de facto* sur le Maroc. Il donnait raison à la France sur tous les points ou presque et avalisait, en les modifiant quelque peu seulement, le train de réformes que Delcassé avait voulu imposer à Moulay 'Abd al-'Aziz. À savoir :

— la surveillance par la France et l'Espagne de la sécurité urbaine dans les huit ports du pays, sous le contrôle d'un inspecteur suisse installé à Tanger : les officiers de police devaient être français à Rabat, El-Jadida, Safi et Essaouira, espagnols à Tétouan et Larache et mixtes à Casablanca et Tanger ;

— la création d'une banque d'État au capital de 13 millions de francs répartis entre les puissances, mais dans laquelle les banques françaises – dont Paribas – détenaient un tiers des fonds, les banques anglaises et allemandes un tiers et les autres puissances un tiers à raison de 2 % chacune ;

— l'établissement à Tanger d'une commission internationale des adjudications des travaux publics, chargée notamment de la mise en chantier de la construction des nouveaux ports de Casablanca et de Safi. Les travaux allaient y être confiés immédiatement à la Compagnie marocaine, l'ancienne Société des Établissements Gautsch créée en 1902 par Schneider, le maître du Creusot[26] qui se partagea ainsi avec Paribas et les compagnies minières espagnoles (Norte Africano et Compania española de minas del Rifas) et françaises (Union des mines marocaines) la tutelle économique et financière du Maroc. En 1908, plus de 50 % des échanges extérieurs du Maroc s'effectuaient déjà avec la France, qui dépassait ainsi pour la première fois l'Angleterre et les autres puissances européennes commerçant avec le royaume chérifien.

Isolée dans les débats, l'Allemagne eut gain de cause sur deux points seulement, sans aucune conséquence pratique : la proclamation du maintien de l'indépendance du Maroc et le respect de son intégrité territoriale, l'un comme l'autre écornés depuis fort longtemps par la France. Néanmoins, pour ne pas trop heurter les susceptibilités allemandes, la France allait tenter de faire participer diverses sociétés allemandes comme Krupp et Mannessman à certains de ses chantiers industriels et miniers ouverts dans le pays au lendemain de la conférence d'Algésiras.

Approuvé le 18 juin 1906 par Moulay 'Abd al-'Aziz, l'acte d'Algésiras suscita l'indignation générale de la population. Dénoncé par ses sujets comme indigne de porter le titre de Prince des Croyants, surtout après que le gouvernement français eut la malencontreuse idée de le décorer des insignes de la Légion d'honneur, le sultan n'eut d'autre choix que de s'en remettre entièrement au gouvernement français pour sauver son trône.

L'agitation gagna dès lors tout le pays et prit la forme d'un vaste mouvement populaire, la Hafidhiya, incarné par Moulay 'Abd al-Hafidh, le *Khalifa* de Marrakech : aidé finacièrement, semble-t-il, par le commerçant juif Joshua Corcos, ami du « grand caïd » du Haut Atlas, Madani al-Glaoui et par le groupe allemand Mannessmann en échange de la cession de terrains miniers dans le Haouz, il réclamait le *djihad* et la destitution de son frère cadet Moulay 'Abd al-'Aziz [27]. Mais faute d'être soutenu par un large groupe social puissant et homogène, en mesure d'intégrer dans le débat en cours, l'ensemble des problèmes politiques, économiques et religieux qui secouaient la société marocaine, la Hafidhiya ne prit jamais l'envol d'un mouvement à vocation « révolutionnaire ». Elle ratait ainsi le tournant qui fit passer la Perse et l'Empire ottoman, vers la même époque, à un régime de monarchie constitutionnelle. Légitimistes et divisés à l'extrême, les oulémas de Marrakech – comme ceux de Fès, ultérieurement – devaient s'effacer ainsi subrepticement devant le Glaoui qui allait les forcer *manu militari* à proclamer Moulay 'Abd al-Hafidh en remplacement de son frère. Ce dernier était accusé, « par ses collusions avec l'ennemi de Dieu et de la Religion », de n'avoir pas empêché l'entrée des troupes françaises à Oujda et Casablanca [28].

Peu connu jusqu'alors pour ses foucades militaristes, ce fut le président du Conseil Georges Clemenceau qui, en réaction au meurtre du docteur Émile Mauchamp à Marrakech [29] avait ordonné le 26 mars 1907 au général Lyautey de « prendre en gage » Oujda. La ville fut effectivement occupée sans combat trois jours plus tard ; cette action ajouta au discrédit de Moulay 'Abd al-'Aziz qui avait justifié à mots couverts la décision française. Quatre mois plus tard, c'était le bombardement de Casablanca par les navires de guerre *Le Galilée*, *La Gloire* et *Du Chayla*. L'affaire avait débuté avec l'opposition du Makhzen à la présence d'un fonctionnaire français chargé de contrôler les recettes douanières du port, conformément aux conditions de remboursement de l'emprunt de

1904. Le 21 juin 1907, les Marocains autorisèrent l'installation du contrôleur français, mais le 30 juillet 1907 éclata un incident très grave dans l'enceinte du port : le massacre de neuf ouvriers européens de la Compagnie marocaine et le pillage du poste de douane par la foule. Les Marocains réagissaient ainsi à la violation de sépultures musulmanes au cimetière de Sidi-Balyout au cours du creusement d'un tronçon de voie ferrée reliant le port à la carrière des Roches noires. L'ordre fut rapidement rétabli par le pacha de la Chaouia, Moulay al-Amin, oncle du sultan, tandis que le massacre était condamné par Moulay 'Abd al-'Aziz qui en imputa la responsabilité à la « canaille sauvage » de la ville. Mais le 3 août 1907, *Le Galilée* fit débarquer à Casablanca un premier détachement de soldats français : ils furent conduits jusqu'au consulat par l'interprète juif Yahya Zagouri, qui fut décoré un peu plus tard de la Légion d'honneur « pour sa conduite héroïque[30] ». Pendant les deux jours suivants, la ville fut sévèrement bombardée par les navires de guerre français tandis qu'un corps expéditionnaire composé de 3 000 soldats français et 500 espagnols, commandé par le général Drude, pénétrait dans la ville. Dès lors, le meurtre des neuf ouvriers allait servir de prétexte à la France et à l'Espagne pour procéder à la « pacification » de la Chaouia, prélude à la conquête générale du Maroc.

Pendant que les troupes étrangères prenaient position dans la ville, divers éléments de la population, profitant de la confusion générale, se livrèrent au pillage des magasins abandonnés par leurs propriétaires avant de s'attaquer au *mellah* et à la Qisariyya, y faisant une trentaine de morts et quelque soixante blessés juifs : « Les commerçants musulmans eux-mêmes, raconte un témoin européen, sont dévalisés ou mis à rançon. Mais les plus pitoyables victimes sont nécessairement les Juifs. Les hommes sont égorgés, les filles violées, les garçons emmenés comme esclaves... Dans le *mellah* désarmé, tout était à prendre : les bijoux, l'argent et les filles[31] ».

La communauté casablancaise comptait 6000 personnes à l'époque ; après ces graves incidents, près du tiers avait disparu. Des femmes, des jeunes filles, des enfants avaient été kidnappés tandis que les plus chanceux avaient pu trouver refuge à Tanger, El-Jadida, Rabat, Settat et même en Espagne[32].

De fait, plusieurs Européens – des Espagnols notamment – avaient participé au carnage. Des soldats français, fraîchement débarqués du *Galilée*, y auraient semble-t-il pris part également, mais ni les uns ni les autres ne furent inquiétés par les nouvelles autorités militaires de la ville, qui assignèrent aux seuls Juifs la tâche du déblaiement des rues et du ramassage des cadavres.

Les émeutes se généralisèrent ensuite à toute la Chaouia à l'instigation de plusieurs dirigeants religieux dont certains, tel le chérif Bou 'Azzawi, étaient lourdement endettés auprès des commerçants juifs et étrangers de Casablanca. Des troubles semblables éclatèrent au même moment dans plusieurs ports de l'Atlantique, à Essaouira notamment où le caïd Anflous des Haha obligea les Juifs à déménager de la *medina* pour se regrouper dans le *mellah*.

C'est dans ce contexte explosif que les oulémas de Marrakech procédèrent à la proclamation de Moulay 'Abd al-Hafidh. Deux jours plus tard, Moulay 'Abd al-'Aziz obtenait des oulémas de Fès une *fatwa* condamnant les agissements de son frère et récusant son droit à proclamer la guerre sainte. Cela n'empêcha pas pour autant le prétendant, qui se présentait comme « sultan du *djihad* » d'envoyer, le 25 août, une *harka* de 3000 hommes dans la Chaouia pour prendre part aux combats contre les Français. Au même moment, dans le sud-est du pays, les tribus du Tafilelt se mobilisaient pour chasser les Français de Colomb-Béchar et de la vallée du Guir.

Lyautey voulut en profiter pour occuper « provisoirement » Bou Denib ainsi que le massif des Beni Snassen, qui surplombait Oujda. Mais, par crainte d'une trop vive réaction allemande, l'autorisation ne lui en fut donnée par son gouvernement qu'en janvier 1908. Toute la zone s'étendant entre la frontière algérienne, la Moulouya et la Méditerranée était désormais aux mains des Français ; trois mois plus tard, les troupes françaises entraient à Bou Denib. Elles n'étaient plus qu'à une soixantaine de kilomètres de la vallée du Ziz et du Tafilelt.

Abandonnée à elle-même depuis le départ à Rabat, le 12 septembre 1907, de Moulay 'Abd al-'Aziz et de son gouvernement, la cité de Fès se crispa plus encore à l'annonce de la prise de Bou Denib. Elle s'enflamma aux discours du chérif Mohammed al-Kettani qui terrorisaient les dignitaires du Makhzen, les Européens et les Juifs et indisposaient par ailleurs une bonne partie des oulémas, qui lui reprochaient ses excès théologiques ainsi que ses ambitions politiques. Fort cependant de son origine idrisside et de son charisme auprès du petit peuple de Fès, al-Kettani, le visage voilé à la manière des princes almoravides, passait pour l'opposant le plus radical à la présence européenne au Maroc : il allait jusqu'à interdire aux membres de sa *zawiya* la consommation de thé et de tout autre produit d'importation étrangère. Aussi bien que Moulay 'Abd al-Hafidh qui lisait régulièrement les journaux arabes d'Orient, il avait par ailleurs une bonne connaissance des courants de pensée réformistes et salafistes qui agitaient le monde musulman à son époque. À l'issue de ses tournées en Égypte et à La Mecque, il devint même un ardent défenseur du panislamisme [33]. À son instigation, la population de Fès refusa de payer, en décembre 1907, l'impôt du *maks*, supprimé depuis 1886 et que Moulay 'Abd al-'Aziz voulait rétablir pour servir de gage au nouvel emprunt qu'il comptait obtenir des banques françaises.

Une révolte populaire éclata, qui conduisit les dignitaires religieux de Fès à prononcer, le 3 janvier 1908, la déchéance de Moulay 'Abd al-'Aziz et son remplacement, le lendemain, par Moulay 'Abd al-Hafidh. Pour la première fois dans l'histoire du pays, l'acte d'investiture du nouveau souverain fut assorti d'une série de conditions difficiles à tenir – telle que la récupération d'Oujda et de Casablanca, le respect de l'intégrité territoriale du royaume, la fin de la protection consulaire, le rejet de l'immixtion des étrangers dans les affaires du pays, l'abolition du *maks* et le respect des institutions religieuses du pays[34].

Voyant dans le contenu plutôt inhabituel de cette *bay'a* une marque de défiance à son égard, Moulay 'Abd al-Hafidh en tint spécialement rigueur aux oulémas de Fès et c'est la raison pour laquelle il retarda son entrée dans la capitale jusqu'au mois de juin. Une période de six mois au cours de laquelle la plupart des villes et des régions du pays se rallièrent à lui. Seuls quelques grands dignitaires du Sud, les caïds Anflous et Mtouggi par exemple, gardaient encore leur soutien à Moulay 'Abd al-'Aziz. Ils restèrent à ses côtés jusqu'à sa défaite définitive à Tamlilt, à une cinquantaine de kilomètres de Marrakech, le 19 août 1908. Lâché par ses soldats, le souverain déchu s'enfuit à bride abattue auprès du général d'Amade, à Settat, avant d'abdiquer à Casablanca le 21 août 1908 et de partir en exil à Tanger le 24 novembre. Les jours suivants, El-Jadida, Azemmour, Rabat, Larache, El-Ksar, Tétouan et Tanger reconnaissaient Moulay 'Abd al-Hafidh, tandis que le caïd Anflous était assassiné à Essaouira. Seul le caïd Mtouggi continua à tenir tête au nouveau sultan à Demnat, où il fit subir défaite après défaite aux forces hafdistes de Marrakech au cours des deux mois suivants, avant que l'intervention du Glaoui ne le contraigne finalement à rentrer dans les rangs.

Reconnu le 9 janvier 1909 par la France et les autres puissances européennes, après sa souscription à l'acte d'Algésiras, Moulay 'Abd al-Hafidh décida contre l'avis des oulémas de maintenir le très impopulaire impôt du *maks* ainsi que le monopole royal sur le tabac et le kif. Il confia aussi divers postes de responsabilités à d'anciens courtisans corrompus de son frère ainsi qu'à la nombreuse parentèle du grand vizir Madani al-Glaoui, auquel il attribua, pour prix de ses loyaux services, la perception de l'impôt chez les tribus du nord du pays. Une décision aux conséquences désastreuses qui allait lui aliéner toute la population rurale des environs de Fès. L'élite urbaine de la capitale, quant à elle, n'apprécia guère son revirement politique face à l'Europe et son adhésion, le 7 décembre 1908, à l'acte d'Algésiras. En somme, il réitéra toutes les erreurs qui avaient valu à son frère d'être déposé.

C'est ainsi que quelques voix s'élevèrent dans les milieux cultivés du royaume pour réclamer la transformation du régime et la prise en considération par le nouveau sultan des besoins de la société. Il s'agissait, en premier lieu, de jeunes lettrés et de commerçants nourris des idéaux de la *Nahda* en provenance du Moyen-Orient et très présents également à Salé et à Tétouan. Évoluant autour de l'hebdomadaire *Lisan al-Maghrib* de Tanger, ils pensaient que le Maroc ne pourrait recouvrer son intégrité morale et politique sans la transformation de ses institutions, à l'exemple de celle opérée récemment par le Japon et la Turquie, soumis aux mêmes difficultés et aux mêmes pressions que le royaume chérifien face à l'Europe[35].

Dans un appel adressé à Moulay 'Abd al-Hafidh le 11 octobre 1908, ils réclamèrent ainsi l'instauration d'un régime constitutionnel, à l'exemple de celui mis en place par le sultan 'Abd al-Hamid en Turquie, en juillet de la même année ; un régime doté d'une assemblée consultative et d'une constitution qui garantirait la préservation de la souveraineté du Maroc, de son intégrité territoriale et de sa personnalité nationale et religieuse, l'abolition de la protection consulaire, la suppression de l'arbitraire politique, la généralisation de l'instruction publique et l'instauration d'un régime constitutionnel :

> Ce que nous attendons de [Sa Majesté] avant tout, écrivaient-ils, c'est qu'Elle ouvre des écoles, répande l'instruction, décrète que l'enseignement primaire est obligatoire et gratuit, confie les postes de responsabilité aux hommes compétents, méritants et dignes, rapproche d'Elle les gens doués de raison et animés d'une pensée libre et élevée [...]. En conséquence, il est indispensable que Sa Majesté comble son peuple des bienfaits d'une constitution et d'une chambre de représentants et que, à l'exemple des pays évolués, tant musulmans que chrétiens, Elle lui octroie les libertés d'action et de pensée indispensables à la réalisation de ces projets[36].

Au cours des jours suivants, ce même journal alla plus loin en publiant un projet de constitution de 91 articles : inspiré de la Constitution ottomane du 24 juillet 1908, il suggérait l'institution d'une Chambre des députés et d'un Sénat ouverts aux seuls musulmans maîtrisant l'arabe et prêtant serment sur le Coran, la reconnaissance du malikisme comme rite officiel du pays, la sauvegarde de la préminence de la Qarawiyyin, la liberté de l'enseignement privé, la préservation des droits fondamentaux des non-musulmans, etc.[37].

Faute de témoignages adéquats, il est malaisé de mesurer l'impact de cette initiative sur l'opinion. Ce que l'on sait avec certitude, c'est que le *Lisan* lui-même ne survécut pas longtemps à son projet et que, ne recevant plus de subsides du Makhzen, ses directeurs, les frères Nemour, d'origine syro-palestinienne, mirent les clés sous la porte et vendirent leur imprimerie au sultan, qui la ferma aussitôt.

Concentrant pendant ce temps ses attaques contre l'occupation européenne plutôt que sur la réforme du Makhzen, Al-Kettani ne cessait d'appeler au *djihad* pour la récupération du Touat et des autres territoires perdus du royaume. Une revendication que le « sultan du *djihad* » ne pouvait faire sienne en aucune façon alors que se dessinait la possibilité d'un nouvel emprunt européen, destiné à sauver son pays de l'asphyxie.

C'était aussi l'avis de ses plus proches collaborateurs groupés autour de Mahdi al-Munabbhi et Mohamed Torres. Parent par alliance de Madani al-Glaoui et ancien chambellan de Moulay 'Abd al-'Aziz, le chef de file de ce groupe, al-Munabbhi, lui avait fait obtenir en novembre 1908 un très beau succès : le ralliement du chérif rebelle Raïssouni, qui, devenu caïd d'Arzila, assura le sultan de son concours financier et militaire. Peu de temps auparavant, il avait reçu le soutien des grands caïds du Sud, Tayyib Mtouggi et Si 'Aysa al-'Abdi, et celui d'Ahmed al-Hiba, fils de Ma' al-'Aynayn, venus lui prêter serment d'allégeance avec leurs hommes, qui défilèrent dans la capitale en compagnie de milliers de partisans du Glaoui.

Moulay 'Abd al-Hafidh avait d'autant plus besoin de cet appui que lui-même et ses ministres faisaient l'objet d'un vaste mouvement de dénigrement, qui l'amena à envisager de quitter Fès et de retourner à Marrakech. Il en imputait la responsabilité principale au chérif idrisside Mohammed al-Kettani qu'il résolut de mettre hors d'état de nuire par tous les moyens. S'attendant à être arrêté, celui-ci et les siens quittèrent en secret leur domicile, le 18 mars 1909, pour chercher refuge chez les Ait Mtir dans la région de Meknès. Le sultan en eut vent et, bafouant toutes les règles traditionnelles de la protection, il envoya ses hommes s'emparer du fugitif, qui fut ramené de force à Fès. Il y périt sous la torture, provoquant la révolte des

Zemmour et des Ait Yousi, entraînant dans leur mouvance toutes les tribus du Gharb.

Salafiste convaincu et ennemi juré du culte des saints, Moulay 'Abd al-Hafidh profita de cet incident pour ordonner la fermeture de la *zawiya* de la Kettaniyya, à Fès. Il s'attaqua également à la Tijaniyya, dont il condamna publiquement les pratiques ainsi qu'à la Taybiyya du chérif d'Ouezzane qu'il contraignit à payer ses impôts au Makhzen.

Après avoir été défié une fois de plus par son frère aîné Moulay Mohamed, qui fut capturé le 15 mai 1909 alors qu'il tentait de s'enfuir chez les Zaer du Gharb, Moulay 'Abd al-Hafidh enregistra une victoire spectaculaire : la capture du rebelle Abu Hmara qui, depuis l'époque de Moulay 'Abd al-'Aziz, répandait la terreur sur tout le territoire s'étendant entre Taza et Melilla. De connivence avec les autorités espagnoles du préside, il s'était même cru autorisé à céder de vastes territoires à des compagnies minières espagnoles travaillant dans la région de Melilla. Ramené dans une cage de fer à Fès, le Rogui fut décapité et son corps jeté en pâture aux lions de la ménagerie royale, qui, bien nourris, n'en voulurent pas. Un châtiment « barbare » qui fit pousser de hauts cris à tous les « humanitaires » de Paris, Londres et Madrid. Ces derniers appelèrent à une conquête rapide du Maroc pour mettre un terme à la « sauvagerie » de ses dirigeants. En tout état de cause, Taza, Debdou et les tribus avoisinantes envoyèrent leur soumission à Moulay 'Abd al-Hafidh à l'annonce de la capture du Rogui.

Seules ombres au tableau, au cours de cette année 1909 qui dans l'ensemble fut satisfaisante pour Moulay 'Abd al-Hafidh : la défection du prince Moulay 'Abd al-Rahman al-Kebir qui trouva refuge chez les Ghiata de la région de Taza et les graves incidents survenus aux environs de Melilla, après l'ouverture par les Espagnols du chantier de construction d'une voie ferrée jusqu'à

Nador, destinée à l'exploitation des mines des Beni Bou Ifrouq. La réponse timorée du sultan aux appels à l'aide des tribus du Rif, effrayées par l'arrivée d'un corps d'occupation espagnol de 50 000 hommes sous le commandement du général Marina, ne contribua pas, loin de là, à améliorer l'image du Makhzen dans le nord du pays.

Mais plus que tout autre facteur, ce furent les agissements politiques et militaires français qui sapèrent de façon irrémédiable l'autorité du sultan : tandis que dans la Chaouia les troupes du général d'Amade campaient à Settat, à une soixantaine de kilomètres de Casablanca, et que, sur les confins algériens, les compagnies sahariennes du général Lyautey prenaient le contrôle du nord de la Moulouya et du haut Guir, banquiers et industriels français, travaillant de concert avec le Quai d'Orsay, mettaient la dernière main à un nouvel emprunt visant à prendre le contrôle définitif de l'économie marocaine.

Dans un dernier sursaut de résistance, Moulay 'Abd al-Hafidh appela certes à son secours l'Allemagne et l'Italie ainsi que la Turquie, mais sans grand résultat. Isolé sur la scène internationale et plus discrédité que jamais dans son royaume, il dut accepter, fin février 1910, les conditions françaises pour l'octroi d'un nouvel emprunt. Un emprunt de 101 124 000 francs, couvrant 50 % à peine de la dette laissée par son frère et dont le remboursement serait effectué à partir des revenus des douanes, du *maks* et du monopole royal sur le tabac et le kif. Seuls les impôts sur les produits agricoles et les dons traditionnels faits au sultan par ses sujets étaient épargnés. Ses finances, son commerce et ses richesses minières hypothéqués, le Maroc n'avait même plus la possibilité de fabriquer sa propre monnaie : il dut recourir aux Monnaies de Paris, de Berlin et de Madrid pour frapper de nouvelles pièces d'argent en remplacement de celles mises en circulation par Moulay 'Abd al-'Aziz.

L'accord franco-marocain stipulait, en outre, que les troupes françaises évacueraient Casablanca, Oujda, Bou Denib et le territoire des Beni Snassen dès que les forces du Makhzen seraient en mesure d'y prendre le relais. Dans l'intervalle, le sultan se voyait contraint d'indemniser les victimes françaises de Casablanca et de couvrir les frais de l'intervention française dans la Chaouia. Un accord de même teneur fut signé quelques semaines plus tard par Mohammed el-Moqri avec l'Espagne, qui avait mal supporté d'être tenue à l'écart par la France lors des pourparlers avec le Maroc. Comme son modèle français, il faisait payer aux Marocains le coût de la conquête du Rif par les Espagnols. Une conquête qui fit perdre aux Espagnols des milliers de soldats sous les coups des guerriers du chérif Mohamed Ameziane. Celui-ci les combattit jusqu'à sa mort, les armes à la main, le 12 mai 1912.

Les derniers jours du Maroc indépendant

Pendant ce temps, les troupes françaises et espagnoles poursuivaient leur politique de grignotage à l'intérieur du pays. Dans la Chaouia, le général Charles Moinier, qui succéda au général d'Amade, s'employa à améliorer les infrastructures de la province comme s'il s'agissait déjà d'un territoire occupé : routes, conduites d'eau, télégraphe, hôpitaux et même un premier journal en français, *La Vigie marocaine*, appelé à devenir le plus grand quotidien du Maroc sous le protectorat. Un pont fut ainsi construit en mars 1910 sur l'Oum al-Rbi', destiné à accroître les échanges entre le centre et le sud du pays. Une initiative inspirée de la « méthode Lyautey » de pénétration pacifique dans les confins algéro-marocains. Ces avancées ne laissèrent guère indifférents les habitants de la région ni les commerçants fassis installés à Casablanca, de plus en plus sensibles aux bienfaits de la présence française dans la Chaouia, qui suscitait déjà un flux accru de migrants originaires des Doukkala et des Rahamna.

Outre les régions de l'est et de l'ouest occupées par l'armée française et qui couvraient 40 000 kilomètres carrés environ, et les 350 kilomètres carrés tenus par les Espagnols au nord, de larges portions du territoire marocain échappaient en fait à l'autorité du Makhzen, notamment dans les zones montagneuses. Pour y remédier un tant soit peu, Moulay 'Abd al-Hafidh avait besoin de toute urgence d'une nouvelle force armée bien équipée et convenablement entraînée. Croyant pouvoir se passer de l'aide encombrante de la France dans ce domaine, il fit appel à des instructeurs turcs, mais à la suite de vives protestations de la part du Quai d'Orsay, qui exigea leur départ, le souverain dut s'en remettre à des instructeurs français, sous le commandement du colonel Émile Mangin. L'ancien compagnon de Marchand à Fachoda se mit à la tâche dès novembre 1910 et, prenant pour modèle le goum algérien, il commença par démanteler, avec toute la brutalité qu'on lui connaissait, les anciennes tribus *guish* pour les remplacer par des *tabors* d'engagés volontaires. Recrutés pour une durée de quatre ans, ceux-ci étaient soumis à une discipline très stricte, punissant de la peine de mort désertions et actes de maraudage – une rigueur militaire inaccoutumée dans un pays où l'armée avait l'habitude de vivre « sur l'habitant » et qui, mal expliquée aux soldats, suscita beaucoup de mécontentement dans les rangs.

En tout état de cause, la nouvelle armée franco-marocaine ne fit pas preuve d'une grande efficacité lors de l'insurrection qui éclata à Fès et dans ses environs au début 1911. Déclenchée par l'ancienne tribu *guish* des Cherarda qui en voulait tout particulièrement au hommes du Glaoui pour leurs extorsions et leurs abus fiscaux, les rebelles marchèrent sur Fès en mars. Exigeant la destitution du Glaoui et l'application d'une fiscalité plus juste, ils assiégèrent le « sultan des chrétiens » dans son palais d'été de Dar-Debibagh tandis qu'à Meknès d'autres insurgés, conduits par les Ait Mtir, les Ait Yousi, les Cheraga et les Bani Ouarayn, proclamaient un de ses frères, Moulay al-Zin al-'Abidin, à sa place. À peine investi, celui-ci forma un gouvernement dirigé par un ancien partisan du chérif Kettani et entra en contact avec les diplomates anglais et allemands en poste à Tanger.

Survenant deux mois après la mort dans une embuscade, dans la Chaouia, du lieutenant Marchand, l'insurrection fit monter au créneau tous ceux qui, à Paris, militaires et civils, voulaient en finir avec l'« affaire marocaine » et réclamaient l'envoi des renforts militaires demandés par le général Moinier. Craignant de susciter une vive réaction de l'Allemagne – momentanément détournée de la question marocaine par les aléas de la crise des Balkans –, le ministre des Affaires étrangères Stephen Pichon s'opposa à la requête du général. Mais son successeur, Jean Cruppi, n'y vit aucun mal, laissant ainsi le gouvernement décider, le 22 avril 1911, d'envoyer 15 000 hommes au Maroc. Pour ne pas éveiller les soupçons de Berlin, le consul français à Fès, Henri Gaillard, parvint néanmoins à convaincre Moulay 'Abd al-Hafidh de solliciter officiellement, par une lettre antidatée du 17 avril, l'aide de la France pour l'envoi d'une force militaire « destinée à le seconder et à lui prêter son concours » afin de rétablir la paix dans le royaume.

Rassemblée à Kenitra dès la fin avril, la colonne française commandée par les généraux Moinier et Brulard entra à Fès le 21 mai. Les soldats y furent accueillis comme des sauveurs par les Juifs de la ville, victimes depuis des semaines des attaques incessantes de la population[38]. Sur les conseils de Gaillard et de Mangin, le sultan destitua aussitôt de ses fonctions de grand vizir Madani al-Glaoui, bête noire des insurgés, et le remplaça par Mohammed al-Moqri, qui allait détenir ces fonctions jusqu'à la fin du protectorat ; quelques jours plus tard, le 8 juin, l'armée française occupait Meknès, obligeant Moulay Zin al-'Abidin à se rendre ; enfin, le 8 juillet, elle fut de retour à Rabat après avoir jalonné de postes militaires la route reliant Fès au littoral atlantique.

Prenant l'Europe entière par surprise, l'intervention militaire française eut une double conséquence : l'occupation par les Espagnols – qui avaient peur de ne plus en avoir l'occasion – d'Arzila, Larache, El-Ksar et Ifni – et le retour tonitruant sur la scène marocaine de l'Allemagne[39]. Considérant que les résolutions de la conférence d'Algésiras avaient été bafouées par le « coup de Fès », l'Allemagne réagit vivement à l'action française en envoyant le 1er juillet 1911, sa canonnière *Panther* mouiller au large d'Agadir où se trouvait une assez forte concentration de négociants et de prospecteurs miniers allemands. Mais, à l'issue d'un bras de fer de quatre mois qui faillit dégénérer en une nouvelle guerre en Europe, Paris et Berlin finirent par s'entendre, le 4 novembre 1911, sur un accord : reconnaissant la prépondérance politique française au Maroc, l'Allemagne obtint, en contrepartie, des concessions territoriales au Moyen-Congo ainsi que la promesse de maintenir l'égalité entre toutes les nations européennes dans l'exploitation économique du Maroc.

L'accord franco-allemand fut ratifié par le Parlement le 14 janvier 1912. Le 24 mars, le ministre français à Tanger, Eugène Regnault, arriva à Fès, porteur du traité de protectorat à présenter à la signature de Moulay 'Abd al-Hafidh. L'acceptation du sultan, qui se battit avec l'énergie du désespoir, ne fut pas obtenue sans mal et ce n'est qu'après une semaine de négociations ardues, ponctuées de crises et de menaces, qu'il se résigna à y apposer sa signature le matin du 30 mars 1912. Cinq mille soldats français se tenaient, l'arme au pied, à quelques kilomètres de son palais tandis que pachas, caïds, cadis et autres notables procédaient à un véritable pillage des biens du

Makhzen, tant pour leur compte personnel que pour celui de leurs amis musulmans, juifs ou européens[40]. Le sultan lui-même y était directement impliqué par l'intermédiaire de son ministre de la Justice et de l'homme d'affaires juif Abraham Bengio, censal de la société Braunschvig.

Les dispositions du traité de Fès étaient identiques à celles du traité du Bardo instituant le protectorat français en Tunisie : maintien de la souveraineté du sultan et de l'intégrité territoriale du royaume chérifien ; représentation diplomatique du Maroc à l'étranger par des agents français ; institution d'un résident général, intermédiaire entre le Makhzen et le gouvernement français ; exécution sous le contrôle de la France de réformes ; enfin, mise en place au Maroc d'un « régime nouveau » dans le respect du prestige religieux du sultan, de la religion et des institutions musulmanes du pays. Le protectorat s'étendait en principe au Maroc entier, mais la convention franco-espagnole du 27 novembre 1912 laissait une automie à peu près complète à la zone espagnole, où le sultan serait représenté par un *khalifa* tandis que Tanger bénéficierait d'un statut de ville internationale définitivement finalisé qu'en 1928.

L'indignation fut générale à l'annonce de l'instauration du protectorat :

> Quand la nouvelle de la signature du traité fut connue à Fès, raconte le docteur Weisgerber qui se trouvait dans la ville, ce fut une consternation générale. Le traité du protectorat était considéré comme un acte de vente, et toute la ville, depuis les *Chorfas* et les oulémas jusqu'au dernier des *bakkal* réprouvait la transaction par laquelle l'imam, le Commandeur des Croyants, élevé sur le pavois quatre ans plus tôt comme sultan du *djihad*, avait vendu aux chrétiens une partie du *dar al-islam*[41].

Les premiers à réagir, le 17 avril 1912, furent les *tabors* de la nouvelle armée chérifienne, en garnison à Fès. Ils massacrèrent leurs officiers français avant de déferler dans les rues de la ville, protestant contre la « vente » du Maroc aux Français. Ils furent rejoints par des étudiants, des artisans, des boutiquiers, des portefaix, des muletiers et des mendiants, qui, après avoir été repoussés du quartier des consulats européens, envahirent Fès Jdid et pillèrent pendant quatre jours consécutifs le *mellah* pour y châtier les Juifs du bon accueil qu'ils avaient réservé aux soldats français. Ce fut le *tritel* (« saccage ») du quartier juif qui resta gravé dans la mémoire des Juifs de Fès. Un pogrom effroyable dont les conséquences furent aggravées par l'armée française. L'artillerie bombarda en effet à distance les ruelles du *mellah* pour en déloger les émeutiers. Trois semaines auparavant, le quartier avait fait l'objet de perquisitions « musclées » de la part des soldats français qui étaient venus y confisquer les armes et les munitions. Les Juifs eurent dès lors le sentiment d'avoir été sciemment laissés sans défense par les Français qui les avaient désarmés, à quelques jours du *tritel*. Cinquante-deux Juifs y trouvèrent la mort – parmi lesquels Abraham Bengio – et soixante-douze autres furent blessés :

> Nous étions abandonnés à notre sort alors que cent tirailleurs auraient suffi à empêcher notre malheur, écrivit le directeur de l'école de l'Alliance israélite universelle à sa direction à Paris. Nous avons été les victimes expiatoires et innocentes du mouvement antifrançais qui a éclaté à Fès […]. Nous avons été le plus cruellement atteints tant il est vrai qu'à toute explosion de la colère populaire au Maroc, c'est sur les mellahs que s'exercent les vengeances et que s'assouvissent les haines[42].

Fuyant leurs maisons en feu, les rescapés juifs se réfugièrent à l'intérieur du palais royal qui était tout proche du *mellah*. Des photographies les montrant en haillons, assis terrorisés à proximité de la ménagerie royale firent ainsi le tour du monde. Un millier de musulmans – dont plusieurs furent exécutés sommairement sur ordre du général Moinier – et une cinquantaine de soldats français périrent au cours de ces émeutes urbaines qui marquèrent les premiers jours du protectorat.

Mais le plus dangereux était encore à venir : des milliers de guerriers venant de toutes les tribus berbères et arabes du Moyen Atlas et du Rif – Cherarda, Awlad al-Hajj, Zemmour, Zaër, Zaian, Ait Mtir, Ait Yousi, Branes, Ghiata, Tsoul, Beni Zeroual, Hayayna et Jbala – avançaient vers la capitale et menaçaient d'y pénétrer, sous la conduite d'un chef des Beni Zeroual du nord-ouest de Fès, le cheikh Hajjani.

De Fès, où le sultan était toujours barricadé dans son palais sous la protection de soldats français, la révolte s'étendit à l'ensemble du Maroc et plus particulièrement à l'intérieur du Moyen Atlas et au Rif où les Espagnols eurent beaucoup de mal à défendre Melilla, Al Hoceima et Ceuta. Dans le Sud-Ouest, le fils du caïd Anflous ameuta les Haha et les tribus de la région d'Essaouira contre les Français, tandis que dans le Sous, Ahmed al-Hiba, qui succéda en octobre 1910 à son père Ma al-'Aynayn, se proclamait Mahdi et « imam des Mujahidun » à Tiznit, le 3 mai 1912. Il s'empara ensuite d'Agadir et de Taroudant. Tout le sud du pays, de la plaine des Haha jusqu'au Dadès et au Dra', passait en fait sous son autorité.

Seuls les confins algériens restaient relativement calmes : la politique de la « tache d'huile », alliant activités militaires, politiques et économiques, mise en œuvre par Lyautey dans la région de Colomb-Béchar avait porté ses fruits. Le général y avait trouvé de très efficaces alliés locaux, à l'exemple de Mohamed b. Qaddur Oufkir, qu'il fit nommer caïd de Bou Denib. Son plus jeune fils, Mohammed Oufkir qui servirait dans l'armée française sous le protectorat, serait appelé à un brillant avenir au cours des premières années de l'indépendance, jusqu'à sa mort brutale dans le complot qu'il fomenta en 1972 contre Hassan II[43].

Inquiet de la détérioration soudaine de la situation après la proclamation du protectorat, le gouvernement français, sous la houlette de Raymond Poincaré, nomma le 28 avril 1912 un militaire au passé prestigieux aux fonctions de commissaire résident général, à la place du très contesté Eugène Regnault qui ne s'était guère montré à la hauteur de la situation durant les émeutes de Fès. Le général Hubert Lyautey, alors âgé de cinquante-sept ans qui, accompagné du colonel Gouraud, un vétéran des guerres africaines, débarqua à Casablanca le 13 mai 1912. Le 22, il se rendit à Meknès et, le 24, il entra dans Fès toujours assiégé par les tribus des environs. Il fut reçu solennellement le jour-même par Moulay 'Abd al-Hafidh. Le sultan ne lui inspira pas confiance et il craignit dès lors qu'il rejoigne les rebelles à tout moment. Le lendemain même de son arrivée, la capitale faillit tomber aux mains des insurgés, qui ne furent repoussés que le lendemain vers le Sebou.

Parant ensuite au plus pressé, Lyautey chargea Gouraud d'assurer coûte que coûte la sécurité de la capitale et celle de sa périphérie orientale. Ce qu'il fit brillamment après sa victoire décisive – qui lui valut le grade de général – sur al-Hajjani, le 1er juin à Hajra-al-Kahla à une quinzaine de kilomètres de Fès. Au cours des deux mois suivants, les troupes françaises poursuivirent leurs actions dans les environs de Fès et de Meknès, soumettant entre autres les Ait Mtir et les Guerouan qui menaçaient notamment les villes de Sefrou et d'El-Hajeb.

Pendant que ses officiers tentaient de stabiliser la situation militaire autour de la capitale, Lyautey s'employa à calmer les appréhensions de l'élite urbaine de Fès, multipliant promesses et gestes de bonne volonté à l'égard de ses commerçants et notables religieux. Il exonéra ainsi les habitants du paiement de la contribution de guerre imposée par le général Moinier et s'engagea à accroître l'aide du Makhzen aux *medersas* et aux étudiants de la Qarawiyyin ; revenant également sur une décision de Moulay 'Abd al-Hafidh, il autorisa la réouverture de la *zawiya* de la Kettaniyya, très populaire chez les corporations d'artisans et le petit peuple fassi et, afin de réduire les risques d'affrontement entre l'armée et la population, il éloigna ses soldats du périmètre de la *medina*.

La situation de Fès une fois rétablie, le résident général s'attaqua à la question très sensible du statut du sultan. En dépendait non seulement le sort personnel de Moulay 'Abd al-Hafidh – qui, profondément ébranlé par la venue des Français, risquait de se retourner à tout moment contre eux –, mais aussi l'avenir même du protectorat, qui, dans la vision de Lyautey, se devait d'accorder une place symbolique essentielle au sultan. Aussi, fallait-il se débarrasser au plus vite de Moulay 'Abd al-Hafidh, qui, dans un combat d'arrière-garde, commençait d'ailleurs à refuser de signer tous les *dahirs* que les autorités françaises lui présentaient. Lyautey le fit transférer à Rabat, devenue officiellement la capitale du Protectorat, et le contraignit à abdiquer le 12 août 1912, après trois jours de discussions serrées à bord du croiseur *Du Chayla*. Un de ses frères, le très discret *khalifa* de Fès Moulay Youssef, âgé de trente et un ans, fut choisi pour lui succéder[44]. Lyautey ne voulait en effet pas d'un jeune fils du roi déchu et moins encore d'un chérif idrisside, comme certains membres de son entourage le lui avaient suggéré en désespoir de cause. Gouraud fut chargé de l'« éducation » politique du nouveau monarque.

Avant d'embarquer pour Tanger où il rejoignit dans son exil Moulay 'Abd al-'Aziz, le dernier sultan du Maroc indépendant prit soin de détruire les emblèmes de la dynastie 'alawite, pour bien marquer que son éviction lui avait été dictée sous la contrainte ; il brisa de ses propres mains le parasol écarlate que l'on portait au-dessus de sa tête lors des cérémonies officielles.

Deux jours après la désignation de Moulay Youssef, le 14 août 1912, 'Al-Hiba, entouré de ses « hommes bleus », entrait à Marrakech où il se fit proclamer sultan. Il y prit en otage plusieurs ressortissants français et, soutenu par plusieurs notables de la région, qui, à l'exemple du caïd Mtouggi et du Glaoui se rallièrent à lui à la dernière minute, le chef saharien se prépara à envahir le Tadla et la Chaouia. Ne se résignant pas à ouvrir un nouveau front dans le sud du pays, Lyautey envisagea de régler par la négociation la question des otages. Il apparut rapidement qu'il serait en effet impossible d'obtenir leur libération par un rapide coup de main. Mais devant l'obstination du chef saharien qui réclamait le retrait immédiat des forces françaises du pays, le croiseur *Cosmao* fut envoyé bombarder Agadir le 19 juillet, tandis que Lyautey ordonnait au colonel Mangin de faire mouvement vers Marrakech.

Mangin ne disposait que d'effectifs très limités – 5000 hommes en tout, des Sénégalais et tirailleurs algériens en majorité – ainsi que d'une douzaine de canons seulement. Mais apprenant l'envoi par al-Hiba d'une *harka* de 3000 hommes vers Essaouira, il prit les devants et marcha à la rencontre des troupes du chef saharien qu'il massacra grâce à la supériorité de son artillerie le 5 septembre 1912 à Sidi-'Uthman, à une cinquantaine de kilomètres de Marrakech. Le lendemain, les soldats français entraient dans la ville, ralliant à eux le Glaoui et les autres « grands caïds » du Haut Atlas. Al-Hiba repartit vers le Sous après avoir grandement choqué les Marrakshis lorsque, dans un accès de puritanisme excessif, il voulut donner pour épouses à ses partisans les jeunes filles célibataires de la ville. Plusieurs de ses disciples, à l'exemple du Mahdi Mbarek al-Touzounini[45] poursuivirent le combat dans le jbel Saghro et le Tafilelt, qui ne se rendirent aux Français que longtemps après l'établissement du protectorat.

CINQUIÈME PARTIE

LE MAROC À L'HEURE FRANÇAISE

15

Le Maroc de Lyautey

C'est un pays en ébullition que le général Lyautey eut à gérer à partir de 1912. Un vieil empire chargé d'histoire et de culture pour lequel il éprouvait le plus grand attachement et qui – rappelait-il à chaque occasion à ses concitoyens français – ne ressemblait ni à l'Algérie ni à la Tunisie :

> Alors que nous nous sommes trouvés en Algérie, déclara-t-il devant la chambre de commerce de Lyon en 1916, en face d'une véritable poussière, d'un état de choses inorganique, où le seul pouvoir constitué était celui du dey turc effondré, dès notre venue, au Maroc, au contraire, nous nous sommes trouvés en face d'un empire historique et indépendant, jaloux à l'extrême de son indépendance, rebelle à toute servitude, qui, jusqu'à ces dernières années, faisait encore figure d'État constitué, avec sa hiérarchie de fonctionnaires, de représentation à l'étranger, ses organismes sociaux dont la plupart subsistent toujours, malgré la défaillance récente du pouvoir central[1].

Il ne s'agissait donc pas pour lui d'« algériser » le Maroc ni d'y appliquer purement et simplement les méthodes utilisées par Cambon en Tunisie. Grand admirateur de

Lord Cromer et de son action en Égypte, et fort de sa propre expérience tonkinoise et malgache, Lyautey n'imaginait pas un seul instant pouvoir gouverner le royaume chérifien sans l'appui du sultan. Un *Indirect Rule* à la française, dont la réussite passait par la réhabilitation du magistère chérifien, le ravalement de la façade makhzénienne, la mise en place d'une Résidence détenant l'essentiel des pouvoirs d'exécution et de contrôle et, enfin, la « pacification » du royaume et la suppression des foyers de « dissidence » (*siba*) défiant l'autorité de la France.

Aussi l'un des objectifs phares de ce « Lord colonial de la IIIe République » comme l'appelle Daniel Rivet, sa « plus belle réussite », comme il l'écrivait lui-même, fut-elle de faire de Moulay Youssef un sultan « plus sultan » que ses prédécesseurs, un « sultan intégral », ce qui devait distinguer d'emblée ce descendant de l'une des plus vieilles dynasties du monde musulman de tous les rois fantoches d'Afrique, à commencer par le bey de Tunis, laissés sur leurs trônes par les autorités coloniales françaises et britanniques :

> J'ai écarté soigneusement de lui toutes les promiscuités européennes, les automobiles et les dîners au champagne, raconta Lyautey. Je l'ai entouré de vieux Marocains rituels. Son tempérament de bon musulman et d'honnête homme a fait le reste. Il a restauré la grande prière du vendredi avec le cérémonial antique ; il a célébré les fêtes de l'Aïd Seghir avec une pompe et un respect des traditions inconnus depuis Moulay Hassan. [...] Tout à coup, il prend une figure de vrai sultan [2].

Affectant de se placer sous l'autorité du roi, Lyautey aimait se présenter comme « le premier serviteur de Sidna » (Notre Seigneur), auquel cet aristocrate nostalgique de l'Ancien Régime tenait avec beaucoup de déférence l'étrier lorsqu'il descendait de cheval [3]. Il n'épargna dès lors aucun effort pour magnifier l'image du sultan, inséparable de son statut religieux de « Prince des Croyants ». Ce à quoi il adhéra spontanément, lui l'admirateur sincère de l'islam, qui alla jusqu'à interdire l'accès des mosquées aux non-musulmans et... la présence de femmes dans les réceptions de la Résidence, par égard pour ses invités musulmans. Un respect et un amour que les oulémas fassis lui rendirent bien lorsqu'il fut terrassé par une violente hépatite en 1922 : ils vinrent réciter sous les fenêtres de son palais le *Ya Latif*, la prière invoquée quand l'islam est en danger.

En acteur accompli, le « maréchal de l'islam » se prêtait de bonne grâce, à la « grande comédie des apparences » élaborée par ses services pour donner davantage d'éclat et de solennité aux rites en usage à la cour chérifienne. Voici le témoignage des frères Tharaud sur la célébration de l'Aid al-Fitr par par Moulay Youssef à Rabat, en 1917, et l'hommage qui lui fut rendu par Lyautey, à l'issue de la partie religieuse de la cérémonie :

> Immobile sur son cheval blanc au beau harnais orangé, toujours éventé par les serviettes claquantes et protégé par le grand parasol, le sultan s'était arrêté au beau milieu du carré de ses soldats, entre ses deux musiques qui continuaient de mêler, sans se soucier l'une de l'autre, leurs cuivres, leurs tambours, leurs flûtes, leurs trompettes et les accords de *Sambre-et-Meuse* aux nostalgies de l'Andalousie. [...]
>
> Quelques instants plus tard, le général Lyautey se rendait au palais. Il arriva à sa manière, brillant, aisé, rapide, en cavalier qui sait que des regards de cavaliers le guettent, mit lestement pied à terre et pénétra dans la cour intérieure, suivi de sa maison civile et militaire. Descendus de leurs chevaux et leurs mules, tous les serviteurs du palais, accroupis maintenant de chaque côté de la cour, faisaient une frise minuscule de rouges bonnets pointus,

de lainages et de pieds nus, au bas des hautes murailles blanches. Le sultan était assis sur un canapé Louis-Philippe, dans une salle de construction récente, mais joliment décorée dans le vieux style arabe. À sa droite se tenaient quelques-uns de ses ministres.

Le général vint jusqu'à lui, en faisant aux intervalles prescrits par le cérémonial, les trois saluts d'usage. Puis il lut un discours auquel Sa Majesté chérifienne répondit, comme veut la coutume, d'une voix basse, inintelligible, en remuant à peine les lèvres. Un interprète traduisit. Mais bien autrement que ces discours, la simple attitude de ces deux hommes assis maintenant l'un en face de l'autre et qui s'entretenaient avec une familiarité paisible, faisait passer mille pensées dans l'esprit... Le sultan [...] n'avait plus cet air impassible qu'on lui voyait tout à l'heure, sur son cheval blanc et orange, au milieu de son cortège antique. En écoutant le général, un sourire plein de bonhomie et de finesse bourgeoise découvrait ses dents éclatantes et animait un regard un peu sans vie mais très doux[4]...

Tel un vice-roi des Indes, le général Lyautey ne se privait pas, pour sa part, du plaisir d'habiter de somptueuses résidences comme le palais de la Bahia, construit par Ba Ahmad à Marrakech, et le palais de Bou Jloud, qui avait été occupé par Moulay 'Abd al-Hafidh à Fès. En bon esthète, il fut très sensible à l'accueil exaltant auquel il eut droit lors de sa première visite à Marrakech, après la conquête de l'ancienne capitale sa'dienne par Mangin :

La multitude arabe, le luxe des cavaliers, les grands étendards déployés, les cortèges successifs, les fanfares joyeuses de nos troupes, le parfum de victoire et d'allégresse, la toile de fond du Grand Atlas couvert de neige, le campement de la colonne victorieuse dans les grands jardins du sultan..., les évocations de l'armée d'Égypte, mon logis dans un petit pavillon de plaisance entouré d'orangers, de grenadiers, d'oliviers et de cyprès, ma salle d'audience avec ses dix mètres de hauteur et ses revêtements de mosaïques, le campement de ma suite essaimé dans des jardins de Shéhérazade, les récits de combat, les cavaliers m'apportant leurs sabres couverts de sang et tordus[5]...

La rétablissement du sultan dans ses prérogatives traditionnelles fut donc pour Lyautey un objectif prioritaire. Mais, il était hors de question de lui concéder la moindre parcelle d'autorité politique : certes, lois et décrets du protectorat étaient censés émaner de Sa Majesté chérifienne mais tous les *dahirs*, sans exception, furent pris à l'initiative de la Résidence puis rédigés et mis en forme par ses services, qui les présentaient ensuite à l'approbation du sultan. « Guidé » par ses deux conseillers franco-algériens Kaddour b. Ghabrit et Mohammed Mammeri, nommés à leurs postes par la France, Moulay Youssef ne pouvait qu'apposer son sceau sur des textes qui, selon toute vraisemblance, heurtaient sa sensibilité religieuse et politique. À l'exemple du premier *dahir* berbère du 11 septembre 1914, qui permettait aux Berbères d'être « régis et administrés selon leurs lois et coutumes propres » et non plus implicitement par la seule *shari'a* musulmane ; ou encore de la décision qu'il approuva, sûrement à contrecœur, de supprimer le Coran et la langue arabe des programmes des écoles franco-berbères.

Rognant l'une après l'autre la plupart des prérogatives exécutives du Makhzen, Lyautey supprima dès 1913 les postes de ministres des Affaires étrangères, des Finances et de la Guerre. Dépouillé de tout pouvoir, le cabinet proprement dit du sultan et ses vizirs ne s'occupaient plus, désormais, à l'échelle nationale, que des questions d'ordre religieux, justice et *habous* (biens de mainmorte) notamment. La Résidence et ses différentes directions avait la haute main sur le reste, à savoir la vie économique, politique et sociale du pays : finances, travaux publics, santé, instruction, transports et communications, eaux et forêts, commerce, mines et industrie, emploi, monuments historiques, sécurité publique. À sa tête, le résident général dépendait uniquement du ministre français des Affaires étrangères. Représentant du Maroc auprès des puissances, il faisait fonction de ministre des Affaires étrangères du sultan et de son chef des armées; il avait seul l'initiative des lois et de leur promulgation. Chef de la communauté française, il était seul habilité à prendre toutes les mesures intéressant les expatriés vivant dans le pays, sur lesquels il avait donc un pouvoir absolu.

Un secrétariat général du gouvernement chérifien, devenu en 1920 la Direction des affaires chérifiennes, centralisait les questions administratives et civiles et assurait la liaison entre le Makhzen et la Résidence. Il supervisait également l'activité des vizirs et, avec la Direction de l'intérieur et la Direction des services de la Sûreté publique, était préposé au contrôle politique du pays.

La même « fiction » d'indépendance et la même dualité des hiérarchies inspiraient l'administration locale et régionale : certes, pachas des villes et caïds de tribus étaient comme par le passé les représentants du Makhzen dans les villes et gardèrent en apparence toutes leurs fonctions. Mais, dans la réalité, c'étaient les contrôleurs civils, dans les trois régions civiles de Casablanca, Rabat et Oujda créées en 1923 et les officiers des affaires indigènes – émanation des Bureaux arabes d'Algérie – dans les régions militaires de Meknès, Fès, Agadir ainsi que dans la région mixte de Marrakech qui décidaient de tout, depuis le maintien de l'ordre public jusqu'à la collecte des impôts, l'adjudication des chantiers de travaux publics, la distribution des eaux d'irrigation et la régulation des marchés[6]. Un régime d'administration directe, dans lequel l'avis du Makhzen n'était demandé que pour la forme et auquel il songea donner un « sérieux coup de barre » en 1920, en appelant les fonctionnaires français à faire place aux agents du Makhzen, à apprendre l'arabe et à se délester de leur « suffisance coloniale[7] ». Il fut très peu entendu, car le nombre de fonctionnaires français ne cessa d'augmenter au cours de son mandat passant de 1569 en 1914 à 6531 en 1925[8], des chiffres appelés à s'envoler littéralement sous ses successeurs.

Seules les populations des régions du Sud échappèrent à l'emprise exclusive de l'administration française. La menace d'al-Hiba une fois écartée, les grands caïds de l'Atlas revinrent sur le devant de la scène. Succédant en 1918 à son père Madani aux fonctions de pacha de Marrakech, Thami Glaoui n'allait pas tarder à devenir le plus grand seigneur féodal du Maroc au service de la France. Pour Charles-André Julien, il fait peu de doute que « la nostalgie royaliste de Lyautey se soit complue à un système qui lui rappelait les puissants feudataires de la couronne de France[9] ».

Les Espagnols aussi puisèrent dans les mêmes anciennes élites urbaines et rurales que les Français pour administrer leur zone : outre le *khalifa* du sultan, qui était un obscur cousin de Moulay Youssef – fonction que le turbulent caïd d'Arzila Raïssouni aurait voulu remplir –, c'est un fils de l'ancien *na'ib* de Tanger, Mohammed Torrès, qui fut nommé pacha à Tétouan et un petit-fils de l'ambassadeur 'Abd al-Salam Brisha qui fut chargé de gérer les finances de la ville.

Mais tout ce redéploiement ne prit définitivement corps qu'à l'issue de la « pacification » du Maroc, qui se poursuivit sans discontinuer longtemps après le départ de Lyautey en 1925 et jusqu'à la veille de la Seconde Guerre mondiale. Une entreprise de conquête de longue haleine et fort coûteuse en vies humaines qui fit, selon les estimations de Daniel Rivet, 100000 morts du côté marocain et 10000 du côté français, auxquels il faudrait ajouter les

10 000 soldats marocains tombés au front, en France et en Orient, durant la Grande Guerre.

De fait, les Marocains payèrent un double prix : d'abord en tant que résistants à la conquête de leur pays ; ensuite en tant que « supplétifs » de l'armée française, goumiers, mokhaznis ou tirailleurs que l'on jetait les premiers dans la bataille avant l'entrée en action des troupes régulières.

Effectifs militaires français au Maroc de 1911 à 1934[10]

Année	*Total*	*Officiers*	*Européens*	*Maghrébins*	*Africains*
1911	27652	922			
1912	54943	1819			
1914	66266	2004	28752	35510	
1916	86598	2016	49514	35068	
1918	88219	2474	45972	39873	
1919	102289	2517	38899	60873	
1920	*90449*	*2565*	*22137*	*39164*	*10257*
1922	88103	2658	31808	43256	10381
1924	62107	2195	26386	28966	4470
1927	97904	3063	35831	59010	
1928	86017	2877	35831	49711	
1930	75326	2650	28083	44593	
1932	76147	2709	26885	46553	
1934	69294	2539	23725	43030	

Un pays jamais complètement conquis

À la veille de la Première Guerre mondiale, l'armée française tenait à peine les plaines et les villes du « Maroc utile », variation lyautéenne du *bilad al-Makhzen* par opposition au *bilad al-siba* ou « pays de la sédition », clichés chers aux ethnologues et aux administrateurs coloniaux du Maghreb. Le Maroc utile incluait les villes côtières, le Gharb et la Chaouia jusqu'aux premiers gradins du Moyen Atlas ; les plaines des 'Abda, des Doukkala et du Haouz ; le rectangle Meknès-El-Hajeb-Sefrou-Fès et ses extensions jusqu'à Ifran et Azrou ; la trouée de Taza, reliant le Maroc à l'Algérie ; enfin Marrakech et le nord de la vallée du Sous. Cela représentait la moitié seulement du Maroc français putatif. Ce qui n'inquiétait pas outre mesure Lyautey : à la conquête rapide et brutale de vastes régions il préférait l'annexion lente mais durable de territoires « travaillés » au préalable par l'« action politique » des Bureaux indigènes et des officiers de renseignements. Le résident général ne cria donc pas au scandale quand, à la veille du conflit mondial, il reçut pour consigne de rapatrier une bonne partie de ses soldats en métropole. Mais au lieu de faire retirer ses troupes, comme il en avait été autorisé, des théâtres d'opérations de l'intérieur pour les concentrer autour des seules grandes villes, il fit tout simplement le contraire : il garda intacts ses avant-postes au sud de l'axe Kenitra-Meknès-Fès-Oujda et dégarnit en revanche les ports atlantiques qu'il laissa à la seule garde des territoriaux venus de France ou des supplétifs marocains. Il s'agissait suivant sa propre formule, « de vider l'œuf sans en briser la coquille [11] » et d'engager comme si de rien n'était la deuxième phase de la « pacification », au cours de laquelle il s'attaqua au noyau le plus dur de la résistance marocaine, le Moyen Atlas. Une bataille difficile et risquée que Lyautey gagna brillamment et qui lui valut, en 1921, le bâton de maréchal.

La conquête du Moyen Atlas était indispensable tant pour assurer la jonction entre l'Algérie, Taza, Fès et le Maroc atlantique que pour garantir le flux régulier des échanges entre Fès et Marrakech par le Tadla. Engagée immédiatement après la prise de Marrakech, elle se poursuivit sans discontinuer jusqu'en 1921. Lyautey en confia la tâche dans un premier temps au colonel Mangin, dont il n'appréciait pourtant pas les méthodes agressives rapportées d'Afrique de l'Ouest. Plus d'une fois il dut intervenir personnellement pour calmer les ardeurs belliqueuses du colonel, qui voulait en découdre rapidement avec la puissante confédération des Zaian et son chef, le caïd Moha ou Hammou, dont l'influence s'étendait de la région de Khénifra à la haute Moulouya.

Ainsi, à peine installé à Oued Zem, début 1913, Mangin mit le résident général devant le fait accompli en fonçant sur Kasba-Tadla. Lyautey entra dans une violente colère après l'opération non autorisée d'El-Ksiba, qui fit de nombreux morts et blessés du côté français. Mangin fut rappelé à Casablanca, puis renvoyé en France. Ses fonctions furent confiées au général Henry, proche parmi les proches du général Lyautey, sous les ordres duquel il avait servi pendant de nombreuses années en Algérie.

Le 9 juin 1914, Lyautey décida d'attaquer Khénifra, la « capitale » de Moha ou Hammou. Les soldats français n'y trouvèrent âme qui vive, la ville ayant été désertée à temps par ses habitants. Le 13 novembre 1914, ce fut le désastre d'El-Herri, à l'entrée de Khénifra : un détachement entier, commandé par le colonel René Laverdure, y fut décimé, laissant sur le terrain 613 morts dont 33 officiers et 200 soldats français, 218 soldats algériens et tunisiens, 125 Sénégalais et 37 Marocains. Sans en avoir reçu l'ordre de ses supérieurs, le colonel avait voulu surprendre Moha ou Hammou dans son campement [12].

Encouragée par le déclenchement de la guerre en Europe, la résistance s'intensifia dans tout le pays : dans le Sud, les principaux ennemis des Français étaient Al-Hiba et son frère Merebbi Rabbo qui lui succéda à sa mort en 1919 ; au Moyen Atlas, c'était, outre Moha ou Hammou, Moha ou Sa'id dans le Tadla et 'Ali Amhaouch de la région d'Azrou, que l'on surnommait le Sultan des Montagnes. À Taza et dans le nord-est du pays, il y avait le cheikh Sidi Raho, des Ait Tserrouchen, qui participa au siège de Fès en 1912, ainsi que le chérif Si Mohammed al-Ma'mun al-Shinguitti, ou encore l'émir 'Abd al-Malik b. Muhi al-Din, petit-fils d'Abd el-Kader : né à Damas, il était passé par l'armée turque avant de s'installer en 1902 au Maroc, où il se mit au service de Bu Hmara, avant de passer à celui de Moulay Hafidh qui le nomma inspecteur de police à Tanger. Téléguidé par les services de renseignements allemands, il se constitua une petite armée d'un millier de soldats qui harcelaient les troupes françaises de part et d'autre de la ligne de démarcation entre les zones française et espagnole.

Après le désastre d'El-Herri, l'idée directrice de Lyautey était de séparer en deux parties le bloc insoumis constitué par les Zaian au sud, et les Ghiata et les Beni Ouarayn au nord : il chargea en 1917 le général Poeymirau d'opérer une percée médiane, venant de Meknès et d'El-Hajeb à

Pertes militaires françaises au Maroc de 1912 à 1934[13]

	Morts	*Blessés*	*Total*		*Morts*	*Blessés*	*Total*
1912	237	832	1069	1923	858	1511	2369
1913	234	609	843	1924	232	225	457
1914	860	783	1643	1925	2218	3100	5318
1915	69	229	298	1926	286	708	994
1916	125	244	369	1927	112	357	469
1917	175	409	584	1928	46	82	128
1918	301	264	565	1931	267	309	576
1919	334	241	575	1932	443	600	1043
1920	142	265	407	1933	669	916	1585
1921	177	367	544	1934	18	19	37
1922	434	444	878				

travers Azrou et jusqu'à Midelt. Un autre détachement partant de Bou Denib et de Colomb-Béchar devait investir le Tafilelt. Il atteignit péniblement Erfoud et Rich au cours des années suivantes. De larges secteurs du Haut Atlas et de l'Anti-Atlas allaient demeurer dès lors hors de portée des troupes françaises jusqu'au milieu des années 1930.

À bout de forces, les Zaian montrèrent les premiers signes de faiblesse, à partir de 1918. Trois fils de Moha ou Hammou qui ne cessa jamais de clamer son attachement à la dynastie 'alawite, firent ainsi leur soumission aux Français qui nommèrent l'un d'eux, Hassan, aux fonctions de pacha de Khénifra. Mais la résistance zayan ne s'effondra complètement qu'en 1921, après la mort, les armes à la main, de Moha ou Hammou. Peu de temps auparavant, les Beni Ouarayn se rendirent au général André, qui put élargir de la sorte la « tache de Taza » jusqu'au Zerhoun, tandis que dans le Rif l'émir Abdelkrim se soulevait contre les Espagnols. D'autres chefs du nord-est du pays à l'exemple de Moha ou Sa'id continuèrent à tenir tête aux Français, empêchant ainsi jusqu'en 1924 toute liaison entre Fès et le Tafilelt.

Dans le Haut Atlas, l'action militaire de Lyautey avait pris une tournure tout autre qu'au Moyen Atlas. Le résident général s'y appuya solidement sur la collaboration des grands caïds des « trois cols », Thami Glaoui, 'Abd al-Malik M'touggi et Tayyid Goundafi, ainsi que sur le très énergique pacha de Taroudant, Haida ou Mouis qui chassa al-Hiba du Sous et de l'Anti-Atlas. Ce qui lui valut d'être décoré de la Légion d'honneur des mains du général Maurice de Lamothe, avant de trouver la mort en 1916 dans une ultime *harka*, au sud de Tiznit. La ville et sa région furent confiées ensuite à Tayyib Goundafi, dont les abus le firent détester de la population et l'obligèrent à quitter la scène politique en 1922. Il fut remplacé par l'un des frères de Moulay Youssef, le *khalifa* de Marrakech, Moulay Zayn b. al-Hassan, mais ici comme ailleurs la réalité du pouvoir se trouvait dans les mains des officiers des Bureaux des affaires indigènes.

Après la mort en 1928 d 'Abd al-Malik Mtouggi, le Glaoui resta le dernier grand seigneur de l'Atlas. Robert Montagne, qui les approcha tous les deux, en fit le portrait suivant :

> Comblés de biens, assurés de la paix par une rude domination qui maintient les tribus dans la crainte et la pauvreté, les chefs de l'Atlas peuvent à présent quitter leurs forteresses pour leurs palais de Marrakech. Ils apprennent l'art d'y vivre en grands seigneurs et d'accueillir avec aisance les hôtes illustres venus d'Europe qui célébreront au loin leur puissance. Le plus habile d'entre eux découvre en même temps la précieuse valeur de l'amitié des hommes politiques de notre pays et la cultive précieusement afin de devenir intangible[14].

Là où ils ne purent s'appuyer sur de « grands caïds » comme au Haut Atlas, les Français firent appel aux cheikhs de confréries qui leur servirent de relais au sein des populations frondeuses du monde rural. Lyautey en avait donné le signal dès son arrivée à Fès, en autorisant les adeptes de la Kettaniyya à rouvrir leur *zawiya* et en permettant à leur nouveau chef de file, 'Abd al-Hayy al-Kettani, à répandre ses idées anti salafistes du haut de sa chaire de la Qarawiyyin. Ses discours nourris de soufisme n'allaient pourtant pas dans le sens des réformes désirées par le résident général pour la prestigieuse université fassie. Ni non plus du goût du ministre délégué à l'Instruction publique, Mohamed Hajoui, et de son collègue, Bousha'ib al-Doukkali, vizir des plaintes et des doléances, que l'on connaissait pour leurs positions modernistes allant dans le sens des Lumières musulmanes de la fin du XIXe siècle.

La guerre du Rif (1921-1926)

Vivant avec le sentiment d'avoir été floués par les Français lors du « partage » du Maroc, les Espagnols avaient beaucoup de mal à gouverner le massif du Rif, qui tomba en leurs mains en 1912 : un rectangle montagneux de 300 kilomètres de long sur 60 à 90 kilomètres de large, faiblement habité et très pauvre, s'étendant du détroit de Gibraltar à la Moulouya et séparé du reste du pays par une ligne passant au-dessous de Larache, El-Ksar, Chefchaouen, Targuist et longeant les riches plaines du Sebou et de l'Ouergha attribuées au Maroc français. Partagés entre plusieurs tribus comme les Ghomara et les Jbala à l'ouest, et les Beni Ouriaghel au centre, les Rifains n'hésitaient pas à prendre les armes contre l'armée espagnole chaque fois qu'elle s'aventurait loin de ses garnisons pour protéger les agents des compagnies minières européennes qui exploitaient le sous-sol. En outre, pendant la Première Guerre mondiale, le Rif fut le théâtre d'opérations d'infiltration de la part des Allemands et des Turcs qui engagèrent à leur service, sous l'œil consentant des Espagnols, le chérif Raïssouni et le petit-fils de l'émir 'Abd el-Kader d'Algérie, 'Abd al-Malik b. Muhi al-Din, qui avait travaillé pour le compte de Bu Hmara avant d'entrer dans la police tangéroise.

C'est à ce moment-là que l'on commença à entendre parler de Mohamed b. 'Abd al-Krim al-Khattabi, plus connu sous le nom d'Abdelkrim, un Berbère né en 1882 dont la famille se prétendait d'origine chérifienne, descendant du deuxième calife, 'Umar b. al-Khattab. Son père était cadi des Beni Ouriaghel. Il avait combattu Bu Hmara aussi bien que les Espagnols lors de leurs premières tentatives de pénétration sous Moulay 'Abd al-'Aziz et Moulay 'Abd al-Hafidh.

Après avoir passé trois années d'études à la Qarawiyyin de Fès, Abdelkrim et son frère Mhammed reçurent une éducation espagnole qui permit à ce dernier de poursuivre des études d'ingénieur à Madrid. Lui-même se vit attribuer un poste au Bureau des affaires indigènes de Melilla, en 1908 avant de diriger la section arabe du journal *El Telegrama del Rif*, activité qui lui valut en 1912 la médaille de l'ordre d'Isabelle la Catholique puis la croix de l'ordre militaire. Trois ans plus tard, il entra au service du cadi de Melilla dont il devint le *na'ib*, l'adjoint.

C'est alors qu'il commença à se faire remarquer des autorités locales ainsi que des services de renseignements français pour sa haine du colonialisme et… sa germanophilie. Arrêté à diverses reprises, il fut jeté en prison, en même temps que son frère, qui fut rappelé d'Espagne par leur père pour prendre les armes contre les troupes du général Manuel Fernandes Silvestre. Ennemi juré du haut-commissaire en exercice Berenguer, brutal et vaniteux, le général, qui commandait la garnison de Melilla, se croyait tout permis parce qu'il était l'ancien aide de camp d'Alphonse XIII et l'ami du futur dictateur Miguel Primo de Rivera qui allait bientôt enterrer la dynastie des Bourbons.

Dans un premier temps, Abdelkrim et ses partisans se limitèrent à des actions de guerilla – attaques de convois, destruction de lignes de communication, harcèlement de postes militaires isolés et capture de prisonniers qu'ils échangeaient par la suite contre d'appréciables rançons. Des actions sporadiques qui déstabilisèrent davantage le régime espagnol et assurèrent à Abdelkrim un large soutien de la population rifaine. Sous la pression de ses supérieurs qui voulaient en finir rapidement avec la révolte, le général Silvestre lança au printemps 1921 une vaste opération contre Abdelkrim à Boumeyane. Ce fut un échec retentissant, car le chef rifain, prévenu à l'avance de la progression des troupes espagnoles, l'y attendait de pied ferme. Au lieu de regagner Melilla, le général Silvestre fit stationner ses forces autour d'Annoual, à une vingtaine de kilomètres d'Al Hoceima. Elles furent aussitôt encerclées, puis anéanties par Abdelkrim, qui, le 9 août 1921, fit subir aux Espagnols l'une des défaites les plus cuisantes de l'histoire de la colonisation européenne en Afrique :

> Ce fut une bataille d'une folle sauvagerie, raconta plus tard Abdelkrim. Nous nous sentions grisés par cette victoire inespérée. M'étant ressaisi, j'ordonnai à mes hommes de faire quartier à ceux qui désiraient se rendre, mais ils ne m'écoutaient pas, tuant tous ceux qui leur tombaient sous la main[15].

Près de 12 000 soldats espagnols perdirent la vie dans cette bataille, dont le général Silvestre lui-même qui se tira une balle dans la tête, et son chef d'état-major ; un second général fut capturé, le général Felipe Navarro ainsi que plusieurs centaines de ses soldats ; une quantité impressionnante de matériel militaire fut abandonnée sur le terrain : 30 000 fusils et revolvers, 400 mitrailleuses, plus de 200 canons, des millions de cartouches et d'obus, etc.

Abdelkrim regretta amèrement plus tard de n'avoir pas poussé jusqu'à Melilla, mais dans l'immédiat il avait à consolider sa victoire et à organiser les territoires conquis. Il voulait aussi se distinguer d'emblée des chefs de guerre sainte de la fin du XIXe siècle. Aussi, tout en faisant ample usage comme eux de thèmes mobilisateurs à connotation religieuse, s'attacha-t-il à conférer à son combat un caractère national irréfutable, avec pour dessein la libération du Rif du joug colonial, dans un premier temps, suivie de celle du Maroc tout entier :

> Le temps des guerres saintes est passé, déclara-t-il ; nous ne sommes plus au Moyen Âge ou au temps des croisades.

Nous voulons simplement être et vivre indépendants et n'être gouvernés que par Dieu. Nous avons un vif désir de vivre en paix avec tout le monde et avoir de bonnes relations avec tous, car nous n'aimons pas faire tuer nos enfants. Mais pour arriver à ce but désiré, à ces aspirations, à cette indépendance, enfin, nous sommes prêts à lutter contre le monde entier s'il le faut[16].

Suscitant l'enthousiasme de la population marocaine et couvert d'éloges dans tout le monde arabe pour ses brillants succès militaires, Abdelkrim proclama le 1er février 1922, la « République rifaine », dont la capitale était à Ajdir. Il réclama le départ immédiat des Espagnols ainsi que l'admission de la nouvelle République à la SDN. Sans doute le terme de « république » lui causa-t-il plus de torts que de bénéfices. C'était une « grand erreur », reconnut-il plus tard. Il écarta de lui les oulémas de Fès, qui eurent à son égard une attitude très réservée, ainsi que le palais bien qu'il se défendît d'être un Rogui, reconnaissant jusqu'à la fin la suprématie du sultan.

En tout état de cause, dans la *Dawla Jumhuriya Rifiya* d'Abdelkrim, il y avait un Parlement de 80 délégués élus au suffrage des tribus, et un gouvernement dont la plupart des ministres étaient des proches parents de l'émir : un oncle aux Finances, un frère aux Affaires étrangères et des parents par alliance à l'intérieur, à la Marine et à son secrétariat particulier. Seules, la justice et l'éducation étaient laissées à des « étrangers », ainsi que le poste de cadi suprême, responsable de la stricte observance de la *shari'a* dans la vie quotidienne[17]. Parmi les mesures qu'il prit, on peut citer la prohibition des armes à feu, sauf contre les chrétiens ; la réduction des cérémonies de mariage de sept à trois jours ; l'interdiction faite aux femmes mariées de danser et l'obligation pour les hommes d'avoir le crâne entièrement rasé.

Sur un plan plus général, Il tenta d'améliorer l'éducation des enfants en insérant dans l'enseignement traditionnel des *kuttab* des cours de mathématiques et de théologie. En bon salafiste, il n'avait en outre que dédain pour les confréries soufies : celles-ci le lui rendaient bien, à l'exemple de la Darqawiyya et de la Taybiyya qui apportèrent leur soutien aux Français. Il considérait en outre Raïssouni comme son plus grand ennemi et le principal obstacle au ralliement des Jbala à sa République. Il le fit d'ailleurs arrêter et le jeta en prison chez les Beni Ouaryaghar, à Tamasind, où il mourut.

Copiée sur l'ancienne organisation militaire marocaine, l'armée d'Abdelkrim était composée d'unités régulières d'infanterie et d'artillerie auxquelles s'ajoutaient, suivant les besoins, des contingents de volontaires fournis par les tribus du Rif. Elle était commandée par des caïds qui concentraient entre leurs mains tous les pouvoirs – judiciaires, militaires et administratifs.

Pendant ce temps à Madrid, Primo de Rivera installait sa dictature militaire en septembre 1923 et promettait à son pays de « laver dans le sang » le déshonneur du Rif. Il vint lui-même à Tétouan prendre le pouls de la situation, qui, en fait, se dégradait de jour en jour malgré les renforts que les Espagnols ne cessaient d'acheminer dans le pays. En décembre 1923, Abdelkrim fit subir aux Espagnols une nouvelle défaite, aussi retentissante que le désastre d'Annoual : la prise de la ville sainte de Chefchaouen. Ne pouvant faire mieux, les Espagnols décidèrent dès lors de retirer leurs postes de l'intérieur du Rif et de concentrer leurs forces à Ceuta, Tétouan, Larache, Melilla et Arzila. El-Ksar risquait ainsi de tomber à tout moment aux mains d'Abdelkrim. Cette menace mettait en péril la ville voisine d'Ouezzane, que les soldats français venaient tout juste d'occuper en 1920, ainsi que, plus à l'est, Taza, qui n'était pas non plus à l'abri de toute menace[18].

Incapables de battre seuls Abdelkrim, les Espagnols commencèrent à se rapprocher des Français et à demander discrètement l'aide de Lyautey. Le résident général ne voulait en entendre parler, d'aucune façon : il méprisait royalement ses voisins du nord du Maroc, tant pour leur jeu ambigu pendant la guerre que pour leurs procédés coloniaux si éloignés des siens. Il ne désespérait pas en outre de les voir partir sous les coups de cet « indigène européanisé » qu'était Abdelkrim et annexer par la suite la zone espagnole au Maroc français. Dès lors, il ferma les yeux sur les va-et-vient incessants des agents d'Abdelkrim de part et d'autre de la frontière pour s'approvisionner en armes sur les marchés de contrebande des postes français de l'Ouergha et de la Moulouya [19].

Mais la perspective de voir s'instaurer « une entité autonome musulmane » au nord de Fès finit par inquiéter Lyautey, qui craignait la remise en question de tous les acquis de la pacification. Car c'était le royaume chérifien tout entier qui risquait de se soulever. Dès lors, bien que répugnant à l'idée de mettre les pieds dans « le guêpier rifain », le maréchal envoya ses troupes en mai 1924 occuper la rive droite de l'Ouergha, limitrophe du Maroc espagnol, et qui était une sorte de *no man's land* entre les deux zones. Surpris par cette initiative, Abdelkrim proclama aussitôt la guerre contre la France. Le conflit prit dès lors une tournure anticoloniale globale [20] : en avril 1925, Abdelkrim lança ses *harkas* en direction du Protectorat. Elles y encerclèrent les postes français au nord et au sud de l'Ouergha et, en juin, elles poussèrent leur avance jusqu'à une trentaine de kilomètres de Fès et une vingtaine de Taza, entraînant la dissidence de plusieurs tribus de la région, telles que les Tsoul, les Ghiata et les Branès. Le Protectorat était au bord du désastre : craignant de ne pouvoir stopper les combattants rifains, Lyautey, qui avait reçu entre-temps des renforts en hommes et en avions d'Algérie, en arriva à envisager l'utilisation de gaz toxique[21].

Le maréchal donnait l'impression de ne pas saisir la gravité de la situation dans toute sa dimension régionale et internationale : survenant en pleine révolte druze en Syrie, la guerre du Rif risquait de mettre à bas tout l'édifice colonial français au Maghreb. La magicien de Rabat, pensait-on à Paris, avait perdu sa *baraka* depuis qu'il n'avait plus autour de lui les brillants généraux – Gouraud, Henry, Poeymirau – qui l'avaient si bien aidé aux premiers temps du protectorat. C'est ce que constata Paul Painlevé qui se rendit au Maroc à la mi-juin 1925. Chef de gouvernement du Cartel des gauches, Painlevé n'était pas un fervent admirateur du maréchal royaliste, comme bon nombre de ses collègues au Parlement, qui n'étaient pas prêts à lui pardonner ses incartades lors de son bref passage au ministère de la Défense en 1917. Malgré son attitude somme toute modérée envers Abdelkrim, Lyautey était aussi la bête noire du Parti communiste français, Jacques Doriot en tête, et de tous les pacifistes qui refusaient de voir la France s'embarquer dans une nouvelle aventure militaire, sept ans après l'hécatombe de la « der des ders ».

Critiqué également à l'État-major, où on lui reprochait son narcissisme démesuré et sa vision passéiste de la guerre, Lyautey irritait aussi par ses préventions anti espagnoles, « caprices de satrape vieillissant » et antirépublicain qui en énervaient plus d'un au gouvernement. Car, depuis le tournant militaire du printemps 1925, la France avait autant besoin de l'Espagne que l'Espagne de la France, ce que refusait d'admettre le résident général qui voulait dissocier, par tous les moyens, la reprise en main du nord du Protectorat de l'effort de guerre espagnol. La guerre du Rif était seulement un soubresaut passager de la « pacification » qu'étaient venues aggraver les fautes de jugement du gouvernement espagnol et l'impéritie de ses généraux. De nature locale et non pas régionale, cette guerre, pensait-il, ne nécessitait rien de plus qu'une contre-offensive ciblée et limitée à la seule zone française.

Tel n'était pas le point de vue de l'état-major qui, suivi par le gouvernement, voulait une guerre totale contre Abdelkrim et l'éradication complète de sa République rifaine. Lyautey fut dès lors écarté de tous les pourparlers en cours avec l'Espagne, ainsi que de la conduite des affaires militaires au Maroc. Le 6 juillet, il perdit les attributs militaires de sa fonction qui passèrent au général Stanislas Naulin, nommé commandant supérieur des troupes du Maroc. Quelques jours plus tard, il essuya un camouflet plus cinglant encore : la prise en main du dossier rifain par le maréchal Pétain, qui vint en tournée d'inspection au Maroc, le 17 juillet. Le vainqueur de Verdun, qui se flattait d'avoir gagné son bâton de maréchal sur le champ de bataille et non pas dans des « actions civiles » comme le résident général, estimait que les méthodes coloniales de Lyautey – que de nombreux parlementaires français condamnaient par ailleurs pour leur coût exorbitant – étaient inadaptées et ne pouvaient venir à bout d'un conflit qui mettait en péril le prestige de la France dans le monde.

De fait, grand ami de Primo de Rivera, Pétain était partisan d'une coopération étroite avec l'Espagne, débouchant sur une offensive généralisée franco-espagnole combinant l'infanterie, les blindés, la marine et l'aviation : « Le but, écrivit-il, est de mettre le Maroc pour toujours à l'abri des tentatives d'Abdelkrim. Toute autre solution entraînerait pour notre prestige un grave échec [...]. Abdelkrim refoulé sur son territoire mais non vaincu, apparaîtrait comme le symbole de la résistance insaisissable [...] en même temps que la France se révélerait impuissante [...]. On ne saurait trop souligner la gravité d'une telle éventualité qui serait de nature à réveiller de dangereuses ambitions[22] ».

Une première rencontre eut lieu le 26 juillet à Ceuta entre Pétain et Primo de Rivera. Elle fut suivie d'une seconde réunion le 21 août à Algésiras, au cours de laquelle ils mirent au point le détail des opérations qui devaient débuter par le débarquement de troupes espagnoles sous protection de la marine française à Al Hoceima, puis par la conquête d'Ajdir, la capitale d'Abdelkrim, par des soldats espagnols uniquement. Les deux pays alignèrent une formidable armada de plusieurs centaines de milliers de soldats. La France seule y engagea des effectifs du même ordre de grandeur que lors de la guerre d'Algérie, un quart de siècle plus tard : 32 divisions, des chars d'assaut ultramodernes, des automitrailleuses, des canons à longue portée et une quarantaine d'escadrilles, le tout commandé par 60 généraux à la tête desquels il y avait le maréchal Pétain, contre les 80 000 combattants que devait compter l'armée d'Abdelkrim. Sentant venir l'orage, celui-ci essaya de conjurer le sort en envoyant ses émissaires négocier à Oujda les conditions d'une paix séparée avec la France. Mais il était déjà trop tard. Après une série d'opérations ponctuelles sur les rives du Loukkos, à la mi-août, 15 000 soldats espagnols débarquèrent à Al Hoceima le 8 septembre. Trois semaines plus tard, elles entraient à Ajdir, défendue par 5 000 combattants d'Abdelkrim.

Au même moment, le maréchal Lyautey présentait sa démission au ministre des Affaires étrangères, Aristide Briand. Une décision mise sur le compte de la lassitude et… de la vieillesse par Pétain, qui n'avait pourtant que deux années de moins que Lyautey. De fait, affaibli par deux interventions chirurgicales et supportant moins que jamais les critiques, allant jusqu'à vouloir interdire à son ancien subordonné, l'impétueux général Mangin, de s'exprimer en public sur le Maroc, le maréchal était coupé de la nouvelle réalité née de la Première Guerre mondiale en France et dans le monde. Voyant ses choix foulés aux pieds, il avait songé à quitter son poste dès 1923. Deux ans plus tard, il n'avait plus de raison de rester. Le gouvernement venait de décider d'envahir le Rif, contrairement à ce qu'il avait toujours prôné depuis le début du conflit.

Le maréchal quitta le royaume chérifien le 12 octobre 1925, tandis que Pétain était en passe de refouler les troupes d'Abdelkrim au-delà des lignes de défense du Protectorat. Il lui fallut huit mois de plus pour vaincre complètement 'Abdelkrim et faire échouer toutes les tentatives de paix séparée entre le chef rifain et la France. Elles émanaient notamment du nouveau résident général Théodore Steeg, qui, à l'exemple de Lyautey, s'employa à torpiller l'alliance franco-espagnole en reprenant le contact avec des émissaires d'Abdelkrim à Oujda (26 avril-6 mai 1926). Une initiative qui n'aboutit pas à grand-chose, il est vrai, mais qui allait néanmoins dans le sens souhaité par l'opinion française, qui n'approuvait pas la poursuite de la guerre aux côtés de l'Espagne. Cette dernière désirait de son côté la reddition sans condition de l'émir.

Tout le massif montagneux fut reconquis par les deux armées au bout de trois semaines de combats, qui firent entrer dans la légende le lieutenant des spahis Henri de Bournazel. Sa tunique rouge lui valut auprès des Marocains le surnom de Bou Hamra. Quant à Abdelkrim, dont les villages furent écrasés l'un après l'autre sous les bombes de la coalition, et leurs habitants décimés – on estime à plus de 100000 morts le nombre de victimes civiles de la guerre –, il déposa les armes le 27 mai 1926. Refusant de faire sa reddition aux officiers espagnols, il se présenta, accompagné de sa famille et de ses principaux collaborateurs, au colonel Corap, qui le convoya à Fès où il fut emprisonné pendant quelques semaines. Icône précoce du nationalisme marocain, dont le prestige allait grandir au fil des années, Abdelkrim fut déporté ensuite à la Réunion où il passa vingt ans en exil avant de s'évader vers l'Égypte en 1947. Il vécut jusqu'à sa mort en 1963 au Caire, sans pouvoir retourner dans son pays natal.

Colonisation et « mise en valeur » économique

C'est entendu : Lyautey ne voulait pas « algériser » le Maroc et méprisait les colons français, qui, écrivait-il en 1918 à un de ses amis, « ont une mentalité de pur Boche, avec les mêmes théories sur les races inférieures destinées à être exploitées sans merci. Il n'y a chez eux ni humanité ni intelligence [23] ». Auparavant, le résident général avait fixé comme « caractéristiques essentielles » de la politique du protectorat l'inviolabilité « du statut personnel de l'indigène » et la garantie de son patrimoine immobilier :

> C'est certainement là une des plus graves appréhensions de l'indigène marocain. Agriculteur laborieux, sédentaire, jaloux de sa terre, profondément attaché au sol, il redoute avant tout de se voir refoulé, comme cela s'est produit à certaines époques de la conquête algérienne, au bénéfice d'une colonisation européenne [24].

Verba volent, acta nolent. Au départ de Lyautey du Maroc, en 1926, la colonisation agricole couvrait une demi-million d'hectares, soit la moitié des terres exploitées (1 100 000) jusqu'à la fin du protectorat. Représentant une minorité seulement de la population européenne du royaume chérifien (16 à 21 %, entre 1921 et 1926) [25], les colons étaient disséminés, selon les chiffres fournis par Daniel Rivet, dans les plaines du Gharb (25,4 %,) de la Chaouia (23 %), dans la région d'Oujda (11 %) où il y avait un fort pourcentage d'Oranais, du Saïss de Meknès et de Fès (10,7 %), dans le Haouz de Marrakech (9,7 %) et le reste dans le Tadla, les régions côtières des Doukkala, des 'Abda et du Sous. On y compta très tôt de grandes propriétés de plus de 500 hectares (48,6 %, en 1924), notamment dans les régions de Rabat, Marrakech, Oujda et Berkane, au nord-est du pays. Elles étaient exploitées par des sociétés à gros capitaux l'exemple de la Compagnie marocaine d'exploitation fermière et agricole dirigée par de « Vieux Marocains » comme Eugène Régnault et René Saint-Tallandier, eux-mêmes associés à des notables musulmans très respectés comme le prince Moulay 'Abd al-Rahman al-Kebir, frère du sultan ; ou encore la Grande Compagnie du Sebou, appartenant au marquis de Segonzac, qui possédait plus de 11 000 hectares sur la rive droite du Sebou.

Répartition des exploitations agricoles européennes en 1924[26]

	0-10 ha	10-50	50-100	100-300	300-500	500-1 000	1 000+
Nb	298	257	115	413	197	120	92
%	19,8	17,25	7,72	27,7	13,2	8,06	6,1

Mais il n'y avait pas que des sociétés à posséder de larges domaines : plusieurs colons tels que Krause dans l'Oriental, Mazure, Boutemy, F. de Lannoy et Youteneux dans le Haouz, la Chaouia et le Gharb ou Émile Pagnon et Gustave Aucouturier dans la région de Meknès disposaient de vastes *latifundia* de plusieurs milliers d'hectares. Comme en Algérie et en Tunisie, leur influence politique était en règle générale surdimensionnée par rapport à leur nombre.

Tout en s'efforçant de protéger les fellahs contre la spéculation foncière, les mesures légales d'immatriculation foncière adoptées par Lyautey dès 1913 permirent l'établissement de colons sur les domaines makhzen puis sur les terres ayant appartenu naguère aux anciennes tribus *guish* ou aux tribus rebelles des premiers temps de la pacification comme les Beni Mtir. À cela s'ajoutèrent les terres des fellahs en faillite ou abusés par leurs « associés » ou créanciers européens ainsi que, à partir de 1919, des terres collectives appartenant aux *jama'a* des villages et des tribus, expropriées par l'État « pour cause d'utilité publique ». Constituant, dans un premier temps des « périmètres de colonisation » sous la tutelle de la Direction des affaires indigènes, et au seul bénéfice des intérêts publics (construction de routes, barrages, écoles, hôpitaux, etc.) elles furent ensuite redistribuées avec beaucoup de dextérité aux colons, surtout après le départ du maréchal Lyautey. En 1928, la Résidence donnait les conseils suivants aux contrôleurs civils en vue de convaincre les *jama'a* de céder leurs biens :

> Naturellement, il ne faut pas vous lancer dans la bagarre, les mains et les cerveaux vides. Il faut avoir en réserve tout un bagage d'arguments moraux pour faire comprendre aux indigènes que nous devons avoir notre place à côté d'eux et comme arguments pratiques un programme de compensations en espèces ou en nature susceptible de les dédommager équitablement.
>
> Pratiquement vous opérerez de la manière suivante : une action politique intense devra amener si possible tous les propriétaires à vous faire des promesses de cession formulées sur acte passé devant *adoul* (notaire), sur lequel seront également mentionnées les compensations en espèces ou en nature demandées par les indigènes [...]. En fin de compte, vous n'aurez à faire appel aux tribunaux qu'à l'encontre des irréductibles dont le nombre sera d'autant moins élevé que vous aurez su faire preuve de persuasion, de doigté et d'influence personnelle[27].

Cela dit, par suite des différents mécanismes juridiques établis par Lyautey pour assurer la protection des biens religieux musulmans et en raison surtout de la conquête « tardive » du pays, les méfaits de la colonisation agricole du Maroc furent, semble-t-il, dans l'ensemble moins catastrophiques qu'en Algérie et en Tunisie :

> On ne voit pas au Maroc, témoigna à ce sujet Jacques Berque [qui fut un collaborateur zélé de la Résidence avant de devenir l'un des meilleurs spécialistes français du Maghreb et du monde arabe], se reproduire ni les tristes excès de la première colonisation algérienne, ni les lamentables conséquences de la loi de 1873. Ni même les spoliations de la loi tunisienne (1898) sur les Habous. Dans toute l'Afrique du Nord, l'avance de la propriété européenne, le recul de l'indigène s'opèrent dans un contexte mûri, procédural, donc, si l'on veut hypocrite. Si la législation et les services administratifs et judiciaires conspirent, dans leur ensemble, à l'expansion du colon, il existe aussi des contre-courants, des recours. Et même, çà et là, de courageux champions de l'équité[28].

Il n'empêche : jouissant d'avantages fiscaux et de subventions de toutes sortes – réductions d'impôts, crédits pour l'achat de matériel et de carburant, allocations de défrichement –, les colons furent en outre les bénéficiaires principaux des nouveaux barrages élevés à partir de 1925 sur l'oued Beth, dans le Gharb, l'oued Nfis dans le Haouz et l'Oum al-Rbi', dans le Tadla. L'augmentation des ressources hydrauliques qui en résulta leur permit, ainsi qu'à quelques rares gros propriétaires marocains comme le Glaoui, de se lancer des la fin de la Grande Guerre dans des cultures grosses consommatrices d'eau et à forte plus-value commerciale, telles que les agrumes, les céréales, les primeurs de fruits et la vigne.

Pendant ce temps, l'agriculture « indigène » suffisait à peine à nourrir la population rurale alors que les exploitations européennes étaient toutes tournées vers l'extérieur : vingt fois plus nombreux au moins que les colons à la veille de l'indépendance, les fellahs exploitaient en proportion 6 à 7 fois moins de terres (3 500 000 hectares) [29] que les Européens (1 100 000). Ceux-ci produisaient jusqu'à 50 % du blé tendre et la totalité du riz consommé dans le pays, 75 % des agrumes, 35 % des légumes secs et la quasi-totalité du raisin pour la fabrication de 2 millions d'hectolitres de vin dont on ne savait que faire sur place alors qu'une bonne partie des terres consacrées à la vigne auraient pu être utilisées pour d'autres cultures indispensables à l'alimentation de la population et à son développement [30].

Désarmés face à la concurrence des colons, des dizaines de milliers de fellahs, poussés par la misère, quittèrent leurs douars et émigrèrent vers les grands centres urbains du Protectorat, et plus particulièrement vers Casablanca, Rabat, Kenitra, Agadir, où ils allaient peupler les premiers bidonvilles. Durant la Première Guerre mondiale, quelque 30 000 à 40 000 campagnards marocains « désœuvrés » avaient été embarqués en France pour y travailler dans les usines et les mines, à la place des ouvriers appelés au front.

Contrairement à l'Algérie et à la Tunisie, où l'immigration espagnole et italienne constitua un fort pourcentage du flux migratoire européen, au Maroc l'élément français fut prédominant dès l'établissement du protectorat, atteignant jusqu'à 64 % des nouveaux venus, au début des années 1920 : décuplant au cours des quinze premières années de la conquête, le mouvement se tassa au cours de la guerre du Rif pour se renforcer au cours de la deuxième moitié des années 1920, jusqu'à la crise économique mondiale qui vit un nouvel affaissement des arrivées en provenance de France. Elles reprirent assez fortement durant les années 1930, d'Italie et d'Espagne surtout, à la suite de l'arrivée au pouvoir de Mussolini et de Franco. Mais cela ne changea pas pour autant la physionomie générale de la population européenne. Elle demeura à prédominance française du début jusqu'à la fin du Protectorat, passant de 100 000 personnes environ en 1926, à 170 000 au début des années 1930, pour s'établir finalement à 475 000 en 1951, en y incluant les Européens de Tanger (57 000) et ceux de la zone espagnole (85 000).

Originaires de Paris, de Corse, d'Algérie et des départements de la Gironde, des Bouches-du-Rhône, de l'Hérault et du Nord, les Français du Maroc comptaient un taux élevé d'ouvriers et de petites gens venus chercher fortune dans le pays, ainsi que beaucoup de fonctionnaires, d'industriels, d'agriculteurs, d'enseignants, d'employés de bureau, de médecins, d'ingénieurs, d'architectes, d'avocats, de commerçants, de financiers, de juges, d'officiers et de policiers. On comptait aussi un nombre non négligeable d'aventuriers et de femmes sans profession, mariées ou célibataires. Quant aux Espagnols, aux Italiens, aux Portugais et aux Grecs, ils formaient selon Georges Hardy qui les opposait aux « vrais Français, les Français tout faits[31] », « une masse de braves gens de petite surface, ouvriers du bâtiment, ouvriers agricoles, tenanciers de boutiques modestes qui travaillent dur et ont bon estomac » : ils étaient aussi coiffeurs, tailleurs, ébénistes, mécaniciens et pêcheurs. Enfin, il y avait les Anglais, les Suisses, les Russes et les Belges, qui étaient pour la plupart des hommes d'affaires.

Population aux neuf dixièmes urbaine (contre 20 % des musulmans), les Européens du Maroc vivaient surtout dans les villes de l'Atlantique, avec une prédilection pour Casablanca, Rabat et Kenitra, en plus d'Oujda sur la frontière algérienne, dont la population était à moitié française au début des années 1930.

Tirant la leçon de l'évolution anarchique des grandes cités coloniales du Maghreb, Lyautey, aidé de l'architecte urbaniste Henri Prost, chercha à conserver aux villes marocaines leur cachet historique. Casablanca étant déjà « défiguré » par plusieurs années de croissance désordonnée, il s'employa dès lors à préserver l'architecture urbaine des anciennes capitales Fès, Marrakech, Rabat et Meknès, ordonnant que tout projet d'urbanisme les concernant fût soumis au préalable à l'approbation du Service des beaux-arts du Protectorat. Mais plus encore que par sa politique de préservation du patrimoine architectural et artistique marocain, Lyautey marqua de son empreinte l'histoire urbaine du pays en aménageant, à partir de 1916, des « villes nouvelles » européennes, séparées des quartiers musulmans et juifs des grands centres urbains. L'espace urbain de chaque cité fut ainsi partagé en deux entités juxtaposées : d'un côté les quartiers européens édifiés suivant les derniers canons de l'architecture contemporaine française, avec leurs rues rectilignes, bordées de palmiers et de faux poivriers, leurs ronds-points fleuris, leurs jardins et parcs de jeux, leurs immeubles à étages, leurs grands magasins, leurs banques, leurs bureaux de poste, leurs écoles, leurs cafés et leurs cinémas ; de l'autre des *medinas* surpeuplées et en proie aux maladies endémiques, avec leurs maisons basses aux murs blancs à l'étroit dans leurs murailles, leurs mosquées, leurs souks, leurs hammams, leurs fours, leurs *mellahs*, leurs *qissariyas*, et leurs rues étroites, débouchant comme à Marrakech sur l'extraordinaire place de Jama' al-Fna', « lieu de la frénésie et du plaisir », dont les frères Tharaud ont laissé une description saisissante :

> Marchands de tout et de rien, d'orge verte, de pierres à chaux, de bois ou de paille hachée ; […] vendeurs de cotonnades, qui se promènent en tenant étalée comme un épouvantail, entre leurs bras étendus, quelque chemise à la mode marocaine […] ; fripiers et brocanteurs, qui surveillent de l'œil une quincaillerie sans nom, des caftans usagés, de vieilles soies passées, des restes d'uniformes qui

ont vu la Somme et Verdun, quelques boîtes de conserve vides, une gamelle, quatre boutons [...] ; femmes effondrées dans leur haïk devant des bracelets d'argent [...] ; matelassiers qui épouvantent, quand on voit auprès d'eux les lots de chiffons innommables dont ils bourrent leurs coussins ; savetiers qui s'emploient à redonner la vie à des babouches sans espoir ; vendeurs de sauterelles cuites [...] ; droguistes assis devant des peaux de chats, des ailes de chouettes et d'éperviers ; sorcières du Sénégal qui brassent l'avenir dans une corbeille d'osier, pleine de coquillages blancs et noirs[...] ; [plus loin] quelques bâtisses européennes, jetées au bord de cette place, prennent leur part à ce délire. La Poste [...] ; le magasin du quincaillier, la Banque, le Glacier et le Café de France, la boutique de cycles, les voitures de louage [32]...

Rien de comparable à Casablanca, avec ses deux médinas, ses plages, sa célèbre « place de France » (devenue place Mohammed V) dessinée par Prost ainsi que son palais de justice de style néo-mauresque, ses avenues spacieuses, mais aussi ses premiers bidonvilles, sans eau, ni égouts, ni fosses d'aisance, où s'entassaient déjà, au milieu des années 1920, des dizaines de milliers de saisonniers. Une ville champignon que Lyautey n'aimait point et qu'il affubla néanmoins d'un « quartier réservé » d'infâme mémoire, le quartier de « Bousbir » – du nom de « Prosper » Ferrieu, le propriétaire du terrain sur lequel il fut bâti –, « le plus grand bordel du monde » à en croire le témoignage savoureux d'Abdelmalek Lahlou, « une cité toute blanche, entourée par une muraille avec ses arbres, ses fontaines, ses boutiques, son marché, son four, son hammam et ses cafés d'où bourdonnait sans arrêt le son des phonographes mêlé à l'odeur des saucisses grillées [33] ».

Dar-al-Bayda, l'ancienne Anfa, connut dès les premières années du protectorat un essor économique remarquable et une croissance démographique exceptionnelle, au point de devenir, dans l'entre-deux-guerres, la plus grande ville musulmane, européenne et juive du royaume chérifien. Les chiffres parlent d'eux-mêmes : de 20000 habitants en 1897, la population totale de Casablanca fut multipliée par cinq en 1926, doublant ensuite tous les dix ans pour atteindre près 260000 en 1936 et 700000 environ à la veille de l'indépendance. Lors du départ de Lyautey, elle dépassait déjà Fès – 106000 habitants contre 81000 –, mais elle restait au deuxième rang derrière Marrakech (146000), qu'elle finit cependant par devancer en 1936. Dès le milieu des années 1920, Casablanca, avec ses 34000 Européens, venait largement en tête de la population européenne du pays, suivie par Rabat (14000), Oujda (9000) et Meknès (5000). Il en était de même quant à la population juive : avec ses 19500 israélites, Casablanca était depuis 1925 la plus grande ville juive du Maroc, avant Marrakech (12700) et Fès (7500). Une tendance appelée à s'amplifier au cours des années suivantes, finissant par abriter à la fin du protectorat près de 40% de la population juive marocaine[34].

Tirant son dynamisme de l'activité de son port, par lequel passait dès la fin des années 1920 près de 80% du commerce maritime du Protectorat (1 million de tonnes en 1924 et 3,4 millions 1929), l'expansion de Casablanca entraîna le déclin de tous les autres ports de l'Atlantique, depuis Agadir et Essaouira au sud, jusqu'à Rabat au nord, en passant par El-Jadida et Fedala. Seules Safi (grâce à sa pêcherie et à sa proximité avec les mines de phosphates de Yousoufia), Kenitra (devenue Port-Lyautey en 1921) et Tanger résistaient quelque peu à la concurrence de Casablanca. L'exportation des phosphates du bassin de Khouribga (passant de 8000 tonnes en 1921 à 1,7 million de tonnes en 1931), contribua beaucoup à cet essor. Il s'appuyait par ailleurs sur un réseau ferroviaire et routier, relativement développé, qui relia Casablanca, à partir de 1924, aux principales villes du royaume, d'Agadir et Marrakech au sud jusqu'à Tanger au nord, ainsi qu'à l'Algérie par Kenitra, Meknès, Fès, Taza, Guercif et Oujda. Un effort spécial fut déployé pour assurer la liaison de Casablanca, par chemin de fer ou par la route, avec les centres stratégiques et les bassins miniers de l'intérieur.

C'était prévisible : la France se taillait la part du lion dans le commerce et l'exploitation économique du Maroc. Ainsi, Lyautey n'attendit pas la fin de la « pacification » ni celle des hostilités en Europe pour inaugurer, le 5 septembre 1915, la première grande exposition coloniale de Casablanca, suivie quelque temps plus tard par deux autres foires, à Rabat et à Fès. Les milieux d'affaires français ne se firent pas prier : après avoir joué un rôle déterminant dans l'effondrement économique du royaume, = la veille du protectorat, ils coururent en rangs serrés pour participer à la « mise en valeur » des richesses du pays et à son équipement industriel. Selon les estimations d'Albert Ayache, un tiers des capitaux français effectués au Maroc sous le protectorat – soit 500 milliards sur 1 500 milliards – étaient des capitaux privés, dus surtout à l'apport des banques, au premier rang desquelles il y avait la Banque de Paris et des Pays-Bas, qui, depuis la conférence d'Algésiras, détenait 34 % des actions de la Banque d'État du Maroc. Par le truchement de deux gigantesques holdings, la Compagnie générale du Maroc et l'Omnium nord-africain, elle contrôlait, en plus de la circulation monétaire, plusieurs secteurs clés de l'économie du Protectorat, tels que les transports routiers et ferroviaires, les mines, le commerce agricole, l'importation de sucre et de thé, l'industrie, l'exportation des céréales, la vente et la fabrication des cigarettes, etc.

D'autres groupes financiers moins importants que la Banque de Paris et des Pays-Bas exercèrent leur influence sur l'économie marocaine : parmi les plus actifs, il y avait la Compagnie marocaine, présente sur place depuis 1902, la Compagnie algérienne (Banque de l'Union parisienne), le Crédit Lyonnais, la Banque commerciale du Maroc, la Banque nationale pour le commerce et l'industrie (Groupe Lazard, groupe Mercier, groupe Quilmès), le Crédit du Maghreb (Schneider et Banque de l'Union parisienne), la Société Générale, la Banque Worms et la Banque Rothschild, sous le nom de la Société chérifienne de gérance et de banque. Leur rôle était de soutenir la colonisation agricole, l'exécution des grands travaux et la commercialisation de la production agricole et minière du pays.

Quant aux fonds publics, dont le montant s'éleva à 260 milliards entre 1912 et 1938, ils étaient destinés en premier lieu à l'entretien des troupes, aux frais de la conquête proprement dite, au fonctionnement de l'administration et à l'équipement. Ces frais étaient couverts aux trois quarts par des emprunts à long terme placés sur le marché français. Le quart restant fut financé par le Trésor chérifien, qui y consacra une bonne partie de ses recettes. En 1938, l'endettement du Maroc était de ce fait considérable : la dette absorbait 38 % des ressources budgétaires du royaume, comme au temps des derniers souverains indépendants du pays.

Ne lésinant pas sur les moyens pour promouvoir l'essor économique du pays, Lyautey se montra en revanche très réservé à l'égard de l'ouverture de la société marocaine à la modernité. Peu prolixe au sujet de la « mission civilisatrice » de la France, il ne cachait pas son mépris pour les jeunes « évolués » qui adoptaient les signes extérieurs de la culture européenne et appréciaient les plaisirs de la vie moderne, à Casablanca, Rabat ou Tanger. Le résident général, qui n'aimait pas leurs nouvelles manières, s'inquiétait aussi de l'esprit frondeur rapporté de France par les tirailleurs, les goumiers et les travailleurs immigrés de la Première Guerre mondiale. Au point de vouloir freiner par la suite tout départ massif de main-d'œuvre marocaine en métropole, craignant de voir ses « bons indigènes », comme l'écrit si bien Daniel Rivet, « se fondre dans le creuset du prolétariat mondial » et se convertir, à l'heure du communisme triomphant, aux idées révolutionnaires[35]. Seule concession faite aux « évolués » : l'exemption du travail forcé et des prestations en nature, une pratique qui perdura dans les campagnes longtemps après la guerre, au mépris de la Déclaration des droits de l'homme et du citoyen dont le royaliste Lyautey n'avait que faire.

Quoi d'étonnant, par conséquent, que Lyautey se souciât peu de l'ouverture d'établissements scolaires à l'intention des élèves musulmans, sauf quand ils étaient enfants de notables, de préférence berbères ? Comme nous le verrons, il alla même jusqu'à contraindre l'Alliance israélite universelle à baisser le niveau de ses programmes scolaires, parce qu'il trouvait qu'ils répondaient davantage aux besoins des élèves de métropole qu'à ceux des Juifs indigènes du Maroc qui progressaient trop vite à son goût vers la modernité.

En 1920, il n'y avait pas plus de 2500 musulmans dans les écoles françaises du Protectorat. La Direction de l'instruction publique (DIP) consacrait les quatre cinquièmes de son budget à l'enseignement européen et un cinquième seulement à l'enseignement musulman.

Dès lors, par choix ou par nécessité, les jeunes Marocains continuèrent de fréquenter dans leur écrasante majorité les écoles coraniques traditionnelles ; les plus chanceux fréquentaient les « écoles de fils de notables » franco-musulmanes et des écoles privées d'inspiration salafite alliant enseignement néo-religieux, culture arabe et langue française qui ouvrirent leurs portes dans certaines villes du royaume, comme à Fès, Salé, Rabat ou Meknès. Ces établissements étaient destinés en premier lieu aux enfants des milieux aisés, mais il en sortirait, à la fin des années 1920, les premiers militants du nationalisme marocain. Cela conduirait les autorités à précipiter leur fermeture en accordant plus d'attention et de crédits à la scolarisation des élèves musulmans dans les écoles françaises du Protectorat. Néanmoins, au début des années 1930, les élèves musulmans de Casablanca avaient à leur disposition deux écoles « françaises » seulement : l'école des Fils de Notables de la rue de Mogador et l'école d'apprentissage de la Ferme Blanche. Il va sans dire que, par suite de cette pénurie éducative, il n'y avait pas un seul musulman dans les administrations, les banques et les assurances, où les emplois étaient réservés aux Européens, et aux Juifs qui avaient par la force des choses une meilleure formation.

Vivant dans des quartiers distincts, Européens, musulmans et Juifs étaient soumis à des statuts juridiques différents : ainsi une organisation judiciaire fut créée de toutes pièces pour les Français et l'ensemble des ressortissants européens. Elle comprenait la même hiérarchie de tribunaux qu'en métropole mais, dans le souci d'y alléger la procédure, la législation fut remaniée et modernisée, suivant les conseils du juriste Jean Labbé, avocat au Conseil d'État et à la Cour constitutionnelle[36]. La compétence de ces tribunaux s'étendait à tous les litiges impliquant des Européens, aux crimes mêlant des ressortissants français et des sujets marocains ainsi qu'aux crimes commis par des sujets marocains quand les victimes étaient européennes. En matière de droit personnel, musulmans et Juifs continuaient à recourir à leurs tribunaux religieux ou coutumiers. Les nouvelles juridictions françaises étaient destinées par ailleurs à remplacer les tribunaux consulaires. Leur conservation devenait sans objet après l'établissement du protectorat, du moment que toutes les puissances – à l'exception de l'Angleterre et des États-Unis – avaient accepté de renoncer aux privilèges qui leur avaient été reconnus par la conférence de Madrid en 1880, et cessé d'accorder leur protection consulaire aux ressortissants marocains.

16

D'une guerre à l'autre

Le 14 avril 1925, en pleine guerre du Rif, le maréchal Lyautey fit la déclaration suivante devant le Conseil de politique indigène à Rabat :

> Il est à prévoir, et je le crois comme une vérité historique, que dans un temps plus ou moins lointain, l'Afrique du Nord, évoluée, civilisée, vivant de sa vie autonome, se détachera de la métropole. Il faut qu'à ce moment-là – et ce doit être le suprême but de notre politique – cette séparation se fasse sans douleurs et que les regards des indigènes continuent toujours à se tourner avec affection vers la France. Il ne faut pas que les peuples africains se retournent contre elle. [...] Je n'ai pas cessé d'espérer créer entre ce peuple [marocain] et nous, un état d'âme, une amitié, une satisfaction intime qui font qu'il restera avec nous le plus longtemps possible [...]. C'est la pensée avec laquelle je vis, qui me porte, qui est une directive essentielle : je veux nous faire aimer de ce peuple[1].

C'est le contraire qui se passa au cours des années suivantes, marquées par l'écrasement de la révolte du Rif, la poursuite des accrochages sanglants dans le Tafilelt et le Sud du pays, les remous provoqués par le *dahir* berbère et enfin les premières manifestations du mouvement national marocain. Assurément, la personnalité sans relief des résidents généraux qui se succédèrent à Rabat jusqu'à l'arrivée du général Noguès ne contribua pas à créer l'« état d'âme » souhaité par le maréchal. Pas plus chez les Marocains, témoins enthousiastes du soulèvement d'Abdelkrim, que chez les ressortissants français qui, résidents généraux en tête, n'avaient qu'une seule idée : abattre les dernières digues empêchant l'instauration d'une administration directe et faire du Maroc une nouvelle « Algérie française », avec tout ce que cela pouvait comporter d'injustices et de risques. Mais, sans en arriver à de telles extrémités, les successeurs de Lyautey ne tardèrent pas à comprendre que plus que tout autre facteur, c'est la colonisation elle-même, par sa violence intrinsèque et par ses bouleversements économiques et sociaux, qui était le véritable fossoyeur du Protectorat.

Changements de règnes, changements de styles

Théodore Steeg était gouverneur d'Algérie avant de se voir désigné comme successeur du maréchal Lyautey. Il débarqua à Casablanca le 9 novembre 1925 et fut vite confronté à la mauvaise humeur de Moulay Youssef, qui refusait de signer un texte officiel portant atteinte à la loi musulmane ainsi qu'à « son statut d'imam, gardien de la foi religieuse [2] ». Visiblement étonné par la résistance du sultan, Seeg évita cependant d'envenimer l'affaire, préoccupé qu'il était par les derniers soubresauts de la guerre du Rif.

Sur ces entrefaites, Moulay Youssef décéda subitement le 11 novembre 1927 à Fès, à l'âge de quarante-huit ans. La question de la succession se posa dans toute sa complexité au nouveau résident général qui avait à choisir entre les quatre fils du défunt, Moulay Hassan, Moulay Idris, Moulay 'Abd al-Salam et le jeune Sidi Mohammed. Mûri par sa brève passe d'armes avec Moulay Youssef et ne voulant guère d'un sultan par trop ressemblant à Moulay 'Abd al-Hafidh qui avait damné son prédécesseur, le choix de Steeg se porta sur le plus effacé et le plus timide des quatre princes, celui que son père avait tenu si rigoureusement à l'écart dans ses palais de Fès et de Meknès : Sidi Mohammed, qui avait à peine dix-sept ans lors de son intronisation, le 18 novembre 1927, à Rabat. Personne ne pouvait imaginer ce jour-là que le timide et frêle monarque monté sur un cheval blanc sous un immense parasol vert allait devenir l'un des plus grands rois de la dynastie 'alawite, celui qui, une trentaine d'années plus tard, arracherait à la France l'indépendance du Maroc.

Né le 10 août 1911 à Fès et n'ayant par conséquent aucun souvenir antérieur au Protectorat, Sidi Mohammed fut laissé par son père à Fès lorsque la cour se transporta à Rabat en 1912. Replié sur lui-même, il fut confié à l'Algérien Si Mohammed Mammeri qui se chargea de son éducation arabe et religieuse et lui enseigna quelques rudiments de français. Rarement appelé par son père à ses côtés, il rencontra Lyautey une première fois à Rabat en 1924, puis deux ans plus tard, quand il accompagna Moulay Youssef à Paris. De retour à Fès, Sidi Mohammed fut marié, en novembre 1926, à une de ses cousines. Puis, victime d'un obscur complot tramé par le chambellan Thami Ababou, il fut obligé de se séparer de son épouse et de s'exiler à Meknès jusqu'à l'annonce de la mort de Moulay Youssef.

Écarté depuis sa naissance des affaires du Makhzen, pieux et modeste, il ignorait tout de la tâche qu'il aurait à remplir en montant sur le trône. Tout ce qu'il savait, c'est que la Résidence n'avait accepté son accession au pouvoir que pour mieux renforcer la tutelle française sur son pays. Elle pouvait compter à ce sujet sur le concours de l'indéracinable grand vizir Mohammed al-Moqri, qui n'avait jamais aimé Mohammed V[3] : mort plus que centenaire, ce Tlemcénien né à l'époque de Bugeaud avait commencé sa carrière politique sous Hassan Ier ; il avait visité l'Exposition universelle de Paris en 1867 sous Napoléon III puis rencontré les rois Alphonse XII, la régente Marie-Christine, Alphonse XIII d'Espagne et Léopold II de Belgique. Ambassadeur à Berlin et à Paris, il négocia avec Bismarck, avec Thiers et le maréchal de Mac-Mahon avant d'être envoyé par Moulay 'Abd 'Aziz à la conférence d'Algésiras. Le général Lyautey, qui s'en méfiait, fit sa connaissance en 1912, alors qu'il était grand vizir de Moulay al-Hafidh, fonction qu'il continua d'exercer sous ses deux successeurs, Moulay Youssef et Mohammed V, jusqu'à la fin du Protectorat. Une seule personne était aussi avide de pouvoir que lui : le Glaoui de Marrakech, qui aimait de façon plus démesurée que lui l'argent, le faste et les honneurs, et auquel il vouait une haine tenace, bien qu'il eût accepté d'accorder la main de sa fille à l'un des fils du puissant pacha.

Conscient de sa faiblesse, Mohammed V évita toute confrontation inutile avec le résident général. Il put néanmoins se débarrasser du chambellan Ababou, qui lui avait préféré son frère, et nommer à sa place son fidèle Si Mammeri, qui allait rester à ses côtés durant toute sa vie. Consacrant son temps à la gestion et à l'embellissement de ses palais, il manifesta de temps à autre sa mauvaise humeur à l'égard de la Résidence pour protester contre les atteintes au protocole chérifien ou dénoncer certaines nominations qu'il jugeait indignes.

Un tournant : le *Dahir* berbère (16 mai 1930)

Mohammed V ignorait tout de la « bombe » que les berbérisants de la Résidence préparaient. Ce fut le nouveau résident général, Lucien Saint, successeur de Théodore Steeg en janvier 1929, qui présenta à la signature du sultan, le 16 mai 1930, le *Dahir* berbère. Âgé de vingt ans à peine, et mal informé par son grand vizir, le sultan n'était probablement pas à même de mesurer la gravité de ce texte qui soustrayait les Berbères à la loi musulmane au bénéfice du droit coutumier ou, à défaut, du droit criminel français. Survenant la même année que la célébration fastueuse du centenaire de la conquête de l'Algérie et que le congrès eucharistique de Carthage, la promulgation du *Dahir* berbère fut considérée comme une nouvelle phase de la lutte entre la Croix et le Croissant et une initiative de la part de la France, « fille aînée de l'Église », visant à christianiser les Berbères. Pour s'en convaincre, les Marocains n'avaient qu'à parcourir les numéros de la *Revue d'histoire des Missions* et du *Maroc Catholique*, patronnées par l'archevêque de Rabat, Mgr Vieille, qui appelaient ouvertement à la conversion des Berbères. Ils pouvaient encore se référer aux actions de certains hauts fonctionnaires de la Résidence, comme le commandant Paul Marty, qui distribua des exemplaires de la *Vie de Jésus* traduits en arabe dans les douars, et nomma comme secrétaires des *Jama'a* berbères des Kabyles algériens convertis au christianisme[4]. Dans son livre *Le Maroc de demain*, publié en 1925, il expliquait déjà que « tout enseignement de l'arabe, toute intervention du *fqih*, toute manifestation islamique » devait être rigoureusement écarté des écoles franco-berbères conçues par le protectorat[5]. À Fès, la conversion en 1928 au catholicisme puis l'entrée dans les ordres du jeune Mohammed Abdeljalil était encore dans toutes les mémoires, d'autant qu'il appartenait à l'une des familles les plus connues de la ville. Enfin, il faut ajouter à ces signes la construction d'églises à travers tout le pays, même dans les coins les plus reculés.

Dès lors, une immense vague de protestation déferla, durant l'été 1930, sur tout le pays, rassemblant des Marocains de tous les milieux et de toutes les générations. Le mouvement partit de Salé, à l'instigation d'un petit groupe de jeunes « de bonne famille » issus des écoles néo-religieuses et franco-musulmanes de la ville. Leur chef de file, 'Abd al-Latif al-Sbihi, cousin du pacha de la ville, était interprète de métier. Ce fut lui qui eut l'idée d'utiliser la prière solennelle des jours de malheur, *Ya Al-Latif*, comme moyen de sensibiliser les foules – une prière édulcorée pour les besoins de la cause : « Ô Dieu, sauve-nous des mauvais traitements du destin et ne nous sépare pas de nos frères berbères[6]. » Récitée une première fois par le *khatib* de la grande mosquée de Salé, la prière fut reprise ensuite dans toutes les mosquées des grandes villes, Tanger, Casablanca, Meknès, ainsi qu'à Fès où un défilé impressionnant traversa la ville, de la Qarawiyyin au mausolée de Moulay Idris. Le mouvement donna lieu par la suite à de multiples manifestations qui furent réprimées avec violence par les autorités, faisant de nombreuses victimes. Rassemblant artisans et boutiquiers, citadins et campagnards, employés de bureaux et oulémas, collégiens et écoliers, le mouvement fut qualifié par le journal colonial *L'Afrique française* de ramassis de « voyous » : « Munis de vagues certificats d'études, pouvait-on y lire, [ils] veulent jouer au Maroc les Gandhi et les Zaghloul sans se douter que ceux-ci représentent pour l'Angleterre une menace, tandis que les échappés de l'école primaire [marocains] ne sont que des tubes digestifs[7]. »

Grâce à l'émir druze Shakib Arsalan, le mouvement prit rapidement des proportions internationales : ancien député du parlement turc avant la Première Guerre mondiale, il passa du panislamisme au panarabisme, avant de se voir chassé de Damas par les Français en 1919. Installé à Genève, il y créa en 1921 un Comité syro-palestinien, puis un Bureau d'information des pays musulmans dont l'objectif était de sensibiliser l'opinion mondiale à la situation des populations vivant sous le joug colonial de l'Europe. Lors de la publication du *Dahir* berbère, il séjourna clandestinement à Tanger pour s'informer de la situation dans le pays. Refoulé de la ville internationale, il fut autorisé par les Espagnols à passer à Tétouan, où il rencontra les chefs de file de ce que l'on appelait les Jeunes Marocains : Ahmed Balafrej, Mohammed Fassi, Mohammed b. Hassan al-Ouazzani, et 'Abd al-Salam Bennouna, le chef de file des nationalistes de la zone nord.

De fait, la prise de conscience nationale de la jeunesse marocaine ne date pas du *Dahir* berbère. Elle plonge ses racines dans le mouvement d'idées qui avait pris corps dans les grandes villes du pays à l'époque de Moulay 'Abd al-'Aziz. Réunissant depuis lors un cercle de plus en plus large d'oulémas réformistes, d'étudiants, de collégiens, de fonctionnaires, de *tujjar* occidentalisés, ses principaux leaders appartenaient à la première génération des diplômés du Protectorat. Ils s'étaient tous frottés, d'une façon ou d'une autre, à la civilisation française ou espagnole et à la culture arabe moderne dispensée par les écoles privées des grandes villes. Ayant troqué pour la plupart le turban contre le tarbouch et adopté veste et gilet européens à la place de la djellaba traditionnelle, ils avaient participé durant leur scolarité à Salé, Rabat, Fès, Casablanca ou Tétouan aux activités de divers clubs culturels et sportifs qui leur permirent de prendre connaissance des grands événements du monde arabe et musulman. Vers la fin de la Première Guerre mondiale, ils suivirent avec beaucoup d'attention les péripéties de la question palestinienne à la suite de la déclaration Balfour, le déroulement de la conférence de paix de Versailles, l'entrée en scène du président Wilson et ses fameux quatorze points, l'irruption du kémalisme en Turquie ou encore la révolution communiste en Russie et, plus près encore, la guerre du Rif et le premier congrès islamique de Jérusalem, réuni à l'initiative du mufti de la Ville sainte pour dénoncer l'invasion sioniste de la Palestine. Ils n'ignoraient rien non plus des tiraillements au sein de la classe politique française et espagnole sur l'avenir des colonies ; les plus vieux d'entre eux avaient encore, gravés dans leur mémoire, les propos inoubliables de Jaurès en 1912 sur l'iniquité de la conquête du Maroc.

Désormais, à la suite de l'immense émotion provoquée par le *Dahir* berbère, la thématique nationale, encore tout imprégnée de motifs musulmans, pénétrait toutes les couches de la population, jusqu'alors partiellement réfractaire à ce genre de propos. En outre, grâce à Shakib Arsalan et à son journal, *La Nation arabe*, le Maroc allait intégrer l'ensemble du monde arabo-musulman dans sa quête d'indépendance et de liberté. Dès lors, pour avoir tenté de séparer les Arabes des Berbères, la France devenait l'ennemie de l'islam : ses produits étaient boycottés et son nom flétri du Caire à Bagdad et de Jaffa à Java, tandis que des comités pour la défense des musulmans du Maroc étaient créés dans toutes les capitales musulmanes du Moyen et d'Extrême-Orient.

Relayée par plusieurs journaux de gauche français, la campagne contre le *Dahir* berbère au Maroc finit par porter ses fruits : la teneur « antimusulmane » du texte fut « ramollie » et ses dispositions les plus choquantes furent supprimées dans un nouveau décret promulgué le 8 avril 1934 par le résident Henri Ponsot – qui succéda en juillet 1933 à Lucien Saint. Le mois suivant, Mohammed V était accueilli par une foule en liesse à Fès, aux cris de : « Vive le roi, vive le Maroc ! » Il venait de recevoir en audience le jeune professeur nationaliste de la Qarawiyyin, 'Allal al-Fassi, auquel il déclara que désormais « le pays ne souffrira[it] plus de nouvelles pertes de ses droits ». Il l'avait reçu une première fois, quatre ans auparavant, en compagnie d'un autre jeune nationaliste, Mohammed b. al-Hassan Ouazzani, qui, lors de la manifestation de Fès, au plus fort de l'agitation populaire contre le *Dahir* berbère, avait été arrêté et rossé par les sbires du pacha Boucheta al-Baghdadi. 'Allal al-Fassi était venu remettre au souverain un mémorandum dénonçant la politique du Protectorat. Les yeux en larmes, témoigna-t-il plus tard, Mohammed V écouta attentivement les récriminations des deux jeunes gens ainsi que leurs revendications concernant l'abrogation du *Dahir* berbère, le rétablissement dans toutes ses prérogatives de la justice chérifienne, la proclamation de l'arabe comme langue nationale du Maroc et l'interdiction d'activité des missions chrétiennes[8].

'Allal al-Fassi était, depuis 1927, la cheville ouvrière du mouvement national, dont les idées étaient diffusées par plusieurs journaux dans les deux zones du pays ainsi qu'en Europe : outre *La Nation arabe* de Shakib Arsalan, dont les numéros circulaient librement au Maroc, il y avait la revue *Maghreb* lancée par de jeunes diplômés marocains des universités françaises établis à Paris, Mohammed b. al-Hassan al-Ouazzani, diplômé de l'École des sciences politiques, et Ahmad Balafrej, licencié en lettres et diplômé de l'École des hautes études. On peut citer encore le journal en arabe de Tétouan, *Al-Hayat al-Wataniya*, créé en 1930 par 'Abd al-Salam Bennouna et son Aggrupacion Nationalista ; il était lié également au jeune étudiant 'Abd al-Khaliq Torrès, qui fonda en 1930 au Caire l'Association pour la défense du Maroc, ainsi qu'à ses camarades du collège al-Najah de Naplouse qui animaient une section maghrébine du Comité syro-palestinien.

Œuvrant depuis 1930 dans le cadre d'un centre *(zawiya)* et de cellules *(taifas)* à caractère clandestin, les militants nationalistes se dotèrent en 1933 d'une organisation publique, le Comité d'action marocaine (CAM)

(Kutlat al-'Amal al-Watani) dirigé par 'Allal al-Fassi, Mohammed b. al-Hassan Ouazzani, Ahmed Balafrej et Ahmad Makouar. Présente dans toutes les grandes villes, ses membres étaient divisés entre deux tendances : l'une réformiste, représentée par 'Allal al-Fassi ; l'autre moderniste conduite par Mohammed b. al-Hassan Ouazzani. Parmi les autres dirigeants, citons outre Mohammed Lyazidi, Omar Abdeljalil, 'Abd al-'Aziz Ben Dris, Mohammed Diouri, Makki al-Nasiri, Ahmed Cherkaoui, Sa'id Hajji et Bouchta Jama'i[9].

S'ajoutant à la revue *Maghreb* publiée à Paris depuis juillet 1932, le CAM diffusa dès sa naissance, au Maroc même, un hebdomadaire de langue française, *L'Action du peuple*. Les deux publications furent des cibles toutes désignées de la Résidence, au lendemain de la visite houleuse du sultan à Fès le 8 mai 1934 : *L'Action du peuple* fut interdit et la distribution de la revue *Maghreb*, suspendue.

Moins d'une semaine plus tard, le 18 mai 1934, 'Abd al-Khaliq Torrès fondait à Tétouan un « Comité de résistance contre la France ». Très proche du très respecté 'Abd al-Salam Bennouna, dont il allait prendre la succession en 1935 à la tête des nationalistes de la zone espagnole, Torrès adressa tout d'abord une protestation solennelle au gouvernement français contre la décision de transférer en grande pompe la dépouille mortelle de Lyautey à Rabat : « Tétouan est devenue le centre du péril qui menace la présence française non seulement au Maroc, mais dans toute l'Afrique du Nord », écrivit non sans exagération le journaliste André Melvil de *L'Écho de Paris*[10].

Il n'en demeurait pas moins cependant qu'au moment où, dans la zone sud, le Protectorat se targuait de défendre les Berbères contre les Arabes, ses généraux se préparaient à reprendre les armes pour venir à bout de la « dissidence » berbère dans l'Atlas et le Tafilelt. Dirigée par le général Huré, commandant de la région militaire de Marrakech, l'offensive contre le Tafilelt, à laquelle prirent part les forces du Glaoui, commença en janvier 1932 par une action rapide qui s'acheva par la capture du chef « rebelle » Belkasem N'Gadi et l'ouverture de la route Bou-Denib-Marrakech *via* Ksar-al-Souq (Rashidiya) et Ouarzazate. Six mois plus tard, tout le pays des Ait Hadidou et des Ait Shokman, s'étendant entre le Haut Atlas et le Moyen Atlas, était conquis. Seul le jbel Saghro, surplombant la vallée du Dadès et l'Anti-Atlas, résistait toujours aux troupes françaises. De même que le Tafilelt, dont l'agglomération de Rissani ne tomba aux mains des Français qu'en janvier 1933, au moment même où débutait l'offensive contre les Aït Atta au jbel Sarhro. La bataille dans laquelle furent utilisés des milliers de soldats fut rude : des centaines de guerriers et de civils marocains y perdirent la vie sous les tirs de l'aviation et de l'artillerie, ainsi que 150 soldats français, dont une dizaine d'officiers, parmi lesquels le célèbre capitaine des spahis Henri de Bournazel. Il mourut le 28 février 1933 sur le piton de Bou Gafer, défendu héroïquement par Assou ou Ba Slam, qui, après sa reddition, fut nommé caïd des Ait Atta par le général Huré, commandant militaire de Marrakech. Quant à l'Anti-Atlas et au jebel Bani voisin, où s'activaient toujours les partisans de Merebbi Rebbo, le frère d'Al-Hiba, ils ne passèrent sous le contrôle effectif des troupes des généraux Guillaume, Catroux et Giraud qu'en mars 1934, soit vingt-deux ans après la proclamation du protectorat. La conquête du Maroc était achevée, et avec elle, la résistance « primaire » marocaine face à l'armée française. Une résistance à laquelle le général Guillaume ne dédaigna pas de rendre hommage quelques années plus tard :

> Notre adversaire se révèle le meilleur guerrier de l'Afrique du Nord. Il est brave jusqu'à la témérité. Il sait sacrifier délibérément ses biens, sa famille, et plus

> facilement encore sa vie pour défendre sa liberté... Cette horreur instinctive éprouvée contre toute contrainte et toute domination explique la résistance désespérée opposée à toute pénétration étrangère. Chacun défend son territoire jusqu'au bout, avec un acharnement qui peut surprendre, mais qui force l'admiration. C'est un combattant incomparable [11]...

Une nouvelle phase de l'histoire marocaine commença aussitôt : celle du combat national pour l'indépendance.

De fait, au moment même où les derniers insurgés déposaient les armes dans le Sud du pays, les jeunes nationalistes de l'Action marocaine élaboraient un *Plan de réformes marocaines*, rédigé en arabe et en français, qui fut transmis simultanément, aux mois de novembre et décembre 1934, au sultan Mohammed V, au résident général Henri Ponsot et au président du Conseil Pierre Laval. Le texte de 134 pages, qui avait l'appui d'un grand nombre de personnalités politiques et universitaires françaises de premier plan, ne réclamait pas l'indépendance, mais l'application dans son esprit et dans sa lettre du traité du Protectorat. À savoir : admission d'un plus grand nombre de Marocains dans l'administration ; respect de l'intégrité nationale marocaine sur le plan administratif et juridique ; abrogation des inégalités coloniales à caractère racial et antilibéral ; plus grande participation des Marocains dans les conseils municipaux et dans les chambres de commerce. D'autres revendications furent énoncées au cours du premier congrès de l'Action marocaine, le 25 octobre 1936 : elle incluaient l'établissement des libertés de presse, d'imprimerie, de réunion et de circulation à l'intérieur et à l'extérieur du pays ainsi que l'amnistie pour tous les prisonniers politiques et les déportés dont l'émir Abdelkrim, ou encore l'abolition de la « politique des grands caïds » – en somme, un « réaménagement » du Protectorat et non pas son abolition. Des revendications somme toute modérées mais qui parurent excessives même à un résident général réputé libéral et nommé par le Front populaire, le général Noguès, qui prononça la dissolution du Comité de l'action marocaine en mars 1937.

Mutations économiques et sociales (1925-1939)

Comme partout ailleurs dans les pays colonisés par l'Europe, le Maroc connut une poussée démographique remarquable à l'époque examinée.

Évolution démographique du Maroc[12] 1921-1952

1921	3 372 000
1926	4 682 000
1931	5 068 000
1936	5 881 000
1947	8 089 000
1952	7 675 000[13]

Une population extrêmement jeune : près de 50 % de la population avait moins de 19 ans en 1952 et 30 % entre 20 et 40 %. Une population restée en grande partie rurale : la population urbaine ne représentait que 17 % environ de la population du pays, en 1931 et 25 % seulement en 1951. Cette croissance toucha surtout les villes côtières, Casablanca en tête, dont la population passa de 163 000 habitants en 1931 à 268 000 en 1936.

Comme dans tous les pays colonisés, l'économie marocaine ne se développa pas au rythme de sa croissance démographique. Elle fut néanmoins ébranlée après l'arrivée des Français, qui y développèrent un secteur agricole moderne, consacré à des cultures d'exportation, et

Population des grandes villes du Maroc français en 1931

	Total	musulmans	Juifs	Européens
Marrakech	195122	164727	21607	8788 (4,5%)
Casablanca	163108	85167	10960	57981 (31,5%)
Fès	112463	90379	7826	14258 (12,7%)
Meknès	57004	36466	7745	12793 (22,4%)
Rabat	55348	27986	4218	23144 (41,8%)
Oujda	30150	13164	1890	15186 (50%)
Safi	26201	21253	3285	1663 (6,3%)
Salé	25940	22145	2387	1408 (5,4%)
Kenitra	21151	12886	365	7900 (36,7%)
El-Jadida	20834	15411	3288	2135 (10,2%)
Essaouira	14638	8116	5468	1052 (7,5%)
Ouezzane	15674	13152	1554	1168 (7, 2%)
Taza	14340	9149	147	5044 (38,4%)

ouvrirent de vastes chantiers de travaux publics et d'équipement – routes, voies ferrées, jetées, docks et silos portuaires, barrages, centrales thermiques, etc. Constituant la part du lion du budget du Protectorat, les dépenses d'équipement représentaient, entre 1914 et 1938, d'après Albert Ayache, 75 % des dépenses totales contre 20 % pour les services administratifs et 5 % seulement pour l'hygiène et l'enseignement[14].

Présenté par les autorités du Protectorat comme une nouvelle « Californie africaine » pour y attirer capitaux et investissements, le Maroc connut cependant une industrialisation dans l'ensemble modeste et l'activité se limita essentiellement au développement de l'immobilier et à l'exploitation des richesses minières. La part de l'industrie manufacturière ne dépassait guère plus de 15 % du PIB même après la Seconde Guerre mondiale et concernait principalement la transformation de produits agricoles et de pêche et l'ouverture de minoteries, huileries, savonneries, brasseries, sucreries, conserveries, manufactures de tabac, d'allumettes et de bougies, en plus d'entreprises du bâtiment (cimenteries, briqueteries) et d'ameublement qui fleurirent dans le pays après le boom économique qui suivit la guerre du Rif.

En 1931, on recensait 750 entreprises industrielles employant un effectif total de 45000 ouvriers environ[15]. Les centres miniers étaient les plus grands pourvoyeurs de travail salarié : Khouribga notamment et ses phosphates, dont la production dépassait depuis 1927 celle de l'Algérie : 225000 tonnes en 1923, 1442000 en 1927, 1850000 en 1930[16]. Principale richesse minière du Maroc, l'exploitation et la recherche des phosphates étaient monopole d'État depuis 1920 et confiées à un office gouvernemental, l'Office chérifien des phosphates ; à partir de 1932 commença l'exploitation des gisements de Louis-Gentil (Yousoufiya) qui, avec ceux de Khouribga, hissèrent le Maroc au premier rang de la production nord-africaine, puis mondiale. Le charbon était la seconde richesse du pays : le Maroc en produisait 30000 tonnes à Djerada, dans l'Est du pays, non loin de Zelidja où l'on extrayait du plomb ainsi que dans les mines d'Aouli, dans la région de Midelt, qui en produisaient depuis 1926 (26000 tonnes en 1938). Plus au sud, à une centaine de kilomètres de Figuig, les mines de Bou Arfa produisaient du manganèse (85000 tonnes en 1938) ainsi qu'à Imini, au sud de Marrakech dans le Haut Atlas. Dans l'Anti-Atlas, la mine de cobalt de Bou-Azzer, à l'est de Tazenakht, entra en activité à partir de 1932, faisant du Maroc l'un des premiers producteurs mondiaux de ce minerai. Quant au minerai de fer, on en trouvait au Rif – où il était exploité par les Espagnols – ainsi que dans la région de Khénifra, mais comme la France était elle-même productrice, l'exploitation des gisements marocains ne commença que très tardivement.

Évolution de la production minière marocaine de 1925 à 1940[17]

Année	*Charbon*	*Fer*	*Plomb*	*Zinc*	*Manganèse*	*Cobalt*	*Phosphates*
1925	0	800000	1760	890	340	0	715000
1930	980	803000	7400	1000	16100	0	1828000
1935	52600	799000	193	0	24800	4163	1359000
1938	141000	1067000	25900	5500	85000	6540	1487000
1940	143500	466000	30700	4500	104000	2612	739000

En tout état de cause, la grande dispersion géographique des centres miniers et celle des exploitations agricoles européennes furent des facteurs déterminants dans la configuration du réseau routier et ferré du Maroc.

Commencée en 1920 après l'achèvement de la ligne Fès-Tanger, la ligne principale Fès-Marrakech passant par Meknès-Petitjean (Sidi-Kacem)-Kenitra-Rabat-Casablanca fut raccordée au réseau algérien à Oujda, venant de Taza et Guercif. D'autres lignes à voies normales furent construites pour relier Casablanca à Khouribga et à Oued-Zem pour les phosphates et le fer de Khénifra ; Safi à Louis-Gentil pour les phosphates ; Oujda à Berguent pour le charbon de Djerada et le manganèse de Bou Arfa ou encore Guercif à Missour pour le plomb d'Aouli.

Quant au réseau routier, il était constitué de la grande rocade Oujda-Fès-Meknès-Rabat-Casablanca-Agadir dont se dégageaient des voies secondaires qui escaladaient les hauteurs de l'Atlas pour relier les villes du littoral aux régions agricoles et minières d'importance commerciale et stratégique. Elles-mêmes étaient coupées de chemins tertiaires praticables par tous les temps, qui conduisaient aux fermes et aux villages de colonisation et d'un réseau supplémentaire de pistes entretenues à l'aide des prestations en nature fournies par les tribus.

Sans surprise, tous les grands travaux d'équipement furent confiés à des entreprises et des groupes financiers français : Schneider-Creusot se réserva la construction des ports de Casablanca et Safi ; le groupe Hersent celui de Fedala ; la Banque de Paris et des Pays-Bas eut à sa charge la gestion des ports de Kenitra, Rabat-Salé et celui de Tanger tandis que le fonctionnement du port de Casablanca était du ressort de la Manutention marocaine, société formée par la Banque Rothschild, la Compagnie générale transatlantique et le groupe Hersent. La Banque de Paris et des Pays-Bas était aussi prédominante à la Compagnie des chemins de fer, à l'Énergie électrique du Maroc ainsi qu'à la Société marocaine de distribution d'eau. Il en était de même de la Société lyonnaise des eaux et de l'eclairage qui, elle, était active à Marrakech, Safi, El-Jadida et Tanger. Le matériel d'équipement des ports, des chemins de fer et des mines était fourni notamment par Schneider, Wendel ou Pechiney-Ugine [18].

La guerre du Rif terminée, le Maroc donnait l'impression aux visiteurs de l'Exposition coloniale internationale de Paris, dont le commissaire général en 1931 n'était autre que le maréchal Lyautey, d'un pays exotique certes, mais prospère ; un pays dont le développement, selon Pierre Paraf, « atteste avec une sobre grandeur » « les bienfaits de la collaboration de l'indigène et du colon » [19]. Ce qui n'était qu'un « bluff superbe », dénoncé dès le lendemain de l'indépendance par Jean Lacouture.

Ainsi que la France, le royaume chérifien ne fut pas épargné par la crise mondiale : tandis que sa population ne cessait d'augmenter, son commerce extérieur baissa de moitié entre 1929 et 1935 et la production de phosphates chuta de plus de 50 % entre 1930 et 1931. Les mines de plomb, de fer et de charbon furent fermées. L'industrie du bâtiment baissa de 53 % entre 1933-1934 et le cours des céréales chuta de 55 % entre 1930 et 1933. La crise était multiforme et provoqua un ralentissement très net de l'activité des ports de Tanger et surtout celui de Casablanca.

Part de la France dans le commerce avec le Maroc[20]

Année	*% import.*	*% export.*
1923	67	52
1938	33	44
1949	68	59
1952	64	54
1953	61	60
1954	59	55
1955	55	56

Dans ce contexte, le Protectorat connut en 1936 ses premières grèves de travail – à Casablanca et à Khouribga –, notamment à l'appel des syndicats dirigés par des Européens. Ceux-ci se heurtèrent dès leur apparition à l'hostilité des colons et à celle du résident général Henri Ponsot et de son successeur Marcel Peyrouton. Au cours de son bref passage à la Résidence (mars-septembre 1936), Peyrouton n'hésita pas à envoyer la Légion étrangère et les tirailleurs sénégalais briser la grève des employés des mines de phosphates de Louis-Gentil et Khouribga. Jouissant du soutien unanime des patrons européens, il projeta de rapatrier en France les chefs syndicaux, mais il en fut empêché par Léon Blum qui fit nommer à sa place, en octobre 1936, le général Charles Noguès, le plus brillant des résidents généraux français au Maroc depuis Lyautey.

Bien introduit dans les milieux politiques parisiens – il était le gendre de Théophile Delcassé –, Noguès avait participé à la guerre du Rif en sa qualité de commandant militaire de la région de Fès. Général de brigade depuis 1930, il servit à Rabat, à l'époque du *Dahir* berbère, en tant que directeur général des Affaires indigènes, puis à Alger à partir de 1933, avant d'être promu inspecteur général des troupes d'Afrique du Nord en juillet 1936. Trois mois plus tard, il cumulait les fonctions de résident général et celles de commandant supérieur des troupes au Maroc. Il était membre du Conseil supérieur de la guerre. Seul Lyautey avant lui avait eu autant de prérogatives.

La crise économique n'avait pas épargné non plus les colons qui avaient vu leurs exportations de blé tendre s'effondrer brusquement. Les autorités vinrent à leur secours en rachetant leurs stocks invendus et surtout en les encourageant à substituer à la culture des céréales celle des agrumes qui, au lendemain de l'indépendance, allait faire du Maroc l'un des plus gros producteurs mondiaux d'oranges.

Casablanca en tête, tous les ports de l'Atlantique aussi bien qu'Oujda grossirent démesurément à la suite de l'exode rural qui s'accéléra avec la fin de la « pacification », l'ouverture de nouvelles voies de communication avec les régions excentrées de l'intérieur et la mise en service des cars automobiles CTM desservant les régions les plus reculées du pays. Le mouvement atteignit son paroxysme en 1937 après deux années consécutives de sécheresse qui décimèrent les récoltes et le cheptel. Comme par le passé, la famine fut suivie par une brève épidémie de typhus, endiguée grâce au vaccin du docteur Blanc de l'Institut Pasteur de Rabat[21].

L'« année terrible » 1937 fut aussi marquée par la montée des tensions politiques dans le pays et la radicalisation des relations entre les nationalistes et la Résidence, après une accalmie de plusieurs plusieurs mois consécutive à l'arrivée du Front populaire au pouvoir. Les choses avaient pourtant mal commencé après l'échec de la mission de Mohammed Ouazzani et Omar Abdeljalil à Paris, venus présenter les doléances du CAM aux nouveaux dirigeants français. De retour à Casablanca, en octobre 1936, ils furent arrêtés sur-le-champ ainsi que plusieurs dizaines de militants à Rabat, Salé, Fès et Oujda au cours du mois suivant. Mais craignant un dérapage de la situation, le Quai d'Orsay ordonna au général Noguès de changer immédiatement de cap. Le résident général s'exécuta et, dès le 17 décembre 1936, il libéra tous les nationalistes arrêtés et les autorisa à reconstituer leur mouvement, le Comité d'action marocaine. Il permit en outre la parution de plusieurs journaux en langue arabe, *L'Atlas*, *Al-Maghrib* et *Al-Amal*, ainsi que la réapparition à Fès du journal du CAM, interdit depuis 1934, *L'Action du peuple*. Enfin, il légalisa la création de syndicats professionnels dans la fonction publique, les transports, le bâtiment et les centres miniers ainsi que la constitution, début 1937, du Parti communiste marocain et de son hebdomadaire *L'Espoir*, qui tendit aussitôt la main aux nationalistes au nom de la lutte commune contre l'impérialisme et de leur amour commun « de la justice, de l'égalité et de la fraternité ».

L'atmosphère changea du tout au tout cependant à l'annonce de la chute du gouvernement Blum, le 21 juin 1937. Sept jours à peine après cet événement, un *dahir* de la Résidence interdisait aux travailleurs marocains d'adhérer à l'Union des syndicats confédérés du travail, d'obédience socialiste, qui perdit aussitôt un tiers de ses membres. À l'intention de ceux-ci, Noguès ouvrit une association professionnelle marocaine des transporteurs routiers, contrôlée par le Makhzen et présidée par le Glaoui, dont personne n'avait soupçonné jusqu'alors les immenses talents de leader syndical. La tension s'alourdit considérablement vers la fin du mois d'août, à la suite de la décision de l'administration de détourner les eaux de l'oued Bou Fekran, qui alimentait les quartiers musulmans de Meknès, pour assurer l'approvisionnement en eau des exploitations agricoles européennes de la région. Leurs fontaines taries et les bassins des mosquées vides, les habitants adressèrent pétition sur pétition aux autorités françaises, qui ne revinrent pas sur leur décision. Excédés, ils fermèrent leurs boutiques et sortirent dans les rues le 2 septembre 1937 pour exprimer leur colère aux cris de « L'eau ou la mort » et « Pas une goutte d'eau aux colons ». Policiers, gendarmes et militaires furent envoyés sur les lieux. Bilan « officiel » : 20 morts et 100 blessés graves du côté marocain, 52 blessés parmi les membres du service d'ordre.

Des manifestations de protestation et une grève générale eurent lieu au cours des jours suivants dans de nombreuses villes du royaume. La Résidence en profita pour saisir les journaux arabes ainsi que *L'Action du peuple* qu'elle venait tout juste d'autoriser à reparaître. Ravivée par les nouvelles en provenance de Palestine et de Syrie sur la « révolte arabe » lancée par le mufti de Jérusalem, l'agitation prit un tour plus violent au cours du mois d'octobre. Des émeutes éclatèrent ainsi à Fès à l'initiative des nationalistes, auxquels se joignirent quelques militants socialistes et communistes français, ainsi qu'à Casablanca, Souk-al-Arba' du Gharb, Marrakech, Rabat, Oujda, Settat, Port-Lyautey et à Khémisset où la foule cria « Vive la liberté ! » et « Vive le roi ! », des slogans déjà entendus lors de la visite du sultan à Fès le 8 mai 1934[22]. Les journaux français assurèrent aussitôt que le roi réclamé était 'Allal al-Fassi lui-même. Ce qui paraissait pour le moins saugrenu, compte tenu de l'attachement des nationalistes à la dynastie 'alawite, symbole de l'unité marocaine. Une preuve parmi d'autres : c'est bien à l'initiative du journal *L'Action du peuple* que la Fête du trône, célébrée chaque 18 novembre était devenue à partir de 1933 une véritable fête nationale et l'occasion pour les Marocains d'exprimer leur loyauté au sultan.

Des manifestations analogues à celles de Fès et de Khémisset étaient prévues en pays berbère, notamment à Azrou, chez les Zaian. Pour parer cette menace, le général Noguès décida de frapper fort : dans la soirée du 25 octobre 1937, il prononça la dissolution du mouvement national marocain et ordonna le bannissement de ses dirigeants : 'Allal al-Fassi fut déporté au Gabon, Mohammed b. al-Hassan al-Ouazzani, Ahmed Makouar et Mohammed Lyazidi assignés à résidence au Sahara et Mohammed Diouri jeté en prison. Seul Ahmed Balafrej échappa à la rafle, parce qu'il avait pu s'enfuir à Tanger avant de gagner Genève où il retrouva Shakib Arsalan. Le lendemain, l'armée française entrait dans la *medina* de Fès pour la première fois depuis 1912 : plusieurs centaines de militants nationalistes furent arrêtés à l'entrée de la Qarawiyyin. Au cours des jours suivants, des coups de filet analogues furent opérés à Casablanca, Port-Lyautey, Marrakech, Rabat et Oujda.

Cela ne pouvait pas plus mal tomber pour les nationalistes marocains, dont le mouvement venait de se scinder entre les deux tendances qui cohabitaient plus ou moins bien au sein du Comité d'action marocaine. D'un côté, le groupe majoritaire conduit par 'Allal al-Fassi, Ahmed Balafrej et Mohamed Lyazidi, qui formèrent le Parti national pour les réformes (*al-Hizb al-Watani li-Tahqiq al-Matalib*), qui s'appuyait principalement sur les milieux salafistes de Fès et de Rabat-Salé, mais avait de solides antennes à Meknès, Sefrou, Ouezzane, Kasba-Tadla et parmi les tribus du Moyen Atlas et du Sous. De l'autre, la minorité des « modernistes », issus de l'enseignement français, dirigés par Mohamed b. al-Hassan al-Ouazzani, constituèrent le Mouvement national (*al-Haraka al-Qawmiyya*) qui était présent surtout à Casablanca. *Hizbis* et *Qawmis*, dont la division fut condamnée par Shakib Arsalan, virent leurs journaux, *L'Action du Peuple* et *Al-Difa'* pour les premiers et *L'Action populaire* et *Al-Atlas* pour les seconds, interdits par la Résidence[23]. Celle-ci eut beau jeu par ailleurs de dénoncer la pratique du serment sur le Coran exigée par 'Allal al-Fassi aux nouveaux adhérents de son parti. Elle y voyait une atteinte aux règles de l'islam et… à l'autorité du sultan.

Peu importe : Noguès tenait désormais le pays bien en main. L'opposition nationaliste muselée, il s'attela à améliorer le fonctionnement du Protectorat, en tenant davantage compte des besoins économiques et culturels de la société musulmane. Il abolit plusieurs taxes locales qui pesaient lourdement sur le budget des ménages marocains, fit baisser les taux bancaires sur les crédits alloués aux fellahs, améliora l'irrigation des champs de culture du Tadla et multiplia par cinq la superficie des terres arables du Tafilelt. Dans les villes, il accorda prêts et subventions aux artisans qu'il encouragea à introduire de nouvelles techniques de fabrication dans leurs métiers et, soucieux d'accroître les ressources financières du Protectorat, il s'employa à négocier avec l'Angleterre et le Japon de nouveaux traités commerciaux ainsi que l'abolition des capitulations et de la protection consulaire. Seuls les États-Unis tenaient encore à garder les anciens privilèges que leur avait conférés l'acte d'Algésiras. Mais le commerce américain représentait 4% à peine des échanges de la zone française du Maroc[24].

Les effets de la crise momentanément résorbés, l'optimisme revint progressivement dans les milieux d'affaires européens tandis que s'amoncelaient les signes de reprise économique, un peu partout dans le royaume : ainsi les mines de charbon, de plomb et de zinc fermées en 1931 reprirent leur activité dès 1936 ; le commerce de Casablanca s'éleva à 3760000 tonnes en 1937 et à près de 4000000 de tonnes en 1938 ; le mouvement de construction retrouva le rythme des années florissantes 1927-1930 et, en décembre 1938, les 2000 établissements industriels du pays employaient une main-d'œuvre totale de 75 000 ouvriers dont 6 500 Européens[25].

L'atmosphère de prospérité retrouvée fit oublier à la société coloniale européenne la grande misère économique et sociale dans laquelle vivaient toujours la plupart des Marocains, en ces années d'avant guerre : en 1934, le revenu annuel moyen d'un Français du Maroc était de 17400 francs, plus de trois fois plus que celui d'un Français en métropole et plus de… onze fois que celui d'un Marocain musulman si, par chance, il avait un travail salarié[26].

À l'évidence, ce n'était point là la seule injustice née de la situation coloniale. Ce qui ne pouvait laisser indifférents les représentants de la gauche française au Maroc pour lesquels tous les maux du pays – « agitation » nationaliste comprise – avaient une seule et même origine : la mauvaise politique économique du Protectorat, génératrice de pauvreté dans les milieux populaires marocains et d'opulence dans les milieux européens :

> Les Marocains sont des hommes, ils sont ici chez eux, ils ont des droits, respectons au moins le plus élémentaire : le droit à la vie, pouvait-on lire dans l'éditorial de l'hebdomadaire socialiste *La Dépêche de Fès* […]. La misère et l'injustice sont mauvaises conseillères. Il n'est que temps de repartir vers une économie nouvelle et moins égoïste. Répétons-le-nous sans nous lasser, deux cent mille Européens ne peuvent espérer vivre dans l'abondance, heureux et tranquilles, au milieu de cinq millions de Marocains qui crèvent la faim. Le comprendra-t-on enfin[27] ?

Pendant ce temps, dans la zone nord, 'Abd al-Khaliq Torrès débutait un long flirt avec le général Franco qui comptait par ailleurs de nombreux amis dans les milieux bancaires juifs de Tanger et de Tétouan. Ce qui valut à ce descendant d'une grande famille de diplomates du

Makhzen, d'origine andalouse, de pouvoir annoncer le 18 décembre 1936 la création de son Parti de la réforme nationale (PRN). Le lendemain, il fut nommé ministre des biens Habous dans le gouvernement franquiste de Burgos, une promotion évidemment impensable en zone française. En échange de ces « cadeaux » et de la promesse de l'octroi de l'autonomie à la zone nord – quand « les rosiers de la paix fleuriront », selon les termes employés par le Caudillo –, Torrès leva son opposition à l'enrôlement de guerriers « maures » dans l'armée de Franco. Plus de 30 000 soldats marocains s'engagèrent du côté nationaliste durant la guerre civile. Originaires en bonne partie de la zone française, près de 7 000 d'entre eux périrent dans les combats contre les républicains qui en avaient une peur terrible[28]. Ils comptèrent aussi plusieurs héros, comme le colonel Mohammed Ben Mezzian, dont les faits d'armes restèrent gravées dans toutes les mémoires à l'époque franquiste[29].

Se mettant au diapason du nouveau régime, Torrès se dota en janvier 1937 d'une « phalange nationaliste » de jeunes (*Fityan*) portant uniforme et bien disciplinés. Défilant en grande pompe dans les rues de Tétouan lors des cérémonies officielles et religieuses, ils se voulaient une réplique des Phalanges de Primo de Rivera et des *Kata'ib* libanais de Pierre Gemayel. Le même mois, Torrès obtenait l'arabisation de l'enseignement dans les écoles marocaines de la zone nord ainsi que la liberté de circulation de son journal, *Al-Hurriya*. Au même moment, ses amis de la zone française subissaient les effets d'une sévère répression de la part de la Résidence.

Mais les succès d'Abd al-Khaliq Torrès finirent semble-t-il par inquiéter le haut-commissaire Juan Beigbeder, qui lui suscita un rival en la personne de Makki al-Nasiri, un transfuge de Rabat qui fonda le Parti de l'union marocaine (*Hizb al-Wahda al-Maghribiyya*). De fait, les deux hommes ne différaient sur aucun sujet d'importance.

Ils éprouvaient la même sympathie envers l'Espagne franquiste et les pays de l'Axe et vouaient la même haine à la France. Haine partagée par deux autres formations créées dans les mêmes conditions à Tétouan par Beigbeder, le Parti de la rénovation religieuse et le Parti des hommes libres, œuvrant notamment chez les Beni Ouriaghel, la tribu d'origine d'Abdelkrim. Oubliée, la guerre du Rif. Passé sous silence, le rôle de l'Espagne dans l'écrasement de la révolte de l'émir Abdelkrim et dans l'occupation depuis des siècles de Ceuta et de Melilla. Il n'y en avait que pour la France et ses méfaits : Torrès et ses amis, qui rappelaient sans cesse l'ignominie du *Dahir* berbère de 1930, ne manquaient aucune occasion d'insister sur le fait qu'en comparaison de la zone française, la zone espagnole était un paradis de liberté.

Mais ce n'était pas ces accusations ni les rodomontades de Radio-Tétouan et Radio-Séville que l'on captait en zone française qui inquiétaient le plus le général Noguès : alors que les perspectives d'une nouvelle guerre se précisaient en Europe, le Maroc espagnol apparaissait comme une menace sérieuse pour le dispositif militaire français en Méditerranée et les lignes de communication entre la métropole et l'Afrique du Nord : Allemands et Italiens y avaient laissé des soldats et du matériel de guerre depuis leur intervention aux côtés de Franco en 1937; l'armée espagnole elle-même ne cessait d'y concentrer des troupes et de renforcer ses positions militaires entre Larache et Tanger. En outre, pendant que des agents espagnols, allemands et italiens s'infiltraient dans les régions de Fès et d'Oujda ainsi que dans le sud du pays, le gouvernement espagnol marquait son inclination envers les pays de l'Axe, tout en proclamant sa neutralité. Seule certitude : sortie exsangue de la guerre civile, l'Espagne ne se jetterait dans une nouvelle guerre qu'en cas de bouleversement majeur de l'équilibre des forces en

Méditerranée au profit des puissances de l'Axe. On n'en était pas encore là à la fin des années 1930.

Cela étant, au Maroc même, après plus d'un quart de siècle d'acculturation coloniale, la vie quotidienne des Marocains avait bel et bien changé depuis l'arrivée des Français, dans les centres urbains aussi bien que dans le bled. C'est l'arrivée, un peu partout dans le pays, des nouveaux moyens de locomotion, vélos, camions et taxis, frayant tant bien que mal leur chemin au milieu de chameliers poussant tranquillement devant eux leurs troupeaux de chèvres et de moutons ; c'est la présence, dans les ruelles encombrées des médinas et des bidonvilles d'ouvriers, de techniciens et d'employés salariés, d'anciens combattants de l'armée française, de policiers, de gardes et de militaires en service, au milieu d'une foule impressionnante de journaliers à la tâche vêtus de friperie, de mendiants déguenillés, de chômeurs et de néo-citadins déracinés qui avaient du mal à se séparer de leurs vieux vêtements traditionnels usés jusqu'à la corde ; c'est, à côté des commerçants accroupis au milieu de leur pacotille, des tisserands travaillant à leurs métiers, des vendeurs de babouches, des porteurs d'eau, des marchands de beignets devant leurs chaudrons d'huile bouillonnante, des bouchers, des ferblantiers, des cordonniers, l'ouverture des premiers cinémas et l'apparition des étalages de journaux que l'on déchiffrait à plusieurs, des salons de coiffure aux murs couverts de « réclames » et de coupures de journaux, des premiers postes de TSF s'époumonant dans les cafés où l'on ne consommait plus que du thé à la menthe, ainsi que des épiceries où l'on vendait cigarettes, allumettes, bougies, limonade, boîtes de conserve, sucreries, baguettes de pain et autres produits de facture européenne, depuis les cahiers de classe jusqu'aux lacets de chaussures. Dans les maisons de la vieille bourgeoisie citadine, casseroles en aluminium, fourneaux à pétrole, lits, tables, chaises, cohabitaient progressivement avec le mobilier traditionnel.

Répartition des postes de TSF entre 1936 et 1939[30]

	1936	1937	1938	1939
Européens	?	27932	29929	31714
musulmans	1525	3656	4240	6333
Israélites	?	1613	1797	2009

À Casablanca, comme partout ailleurs dans les grandes villes, musulmans, Européens et Juifs vivaient en principe séparés, mais il n'était pas rare de voir les adolescents des trois communautés fréquenter les mêmes lieux de loisirs et participer aux mêmes activités sportives : football, natation, cyclisme et boxe, notamment. Deux « géants » du sport marocain et français avaient commencé à faire parler d'eux en 1937, le footballeur Larbi Ben Barek et le champion de boxe Marcel Cerdan. Deux voisins et amis issus d'un milieu modeste, l'un fils de menuisier, l'autre fils de boucher, qui commencèrent leur carrière ensemble en jouant au foot au stade Philip avant de devenir l'un la « Perle noire » de la sélection du Maroc qui affronta l'équipe de France à Casablanca, en 1937; l'autre, le « Bombardier marocain » qui cumula les victoires sur les rings de Rabat, Casablanca, Alger, Oran et Paris, avant la guerre.

C'est de cette époque également que date l'épopée de la grande équipe de football marocain, le Widad Athletic Club (WAC) qui commença comme une équipe de natation à la suite du refus des autorités de permettre aux nageurs « indigènes » juifs et musulmans d'entrer à la piscine casablancaise du Ski nautique. Le nom de Widad (« amitié »), fut donné au club par l'un des joueurs qui avait assisté à la projection du film du même nom, dont l'héroïne était la célèbre cantatrice égyptienne Oum Kalsoum. Mohammed 'Abd al-Wahab et Farid al-'Atrash étaient les deux autres grands chanteurs arabes dont les phonographes des cafés de la *medina* égrenaient continuellement les chansons. Ce qui ne plaisait pas toujours aux autorités lorsqu'elles se rendaient compte que les chansons égyptiennes les plus prisées parlaient d'amour, certes, mais aussi... de liberté.

Mais c'est le cinéma qui occupait le plus les nouveaux loisirs des jeunes Casablancais. Les salles les plus fréquentées étaient à l'époque le Vox, « le plus grand cinéma d'Afrique du Nord », ouvert en 1932 et dont la salle principale se transformait de temps à autre en ring, et la Médina, qui se transformait en théâtre une fois par an à l'occasion de la fête juive de Pourim [31]. Ce cinéma, raconte Abdelmalek Lahlou, était notoirement connu pour la très mauvaise qualité technique des films que l'on y projetait. À force de repasser les mêmes bobines de Tarzan et de Zorro pendant des semaines, la projection était souvent interrompue à cause de l'usure de la pellicule. Après collage, elle reprenait, mais pas toujours au bon endroit. Ce qui provoquait la colère des spectateurs : le calme ne revenait que lorsque le directeur arrêtait la projection du film pour raconter de vive voix la partie manquante. Puis le spectacle reprenait...

En marge de la société coloniale : les Juifs du Maroc sous le protectorat

Le 14 février 1913, le général Lyautey reçut une requête du président de l'Alliance israélite universelle lui demandant d'élargir la compétence des tribunaux français aux Juifs du Maroc et de libérer ces derniers de la juridiction des tribunaux du Makhzen. Outre l'intérêt politique qu'il y avait à satisfaire les vœux d'une population dévouée à la France qui avait « accueilli avec joie l'institution du protectorat », Narcisse Leven invoqua l'exemple des Juifs d'Algérie qui, en 1842, s'étaient vu appliquer la juridiction française longtemps avant leur naturalisation par le décret Crémieux de 1870[32]. La demande resta sans suite comme celle de son conseiller juif Nahum Slousch qui lui suggéra d'appliquer cette mesure aux « seuls Juifs éclairés, ouverts à la civilisation française[33] ». Et pour cause : à l'instar d'un grand nombre de hauts gradés et de politiciens français qui avaient séjourné en Algérie depuis 1870, Lyautey était persuadé que la naturalisation des Juifs avait été une grave erreur et qu'elle était la cause directe des violentes émeutes antisémites qui secouèrent la colonie depuis le milieu des années 1880. Il était donc hors de question d'extirper les Juifs marocains de leur condition d'indigènes en leur accordant un statut juridique différent et meilleur que celui de leurs voisins musulmans, qui y verraient une atteinte à leur dignité nationale et religieuse. Lyautey craignait aussi de voir les Juifs, plus nombreux au Maroc (120 000 à 130 000 personnes) que partout ailleurs en Afrique du Nord, revendiquer un jour le statut de minorité nationale. Un sujet devenu d'une actualité brûlante au lendemain de la Première Guerre mondiale qui avait vu par ailleurs la montée des tensions entre Juifs et musulmans, à la suite de la déclaration Balfour reconnaissant aux Juifs le droit de disposer d'un foyer national en Palestine.

> Il y a lieu de considérer, expliquait à ce propos le général dans une dépêche au Quai d'Orsay en 1918, que l'islamisme a son pôle à La Mecque, le judaïsme à Jérusalem ; il en résultera si nous n'en prenons pas garde une fascination, une attraction de l'Orient, préjudiciable à nos intérêts africains et d'autant plus dangereuse que l'influence anglaise domine dans ces régions. L'heure me

semble inopportunément choisie pour resserrer les liens spirituels qui unissent le Maroc à cet Orient et pour créer un « ultramontanisme » islamique ou israélite[34].

Ainsi, considérant que le sionisme risquait de porter préjudice à la France non seulement en Syrie, mais aussi en Afrique du Nord, le résident général poussa même jusqu'à interdire la diffusion du journal sioniste *Ha Olam* au Maroc. Dans le même temps, il s'efforça d'intégrer complètement les structures communautaires juives dans le cadre de l'organisation globale du Protectorat. Pour cela, il était indispensable de leur ôter toute velléité d'indépendance, quitte à violer l'un des fondements les plus significatifs de l'organisation communautaire juive en terre d'islam – le principe de l'autonomie juridique et administrative.

Aussi, conformément au *Dahir* de 1918 portant sur l'organisation de la communauté juive, les comités de communauté furent dotés d'un champ d'action fort limité, n'ayant plus d'autres fonctions que celles de gérer les biens communautaires et de s'occuper des pauvres et nécessiteux, libérant ainsi les autorités du Protectorat d'une tâche devenant de plus en plus ardue à mesure que la modernisation jetait sur les trottoirs des milliers d'indigents dépourvus de tout.

Chaque ville avait son propre comité, dont les membres étaient cooptés ou désignés et non élus, les autorités ne voulant pas encourager la constitution d'un pôle de direction à l'échelle territoriale, et présidé par une personnalité consensuelle et puissante. Elles préférèrent nommer à sa place un inspecteur aux institutions israélites, chargé précisément de la coordination entre les différents comités et de la supervision de leur budget. Une seule institution centrale juive trouvait grâce aux yeux de la Résidence : le haut tribunal rabbinique, dont les prérogatives englobaient l'ensemble du royaume chérifien et qui était chargé de juger les appels des tribunaux rabbiniques qui traitaient des matières religieuses.

Déployant le plus grand zèle pour renforcer le cloisonnement interne de la société marocaine, la Résidence interdit plus ou moins formellement aux Juifs d'habiter les quartiers « arabes » et aux musulmans d'élire domicile dans les *mellahs*. À quelques exceptions près, les Juifs avaient l'obligation d'étudier dans les écoles de l'Alliance israélite universelle, enracinée au Maroc depuis plus d'un demi-siècle. Des établissements qui, aux yeux des responsables de l'enseignement de la Résidence, étaient trop enclins à développer les qualités intellectuelles de leurs élèves au lieu de s'occuper en priorité de la « re-moralisation du judaïsme marocain ». Trop de mathématiques, de science et de culture générale, mais pas assez de gymnastique, de musique et de dessin en vue de donner à la jeunesse juive « le sens de la beauté » et apporter « du bleu et du rose » dans les mellahs qui ne connaîtraient que « la couleur de l'or[35] ».

Dans cette optique, en 1917, le Protectorat obligea l'Alliance à se séparer d'un certain nombre de ses établissements qui passèrent sous l'autorité directe de la Direction de l'instruction publique (DIP). Baptisées « écoles franco-israélites », elles bannirent l'hébreu et les matières juives de leur enseignement – à l'instar des écoles franco-musulmanes qui bannirent le Coran et l'arabe –, des instituteurs français y furent nommés et les études y étaient gratuites, contrairement aux écoles de l'Alliance. Mais devant l'opposition véhémente des parents, qui commencèrent à enlever leurs enfants de ces établissements, le Protectorat finit par restituer, en 1924, la plupart des écoles franco-israélites à l'Alliance, qui eut ainsi l'exclusivité sur l'enseignement français des Juifs du Maroc. Une tâche dont elle s'acquitta avec honneur malgré d'insurmontables difficultés matérielles et financières.

De fait, la Résidence n'était guère intéressée par une trop rapide « émancipation » des Juifs du Maroc :

> Le Juif marocain, expliquait Georges Hardy, le directeur de l'Enseignement de la Résidence, est un papillon qui sort à peine de sa chrysalide noire, mais un papillon que grise la brusque lumière et, mal préparé à son bonheur, deviendrait vite un papillon nouveau riche et jeune israélite, en somme un très vilain et très gênant insecte[36].

C'est d'ailleurs pour conjurer ce « péril juif » – suivant le terme utilisé par un autre spécialiste des affaires scolaires de la Résidence, Maurice Gaudefroy-Demombynes – que l'on décida finalement de fermer la plupart des écoles franco-israélites, le Protectorat se dégageant ainsi du même coup de toute contrainte vis-à-vis de l'enseignement juif et de son développement. Lyautey, qui n'était pas un grand prosélyte de « la mission civilisatrice de la France » dans le monde, ne voulait rien de plus qu'entrebâiller aux Juifs du Maroc la porte de la culture française et de la modernité, mais une porte dans laquelle allaient s'engouffrer, grâce à l'AIU, une large proportion des Juifs marocains de toutes conditions, alors que chez les musulmans, à cause de la politique très sélective de la Résidence, l'éducation française fut l'apanage des seules classes aisées et des « enfants de notables ». Ainsi, en 1937, il y avait presque autant d'élèves musulmans dans les écoles franco-musulmanes du Makhzen (20 000) que d'élèves juifs dans les établissements de l'AIU (18 750), alors que les Juifs ne constituaient que 3 % environ de la population totale du royaume. La disparité entre les deux populations était plus frappante encore au niveau du secondaire : il y avait plus d'élèves juifs, en chiffres absolus, que d'élèves musulmans dans les lycées européens admettant des indigènes :

Juifs et musulmans dans les lycées français du Maroc entre 1938 et 1947[37]

Année	1938	1939	1940	1941	1942	1943	1944	1945	1946	1947
Musulmans	366	343	350	283	307	241	273	393	477	649
Juifs	823	831	759	435	512	515	610	619	754	884

Une disparité plus forte encore entre Juifs et musulmans existait dans les établissements secondaires de la zone espagnole au cours des années 1940. Les Juifs y étaient trois ou quatre fois plus nombreux en chiffres absolus que les musulmans[38]. À la fin du Protectorat, 60 % des enfants juifs en âge d'entrer à l'école étaient scolarisés contre 15 % seulement des musulmans du Maroc français. En 1945, seuls 4 % d'entre eux allaient à l'école. Cette même année, le nombre de bacheliers musulmans atteignait une cinquantaine à peine. En 1951, leur nombre était de 124, autant que chez les Juifs et dix fois moins que les Européens.

L'école française était à maints égards le symbole de la nouvelle ère ; c'était le lieu de tous les changements, de tous les espoirs, mais aussi celui de toutes les frustrations et de toutes les ruptures, rupture avec la société globale, bien entendu, mais aussi avec la tradition.

Voici la description de la visite des frères Tharaud dans cet « enfer hébraïque » qu'était, au début des années 1920, le *mellah* de Marrakech au centre duquel s'élevait la *zbala*, ou dépôt de détritus que l'on apercevait de tout le périmètre de la ville tant il était haut. La maison du « patriarche » Joshua Corcos y « était la seule qui [fût] propre » :

> On y accède par une cour remplie de la paille hachée dont se nourrissent ânes et mulets [...]. Dans un coin, un réduit sombre, meublé d'un coussin déchiré et d'un petit

bureau sans pieds pour écrire accroupi. C'est là que travaille le bonhomme, qu'il traite les affaires courantes, qu'il paye, reçoit, compte et mesure [...]. D'autres pièces offrent un aspect bourgeois de très vieille maison de province, avec des lits à rideaux blancs, des armoires à glace, une machine à coudre et des petits placards vitrés, chargés de verrerie, de porcelaines, d'objets d'argent. Mais sur les murs blanchis à la chaux, quelque arbre de Jessé ou les Lions de Juda, grossièrement peinturlurés, rappellent qu'on n'est pas ici chez le notaire de Ruffec ou d'Amboise ! [...] Cette maison est remplie d'enfants qui grandissent près de ce vieillard, sans se douter encore que bientôt cette vie leur apparaîtra aussi bizarre, aussi lointaine qu'elle me l'apparaît à moi-même [...]. Déjà les fils du bonhomme ont abandonné le vieux costume traditionnel pour les vêtements européens ; ses petites-filles jouent du piano, parlent français, sont élevées « chez les sœurs », et habillées à la mode de Paris, transformée à Marrakech. Mais lui, resté fidèle aux antiques, il garde l'antique vêtement et les babouches noires et le foulard bleu à pois blancs jeté par-dessus la calotte et noué autour du menton [...]. Dans la cour, l'égorgeur rituel saigne un poulet qui crie. Par la fenêtre ouverte, arrivent d'une école voisine où l'on enseigne le français des phrases que répètent comme un verset de la Loi les enfants du Mellah : « Nos ancêtres les Gaulois » ou bien encore : « Mon père, ce héros au sourire si doux[39]... »

Les mauvaises dispositions à leur égard des autorités coloniales françaises – dont ils avaient eu un avant-goût lors des événements de Casablanca et de Fès, en 1907 et en 1912 – n'avaient guère freiné les nouvelles générations juives dans leur élan vers la France et sa culture. Même les sionistes marocains, qui, théoriquement du moins, auraient dû sacrifier à d'autres cultes, partagèrent cette foi inébranlable dans la France :

> C'est au Maroc – écrit à ce propos, en 1926, *L'Avenir illustré*, l'organe des sionistes marocains –, sur cette terre libérée de tant d'oppression par la générosité de la France, que les Juifs marocains doivent accomplir leur propre rénovation. L'idéal sioniste que nous n'avons cessé de faire vivre à leurs yeux s'accorde si parfaitement avec l'inspiration qu'ils puisent dans les traditions françaises implantées au Maroc, que c'est encore une manière de leur faire aimer la France que de leur parler de leur autre patrie spirituelle, la bienheureuse Jérusalem [40].

Sans doute, les lecteurs de *L'Avenir illustré* et ceux du deuxième organe juif ouvertement « assimilationniste », *L'Union marocaine*, ne représentaient-ils qu'une infime partie de l'ensemble du judaïsme marocain. De larges couches de la population juive furent à peine effleurées, entre les deux guerres, par l'influence française. Mais pour celles-ci aussi, la période coloniale n'en était pas moins une période de « dé-marocanisation » – pour reprendre un terme du Tangérois Carlos de Nesry – une période de rupture avec la société globale. Ethniquement compartimentée, la société coloniale ne permettait en effet aucun échange entre colonisés juifs et musulmans autres que ceux impliqués par les nécessités et les contingences de la vie. Handicapés par leur ignorance de la langue arabe et vivant loin des *medinas*, les Juifs avaient ainsi perdu l'occasion de suivre l'intense activité intellectuelle déployée par les milieux réformistes musulmans de Fès et de Salé. Une activité qui donna naissance, au début des années 1930, au mouvement national marocain : on dira toutefois, à leur « décharge », que né au lendemain de la promulgation du *Dahir* Berbère, le nationalisme marocain était à cette époque fortement chargé de symboles musulmans. Se présentant davantage comme un mouvement de défense de l'islam marocain que comme un mouvement d'émancipation nationale, il ne pouvait guère attirer dans ses rangs des militants de confession juive.

Coupées l'une de l'autre, chacune des deux populations juive et musulmane du Maghreb opéra une sorte de retour sur soi doublé d'une recherche de ses propres valeurs et de ses propres sources, qu'elles apprirent à apprécier et à redéfinir à la lumière des nouvelles circonstances historiques. Voici, brossée par Carlos de Nesry, la description de cet état d'esprit chez les Juifs du Maroc :

> Faute de pouvoir se dépenser ailleurs, les Juifs du Maroc cultivèrent leur jardin. Exclus du politique, ils se rabattirent sur le social, dont ils firent l'axe et le signe de leurs activités. Ils refermèrent sur eux les portes de leur communauté et, dans ce huis-clos confortable, ils menèrent la vie sans gloire des communautés satisfaites. Le conformisme régnait dans toute sa splendeur. Tout était scrupuleusement dépolitisé, y compris le sionisme qui a toujours gardé dans ce pays l'allure débonnaire et inoffensive d'une société de bienfaisance. Tout était scrupuleusement purifié de toute allusion non orthodoxe qui aurait risqué de déplaire aux puissants du jour. Alors que les maîtres futurs du pays menaient sans répit leur combat non douteux, les Juifs attendaient. Ils attendaient encore à l'heure du dénouement. Lorsque le rideau tomba, ils n'y furent absolument pour rien. Et cet attentisme, cette prudence ethnique qui nous avaient quelquefois aidés à esquiver les tempêtes ne nous ont guère servi en rien, en l'occurrence[41].

Sur le plan économique et social, la communauté marocaine connut d'énormes changements au cours de l'époque coloniale, les plus spectaculaires étant les bouleversements démographiques : plus de 200% de croissance, durant moins d'un demi-siècle, passant de 120000 personnes environ en 1912 à 250000 en 1947. Commencée avec la pénétration européenne, l'urbanisation de la population juive se poursuivit avec plus d'ampleur à l'époque coloniale : à la fin de la Première Guerre mondiale, près de la moitié des Juifs marocains vivaient dans les grandes villes de Casablanca, Marrakech, Fès, Meknès et Rabat ; 25 % supplémentaires dans une vingtaine de villes moyennes du pays ; et moins de 10 % seulement habitaient en milieu rural, mais rares étaient les cultivateurs parmi eux : à la campagne comme en ville, les Juifs exerçaient généralement des fonctions typiquement urbaines : commerce, artisanat, etc.

L'évolution de la communauté de Casablanca est à cet égard remarquable : dénombrant 7000 Juifs en 1912, elle passa à 13000 en 1921, 19000 en 1931, 40000 environ en 1936, 65000 en 1947 et 75000 en 1951[42], soit près du tiers de l'ensemble de la population judéo-marocaine. Le prix d'une telle croissance – la population fut multipliée par 10,5 entre 1912 et 1951 – fut terrible : en 1936, un quart environ de la population juive de Casablanca était constitué d'indigents sans travail. Le même taux de chômeurs était enregistré à la même époque à Rabat.

Comme ce fut le cas dans la plupart des pays colonisés par l'Europe, les débuts de la colonisation française entraînèrent la paupérisation d'une bonne partie de la population indigène, juive et musulmane. Un phénomène aggravé, en ce qui concerne les Juifs marocains, par la concurrence des colons, l'inondation du marché local en produits industriels d'importation concurrençant directement les produits artisanaux locaux, l'unification du système des poids et mesures, le désenclavement des villages les plus reculés à mesure du développement du système routier, l'apparition des premiers grands magasins, l'ouverture des banques – autant d'activités modernes qui eurent pour effet immédiat d'affaiblir l'activité commerciale et artisanale des Juifs et surtout de battre en brèche leur rôle traditionnel d'intermédiaires entre les fellahs musulmans et le monde extérieur.

Parallèlement à ces transformations, les Juifs étaient de plus en plus nombreux à quitter leur habitat traditionnel pour se rapprocher des nouveaux quartiers à population européenne : à la veille de la Seconde Guerre mondiale, près de la moitié des citadins juifs des grandes villes avaient abandonné le *mellah*, ses maisons vétustes et insalubres et ses ruelles étroites, pour la « ville nouvelle ». Suivant un processus bien réglé, ils s'établissaient dans un premier temps dans des quartiers intermédiaires, comme la rue Arsat-al-Maach à Marrakech et autour de la place de Verdun à Casablanca, ni trop loin du quartier traditionnel où l'on avait laissé vieux parents et lieux de culte, ni trop près de la « ville nouvelle » habitée par les familles du Protectorat et les Européens que n'enthousiasmaient pas l'arrivée des nouveaux venus juifs et indigènes. En règle générale, peu de Juifs choisissaient de vivre en *medina*, et ceux qui en caressaient l'idée se heurtaient – comme à Fès – à l'opposition véhémente des autorités françaises, invoquant à ce sujet des raisons religieuses plus que douteuses. La modernisation n'était pas la seule cause de cet abandon massif de l'habitat traditionnel : les *mellahs* marocains étaient parmi les lieux d'habitation les plus surpeuplés du monde. À Casablanca, la densité était de 5 993 habitants par kilomètre carré pour toute la ville à la fin des années 1940. Elle s'élevait à 92 336 pour les bidonvilles et... 215 906 pour le *mellah* de la rue des Anglais. La situation n'était pas moins catastrophique dans les autres quartiers juifs : Marrakech, 128 475 habitants au kilomètre carré ; Fès, 110 318 ; Rabat, 94 432 ; Essaouira, 62 622 ; Salé, 52 440 ; Meknès (où un nouveau *mellah* fut créé pour améliorer la situation), 41 330. La plus forte densité était relevée dans la ville voisine de Sefrou où l'on comptait 5 865 habitants pour toute la ville, 112 439 pour le quartier musulman et... 415 815 habitants pour le *mellah*[43].

Parmi les changements économiques les plus remarquables, il faut noter l'entrée des femmes dans la vie active et la diminution graduelle du nombre de commerçants dans la population juive : de 41,3 % en 1931 à moins de 25 % en 1951. Le nombre de Juifs ayant une activité artisanale y était resté plus ou moins stable (entre 45 % et 50 %), mais un nombre de plus en plus grand de Juifs était passé à des métiers techniques – mécaniciens, coiffeurs, électriciens, etc. – nécessitant une formation professionnelle moderne. Une petite classe de paysans vivait d'agriculture et d'élevage dans le Sud marocain[44].

Cependant, du fait du retard accusé par l'enseignement secondaire et supérieur, la communauté marocaine tarda à voir l'émergence d'une nouvelle classe moyenne avec des options sociales et politiques bien articulées. Rien de comparable, à cet égard, à la situation prévalant en Tunisie où l'on avait affaire, depuis assez longtemps, à une véritable classe moyenne juive qui servit de relais, entre les deux guerres, à tous les choix et à toutes les orientations politiques qui se partagèrent les sympathies des Juifs dans cet autre protectorat. Au Maroc, on en était encore à une « poussière » d'individus, d'horizons et d'extractions différents, passant leur temps à se faire un nom dans les comités et les œuvres de bienfaisance de la communauté.

À travers tout le pays, Juifs, musulmans et Européens vivaient dans une société compartimentée dans laquelle un profond clivage séparait le groupe colonial proprement dit de la masse des indigènes juifs et musulmans. Ethnique et culturel, ce cloisonnement était politique et social à la fois : les Européens et les naturalisés français étaient les seuls à disposer de droits et de libertés parfois parmi les plus élémentaires ainsi que d'avantages économiques de toutes sortes, qui allaient en s'amenuisant à mesure que l'on descendait dans la hiérarchie coloniale, pour disparaître complètement en milieu indigène.

Critère de clivage identitaire autant qu'instrument de pouvoir, jamais le facteur ethno-religieux ne fut aussi déterminant dans la vie politique du Maroc qu'à l'époque coloniale : poussé à ses extrêmes, en périodes de crise, il donna naissance à un ostracisme d'une rare virulence entre colons et indigènes, entre Juifs et colons et entre Arabes et Juifs.

Mais alors que la société coloniale avait toutes les apparences d'une société figée et raciale, le discours colonial français, lui, était très ouvert, généreux et universaliste. Il donna l'illusion à tous les colonisés de pouvoir jouir de tous les privilèges de la classe dominante coloniale, sans distinction de religion, s'ils adoptaient la culture, la langue et les manières de la puissance coloniale, donc s'ils abandonnaient leurs propres traditions pour se moderniser. Ainsi défini, ce « mirage colonial » fut diversement apprécié par les Juifs et les Arabes. Considérant l'occupation coloniale comme une catastrophe nationale et une atteinte à leur religion, ces derniers refusèrent d'entrer dans le jeu colonial, alors que les Juifs réagirent dans l'ensemble favorablement à la présence européenne. De manière générale, ce fut par souci d'adaptation à une nouvelle situation historique même s'il s'y ajoutait également, dans l'imaginaire juif, un fort sentiment de délivrance et de reconnaissance à l'endroit de la puissance colonisatrice dont l'entrée en scène avait sauvé la communauté de graves périls, réels ou imaginaires.

Dès lors, génératrice de tensions et de distorsions de toutes sortes, la situation coloniale n'allait guère contribuer à l'amélioration des relations entre les Juifs et leurs voisins musulmans. Bien au contraire, jamais le fossé entre les deux populations ne fut si profond qu'au temps des Français. L'explication lumineuse fournie par Albert Memmi pour la Tunisie vaut aussi bien pour le Maroc :

> Le Juif participait autant du Colonisateur que du Colonisé. S'il était indéniablement un indigène, comme on disait à l'époque, par l'insupportable misère des pauvres, par la langue maternelle, par la sensibilité et par les mœurs, le goût pour la même musique et les mêmes parfums, par une cuisine presque identique, il tentait au contraire de s'identifier aux Français. Dans un grand élan qui l'emportait vers l'Occident, qui lui paraissait le parangon de toute civilisation et de toute culture véritable, il tournait allègrement le dos à l'Orient, choisissait irrévocablement la langue française, s'habillait à l'italienne et adoptait avec délice jusqu'aux tics des Européens. Mieux encore, ou pire, comme l'on veut dans cette pyramide de tyranneaux… et qui constitue le squelette de toute société coloniale, le Juif se trouvait juste à un degré plus élevé que son concitoyen musulman. Son privilège était dérisoire, mais il justifiait quelque orgueil et à lui faire espérer qu'il n'était pas assimilable à la masse des colonisés musulmans qui forme la base dernière de la pyramide[45].

À partir des années 1930, on assista à une nette détérioration des relations judéo-musulmanes dans les grandes villes du royaume. Les causes en étaient multiples. Elles avaient trait au conflit judéo-arabe de Palestine, à la montée du nazisme en Europe et à la crise économique mondiale aussi bien qu'à l'effervescence politique qui agita le Protectorat au lendemain de la promulgation du *Dahir* berbère – auquel les Juifs restèrent insensibles –, puis à la suite des émeutes de Meknès où plusieurs magasins juifs furent saccagés. L'action spécifique des organisations françaises d'extrême droite n'était pas en reste : elle se manifesta au Maroc à travers les journaux à grand tirage *La Presse marocaine*, *Le Soir marocain*, *Le Soleil du Maroc*, ainsi que les organes du PPF *La Voix française* et *La Bougie de Fès*, qui donnèrent libre cours à leur antisémitisme après l'arrivée de Léon Blum au pouvoir en 1936.

Le Congrès panislamique tenu en 1931 à Jérusalem marqua ainsi sur bien des points un véritable tournant dans les relations entre Juifs et musulmans. Il se traduisit par une série d'affrontements à Casablanca (21 février 1932), Rabat (18 mai 1933) ainsi qu'à El Ksar-el-Kébir (28 juin 1933), Tanger et Tétouan. L'écho de ces incidents fut exagérément amplifié du côté juif par les journaux sionistes de Tunisie et du Maroc, *Le Réveil juif* et *L'Avenir illustré*, et par la presse nationaliste locale du côté musulman. Celle-ci, qui ne manquait aucune occasion de vilipender les autorités françaises qui permettaient aux Juifs de recueillir des dons pour les organisations sionistes mondiales, était largement inspirée par le Comité syro-palestinien de l'émir Shakib Arsalan siégeant à Genève. Mêlant pêle-mêle griefs antisionistes et griefs antijuifs, les amis marocains de l'émir druze, 'Abd al-Khaliq Torrès, Mohammed Bennouna, Makki al-Nasiri, Mohammed Kettani et Ahmad Balafrej, reprochaient à la France son favoritisme pro-juif, la liberté d'action laissée aux organisations sionistes et, de façon plus globale, d'avoir émancipé les Juifs, ce qui, aux yeux de *La Voix nationale*, était une atteinte au traité de Fès[46]. La pression exercée par une partie de la communauté afin d'obtenir la nationalité française n'arrangeait pas les choses.

Il est indéniable cependant que, parallèlement à la radicalisation du mouvement nationaliste marocain, l'activité sioniste s'était considérablement développée au Maroc depuis le départ de Lyautey et l'arrivée à la Résidence de Théodore Steeg, qui permit, à partir de 1926, la parution de *L'Avenir illustré*. Loin d'être une idéologie de combat, le sionisme marocain de cette époque semblait être une pâle copie du sionisme français de l'entre-deux-guerres, un mouvement vaguement nationaliste et prudemment politique, passant le plus clair de son temps à organiser des activités culturelles et sportives, ainsi que des collectes de fonds pour la

Palestine juive. Un sionisme distillé à doses homéopathiques, qui n'avait aucune volonté de préparer les Juifs au « grand départ » vers la Terre promise : « C'est un sionisme interne, si l'on peut l'appeler ainsi, que nous avons cherché à faire connaître parmi notre population, expliquait à ses lecteurs marocains Jonathan Thurtz, le directeur de *L'Avenir illustré*. Nous laisserons à d'autres communautés moins heureuses que la nôtre et moins favorisées du destin, de chercher dans le sionisme national un refuge trop nécessaire, hélas. »

Ces explications ne désarmèrent pas les vives réactions que ne cessa de susciter la parution de *L'Avenir illustré* dans les milieux nationalistes musulmans. Craignant un embrasement général des relations entre Juifs et musulmans à la suite de la révolte arabe de Palestine (1936-1939), la Résidence interdit, en 1938, toute levée de fonds en faveur des fondations judéo-palestiniennes. Deux ans plus tard, le sionisme fut interdit sur l'ensemble du territoire. *L'Avenir Illustré* se saborda en avril 1940 et son directeur fut prié de quitter le Maroc.

Quant à la propagande allemande, elle redoubla d'intensité après la prise du pouvoir par Franco en Espagne et l'envoi, en 1937, de troupes allemandes à Melilla et à Ceuta[47]. C'est ainsi qu'aux côtés du mufti de Jérusalem, de Shakib Arsalan et de plusieurs personnalités arabes du Proche-Orient, de nombreux nationalistes maghrébins prirent part à la propagande allemande centrée presque exclusivement sur des thèmes antijuifs et antifrançais. Le chef de la communauté musulmane de Berlin, d'origine marocaine, fut ainsi à l'origine des liens noués entre l'Islamischer Kulturband de Vienne et certains des dirigeants les plus en vue du nationalisme marocain : « Nous haïssons la France, déclara l'un d'eux, Makki al-Nasiri, sur les ondes de Radio-Rome, [parce qu'elle est] ennemie de l'islam et de la Religion [et] parce qu'elle est gouvernée par des athées et des Juifs, par Léon Blum en particulier. »

Il menaça par ailleurs les Juifs du Maroc « de la plus grande guerre de races de l'histoire contemporaine » s'ils ne cessaient de soutenir les sionistes de Palestine qui, « selon lui, faisaient peser le plus grand danger sur leur race établie dans les pays musulmans »[48].

Son rival politique, 'Abd al-Khaliq Torrès, exhortait pour sa part la France à ne pas accueillir, à Casablanca et à Tanger, les réfugiés juifs chassés d'Allemagne et d'Autriche par Hitler. Une requête et des propos ouvertement antisémites répercutés sur les ondes marocaines par Radio-Tétouan et repris dans la zone française par 'Abd al-Latif Sbihi, l'organisateur des toutes premières manifestations contre le *Dahir* berbère, qui changea brusquement d'orientation pour se rallier à Noguès, puis à l'Action française et au PPF dont il fut l'un des propagandistes les plus zélés en milieu musulman.

En outre, pendant la guerre civile et après la victoire franquiste, des bateaux allemands utilisaient les ports du Maroc espagnol pour y déverser en 1938 et en 1939 des milliers de tracts demandant à la population musulmane de s'insurger contre la France et la domination juive :

> Le Juif vous ronge comme la vermine ronge la brebis ; la France le protège ; il est l'agent de la France, le suppôt de la France. L'Allemagne enferme et pourchasse les Juifs et confisque leurs biens. Si vous n'étiez pas les esclaves de la France, vous pourriez agir de même[49].

Sans doute est-il malaisé d'évaluer l'influence sur la population musulmane de cette propagande d'inspiration étrangère. Ses relais de diffusion étaient multiples et divers : feuilles antijuives ronéotypées en France et en Algérie, pèlerinages à La Mecque, séjours à l'université Al-Azhar au Caire et au collège Al-Najah de Naplouse, ou encore émissions en arabe et en berbère de Radio-Stuttgart, Radio-Berlin et Radio-Bari que l'on captait parfois jusque dans les coins les plus reculés du bled marocain grâce aux postes TSF, dont le nombre augmenta sensiblement au cours des années 1930. Sans en exagérer l'importance, cette propagande eut certainement un effet cumulatif qui, ajouté à la détérioration de la situation générale, explique par exemple la multiplication des mots d'ordre de boycott lancés sporadiquement à l'encontre des épiciers et des artisans juifs dans certaines grandes villes du pays ; ou encore les demandes émanant de certains caïds et pachas – dont celui de Marrakech –, réclamant aux autorités du Protectorat d'interdire aux Juifs de s'installer dans les *medinas* ou d'employer chez eux des domestiques musulmanes.

Alourdie par des rumeurs émanant des journaux de l'extrême droite française – sur l'imminence d'une Saint-Barthélemy des Juifs marocains programmée pour la journée du Kippour 1934 (19 septembre), l'atmosphère était suffisamment inquiétante pour inciter le journal nationaliste *La Volonté du peuple* qui remplaça pendant quelques mois *L'Action du peuple*, suspendue, à ouvrir ses colonnes à des personnalités juives. Mais si l'on excepte cette initiative et les discours lénifiants des responsables officiels des deux communautés sur la nécessité de préserver l'amitié judéo-musulmane, les actions les plus sérieuses contre le pourrissement des relations entre Juifs et musulmans vinrent à la veille du second conflit mondial des organisations politiques françaises de gauche.

C'est ainsi qu'à l'initiative du président de la Lica, Bernard Lecache, fut fondée en juillet 1936 à Fès une Union marocaine des Juifs et des musulmans groupant quelques jeunes intellectuels des deux communautés. L'année suivante, des Juifs marocains ajoutèrent leurs signatures à une pétition présentée par des musulmans contre le plan britannique de partage de la Palestine. À partir de cette même année, des militants juifs de gauche participèrent à toutes les manifestations socialistes et communistes en faveur de la libération des dirigeants nationalistes jetés en prison ou déportés hors du Maroc par les autorités coloniales. Lors des troubles sociaux de 1936, des ouvriers juifs et musulmans prirent part à des grèves communes, souvent contre des employeurs juifs comme les patrons des minoteries Lévy et Baruk de Fès, qui les menaçaient de licenciement pour adhésion à la CGT[50].

Ainsi donc, malgré toutes les difficultés et en dépit de toutes les oppositions, des îlots de coopération entre Juifs et musulmans continuèrent d'exister à travers le pays. Mais, comme on le verra, elles eurent bien du mal à résister aux retombées de la chute du Front populaire et à la radicalisation de la vie politique du Protectorat, à quelques mois du déclenchement de la Seconde Guerre mondiale et de l'entrée en scène du régime de Vichy.

17

La Seconde Guerre mondiale et le début de la lutte pour l'indépendance

L'Afrique du Nord dans la guerre

À l'annonce de l'entrée en guerre de la France contre l'Allemagne, le 3 septembre 1939, des messages de sympathie affluèrent à la Résidence de tous les coins du Maroc. Sultan, vizirs, pachas et dirigeants nationalistes en tête, de nombreuses associations et plusieurs chefs religieux et commerçants musulmans et juifs offrirent spontanément leur concours à la France devant la menace allemande tandis que, comme en 1914, des milliers de soldats marocains étaient envoyés au front dans les Flandres.

Le 14 juin 1940, alors que les Allemands entraient dans Paris, l'armée espagnole occupait la ville internationale de Tanger. Cinq jours plus tard, Franco transmettait à Hitler un mémorandum dans lequel il réclamait la réunification du Maroc en un protectorat espagnol et l'annexion de l'Oranie par l'Espagne, comme prix de son entrée dans le conflit mondial.

Au même moment à Bordeaux, Paul Reynaud essayait en vain de convaincre ses ministres de la nécessité de transférer les institutions de la République en Afrique du

Nord : partisan de la continuation de la guerre et répugnant à l'idée d'un armistice avec l'Allemagne nazie, le président du Conseil avait le soutien des hauts fonctionnaires civils et militaires du Maroc, d'Algérie et de Tunisie, unanimes à penser qu'avec ses ressources, l'Afrique du Nord était parfaitement en mesure de résister aux entreprises de l'Axe et de contribuer, aux côtés des Alliés, au redressement de la France. Mais face à l'opinion contraire si fortement défendue par des personnalités aussi prestigieuses que le maréchal Pétain, vice-président du Conseil depuis le 18 mai, et le général Maxime Weygand, qui remplaça le même jour le général Gamelin à la tête des armées, quel pouvait bien être le poids d'un Noguès, commandant en chef du théâtre d'opérations d'Afrique du Nord, ou d'un Georges Le Beau, gouverneur général de l'Algérie ? Le 17 juin, le jour même où Pétain formait son gouvernement et demandait l'armistice aux Allemands, le général Noguès faisait savoir à Weygand qu'il était disposé à continuer la lutte « pour sauver l'honneur et conserver l'Afrique à la France [1] ». Le lendemain, quelques heures avant que le général de Gaulle ne lançât de Londres son premier appel à la résistance, Le Beau adjurait encore le gouvernement de se replier en Algérie [2]. Son opposition et celle de Noguès à l'arrêt des combats étaient partagées par l'amiral Estéva, commandant de la flotte méditerranéenne à Bizerte, et par le résident général en Tunisie, Marcel Peyrouton. Mais l'un après l'autre, et « le rouge de la honte au front », les généraux d'outre-mer s'alignèrent tous sur la politique définie par Pétain. Seules des conditions allemandes immodérées pouvaient donner quelques chances d'application au plan d'évacuation des assemblées et du gouvernement en Afrique du Nord.

L'arbitrage final fut laissé dans ces conditions à Hitler, qui, en consentant un armistice « généreux », mit un terme aux dernières velléités de résistance du cabinet français, soulagé de voir que ni la flotte ni l'Empire n'étaient l'objet de revendications écrasantes de la part des Allemands. Persuadé de la chute imminente de l'Angleterre, Hitler fit entendre raison à Mussolini et à Franco, en leur demandant de mettre une sourdine à leurs propres revendications sur les territoires français d'outre-mer jusqu'à la signature de la paix en Europe occidentale.

Le Caudillo fut, semble-t-il, le plus difficile à persuader : le 25 juin encore, l'ambassadeur allemand à Madrid s'attendait à une attaque imminente des Espagnols contre la zone française du Maroc. Le projet ne fut définitivement écarté que début juillet, après la rupture des relations entre Vichy et Londres, survenue à la suite de l'attaque sur Mers el-Kébir : satisfait par l'attitude de fermeté prise par Pétain et Laval vis-à-vis de l'Angleterre, Hitler accéda aux désirs des Français en allégeant les modalités d'application des clauses de l'armistice, notamment celles relatives à la défense des possessions françaises au sud de la Méditerranée. Mais cela n'empêcha pas pour autant 'Abd al-Khaliq Torrès d'entrer en contact en janvier 1941 avec Himmler et Goering et de préparer avec les deux hauts dignitaires nazis les plans d'une insurrection générale dans la zone française du Maroc. Son rival Makki al-Nasiri travaillait pendant ce temps pour les services secrets britanniques, qu'il informait régulièrement sur l'état d'esprit de la population marocaine. Une autre « prise » non moins intéressante des services anglais fut celle du Glaoui de Marrakech, qui, semble-t-il, ne leur fut pas d'une grande utilité, compte tenu de ses innombrables activités[3].

Ainsi donc, la convention d'armistice qui amputa la France de sa capitale et des deux tiers de son territoire lui garantissait en revanche la possession entière et l'intangibilité de son Empire ; pas plus à Wiesbaden qu'à Turin les Allemands et les Italiens ne s'arrogèrent en effet un droit quelconque sur les colonies françaises, la seule exception étant un contrôle réduit au minimum des forces françaises stationnées au Maroc, en Algérie et en Tunisie ; ce contrôle fut généralement du ressort des Italiens ; seul le littoral marocain devait être inspecté, en principe, par des observateurs allemands, mais jusqu'en février 1941 ces derniers se bornèrent à l'envoi de deux inspecteurs civils, Klaube et Auer, au port de Casablanca avant d'ouvrir, à la fin de cette même année, un consulat général à Marrakech.

En juin 1940, l'Afrique du Nord française voulait poursuivre la guerre. Un mois après, elle était entièrement acquise à la mystique de Pétain et à sa révolution nationale. Pas plus qu'en France, le nouveau régime n'eut besoin de faire des coupes claires dans le personnel politique et administratif pour y instaurer l'« ordre nouveau ». En dehors du parachutage par Weygand et Darlan de quelques officiers désœuvrés, les échelons supérieurs de la hiérarchie coloniale nord-africaine restèrent dans l'ensemble intacts ; les quelques « hommes nouveaux » qu'on pouvait y voir, tels Yves Châtel à Alger, Jacques Meyrier et Emmanuel Monnick à Rabat, appartenaient au milieu et aux corps constitués auxquels traditionnellement tous les gouvernements français faisaient appel. Ni « collabos » ni même exagérément opportunistes, ils allaient tous, sans rechigner, exécuter les ordres de l'État français dans leurs aspects les plus révoltants – tels, par exemple, l'application à l'Afrique des Nord des mesures antijuives édictées par Vichy à partir d'octobre 1940[4].

Le général Noguès pourrait être considéré comme le parfait symbole de cette continuité de l'administration coloniale française : nommé résident général du Maroc par le Front populaire, le « général républicain » fut maintenu par Pétain, qui lui pardonna ses hésitations de la veille de l'armistice, malgré les pressions de Weygand qui voulait le faire remplacer sur l'heure par le général Georges. S'adaptant très vite à la nouvelle réalité, il fit censurer par la presse l'appel du 18 Juin du général de Gaulle, et quelques semaines plus tard, fit arrêter Georges Mandel, Jean Zay et Pierre Mendès France venus à bord du *Massilia* à Casablanca, en compagnie des ministres et des parlementaires décidés à poursuivre la guerre aux côtés de l'Angleterre. Les trois hommes étaient d'origine juive. Détail que ne manquèrent pas de relever les journaux européens du Maroc et d'Algérie, qui n'attendirent pas la mise en place du régime de Vichy pour se lancer dans une campagne antisémite et antigaulliste effrénée. Noguès perdit néanmoins, dès le mois d'août, ses fonctions de commandant en chef des troupes en Afrique du Nord ; il dut abandonner ce titre au général Weygand, qui, éloigné de Vichy sous la pression allemande, arriva à Alger en octobre, en qualité de délégué général du gouvernement en Afrique du Nord et de gouverneur d'Algérie. L'ancien généralissime devait occuper une place à part dans l'administration du Maghreb : censeur impitoyable des options pro allemandes de Laval et Darlan et pourfendeur aussi véhément de la France libre du général de Gaulle, Weygand n'en fut pas moins l'un des idéologues de la Révolution nationale qui, dès son arrivée à Alger, obligea Noguès à renvoyer en France un officier de son cabinet militaire parce qu'il était « juif et anglophile [5] ».

Quant à la population musulmane, elle était partagée entre le loyalisme de ses notables – attirés par l'aspect paternaliste et traditionaliste du régime de Vichy – et l'activisme pro-allemand d'une partie de ses militants nationalistes, ceux vivant dans la zone espagnole du Maroc notamment. Entre ces deux pôles évoluait une masse plutôt indifférente de petits citadins et de paysans qui, d'abord surpris par l'ampleur de la défaite française, nourrirent un moment l'espoir de se voir libérer par « Hajj » ou « M'allem » (maître) Hitler avant d'être absorbés par des soucis d'ordre matériel de plus en plus graves.

Cette situation préoccupait d'ailleurs fortement les autorités, obsédées pendant toute la durée de la guerre par l'éventualité d'une insurrection générale dans les trois pays du Maghreb. D'où les efforts déployés d'abord par Emmanuel Monnick à Rabat, puis par le général Weygand à Alger, auprès des représentants consulaires américains en vue de la levée du blocus des ports marocains par les Anglais et la fourniture de carburants, de sucre, de thé et de textiles à l'usage de la population maghrébine, en échange de produits miniers. L'Allemagne seule, expliquait Weygand au consul Robert Murphy, bénéficierait de la décomposition économique du Maghreb ainsi que des remous politiques qui en résulteraient et qui fatalement porteraient irrémédiablement atteinte à la présence française dans la région.

La propagande allemande fut une autre source de préoccupation pour les autorités françaises : après un répit de quelques semaines, consécutif à la signature de l'armistice, les services allemands reprirent de plus belle leur action subversive au Maghreb par la voie des ondes ainsi que par l'octroi de subsides à des groupuscules extrémistes. Relayées depuis la défaite par « Paris-Mondial », les émissions allemandes à destination de l'Afrique du Nord, en français, en arabe ou en berbère, se gardaient néanmoins d'inciter la population à la rébellion. S'employant surtout à accréditer l'idée d'une victoire toute proche du Troisième Reich, elles avaient pour cibles principales le Juif et l'Anglais, présentés comme ennemis communs du monde arabo-musulman et de l'Allemagne. Mais il semble qu'en dehors de la zone espagnole cette propagande eut très peu d'influence au Maroc où, jusqu'en novembre 1942, aucun incident grave ne fut enregistré. pas plus entre Européens et musulmans et qu'entre Juifs et musulmans.

C'est que depuis le 3 octobre 1940, les Juifs du Maroc – à l'instar de leurs coreligionnaires de France, d'Algérie et de Tunisie – tombaient sous le coup des lois raciales de Vichy qui leur interdisaient une série d'activités commerciales, limitaient leur accès aux professions libérales et les excluaient des établissements scolaires français. En outre, un arrêté viziriel leur interdisait depuis le 19 août 1941 de s'installer dans les quartiers européens des centres urbains. Comme si toutes ces mesures ne suffisaient pas, les Juifs devaient affronter quotidiennement des tracasseries policières de tous genres, les arrestations et les poursuites judiciaires pour marché noir ou pour spéculations illicites. Des milliers de Juifs étrangers furent en outre internés dans plusieurs camps gardés par l'armée : à Sidi-Ayyashi, près d'Azemmour, Oued-Zem, Kasba-Tadla, au Moyen Atlas ainsi qu'à Missour et Berguent, dans le Sud, à proximité du tracé du chemin de fer transsaharien qui devait desservir notamment les mines de Djerada, Kenadsa et Bou-Arfa, d'où le Maroc et l'Algérie tiraient leur charbon[6].

Les Juifs étaient d'autant plus abasourdis par la brutalité des mesures qui s'abattaient sur eux qu'elles émanaient de la France, en laquelle ils avaient mis leur confiance depuis 1912. Faute de pouvoir faire appel, comme sous la République, à la France de l'abbé Grégoire, la France « libérale et pacifique » « protectrice des faibles et des opprimés », ils protestèrent auprès de Noguès de leur attachement au sultan et de l'ancienneté de leurs racines au Maroc, dont ils « ont toujours constitué un élément paisible, loyal et travailleur ». Rappelant au passage le vieux statut de *dhimmi* dont leurs nouvelles élites avaient voulu pourtant se débarrasser, ils firent valoir que la tradition musulmane s'était toujours honorée de protéger les Juifs et que les souverains du Maroc « n'y avaient jamais failli » :

« C'est à l'ombre de leurs palais que les mellahs se sont édifiés. Depuis le protectorat et tout en devenant, comme en Orient, un élément souvent reconnu d'influence française, les Juifs marocains n'ont cessé d'être de bons et loyaux sujets de l'Empire chérifien[7].

Contraint, comme lors de la promulgation du *Dahir* berbère de 1930, d'apposer sa signature sur les textes antijuifs que lui soumettait la Résidence, Sidi Mohammed assura de sa sympathie les notables juifs qui étaient venus lui rendre visite au cours des années 1941 et 1942, leur disant qu'il les considérait comme des Marocains à part entière et qu'on ne toucherait ni à leurs biens ni à leurs personnes. Une attitude qui agaça au plus haut point les autorités françaises, de moins en moins confiantes dans les sentiments « pro-français » du souverain, qui était entouré par ailleurs de collaborateurs affichant ouvertement leur antijudaïsme. L'un d'eux n'était autre que l'inoxydable grand vizir el-Moqri, qui exposa ainsi à Paul Baudouin, ministre des Affaires étrangères de Pétain, la façon dont le problème juif était habituellement « traité » au Maroc :

> Avant le protectorat, lui apprit-il, les Juifs mettaient une vingtaine d'années pour faire une grosse fortune ; ils en jouissaient dix ans et, à ce moment-là, une petite révolution intervenait qui jetait leur fortune par terre. Les Juifs recommençaient et s'enrichissaient à nouveau pendant trente ans pour aboutir finalement à la confiscation de leurs biens excessifs. Maintenant que le protectorat existe, nous craignons que ce rythme trentenaire soit interrompu. Le protectorat dure depuis vingt-huit ans. Il nous reste donc deux ans pour confisquer la fortune des Israélites suivant la règle séculaire qui me paraît très sage[8].

Dans la foulée des lois de Vichy, certains agents du Makhzen comme le tyrannique pacha de Marrakech, Thami Glaoui, interdirent aux Juifs de faire appel à des domestiques musulmanes et obligèrent les notables de leur communauté à revenir au costume traditionnel qu'ils avaient abandonné depuis l'arrivée des Français. En novembre 1940, le Glaoui « racketta » la population du mellah en lui imposant une très forte amende à la suite d'un incident provoqué par le jet de pierres d'enfants juifs sur un cortège funèbre musulman. Son collègue de Salé, Mohamed Sbihi, alla quant à lui jusqu'à interdire aux musulmans de circuler dans le *mellah*, tandis que son cousin 'Abd al-Latif Sbihi, qui rallia l'extrême droite française et que l'on surnommait « le Dr Goebbels du Maroc » accusait les « spéculateurs » juifs d'être à l'origine des insurmontables difficultés de ravitaillement éprouvées par la population musulmane pendant les deux premières années de guerre[9].

Alors que du côté de la Résidence et de la presse du Protectorat les Juifs marocains n'avaient que peu de raisons d'espérer, voilà que l'on commençait à prendre leur défense dans l'Espagne franquiste où certains journaux madrilènes, comme *El Mundo*, se plaisaient à mettre en valeur le meilleur traitement réservé aux Juifs de la zone espagnole par le haut commissariat à Tétouan. Plutôt agacés par cette leçon de tolérance, les responsables français s'inquiétèrent de voir les Espagnols accroître leur influence au Maroc, par le truchement des Juifs marocains, qui étaient par ailleurs fort sensibles à l'intérêt que l'Espagne portait depuis les années 1930 aux Séfarades et au séfaradisme dans le monde. Le séfaradisme était en effet la branche du judaïsme à laquelle les Juifs marocains se rattachaient. Aussi le consul de France à Larache eut-il raison de conseiller en août 1941 à ses collègues de Rabat de faire preuve de plus « de doigté » dans l'accomplissement de leur besogne raciale pour ne pas jeter les Juifs « dans les bras des pêcheurs en eau trouble[10] ».

1942-1944 : les années-charnière

Envisagé depuis août 1941 par Churchill, le projet de débarquement allié en Afrique du Nord devint d'actualité au début de l'été 1942, à la suite de l'avance foudroyante de l'Afrikakorps du général Rommel sur les confins égyptiens. Les réserves formulées par les généraux américains, dont la préférence allait plutôt à une opération en France, furent balayées après la chute de Tobrouk (21 juin 1942) et après que le président Roosevelt eut décidé d'entreprendre une action effective avant la fin de l'année, afin de satisfaire, ne fût-ce qu'en partie, les appels de Staline pour l'ouverture d'un « second front ». Au cours des discussions qui se tinrent à Londres les 24 et 25 juillet, Churchill accepta de confier le commandement suprême de l'opération aux Américains et, le 26 juillet, le général Eisenhower fut désigné. Il ne restait plus qu'à arrêter la date et les lieux du débarquement : les Anglais voulaient que l'opération eût lieu le plus tôt possible sur la côte méditerranéenne, de manière à prendre rapidement à revers les troupes du général Rommel à partir de la frontière tunisienne. Les Américains se contentaient pour leur part d'un débarquement limité à Casablanca, d'où ils monteraient ultérieurement une offensive vers la Tunisie à partir de l'Algérie.

Le 5 septembre, le plan militaire de l'opération était définitivement établi. Il prévoyait la prise de Casablanca par une force exclusivement américaine sous le commandement du général Patton ; celle d'Oran par un corps expéditionnaire américain sous escorte navale britannique et celle d'Alger par une troisième force anglo-américaine sous les ordres du général américain Ryder.

Le 22 septembre, Roosevelt nomma Robert Murphy aux fonctions de conseiller politique du général Eisenhower. Dans ses instructions, le président américain expliquait à

Murphy qu'aucun changement dans l'administration française n'était envisagé et que l'opération ne comprendrait pas de gaullistes. Étant parfaitement au courant de l'état d'esprit qui régnait au sein de l'armée et de la population française d'Afrique du Nord, les Américains estimaient que la participation du général de Gaulle mettrait en danger le ralliement éventuel des officiers français, ralliement considéré comme absolument indispensable à Londres comme à Washington. Murphy fut ainsi chargé de trouver à tout prix un chef militaire français prestigieux acceptant de patronner l'opération « Torch » et en mesure d'attirer à la cause alliée l'armée française d'Afrique du Nord. Des contacts avaient été établis depuis longtemps déjà avec les généraux Weygand, Noguès et Juin, et même avec l'amiral Darlan, le successeur désigné de Pétain. Mais devant l'échec de ces discussions, Murphy se tourna vers le général Giraud, qui, en avril 1942, s'était évadé de façon spectaculaire de la forteresse allemande de Koenigstein.

L'activité diplomatique débordante du consul américain ainsi que les préparatifs militaires des Alliés ne passèrent pas inaperçus des autorités de Vichy ni des commissions d'armistice allemandes installées à Alger et à Casablanca. Mais, jusqu'à la fin d'octobre 1942, alors que le général Montgomery venait de repousser Rommel d'El-Alamein, on était persuadé à Paris comme à Vichy que les Alliés se préparaient à la prise de Dakar. Le 6 novembre encore, l'état-major allemand pensait que l'armada américaine repérée autour de Gibraltar était destinée à une opération militaire sur la côte libyenne ou au sud de l'Italie. Aussi, le 8 novembre 1942, les commandos alliés qui prirent pied sur le littoral algérien et marocain eurent-ils maille à partir non pas avec les Allemands, mais avec des soldats français résolus à défendre l'Empire « contre toute agression ». Dans le même temps, les soldats du général Barré laissaient entrer les soldats de l'Axe à Tunis, suivant les instructions de Pétain et de Laval.

Il n'entre pas dans notre dessein de relater ici le déroulement des événements du 8 novembre 1942. On remarquera toutefois que, si le débarquement allié se déroula plus ou moins comme prévu à Alger, grâce à l'action de la résistance locale, il en fut tout autrement à Casablanca où le général Noguès, en rapport constant avec Laval et avec la commission d'armistice allemande, fit front à l'« agression » américaine jusqu'au 11 novembre avec pour conséquences trois jours de combats acharnés autour de Port-Lyautey, Fédala et Safi, qui firent des centaines de morts et des milliers de blessés des deux côtés, tandis que l'aviation et la marine américaines bombardaient les installations portuaires de Casablanca.

Moins d'une semaine plus tard, le général Patton assistait aux côtés du général Noguès à la réception donnée par Mohammed V dans son palais de Rabat, à l'occasion de la Fête du trône. Comme si de rien n'était, le résident général rendit hommage à la coopération entre les peuples marocain et français « sous l'égide de Votre Majesté et de notre Grand Maréchal… ». Dans sa réponse, le sultan omit, comme de juste, de mentionner Pétain, mais s'attarda longuement sur l'amitié et l'attachement qui liaient le Maroc aux États-Unis.

Au cours des jours suivants, pendant que les magasins européens faisaient disparaître de leurs devantures les effigies du maréchal Pétain, les soldats américains défilaient victorieux dans les rues de Casablanca, sous le regard médusé de badauds assommés par les privations de la guerre, qui avaient dû franchir plusieurs barrages policiers et cordons sanitaires avant de s'éloigner de leurs bidonvilles et de leurs douars. Commençait alors ce qu'Abdelmalek Lahlou appelle, avec beaucoup d'exagération sans doute, l'« américanisation des Bidaouis » (Casablancais) :

> Les Jeep de l'armée sillonnaient sans arrêt nos rues… Nous étions aussi éblouis par leur tenue vestimentaire et surtout leurs montres qui tiquaient et taquaient seules, sans qu'ils les remontent. Faisant preuve d'une générosité remarquable et de tant de gentillesse, les soldats américains distribuaient abondamment des cigarettes, des bonbons multicolores, des boîtes de conserve préparées à l'avance : il suffisait d'en faire réchauffer le contenu. Bien entendu, le fameux et célèbre chewing-gum fut, pour nous, une découverte. Un ami israélite de mon quartier avait obtenu dans un campement une bouteille de Coca-Cola que je voyais également pour la première fois [11].

Un souffle de liberté qui inspira nombre de chansonniers à l'exemple de Lahoucine Slaoui et son « tube » : *OK ! OK, Baby ! Baby ! Come on ! Bye Bye !* qui s'ouvrait par les paroles suivantes : « Oh ! Oh ! Oh ! comme le temps a changé. L'entrée des Américains a rendu nos femmes vaniteuses. La beauté et les yeux bleus sont arrivés avec prospérité. Tu n'entends simplement que OK ! OK ! OK ! Baby… Les filles sortent en bandes. Tu n'entends simplement que OK ! OK ! OK ! Baby ! Baby ! Give me dollars ! »

De fait, une autre partie – politique, celle-là, se jouait à Alger depuis le début du débarquement américain : le *deus ex machina* en était Robert Murphy, qui, venu demander au général Juin de passer du côté des Alliés, se trouva face à Darlan, le représentant du pouvoir légal en visite « impromptue » en Afrique du Nord. Le diplomate américain ne tarda pas à convenir d'une « suspension d'armes » dès le 8 novembre au soir, lorsque le général Ryder fit son entrée dans la ville. Quant au général Giraud, qui devait arriver en même temps que les troupes alliées, il fut retenu à Gibraltar pour des discussions stériles avec Eisenhower. Lorsqu'il gagna Blida le lendemain, il ne restait plus qu'à s'incliner devant Darlan, qui, au nom du Maréchal, réglait l'arrêt des combats à Oran,

Casablanca, Fédala et Port-Lyautey. Dans l'atmosphère maréchaliste qui régnait parmi les généraux d'Afrique au lendemain du 8 novembre, l'amiral craignait moins les Américains et les conjurés français d'Alger que le général Noguès. Celui-ci faillit lui ravir les fonctions désormais mythiques de représentant du maréchal en Afrique du Nord et continuait d'entretenir des relations avec Laval par l'intermédiaire des services de renseignements espagnols. Eisenhower et Murphy ne voulant s'intéresser qu'aux aspects strictement militaires de la situation, Darlan n'eut dès lors aucune difficulté à conserver les hommes, l'esprit, les lois et la forme du pouvoir instaurés par Vichy en Algérie et au Maroc tandis qu'en Tunisie les puissances de l'Axe mettaient au pas l'ancienne Régence. La Révolution nationale avait encore de beaux jours devant elle en Afrique du Nord, sous l'égide des Américains… et des Allemands. Du moins jusqu'à l'assassinat de Darlan à Alger, le 24 décembre 1942, et l'amorce de dialogue entre son successeur, le général Giraud, et le chef de la France libre, le général de Gaulle, en marge de la conférence d'Anfa, tenue du 13 au 24 janvier 1943 entre Franklin Roosevelt et Winston Churchill dans ce quartier huppé de Casablanca.

La conférence d'Anfa et les « habits neufs » du sultan

Tout le monde est d'accord : la conférence d'Anfa fut d'un intérêt limité tant pour la continuation de la guerre que pour le règlement des divergences franco-françaises entre gaullistes et giraudistes. Elle eut néanmoins une importance capitale là où l'on ne s'y attendait pas : elle donna l'occasion au sultan Mohammed V de prendre conscience du nouveau rôle que l'histoire lui offrait, celui de libérateur de son pays de la tutelle française. Le président Roosevelt le lui fit clairement comprendre lors de leur entrevue du 22 janvier 1943, lorsqu'il s'adressa à lui comme à un souverain indépendant qui allait bientôt assister à la naissance d'un nouveau monde débarrassé du fardeau colonial. Sentant venir le vent du changement, Sidi Mohammed – qui avait dit-on pleuré en apprenant la défaite de la France en mai 1940 – commença à prendre ses distances avec le général Noguès dès l'annonce du débarquement allié : il refusa, comme le résident général le lui avait demandé, de quitter Rabat et se rendre à Fès.

Ce roi doux et frêle, qui s'était plié jusqu'à présent sans réagir ou presque à toutes les amputations de son autorité par les Français, était parvenu en fait par touches successives depuis son avènement, à modifier son image auprès de son peuple et à affermir sa position face à la Résidence. En 1928, il fit ouvrir à Fès le collège impérial, où des membres de la famille royale allaient côtoyer des enseignants et des élèves appartenant aux milieux proches du Comité d'action marocaine et, plus tard, de l'Istiqlal, qui allaient maintenir le contact avec le palais. À partir de 1934, il réussit à se dégager de l'emprise envahissante du grand vizir Mohamed el-Moqri et du Glaoui de Marrakech. Sans éveiller les soupçons de la Résidence, il fit entrer dans le cercle de ses proches, aux côtés de son fidèle précepteur et chambellan Mammeri, des personnalités connues pour leurs idées nationalistes, comme Ahmed Bargash, le *fqih* Mohamed b. al-'Arbi al-'Alaoui et Mohammed al-Fassi, le recteur de la Qarawiyyin. Il n'appréciait pas, sans aucun doute, le caractère fougueux d'Allal al-Fassi ni les idées « républicaines » de Mohamed b. al-Hassan al-Ouazzani qui l'irritaient profondément. Mais il répondit aux vœux des nationalistes et des milieux occidentalisés de la société marocaine en condamnant les excès du maraboutisme, en permettant à ses filles de se livrer à des études profanes et, au risque de mécontenter la Résidence, en octroyant le titre de prince héritier à son fils Moulay Hassan. Si cela n'avait tenu qu'à lui, il aurait, dès les années 1930, troqué son vieux titre de sultan pour celui, plus moderne et plus politique, de *malik* – roi – dont la Fête du trône donnait lieu chaque année à de grandes manifestations patriotiques.

Mais prudent de nature et bien « encadré » par Noguès, Sidi Mohammed ne réagit pas en 1937 à l'interdiction des deux partis issus de la scission du CAM. Il garda néanmoins le contact, pendant toutes les années de guerre, avec les militants nationalistes et, autant que ses prérogatives le lui permettaient, nomma plusieurs personnalités proches des milieux nationalistes à de hautes fonctions makhzéniennens. De Gaulle ne s'y trompa pas, qui rendit ainsi compte dans ses *Mémoires* de son entretien avec Sidi Mohammed lors de sa visite à Rabat le 6 août 1943, deux mois après la démission de Noguès et son remplacement par Gabriel Puaux :

> Ce souverain jeune et fier ne cachait pas son ambition d'être à la tête de son pays dans la marche vers le progrès et un jour vers l'indépendance. À le voir et à l'entendre, parfois ardent, parfois prudent et toujours habile, on sentait qu'il était prêt à s'accorder avec quiconque l'aiderait à jouer ce rôle, mais capable de déployer beaucoup d'obstination à l'encontre de ceux qui s'y opposent.

Nul doute qu'aux yeux de Sidi Mohammed, la France de De Gaulle et de Puaux n'était plus la France triomphante de Clemenceau et de Lyautey. Même libérée du joug allemand, pensait-il, elle ne ferait pas le poids face à la puissante Amérique, qui, à l'exemple de l'autre grande puissance gagnante du conflit mondial finissant, l'Union soviétique, nourrissait un profond dédain pour le colonialisme de la « vieille » Europe.

C'est ce même raisonnement qui conduisit Ahmed Balafrej, Mohamed Lyazidi et Omar Abdeljalil à annoncer, en décembre 1943, la naissance du Parti de l'indépendance (*Hizb al-Istiqlal*), qui prit ainsi la relève du défunt Comité d'action marocaine. Le 11 janvier 1944, cinquante-huit personnalités appartenant au nouveau parti remirent au sultan, aux représentants des Alliés ainsi qu'au nouveau résident général Gabriel Puaux un manifeste dans lequel ils réclamaient ouvertement l'indépendance du Maroc « sous l'égide de Sa Majesté Si Mohamed ben Youssef, que Dieu le glorifie ». Réunissant des personnalités issues en majorité des vieilles familles Makhzen et de la classe moyenne – fonctionnaires, journalistes, juristes, enseignants, docteurs ès sciences islamiques –, les principaux dirigeants du parti étaient originaires de Fès ('Allal al-Fassi, Omar Abdeljalil, Mohammed al-Fassi et son épouse Malika, Ahmed b. 'Uthman al-Idrissi, Ahmed Bennouna), Rabat (Ahmed Balafrej, Mohammed Lyazidi, Ahmed Cherkaoui), Marrakech (Abdallah Ibrahim), Casablanca ('Abd al-Kebir b. al-Mahdi al-Fesi), Meknès (Ahmad b. Idris Boucheta), Salé (Boubakeur Sbihi, Abderrahim Bouabid) et Kenitra (Mohammed Diouri). Il comptait aussi quelques socialistes comme Mehdi Ben Barka, Abderrahman Youssoufi et Abdallah Ibrahim, mais dans l'ensemble, l'Istiqlal était à ses débuts une formation à prédominance citadine sans aucune représentation ou presque du monde rural ni de la population berbère. Une lacune dont allait se saisir la Résidence en appelant à sa rescousse les tribus, les confréries et les notabilités rurales pour combattre le « sultan de l'Istiqlal », comme le Glaoui de Marrakech avait coutume d'appeler Sidi Mohammed.

Pour l'heure, l'Istiqlal avait la voie libre au sein de la population musulmane. Se sentant épaulés par le palais et tenant compte des changements géopolitiques produits par la guerre, ses dirigeants ne voulaient pas, comme leurs aînés du CAM, une simple réforme du protectorat. C'est d'indépendance et d'indépendance seulement qu'il s'agissait désormais. En outre, ils n'avaient nul besoin de la France pour guider le Maroc « vers un régime démocratique comparable au régime de gouvernement adopté par les pays musulmans d'Orient ». Les Marocains pouvaient y arriver seuls, à l'exemple des Syriens et des Libanais. Ou encore des Égyptiens, qui disposaient d'une monarchie constitutionnelle garantissant « les libertés démocratiques et individuelles et notamment la liberté de croyance ». C'est du retour du Maroc dans le giron du monde arabe et musulman « auquel l'attachent tant de liens », qu'il s'agissait, en réalité. Dès lors, à la trinité républicaine française « Liberté, Égalité et Fraternité », l'Istiqlal allait opposer sa propre devise : « Une religion, l'islam ; une langue : l'arabe ; un régime : la monarchie alaouite. »

Il ne fait aucun doute que, prévenu à l'avance des intentions de l'Istiqlal par le *fqih* Mohammed b. al-'Arbi al-'Alaoui qui était son vizir des Affaires juridiques, et par Mohammed Mammeri, le sultan en avait accepté l'esprit, sinon approuvé tout le contenu. Une approbation sur laquelle il n'allait plus jamais revenir, même s'il fut contraint dès le 28 janvier 1944 par René Massigli, envoyé du général de Gaulle, à désavouer l'Istiqlal et à demander à ses vizirs de faire disparaître le mot indépendance « des cœurs et des bouches ». À la demande de Puaux, il dut aussi se séparer de ses « amis » de l'Istiqlal parmi lesquels Mohammed b. al-'Arbi al-'Alaoui, qui avait été en outre le précepteur de la princesse Lalla 'Aysha. À l'exemple du jeune professeur de mathématiques Mehdi Ben Barka qui avait été, en 1942, celui du prince héritier Moulay Hassan et auquel le sultan demanda, en 1943, de lui présenter un rapport sur l'éducation moderne des jeunes filles marocaines.

Sidi Mohammed fut particulièrement ulcéré par l'humiliation que lui fit subir Puaux, cet homme « intelligent et cultivé » qui représentait, selon Charles-André Julien, « la forme la plus étroite du conservatisme, celle des protestants qui ont rompu avec leur libérale tradition [12] ».

À la décharge du résident général, on dira néanmoins que sa politique était en tous points conforme à l'esprit et aux résolutions de la conférence de Brazzaville de février 1944, qui excluait toute idée d'autonomie et de *self-government*, « même lointaine » dans les possessions françaises d'Afrique et d'Asie.

Mais rien cependant n'obligeait Puaux à laisser carte blanche à son entreprenant directeur de l'Intérieur, Philippe Boniface, qui, pour briser l'« emprise mystique » de l'Istiqlal sur l'opinion musulmane, fit arrêter dès le 29 janvier Ahmed Balafrej, Mohammed Lyazidi et seize autres dirigeants de l'Istiqlal pour cause d'intelligence avec l'ennemi – un prétexte pour le moins grotesque venant du représentant d'une administration coloniale et d'une population européenne truffées de pétainistes et de « collabos ». De fait, l'« épuration » de la classe politique marocaine d'anciens « agents » allemands était le cadet de ses soucis. Son objectif était tout autre : provoquer délibérément des émeutes et en imputer immédiatement la responsabilité à l'Istiqlal de manière à pouvoir le briser par la suite.

Comme escompté par Boniface, de violentes émeutes éclatèrent dès l'annonce de ces arrestations, à Casablanca, Rabat, Salé et surtout à Fès où les affrontements furent particulièrement sanglants. Les troubles s'y poursuivirent pendant une dizaine de jours, faisant des dizaines de morts et des centaines de blessés du côté marocain comme du côté français. À Rabat, on envisagea d'appeler en renfort les chars du général Leclerc, stationnés à Fédala et à Fès ; la *medina*, privée d'eau et d'électricité, eût été pilonnée par l'artillerie du général Suffren si le résident général n'était pas intervenu à la dernière minute pour l'en empêcher. Plusieurs Marocains soupçonnés d'avoir lynché des Européens furent fusillés sans jugement et des milliers de suspects furent arrêtés et internés à Ifran. La répression fut particulièrement dure à l'encontre des intellectuels et des étudiants proches de l'Istiqlal : à Fès, la Qarawiyyin et le collège Moulay Idris furent fermés ainsi que le collège Moulay Youssef de Rabat ; même le collège d'Azrou où étudiaient les fils des notables berbères du Moyen-Atlas ne fut pas épargné par l'agitation nationaliste qui, singulièrement, fut relativement moins sensible à Casablanca que dans les autres grandes villes du royaume.

Nul doute, les événements de janvier 1944 marquent un tournant dans le conflit opposant Français et Marocains. Boniface avait cru crever un abcès : il provoqua en réalité un incendie et « creus[a] un fossé profond entre Européens et musulmans », comme en témoigna l'historien de Fès Roger Le Tourneau.

D'origine corse comme beaucoup de fonctionnaires de la Résidence et né en Algérie, Boniface était interprète d'arabe de formation, puis devint contrôleur civil au Maroc. Résistant, il fit partie du commando du général Mast qui devait arrêter Noguès à l'annonce du débarquement. Le complot fut éventé et, si les Américains avaient tardé à débarquer, il aurait sûrement été fusillé. Après un bref séjour en Tunisie, au lendemain du départ des troupes allemandes, il retourna au Maroc, résolu à transformer le Protectorat en « une nouvelle France », ou plus exactement en « une deuxième Algérie ».

Brutal et intelligent, cet homme qui méprisait les Marocains et ignorait tout du monde arabe où les nationalistes syriens et libanais venaient d'arracher leur indépendance à la France, excellait dans l'intrigue et dans l'usage de la force. Il connaissait mieux que personne les arcanes de la vie politique parisienne après la Libération : de Gabriel Puaux au général Guillaume, en passant par le général Juin, aucun résident général ne fut en mesure de se passer de ses services. Il en coûta cher, comme nous le verrons, à Eirik Labonne qui crut pouvoir réformer le protectorat sans compter sur son soutien et sur celui de ses amis colons que rien ne scandalisait, pas même la nomination par Boniface de son propre *chaouch* comme… pacha de Khouribga.

1944-1947 : mission impossible La réforme du protectorat

Après les graves événements de l'hiver 1944, le Maroc connut une période d'accalmie relative coïncidant avec le retour du général de Gaulle en métropole (14 juin 1944) et la libération de la France de l'occupation allemande. Dans un souci évident de détendre l'atmosphère, des dizaines de nationalistes fassis furent libérés à l'occasion du 14 juillet 1944, et quatre mois plus tard, Gabriel Puaux annonçait la mise en chantier d'un plan de réformes destiné à réduire les inégalités entre Français et Marocains dans le cadre du protectorat. Il comportait notamment l'augmentation du nombre de fonctionnaires marocains dans les services administratifs du protectorat, l'élargissement de la scolarisation des élèves marocains dans les écoles franco-musulmanes, l'ouverture des établissements du secondaire européens conduisant au bac aux lycéens marocains, la mise à l'étude d'un code pénal marocain et un essai de modernisation des tribunaux civils et commerciaux, et enfin la création dans le bled de Secteurs de modernisation du paysannat (SMP) destinés à accélérer la modernisation de l'agriculture. Estimant que toutes ces mesures ne changeaient pas grand-chose à la situation, l'Istiqlal eut beau jeu de les dénoncer « comme un cautère sur une jambe de bois [13] ». Un jugement partagé par l'immense majorité des Marocains, citadins et fellahs qui subissaient par ailleurs les conséquences de la terrible sécheresse de 1945 – la plus catastrophique du siècle, disait-on dans le pays. Même une ville comme Marrakech, tenue étroitement sous la férule du Glaoui, n'était pas insensible au bien-fondé du discours nationaliste. Le sultan s'en aperçut parfaitement quand, au printemps 1945, il y fut accueilli aux cris de « *Yahya al-Malik* ! (Vive le roi !) », et « Vive l'indépendance ! ». L'occasion pour lui de souligner l'adéquation de ses propres espoirs avec ceux de son peuple et d'exprimer sa joie – à demi-mot, certes – à l'occasion de la création de la Ligue arabe dont la charte élaborée en septembre 1944 condamnait d'emblée l'impérialisme européen.

Autant d'indications qui donnèrent à penser au général de Gaulle que la France allait droit dans le mur si elle ne parvenait pas rapidement à un nouveau *modus vivendi* avec le sultan. Le chef du gouvernement provisoire, qui avait beaucoup d'estime pour Sidi Mohammed, l'invita à se rendre en voyage officiel en France. Ce qu'il fit à l'occasion de l'anniversaire de l'appel du 18 Juin. Sidi Mohammed fut acclamé à l'Opéra de Paris et assista à un défilé militaire sur les Champs-Elysées, aux côtés du Général qui le fit compagnon de la Libération. Hommage très remarqué : Churchill ne le devint qu'à la fin de sa vie, en 1958, et le président Roosevelt n'en fut jamais décoré. Le sultan accompagna ensuite son hôte en Auvergne où il fut accueilli chaleureusement par la population, avant de se rendre en Allemagne auprès des soldats marocains de la 1re armée commandée par le général Jean de Lattre de Tassigny.

De retour à Paris, le sultan aborda avec le Général le fond du problème marocain.

« Vous avez un pays qui commence », lui déclara de Gaulle, qui n'ignorait rien des choix politiques du sultan. Il le mit en garde néanmoins contre toute précipitation, faisant valoir que le Maroc n'était pas encore mûr pour l'indépendance et que la France était en pleine reconstruction de ses institutions. Dans l'esprit du Général, la visite du souverain était le point de départ d'un processus pouvant conduire graduellement au changement du statut politique du Maroc. Sidi Mohammed était dès lors habilité à croire que l'ancien chef de la France libre n'excluait pas totalement l'accession du Maroc à l'autodétermination. Il fallait juste en préparer les moyens et les cadres humains adéquats et c'est dans cette optique que, sous l'impulsion du général de Gaulle, des élèves marocains commencèrent à être admis à l'Ena, Saint-Cyr et Polytechnique.

Les deux hommes conclurent de se revoir l'année suivante mais, le 21 janvier 1946, le général de Gaulle démissionnait du gouvernement, au grand dépit de Sidi Mohammed et des nationalistes marocains. Pour leur bonheur, les jours de Gabriel Puaux à la Résidence étaient aussi comptés : il fut remplacé le 15 mars 1946 par un diplomate de grande valeur, l'ancien secrétaire général du Protectorat Eirik Labonne, qui arriva au Maroc avec un programme bien précis : renouer le dialogue avec les nationalistes et améliorer la situation économique et sociale des Marocains. Dès lors, son premier geste fut d'ordonner la remise en liberté des chefs nationalistes encore détenus ou déportés comme Mohammed b. al-Hassan Ouezzani, Ahmed Balafrej et Allal al-Fassi, auquel il envoya son avion personnel pour le ramener du Gabon et qu'il reçut à la Résidence le jour même de son retour. Ce qui scandalisa les Français du pays, qui ne virent pas d'un bon œil non plus le démantèlement de la Direction des affaires politiques de la Résidence et surtout le départ de Philippe Boniface qui en avait la charge. Mais au lieu de l'éloigner complètement du pays, Labonne confia à Boniface les fonctions de chef de région de Casablanca. Ce qui s'avéra rapidement une grave erreur, doublée d'une faute irréparable : la nomination du colonel Jean Lecomte, proche du général Leclerc, à la tête de la nouvelle Direction de l'intérieur. Hostiles à toute mesure de libéralisation du protectorat, les deux hommes n'allaient épargner aucun effort pour déstabiliser le nouveau résident général et ameuter contre lui les ultras du Protectorat et leurs amis de métropole, ainsi que les milieux les plus conservateurs de la société marocaine.

Eirik Labonne eut le loisir cependant d'annoncer, le 22 juillet 1946, un ambitieux programme de réformes économiques, politiques et sociales destiné à « refonder » le Protectorat sur des bases nouvelles, de manière à éloigner autant que possible l'échéance de l'indépendance. Le plan Labonne comportait trois volets principaux : un volet économique centré sur l'association des capitaux marocains au développement des ressources naturelles du pays, à son industrialisation et à la modernisation de son agriculture traditionnelle ; un volet social préconisant la scolarisation totale de la population et l'ouverture de toutes les carrières administratives aux Marocains, et, enfin, un volet politique remaniant l'administration centrale et locale dans un esprit de stricte égalité entre Français et Marocains. Autant d'annonces qui déplurent profondément aux hauts fonctionnaires de la Résidence ainsi qu'aux deux grands journaux français du Protectorat, *La Vigie marocaine* et *Le Petit Marocain*.

Manque de chance : à peine reconstitués, le parti de l'Istiqlal et son rival, le Parti démocratique de l'indépendance (PDI) de Mohammed b. al-Hassan al-Ouazzani, prirent publiquement position contre le plan Labonne, auquel ils reprochaient de vouloir consolider les fondements de la colonisation du pays en en atténuant les excès. Évitant de se couper de son opinion, le sultan fit savoir au résident – avec lequel il entretenait au demeurant les meilleures relations – que les mesures annoncées n'étaient que des palliatifs. Il s'abstint dès lors de signer les *dahirs* qui les mettaient en application.

Freiné dans son élan, Labonne était en passe de perdre son pari, celui de réformer le protectorat de l'intérieur. Il suffisait d'un dérapage incontrôlé ou d'une simple provocation pour que la situation lui échappât complètement. C'est ce qui arriva le 7 avril 1947 à Casablanca, lorsque des tirailleurs sénégalais de la caserne de Ben Msik, excédés par les quolibets des passants, ouvrirent le feu sur la foule, tuant des centaines de Marocains sans que leurs officiers n'intervinssent pour les arrêter ni que les policiers, envoyés sur place par Boniface, ne fissent le moindre geste pour empêcher la tuerie de se poursuivre pendant plusieurs heures.

Indigné, Sidi Mohammed réagit vivement à ce massacre, qui, comme par un fait exprès, intervint à la veille du très important voyage qu'il projetait d'effectuer en grande pompe à Tanger pour marquer l'unité de son royaume. Ne changeant rien à son programme, il y prononça, le 10 avril, dans les jardins de la Mandoubia, un grand discours, entouré du prince héritier Moulay Hassan et de la princesse Lalla 'Aysha, au visage découvert. Il fit l'éloge de l'Orient arabe et de l'attachement à l'islam à l'occasion de la fondation de la Ligue arabe, remercia le gouvernement américain pour avoir délivré son pays de l'oppression mais omit volontairement de rendre hommage à la France pour l'œuvre accomplie au Maroc. Un « oubli » que le résident général et l'ensemble du corps diplomatique perçurent comme un camouflet public à l'encontre de la puissance protectrice : Mohammed V, pensait-on, se rangeait ouvertement du côté des nationalistes. Comme eux, il condamnait les efforts déployés par le Protectorat pour couper le Maroc de ses racines « orientales » panarabes et panislamiques.

Une allocution qui fit l'effet d'une bombe à Paris et que le gouvernement ne pouvait laisser passer sans réagir. En butte à de graves remous internes depuis le départ du général de Gaulle puis des communistes du gouvernement, la France ne pouvait accepter ce nouvel accroc à son prestige colonial, déjà fortement ébranlé par la perte du Liban et de la Syrie, les sanglantes émeutes de Sétif qui firent des milliers de morts algériens en mai 1945, et depuis, le 19 décembre 1946, par le déclenchement de la guerre d'Indochine. Le rappel du très lucide Labonne par le gouvernement socialiste de Paul Ramadier et son remplacement, le 23 mai 1947, par un militaire à poigne, le général Alphonse Juin, en furent les conséquences immédiates.

Né en Algérie, le général Juin avait beaucoup d'attaches parmi les Français du Maroc où il avait servi en tant que chef du cabinet militaire de Lucien Saint, puis comme commandant supérieur des troupes sous Noguès. Commandant en chef des forces françaises en Afrique du Nord, il avait été chargé en 1943 de la déposition de Moncef Bey, accusé de collaboration avec les puissances de l'Axe. Ce qui ne manquait pas de « piquant », alors que Juin lui-même avait participé en 1942 à des négociations avec Goering et Keitel en vue d'une entente militaire germano-française. Peu importe : c'est le « précédent tunisien » que ses amis du Maroc Boniface et Lecomte espéraient le voir rééditer à Rabat à l'encontre de Sidi Mohammed. Une éventualité envisagée clairement par Ramadier et son ministre des Affaires étrangères, Georges Bidault, dans les instructions qu'ils donnèrent au nouveau résident général. Celui-ci était habilité à menacer le sultan soit d'une abdication volontaire, soit d'une déposition s'il poursuivait la « grève du Sceau » et refusait de signer les *dahirs* qui lui étaient soumis par la Résidence.

Une nouvelle page s'ouvrait ainsi au Maroc : celle du « protectorat botté » selon l'heureuse définition de Charles-André Julien. Succédant au « protectorat courtois » des années Labonne, Juin instaura « un régime colonial d'origine totalitaire [14] », portant à son paroxysme le conflit entre le palais et la Résidence d'une part, et entre les nationalistes de l'Istiqlal et du PDI et les ultras du Protectorat d'autre part. Ceux-ci avaient pour chefs de file Philippe Boniface dans l'administration, Émile Roche dans les milieux d'affaires de Casablanca, Auguste Aucouturier chez les colons, et le Dr Emile Eyraud, directeur du quotidien *La Vigie marocaine*.

18

Mohammed V et l'émancipation politique du Maroc

Esquissée à petites touches depuis la conférence d'Anfa qui avait permis à Sidi Mohammed de s'insérer à nouveau dans la lutte nationale, c'est à Tanger que prit définitivement corps la nouvelle image du sultan en tant que champion du nationalisme marocain et chef suprême du combat pour l'indépendance du Maroc. Transcendant les partis nationalistes qui jouèrent à plein la carte monarchique, Mohammed V fut désormais l'unique interlocuteur de la Résidence. Lui seul et non pas 'Allal al-Fassi et l'Istiqlal, contrairement à la situation prévalant en Tunisie, où ce furent Bourguiba et le Néo-Destour, et non le bey, qui menèrent le combat face à la France. Désavouée par le palais et par les éléments les plus dynamiques de la société marocaine, gagnés à l'idée nationale, la « puissance protectrice » n'avait d'autre choix que de se tourner vers les forces les plus rétrogrades du royaume, sous la houlette du Glaoui de Marrakech et du chef de la confrérie de la Kettaniyya. Le« mythe » Mohammed V était né :

> Parti pour Tanger en protecteur du nationalisme marocain, il en revint le chef, écrivent Jean et Simonne

> Lacouture. Désormais le scénario est tracé, les rôles sont distribués : devant le chœur que forment les équipes nationalistes, et face au public, le protagoniste est bien Mohammed V – et chacun des actes du drame ne fera qu'accentuer l'ampleur de son rôle. [...] Tout contribue à fixer puissamment le problème national sur le personnage du souverain. Fidèles et adversaires ne s'y trompent pas : être nationaliste c'est conserver le portrait de Sidna, blanc visage encapuchonné de blanc, abattre le nationalisme, c'est frapper le souverain[1].

Il n'y avait pas que les nationalistes qu'il eût séduits. Même les communistes marocains tombèrent sous son charme quand il les reçut en 1946 pour leur parler de l'intérêt qu'il portait « à la classe des travailleurs » et des « liens d'affection » qui l'unissaient à son peuple, aussi bien que de la liberté et de la démocratie, vertus recommandées « avec tant de chaleur » par les principes de l'islam auxquelles aspiraient tous les peuples « grands et petits ».

1947-1953 : l'« été indien[2] » du Maroc français

Par un surprenant hasard, les années de lutte pour l'indépendance furent celles de la plus grande expansion économique et sociale du royaume sous le protectorat. Ne semblant pas croire à l'issue fatale du bras de fer qui se jouait depuis 1943 entre le palais et la Résidence, pouvoirs publics et entreprises privées françaises inondèrent de capitaux le marché marocain en y investissant sans compter dans les infrastructures urbaines, les routes, les ports, les chemins de fer, les centrales électriques, les barrages, l'agriculture, l'industrie et le commerce, comme si la France allait y demeurer pour toujours.

Les chiffres recueillis par Abdel Aziz Belal sont éloquents : entre 1946 et 1956 (date de l'indépendance du Maroc), le volume des investissements français dans le pays fut supérieur à celui de toutes les années précédentes du protectorat.

Investissements publics et semi-publics réalisés au Maroc durant le protectorat (en milliards de francs 1959) [3]

Périodes	Investissements du secteur public	Semi-public	Total
1914-1938	246	40	286
1939-1944	18	9	27
1945-1948	63	16	79
1949	30	22	52
1950	38	25	63
1951	25	28	53
1952	31	27	58
1953	29	18	47
1954	34	16	50
1955	32	13	45
1956	32	9	38
1957	34	6	40
Total	612	229	838

Un indice qui ne trompe pas : comptant un demi-million de personnes environ en 1951, soit près de la moitié des Pieds-Noirs d'Algérie, plus d'un quart des Européens du Maroc s'étaient installés dans le pays après 1945, quand la crise nationale était déjà bien amorcée. Ce nouvel afflux favorisa plus particulièrement le secteur de la construction : les deux tiers des capitaux entrés dans le pays depuis 1945 furent investis, en effet, dans les quartiers européens des grandes villes de la côte, notamment ceux de Casablanca, Rabat et Port-Lyautey. Comme par le passé, plus de la moitié des Européens du Maroc appartenaient en 1951 à la classe moyenne des fonctionnaires, des petits commerçants et artisans et des professions libérales ; 5 % étaient des colons et 6 % appartenaient aux milieux d'affaires. Le reste était constitué d'ouvriers (17 %), de contremaîtres (7 %) et d'individus aux fonctions « diverses » ou « mal désignées ».

Population des grandes villes du Maroc en 1951-2[4]

	Musulmans	Européens	Juifs	Total
Casablanca	474874	132758	74783	682415
Marrakech	187130	11790	16392	215312
Fès	152929	13795	12648	179372
Rabat	106013	39957	10239	156209
Meknès	107718	20217	12445	140380
Oujda	62436	14935	3175	80546
Safi	49489	3793	3469	56751
Kenitra	44192	8630	3083	55905
Salé	41399	1957	3226	46582
El-Jadida	29309	2455	3017	34781
Agadir	22600	5993	1518	30111
Tanger	93000	35000	15000	150000
Tétouan	58000	18610	4122	80732
Larache				41917

De fait, tous les secteurs de l'économie connurent un net redressement depuis le milieu des années 1940 ; le secteur des phosphates notamment, principale richesse du pays dont la production fut multipliée par trois entre la fin de la guerre et l'indépendance.

Production intérieure brute par secteurs
(en milliards de francs 1959)[5]

Secteurs	1951	1952	1953	1954	1955	1956
Agriculture	199	200	228	247	216	224
Énergie	11	11	13	15	15	17
Mines	28	29	30	32	34	34
Industrie	74	79	86	88	88	91
Bâtiment	103	112	118	125	131	133
Commerce	160	166	177	183	181	166
Total	**515**	**597**	**652**	**690**	**665**	**665**

Évolution de la production minière marocaine
de 1940 à 1955[6]

Année	*Charbon*	*Fer*	*Plomb*	*Zinc*	*Manganèse*	*Cobalt*	*Phosphates*
1940	143500	466000	30700	4500	104000	2612	739000
1945	17800	737000	15400	1750	45000	894	1623000
1950	367800	1380000	65800	22700	285000	3509	3872000
1953	565000	1492000	110000	64600	429000	6109	4156000
1955	457000	1339000	122000	78000	410000	75795	328000

Les infrastructures aussi connurent un grand essor au cours des dix dernières années du Protectorat. Suivant les indications fournies par Ladislav Cerych, le Maroc possédait en 1955 un réseau routier de plus de 17000 kilomètres en plus de 30000 kilomètres de voies tertiaires utilisables par temps sec : une densité de route par 1000 kilomètres carrés de territoire (124) plus forte que celle de la Tunisie (86), de l'Égypte (52), du Mexique (66), de la Turquie (59) et deux ou trois fois supérieure à celle de l'ensemble des pays en développement de l'époque, à l'exclusion de l'Inde (142)[7].

Même en nombre de véhicules automobiles pour 1000 habitants (13 véhicules de tourisme et 6 voitures utilitaires), le Maroc était en meilleure posture que tous ces pays : 30 % de plus qu'en Tunisie et au Brésil, cinq fois plus qu'en Égypte, vingt fois plus qu'en Inde et au Nigeria et… plus de deux fois plus qu'en Espagne. Relativement moins développé que le réseau routier (1 750 kilomètres en 1955 avec un trafic de 64 passagers-kilomètre par habitant, le Maroc était moins bien desservi que l'Égypte (156), l'Inde (164) ou l'Espagne (277), mais il avait un trafic presque égal à celui de la Tunisie (71), et beaucoup plus important que celui du Ghana (50), du Nigeria (20) et de la Rhodésie (12), colonisés bien plus tôt que le royaume chérifien. Même en matière de production d'électricité par tête et de nombre de téléphones pour 1000 habitants (11,7 contre 8,8 en Tunisie et 6,6 en Égypte), le Maroc n'avait pas à rougir. Autant d'indicateurs qui amenèrent Mehdi Ben Barka, à la conclusion qu'à la veille de l'indépendance, le Maroc pouvait se classer parmi les « pays avancés dans la voie du développement » et non parmi les pays sous-développés :

> Nos amis du Moyen-Orient, d'Asie et d'Afrique qui visitent le Maroc, déclara-t-il en 1959, nous envient quand ils voient ce réseau routier, cet équipement énergétique, ces moyens de transport, ces installations portuaires dont notre pays est doté, qui ont été financés par le budget marocain sous le Protectorat et que le Maroc indépendant continue à développer et à amortir tous les ans[8].

Le revenu national brut par tête est une indication supplémentaire du progrès économique remarquable enregistré par le Maroc depuis la fin de la guerre : il était de 180 dollars US en 1953, contre 130 en Tunisie, 128 au

Ghana, 102 en Égypte et 58 en Inde[9]. Dans ce domaine comme dans beaucoup d'autres, les écarts entre les différentes catégories de la population étaient énormes : à l'inverse de la population française dont le niveau de vie s'élevait sans cesse, jusqu'à dépasser nettement celui des habitants de métropole et des Français d'Algérie[10], l'écrasante majorité des musulmans marocains qui vivaient d'agriculture voyaient leur production céréalière et leur cheptel stagner, à mesure qu'approchait l'heure de l'indépendance. Ce qui ne leur laissait d'autre issue que de continuer comme par le passé à traîner leur misère dans les bidonvilles des grandes villes du littoral, dans l'attente de jours meilleurs.

Évolution de la production céréalière
et du cheptel bovin et ovin par habitant[11]

Période	*Production céréalière*[12]	*Nb bovins*[13]	*Nb ovins*
1931-1935	356	33	74
1936-1940	398	31	94
1941-1945	358	37	105
1946-1950	302	21	79
1951-1955	366	27	110

Autres indices qui corroborent l'immense écart socio-économique entre Européens et Marocains : au début des années 1950, moins de 15 % des véhicules automobiles qui circulaient sur les routes du pays – soit 13 000 sur 91 000 – appartenaient à des Marocains musulmans. À peine 10 % des Marocains s'éclairaient à l'électricité et 9 Marocains (contre 90 Européens) sur 10 000 étaient abonnés au téléphone vers la fin du protectorat[14]. En revanche, le nombre de Marocains possesseurs de postes TSF était passé de 7 000 en 1938 à 80 000 en 1952 et 120 000 en 1955. La radio atteignait ainsi les coins les plus reculés du royaume : divulguant des informations en provenance de Paris, du Caire ou de Londres, elle joua un rôle essentiel dans l'éveil politique des Marocains et dans leur ouverture sur le monde arabe et musulman à la veille de l'indépendance.

À l'évidence, tous les Marocains n'étaient pas logés à la même enseigne : de même qu'il existait une classe pauvre parmi les Européens du pays, il y avait une puissante bourgeoisie marocaine qui sut consolider sa position sociale sous le protectorat. Originaire principalement de Fès, mais aussi de Rabat, Salé, Meknès et Tétouan, elle s'inséra très vite dans la vie économique de Casablanca où elle s'adonna au grand commerce du thé, du sucre et des textiles. Grâce aux lois de 1919 permettant l'appropriation privée des terres collectives (biens religieux et domaines tribaux), elle put élargir également son patrimoine foncier autour des grandes villes. Sans commune mesure cependant avec les immenses terrains que s'adjugèrent les grands « féodaux » de l'Atlas avec la bénédiction des des Français : 7 500 propriétaires terriens se partageant à eux seuls près de 2 millions d'hectares, soit le quart des terres cultivables du royaume. Au sommet de cette hiérarchie rurale : le caïd Amehroq des Zaian (Moyen Atlas), avec 56 000 hectares, et le Glaoui de Marrakech et ses 27 000 hectares. Milliardaire, celui-ci ne vivait pas seulement du produit de ses terres ni de son salaire de pacha. En 1953, ses dividendes dans les mines de cobalt de Bou Azzer lui rapportèrent 53 millions de francs et ceux des mines de manganèse d'Imini près de 38 millions. Propriétaire de plusieurs huileries qui lui rapportèrent 18 millions pour la seule année 1942, il était aussi le plus grand bordelier de Marrakech, y rackettant systématiquement toutes les prostituées de sa ville. Selon l'actrice Simone Berriau, veuve du plus proche collaborateur de Lyautey, qui fut sa maîtresse jusqu'à sa mort, le pacha dépensait un argent fou chaque fois qu'il venait à Paris : il avait, écrit-elle,

« une passion de cocotte » pour les parfums, en achetant des litres, pour lui-même, son harem et ses bijoutiers, dont il était l'un des meilleurs clients. Dans les grands restaurants de la capitale, ses goûts fantaisistes aboutissaient à de « terribles additions » que le Glaoui réglait en laissant de larges pourboires, avant de terminer ses nuits dans les boîtes de nuit les plus huppées de la ville. Lorsqu'il découvrit les plaisirs du golf à Vichy, il emmena tout le personnel technique à Marrakech où il fit aménager un parcours répondant à toutes les règles de l'art[15]. Tel était l'homme sur lequel le général Juin devait compter pour faire pièce au sultan et à la bourgeoisie urbaine qui le soutenait. Un représentant haut en couleur du « Vieux Maroc » exotique et romantique, cher à Lyautey; un homme ambitieux et rusé que brûlait le désir de devenir roi ou du moins de partager la royauté avec Sidi Mohammed : n'était-il pas allé jusqu'à se fabriquer un arbre généalogique établissant qu'il était, lui le Berbère du Haut Atlas, d'ascendance arabe et chérifienne ?

Alliée aux milieux proches du Makhzen et aux grandes familles de Chorfa et d'oulémas, la bourgeoisie urbaine avait préparé de longue date son entrée dans la modernité occidentale en envoyant ses enfants dans les trois grands collèges musulmans de Fès (Moulay Idris), de Rabat (Moulay Youssef) et de Marrakech (Sidi Mohammed) ainsi que dans les rares lycées français (Lyautey à Casablanca, Gouraud à Rabat et Mangin à Marrakech) acceptant des élèves marocains triés sur le volet. Préférant des carrières de médecins, d'avocats, de professeurs et d'ingénieurs, ils n'éprouvaient aucun attrait pour l'école d'officiers de Dar al-Beida, à Meknès. Celle-ci accueillait principalement les élèves issus du collège des fils de notables d'Azrou, « un séminaire colonialiste » selon les termes de Hassan II, où l'arabe était interdit.

Cela dit, tout en demeurant à la traîne des autres pays maghrébins, l'enseignement moderne au Maroc connut des progrès considérables après la guerre. Dans le primaire, les effectifs furent multipliés par cinq depuis 1945, augmentant annuellement de 15 à 20 % jusqu'en 1955 et de 25 à 30 % dans le secondaire où les effectifs furent multipliés par dix par rapport à 1938.

Effectifs de l'enseignement public musulman au Maroc[16]
(1938-1955)

Enseignement primaire

	1938	1945	1950	1955
Général	21 907	34 967	109 728	206 477
Technique	1 363	6 523	4 807	7 534
Total	23 270	41 490	114 535	214 011

Enseignement secondaire

	1938	1945	1950	1955
Général	586	967	2 611	5 832
Technique	22	36	160	912
Total	608	1 003	2 771	6 744
Total général	23 878	42 493	117 306	220 755

Mais en dépit de cette évolution, la scolarisation restait extrêmement faible au Maroc à la fin du Protectorat, comparée à celle de la plupart des pays en développement. Son taux était de 15 % dans le primaire et 5 % dans le secondaire, contre respectivement 19 % et 9 % en Algérie ; 21 et 4 % en Libye ; 38 et 19 % en Égypte ; 18 et 11 % en Iran ; 35 et 10 % en Turquie ou encore 47 et 20 % au Ghana.

En outre, compte tenu du très fort pourcentage d'absentéisme et d'abandon en cours de scolarité, pas plus de 10 % des élèves du primaire achevaient leurs études ; il en allait de même dans le secondaire : en 1955, sur 6 744 élèves inscrits, seuls 175 passèrent la première partie du baccalauréat et moins d'une centaine, la deuxième partie. Quant à l'enseignement supérieur, le Maroc ne possédait aucune université à la fin du Protectorat. Il y avait toutefois trois instituts d'enseignement post-secondaire, le Centre d'études supérieures scientifiques, le Centre d'études juridiques et l'Institut des hautes études marocaines, accueillant ensemble, en 1955, 2429 étudiants musulmans dont 86 jeunes filles, en plus des 500 à 1000 étudiants admis dans les universités françaises au cours de cette même année.

Malgré toutes ses faiblesses, l'éducation moderne et laïque avait fini par pénétrer, à doses homéopathiques, la plupart des villes moyennes et des grosses agglomérations rurales du royaume, rendant partout intelligible le nouveau discours patriotique qui s'emparait des esprits. Une évolution encouragée par les réformistes religieux qui sacralisèrent, à partir du *Dahir* berbère, l'amour de la patrie et le combat national, et dont les partis nationalistes, multipliant partout meetings et démonstrations populaires, surent tirer profit durant les années 1950 pour élargir la base sociale de leurs adhérents au-delà des grands centres urbains traditionnels du royaume. Dans le même ordre d'idées, la scolarisation – encore très modeste – des jeunes filles (6 % dans le primaire et 0,5 % dans le secondaire) fut accompagnée par l'entrée des femmes dans la vie politique. L'Istiqlal les accueillit dans son association des Sœurs de la pureté (*Akhwat al-Safa*) : prenant pour modèle la princesse Lalla 'Aysha, qui incarnait la femme moderne marocaine, elles prônaient timidement la libération de la femme musulmane suivant les nouveaux canons mis au goût du jour par la nouvelle littérature arabe et le cinéma égyptien.

Une absence remarquée pendant ces années de lutte pour l'indépendance : celle des Juifs du Maroc, obnubilés depuis la fin de la Seconde Guerre mondiale par les événements du Proche-Orient qui aboutirent le 29 novembre 1947 à la résolution des Nations unies sur le partage de la Palestine. Comme l'ensemble de la population, les Juifs marocains connurent une forte croissance depuis le début du Protectorat – 250 000 personnes environ au début des années 1950. Ce qui en faisait la plus grosse communauté juive du monde arabo-musulman. Une position qui ne laissa pas indifférentes l'Agence juive pour la Palestine, ni l'Alliance israélite universelle, et moins encore les organisations juives américaines dont le Joint, qui veillèrent à leurs besoins les plus urgents en matière d'éducation, de soins médicaux et sociaux après la guerre. Concentrés plus que jamais dans les quatre grandes villes du pays (Casablanca abritait à elle seule la moitié des Juifs marocains en 1951), où ils vivaient dans des conditions difficiles pour la plupart, ils étaient demeurés attachés à la France « émancipatrice » qui les avait pourtant bien déçus, longtemps avant la sinistre période de Vichy, soumis qu'ils étaient à l'arbitraire des fonctionnaires de la Résidence dont l'antijudaïsme épidermique ne souffrait d'aucun « romantisme indigénophile » comme dans l'aversion qu'ils éprouvaient pour les musulmans ; les Juifs n'étaient pas insensibles, par ailleurs, aux marques de bienveillance que le sultan ne cessait de leur manifester à chaque occasion. Comme lors de la Fête du trône de novembre 1943, quand il les assura publiquement qu'il les comptait parmi ses loyaux sujets, au même titre que leurs concitoyens musulmans. Néanmoins, à mesure que le pays s'enfonçait dans la lutte pour l'indépendance, il leur arrivait de plus en plus fréquemment de tomber sur des affiches et des graffiti qui dénonçaient avec la même véhémence le colonialisme français, le sionisme et… le judaïsme. En outre, à partir de 1943, nombreuses furent les communautés rurales et citadines victimes d'agressions à double caractère anticolonial et antijuif à la fois : les incidents les plus sérieux se déroulèrent au lendemain de la création de l'État d'Israël à Oujda et à Djerada, les 7 et 8 juin 1948. Sans doute les dégâts – 37 morts rien qu'à Djerada – auraient-ils été moindres si le service d'ordre français avait mieux rempli sa mission, mais rien ne prouve, comme cela fut avancé par les nationalistes, que ces incidents aient été provoqués sciemment par des agents du Protectorat.

En fait, déjà tendues par les premiers soubresauts de la crise nationale, les relations entre Juifs et musulmans du Maghreb n'étaient pas à l'abri des retombées du conflit palestinien. Ainsi, dès juin 1946, les chefs des quatre grands partis nationalistes nord-africains, dont le PPA algérien et l'Istiqlal marocain, réunis autour du dirigeant tunisien Habib Bourguiba au Caire, remirent à la Commission anglo-américaine d'enquête sur la Palestine un mémorandum dans lequel ils accusaient le sionisme d'être à l'origine de la dégradation des relations judéo-musulmanes au Maghreb :

> En inculquant aux jeunes israélites une mentalité de colonisateurs faite d'arrogance, de mépris de l'indigène et d'orgueil racial, [la propagande sioniste] a rendu délicate la position des minorités juives au milieu des populations arabes d'Afrique du Nord. On ne doit pas s'étonner si ces dernières finissent à la longue par se convaincre que les Juifs constituent un corps étranger dans la nation, un élément inassimilable et au surplus peu sûr qu'il faut mettre hors d'état de nuire[17].

Au lendemain de la proclamation de l'État d'Israël, des dizaines de jeunes volontaires musulmans du Maroc allèrent prêter main-forte à leurs frères palestiniens et des comités d'entraide et de secours se constituèrent dans les grandes villes du pays. Néanmoins, tout en affirmant son soutien aux pays arabes en guerre contre l'État juif, Sidi Mohammed demanda le 23 mai 1948 à ses sujets musulmans de garder le calme, « de ne pas se laisser inciter par les entreprises des Juifs contre leurs frères arabes de Palestine » et surtout de ne pas confondre Juifs marocains, « qui ont témoigné leur entier dévouement au trône marocain », et sionistes israéliens, « des Juifs déracinés qui se sont dirigés de tous les coins du monde vers la Palestine dont ils veulent s'emparer arbitrairement et injustement ». Quant aux Juifs marocains, il leur conseilla de s'abstenir « de tout acte susceptible de soutenir l'agression sioniste ; car, en le faisant, ils porteraient atteinte aussi bien à leurs droits particuliers qu'à la nationalité marocaine [18] ».

Les conseils du sultan ne furent guère entendus, semble-t-il, à Oujda, où l'émeute antijuive du 7 juin éclata après l'arrestation par la foule, dans un souk, d'un coiffeur juif accusé d'avoir tenté de franchir la frontière algérienne les bagages chargés de grenades destinées à ses frères d'Israël. Tous les chefs nationalistes ne firent pas preuve de la même retenue ni du même discernement que leur monarque et, comme par le passé, critiquer les Juifs – au nom d'une cause aussi consensuelle que la cause palestinienne – était souvent une façon détournée de s'en prendre à leurs « protecteurs » français auxquels on reprochait, entre autres, de fermer les yeux sur l'activité des organisations sionistes locales :

> Toi, noble Marocain, pouvait-on ainsi lire dans l'organe du PDI rival de l'Istiqlal, [sache] qu'en donnant un dirham à un sioniste, tu détruis une maison [arabe] et tu finances l'État sioniste traître. Tu peux te dispenser des services des sionistes… N'achète donc pas tes médicaments dans une pharmacie sioniste, ne te fais pas soigner chez un sioniste, ne confie pas ton tissu à un tailleur sioniste, ne te fais pas couper les cheveux par un coiffeur sioniste, ne te fais pas prendre en photo par un photographe sioniste,

n'emprunte pas de bus sioniste, n'emploie pas de sioniste et rappelle-toi que tout Juif est partisan de Sion[19].

Ces appels au boycott économique des Juifs ne furent que partiellement entendus dans les villes du royaume, mais, s'ajoutant à une situation politique générale déjà compliquée, ils n'allaient que précipiter, sous des auspices encore plus sombres, l'avenir des Juifs du Maroc. Le départ prévisible des Français fut donc perçu par la plupart d'entre eux – élites et masses confondues – comme une menace sur leur avenir collectif autant que sur leur sécurité personnelle : entre 1948 et 1949, quelque 18000 Juifs quittèrent le Maroc pour Israël, après un passage par le camp Qadima de Casablanca et un séjour plus ou moins prolongé au camp d'Arenas de Marseille. Un mouvement d'exode qui n'allait plus s'interrompre : 90000 départs supplémentaires – soit plus tiers de la population juive du royaume – allaient être enregistrés jusqu'en 1956.

À pied d'œuvre depuis la fin de la guerre, c'est un sionisme plus politique et plus combatif que les Juifs du Maroc connurent à partir de 1945. Sous l'effet du choc de la Shoah et de la création de l'État d'Israël, le sionisme marocain – d'abord interdit par Lyautey, puis toléré par ses successeurs – était désormais entièrement orienté sur la Palestine et plaçait au centre de son programme l'émigration en Israël et, à défaut, l'enseignement de l'hébreu. Servies par des journaux en langue française d'un excellent niveau, en provenance de Tunisie notamment, les organisations sionistes investissaient la plupart des mouvements de jeunesse et des centres communautaires. Même l'Alliance israélite universelle, dont les écoles connurent un essor époustouflant au lendemain de la guerre, réorienta ses programmes dans un sens plus « sioniste », en consacrant plus de temps à l'enseignement de l'hébreu, des matières juives et de l'agriculture.

Évolution des effectifs scolaires des établissements de l'AIU de 1949 à 1955[20]

Années	Primaire	Secondaire	Professionnel	Total
1949	20 799	625	607	22 031
1951	23 633	627	1 603	25 863
1953	27 410	886	1 850	30 416
1955	28 143[21]	936	1 935	31 014

Dès lors, enfermés dans leurs propres structures communautaires et culturelles, peu de Juifs se joignirent jusqu'à la fin de l'époque coloniale au mouvement national marocain et à son principal fer de lance, l'Istiqlal. Et pour cause : plaçant au centre de son combat la préservation de l'identité musulmane, le *Hizb* n'abandonna qu'en 1955 l'obligation pour ses nouveaux adhérents de prêter serment sur le Coran. Jusqu'à cette date, Meyer Tolédano, Jo Ohana et Samuel Bénazéraf étaient les rares militants juifs de l'Istiqlal. Le Parti communiste marocain (PCM) était la seule formation politique où Juifs et musulmans avaient la possibilité de se côtoyer et de rêver ensemble d'un avenir radieux pour leur pays : en 1948, sur les 6 000 membres du PCM, 500 étaient juifs, parmi lesquels le secrétaire général, l'avocat Léon Sultan qui était de nationalité française, l'écrivain Amram El-Maleh, l'ingénieur des Mines Abraham Serfaty et les historiens Simon Lévy, Albert Ayache et Germain Ayache.

1951-1953 : l'affrontement entre le palais et la Résidence, et la déposition du roi

Opposés sur tout ou presque, la Résidence et le palais s'accordaient sur un seul point : la caducité du traité de Fès et la nécessité de le remplacer par un nouvel accord établissant sur de nouvelles bases juridiques et politiques les relations entre le Maroc et la France. Mais alors que le palais et l'ensemble des formations nationalistes du pays ne pensaient qu'à l'octroi par la France de son indépendance au Maroc, la Résidence, suivie par la colonie française, songeait à un nouveau statut de cosouveraineté franco-marocaine permettant aux Français d'y détenir en fin de compte la réalité du pouvoir. Cela passait, sous prétexte de démocratisation du régime, par la création d'un Conseil des vizirs et directeurs au sein du Makhzen, comprenant un nombre égal de Marocains et de Français ; la modification du mode de recrutement des chambres de commerce et d'industrie et l'élargissement de la section marocaine du Conseil de gouvernement, qui faisait fonction d'assemblée consultative du Protectorat. Mais la plus importante de ces réformes concoctées par Juin était l'instauration, dans les principales villes, de municipalités dotées de pouvoirs réels, élues suivant un scrutin paritaire favorisant d'emblée les ressortissants français. Conçus d'après le même modèle, une assemblée législative et un gouvernement central franco-marocain devaient voir le jour immédiatement après, en même temps que l'incorporation du Maroc dans l'Union française, un programme essentiellement identique à celui de Philippe Boniface, qui voulait aussi abroger le traité de Fès et faire du Maroc une nouvelle Algérie. Les deux supposaient, à plus ou moins long terme, l'éviction du sultan et la suppression de la monarchie chérifienne.

C'était compter sans l'opposition véhémente du sultan qui rejeta en 1947, la réforme municipale et refusa de signer les *dahirs* y afférents. La crise était désormais ouverte entre Sidi Mohammed et le général Juin, qui, « par orgueil mâtiné de racisme », selon Charles André Julien, n'admettait aucune opposition de la part du sultan, si bien que les relations entre les deux hommes prirent un tour très acrimonieux dès leur première rencontre :

> Il faut avoir assisté à un entretien du roi et du général [...] pour savoir jusqu'où Mohammed b. Youssef pouvait pousser l'expression muette de son déplaisir quand apparaissait le représentant de la France. Barbe mangeant le visage, lunettes noires voilant le regard, capuchon rabattu sur le front, voix maussade : c'était tout un rituel de l'antipathie souveraine, une symbolique de l'aversion[22].

Le sultan eut l'occasion de se plaindre personnellement des « gestes de colère et de violence » du résident général à son égard[23] dans une lettre qu'il adressa le 3 décembre 1947 au président de la République. Quelques mois plus tard, il fut l'objet de tracts ignominieux mettant en cause sa personne et celle de son fils Moulay Hassan. Répandus dans tout le pays, ils avaient été imprimés par un subordonné du directeur de l'Intérieur, le colonel Lecomte. L'affaire fit grand bruit à Paris, où le sultan fit intervenir nombre de ses amis français auprès de Georges Bidault et de Vincent Auriol. Impliqué dans ce scandale, mais soutenu par le général Juin, le colonel Lecomte fut acquitté, mais aussitôt remplacé dans ses fonctions par Marcel Vallat, ami intime de Philippe Boniface.

En février 1948, ce fut au tour de l'Istiqlal de remporter une victoire non négligeable : ses délégués rafflèrent l'écrasante majorité des sièges dans les chambres de commerce et la section marocaine du Conseil de gouvernement, issues de la réforme de 1947. Cela leur fournirait l'occasion de mettre un pied dans les mécanismes de gouvernement du Protectorat et d'assister à la lente dégradation des rapports entre le palais et la Résidence au cours des deux années suivantes.

En octobre 1950, malgré l'opposition de Juin, Sidi Mohammed fut invité en France. Un voyage pour rien, mais au cours duquel le sultan adressa au gouvernement français un mémorandum demandant clairement la fin du régime du protectorat et la mise en place au Maroc d'un « gouvernement libre » pouvant donner aux rapports entre les deux pays « une base plus solide et plus saine ». Désappointé par la réponse dilatoire du gouvernement français, le sultan revint les mains vides dans son royaume ; le 18 novembre 1950, il mit à profit les manifestations populaires de la Fête du trône pour révéler à son peuple l'échec de ses pourparlers avec les dirigeants français. L'épreuve de force entre le palais et la Résidence, était inévitable.

Le 12 décembre 1950, l'Istiqlal entra en action : Mohammed Laghzaoui en tête, ses délégués au Conseil de gouvernement critiquèrent vivement la politique financière du Protectorat. Ce qui leur valut d'être expulsés du Conseil par le général Juin.

Le 21 décembre, à l'occasion de la Fête du Mouloud, le Glaoui vint présenter ses vœux au sultan. L'occasion pour le pacha de Marrakech, vraisemblablement conseillé par la Résidence, de faire part du mécontentement du bled face aux agissements de l'Istiqlal. Sidi Mohammed lui expliqua qu'il était au-dessus des partis. Ce qui mit en fureur son interlocuteur, qui lui rétorqua vertement : « Tu n'es plus le sultan du Maroc ; tu es le sultan de l'Istiqlal, communiste et athée. » Sans perdre son calme, le sultan le fit chasser du palais et lui interdit de s'y présenter jusqu'à nouvel ordre. Dès le lendemain, le bruit de la disgrâce du « seigneur de l'Atlas » se répandit dans tout le pays. Banni et humilié, le pacha n'avait plus qu'une idée en tête : faire déposer le sultan et, pour parvenir à ses fins, il multiplia les alliances avec tous ceux qui souhaitaient la perte de Sidi Mohammed, au premier rang desquels Philippe Boniface et le chérif 'Abd al-Hayy al-Kettani. L'un se croyait le plus compétent des Français pour pérenniser le Protectorat. L'autre, qui avait un vieux compte à régler avec la famille du sultan – Moulay al-Hafidh avait fait tuer son frère aîné au début du siècle –, ne désespérait pas de voir les Chorfa idrissides – auxquels il appartenait – prendre la place des 'Alawites sur le trône marocain.

Ce fut le moment que choisit le général Juin pour frapper un grand coup : menacer le sultan de déposition s'il ne mettait pas fin à sa grève du sceau et s'il ne désavouait pas publiquement l'Istiqlal. Une initiative personnelle du résident général qui, se croyant tout permis, n'avait prévenu de sa décision ni le président de la République, Vincent Auriol, ni le ministre des Affaires étrangères, Robert Schuman, auquel il était en principe subordonné. L'entrevue entre Juin et Sidi Mohammed eut lieu le 26 janvier 1951, à la veille du voyage que le général devait effectuer aux États-Unis entre le 28 et le 31 janvier en compagnie du président du Conseil, René Pleven. Outre-Atlantique, Juin apprit que le Département d'État s'opposait à la déposition du sultan et, lors de son passage par Paris, il s'entendit signifier clairement que plusieurs membres du gouvernement, et non des moindres – notamment son propre ministre de tutelle Robert Schuman –, n'étaient guère emballés par son projet. Qu'à cela ne tienne : à son retour à Rabat, le 8 février, le général revint à la charge et, sans se soucier des instructions contraires de Schuman, présenta à nouveau son ultimatum au sultan. Au même moment, Philippe Boniface et le Glaoui mobilisaient les tribus de l'Atlas et, les 22 et 23 février 1951, quelque 10 000 cavaliers marchèrent sur Fès et Rabat pour « forcer » le résident à déposer le sultan. Un complot et une mise en scène signés Juin et dont personne n'était dupe. Ni, en premier lieu, le sultan, qui réclama dès le 21 février l'arbitrage du président de la République, ni Robert Schuman et René Pleven, qui demandèrent au général de calmer le jeu, lui faisant miroiter selon certaines sources les deux étoiles qui lui manquaient pour le bâton de maréchal. Ayant choisi le maréchalat, il téléphona le 25 février au chef de la région de Marrakech, le général d'Hauteville, l'ordre d'empêcher le Glaoui de déclencher son mouvement ce soir-là à minuit comme prévu. Ce qui lui valut un « merde » retentissant du général, qui était un condisciple de Juin[24].

Quelques heures auparavant, Vincent Auriol était enfin sorti de son mutisme pour siffler la fin de cette tragi-comédie : il demanda au sultan de se désolidariser des nationalistes, afin d'éviter des événements qui pourraient entraîner son pays « à sa perte ». Il intima au résident de renvoyer les « conjurés berbères » dans leurs tribus. Mis au pied du mur, le sultan fit marche arrière et signa à son corps défendant, le 25 février, les textes qui lui furent soumis par la Résidence, l'obligeant notamment à se séparer de plusieurs membres de son entourage, proches des nationalistes, parmi lesquels il y avait Mehdi Ben Barka, contraint à l'exil.

Ce dénouement ne régla de fait aucun problème de fond : le sultan ne renonçant pas à sa grève du sceau ni à un changement du statut politique de son pays, sa déposition n'était que partie remise. Elle fut de nouveau d'actualité aussitôt après le départ du général Juin le 20 septembre 1951, et son remplacement par le général Guillaume. Dès lors, pour paraphraser Charles-André Julien, les événements de février 1951 ne furent que la répétition générale d'une « pièce momentanément retirée de l'affiche » en raison du départ du metteur en scène.

Ayant été choisi, en effet, par Juin lui-même pour lui succéder, Guillaume, « vieux Marocain » sans brio ni sens politique bien développé, était condamné à poursuivre la politique de son prédécesseur, qui, couvert d'honneurs depuis son retour en France où il avait été promu maréchal de France puis élu membre de l'Académie française, suivait de très près l'évolution de la situation au Maroc. Outre la nomination de Guillaume, il avait aussi obtenu le maintien de Philippe Boniface à la tête de la région de Casablanca.

Au même moment, l'« affaire marocaine » passait au plan international : le 4 octobre 1951, elle fut inscrite à l'ordre du jour des Nations unies à la demande des États arabes et, lors de la discussion qui s'ensuivit deux mois plus tard à l'Assemblée générale, Robert Schuman obtint à grand-peine l'ajournement des débats, grâce notamment à l'appui des États-Unis. La Haute Cour internationale de justice de La Haye se saisit également de la question et, en France même, un nombre de plus en plus grand de journaux, conduits par *Le Monde*, *Le Figaro* et *L'Express*, ainsi que plusieurs personnalités politiques et littéraires de toutes obédiences – notamment l'écrivain François Mauriac – commençaient à se poser sérieusement des questions sur le bien-fondé de la politique française au Maroc.

Le 15 mars 1952, Sidi Mohammed adressa à Vincent Auriol et au gouvernement, présidé alors par Edgar Faure, un mémorandum dans lequel il réclamait la constitution d'un gouvernement provisoire pour une négociation d'ensemble sur le statut du protectorat et la révision des rapports entre les deux pays, afin de garantir au Maroc sa souveraineté et à la France, « ses intérêts légitimes ». Remanié plus d'une fois depuis 1951, le gouvernement attendit plus de six mois pour répondre par une fin de non-recevoir au sultan. Pour le président Auriol, les choses étaient d'une grande simplicité : ou bien « ficher en l'air » le sultan ou bien « s'entendre avec lui ». En juillet 1952, déposer le sultan ne lui paraissait pas encore faisable. Mais une telle éventualité n'était pas exclue… À quoi bon dès lors prendre la peine de répondre au souverain, qui, le 3 octobre 1952, lui adressa une nouvelle note dans laquelle il demandait à la France de tenir la promesse faite par Robert Schuman à l'Onu d'ouvrir des négociations avec son pays sur l'avenir du Protectorat :

> On me reproche mon immobilisme, lui écrivit-il. Il n'y a à proprement parler d'immobilisme que du côté français. [...] Si la Résidence ne veut pas modifier le traité de Fès, je ne lui demande qu'une chose, c'est de le respecter, mais je décline d'avance la responsabilité de ce qui va se passer au Maroc si l'on ne comprend pas que les jours de la colonisation sont comptés.

Laissant les politiciens de métropole à leurs querelles de partis et à leur cafouillage, Boniface prit une fois de plus le train en marche pour faire évoluer, dans la direction qu'il voulait, le conflit qui ne cessait de s'amplifier entre la France et le Maroc. La grève du 7 décembre 1952, lancée par l'Union générale des syndicats confédérés du Maroc (UGSCM) et l'Istiqlal pour protester contre l'assassinat, par des ultras français, du chef syndical tunisien Ferhat Hached lui servit d'arrière-fond. Dans la soirée, une émeute éclata dans le bidonville des Carrières centrales à Casablanca. Elle fut réprimée sévèrement par la police qui tira à vue sur les manifestants. Le lendemain, un nouvel arrêt de travail fut décidé en signe de deuil par l'Istiqal et l'UGSCM pendant que les victimes des incidents de la veille étaient enterrées au cimetière de Carrières centrales, cerné de toutes parts par la police et l'armée. À la suite d'un incident survenu au passage d'une voiture européenne près du lieu des obsèques, de nouvelles fusillades éclatèrent tandis que le bruit circulait dans la ville que des Européens avaient été égorgés, mutilés et violés par des musulmans.

Décidée dans le feu de l'action, une réunion de protestation était prévue, le 10 décembre, à la Maison des syndicats de la rue Lassale, au centre de la ville européenne. Elle ne fut pas interdite à dessein par Boniface, qui avait pris la précaution dans la matinée de fermer les rues voisines de barrages de police appuyés par des chars et des auto-mitrailleuses. Sans se douter de rien, quelque 400 militants pénétrèrent dans le local syndical. Boniface donna alors l'ordre au service d'ordre de tirer sur eux et sur tous les cortèges musulmans qui s'approchaient de la Maison des syndicats. Ce fut un carnage. Des centaines de Marocains furent tués ou blessés, de sang-froid, par les policiers et les soldats ainsi que par des civils européens qui se trouvaient comme par hasard sur place.

C'est alors que Boniface passa à la deuxième phase de son plan : le démantèlement de l'Istiqlal, à la suite de « la rafle la plus importante jamais opérée au Maroc depuis 1944 », suivant le communiqué publié le jour même par l'AFP. Des centaines de militants nationalistes et de syndicalistes furent arrêtés. Parmi eux figuraient des dirigeants de premier rang de l'Istiqlal (Lyazidi, Bouabid, Cherkaoui, et Mekouar notamment), du Parti communiste marocain (Ali Yata), ainsi que, dans la foulée, quelques proches collaborateurs du sultan dont Mohammed al-Fassi, Mohammed Bahnini et Ahmed Bennani, plusieurs caïds et pachas suspects de nationalisme et plusieurs leaders syndicalistes européens qui furent expulsés sur-le-champ en métropole. Une chape policière s'abattit dès lors sur le pays : tenu pour complice des nationalistes, on fit comprendre au sultan « des Carrières centrales » qu'il devait se tenir bien sage : « Il devrait rester avec ses femmes, sa ménagerie, ses singes et tous les siens[25] », déclara à son propos Boniface. Le 19 décembre 1952, l'association « France-Maroc », réunissant l'aile extrémiste des Français du Maroc, conduite par Gustave Aucouturier, Émile Roche et le Dr Eyraud, demandait officiellement au président de la République la déposition « en toute urgence » du sultan et l'« interdiction définitive de l'Istiqlal ».

De fait, empêtré dans le bourbier indochinois, pas plus le président de la République que l'Assemblée nationale n'accordaient l'attention qu'ils méritaient aux graves événements qui secouaient le royaume chérifien. Ce qui n'était pas pour déplaire à Boniface et au Glaoui, qui avaient désormais le champ libre pour éliminer le sultan. Il s'agissait juste pour eux et pour les hauts fonctionnaires qui les entouraient – comprenant le directeur de l'Intérieur Marcel Vallat, le ministre délégué Jacques de Blesson et le général d'Hauteville – d'attendre le moment propice pour repasser à l'action. Ce qu'ils crurent entrevoir après le remaniement ministériel de janvier 1953 et la formation du gouvernement René Mayer qui ramena Georges Bidault à la tête du Quai d'Orsay. Il était de notoriété publique que Bidault haïssait viscéralement les Arabes et exécrait Sidi Mohamed b. Youssef, et qu'en 1947 il avait autorisé le général Juin à déposer le sultan. Quelle portée pouvaient avoir dans ces conditions les appels à la raison et les prises de position courageuses de François Mauriac, Louis Massignon, Régis Blachère, Charles-André Julien, Alain Savary, le général Catroux et leurs amis du Centre catholique des intellectuels français, puis du comité France-Maghreb ?

« Le sultan doit changer ou il faut changer le sultan », ce titre de Raymond Cartier dans *Paris Match* résumait tout le problème du côté officiel français. Ce qui allait suivre était depuis longtemps inscrit dans les faits. Dès lors, c'est à visage découvert et sûrs d'avoir l'appui d'une large partie de l'opinion française que les ennemis implacables de Mohamed V allaient passer à l'action au cours des six mois suivants. La machine était emballée. Rien ni personne ne pouvait arrêter les comploteurs, pas même les concessions notoires que le sultan accepta de faire à la dernière minute au sujet de la réforme municipale pour conjurer le sort.

Le 25 juin 1953, une scène pour le moins inhabituelle eut lieu sous la coupole du Quai Conti, lors de la réception du maréchal Juin à l'Académie française. L'usage admettait certes que les discours des récipiendaires contiennent quelques « piques » à l'adresse de leurs « parrains » ou de leurs défunts prédécesseurs dont ils occupaient le fauteuil, mais personne n'imaginait qu'un nouvel académicien puisse un jour prendre à partie ouvertement l'un de ses « aînés » présent à la séance solennelle. C'est ce que le maréchal osa faire ce jour-là : passant rapidement sur l'œuvre littéraire de son prédécesseur, Jean Tharaud, il s'en prit vivement à François Mauriac, présenté « comme le dupe et le complice » du parti de l'Istiqlal. Emporté par sa fougue, Juin entonna ensuite un éloge dithyrambique à l'adresse du Glaoui, « ardent défenseur de la cause franco-marocaine », présent comme par hasard dans la salle. De mémoire d'immortel, on n'avait jamais assisté à un spectacle pareil : le Glaoui se leva et l'assistance l'ovationna. Quant à Mauriac, entouré des regards de haine de ses collègues, il riposta quelques jours plus tard, dans un article du *Figaro* intitulé « Le coup de bâton étoilé » :

> Avons-nous tort de croire, monsieur le maréchal, que la justice demeure en Afrique du Nord la seule politique ouverte à la France ? Non, ce n'est pas la rancune qui me porte à déclarer que cette séance sous la Coupole ne fut guère digne d'un grand pays[26].

De retour de Londres où il avait assisté à l'intronisation de la reine Elizabeth, le Glaoui, de concert avec 'Abd el-Hayy al-Kettani, avait passé l'hiver à parachever son plan de destitution du sultan. Le 26 mars 1953, il avait fait signer à une vingtaine de caïds réunis à Marrakech une pétition dans laquelle ils réclamaient la déposition du sultan pour manquement à ses fonctions religieuses. Lorsqu'elle fut remise, deux mois plus tard, au général Guillaume, elle portait déjà 350 signatures de pachas, de caïds et de notables religieux. Relayant le Glaoui, Kettani organisa début avril à Fès un rassemblement de chefs de *zawiyas* qui dénoncèrent l'alliance du sultan « avec les perturbateurs de l'islam et de la société ». Le 11 mai 1953, la Résidence organisa un grand rassemblement de milliers de montagnards dans la région d'Ifran en l'honneur du maréchal Juin. Une façon de signifier à Sidi Mohamed que la Résidence pouvait toujours mobiliser contre lui les Berbères.

Le 20 juin 1953, Joseph Laniel succéda à René Mayer à la tête du gouvernement, mais le poste clé de ministre des Affaires étrangères resta aux mains de Georges Bidault. Le 27 juillet, le général Guillaume fut convoqué au Quai d'Orsay pour une réunion en tête à tête avec le ministre. Rien ne filtra de cet entretien, mais au regard « plein d'alacrité ironique » du résident général, que le secrétaire d'État aux Affaires étrangères Maurice Schumann rencontra à la sortie du ministère, ce dernier en conclut qu'il venait d'obtenir le feu vert de Bidault pour déposer le sultan. Une résolution dont le ministre des Affaires étrangères jugea inutile de saisir le gouvernement, qui, aux prises par ailleurs avec une situation sociale périlleuse n'avait consacré aucun de ses Conseils des ministres à la question du Maroc.

Les jeux étaient donc faits : la fin du règne de Sidi Mohamed b. Youssef n'était plus qu'une question de jours. Le 30 juillet, Boniface organisa à Casablanca un accueil grandiose, digne d'un chef d'État au Glaoui de retour de son périple en France. Accompagné du chérif Kettani, le pacha entreprit ensuite, à partir du 4 août, une vaste randonnée en pays berbère pour rameuter ses partisans et encourager les « croyants » à « se détacher du sultan ». D'Agadir à Marrakech et de Khouribga à Khénifra, contrôleurs civils et journalistes de la presse du groupe Mas le suivaient comme son ombre dans tous ses déplacements, sûrs qu'ils étaient d'assister aux derniers soubresauts de la bataille à mort que la Résidence livrait au palais par Glaoui interposé.

Inquiet et isolé dans son palais, mais toujours soutenu par son peuple, le sultan demanda à la Résidence de mettre un terme à cette agitation qui sapait son autorité. Il invoqua à cette occasion le traité de Fès qui faisait obligation à la puissance protectrice de lui porter son aide. Cynique comme à son habitude, le ministre délégué Jacques de Blesson répondit au prince héritier qui lui en fit la demande que les « querelles entre Marocains ne [le] concern[ai]t pas ». Il en référa néanmoins au Quai d'Orsay par un télégramme du 8 août.

La Résidence était restée insensible par ailleurs aux protestations émanant de caïds et de pachas fidèles au trône, avec à leur tête le pacha de Sefrou, M'Barek Bekkai, grand ami de la France et président de l'Association marocaine des anciens combattants. Faute de pouvoir être entendu à Rabat, c'est lui que Sidi Mohammed envoya le 11 août 1953 à Paris pour mettre au courant Georges Bidault, en visite à Baden-Baden depuis le 7 août, des derniers agissements du Glaoui. En l'absence du ministre, Bekkai fut reçu par Léon Marchal, le directeur du département Maghreb-Levant dont tous les amis du Maroc appréciaient l'honnêteté intellectuelle et la modération. Il lui signala notamment l'imminence de la manifestation religieuse, prévue le jour même au sanctuaire de Moulay Idris, près de Fès, au cours de laquelle le pacha de Marrakech devait annoncer la déposition du sultan. La manifestation qui clôturait la tournée du Glaoui eut bien lieu ce jour-là, en présence de tous les notables signataires de la pétition contre le sultan. Après le sacrifice rituel de deux taureaux noirs, les participants prêtèrent serment sur le tombeau du saint de ne pas se séparer avant d'atteindre leur but qui était d'« éloigner les ennemis de la religion des marches du trône afin d'élever très haut le livre de Dieu ». Le pacha leur donna ensuite rendez-vous à Marrakech le 14 août à 17 heures. Mystérieusement reportée à la dernière minute, l'annonce de la déchéance du sultan ne fut pas faite ce jour-là.

Les événements s'accéléraient; la Résidence n'avait plus aucune prise sur la situation. Après sa tournée triomphale, le Glaoui aurait le plus grand mal à faire marche arrière : il n'y avait plus rien à faire. Tel était le sens du télégramme adressé par Blesson au Quai immédiatement après le rassemblement de Moulay Idris. On y lisait la présentation d'une situation totalement inversée : c'est le Glaoui et ses conjurés berbères qui imposaient leur volonté à la Résidence, laquelle, impuissante, en informait à son tour l'administration centrale qui n'avait plus qu'à « encaisser » le choc sans réagir.

Renversement insupportable même aux yeux de Georges Bidault, dont personne n'ignorait l'inimitié pour le sultan. Alerté à son retour d'Allemagne, Bidault télégraphia le soir même du 11 août à Blesson, lui demandant d'« imposer au Glaoui un temps de pause » qui permettrait à la France d'intervenir et de régler le conflit. Sans condamner pour autant la destitution envisagée de Sidi Mohammed, il tint à rappeler « que le gouvernement français n'admettrait pas d'être placé par qui que ce soit devant le fait accompli et de voir compromettre par des initiatives prises en dehors de lui les possibilités d'arbitrage[27] ».

Sidi Mohammed adressa le lendemain 12 août une nouvelle lettre au président de la République, l'adjurant de « redresser une situation pleine de périls » et y affirmant son souci constant de « doter le Maroc d'une organisation moderne et démocratique propre à mettre fin à un régime d'irresponsabilités et de privilèges exorbitants ».

« Il n'y a pas lieu d'y répondre », trancha Georges Bidault, qui, revenu de son sursaut d'autorité de la veille savait très proche le dénouement du drame dans lequel le Glaoui et les ultras de la Résidence avaient plongé le Protectorat.

Convoqué en toute urgence dans la soirée du 12 à Paris, le résident général exposa au président du Conseil Joseph Laniel les trois solutions envisageables pour sortir de la crise : laisser le Glaoui pénétrer au palais et exécuter « selon les rites » le sultan ; permettre à Sidi Mohammed de prendre la fuite au Maroc espagnol « où il mènerait une campagne de guerre sainte » contre la France, ou enfin commander à l'armée française de tirer sur les cavaliers du Glaoui, « ces hommes dont la poitrine est couverte de décorations françaises ».

Aucune des trois solutions ne plut à Laniel, ancien combattant des deux guerres mondiales qui avait le plus grand respect pour son interlocuteur étoilé. C'est alors que le successeur du maréchal Juin évoqua une quatrième suggestion qui n'avait rien d'improvisé : mettre le sultan dans un avion et l'envoyer en exil.

À ces mots, Laniel lui répondit : « La politique est changeante. La quatrième solution est la moins mauvaise. Prévenez-moi avant de l'appliquer. Mais si vous êtes pris de vitesse, appliquez-la[28]. »

Fort de ces conseils, Guillaume, de retour à Rabat, se rendit dans l'après-midi du 13 août au palais royal, dont toutes les issues avaient été cernées au préalable par des policiers et des soldats, mitraillette au poing. Comprenant la situation désespérée dans laquelle il se trouvait, Sidi Mohammed accepta de signer, à l'issue d'une audience d'un quart d'heure, les *dahirs* en litige qui le dépouillaient en fait de toutes ses prérogatives. Le général lui avait bien fait comprendre que, s'il refusait de le faire, un coup de téléphone à Paris suffirait pour que son sort fût scellé.

Cette tâche accomplie, il s'agissait ensuite pour le général Guillaume de faire renoncer le Glaoui à sa manifestation prévue dans la journée du 14 août à Marrakech. Soit par duplicité avec les durs de la Résidence, soit par résignation, il chargea de cette mission Philippe

Boniface, Marcel Vallat, Jacques de Blesson et le général d'Hauteville. C'était envoyer des pompiers éteindre l'incendie qu'ils avaient eux-mêmes allumé, dira un témoin. En effet, au lieu de forcer le pacha à exécuter les ordres du général et à disperser le rassemblement des caïds, ils l'encouragèrent à ne pas céder et à patienter vingt-quatre heures supplémentaires : « Paris est mal informé de vos intentions et de la situation au Maroc. Ne bougez pas. Donnez-nous un délai. On ne sait pas en France l'importance de votre mouvement », auraient-ils expliqué au pacha, qui accepta effectivement de ne rien faire jusqu'au lendemain 15 août à 10 heures du matin.

Sur ces entrefaites, le résident général reçut un télégramme pour le moins inattendu de Georges Bidault : rédigé par Léon Marchal et signé probablement par inadvertance par le ministre, il considérait le rassemblement organisé par le Glaoui comme un défi à l'autorité française et une tentative de pronunciamiento que la France ne saurait tolérer, vu l'accord qui venait d'être approuvé par le sultan. Aussi demandait-il à Guillaume de disperser la manifestation des caïds à Marrakech et de rencontrer lui-même « et seul à seul » le Glaoui pour le mettre au pas. Comme escompté par Boniface et ses amis, le pacha resta de marbre devant les arguments du résident général qui vint le rencontrer à Marrakech et qui, visiblement, était bien las du rôle peu glorieux de médiateur impuissant que les protagonistes du complot l'acculaient à remplir.

Le 15 août au matin, un nouveau pas fut franchi : sans prononcer formellement la déchéance du sultan, l'assemblée des caïds réunie par le Glaoui lui refusa le titre d'imam et, deux heures après le départ de Guillaume, elle proclama un nouvel imam, Mohammed b. Arafa, un vieillard honorable et pieux, cousin de Sidi Mohammed, que le Glaoui voulait utiliser comme un instrument docile de sa puissance. Un véritable coup de force de la part du pacha de Marrakech, qui poussa l'outrecuidance jusqu'à se dresser comme le sauveur de la France « de l'anarchie et du néant ».

À l'annonce de la proclamation de Moulay Arafa, de violentes manifestations éclatèrent pendant deux jours dans les grandes villes du pays, faisant des dizaines de morts, notamment à Oujda, Meknès, Casablanca et Marrakech. Appelant ses sujets au calme, Sidi Mohammed b. Youssef réagit en prenant à témoin l'ensemble du monde musulman et demanda solennellement au gouvernement français de le reconnaître comme seul souverain temporel et spirituel du Maroc, faute de quoi il refuserait de signer les décrets de la Résidence.

Dans ce contexte pour le moins explosif, tant à l'extérieur qu'à l'intérieur du pays où une grève des transports paralysait tout le pays, le gouvernement français, ridiculisé par les agissements de la Résidence et du Glaoui, finit par se réunir les 19 et le 20 août pour discuter de la situation marocaine. Mais ce fut pour constater qu'il n'y avait plus rien à faire d'autre qu'à entériner le fait accompli. Soutenus par le président de la République, qui réclama des sanctions contre les « responsables de Rabat », plusieurs ministres dont Edgar Faure, François Mitterrand, Pierre July, Alfred Coste-Floret et le général Koenig firent connaître leur opposition à la politique suivie par la France depuis le début de la crise. Mais, ayant le sentiment que Bidault et Laniel avaient eux-mêmes été mis devant le fait accompli par leurs subordonnés, ils se bornèrent à réclamer que leurs réserves fussent annexés au procès-verbal du Conseil. Ministre de la France d'Outre-mer, Mitterrand avait envisagé de démissionner, mais le président de la République le pria de n'en rien faire. Une troisième réunion se tint dans l'après-midi du jeudi 20 août. Les ministres, perplexes, y apprirent que le sultan avait été déposé quelques heures auparavant et qu'il était en route pour la Corse. Ce qui suscita ce commentaire désabusé de Vincent Auriol :

> Je comprends l'irritation de Mitterrand. Il n'est pas douteux qu'on s'est payé notre tête. Pendant que Guillaume opérait, les Affaires étrangères nous promenaient au Conseil des ministres. Tout s'est opéré comme si c'était préparé longuement – et c'était préparé longuement : le logement a été trouvé en peu de temps, ainsi que la garde. Compliments encore une fois aux fonctionnaires [29].

Dans la matinée, le résident général s'était entretenu avec le Glaoui avant de se rendre en début d'après-midi au palais pour annoncer au sultan sa destitution. Voici, suivant le témoignage d'Hassan II, comment se déroula cette entrevue fatidique qui eut lieu le jour même de la fête de l'Aid al-Kebir :

> Le général Guillaume arrive, escorté de troupes spéciales, armées de mitraillettes [...] Mon père a eu juste le temps de passer une djellaba sur son pyjama. La chaleur est étouffante. Le résident s'adresse brièvement au souverain :
>
> — Le gouvernement français pour des raisons de sécurité vous demande d'abdiquer. Si vous le faites de plein gré, vous pourrez, vous et votre famille, vivre en France librement et hautement considérés [...]. Si vous n'abdiquez pas immédiatement de votre plein gré, j'ai mission de vous éloigner du pays, afin que l'ordre public soit maintenu.
>
> Le roi répond lentement :
>
> — Je suis le souverain légitime du Maroc. Jamais je ne trahirai la mission dont mon peuple, confiant et fidèle, m'a chargé...
>
> Tout est dit. Le général nous fait appeler, mon frère Moulay Abdallah et moi. Il se tourne vers le souverain :

— Nous vous emmenons, vous et vos deux fils.

Il fait signe à un officier de gendarmerie qui, revolver au poing, pousse mon père devant lui. Je crains qu'il ne soit abattu sur place. Nous suivons, mon frère et moi, poussés nous aussi, deux mitraillettes braquées sur notre dos[30].

Sans bagage et grelottant de froid dans un avion militaire dépourvu de tout confort, le sultan et ses fils atterrirent dans l'île de Beauté en début de soirée. À la vue des soldats sur l'aérodrome, il demanda au préfet Marcel Savreux venu l'accueillir si on n'allait pas le fusiller : « Sire, lui répondit ce dernier, des instructions formelles ont été données pour que Votre Majesté bénéficie de l'hospitalité française[31]. »

Le jour même, à Marrakech, Moulay Arafa était proclamé sultan par les partisans du Glaoui. Le lendemain, 21 août 1953, il était investi par les oulémas de Fès, comme le voulait la tradition.

« Nous avons vingt ans de tranquillité devant nous », réagit, triomphant, Philippe Boniface.

Deux semaines plus tard, le nouveau sultan échappait de justesse à un premier attentat en se rendant à la mosquée de Rabat. Plus de vingt autres tentatives furent enregistrées par la police au cours du mois de septembre, et une centaine supplémentaire jusqu'à la fin de l'année 1953. Le plus grave fut celui perpétré à la veille de Noël au marché central de Casablanca, qui fit 18 morts. Ce contexte troublé n'empêcha pas Joseph Laniel de clamer tout haut, avant de quitter quelques mois plus tard la présidence du Conseil : « En tout cas, j'ai réglé le problème du Maroc[32]... »

SIXIÈME PARTIE

LE MAROC INDÉPENDANT

19

1953-1956 : le combat pour l'indépendance et le retour d'exil de Mohammed V

Pour la plupart des Français du Maroc, la décolonisation qui avançait à grands pas en Afrique et en Asie était soit un mythe fumeux juste bon pour animer les discussions dans les cafés du Quartier latin, soit une machination antifrançaise ourdie par les Anglo-Saxons et les Soviétiques. Quelques belles âmes égarées, comme le grand écrivain catholique François Mauriac, en auraient été les victimes. Puissamment soutenus par les groupes financiers œuvrant dans le pays et couverts par Georges Bidault qui dénonçait dans ses instructions officielles ce qu'il approuvait dans ses conversations privées, les responsables du coup de force du 20 août passèrent immédiatement à l'acte après l'intronisation du nouveau sultan : dès le mois de septembre, ils firent avaliser par Moulay Mohammed ben Arafa une série de réformes administratives mettant en place la cosouveraineté et enlevant au sultan la quasi-totalité de ses prérogatives législatives et exécutives. La transformation du royaume chérifien en un État franco-marocain, voire en une nouvelle Algérie, était le but affiché des irréductibles de la Résidence conduits par Jacques de Blesson et Marcel Vallat.

Blessée dans son sentiment religieux et national – la déposition de Sidi Mohammed, le jour-même de l'Aid al-Kebir étant un sacrilège religieux aussi bien qu'une atteinte à la souveraineté marocaine –, la population musulmane resta indifférente à ces élucubrations institutionnelles. Dès lors, la question des réformes qui avait tant galvanisé les esprits depuis la fin des années 1940 allait passer au second plan à mesure que s'intensifiait la guérilla urbaine. Bien plus, croyant régler le problème en éloignant le sultan du pays, la Résidence en fit un martyr et par là même contribua à la légende de « Sidna » dans laquelle désormais tous les Marocains, en ville comme à la campagne, allaient communier. Rien ne pouvait mieux illustrer cet attachement quasi mystique au souverain déchu que, *a contrario*, le dédain qu'ils affichaient à l'insignifiant Moulay Mohammed ben Arafa : cible dès le 11 septembre à Rabat d'un premier attentat alors qu'il se dirigeait vers la mosquée de Moulay Idris, les mosquées se vidaient quand on y récitait la *khutba* du vendredi en son nom. Le nouveau sultan cessa pratiquement de se montrer en public après avoir été blessé au visage dans un nouvel attentat, le 27 février 1954, à l'intérieur de la mosquée Berrima à Marrakech. Le Glaoui, qui, fusil à la main, assurait sa protection, faillit lui-même y perdre la vie quelques jours plus tard et, le 25 mai 1954, ce fut au tour du général Augustin Guillaume, venu en visite d'adieu à Marrakech, d'être la cible d'un attentat : un soldat fut tué et une dizaine d'autres furent blessés par l'explosion d'une grenade lancée sur le service d'ordre du résident.

Ponctuelles, ces attaques n'étaient que les actes saillants d'une vague terroriste qui affecta, entre 1953 et 1955, toutes les grandes villes et plus particulièrement Casablanca. Le jour du deuxième anniversaire de la déposition de Mohammed ben Youssef, le 20 août 1955, des troubles d'une extrême violence éclatèrent à Oued Zem, en pays berbère – que l'on croyait bien tenu par des caïds fidèles au Glaoui et à la France. Venu y superviser les opérations de repression, le général Duval, commandant supérieur des troupes du Maroc, trouva la mort dans un accident d'avion le 22 août, entre Khénifra et Kasba-Tadla. D'autres agglomérations comme Kenitra, Khouribga, Ben-Mellal, Khemisset, Meknès, Oujda et Sidi-Kacem (Petit-Jean) furent également touchées par cette vague terroriste qui fit en tout plus de 700 morts – dont une centaine d'Européens – et 2 000 blessés dont 460 Européens.

À Fès, un vaste soulèvement populaire paralysa la *medina* entre le 1er et le 20 août 1954 alors que le bruit se répandait d'un retour imminent de Sidi Mohammed : les femmes prirent une part très active dans ce mouvement ainsi que les oulémas de la Qarawiyyine que policiers et militaires allèrent chercher jusque dans le *horm* de Moulay Idris où aucun non-musulman n'avait osé pénétré jusqu'alors, pas même Lyautey.

Dirigés contre les intérêts français – la voie ferrée Casablanca-Alger fut ainsi sabotée à deux reprises entre 1953 et 1955 –, ou contre des personnalités liées à la Résidence comme Philippe Boniface, qui échappa à la mort le 10 mars 1955, le général d'Hauteville, moins chanceux, qui fut blessé à Marrakech, ou encore le directeur de *La Vigie marocaine* Émile Eyraud, tué à Casablanca le 30 juin 1954, ce furent les Marocains eux-mêmes qui payèrent lourdement le prix de ces actes de violence : cafetiers, policiers, plantons, partisans avérés du Glaoui ou simples collaborateurs de l'administration coloniale, accusés de trahison par leurs coreligionnaires.

Du côté européen, l'organisation « Présence française » présidée par le Dr Fernand Causse fit beaucoup parler d'elle au cours de ces années de troubles : bénéficiant d'accointances à la police et à la DST, ses hommes furent à l'origine de multiples enlèvements et d'assassinats de militants nationalistes. C'est d'ailleurs à la suite de l'enquête effectuée début 1954 par la commission parlementaire, présidée par Roland de Moustier, sur ces enlèvements que l'opinion française commença à s'intéresser à la situation créée au Maroc par l'exil du sultan.

Souvent le fait de gens simples comme le peintre en bâtiment 'Allal b. Abdallah, qui tenta le 11 septembre 1953 d'assassiner Ben Arafa ou du petit commerçant casablancais Mohammed Zerktouni, devenu, après sa mort sous la torture le 18 juin 1954, le symbole de la résistance marocaine, la plupart des attentats étaient le fait d'individus agissant seuls. À l'inverse, les actions collectives – défilés, drapeaux et portraits du sultan en tête, grèves surprise, boycott des produits français et fermeture « spontanée » des magasins – étaient dûment orchestrées par l'Istiqlal et l'UGSCM. Pendant ce temps, du Caire, 'Allal al-Fassi appelait régulièrement ses concitoyens, sur les ondes de *La Voix des Arabes* à poursuivre la lutte. Fidèle à lui-même, le *Za'im* ne changea pas d'un iota son discours politique liant religion, nationalisme et monarchie : l'indépendance du Maroc était inconcevable, selon lui, sans le rétablissement de Sidi Mohamed sur le trône :

> En touchant à Mohammed V, symbole de justice, de dignité, de foi et de lutte arabe, déclara-t-il le jour même du départ en exil du sultan, [la France] a atteint au fond de lui-même tout Marocain, tout musulman, tout Arabe, dans le monde.
>
> En tant que leader du parti de l'Istiqlal et membre du collège des oulémas de la Qarawiyyine qui seuls possèdent le droit de proclamer les rois, je déclare solennellement que le roi légitime du Maroc est, et demeure, S.M. Mohamed V et que l'héritier du royaume est Moulay Hassan, son fils aîné.

La chose méritait d'être dite : l'Istiqlal de 'Allal al-Fassi se refusait à suivre les traces du Néo-Destour tunisien d'Habib Bourguiba et de porter ombrage, de quelle façon que ce fût, à Mohammed b. Youssef, martyr et acteur principal de la lutte pour l'indépendance. En tout état de cause, parcourue par des tendances politiques diverses, la résistance marocaine atteignit son point culminant durant l'automne 1955 avec l'apparition, dans le nord du pays, de l'Armée de libération marocaine (ALM). Liée à l'Istiqlal et prenant pour modèle l'Algérie, celle-ci passa à l'action le 1er octobre 1955, au sud du Rif et dans la région d'Oujda, pour accélérer le processus d'indépendance. Réunissant quelques milliers de combattants, originaires pour la plupart du monde rural, l'ALM bénéficiait, au départ, de la connivence des autorités espagnoles : froissée d'avoir été mise devant le fait accompli par la France, le 20 août 1953, Madrid n'était pas mécontent, en effet, de jouer un mauvais tour aux Français, déjà embourbés dans la guerre d'Algérie. Ignorant Moulay Ben Arafa, l'Espagne continuait de reconnaître Sidi Mohammed comme seul monarque légitime du pays. Dès lors, elle s'offrait le plaisir d'accueillir dans la zone espagnole les nationalistes marocains du Maroc français pourchassés par la police. Ils étaient sûrs d'y trouver le meilleur accueil de la part de 'Abd al-Khaliq Torrès et de ses amis du PRN qui, à l'exemple de l'Istiqlal, avaient réaffirmé publiquement leur allégeance au sultan immédiatement après son départ en exil.

Beaucoup moins meurtrière que toutes les guerres de libération qui secouèrent le continent africain à la même époque, la violence urbaine des années 1953-1955 ne joua, tout compte fait, qu'un rôle secondaire dans l'accélération du processus historique qui conduisit le Maroc vers l'indépendance en 1956. De portée bien plus décisive sur le cours des événements fut la défaite française de Diên Biên Phû, le 9 mai 1954. Elle fit prendre conscience à la France qu'elle ne pouvait s'attaquer de front à la question marocaine (et tunisienne) en même temps qu'elle tentait de juguler le soulèvement de l'Algérie survenu dans la nuit du 30 octobre au 1er novembre 1954.

Déjà affaibli par les grèves des transports et des fonctionnaires de l'été 1953 et miné de l'intérieur par les derniers rebondissements de la question du réarmement allemand et de la Communauté européenne de défense (CED), le gouvernement Laniel tomba le 12 juin 1954. Six jours plus tard, l'Assemblée nationale investissait Pierre Mendès France qui endossa également les fonctions de ministre des Affaires étrangères à la place de Georges Bidault. Celui-ci, à la demande de Laniel, avait eu néanmoins le temps de rappeler le général Guillaume et de couper l'herbe sous le pied de son successeur en nommant un nouveau résident général, Francis Lacoste, qui arriva à Rabat le 14 juin, à la veille de l'entrée en fonctions de Mendès France. Diplomate de carrière et secrétaire général du Protectorat sous le général Juin, Lacoste, qui avait pourtant l'estime de Mauriac n'était certainement pas l'homme du changement que Mendès France aurait choisi pour le Maroc s'il n'avait pas été pris de vitesse par Bidault.

Happé dès son investiture par la guerre d'Indochine qu'il régla le 21 juillet à Genève, s'engageant à fond ensuite dans la question tunisienne qu'il crut résoudre en accordant l'autonomie interne à l'ancienne Régence, Mendès France n'eut pas le temps de mettre à l'épreuve son représentant au Maroc ni de consacrer tout le temps qu'il méritait au dossier marocain. Il démissionna le 5 février 1955 après avoir renoué le dialogue avec Sidi Mohammed, transféré à Madagascar, auquel il promit le retour en France ainsi que la pleine jouissance de ses biens personnels s'il renonçait définitivement au trône au profit d'un nouveau sultan, autre que Ben Arafa.

De fait la situation avait évolué depuis plusieurs mois. Tandis que les chefs de file de la conjuration d'août quittaient un à un la scène politique – Philippe Boniface en septembre, Jacques de Blesson, en novembre, Marcel Vallat en juin 1954 et le directeur de la DST Duteil, le mois suivant –, les premiers clivages commençaient à apparaître au sein des Français du Maroc. Ainsi, dès la fin de l'été 1953, *La Vigie marocaine* et *Le Petit Marocain*, porte-parole auto-proclamés des Français du pays, demandaient que ceux-ci fussent consultés sur les réformes tandis que le journal *Maroc-Presse* et son propriétaire Jacques Walter glissaient lentement vers les milieux libéraux regroupés autour des associations « Conscience française » et « Amitiés marocaines » animées par Guy Delanoë, Guy Martinet, le commandant Sartout, Félix Nataf, Jacques Perez, Robert Bayle, Pierre Ray et Jacques Lamirand. Ils réclamèrent à partir d'avril 1954 l'indépendance du Maroc dans « l'interpendance » avec la France, terme appelé à faire florès au cours des mois suivants. Au même moment, discrètement appuyés par Mgr Lefèvre, vicaire apostolique à Rabat, une soixantaine de ressortissants français nés au Maroc ou y ayant longtemps vécu, comptant d'anciens officiers, des hommes d'affaires, des avocats, des médecins, des journalistes et des syndicalistes, dénonçaient, dans une lettre au président de la République, les excès de la police qui contribuait, se plaignait-ils, à accentuer le « divorce » entre Français et Marocains. Largement commentée dans la presse métropolitaine, par *Témoignage chrétien* et l'hebdomadaire catholique *Maroc-Monde* notamment, cette démarche fut relayée par le lobby marocain de Paris, qui, par l'intermédiaire de l'association France-Maghreb, réclama la libération de l'ensemble des prisonniers politiques marocains et l'ouverture de négociations avec « les véritables représentants du peuple marocain » en vue de définir les relations futures entre la France et le Maroc.

Pour le nouveau résident général, le retour au calme primait avant toute chose. Une priorité qui condamna Francis Lacoste à l'immobilisme, décevant aussi bien les « prépondérants » français que les nationalistes marocains : les premiers vécurent mal le limogeage des derniers responsables de la conjuration d'août, le directeur de l'Intérieur Marcel Vallat, celui de la DST, Duteil, et le conseiller du gouvernement, Georges de la Tour du Pin; les seconds, encouragés par la libération, le 29 septembre 1954, par le tribunal militaire de Casablanca d'une partie de leurs chefs, Abderrahim Bouabid, Mehdi ben Barka et Mahjoub ben Seddiq notamment, attendirent vainement d'être conviés à la table des négociations comme l'avaient été leurs collègues tunisiens du Néo-Destour.

Mais personne ne s'y trompait : à la différence de la Tunisie, la question de l'indépendance au Maroc passait par le retour d'exil et le rétablissement dans ses prérogatives royales de Sidi Mohamed, objet d'une dévotion sans bornes. Tous les Marocains, citadins et paysans, Arabes et Berbères, conservaient son portrait, seul ou entouré de ses enfants. On voyait Sidna jusque dans la lune, monté sur son cheval blanc avec, à ses côtés, son fils Moulay Hassan et sa fille Lalla 'Aysha.

Le 23 février 1955, Edgar Faure formait un gouvernement dans lequel figuraient plusieurs anciens du cabinet Laniel – Edgar Faure lui-même ainsi que François Mitterrand, Pierre July et Robert Schuman qui avaient vivement critiqué la conduite de Bidault et de la Résidence durant l'été 1953. Nouveau ministre des Affaires étrangères et proche du grand patronat français, Antoine Pinay avait l'oreille des groupes financiers du Protectorat qui n'écartaient pas d'emblée l'idée d'un Maroc indépendant et craignaient par-dessus tout le pourrissement de la situation. Mais, appartenant à la même mouvance politique que Georges Bidault, il mit du temps à se laisser convaincre par Edgar Faure de la nécessité d'un règlement rapide du problème marocain impliquant la restauration de Sidi Mohammed.

Néanmoins, les événements se précipitèrent après l'assassinat, le 11 juin 1955 à Casablanca, par des « contre-terroristes » français, de l'industriel Jacques

Lemaigre-Dubreuil, gendre du propriétaire des Huiles Lesieur et grand amateur de *combinazione* depuis la Seconde Guerre mondiale et les démêlés Eisenhower-Giraud-de Gaulle. Edgar Faure rappela aussitôt Francis Lacoste et le remplaça par Gilbert Grandval, qui prit possession de ses nouvelles fonctions le 20 juin 1955. Peu de temps auparavant, le président du Conseil avait reçu l'avocat personnel de Sidi Mohammed, Me Georges Izard, qui lui remit une proposition du sultan, approuvée par les nationalistes, et destinée à débloquer la situation. Elle comportait les quatre points suivants : démission de Ben Arafa et création d'un Conseil du trône de trois membres ; formation d'un gouvernement de négociation avec la France ; retour en France de Sidi Mohamed et, enfin, choix d'un sultan « définitif » par le peuple marocain[1]. Edgar Faure l'approuva mais se garda d'en faire cas devant son gouvernement qui comptait plusieurs « arafistes » à l'exemple du général Koenig, ministre de la Défense, et de Pierre July, ministre des Affaires tunisiennes et marocaines. Il habilita néanmoins Gilbert Grandval à en discuter les grandes lignes avec ses interlocuteurs français et marocains, dès son arrivée à Rabat le 7 juillet 1955.

Une arrivée qui s'avéra des plus houleuse. Accueilli aux cris de « À bas les Juifs » par les adhérents de « Présence française », le nouveau résident général dut affronter, jour après jour, la colère des Européens qui sentaient le Protectorat leur échapper des mains. Le 16 juillet 1955, il fut molesté et insulté par la foule lorsqu'il vint assister à la cathédrale de Casablanca aux funérailles des victimes de l'attentat du rond-point Mers-Sultan survenu deux jours auparavant. Entièrement ralliée aux ultras, la police laissa faire les manifestants embrigadés par Présence française qui avait organisé, la veille, des « ratonnades » sanglantes dans la *medina*.

Gilbert Grandval s'acquitta néanmoins dès le 1er août de la tâche que lui avait confiée Edgar Faure, et lui envoya, après consultation avec les nationalistes, un plan reprenant la plupart des points contenus dans le document remis par Me Izard au chef du gouvernement. À savoir : Conseil du trône, gouvernement de négociation, retour en France de Sidi Mohammed, reconnaissance de ses droits au trône, mais aussi déclaration de ce dernier approuvant le plan retenu. Au même moment, alors que le maréchal Juin ne cessait de fulminer contre la politique d'abandon du gouvernement, Edgar Faure et Gilbert Grandval reçurent un appui inespéré, celui du général de Gaulle qui, se déclarant en faveur d'une « fédération » entre la France et le Maroc, rappela, dans une conférence de presse, que Mohammed ben Youssef était compagnon de la Libération.

Dès lors, même le Glaoui comprit que le vent avait tourné : le départ de Mohammed ben Arafa n'était plus qu'une question de temps. C'est ce qu'il laissa entendre à Gilbert Grandval venu lui rendre visite le 12 juillet à Marrakech. Le représentant du gouvernement l'assura toutefois qu'il n'était question ni du retour de Sidi Mohamed sur le trône, ni de la désignation d'un de ses fils pour le remplacer.

Accéléré par les massacres d'Oued Zem le 20 août 1955, qui démontrèrent à l'opinion française, atterrée, que le « bled berbère » marocain risquait, si l'on n'y prenait garde, de se transformer en un nouvel Aurès algérien, le processus de sortie de crise s'emballa, le 27 août, avec la réunion à Aix-les-Bains d'une table ronde réunissant les cinq ministres français traitant du dossier marocain (Edgar Faure, Antoine Pinay, Pierre Koenig, Robert Schuman et Pierre July) avec des représentants incarnant l'opinion marocaine : chefs nationalistes de toutes tendances, responsables syndicaux, personnalités proches de Sidi Mohammed et de Ben Arafa, hommes du Glaoui, et représentants des Français du Maroc… Un grand absent : Gilbert Grandval, qui, s'estimant mal soutenu par le président du Conseil, lui avait présenté sa démission le 23 août, le jour même où sous les huées des adhérents de « Présence française », il était venu assister aux obsèques du général Duval.

À l'issue de la table ronde d'Aix-les-Bains, le gouvernement entérina la feuille de route élaborée par Edgar Faure : départ de Ben Arafa ; constitution d'un Conseil du trône de trois membres ; formation d'un gouvernement d'union nationale pour des négociations avec la France et, enfin, caution de Sidi Mohammed à l'application de ce plan et son retour en France. Dans le même temps, le gouvernement nommait un nouveau résident général : le général Boyer de Latour, qui, ayant servi au Maroc sous Juin, dont il subissait toujours l'influence, était l'antithèse même de Grandval qu'il exécrait autant que Mendès France, qui l'avait pourtant nommé résident général en Tunisie : « Latour, le Maroc n'est pas la Tunisie. Vous ferez ma politique et si vous ne marchez pas, je vous foutrai l'émeute française au cul », lui aurait déclaré le maréchal avant son départ pour le Maroc[2]. C'est Juin qui aurait imposé à Faure sa candidature à la place de Grandval. Aussi, durant ses deux mois et demi de service à Rabat (29 août-16 novembre 1955) le général Boyer de Latour allait s'employer à faire capoter les instructions de son chef du gouvernement. Il conseilla notamment à Ben Arafa et à son chef du protocole Hajjoui qui s'opposait farouchement au retour de Sidi Mohammed, de ne pas céder aux instances du gouvernement et de refuser d'abdiquer. Un point de vue que partageaient les chefs de l'armée, les milieux européens proches de Présence française ainsi que, pour un temps encore, le Glaoui et Kettani. Incapable de faire plier le général, Pierre July demanda à deux hauts fonctionnaires de la Résidence, Jean-Noël de Lipkowski et Jean de Panafieu, de mener une action parallèle auprès de Moulay Ben Arafa en vue de faire aboutir la politique du gouvernement que Boyer de Latour refusait d'appliquer. Assurément, la politique marocaine de la France était devenue un sac d'embrouilles où tout le monde s'affrontait dans le plus grand désordre : ministres, députés, généraux, hauts fonctionnaires…

Les 8 et 9 septembre, Sidi Mohammed donna son accord à l'envoyé du gouvernement français, le général Catroux, venu lui présenter à l'hôtel des Thermes à Antsirabé (Madagascar) où il était installé depuis neuf mois, les résolutions prises à l'issue de la conférence d'Aix-les-Bains. Le 29 septembre, Antoine Pinay déclarait devant l'Assemblée générale des Nations unies que la France entendait donner au Maroc « le visage d'un État moderne, démocratique et souverain ». Le lendemain, à l'issue d'une valse-hésitation de quelques jours, Ben Arafa finit par abdiquer pendant que son intraitable chef de cabinet Hajjoui était tenu au secret, dans sa villa sur ordre de Lipkowski et Panafieu. Le 1er octobre, l'ALM lançait ses premières opérations militaires au sud du Rif et au Moyen Atlas. La présence dans les rangs de l'organisation de « fellaghas » algériens justifiait les craintes des autorités, qui redoutaient une coordination accrue entre rebelles algériens et marocains des deux côtés de la frontière.

Dans ce contexte, le règlement du problème marocain devenait plus urgent que jamais. Le 15 octobre, un Conseil du trône de quatre membres – l'inamovible grand vizir El-Moqri, le pacha M'Barek Bekkaï, le caïd Tahar ou 'Assou et le nationaliste Mohammed Sbihi – était constitué ; le 22, Sidi Mohammed, désormais maître du jeu, y donna son approbation pour couper court à l'opposition de l'Istiqlal. Trois jours plus tard, le Glaoui annonça son ralliement à Sidi Mohammed, « seul à même d'unifier dans l'ordre les esprits et les cœurs ». La nouvelle fit l'effet d'une bombe à Marrakech : « Une rumeur formidable monta de la ville, d'abord frappée de stupeur. Des témoins abusés crurent à une émeute. Écrasée par des mois d'une tension physique et morale sans précédent, la population se contenta de hurler sa joie, délivrée[3]. »

Le Glaoui fut suivi le 28 octobre par Kettani, qui retourna également sa djellaba en même temps que le dernier carré des caïds et chefs de *zawiya* réfractaires. Puis ce fut au tour de Moulay Ben Arafa lui-même de faire amende honorable et d'inviter tous les Marocains à se rallier à Mohammed ben Youssef.

Il n'en fallait pas plus à Edgar Faure pour mettre fin à l'exil du sultan. Le 31 octobre, Mohammed ben Youssef atterrit à Nice d'où il fut conduit le lendemain à Saint-Germain-en-Laye pour un premier entretien avec Antoine Pinay, ministre des Affaires étrangères. Désormais seul maître du jeu, après trois ans d'exil, il accepta la démission du Conseil du trône et le 6 novembre, à l'issue d'un entretien historique avec Antoine Pinay, à La Celle-Saint-Cloud, le principe de l'indépendance du Maroc était acquis. La France s'engageait formellement à ouvrir des négociations destinées « à faire accéder le Maroc au statut d'État indépendant uni à la France par des liens permanents d'une interdépendance librement consentie avec la France ». Au retour du sultan à Saint-Germain, le drapeau rouge marocain frappé d'une étoile verte flottait au-dessus du château et une musique militaire joua l'hymne national marocain à l'entrée du cortège royal.

Le lendemain, le Glaoui vint demander le pardon du sultan : après avoir fait antichambre pendant une heure, Sidi Mohammed lui accorda une audience de quelques minutes seulement au cours de laquelle, sous les flashs des photographes, le pacha de Marrakech se prosterna aux pieds du monarque, appelant la malédiction de Dieu sur ceux qui l'avaient trompé.

> Ce fut un moment saisissant de notre histoire, écrivit plus tard Hassan II qui assista à la scène. Dans ce décor

appropriée [le château de Saint-Germain-en-Laye] je ne fus pas le seul à évoquer la célèbre tragédie de Corneille : mon père, dit-on, était l'empereur Auguste, tandis que le pacha jouait le rôle de Cinna. Scène inouïe, écrivit la presse [...]. Je pensais cependant que le vieux conspirateur ressemblait surtout à ce pharaon qui se repentit très sincèrement, après avoir compris qu'il allait être emporté par les eaux[4].

Le sultan refusa, en revanche, de recevoir 'Abd al-Hayy Kettani dont la trahison et celle de ses collègues de la Qarawiyyine, qui avaient exprimé leur soutien à Ben Arafa déconsidéra pour longtemps le corps des oulémas auprès de l'opinion. Rouage essentiel du Makhzen traditionnel, les oulémas perdirent ainsi toute influence politique ou presque à l'heure de l'indépendance.

En attendant, de nombreuses délégations affluèrent du Maroc à Saint-Germain pour rendre hommage au sultan : représentants politiques, syndicaux, communautaires ainsi que les nombreux amis français qui l'avaient soutenu dans sa lutte. À la délégation du conseil des communautés juives qu'il reçut le 5 novembre, il déclara : « Une ère nouvelle va s'ouvrir pour mes sujets juifs ; vous en aurez bientôt des preuves tangibles. Désormais, ils jouiront des mêmes droits que leurs compatriotes musulmans, sans restriction d'aucune sorte[5]. » Une promesse de grande portée symbolique et politique mais qui n'arrêta pas cependant le flot des départs pour Israël : 25 000 Juifs quittaient le Maroc pour la Terre promise dès 1955 et l'année suivante leur nombre dépassa 36 000.

Le mercredi 16 novembre 1955, Sidi Mohammed et sa famille étaient de retour au Maroc, acclamés par une foule en délire à l'aéroport de Rabat-Salé. Deux jours plus tard, à l'occasion de la Fête du trône, le sultan proclama l'avènement d'une ère nouvelle de liberté et la fin du Protectorat.

Le 7 décembre 1955 fut constitué le premier gouvernement du Maroc indépendant, présidé par le loyal ancien pacha de Sefrou M'Barek Bekkai et non par l'Istiqlal, qui s'attribuait la victoire de l'indépendance et le mérite du retour du roi. Faisant contre mauvaise fortune bon cœur, le *hizb* fut contraint de partager les portefeuilles ministériels concédés par le palais non seulement avec ses rivaux de toujours du PDI, mais aussi avec les Indépendants conduits par Ahmed Réda Guédira, proche ami du prince héritier et adversaire résolu de la « dictature fassie » incarnée par le parti d'Allal al-Fassi et d'Ahmed Balafrej. Un ministre juif, le Dr Benzaquen, y détenait les fonctions de ministre des PTT.

L'Istiqlal dut également ravaler ses prétentions en voyant le sultan faire appel à l'armée et à la police françaises pour mettre au pas l'Armée de libération et réprimer le terrorisme urbain et les règlements de comptes entre l'« organisation secrète » du *fqih* Mohammed Basri, attaché à l'Istiqlal, et le « Croissant noir », proche du Parti communiste marocain. 'Allal al-Fassi, qui vivait toujours hors du Maroc, fut laissé, en outre, complètement dans l'ombre au cours des négociations d'indépendance que le sultan mena seul avec la France et qui aboutirent, le 2 mars 1956, à la signature de la convention abolissant le traité de Fès. Elle fut suivie, le 7 avril, par l'abrogation du Protectorat espagnol et, le 29 octobre, par celle du statut international de Tanger.

De fait, dans la compétition qui s'annonçait vive entre le palais et le parti nationaliste, les ambitions de l'Istiqlal butaient sur un obstacle incontournable : l'ascendant chérifien de Sidi Mohammed, à la fois Prince des Croyants, martyr et héros charismatique de la lutte pour l'indépendance du Maroc.

Dès lors, c'est en tant qu'imam et calife que le sultan se présenta à son peuple, au lendemain de l'indépendance, le 9 avril 1956. Le site où se déroula cette cérémonie grandiose en présence de 150 000 fidèles fut soigneusement choisi : l'esplanade de la tour Hassan, au milieu des ruines de la mosquée aux dimensions colossales édifiée, à la fin du XIIe siècle, par l'Almohade Ya'qub al-Mansur après sa victoire retentissante d'Alarcos contre Alphonse VIII de Castille. L'occasion pour le monarque 'alawite de définir la nature du régime qu'il entendait instaurer dans le pays : une démocratie « authentiquement nationale et constructive » conforme aux préceptes du Coran ; une démocratie conforme également aux « traditions nationales » du Maroc qui ne connaissait d'« autre régime politique que celui de l'imamat ».

C'est ainsi que les affaires religieuses allaient faire partie du « pré carré » royal, au même titre que la défense nationale, et c'est la raison pour laquelle Mohammed V tint à choisir lui-même le ministre des Fondations pieuses ou Habous. Il désigna pour cette fonction non pas un *'Alim* de la Qarawiyyine appartenant au sérail salafiste de Fès mais un grand érudit berbère du Sous, Mukhtar al-Susi, auteur d'une volumineuse compilation sur Iligh, l'ancienne capitale du Tazerwalt, proche certes du salafisme et de l'Istiqlal, mais néanmoins influencé par le soufisme.

'Allal al-Fassi, qui rentra au Maroc après l'indépendance seulement, visait ce poste. Il ne lui fut confié que plusieurs années plus tard par Hassan II. Dans l'immédiat, le *za'im* devait se contenter de la présidence du comité de codification de la *shari'a* dont sortit entre 1957 et 1958 la *Moudawwana*, le nouveau code marocain de la famille basé sur l'école juridique malékite. Outre 'Allal al-Fassi et Mukhtar al-Susi, le comité comptait parmi ses membres éminents Mohamed b. al-'Arbi al-'Alaoui, considéré, à la suite de son maître, Abu Shu'ayb al-Dukkali, comme le théoricien de l'étroite association entre salafisme et nationalisme incarné par l'Istiqlal. Proche de Sidi Mohammed avant son départ en exil, il vécut très mal la marginalisation de la Qarawiyyine après l'indépendance et sa perte d'influence sur l'orientation politique et culturelle de la monarchie.

20

Le Maroc indépendant sous Mohammed V

C'est un pays unifié, en bonne santé économique et doté d'une administration efficace que la France laissa au Maroc. Un pays amputé cependant d'une partie de son territoire historique, le long des confins algériens, à l'est, et au-delà de l'enclave d'Ifni, au sud. De vastes étendues désertiques mais riches en gisements miniers dont 'Allal al-Fassi réclamait sans cesse la « libération immédiate » au risque d'entraîner le royaume dans une confrontation militaire, à l'issue incertaine avec la France et l'Espagne. Ce que le roi (c'est désormais son nouveau titre) Mohammed V voulait éviter à tout prix, attendant l'indépendance de l'Algérie pour fixer, d'un commun accord, avec son gouvernement national le tracé définitif des frontières entre les deux pays. Quant au Sahara espagnol, le monarque répugnait à l'idée d'y envoyer, comme l'Istiqlal le demandait, l'Armée de libération. Outre qu'il ne croyait pas trop en ses capacités de combat, il la considérait comme un outil politico-militaire dangereux susceptible, en cas de crise, de mettre en péril l'avenir de la monarchie[1].

C'est pourquoi l'une des premières initiatives de Mohammed V fut de doter le royaume, en mai 1956, d'une police et d'une armée régulière entièrement dévouées au palais. À la tête de la Sécurité nationale, il plaça Mohammed Laghzaoui, le « millionnaire » de l'Istiqlal, en rupture de ban plus ou moins consommée avec la direction de son parti. Quant aux Forces armées royales (FAR), il en confia le commandement à son fils Moulay Hassan, qui devint en juillet 1957 premier chef d'état-major des FAR, avec, à ses côtés, Ahmed Reda Guédira, ministre de la Défense.

Beaucoup moins aimé que son père, le prince héritier était un fin politique : il voulait restaurer la monarchie 'alawite dans ses prérogatives traditionnelles et l'orienter sans détour vers le monde occidental. Il avait le soutien des milieux d'affaires français et marocains et de tous ceux dont l'Armée de libération réclamait la punition et la confiscation des biens pour collusion avec le colonialisme. Joignant les actes à la parole, celle-ci enleva en mai 1957 les fils du Glaoui et saisit leurs biens. Il fallut l'intervention de Mohammed V pour obtenir leur libération.

Incorporant les soldats ayant servi sous les drapeaux français et espagnol aussi bien que des combattants issus de l'Armée de libération, les FAR, avec leur devise « Dieu, la Patrie, le Roi », étaient appelées à devenir la colonne vertébrale du régime. Encadrée par des instructeurs français, la nouvelle armée était commandée par d'anciens officiers supérieurs des armées coloniales, à l'exemple de Kittani, Ameziane, Driss ben Omar et du capitaine Mohamed Oufkir. Fils d'un caïd berbère du Tafilelt, ancien du collège d'Azrou et de l'académie de Dar-el-Beida de Meknès, Oufkir s'était engagé dans l'armée française en 1939 ; très apprécié de ses supérieurs pour sa bravoure et son courage au feu, il avait été blessé pendant la campagne d'Italie. Décoré de la croix de guerre, il se porta volontaire en Indochine. À son retour, en 1949, il passa dans le cabinet militaire de la Résidence et occupa en avril 1953 les fonctions d'aide de camp du général Guillaume. En 1955, il fut transféré directement de la Résidence au palais royal, où il servit d'abord Ben Arafa en tant qu'interprète puis Mohammed V et Moulay Hassan, après avoir rencontré, à plusieurs reprises dit-on, Mehdi Ben Barka.

La trajectoire sociale des officiers des FAR, d'origine rurale et berbère, qui parlaient français entre eux – quelques-uns d'entre eux avaient des épouses françaises –, était très éloignée, en règle générale, de celle de la nouvelle élite politique du royaume. Ce qui n'était pas pour déplaire, loin de là, au pouvoir royal, qui ne fut guère enchanté d'entendre 'Allal al-Fassi et Mehdi Ben Barka annoncer en avril 1956 la création d'une Armée de libération du Sahara, avec pour mission de libérer les régions de Tindouf et d'Ifni. Si bien que Mohammed V ne refusa pas son soutien logistique à l'opération Écouvillon menée conjointement par la France et l'Espagne en 1958 contre l'Armée de libération, au sud du Maroc. D'ailleurs, c'est aux FAR et non à l'Armée de libération où officiait Mohammed Basri que les Espagnols restituèrent, à la même époque, Tarfaya.

Stationnés principalement à Meknès, Kenitra et Marrakech, les FAR entrèrent en action dès 1957 pour rétablir l'ordre à l'intérieur du pays et ramener à la raison le pacha du Tafilelt, Addi ou Bihi, qui s'était soulevé contre « les méthodes dictatoriales de l'Istiqlal » tout en affirmant son attachement à la monarchie. Il n'était pas le seul : il y avait aussi le caïd Lyoussi du Tadla, le très riche caïd Amehroq de la région de Khenifra qui donna une de ses filles au futur Hassan II, ou encore le pacha de Rabat Mahjoubi Ahardane, qui créa en 1957 le Mouvement populaire, parti à prédominance berbère et rurale, ennemi juré de l'Istiqlal. Il y avait aussi et surtout la population du Rif qui se révolta l'année suivante et dont la rébellion fut écrasée dans le sang par les FAR, sous le commandement du prince héritier. Dans ce cas également, le palais ne fut pas mécontent de constater que la population ne mettait pas en cause le pouvoir royal mais bien la « dictature fassie » représentée par l'Istiqlal et ses délégués d'origine citadine et arabophones parachutés sur place. Les Rifains, qui souffraient de surcroît d'un taux élevé de chômage et de la pénurie alimentaire, avaient été choqués d'apprendre que leur héros Abbas Messadi de l'Armée de libération avait été tué non pas dans une opération militaire mais exécuté de sang-froid par ses propres compagnons d'armes – par Ben Barka en personne selon certaines rumeurs[2]. Ils en conçurent un vif ressentiment à l'encontre de l'Istiqlal, qui allait voir ainsi son emprise s'effilocher, hors des villes, au cours des années à venir. Profitant des déboires des nationalistes, déjà divisés entre radicaux (Mehdi Ben Barka) et monarchistes (Ahmed Balafrej), le palais sortit grandi de ces événements en administrant la preuve qu'il n'entendait nullement revenir à l'expérience désastreuse du passé précolonial en laissant se développer, au pays d'Abdelkrim ou ailleurs, des « zones de dissidence » (*siba*) mettant à mal l'unité du royaume.

Le bras de fer palais-Istiqlal

Se plaçant résolument au-dessus de la mêlée, Mohammed V laissa l'Istiqlal pâtir de ses propres divisions internes avant d'intervenir dans le débat national comme arbitre entre les diverses formations et les différentes factions qui se partageaient l'espace politique marocain. Cela commença avec la formation du deuxième cabinet Bekkai (octobre 1956-mai 1958) dans lequel l'Istiqlal obtint dix portefeuilles sur seize, dont ceux des Affaires étrangères, des Finances et de l'Intérieur occupés respectivement par Ahmed Balafrej, Abderrahim Bouabid et Driss Mhammedi. Ce dernier était chargé notamment d'organiser des élections législatives pour la formation d'une assemblée constituante en vue de l'instauration d'un régime de monarchie constitutionnelle. Ce qui, à cette date, n'était pas d'une grande urgence aux yeux du roi, qui voyait avec effarement par ailleurs comment l'Istiqlal, agissant en parti unique, noyautait la fonction publique et la magistrature, arabisait l'enseignement ainsi que les noms des villes et des rues, bannissait le berbère des programmes scolaires et épurait l'administration municipale et locale en limogeant des dizaines de caïds et de pachas « féodaux » accusés de collusion avec l'« ancien régime ». Au même moment, le chef de file de son aile radicale, Mehdi Ben Barka, qui présidait le Conseil national consultatif depuis le 7 novembre 1956, mobilisait la jeunesse, créait des écoles de cadres et, dans le plus pur style maoïste, rassemblait des milliers de volontaires pour la construction de la « Route de l'unité » entre les anciennes zones française et espagnole du temps du Protectorat.

Comme escompté par le pouvoir royal, les plaintes ne cessaient de s'amonceler contre les excès de l'Istiqlal et le terrorisme qu'elle exerçait à l'encontre de ses rivaux du PDI, mais aussi à l'encontre des communistes, des syndicalistes et des combattants de l'Armée de libération. La police, aux mains de l'« Istiqlalien » Laghzaoui, en était tenue pour responsable et aurait ouvert, à cet effet, plusieurs centres de torture. La tension était telle que tous les ministres n'appartenant pas à l'Istiqlal, Si Bekkai en tête, remirent leur démission au roi en avril 1958. La situation empira après la formation du gouvernement Balafrej le mois suivant. Un gouvernement « homogène » certes, marqué par l'arrivée de ministres de l'aile gauche du parti – Mehdi Ben Barka, Abderrahim Bouabid et Abdallah Ibrahim – mais dans lequel ne figurait aucun non-Istiqlalien – pas même Ahmed Réda Guédira. Le *hizb* poussa l'impertinence jusqu'à interdire les journaux du PDI et ceux du nouveau Parti populaire, créé par le Dr Abdelkrim Khatib et Mahjoubi Ahardane. Très actif en milieu berbère, il avait l'oreille du palais ainsi que le petit parti libéral indépendant d'Ahmed Réda Guédira, autre soutien inconditionnel de la monarchie.

Mais l'Istiqlal lui-même n'était pas à l'abri de graves dissensions internes, exacerbées par la rébellion du Rif et l'augmentation du chômage. Le parti se scinda, en janvier 1959, entre une vieille garde de droite autour de 'Allal al-Fassi et d'Ahmed Balafrej et une aile radicale socialiste, conduite par Ben Barka, Bouabid et Ibrahim, qui donna naissance en septembre 1959 à l'Union nationale des forces populaires (UNFP), forte de l'appui de la puissante Union marocaine du travail (UMT). Aussi peu homogène que l'Istiqlal, l'UNFP comptait parmi ses membres plusieurs militants extrémistes comme les rédacteurs de l'organe du parti *Al-Tahrir*, le fqih Mohammed Basri et Abderrahman Youssoufi qui furent condamnés à mort et jetés en prison pour complot par le chef de leur propre parti, Abdallah Ibrahim, qui prononça également l'interdiction du Parti communiste en septembre 1959. Trois mois plus tard, Mehdi Ben Barka, se sentant en danger, était forcé de s'exiler. Par ailleurs, le 29 février 1960, un violent tremblement de terre ravageait la ville d'Agadir, y faisant près de 12 000 morts.

L'Istiqlal et l'UNFP ainsi affaiblis et déconsidérés et le paysage politique fragmenté, Mohammed V, triomphant, put entrer dès lors dans l'arène politique. Après avoir renvoyé le gouvernement de gauche d'Abdallah Ibrahim, le souverain décida d'assumer lui-même, le 26 mai 1960, la présidence du gouvernement dont il confia la vice-présidence au prince héritier Moulay Hassan qui en était en fait le chef véritable. Preuve évidente du savoir-faire de Mohammed V et de son immense prestige : les chefs historiques de l'Istiqlal et du PDI 'Allal al-Fassi et Mohamed b. al-Hassan Ouazzani acceptèrent de siéger côte à côte au gouvernement, dont faisait partie le grand savant Mukhtar al-Sussi, membre du Conseil de la Couronne.

Ahmed Réda Guédira y jouait un rôle central en tant que directeur du cabinet du prince héritier.

Le 29 mai 1960, l'Istiqlal remporta 40 % des voix aux élections communales, concédant la deuxième place à l'UNFP, avec un peu moins de 25 % des suffrages. Disposant de sa propre organisation syndicale, l'Union générale des travailleurs marocains (UGTM) qui concurrençait l'UNFP sur son principal terrain de prédilection, le *hizb* avait de bonnes raisons de croire qu'il constituait la principale force politique du royaume. Mais comme tout le monde s'en rendait bien compte, cinq ans après l'indépendance le palais était le véritable maître du jeu politique au Maroc, celui aussi qui détenait les clés de la réussite économique et sociale[3]. Un « système » qui fut parachevé avec l'avènement d'Hassan II, après la mort subite de Mohammed V le 26 février 1961, au cours d'une banale opération chirurgicale. Un événement de portée considérable qui fit basculer le royaume dans une nouvelle ère, dominée par un roi profondément engagé dans l'arène politique de son pays.

Une économie en panne

Chute des investissements, décrochage de la zone franc et création du dirham marocain, stagnation de l'agriculture, du commerce, de l'industrie et baisse de la consommation individuelle : telles furent les conséquences de l'indépendance qui ne s'accompagna dans l'immédiat d'aucune amélioration du niveau de vie tant espérée par la population.

La plupart des colons étaient restés sur place, mais à la suite des années de sécheresse et de mauvaises récoltes (au Maroc « gouverner c'est pleuvoir », disait Lyautey), la production céréalière fut plus faible entre 1960 et 1965 que pendant les dix années précédentes

Investissements publics et privés de 1952 à 1957
(en milliards de francs 1959)[4]

	Invest. publics	*Invest. privés*	*Total*
1952	31	27	58
1953	29	18	47
1954	34	16	50
1955	32	13	45
1956	32	9	41
1957	34	6	40

dans la seule zone française : 26 millions de quintaux par an contre 30 millions de quintaux, entre 1950-1955. Les effets de cette baisse furent dramatiques compte tenu du boom démographique simultané. Depuis l'indépendance, la population était passée d'un peu plus de 9 millions en 1951-1952 à près de 12 millions en 1960 et plus de 13 millions en 1965[5]. On assistait à une classique crise des ciseaux entre production agricole et élan démographique.

Casablanca poursuivait son essor phénoménal, avec une population atteignant près d'un million d'habitants en 1960. Comme par le passé, elle continuait d'abriter un fort pourcentage de chômeurs pour lesquels la ville portuaire n'était qu'une étape vers des cieux plus cléments, à l'étranger. Les exportations de phosphates et le développement de la pêche maritime demeuraient les deux points forts de l'économie marocaine. En revanche, l'industrie encore balbutiante, à l'exception du secteur alimentaire, déclinait et les gisements de pétrole et de charbon étaient décevants.

C'est pour mettre sur de meilleures bases l'économie du pays, dont les réserves en devises fondirent dangereusement après l'introduction du dirham, que le gouvernement Ibrahim mit au point un plan quinquennal de développement pour les années 1960-1964. Sans se préoccuper outre mesure d'être réaliste, celui-ci tablait sur une croissance de 6 % par an et préconisait l'accroissement de la production minière, la récupération partielle des terres de colonisation et la mise en train d'une réforme agraire destinée à moderniser l'agriculture et à améliorer la condition des petits fellahs. Un plan d'inspiration socialiste qui effraya les grands propriétaires fonciers et les fellahs mécontents de voir l'Istiqlal et l'UNFP s'immiscer dans leurs affaires, tandis que bureaucrates et familles dirigeantes, proches du pouvoir, accaparaient la moitié des terres rachetées aux Français.

Dans ce contexte, le monde rural tourna définitivement le dos au *hizb* et à la gauche, le fellah marocain devenant ainsi le principal « défenseur du Trône », pour reprendre le titre de l'excellente étude de Remy Leveau. Le maître d'œuvre de cette alliance du palais et du monde rural fut Ahmed Réda Guédira : revenu au pouvoir avec le prince héritier en 1960, l'avocat rbati entreprit d'assurer le soutien des élites locales à la monarchie au moment où celle-ci s'apprêtait à moderniser les institutions du royaume, avec en perspective la démocratisation du régime et l'instauration d'une monarchie constitutionnelle.

Le plan quinquennal prévoyait, en outre, une participation accrue de la bourgeoisie dans l'industrialisation du royaume. Ce qui fut loin d'être le cas : la bourgeoisie marocaine, qui comptait en règle générale davantage de commerçants que d'entrepreneurs, continua, comme par le passé, à investir ses gains principalement dans l'immobilier. Une stratégie et un « état d'esprit » propres aux grandes familles de Fès, qui, grâce à leurs relations matrimoniales et commerciales et grâce à leurs accointances avec l'Istiqlal et avec le palais, ne tardèrent pas à se tailler la part du lion dans l'économie du pays, aussitôt le Protectorat démantelé.

Ainsi les vit-on prendre en main dès 1956 l'Union marocaine des commerçants, industriels et artisans (UMCIA), puis la Compagnie marocaine de navigation (Comanav) et la Société marocaine de construction automobile (Somaca). Parallèlement à l'affaiblissement de l'Istiqlal, qui comptait parmi ses fondateurs et ses membres influents de nombreuses personnalités richissimes appartenant aux grandes familles de Fès, la proximité avec le palais devint la clé du succès dans les milieux d'affaires et dans la vie politique. Nouvelles « familles Makhzen », c'est dans ce vivier de la haute bourgeoise urbaine constitué par les Ben Sliman, Benjelloun, Benkiran, Laghzaoui, Laraqi, Lamrani, Bargash, Sebti, Slaoui, Lyazidi et autres Bennani, Tahiri, Abdeljalil et Zeghari que le pouvoir royal allait puiser en priorité pour choisir les directeurs des nouvelles entreprises publiques créées depuis 1956 et les hauts fonctionnaires des cabinets ministériels[6].

Les relations avec la France

En dépit des bonnes dispositions de Mohammed V et de la plupart de ses ministres – Si Bekkai, en premier lieu – envers la France, les relations avec l'ancienne puissance protectrice connurent bien des remous. La présence sur le sol marocain d'un fort contingent militaire, l'avenir incertain de la colonie française dans le pays et, par-dessus tout, la guerre d'Algérie et ses débordements en étaient les causes principales. Le détournement en plein vol, le 21 octobre 1956, d'un avion marocain parti de Rabat pour Tunis, avec à son bord cinq des dirigeants historiques de la révolution algérienne – Ben Bella, Boudiaf, Khider, Ait Ahmed et Mustapha Lacheraf – fut ressenti comme un terrible camouflet par le roi. L'offense était d'autant plus humiliante que les cinq hommes étaient les hôtes personnels de Mohammed V et s'apprêtaient à le rejoindre dans la capitale tunisienne.

La nouvelle de l'enlèvement de Ben Bella et de ses amis déchaîna une explosion de fureur dans tout le royaume. À Meknès, une centaine de civils français furent massacrés par des manifestants en colère dans la journée du 23 octobre. De là, les troubles se propagèrent à Rabat, Fès, Casablanca, Kenitra, et dans toutes les agglomérations où étaient installés des colons français. Au même moment, enhardis par la réaction plutôt favorable du gouvernement Guy Mollet à leur « coup de maître » – le premier du genre dans les annales de l'aviation civile depuis 1945 –, les généraux d'Alger faisaient avancer deux divisions appuyées par des blindés en direction de la frontière marocaine. Elles avaient pour mission de marcher sur Rabat et Casablanca où la colonie française les accueillerait en sauveurs, si les émeutes ne cessaient pas. Elles détruiraient les installations du FLN en bordure de la frontière et, après avoir écrasé le soulèvement, elles rétabliraient la domination française dans le pays[7]...

Comprenant l'extrême gravité de la situation, les autorités chérifiennes firent cesser immédiatement les agressions contre les Européens. Mais cette affaire à peine passée, les relations entre le Maroc et la France furent secouées à nouveau : cette fois, à la suite de la campagne de Suez et du largage, le 5 novembre, par la France et la Grande-Bretagne de parachutistes au-dessus de Port-Saïd. Au nom de la solidarité arabe, l'opinion et le gouvernement marocains condamnèrent cette nouvelle manifestation de l'impérialisme européen dirigé contre un pays frère.

Tout concourait donc à un éloignement irrémédiable du Maroc et de la France, aussi longtemps que la politique française n'aurait pas encore dépassé son narcissisme colonial. De fait, l'Algérie demeura, jusqu'à son indépendance, le principal abcès de fixation des tensions franco-marocaines. Celles-ci remontaient à la surface à chaque initiative pro-FLN du gouvernement marocain – solidarités maghrébine et tiers-mondiste obligent – ou encore, non moins souvent, à chaque requête marocaine concernant l'évacuation des troupes françaises toujours stationnées sur son territoire. À cela s'ajoutait le contentieux des confins algériens qui se ralluma avec force lorsque la France fit exploser en 1960 sa bombe atomique à Reggane, dans une zone réclamée par le Maroc. Pour calmer le jeu, le général de Gaulle accepta d'ouvrir sans tarder la question de l'évacuation des troupes françaises stationnées au Maroc. Après un échange de lettres, le 1er septembre 1960, entre le prince héritier Moulay Hassan et le ministre français des Affaires étrangères, Maurice Couve de Murville, les deux pays s'accordèrent sur un retrait progressif des soldats français, commençant en novembre 1960 et se terminant le 31 décembre 1963[8].

L'affaire mauritanienne fut un autre sujet de discorde franco-marocaine. Pour l'Istiqlal, ce pays artificiellement créé par l'ancienne puissance coloniale en 1960 n'avait pas de raison d'être, son territoire ayant historiquement toujours fait partie du Maroc. Menée par 'Allal al-Fassi, la campagne contre l'indépendance de la Mauritanie conduisit le Maroc à resserrer ses liens avec l'ensemble des pays du tiers monde (« Groupe de Casablanca ») et avec les mouvements anti-impérialistes qui avaient des comptes à régler avec l'Occident. Cela n'empêcha pas cependant l'admission à l'Onu du nouvel État, érigé sur des terres ayant appartenu naguère aux Almoravides puis parcourues par les « hommes bleus » de Ma al-'Aynayn et d'al-Hiba. Abandonné sur ce dossier par les Américains et l'ensemble des pays occidentaux, Mohammed V n'eut d'autre choix que celui de se rapprocher des pays socialistes et entra, sans hésiter, sous le regard dubitatif de son fils, dans toutes les combinaisons antioccidentales concernant les grands problèmes internationaux de l'époque, en Afrique et au Proche-Orient.

La fin d'une histoire : le départ des Juifs du Maroc

Le judaïsme marocain fut ballotté entre deux phénomènes concomitants pour le moins paradoxaux : d'un côté, une expansion économique, sociale et culturelle soutenue, de l'autre, une baisse démographique irrépressible qui vida le Maroc de ses Juifs au cours des deux premières décennies de l'indépendance. Dans l'intervalle, la communauté juive fit un effort réel d'intégration dans tous les domaines de la vie nationale : une représentation juive, bien visible, fut ainsi assurée dans tous les rouages de l'État, dans l'appareil gouvernemental aussi bien que dans les institutions consultatives ; des magistrats juifs furent nommés à tous les échelons de la magistrature et les nouvelles administrations du pays – dont l'armée – ouvrirent largement leurs portes aux fonctionnaires et aux techniciens juifs.

Parallèlement à cette « marocanisation » de la communauté, on assista à un développement remarquable de ses œuvres sociales et culturelles : en 1958, 95 % des enfants juifs étaient scolarisés contre 10 % seulement des musulmans ; 90 % des Juifs recevaient des soins médicaux réguliers auprès de l'organisation philanthropique OSE-Maroc et tout jeune Juif qui le désirait pouvait acquérir un enseignement professionnel de qualité dans les établissements de l'ORT, alors qu'aucune institution de ce genre n'existait chez les musulmans.

De toutes les institutions juives, l'Alliance fut celle qui connut l'expansion la plus spectaculaire au cours de ces années crépusculaires du judaïsme marocain : de 15 000 élèves en 1943, ses effectifs scolaires passèrent à 30 000 à 1953 et 32 000 en 1955. Soit une augmentation globale de près de 100 % en douze ans, alors que la population juive s'était rétrécie considérablement au cours de cette même période. La multiplication des écoles fut non moins impressionnante : leur nombre passa de 27 en 1943 à 85 en 1955, soit une augmentation de près de 300 %. L'Alliance allait chercher ses élèves jusque dans les coins les plus reculés du sud du Maroc, dans des bourgades dépourvues de toute infrastructure moderne – routes, eau courante, électricité – connues des seuls lecteurs de Charles de Foucauld et des officiers de renseignements français : Aqqa, la ville du rabbin Mardochée de Tombouctou, Ifran de l'Anti-Atlas avec ses vestiges datant de l'époque du premier Temple, Goulimine sur la route de Mauritanie ou encore Awlad-Mansur et ses Juifs paysans, etc.

Une activité intense qui finit cependant par agacer l'opinion musulmane à mesure qu'enflait la démagogie antifrançaise et antisioniste de l'Istiqlal, dans le contexte de la campagne de Suez menée par la France et la Grande-Bretagne, de concert avec Israël. Le 27 septembre 1956, ordre fut donné aux services de l'état civil de ne plus délivrer de passeports aux Juifs risquant de se rendre en Israël. Une véritable psychose s'empara de la communauté tandis que le Mossad mettait en place dans le pays des filières d'émigration clandestine. La politique marocaine prit un tournant carrément panarabe avec l'avènement du gouvernement Ibrahim, suivi par le voyage au Moyen-Orient de Mohammed V en janvier-février 1959 : le Maroc adhéra à cette occasion à la Ligue arabe et aux organismes qui en dépendaient : le Bureau de boycott arabe d'Israël et l'Union postale arabe. Ce qui impliquait pour les Juifs marocains l'arrêt total de tout courrier avec leurs proches installés en Israël.

Quelques mois auparavant, l'Istiqlal avait demandé la nationalisation des institutions scolaires juives, la marocanisation de leurs cadres et leur ouverture aux élèves musulmans. C'est ainsi qu'en octobre 1960, l'Alliance israélite universelle dut céder une partie de ses écoles à l'État et placer le reste de ses établissements sous la tutelle de sa délégation à Casablanca, portant désormais le nom d'Ittihad. L'Alliance se voyait également contrainte de faire plus de place à l'enseignement de la langue arabe dans ses programmes. Ce qui, en soi, n'avait rien de condamnable mais s'ajoutant à l'atmosphère antifrançaise dans laquelle baignait le pays, à cause de la guerre d'Algérie, et à la multiplication des arrestations d'émigrants clandestins, la politique d'arabisation fut perçue par beaucoup de Juifs comme le signe annonciateur d'une nouvelle époque, celle d'un royaume du Maroc qui n'était plus intéressé à garder ses Juifs dont le français était devenu, depuis plus d'un siècle, l'unique langue de culture. La visite à Casablanca, le 2 janvier 1961, du colonel Nasser, les brimades multiples qui l'avaient précédée et le naufrage, corps et biens, entre Al Hoceima et Gibraltar, dix jours plus tard, du *Pisces*, un vieux rafiot délabré avec à son bord quarante-quatre passagers clandestins, portèrent à son comble l'inquiétude de la communauté marocaine, d'autant que les autorités réagirent à cette tragédie en réaffirmant que les départs à destination d'Israël étaient un « acte de trahison et de désertion ».

Cependant, le retentissement international de l'affaire du *Pisces* conduisit le gouvernement à lever les restrictions sur la délivrance des passeports. Prise par Mohammed V dont la mort subite ajouta au trouble des Juifs, cette décision, qui fut entérinée par son fils et successeur Hassan II, devait ouvrir la voie à de discrètes négociations avec Israël qui aboutirent à la légalisation des départs collectifs des Juifs à destination de l'État hébreu : ainsi entre 1961 et 1964, près de la moitié des Juifs du Maroc (80 000 personnes) quittèrent le royaume. Nourri par sa propre dynamique, le mouvement se poursuivit régulièrement au cours des années suivantes. Il connut même une ampleur exceptionnelle au lendemain de la guerre des Six Jours (1967) et son cortège de tracasseries et de manifestations antijuives :

entre 1965 et 1971, plus de 45 000 Juifs quittèrent le Maroc, cette fois non seulement pour Israël, mais aussi vers le Québec et la France où ils allaient rencontrer d'autres Nord-Africains, juifs et musulmans au parcours historique sensiblement identique au leur[9]. C'était la fin d'une histoire deux fois millénaire : en 1972, 35 000 juifs seulement vivaient au Maroc. Ils ne sont plus que 6 000 au début du XXIe siècle.

21

Hassan II, « monarque constitutionnel de droit divin » (1961-1999)

Né le 9 juillet 1929 à Rabat, le dix-septième monarque de la dynastie ʻalawite au pouvoir depuis le milieu du XVIIe siècle bénéficia dans sa jeunesse d'une éducation bilingue et d'une solide formation musulmane et européenne. Licencié en droit de l'université de Bordeaux et ami d'académiciens et de journalistes français, Hassan II compta parmi ses professeurs, au collège impérial de Rabat, ouvert à son intention par son père en 1942, quelques-uns des noms les plus illustres du nationalisme marocain : Mohammed al-Fassi, le cousin d'Allal al-Fassi et futur ministre de l'Éducation ; Mehdi Ben Barka, le fondateur de l'UNFP qui termina tragiquement ses jours sous son règne ou encore Abdelhadi Boutaleb, diplômé de la Qarawiyyine qu'il appela à ses côtés en tant que ministre de l'Éducation à la veille du lancement, en 1968, de l'opération *katatib* (sing. *kuttab*) ou « écoles coraniques » destinées à renforcer la culture islamique des jeunes générations. Répugnant à laisser à la Qarawiyyine le monopole de la formation des oulémas et celui de la prise de parole publique en matière religieuse, Hassan II créa à Rabat, en 1964, un nouvel institut supérieur d'études religieuses, le Dar al-Hadith al-Hassaniyya. Il réforma en même temps l'enseignement délivré par la prestigieuse institution de Fès qu'il confina dans un rôle strictement pédagogique et s'employa à contrecarrer l'action de la Ligue des oulémas issus de la Qarawiyyine en suscitant la création, à ses côtés, de l'Association des anciens du Dar al-Hadith al-Hassaniyya. Mêlant avec art manifestations religieuses et rituels royaux, Hassan II renouvela en les amplifiant les traditions inaugurées par ses prédécesseurs à l'occasion notamment de la Fête de la nativité (*Mouloud*) du Prophète. Il fit disparaître cependant l'ancienne fête carnavalesque du « sultan des *tolba* » dont l'origine remontait au fondateur de la dynastie, Moulay Rashid, mais instaura les « leçons hassaniennes » du mois de ramadan : la lecture quotidienne de *hadiths* récités par les oulémas et commentés par le roi en personne, en présence des membres de la famille royale et des principaux dignitaires du royaume [1]. Chaque vendredi, abandonnant ses costumes européens bien taillés pour la djellaba traditionnelle, il se rendait en carrosse ou à cheval, comme son père et son grand-père avant lui, du palais à la mosquée du Méchouar, protégé par un cortège humain impressionnant de ministres et de conseillers en habit blanc, d'officiers en grand uniforme et de serviteurs en bonnet rouge.

Intronisé le 3 mars 1961, Hassan II nomma 'Allal al-Fassi aux fonctions que le *za'im* lorgnait depuis longtemps, celles de ministre des Affaires islamiques dans un gouvernement dirigé, par délégation de pouvoirs, par Guédira, directeur du cabinet royal. Celui-ci exerçait en outre les fonctions de ministre de l'Agriculture, puis de ministre de l'Intérieur, après la mort de Bekkai en avril 1961, laissant la Défense à Mahjoubi Ahardane.

Le changement d'atmosphère fut vite sensible. Les critiques, apaisées après la mort de Mohammed V, ne tardèrent pas à reprendre, UNFP, UMT et Unem s'en prenant de plus en plus violemment au pouvoir personnel d'Hassan II. Celui-ci, impassible, expliqua à Jean Lacouture sa vision toute simple des choses : « Je ne gouvernerai pas l'épée à la main mais l'épée au fourreau, battant les bottes pour que l'on sache que nous ne sommes pas faibles[2]. »

C'était le retour en force du Makhzen traditionnel, « revu et corrigé » par Lyautey, puis ressuscité par Mohammed V et son fils qui en élargit les bases politiques et sociales.

Le 7 décembre 1962, Hassan II fit approuver par référendum la nouvelle constitution qui faisait du Maroc une monarchie constitutionnelle dont la religion est l'islam et l'arabe la langue officielle. Le roi y est désigné (article 19) comme « Commandeur des Croyants », représentant « suprême » de la nation, « symbole de son unité » et « garant de la pérennité et la continuité de l'État ». Il est aussi celui qui « veille au respect de l'islam et de la Constitution » et « protège les droits et libertés, groupes sociaux et collectivités ».

Adopté à l'instigation du docteur Abdelkrim Khatib du Parti populaire et avec la caution du chef historique de l'Istiqlal, cet article faisait du souverain marocain, suivant la brillante définition du politologue casablancais Mohamed Tozy, « un monarque constitutionnel de droit divin[3] ». Un tour de force juridique qui accordait à celui « que Dieu a chargé de la haute mission de succéder au Prophète » le « contrôle » non seulement du pouvoir exécutif, mais aussi du pouvoir législatif. C'est pourquoi, y voyant une atteinte au principe de la séparation des pouvoirs, l'UNFP appela au boycott du référendum bien qu'elle comptât parmi ses membres et sympathisants un lettré de haut vol comme le vénérable Mohammed Ibn al-'Arbi 'Alaoui[4] ou encore l'« ouléma défroqué » comme l'appelle si bien Tozy, Abdallah Ibrahim, diplômé de l'Institut islamique Moulay Youssef et, enfin, le sulfureux fqih Mohammed Basri.

En tout état de cause, la lune de miel avec l'Istiqlal prit fin en janvier 1963 tandis que la monarchie, encouragée par la fin de la guerre d'Algérie, améliorait nettement ses relations avec la France, Hassan II y effectuant un premier voyage officiel en mai 1962 après avoir nommé son beau-frère Mohammed Cherkaoui comme ambassadeur à Paris. L'UNFP, éprouvée par l'échec du boycott du référendum et l'Istiqlal reléguée dans l'opposition, Guédira conçut l'idée de rassembler autour du roi tous les individus et tous les groupes qui avaient soutenu la monarchie contre les partis depuis l'indépendance. Il créa ainsi le Front démocratique des institutions constitutionnelles (FDIC) dont tout le monde prévoyait une victoire écrasante aux premières élections législatives du 17 mai 1963, suivies jusqu'à la fin de l'été d'élections communales, de celles des chambres de commerce et d'agriculture, des assemblées provinciales et, enfin, de la chambre des conseillers. Une série de consultations destinées à remodeler la vie politique marocains au cours desquelles, sous l'impulsion de Guédira, le roi s'était beaucoup impliqué personnellement. La défaite du FDIC, qui, malgré toutes les pressions sur l'électorat, surtout dans le bled, obtint un tiers à peine des sièges de la Chambre des représentants, fut perçue comme un échec non seulement de Guédira qui faisait figure d'électron libre dans le paysage politique marocain, mais d'Hassan II lui-même. Celui-ci, qui s'était efforcé jusqu'alors de ne pas se couper définitivement des partis de l'opposition, n'allait plus être épargné dans les discussions du Parlement.

Dans ce contexte explosif, un attentat contre le roi fut déjoué, à point nommé, en juillet 1963 : des dizaines de militants de l'UNFP et de l'UMT furent jetés en prison et quelques-uns de leurs militants les plus connus furent jugés et condamnés à mort, comme Abderrahmane Youssoufi, Omar Benjelloun, Moumen Diouri et le fqih Mohammed Basri. La même peine, commuée plus tard en prison à vie, fut infligée, par contumace, à l'encontre de Mehdi Ben Barka en exil en Algérie.

Nouvel homme fort du régime, le colonel Mohammed Oufkir était responsable, en tant que chef de la Sûreté nationale, de ce coup de filet destiné à décapiter l'opposition de gauche. Trois mois plus tard, l'ancien aide de camp du général Guillaume joua un rôle de premier plan dans le premier conflit militaire qui opposa le Maroc indépendant à l'Algérie : la guerre des Sables d'octobre 1963 au cours de laquelle, arguant de sa souveraineté sur des territoires marocains qui avaient été annexés, au début du XXe siècle, à l'Algérie par la France, Hassan II envoya les FAR occuper la zone désertique s'étendant entre la Hamada du Dra' et Colomb-Béchar. L'opération fut rondement menée sur le plan militaire, mais elle suscita un tollé dans les capitales africaines qui y virent une violation flagrante du principe de l'intangibilité des frontières coloniales accepté de tous les États membres de l'Organisation de l'unité africaine (OUA). Discrètement soutenu par la France, le gouvernement algérien fit appel à l'OUA qui contraignit le Maroc, le 1er novembre 1963, à retirer ses troupes tandis que d'Alger Ben Barka vilipendait Hassan II et son régime. Le Maroc renonça finalement aux territoires revendiqués et aux termes de l'accord de bon voisinage et de coopération signé à Ifran en 1969, les deux pays résolurent d'exploiter en commun les gisements de Garaa-Djébilet dont la production devait être évacuée par l'Atlantique, après la construction d'une voie ferrée vers Tarfaya.

Ressentie comme un abandon, l'attitude française amena Hassan II à se tourner vers les États-Unis pour obtenir l'aide militaire et économique dont le royaume avait besoin. Peu de temps après, l'affaire Ben Barka accéléra la rupture entre le général de Gaulle et le successeur de Mohammed V.

Annus horribilis s'il en fut, 1965 fut marquée par de violentes émeutes de lycéens, entre le 23 et le 25 mars, à Casablanca en signe de protestation contre les restrictions de passage dans le secondaire. Ministre de l'Intérieur depuis un an, Oufkir fit intervenir les blindés pour dégager le centre-ville, saccagé par les manifestants. D'autres explosions de violence eurent lieu à Fès, Meknès, Marrakech et Rabat. Bilan : des dizaines de morts et de blessés ainsi que des arrestations massives dans les milieux estudiantins. L'état d'exception fut proclamé le 7 juin, la Constitution suspendue et le Parlement dissous. Hassan II décida d'assumer lui-même la direction du gouvernement.

Le 29 octobre, Mehdi Ben Barka fut enlevé en plein jour à Paris, puis assassiné par des hommes au service du général Oufkir. Quelques mois auparavant, Hassan II avait invité son ancien professeur de mathématiques à revenir au Maroc parce que, lui aurait écrit le souverain, il avait « une grave équation » à résoudre dans le royaume.

Les relations entre la France et le Maroc connurent dès lors la plus grave crise de leur histoire depuis 1956 : exigeant l'extradition du général Oufkir et de son adjoint, le colonel Ahmed Dlimi, le général de Gaulle rappela son ambassadeur au Maroc. Le 5 septembre 1966, les deux hommes furent condamnés à mort par contumace par la justice française, qui lança contre eux des mandats d'arrêt internationaux. Par un geste théâtral qui lui sauva la mise, le colonel Dlimi vint se constituer prisonnier en France le 19 octobre 1966 « pour laver l'honneur de son pays ». Un nouveau procès s'ouvrit, après complément d'enquête, en avril 1967. Il se termina par la relaxe, faute de preuves, du colonel Dlimi et la condamnation à perpétuité du général Oufkir. Le verdict fut prononcé le 5 juin 1967. Il passa inaperçu, l'attention du monde entier étant tournée ce jour-là sur un drame aux dimensions planétaires qui avait pour scène le Proche-Orient : la guerre des Six Jours opposant Israël à ses voisins arabes auxquels le Maroc avait tenu à apporter son concours en envoyant ses soldats combattre aux côtés de la Syrie.

Quant aux rapports franco-marocains, ils continuèrent à subir le contrecoup de l'« affaire Ben Barka » jusqu'au départ du général de Gaulle de l'Élysée. Ce n'est que sous Georges Pompidou que les relations diplomatiques entre les deux pays furent rétablies, le 19 décembre 1969. Signe des temps : c'est l'un des fils de l'ancien pacha de Marrakech, Abdelsadeq el-Glaoui, qui fut nommé ambassadeur à Paris, après une rupture de cinq ans.

Années de plomb, années de complots

Un vent mauvais soufflait décidément sur le Maroc au cours de ces années 1960 : développement économique en berne, croissance démographique en flèche, bureaucratie corrompue, système scolaire embouteillé, ascenseur social en panne, déficit public, chômage et inflation en hausse, grèves ouvrières et scolaires multiples – tous les ingrédients d'une situation sociale explosive, doublée d'une atmosphère politique délétère. L'armée et ses officiers, dont Oufkir était l'archétype, demeuraient, comme à l'époque précoloniale, la colonne vertébrale du régime. Elle était son principal point d'appui face aux élites urbaines acquises à l'Istiqlal, l'UNFP, l'UMT et l'Unem (Union nationale des étudiants du Maroc) quand ce n'était pas au parti communiste et à sa branche dissidente, Ila al-Amam (« En avant ») conduite par Abraham Serfaty[5].

Dans un souci évident d'apaisement, Hassan II leva l'état d'exception le 7 juillet 1970 et annonça simultanément la préparation d'un nouveau projet de constitution qui fut soumis à référendum le 31 juillet. Approuvée par plus de 93 % des votants, malgré l'opposition de l'Istiqlal et de l'UNFP qui la trouvaient antidémocratique, la nouvelle constitution n'était pas bien différente, il est vrai, de la précédente, du moins s'agissant du statut du souverain et de la place centrale qu'il détenait dans le système. De nouvelles élections furent organisées les 21 et 28 août. Elles furent boycottées par l'Istiqlal et l'UNFP, réunis sous la bannière du Front national, ou *Koutla Wataniya* : un « mariage contre nature » déclara à ce propos Hassan II : « Un regroupement religieux, algébrique et poétique[6]. » Contrairement au bled, acquis d'avance à la monarchie et qui se rendit massivement aux urnes, le taux d'abstention fut très élevé dans les grandes villes, atteignant jusqu'à 50 % des inscrits à Fès et 33 % à Rabat. Proche du palais, le Mouvement populaire rafla, comme prévu, la majorité. L'Istiqlalien Ahmed Laraqi garda la tête du gouvernement où officiait également un autre dirigeant historique de son parti, Mohammed al-Fassi, ministre des Affaires culturelles. Écartée depuis longtemps des affaires, il ne restait plus à l'opposition qu'à enregistrer les coups portés à la liberté d'expression par Oufkir dont les services traquaient férocement étudiants et enseignants du Mouvement du 23 mars, dissidents de l'UNFP et ceux d'Ila al-Amam, dissidents du PCM.

Ainsi donc, la nouvelle expérience démocratique tourna court. Le système politique était plus que jamais dans l'impasse au moment où, sur le plan économique, le pays connaissait un début d'embellie marqué par l'accélération de la réforme agraire, la construction de nouveaux barrages et la relance de l'agriculture d'exportation, l'augmentation de la production minière, l'accroissement des investissements dans le secteur hôtelier et la création d'un véritable tourisme de masse.

Le royaume s'était subitement transformé en un véritable chantier : revêtant les habits de bâtisseur de ses augustes prédécesseurs, Hassan II entreprit de restaurer les palais royaux de Meknès, de Fès, de Tanger et de Marrakech. À Rabat, il édifia, au pied de la tour Hassan, le superbe mausolée en marbre où repose Mohammed V, et à Casablanca il réaménagea – autre hommage à son père – la place Mohammed V, avant de se lancer, au crépuscule de son règne, dans la construction de la grandiose mosquée de Casablanca – la deuxième par son envergure après la Mosquée de La Mecque –, bâtie à même l'Océan.

C'est dans ce contexte, marqué par l'impasse politique, la répression policière et la corruption, qu'intervint, le 10 juillet 1971, la première tentative de coup d'État qui ébranla le régime.

Ce jour-là, dans son palais de Skhirat, à une vingtaine de kilomètres au sud de Rabat, Hassan II célébrait son quarante-deuxième anniversaire. Un millier de convives, étrangers et marocains, ministres, ambassadeurs, députés, officiers supérieurs, hauts fonctionnaires, hommes d'affaires, journalistes de la presse nationale et internationale, assistaient à la garden-party, dans une atmosphère très détendue et insouciante de pique-nique sur la côte :

> On joue au golf, aux boules, on nage dans les piscines. Tout le monde est joyeux, raconta plus tard Hassan II. En short, j'ai déjà fait deux fois le tour de mes invités. Ils sont plus de huit cents. Il y a là les ambassadeurs de France, des USA, de l'URSS, de Belgique, ceux des pays arabes, les membres du gouvernement, d'anciens ministres, des hommes de science, des écrivains, des artistes de tous les pays du monde[7].

Vers 14 heures, alors que le roi s'était éclipsé dans son palais pour déjeuner, des détonations retentirent de tous côtés. Les invités crurent d'abord que c'étaient des pétards de fête, mais les explosions et les tirs de mortier qui éclatèrent aussitôt leur firent prendre conscience de la gravité de l'instant. Ce fut la débandade : les personnalités qui essayaient de sortir étaient abattues à bout portant par des militaires armés de mitraillettes – ils étaient

1 400 en tout – qui obligèrent tous les invités, agglutinés autour des buffets dressés dans les bungalows, à se coucher à plat ventre.

C'étaient les cadets de l'école de sous-officiers d'Ahermoumou, conduits par leur commandant, le colonel M'Hammed Ababou, lui-même aux ordres du général Mohammed Medbouh, chef de la maison royale : un « homme d'intelligence bornée », disgracié et au bord d'être destitué, selon le jugement royal[8], mais, suivant une autre version, un homme choqué par une énorme affaire de corruption, qui s'était résolu à renverser le régime et à installer une république à sa place.

Une centaine de convives furent tués dans cette fête sanglante et deux cents autres blessés – parmi lesquels Mohamed b. al-Hassan al-Ouazzani, le dirigeant du PDI. Le général Medbouh lui-même y perdit la vie dans des circonstances pour le moins mystérieuses : voulant au départ faire abdiquer pacifiquement Hassan II, il fut tué après qu'il eut été vu, quelques instants plus tôt, en conversation avec le colonel Ababou qui voulait, lui, un coup d'État brutal « à la libyenne ». Laissant les survivants sous la garde d'une poignée de soldats, celui-ci partit avec le gros de la troupe à Rabat et annonça à la radio la mort du roi et la proclamation de la république. Sur place, les coups de feu s'espacèrent et vers 17 heures le roi sortit de sa cachette, entouré du Premier ministre Ahmed Laraqi, du chef de la sûreté nationale, Ahmed Dlimi, ainsi que du dirigeant de l'Istiqlal Ahmed Balafrej. Faisant montre d'un courage étonnant, le souverain se fit reconnaître des cadets, qui, saisis de stupeur, lui firent aussitôt allégeance : « Quelques instants plus tard, nous récitons *Al-Fatiha*. La situation est retournée. Il est 17†h†20 », écrivit-il. Des cris fusèrent alors de toutes parts : « Vive le roi ! », repris en chœur par les survivants et… les mutins. Le coup d'État avait échoué.

Un coup d'État de sous-développés, ironisa Hassan II le lendemain.

Le général Oufkir prit ensuite les choses en main. Deux jours plus tard, le colonel Ababou était tué. Une cour de sûreté de l'État fut créée pour juger tous les cadets ayant pris part à la mutinerie. Dix officiers supérieurs dont quatre généraux, tous amis d'Oufkir, furent condamnés à mort et passés par les armes, en présence du ministre. De lourdes peines de prison furent infligées à une quarantaine de cadets : ils furent acheminés en 1973 au bagne de Tazmamart, dans l'est du pays, qui allait devenir, au cours des années suivantes, le très tristement célèbre mouroir des « années de plomb » du règne d'Hassan II.

Au lendemain du putsch, qui fut accueilli par un silence étonnant dans le pays, le roi suspendit le Parlement et forma un nouveau gouvernement confié à Karim Lamrani qu'il chargea notamment de lutter contre la corruption. Le général Oufkir y détenait les fonctions de ministre de la Défense en plus de chef d'état-major des FAR. Une troisième Constitution fut approuvée par référendum le 30 mars 1972, mais à la suite de l'échec des pourparlers avec l'opposition officielle (la *Koutla*), aucune date ne put être fixée pour de nouvelles élections générales. Une nouvelle impasse politique que le général Oufkir aurait mis à profit pour renverser le régime, cette fois, selon les informations recueillies par Stephen Smith, avec le concours… du *fqih* Mohammed Basri qui était de tous les complots contre la dynastie alaouite depuis 1956[9].

Le 16 août 1972, en effet, alors qu'il revenait de France après une escale à Barcelone, le Boeing personnel d'Hassan II fut attaqué en plein vol au-dessus de Tétouan, par quatre F-5 de la base aérienne de Kenitra. L'appareil fut touché mais parvint à effectuer un atterrissage en catastrophe à l'aéroport de Rabat-Salé. Les avions militaires lâchèrent à nouveau des roquettes en direction du Boeing royal, puis sur le palais royal, faisant en tout une dizaine de morts. Mais le roi était sain et sauf et le complot échoua. Le lendemain, la presse marocaine annonçait la mort du général Oufkir. Un « suicide par trahison », expliqua, dans une conférence de presse le 21 août, Hassan II, qui ordonna l'arrestation de l'épouse du général félon et de leurs six enfants, ainsi que leur enfermement dans un lieu tenu secret pendant une vingtaine d'années.

Comme après Skhirat, les observateurs furent étonnés du calme, frôlant l'indifférence, de la population qui avait failli perdre son roi à deux reprises en un an. Le 19 octobre s'ouvrit à Kenitra le procès des 220 officiers et soldats impliqués dans le complot du Boeing. Onze condamnations à mort y furent prononcées ainsi qu'une trentaine de lourdes peines de prison. L'armée était décapitée. Depuis Skhirat, elle avait perdu une dizaine de généraux et la moitié de ses colonels. Son pouvoir ébranlé et ne pouvant plus compter aveuglement sur l'armée, Hassan II se voyait acculé à donner une nouvelle orientation, moins répressive et plus consensuelle, à son régime. L'affaire du Sahara allait lui en fournir l'occasion.

En attendant et comme pour conforter les rumeurs sur les accointances d'Oufkir avec le fqih Mohammed Basri et le régime algérien, un nouveau complot fut dévoilé le 3 mars 1973 : quelque 250 guérilleros en armes partis du territoire algérien furent interceptés à Moulay-Bouazza, au Moyen Atlas, ainsi qu'à Figuig et dans diverses autres localités de l'est et du nord du pays pendant que des attentats étaient commis contre des bâtiments publics à Rabat et Casablanca dont le théâtre Mohammed V et le consulat américain. L'insurrection réprimée, le nouvel homme fort du pays, Ahmed Dlimi, fit des coupes sombres dans les rangs de l'UNFP et l'Unem dont plusieurs adhérents furent condamnés à mort puis exécutés. Pépinière des étudiants et des professeurs d'extrême gauche, l'université Mohamed V de Rabat, fréquemment en grève, fut mise au pas[10] : son institut de sociologie fut démantelé, ses départements d'histoire et de sciences humaines arabisés et celui de philosophie contraint de faire une plus grande place à la pensée islamique. Auparavant, un service civil de deux ans avait été instauré : une mesure « citoyenne » imaginée par le pouvoir pour éloigner les activistes des campus et un moyen peu coûteux pour résorber le chômage inquiétant des diplômés.

Un nouveau départ : la Marche verte et la question du Sahara-Occidental

Grand comme la moitié de l'Espagne qui l'occupait depuis la fin du XIXe siècle et coincé entre le Maroc, la Mauritanie et l'Algérie qui le lorgnaient à mesure que les perspectives de sa décolonisation se précisaient, le reste du monde ignorait à peu près tout du Sahara-Occidental jusqu'en 1963, date à laquelle Rabat fit appel aux Nations unies pour réclamer le retour au Maroc de l'enclave d'Ifni et de cet immense désert qui lui était attenant. La découverte, la même année, dans ce territoire, incontestablement marocain et qui fut pacifié naguère par le sultan Moulay Hassan et le cheikh Ma al-Aynain, des fabuleux gisements de phosphates de Bou-Craa avec leur réserve de près de 2 milliards de tonnes était sûrement pour quelque chose dans cette initiative du gouvernement chérifien. Mais ce fut un coup d'épée dans l'eau. Laissant prudemment son opposition nationaliste réclamer à cor et à cri le rétablissement du Grand Maroc dans ses frontières historiques, de la Méditerranée au Sénégal et de l'Atlantique au Touat et à Tombouctou, Hassan II fut bien inspiré de ne pas brusquer les choses avec Madrid. En 1969, Franco accepta de lui rétrocéder l'enclave d'Ifni, sans grand intérêt autre que symbolique, et, en signe de reconnaissance, le souverain supprima son ministère de Mauritanie et du Sahara. Encouragé par ce geste, le gouvernement espagnol s'engagea dans un timide processus de décolonisation du territoire saharien et accorda à ses misérables et fort peu nombreux habitants (100 000 à 200 000 personnes) un statut d'autonomie interne. Un régime qui s'accommodait fort bien de l'exploitation des ressources minières du pays par les Espagnols, qui y avaient aussi la haute main sur sa défense militaire.

Telle était, à peu de changements près, la situation du Sahara-Occidental jusqu'en 1975. Dans l'intervalle, le Maroc avait accepté le principe de l'autodétermination du Sahara, reconnu l'indépendance de la Mauritanie et renoncé définitivement à Tindouf. En contrepartie, l'Algérien Boumedienne et le Mauritanien Ould Daddah promirent à Hassan II, en 1970, de collaborer avec lui dans l'œuvre de décolonisation du Sahara.

Les choses en restèrent là jusqu'en 1974, lorsque le général Franco fit connaître aux notables d'El-Aioun, la capitale saharienne, que l'Espagne considérait le « peuple sahraoui » comme le seul maître de sa destinée et qu'elle lui accorderait l'autodétermination aussitôt qu'il la demanderait librement. Entre-temps, Madrid entendait établir dans le pays « un régime de participation progressive du peuple saharien à l'administration de ses propres affaires ». Les intentions du Caudillo étaient claires : l'Espagne voulait se maintenir indéfiniment au Sahara par le truchement d'une structure locale fantoche appelée Jamaa saharienne. La réaction marocaine ne se fit pas attendre : le 6 juillet 1974, Hassan II adressa un message de protestation très ferme à Franco l'avertissant que le Maroc « se réservait le droit d'agir en conséquence ».

Passant outre à cette mise en garde, Madrid informa le 21 août le secrétaire général de l'Onu de son intention d'organiser un référendum d'autodétermination au cours du premier semestre 1975. Hassan II réagit vivement à cette annonce : il réclama le « retour » du Sahara et le retrait immédiat des troupes espagnoles. Dans le même temps, il menaça la Mauritanie et l'Algérie de réviser son attitude à leur égard si elles ne soutenaient pas le Maroc contre l'Espagne. Pour montrer sa détermination, le roi du Maroc nomma le colonel Dlimi au commandement de la région militaire de Tarfaya tandis que les FAR recevaient d'importantes livraisons d'armes des États-Unis.

Au cours des mois suivants, le Maroc eut de bonnes raisons de croire que la question saharienne était en passe d'être réglée à son avantage. En octobre 1974, il signait avec la Mauritanie un accord secret sur le partage entre les deux pays : le nord du Rio de Oro avec les phospahes de Bou-Craa et le port d'El-Aioun au royaume chérifien et le reste du pays à la Mauritanie. En représailles, l'Algérie accorda ouvertement son appui militaire au Polisario, le Front populaire de libération de la Saqiya al-Hamra et du Rio de Oro, qui, animé par de jeunes intellectuels formés au Maroc et en Espagne et recrutant ses adeptes dans les camps de réfugiés situés en Algérie, se considérait comme le représentant authentique du peuple sahraoui. Il passa à l'action à partir de février 1975 en multipliant actes de sabotage et manifestations contre les Espagnols avant d'affronter directement les armées marocaine et mauritanienne.

Autre initiative réussie du gouvernement marocain, cette fois avec l'appui de l'Espagne : la requête adressée à l'Onu d'envoyer une mission d'enquête au Sahara et de demander l'avis de la Cour internationale de justice sur les droits du Maroc dans cette région. Ce qui fut fait le 13 décembre 1974, l'Assemblée générale invitant dans le même temps l'Espagne à surseoir au référendum jusqu'au verdict du tribunal de La Haye. Sans attendre cette échéance, le gouvernement espagnol annonça le 21 mai 1975 sa décision de quitter immédiatement le Sahara-Occidental. Ce fut le branle-bas de combat. Tandis qu'Alger montait au créneau pour soutenir l'indépendance du Sahara et que le secrétaire général des Nations unies faisait la tournée des capitales du Maghreb pour calmer les esprits, Hassan II se montrait plus combatif que jamais : dans un message solennel à son peuple, le 29 août 1975, il déclara qu'il recourrait aux armes si c'était nécessaire pour récupérer le Sahara. Tout le monde comprit qu'il n'attendait qu'une chose pour se décider : la décision de la Cour internationale de justice, qui tomba effectivement le 16 octobre 1975.

Prudente et ambiguë à souhait, la décision fut accueillie avec satisfaction par toutes les parties : chacun y trouvait la confirmation de son point de vue. Hassan II le premier, qui, proclamant que la Cour internationale lui donnait raison, annonça le même jour à la télévision marocaine une décision spectaculaire : la marche pacifique de 350 000 volontaires – nombre égal à celui des Marocains nés chaque année – sur El-Aioun par Marrakech, Agadir et Tarfaya. L'usage des armes n'était pas exclu : « Si des forces autres qu'espagnoles, menaça-t-il, tentent de s'opposer à notre avance, nous aurons recours à l'autodéfense. »

Le secrétaire général de l'Onu revint en toute urgence au Maghreb. Les négociations reprirent entre le Maroc, la Mauritanie et l'Espagne. Franco était mourant et le gouvernement madrilène divisé. La tension avec l'Algérie était à son paroxysme.

Des messages de soutien affluaient de tous les coins du pays sur le bureau d'Hassan II qui, à la manière des anciens rois 'alawites, transféra son cabinet à Marrakech puis à Agadir, en prévision du départ annoncé de la *Mahalla* de volontaires vers le Grand Sud. Le 3 novembre, le cheikh de la Jama'a saharienne d'El-Aioun, Khatri Ould Sidi Sa'id al-Jumani, vint faire acte d'allégeance (*bay'a*) au roi du Maroc. Le lendemain, sous la photo, comme sortie d'un autre temps, du chef saharien à genoux face à Hassan II, ce titre triomphant de *Maroc-Soir* : « L'autodétermination ? La voilà. » Le même journal annonçait à ses lecteurs que la *khutba* du vendredi était déjà récitée,

« comme toujours », au nom du roi du Maroc dans les villes sahariennes.

Enfin, le 6 novembre, d'Agadir, Hassan II lança l'ordre d'entrer sur le territoire saharien aux 306 500 volontaires – dont 10 % de femmes – et 43 500 fonctionnaires et officiels venus de toutes les provinces et réunis à Tarfaya.

« Ce sont les soldats de l'an II », s'exclama l'historien Abdallah Laroui devant le spectacle incroyable de milliers de personnes appartenant à toutes les classes de la société marocaine, prenant part à la *Massira Khadra* (« Marche verte ») :

> Brandissant drapeaux rouge et corans verts, avec leurs choukaras sur la poitrine, leur couverture roulée sur le flanc, leur gourde d'eau pendant à la ceinture, leur bâton à la main, dans leurs grosses djellabas et leurs sandales usées, ils avancent en foulées rapides et puissantes, humbles et fiers à la fois, rythmant leurs pas sur des récitations religieuses, chants et sourates [11].

Reflétant la physionomie sociale du pays, l'écrasante majorité des marcheurs était originaire du monde rural et plus particulièrement des régions du Sud autour d'Agadir, Tiznit, Marrakech, Ouarzazate, Ksar-el-Souk et Tarfaya. Parmi les grandes villes, Casablanca, avec 35 000 volontaires, était en tête de liste, suivie de El-Jadida, Fès, Rabat, Meknès, Kenitra, Settat. Pour des raisons liées sûrement à l'éloignement géographique, Tanger avec ses 500 volontaires – autant que Nador et Chaouen – fut la cité la moins bien représentée dans la Marche verte [12].

Le 9 novembre, après une visite à Agadir du ministre espagnol de la Présidence, Carro Martinez, Hassan II déclara la Marche verte terminée et donna l'ordre de repli aux marcheurs qui se trouvaient à une douzaine de kilomètres au-delà de la frontière méridionale du royaume : « Ils viennent d'écrire l'une des pages les plus glorieuses de notre histoire, déclara-t-il à son peuple. Les jeunes liront l'épopée de nos volontaires comme nous avons lu l'*Anabase* du Grec Xénophon ou le récit de la Longue Marche de notre ami Mao Zédong au début de ce siècle[13]. »

Les négociations reprirent immédiatement à Madrid. Elles aboutirent le 14 novembre à un accord tripartite entre l'Espagne, le Maroc et la Mauritanie. Il fixait au 28 février 1976 le départ des troupes espagnoles et faisait entrer des délégués marocains et mauritaniens dans l'administration intérimaire de la province. L'accord prévoyait également une cogestion hispano-marocaine des gisements de Bou-Craa, avec une participation marocaine de 65 % et une participation espagnole de 35 %.

Le 27 novembre, les troupes du colonel Dlimi se trouvaient déjà à Smara. Le 11 décembre, elles entraient dans El-Aioun (devenue Laâyoune) tandis que Royal Air Maroc inaugurait la ligne Rabat-El-Ayoun. Le 15 janvier 1976, les Espagnols avançaient leur départ et quittaient définitivement Villa Cisneros, l'emplacement supposé de Santa Cruz de Mar Pequeña, le plus vieil établissement espagnol sur la côte méridionale, datant de l'époque des Grandes Découvertes.

Au Maroc ce fut l'euphorie. En totale communion avec son roi depuis 1974, le population marocaine avait l'impression de revivre les belles journées du printemps 1956. L'union nationale, appelée de ses vœux par le chef de l'État au lendemain du complot de 1972, n'était plus un vain mot. Même le communiste Ali Yata y allait de sa prose patriotique pour soutenir les efforts déployés par Hassan II en vue de récupérer les dernières parcelles du territoire national colonisées par l'Espagne. Avec Abderrahim Bouabid de l'UNFP, il parcourut les pays de l'Est qui étaient jusqu'alors les meilleurs amis du colonel Boumedienne et du Polisario. Les Istiqlaliens n'étaient pas en reste : ils furent envoyés défendre la cause marocaine au Proche-Orient et dans les pays du Golfe. Chantre infatigable du Grand Maroc, 'Allal al-Fassi fut terrassé, le 13 mai 1974, par une crise cardiaque à Bucarest : il était venu entretenir le président roumain Nicolas Ceaucescu de la question du « Sahara spolié ». Même la communauté juive – devenue squelettique depuis 1967 – fut mise à contribution dans cette offensive diplomatique tous azimuts : ses représentants furent sollicités pour intervenir auprès des dirigeants du judaïsme américain et obtenir par leur intermédiaire le soutien de la presse américaine et du Congrès à la position du Maroc dans le conflit qui l'opposait à l'Espagne et à l'Algérie. Visité en secret, entre 1976 et 1977, par les généraux israéliens Itzhaq Rabin et Moshé Dayan, le Maroc prit une part active, à partir de ce moment, aux efforts de paix au Proche-Orient. Quelque peu désarçonné par la tornade qui balaya le monde arabe après la signature, en 1977, des accords de paix de Camp David entre Sadate et Menahem Begin, Hassan II rompit néanmoins ses relations avec l'Égypte et ajouta à ses nombreux titres de gloire, en 1979, celui de président du Comité al-Qods, gardien du troisième lieu saint de l'islam. À la clé, l'aide substantielle du roi d'Arabie Saoudite et des émirs du Golfe, qui lui permit de mener à bien sa guerre du Sahara face à l'Algérie et à la Libye. Le Maroc accueillit dès lors successivement plusieurs sommets arabes et islamiques à Rabat, Fès et Casablanca entre 1981 et 1985. Ce qui n'empêcha pas Hassan II de recevoir en juillet 1986, à Ifrane, le Premier ministre israélien Shimon Pérès. Une visite qui lui valut les vives reproches de l'OLP de Yasser Arafat ainsi que la rupture de l'étonnante Union arabo-africaine créée, trois ans auparavant, à la stupéfaction de la communauté internationale, avec l'infréquentable Mu'ammar Kadhafi de Tripoli. C'était à donner le tournis aux médias du monde entier : le 19 août 1985, le pape Jean-Paul II était reçu en grande pompe à Casablanca et, le 20 juillet 1987, Hassan II déposait officiellement la candidature du Maroc à la CEE. Enfin, en 1988, ce fut la réconciliation avec l'Algérie et le rétablissement des relations diplomatiques entre les deux pays.

Seule voix discordante, à l'intérieur du royaume, dans le concert de louanges au roi et à sa politique saharienne et étrangère, le mouvement d'extrême gauche Ila Al-Amam se prononça pour l'autodétermination des Sahraouis. Violant ainsi le consensus national autour de la marocanité du Sahara, le chef de l'organisation, Abraham Serfaty, et plusieurs dizaines de ses camarades furent arrêtés en novembre 1974, torturés puis condamnés à perpétuité, début 1977, à Casablanca, pour atteinte à la sûreté de l'État.

Sur le terrain, les choses se gâtèrent assez rapidement et entre le Maroc et l'Algérie rien n'allait plus : guerre de communiqués puis guerre tout court, d'abord par Polisario interposé puis frontalement. Mieux préparés que les Mauritaniens, les Marocains taillèrent en pièces, fin janvier, un bataillon algérien venu porter secours au Polisario qui proclama le 28 février 1976 l'indépendance d'une « République sahraoui démocratique ». Moins bien vue, dans l'opinion arabe, que l'Organisation de libération de la Palestine, par exemple, la guérilla saharienne s'attaqua, fin mai, aux installations de Bou-Craa ainsi qu'au port de Laâyoun. Les pertes furent considérables tant du côté marocain que du côté algérien et saharien. Concentrant ensuite ses raids sur la Mauritanie et son président Ould Daddah, qui perdit le pouvoir juste après, le Polisario contraignit Nouakchott à sortir du conflit en juillet 1978. Désormais seul face au Polisario, qui disposait de 20000 à 30000 combattants, le Maroc paya un lourd tribut au cours des trois années suivantes dans la guerre d'usure que lui livrait, avec succès, l'organisation saharienne jusqu'au sud du Dra'. Afin de réduire les pertes – très importantes à Amgala, Mahbès, Tan-Tan, Dakhla (ex-Villa Cisneros), Boudjour et Smara, Dlimi résolut de limiter la présence de son armée au seul « Sahara utile » comprenant les villes du littoral et les installations de Bou-Craa. Une série de murs de défense entourant ce territoire et inspirés de la ligne Bar-Lev israélienne le long du canal de Suez furent construits à partir de 1981 par le Maroc, puissamment armé par la France et les États-Unis. Dès lors, perdant graduellement l'avantage de la guerre de mouvement, le Polisario se borna à des opérations de plus en plus localisées mais non moins meurtrières. Devant l'offensive diplomatique lancée par l'Algérie sur la scène africaine, Hassan II provoqua la surprise lors du sommet de l'OUA à Nairobi, en juin 1981, lorsqu'il annonça son intention d'organiser un référendum dans les territoires annexés par son pays, reprenant ainsi à son compte la vieille proposition espagnole qui avait suscité sourires et quolibets dans les chancelleries pour son manque de sérieux. Le souverain marocain était loin cependant d'en avoir fini avec le Sahara et avec les attaques du Polisario, qui s'accentuèrent d'année en année jusqu'à la fin de la décennie 1980. Début 1983, le chef de la zone sud de l'armée marocaine, Ahmed Dlimi, mourut à Marrakech dans des circonstances jamais éclaircies.

Un Maroc nouveau

« Cette Marche a fait de nous un peuple nouveau. Un Maroc nouveau vient de naître… », avait déclaré à son peuple, Hassan II au faîte de sa gloire, le 17 novembre 1975. Force est de constater que la formule n'était pas de pure propagande. Le dialogue fut renoué avec l'opposition – Istiqlal et UNFP, devenu depuis 1975 Union socialiste des forces populaires (USFP) et de nouvelles élections communales et municipales eurent lieu le 12 novembre 1976. Le 3 mars 1977, un gouvernement d'union nationale fut formé en vue de la préparation des élections législatives, qui eurent lieu le 2 juin de la même année. Les candidats de la majorité organisés autour du Rassemblement national des indépendants (RNI), du Mouvement populaire (MP) de Mahjoubi Ahardane et du Mouvement populaire démocratique constitutionnel (MPDC) remportèrent le scrutin. L'Istiqlal s'en sortit plutôt bien, mais l'USFP fut largement battue, son chef historique Abderrahim Bouabid ne parvenant même pas à être élu dans son fief d'Agadir. S'appuyant sur la nouvelle centrale syndicale, la Confédération démocratique du travail (CDT), l'USFP passa les vingt années suivantes dans l'opposition tandis que l'Istiqlal intégrait, sans état d'âme aucun, le gouvernement conduit par le beau-frère du roi, Ahmed Osman : le chef du parti Mohammed Boucetta fut nommé ministre des Affaires étrangères et Azzeddine Laraki, ministre de l'Éducation nationale. Neutralisant ainsi l'ancien parti d'Allal al-Fassi sur la question saharienne, le monarque allait le mettre entièrement sous sa coupe en le laissant faire entrer les départements d'études islamiques dans les universités et accélérer l'arabisation de l'enseignement secondaire. Ministre de l'Éducation, puis président du Conseil jusqu'en 1992, Laraki allait ainsi faire appel à des enseignants saoudiens et permettre, de la sorte, à l'islamisme de s'épanouir au grand jour dans les campus ; il ferma, dans le même temps, les départements de l'université (ceux des sciences notamment) où les cours étaient en français aux bacheliers arabophones, qui, victimes d'un enseignement au rabais, devaient grossir fatalement les rangs des chômeurs diplômés dont le taux approchait les 33 % en 1997. Dès lors, seuls les enfants issus des milieux favorisés ayant étudié dans des écoles privées ou étrangères (les établissements de la « Mission française » notamment) pouvaient accéder aux facultés de leur choix ou, quand ils en avaient les moyens… et les visas nécessaires, partir à l'étranger commencer des études supérieures. Ce qui explique, entre autres, pourquoi les Marocains constituent depuis ces années en France, la principale communauté étrangère au sein des élèves des grandes écoles d'ingénieurs (X, Centrale, Mines) et des écoles de commerce [14]. Un indice qui en dit long sur l'état de l'enseignement supérieur au Maroc : en 2005, le royaume disposait de 0,56 médecin pour 1 000 habitants contre 1,13 en Algérie, 1,34 en Tunisie et 3,34 en France. L'espérance de vie des Marocains s'était néanmoins beaucoup allongée depuis la fin des années 1950 : de 49,2 ans pour l'ensemble de la population en 1967 à 59,1 en 1980, 65,4 en 1987 et 71,7 en 2006.

Sur le plan économique, on ne parlait plus depuis le début des années 1970 que de marocanisation, celle des anciennes terres de colonisation, en premier lieu, mais aussi celle de nombreuses entreprises commerciales et industrielles toujours aux mains des étrangers, seize ans après l'indépendance. C'est ainsi que, parallèlement à la récupération de 300 000 hectares de terres coloniales, l'État obligea les sociétés étrangères à céder la moitié au moins de leurs avoirs à des ressortissants marocains. C'était le lancement d'une nouvelle stratégie économique fondée sur le développement du secteur privé et stimulée par des déficits budgétaires et des emprunts à l'étranger, restés jusque-là très limités. L'Arabie Saoudite, les Émirats du Golfe, les États-Unis, la France, le FMI, la Banque mondiale et les grandes banques commerciales fournirent les ressources nécessaires à cette nouvelle politique qui tablait aussi sur l'envolée du cours des phosphates après 1973. La guerre du Sahara, le rôle d'Hassan II comme président du comité Al-Qods et son soutien à l'Occident facilitèrent bien les choses. Le résultat de cette politique fut nettement positif : réforme agraire et extension des terres de culture, développement de l'industrie manufacturière, de celle des textiles, des produits chimiques et de l'agroalimentaire notamment, etc. Par ailleurs, en plus des emplois laissés vacants par le départ des Juifs et des expatriés européens, l'administration, soucieuse de combattre le chômage des jeunes diplômés, créa à leur intention des dizaines de milliers de nouveaux postes dans la fonction publique. Renouant avec les années fastes du Protectorat, l'économie marocaine connut ainsi une croissance de plus de 7 % par an entre 1973 et 1977. L'argent abondant et les taux d'intérêt très bas sur les places financières firent le reste : importation accrue de biens d'équipement et de consommation (voitures, téléviseurs, appareils électroménagers, etc.), mise en chantier de travaux onéreux, besoins plus grands en pétrole et en gaz, endettement des ménages et de l'État, etc. Le réveil fut rude, au début de la décennie suivante, quand le Maroc se rendit bien compte qu'il vivait au-dessus de ses moyens.

Endetté à hauteur de 18 milliards de dollars en 1983, dont plus de 11 milliards de dette civile – l'équivalent de plus d'un an de PIB –, il demanda à ses créanciers (FMI, Club de Paris regroupant les gouvernements et Club de Londres regroupant les banques commerciales) des prêts complémentaires afin de relancer l'investissement, et le rééchelonnement de sa dette. Ce qu'il obtint sans difficulté, mais à condition de procéder à un « programme d'ajustement structurel » de dix ans comportant la réduction drastique des subventions aux produits de première nécessité (farine, sucre, huile, thé, etc.), une meilleure répartition des impôts et des taxes, le blocage des salaires et le dégraissage de la fonction publique, l'allègement des programmes sociaux, la baisse des droits de douanes, la suppression des monopoles commerciaux et la libération des importations, la circulation des capitaux et, enfin, la privatisation des entreprises publiques – en somme, la libéralisation de l'économie du Maroc et son entrée dans l'ère de la mondialisation[15]. Les produits de consommation courante augmentèrent aussitôt ainsi que le chômage, tandis que le taux de croissance chutait aux alentours de 3 % jusqu'à la fin des années 1980. Sensible dès 1981, la détérioration de la situation économique, due à la chute des exportations de phosphates, à la hausse du prix du pétrole et aux conséquences de la guerre du Sahara, fut à l'origine des violentes émeutes de Casablanca les 20 et 21 juin 1981. La répression y fut aussi sanglante qu'en 1965. Les « émeutes du pain » s'étendirent ensuite à d'autres villes du royaume, à Marrakech, Oujda, Tétouan, Nador et Al Hoceima, notamment.

Dans l'ensemble, Hassan II réussit son pari libéral. Les indicateurs économiques reprirent des couleurs à partir du milieu des années 1980 : baisse de la dette publique, augmentation des recettes fiscales, montée en flèche du tourisme jusqu'en 1992, hausse des exportations malgré une facture pétrolière très lourde, récoltes abondantes après trois mauvaises années de sécheresse, etc. Dès lors, la marocanisation de l'économie, suivie par la libéralisation – que les mauvaises langues appelèrent la « larakisation », du nom du Premier ministre Azeddine Laraki qui hantait les allées du pouvoir depuis le début des années 1970 –, s'avéra très bénéfique à la bourgeoisie marocaine : les deux tiers des capitaux marocanisés, au cours de cette décennie, passèrent aux mains d'une quarantaine de familles[16]. À côté des Fassis, prépondérants dans le secteur bancaire, on vit apparaître une nouvelle catégorie de capitalistes marocains : les Soussis, épiciers et petits industriels berbères du Sous dont le dynamisme, le sens des affaires et la solidarité familiale firent merveille dans la petite distribution à Casablanca et à… Paris. Grâce à eux, la ville d'Agadir, rasée par le séisme de 1960, devint rapidement une métropole industrielle, touristique et commerciale de premier plan, disputant à Tanger la place de cinquième grande ville du pays, après Casablanca, Rabat, Fès et Marrakech, à la fin du XXe siècle.

Renforcée par le sentiment d'euphorie générée par l'union sacrée autour du Sahara, la transformation économique prépara la voie à l'entrée dans le gouvernement d'union nationale de Karim Lamrani du dirigeant de l'USFP Abderrahim Bouabid et celle plus étonnante encore d'Ali Yata, le chef historique du Parti communiste marocain qui avait changé son nom en Parti populaire socialiste (PPS). Une embellie politique qui cachait mal cependant les graves problèmes sociaux qui secouaient le pays. La démographie galopante, les effets de la sécheresse de 1980-1984, le chômage et le déséquilibre régional en étaient les trois principaux maux.

Ainsi, au début des années 1980, plus de la moitié des Marocains n'avaient pas connu le Protectorat, la population ayant presque doublé depuis 1956, passant à 21 millions d'habitants en 1982, 26 millions en 1994 et plus de 30 millions en 2007. Soit une augmentation de 600% en un siècle. Mortalité en baisse et fécondité en légère décrue marquèrent le début des années 1980; 43% des Marocains vivaient en zone urbaine en 1982 et 55% au début du XXIe siècle. Un taux qui n'avait cessé d'augmenter depuis l'indépendance, soulignant la mutation profonde de la société marocaine qui était encore aux trois quarts rurale à la fin du Protectorat. Face à une population jeune – 31,3% des Marocains avaient moins de 15 ans en 2004 contre 37% en 1994 et près de 45% en 1960 –, hélas, le système scolaire marocain n'était guère à la hauteur de la croissance démographique et des besoins du royaume : en 2000, 75% des élèves achevaient le primaire, 38% seulement de ces derniers entraient dans le secondaire tandis que les universités n'accueillaient que 11% seulement des classes nées vers 1980. Cette même année, la société marocaine comptait encore 43% d'analphabètes contre 87% en 1960, 75% en 1971 et 55% en 1994. Ils grossissaient les rangs des enfants des rues dont le nombre était évalué à 400000 en 2000 et celui des « petites bonnes », originaires de la campagne ou issues des orphelinats, recueillies par des familles urbaines qui les exploitaient de façon éhontée.

Pôle de la conurbation s'étendant d'El-Jadida à Kenitra, Casablanca, avec sa mosquée Hassan II mise en chantier en 1987, ses quartiers huppés d'Anfa et de la Californie, ses quartiers d'affaires de la route de Mediouna et de Maarif, ses centres touristiques de la Corniche et ses lotissements ouvriers de l'est de la ville, à l'emplacement des anciens bidonvilles surpeuplés de Ben Msik, Sidi Othman et Sidi Moumen, offrait déjà l'aspect d'une mégapole. Avec sa population de 2 140 000 habitants au début des années 1980 qui dépassa la barre des 3 millions au début du XXIe siècle, elle était l'une des cinq plus grandes villes d'Afrique après Lagos, Le Caire, Alexandrie et Kinshasa. La moitié des investissements industriels et plus de 45 % de la production industrielle du pays y étaient concentrés ainsi que la totalité des sièges bancaires, la quasi-totalité des établissements de commerce de gros et l'essentiel des activités culturelles. Depuis l'indépendance, Rabat-Salé – avec ses ministères, ses ambassades et ses institutions universitaires – connut aussi un essor remarquable, devenant la deuxième ville du royaume au début du XXIe siècle (1 400 000, en 2004) devant Fès (940 000 en 2004), Marrakech (830 000 en 2004), Agadir (700 000 en 2001), Tanger, Meknès et Oujda.

Plus d'un tiers de la population marocaine vivait le long du littoral atlantique, de Tanger à Agadir, au début des années 1980. Pour décongestionner les grands centres urbains et mieux répartir le flux migratoire en provenance des campagnes, l'État encouragea la naissance d'un nombre non négligeable de nouvelles villes, qui, à la fin des années 1960, n'étaient encore que de minuscules bourgades sans importance : ainsi en fut-il de Settat, la ville du dernier ministre de l'Intérieur d'Hassan II, Driss

Basri, Mohammedia (Fédala), le port pétrolier du pays, Berréchid, à l'entrée de Casablanca, Sidi-Kacem, Sidi-Slimane et Khemisset, dans le nord, Beni-Mellal, au cœur du Moyen Atlas, Ouarzazate dans le sud et les toutes récentes Tan-Tan et Laâyoun, dans le Sahara-Occidental. Une révolution urbaine qui toucha peu ou prou toutes les régions du pays sauf une : le Rif, abandonné à son sort par le Maroc indépendant après avoir été délaissé par les Espagnols. Dans ces conditions, la culture du kif (cannabis) et l'émigration de travail vers la France, la Belgique et l'Espagne restèrent les deux principales sources de revenus des habitants de cette région.

Encouragée par le système colonial, l'émigration était tournée surtout vers la France jusque vers le milieu des années 1970. Elle s'étendit ensuite vers d'autres pays européens, la Belgique, les Pays-Bas et l'Allemagne, tout en continuant à favoriser la France. Masculine, elle affectait surtout le monde rural et plus particulièrement certaines régions périphériques telles que le Sous et le Rif oriental. À la fin des années 1970, du fait de la politique de regroupement familial adoptée par la plupart des pays européens, on assista à de profonds changements du mouvement migratoire. La diaspora marocaine devint dès lors moins masculine et démographiquement plus équilibrée. Les départs touchaient désormais toutes les régions du royaume et les émigrés ajoutaient à leur liste de pays d'accueil l'Espagne et l'Italie. Clandestine dans la plupart des cas, l'émigration ne concerne plus seulement les couches populaires mais aussi de plus en plus d'intellectuels, d'universitaires, d'ouvriers qualifiés et de cadres, ainsi qu'un nombre important de femmes seules. Suivant des estimations plus ou moins sûres, près de 2 millions de Marocains vivaient à l'étranger au début des années 1990 dont près de 600 000 en France ; près de 150 000 aux Pays-Bas et autant en Belgique ; 120 000 en Italie, 100 000 en Espagne et 85 000 en Allemagne. Leur nombre s'éleva à plus de 3 millions en 2004, parmi lesquels 2 millions et demi en Europe, 300 000 environ dans les pays arabes et autour de 200 000 dans les Amériques. La rapide ascension des Soussis établis en Europe ne finit pas d'interpeller : de l'« épicerie du coin », ils sont passés au commerce de gros alimentaire et à l'import-export, couvrant, par leurs réseaux d'affaires et familiaux, tout l'espace euro-méditerranéen.

En outre, même définitive, l'installation en Europe n'entraîne nullement le relâchement des liens avec la mère patrie. Au contraire, c'est par centaines de milliers que les Marocains de la diaspora affluent chaque été dans leur pays d'origine, y transférant régulièrement leur épargne et une partie de leurs salaires. L'impact sur l'économie marocaine de ces transferts d'argent n'est guère négligeable, surtout sur le marché foncier et immobilier et en périodes de crise plus particulièrement. Le développement récent de petites villes comme Tiznit, dans le sud, Nador, dans le nord, ou celui d'Agadir et Oujda n'eût guère été possible sans l'apport des capitaux drainés dans ces agglomérations par les émigrés originaires du Sous et du Rif. Ceux-ci, de retour – définitif ou non – dans le pays, constituent, à n'en pas douter, de par leur position économique, leur savoir-faire technique et leur acquis culturel, une catégorie à part dans le paysage urbain de leurs villes et bourgades natales. Ils y viennent équipés non seulement d'appareils domestiques et de jeux vidéo dernier cri, mais aussi férus d'Internet et adeptes d'idées nouvelles sur la démocratie, les droits de l'homme, le statut de la femme et… l'islamisme radical.

Le défi islamique

Seul maître à bord de la monarchie parlementaire marocaine depuis une trentaine d'années, faisant et défaisant majorité et opposition, Hassan II se crut longtemps invulnérable face à la déferlante islamiste qui balayait le monde arabo-musulman depuis la fin des années 1960. Fort de sa *baraka* chérifienne et de son titre de Commandeur des Croyants, il échappa aux complots ourdis par ses officiers factieux et, n'hésitant pas à recourir à la violence, il avait muselé l'extrême gauche radicale et embastillé ses principaux militants, faisant ainsi place nette aux islamistes dans les campus de Rabat et de Casablanca. C'est ainsi qu'il resta imperturbable quand en 1974 Abdessalam Yassine lui adressa sa *nasiha* (exhortation) iconoclaste, *L'Islam ou le déluge* :

> Tu es un marché, et on ne voit sur ton marché que des consciences à bas prix. [...] Tu es un marché, mon frère, mon bien-aimé. Et on ne voit sur ton marché que des moitiés et des semblants d'hommes... des flagorneurs et des escrocs. Rends tes biens au Maroc. Vends tes palais. Rends tous ces biens et ces palais qui sont aux mains de tes amis et de ta famille au Trésor des musulmans. [...] Repens-toi devant Dieu avant que la terre ne t'engloutisse ou qu'un astre ne te tombe sur la tête. [...] C'est l'éternité en enfer ou l'éternité au paradis. [...] C'est un chemin que je te conseille de prendre. Sinon prépare-toi à la violence autour de toi[17].

Estimant qu'il avait affaire à un fou, le monarque fit interner l'auteur de la missive dans un hôpital psychiatrique. Yassine était un Berbère de la région d'Essaouira, d'ascendance chérifienne idrisside, ancien élève de l'Institut Ben-Youssef de Marrakech, instituteur à El-Jadida et à Marrakech à l'époque du Protectorat, puis fonctionnaire du ministère de l'Education dont il gravit tous les échelons jusqu'à devenir entre 1965 et 1967 directeur du centre de formation des inspecteurs de Rabat[18]. Figure emblématique de l'islamisme marocain, Yassine resta dans l'ombre jusqu'en 1978 : interdit de prêche dans les mosquées, il se fit connaître du grand public par ses nombreuses publications – opuscules, journaux, etc. –, ses multiples associations caritatives et éducatives ainsi que par les démonstrations de force de ses adeptes sur les campus ou à l'entrée des tribunaux devant lesquels lui et ses lieutenants comparaissaient fréquemment. En 1984, il fut jugé, puis condamné à deux ans prison qu'il passa dans le pénitencier de Salé, devenu un véritable sanctuaire aux yeux de ses sympathisants. Puisant dans les mêmes sources d'inspiration que les idéologues islamistes orientaux, les Égyptiens Hassan al-Banna et Sayyid Qutb, le Pakistanais Al-Mawdudi et l'Iranien Khomeyni, le cheikh Yassine s'efforça néanmoins d'élaborer ses propres schèmes de pensée, nourris de figures de style soufies et d'emprunts à la philosophie occidentale. Moins révolutionnaire, par exemple, que Sayyid Qutb, il préférait parler de *qawam* (« soulèvement ») au lieu de *thawra* (« révolution ») ou de *fitna* (« discorde ») au lieu de *jahiliyya* pour caractériser l'état actuel du monde musulman. Défiant néanmoins le pouvoir en refusant au roi le titre de Commandeur des Croyants et en condamnant ses orientations pro-occidentales, mais rejetant, en même temps, la violence, au contraire des islamistes du Caire et de Téhéran, l'ancien instituteur d'El-Jadida et de Marrakech organisa les membres de sa « famille » en septembre 1987 dans le cadre d'une association clandestine appelée, *Al-'Adl wa-l-Ihsan* (« Justice et Bienfaisance ») dont il était le « guide ». Bien disciplinés et consacrant l'essentiel de leur temps à la prédication et à l'action caritative, ils étaient particulièrement actifs dans les établissements scolaires ainsi que dans les deux grandes universités du pays, Mohamed V à Rabat et Hassan II à Casablanca, où ils noyautèrent rapidement les syndicats d'étudiants, jusque-là acquis aux mouvements d'extrême gauche du 23 mars et d'al-Amam. Si bien que le pouvoir, craignant des manifestations et une flambée de violence « à l'algérienne » ou « à la tunisienne », fit arrêter, une fois de plus, en 1989, Abdessalam Yassine qui avait publié entre-temps son *Minhaj Al-Nabawi* (« La Voix prophétique »), manifeste politique et guide pratique des islamistes marocains[19].

Mais le Makhzen ne se borna pas seulement à des tracasseries administratives et policières pour freiner l'expansion du mouvement : refusant de voir le champ religieux dominé par un « pouvoir » spirituel concurrent du sien, de surcroît contestataire, le roi fut amené à « muscler » son discours religieux au début des années 1980 et appela les oulémas à réagir à la « subversion » religieuse représentée par les islamistes. Il leur enjoignit d'abandonner leur attentisme piétiste et d'intervenir dans le débat politique et social en cours. Il prit néanmoins la précaution de leur rappeler qu'ils étaient partie intrinsèque du régime, gouvernement et oulémas « constituant une seule et même famille » :

> Je ne sais pas, et je ne veux pas savoir, nobles oulémas, leur déclara-t-il, à qui ou à quoi [...] doit être imputée votre absence dans la vie quotidienne marocaine. Je puis vous affirmer que vous êtes devenus étrangers. [...] Le rôle du *'Alim* ne peut se limiter à dénoncer le mal. [...] Religion et monde d'ici-bas interfèrent. Le jour où un État musulmans séparerait religion et monde (*dîn wa dunya*) ce jour-là – si jamais il doit venir – justifierait que nous célébrions d'avance les obsèques d'un tel État[20].

L'année suivante, le souverain remettait à l'honneur les conseils régionaux des oulémas qu'il avait lui-même laissés dépérir. Il les inséra dans une nouvelle hiérarchie, avec à sa tête un Conseil supérieur des oulémas, qu'il présidait lui-même. Les mosquées furent étroitement surveillées, les prêches du vendredi, strictement « encadrés » par des directives émanant du ministère des Habous dirigé par Abdelkabir Mdeghri, et les affaires religieuses dans les provinces, réglementées par des cadres du ministère de l'Intérieur, formés dans les différentes facultés de *shari'a* du royaume, sous la houlette de l'omnipotent Driss Basri.

Hassan II ne mit pas longtemps à attendre le résultat de son appel aux oulémas. La première guerre du Golfe de 1991-1992 dans laquelle le Maroc intervint aux côtés des Occidentaux leur en donna l'occasion et à en juger par la teneur des prises de position d'un grand nombre d'entre eux, le monarque avait peu de raisons de s'en féliciter : plusieurs oulémas de grande renommée à l'exemple de Mohammed Mennouni et Driss Kettani signèrent une *fatwa* dans laquelle ils exprimaient publiquement leur opposition à la guerre et à l'entrée des forces occidentales dans la péninsule Arabique. La condamnation de l'« alliance entre croisés et sionistes » n'était plus l'apanage des seuls islamistes. Outre les oulémas contestataires, même l'association des anciens du Dar al-Hadith, pourtant choyée par le régime, en fit usage dans ses communiqués.

Ce qui ne découragea pas le ministre Mdeghri dans ses efforts visant à couper l'herbe sous le pied des islamistes, quitte à islamiser davantage encore l'espace public et à renforcer, plus qu'il ne fallait, la stature religieuse du roi. En 1991, il organisa ainsi, sous le patronage d'Hassan II, une université d'été sur le « réveil islamique » avec la participation, en plus du secrétaire général de la Ligue des oulémas Mekki Nasiri et de l'islamiste modéré Abdallah Benkiran, des chefs de file avérés de la mouvance islamiste dans le monde comme le Tunisien Rashid Ghannouchi, l'Algérien Mahfoud Nahnah ou encore le Syrien Mohamed Saïd Ramadan al-Bouti et l'Égyptien Tariq al-Bichri[21].

À cette date, le cheikh Yassine, secondé par sa fille Nadia, bachelière du lycée français Descartes de Rabat, n'était pas seul à occuper l'espace islamiste marocain. Celui-ci était aussi fragmenté que l'espace politique. Il y avait, depuis 1969, outre les associations piétistes des

Jama'at Tabligh wa-Da'wa, la *Chabiba islamiyya* (« Jeunesse islamique »), connue pour sa lutte à outrance contre les organisations de gauche et qui fit parler d'elle surtout après l'assassinat en 1975 du syndicaliste Omar Benjelloun. À l'exemple de « Justice et Bienfaisance », la *Chabiba* ne fut pas fondée par un *'alim*, mais par un enseignant sorti des rangs de l'UNFP, Abdelkrim Mouti', qui donna à son organisation une double orientation : une activité violente clandestine parallèlement à une activité strictement religieuse, éducative et caritative. Un caractère ambigu que la *Chabiba* eut néanmoins beaucoup de mal à conserver après la fuite en Libye, en 1980, de son fondateur condamné à la prison à vie pour le meurtre de Benjelloun. Fidèle à la ligne « djihadiste » originelle de son mouvement, Mouti' et quelques-uns de ses compagnons suivirent ultérieurement la même voie révolutionnaire que leur chef et furent exclus en 1981 : la *Chabiba* changea de nom et opta uniquement pour l'action légale. Elle devint, à partir de 1983, *Al-Jama'a al-islamiyya* » (« Association musulmane ») puis, en 1992, *Harakat al-Islah wa al-Tajdid* (« Mouvement pour la réforme et le renouveau ») avant de fusionner avec d'autres associations de même obédience et d'adopter, en 1996, l'appellation d'*Islah wa-Tawhid* (« Mouvement de l'unicité et de la réforme » (MUR). Échaudée par les événements d'Algérie et de Tunisie et gommant une fois pour toutes ses aspérités radicales, la nouvelle organisation, que dirigeaient de respectables universitaires, à l'image du physicien Benkirane, du psychiatre Othmani et du professeur de *shari'a* Raïssouni, ne cachait pas son ambition d'intégrer, à part entière, la vie politique. Mais se heurtant au refus des autorités de lui permettre de se transformer en parti, elle se tourna vers le Mouvement populaire démocratique constitutionnel (MPDC) du Dr Abdelkrim Khatib. Figure indéboulonnable du paysage politique marocain depuis l'indépendance, le Dr Khatib était très proche du palais et sa mère était une amie intime de la reine mère. Répondant sûrement aux vœux du pouvoir, l'ancien dirigeant du Mouvement de libération du Maroc et adversaire de toujours de l'Istiqlal venait d'être l'instrument d'une belle opération de récupération politique de l'un des deux grands mouvements islamistes du Maroc.

À l'évidence, le noyautage toléré en haut lieu du MPDC par l'*Islah wa-Tawhid* ne se fit pas sans heurts ni soubresauts. Mais le processus d'institutionnalisation de l'islamisme marocain était bel et bien enclenché. L'expérience de l'ancienne *Chabiba* administrait la preuve qu'au royaume des chérifs, il n'y avait point de place pour un islam contestataire, hors des sentiers savamment balisés par le pouvoir. Le très respecté professeur Raïssouni n'allait pas attendre très longtemps avant d'être convié aux prestigieuses « leçons hassaniennes » tenues chaque année, au palais, au cours du mois de ramadan.

De fait, le paysage politique et social marocain avait beaucoup changé depuis la fin des années 1980, tandis qu'à l'étranger l'image du royaume était ternie par l'amoncellement d'informations sur la situation catastrophique des droits de l'homme dans le pays. L'évasion, en 1987, de trois enfants d'Oufkir suivie, trois ans plus tard, par la publication à Paris du livre incendiaire de Gilles Perrault *Notre ami, le roi* n'arrangeait pas les choses. L'état de santé d'Hassan II, hospitalisé en 1986 aux États-Unis, était l'objet de toutes les rumeurs. Ulcéré par tant de coups du sort, le monarque n'était pas homme à se laisser abattre. Conscient de la gravité de sa maladie, il allait consacrer les dix dernières années de sa vie à restructurer l'espace politique du royaume et à assurer une succession sans accrocs à son fils Sidi Mohamed, proclamé prince héritier en 1984.

L'extrême gauche en miettes ou faiblement mobilisée au sein de l'Organisation de l'action démocratique populaire et le défi islamiste maîtrisé, le consensus national autour de la monarchie et de la marocanité du Sahara n'était contesté que par quelques groupuscules djihadistes plus ou moins bien implantés dans les quartiers populaires de Casablanca. Fort de cet atout, le roi laissa émerger, en toute liberté, à côté d'un Makhzen plus efficace que jamais, une société civile marocaine autonome, partie prenante de tous les débats d'idées nés de la mondialisation, de la libéralisation et de la révolution Internet[22]. Le 8 mai 1990, un Conseil consultatif des droits de l'homme fut créé à l'initiative du palais en même temps que se multipliaient les révélations sur les « années de plomb ». Le 23 octobre 1991, les derniers survivants du bagne de Tazmamart recouvraient la liberté, avec la promesse d'être indemnisés pour les souffrances subies. Un mois auparavant, Abraham Serfaty sortait de prison avant d'être expulsé vers la France.

Au même moment, plusieurs organisations féministes, à l'exemple de l'Association démocratique des femmes du Maroc, fondée en 1985, lançaient une campagne passionnée sur le statut de la femme. Juristes, ingénieurs, députées, hauts fonctionnaires, journalistes, pilotes, policières, enseignantes ou étudiantes, elles réclamaient notamment la révision de la *Moudawwana* qui réglait, depuis l'indépendance, les questions relatives à la vie familiale : contrats de mariage, mariages forcés, polygamie, divorce, héritage, représentation légale de la femme, garde de l'enfant, etc. Pétitions au Parlement, manifestations de femmes et contre-manifestations d'islamistes se succédèrent à un rythme accéléré à travers tout le pays, jusqu'au 20 août 1992, date à laquelle Hassan II siffla la fin de la partie en prononçant un discours, paternaliste mais ferme, dans lequel il rappela sans ambages à la « Femme marocaine » que la réforme de la *Moudawwana* était du ressort exclusif du roi, en tant qu'*Amir al-Mu'minin* :

> Sache, ma chère fille, femme marocaine, que la *Moudawwana* est d'abord une affaire qui relève de Mon

ressort. C'est Moi qui porte la responsabilité de la Moudawwana ou de sa non-application…

Effectivement, il existe des lacunes, une application imparfaite de la *Moudawwana*, il y a discrimination. Il y a injustice. Mais laissez-nous réparer tout cela hors de la scène politique… Si vous m'écrivez – car il n'y a que le Serviteur de Dieu, *Amir Al-Mouminine*, qui soit en mesure de résoudre ce problème – je consulterai les oulémas et ne croyez surtout pas que les oulémas du Maroc soient des fanatiques. Dieu vous garde de tels amalgames[23].

Mais il n'y avait pas que les femmes à remettre en cause leur statut traditionnel. Les Berbères aussi, majorité silencieuse s'il en était, avaient créé leurs propres associations culturelles à partir de la fin des années 1960. Ils dénonçaient la marginalisation de la culture berbère dans la société marocaine et réclamaient l'introduction de la langue tamazight à l'école ainsi qu'à la radio et à la télévision. En 1994, la présence de mots d'ordre en berbère dans le défilé du 1er mai à Errachidia (ex-Ksar-es-Souk) suscita des remous dans le pays. Au point d'amener Hassan II à intervenir personnellement dans le débat et à reconnaître, dans un discours retentissant, le double caractère arabe et berbère de la culture marocaine. Un tabou était levé : la télévision nationale annonçait aussitôt la préparation de nouveaux programmes en berbère tandis que plusieurs journaux et revues en tamazight voyaient le jour dans les principales villes du royaume[24].

Autre composante de la société marocaine qui refit son apparition à la faveur des bouleversements des années 1990 : les Juifs, qui virent deux membres de leur communauté nommés à de hautes responsabilités par Hassan II, André Azoulay aux fonctions de conseiller du roi et Serge Berdugo à celles de ministre du Tourisme. Parallèlement, les plus grandes facilités étaient accordées aux Juifs marocains vivant en Israël qui désiraient revoir leur pays d'origine. Mieux : au lendemain des accords d'Oslo entre Israéliens et Palestiniens, Hassan II accueillit, le 15 septembre 1993, Itzhak Rabin, et passant outre aux objections des « frères » de Syrie, de Libye et d'Arabie, il noua des relations consulaires et commerciales avec l'État hébreu.

Un geste qui servit de prétexte aux auteurs franco-algériens des attentats islamistes d'août 1994 qui firent un mort à Marrakech. Driss Basri saisit l'occasion pour fermer les frontières du Maroc avec l'Algérie et expulser du royaume plus d'un million de ressortissants algériens. Le tourisme marocain en souffrit cette année-là.

Mais la libéralisation du régime suivait son train et le visage économique du royaume était profondément remodelé. Entre 1993 et 1998, une quarantaine d'entreprises publiques – banques, assurances, transports, télécommunications, mines, grande distribution, hôtels – furent privatisées, au profit notamment d'entreprises françaises comme Vivendi, Publicis et Accor. Le taux de croissance atteignit le chiffre record de 12 % en 1994, au point de faire croire à certains que le Maroc était en passe de devenir le « prochain dragon » de l'économie mondiale.

Pendant ce temps, la guerre du Sahara baissait en intensité et le Maroc avait de bonnes raisons d'espérer que l'Algérie, empêtrée dans ses problèmes internes, était incapable d'empêcher les instances internationales d'adopter des résolutions favorables à Rabat dans le conflit. Déjà très malade, Hassan II s'était fait représenter par son fils, le futur Mohammed VI, pour expliquer la position du Maroc devant l'Assemblée générale des Nations unies en novembre 1995.

En février 1996, le Maroc signa un accord d'association avec la Communauté européenne. Cela n'empêcha pas des centaines de Marocains de continuer à courir le risque de franchir le détroit de Gibraltar dans des embarcations de fortune, pour accoster illégalement en Espagne ou en France. C'est que la libéralisation économique n'avait profité finalement qu'aux riches, la moitié de la population vivant au-dessous du seuil de pauvreté, avec moins de 2 dollars par jour.

Durant l'été 1996, le roi procéda cependant à ce qui allait être la dernière grande réforme politique de son règne : une nouvelle révision constitutionnelle introduisant le bicaméralisme et l'élection, au suffrage universel, de l'ensemble des membres de la Chambre des députés. Dès lors, un nouveau Parlement dit d'« alternance consensuelle » fut élu le 14 novembre 1997. Y était représentés, outre les vieux partis de la majorité et de l'opposition, les premiers députés islamistes « modérés » appartenant au Parti de la justice et du développement (PJD), dernier avatar en date de la *Chabiba islamiyya* devenue successivement Mouvement pour la réforme et le renouveau puis Mouvement de l'unicité et de la réforme (MUR) avant sa « fusion » avec le MPDC du Dr Khatib.

Le 4 février 1998, le roi nommait aux fonctions de Premier ministre le chef de file de l'USFP, Abderrahman Youssoufi. Il maintint à son poste de ministre de l'Intérieur Driss Basri, qui allait ainsi siéger au gouvernement jusqu'à son éviction en novembre 1999, aux côtés de jeunes ministres, anciens de l'Unem, que dans un passé récent ses services avaient pourchassés. Assurément, le pays d'Hassan II n'était plus ce qu'il avait été : nul n'aurait pu imaginer que l'on verrait un jour réunis autour de la même table le successeur d'Oufkir et de Dlimi, et un ancien collaborateur de Ben Barka, condamné à une lourde peine de prison par contumace et retrouvant le Maroc en 1980 après un long exil.

Néanmoins, la transition démocratique avait bel et bien eu lieu. Toutes les forces politiques du royaume y applaudirent. Toutes, sauf le mouvement Justice et

Bienfaisance du cheikh Yassine, en résidence surveillée à Salé depuis 1991. En perte de vitesse dans l'opinion depuis l'irruption du PJD dans la vie politique, le cheikh hésitait à sauter le pas en adhérant au consensus national. Il ne se résignait toujours pas à accepter le principe de la commanderie des Croyants.

Un PIB en berne, après une belle envolée en 1998, une nouvelle sécheresse qui gâta la saison 1998-1999 et la maladie du roi qui paralysait les rouages de l'État assombrirent l'horizon.

Rassemblant ses dernières forces, Hassan II vint à Paris pour une ultime visite officielle : il assista au défilé du 14 juillet 1999 et salua, aux côtés du président Jacques Chirac, les soldats marocains descendant les Champs-Élysées. Moins de deux semaines plus tard, le 23 juillet 1999, il décédait à l'hôpital Avicenne de Rabat, après un long règne de trente-huit ans. Son fils aîné, âgé de trente-six ans, Mohammed VI, fut proclamé le soir même, à l'issue d'une cérémonie d'allégeance à laquelle prirent part, successivement, les membres de la famille royale, les ministres, les oulémas et l'armée. Double rupture : non seulement les oulémas n'étaient plus les premiers, comme le voulait la tradition, à rendre hommage au nouveau monarque, mais pour la première fois dans l'histoire de la monarchie alaouite, deux femmes, membres du gouvernement, apposèrent leur signature sur l'acte de la *bay'a* à Sidi Mohammed ben Hassan. C'était l'acte de naissance d'un Maroc nouveau…

Notes

PREMIÈRE PARTIE
De l'Antiquité à la conquête arabe

1. Ibn Khaldun, *Histoire des Berbères*, trad. de Slane, I, p. 195.

1. Le Maroc et l'Afrique du Nord dans l'Antiquité

1. Gabriel Camps, *Les Berbères*, 2007.
2. Procope, *Bellum Vand.*, II, 10-13.
3. Salluste, *La Guerre de Jugurtha*, XVII, 1-12, trad. française dans *Historiens romains – Historiens de la République*, I, Paris, Gallimard, « La Pléiade », 1968, p. 684-685.
4. Hérodote, *L'Enquête*, Paris, Gallimard, « Folio classique », 1985, livre IV, p. 443.
5. Abou-Obeid el-Bekri, *Description de l'Afrique septentrionale*, traduite par Mac Guckin de Slane, édition revue et corrigée, Paris, Adrien-Maisonneuve, 1965, p. 305. Voir aussi sur cette question, Gabriel Germain, « Le culte du bélier en Afrique du nord », *Hespéris*, XXXV, 1948, p. 93-123.
6. Voir à ce sujet Stéphane Gsell, *Histoire ancienne de l'Afrique du Nord (1921-1928)*, réimpression, 1972, t. 1, p. 476-480 ; Armand Luquet, « Prospection punique de la côte atlantique du Maroc », *Hespéris*, XLIII, 1956, p. 117-132, ainsi que Raymond Mauny, *Les Siècles obscurs de l'Afrique noire*, Paris, Fayard, 1970,

qui doute de la véracité du périple d'Hannon, allant jusqu'à le décrire comme « le plus grand bluff de l'histoire » (p. 95). Connaissant les impératifs de la navigation entre le Sénégal et le Maroc (vents violents, courants nord-sud), il est impensable, soutenait Mauny, que le navigateur carthaginois ait pu dépasser le cap Juby et remonter ensuite son navire « à voile carrée et sans gouvernail, même à l'aide de rames, le long de la côte saharienne » (p. 99) ; voir aussi Jehan Desanges, *Recherches sur l'activité des Méditerranéens aux confins de l'Afrique (VIe siècle avant J.-C.-IVe siècle après J.-C.)*, École française de Rome (1978), p. 39-85.

7. Stéphane Gsell (*op. cit.*, t. 1, p. 59-61) fait remarquer, à ce propos, que le chameau ne figure pas dans les gravures rupestres préhistoriques du Sahara et qu'il n'existe pas de nom d'origine berbère du chameau.

8. Raymond Mauny, *op. cit.*, p. 61-65.

9. Hérodote, *op. cit.*, p. 447.

10. Michèle Coltelloni-Trannoy, *Le Royaume de Maurétanie sous Juba II et Ptolémée*, Paris, Éditions du CNRS, 1997, p. 50-52.

11. Jean Marion, « Note sur le peuplement de Tanger à l'époque romaine », *Hespéris*, XXXV, 1948, p. 125-149.

12. Brent D. Shaw, *Rulers, Nomads and Christians in Roman North Africa*, Variorum, 1995, chap. VIII : « Autonomy and Tribute, Mountain and Plain in Mauretania Tingitana » ; Véronique Brouquier-Reddé et Éliane Lenoir, « La province romaine de Maurétanie tingitane d'après les sources archéologiques », dans Bernadette Cabouret, *L'Afrique romaine de 69 à 49. Romanisation et christianisation*, Nantes, Éditions du Temps, 2005, p. 74-92.

13. Claude Briand-Ponsard et Christophe Hugoniot, *L'Afrique romaine de l'Atlantique à la Tripolitaine, 146 av. J.-C.-533 apr. J.-C.*, Paris, Armand Colin, 2005, p. 221-222.

14. Victor de Vita, *Histoire de la persécution vandale en Afrique*, Paris, Les Belles Lettres, 2002, p. 98.

15. En 489.

16. *Ibid.*, p.98-100.

17. Cité par François Decret et Mhamed Fantar, *L'Afrique du Nord dans l'Antiquité*, Paris, Payot, 1998, p. 279.

18. Voir à ce sujet Brent D. Shaw, *op. cit.*, chap. XI, « African Christianity ».

19. Une opinion très en vogue au début du XXe siècle mais que ne partagent pas entièrement les travaux récents de François Décret et Mhamed Fantar déjà cités et ceux de Claude Briand-Ponsart et Christophe Hugoniot, *op. cit.*

20. *Ibid.*, p. 396.

21. Flavius Josèphe, *Contre Apion*, II, 4, ainsi qu'Elias J. Bickerman, *The Jews in the Greek Age*, Harvard University Press, 1988, p. 89-90.

22. Flavius Josèphe, *Guerre des Juifs*, dans *The New Complete Works of Josephus*, Kregel Publications, 1999, VII, 11, 1-3.

23. Voir à ce sujet H. Z. Hirshberg, *A History of the Jews in North Africa – From Antiquity in Our Times* (en hébreu), vol. I, 1965, p. 11-14.

24. Eusèbe, *Histoire ecclésiastique*, IV, 2, 1-5, cité par J. Mélèze Modrzejewski, *Les Juifs d'Égypte de Ramsès II à Hadrien*, Paris, PUF, « Quadrige », 1997, p. 272-273.

25. Maurice Sartre, *D'Alexandre à Zénobie. Histoire du Levant Antique, IVe siècle av. J.-C.-IIIe siècle apr. J.-C.*, Paris, Fayard, 2001, p. 601-607.

26. P. Monceaux, « Les colonies juives dans l'Afrique romaine », *Revue des études juives*, XLIV, 1904, p. 1-28.

27. Haim Zafrani, *Mille ans de vie juive au Maroc*, Paris, Maisonneuve et Larose, 1983.

28. Marcel Simon, *Recherches d'histoire judéo-chrétienne*, Paris-La Haye, Mouton & Co, 1962, p. 57-63.

29. Ibn Khaldun, *Histoire des Berbères*, *op. cit.*, I, p. 208-209.

2. L'avènement de l'islam
Le Maroc du VIIe au XIe siècle

1. Les avis sont partagés quant au déroulement de la partie marocaine de la randonnée de 'Uqba b. Nafi'. Son authenticité est mise en doute par Robert Brunschvig, « Ibn 'Abdalh'akam et la conquête de l'Afrique du Nord par les Arabes », *Annales de l'Institut d'études orientales de la faculté des lettres d'Alger*, VI, 1942-1947, mais semble être acceptée par E. Lévi-Provençal « Un nouveau récit de la conquête de l'Afrique du Nord par les Arabes », *Arabica*, I, 1954, p. 16-34.

2. Al-Bekri, *op. cit.*, p. 214.

3. Ibn Khaldun, *op. cit.*, I, p. 212.

4. *Ibid.*

5. 'Abd al-Rahman b. 'Abd Allah Ibn 'Abd al-Hakam, *Futuh Misr*, éd. Charles C. Torrey, *The History of the Conquest of Egypt, North Africa and Spain known as Futuh Misr of Ibn 'Abd al-Hakam*, New Haven, 1922, p. 217-218, ainsi qu'al-Bekri, *op. cit.*, p. 307.

6. E. Lévi-Provençal, « Un nouveau récit de la conquête de l'Afrique du Nord par les Arabes », *op. cit*.

7. Mohamed Talbi, « Un nouveau fragment de l'histoire de l'Occident musulman (62-196/682-812). L'épopée d'al-Kahina », *Cahiers de Tunisie*, XIX, 1971, p. 19-52.

8. Ibn Khaldun, *op. cit.*, I, p. 214.

9. Ibn 'Abd al-Hakam, *Conquête de l'Afrique du Nord et de l'Espagne, Futuh Ifriqiya wa-Andalus*, 2e édition et traduction par A. Gateau, Alger, 1948, p. 89.

10. Ibn Khaldun, *op. cit.*, p. 215-216.

11. Cité par Robert Brunschvig, « Ibn 'Abalhakam et la conquête de l'Afrique du Nord par les Arabes », *Annales de l'Institut d'études orientales d'Alger, 1942-1947*.

12. Ibn 'Abd al-Hakam, *op. cit.*, p. 113.

13. *Ibid.*, p. 267-269.

14. Ibn Hawqal, *Configuration de la Terre*, introduction et tradition par J. H. Kramers et G. Wiet, Paris, Maisonneuve, 2001, vol. I, p. 79.

15. Sur les Barghwata, voir notamment Mohammed Talbi, « Hérésie, acculturation et nationalisme des Berbères barghawata », *Actes du premier congrès d'études des cultures méditerranéennes d'influence arabo-berbère*, Alger, 1973, p. 217-233 ; Allaoua Amara, « Texte méconnu sur deux groupes hérétiques du Maghreb médiéval », *Arabica*, 2005, p. 348-372.

3. Idris Ier et la naissance du premier royaume chérifien du Maroc

1. Voir à ce sujet les remarques d'Abdallah Laroui, *L'Histoire du Maghreb*, Paris, Maspéro, 1970, p. 106.

2. Ibn Abi Zar', *Roudh al-Qartas – Histoire des Souverains du Maghreb (Espagne et Maroc) et Annales de la ville de Fès*, trad. A. Beaumier, 1860, p. 16.

3. Al-Bekri, *op. cit.*, p. 234.

4. *Ibid.*, p. 25.

5. Voir à ce sujet, E. Lévi-Provençal, « La fondation de Fès » dans *Les Historiens des Chorfa*, Paris, Maisonneuve et Larose, 2001.

6. Al-Bekri, *op. cit.*, p. 241.

7. *Ibid.*

8. Ahmad b. Abi Ya'qub b. Ja'far b. Wahb (al-Ya'qubi), *Kitab ak-Buldan*, éd. M. J. de Goeje, Leiden, 1892, p. 359.

9. *Ibid.*, p. 243.

10. Ibn Hawqal, *op. cit.*, p. 95.

11. *Ibid.*

12. *Ibid.*, p. 88.

13. *Ibid.*, p. 75.

14. Al-Bekri, *op. cit.*, p. 214.

15. Ibn Hawqal, *op. cit.*, p. 76.

16. Al-Bekri, *op. cit.*, p. 216.

17. Ibn Hawqal, *op. cit.*, p. 77 ; al-Bekri, *op. cit.*, p. 231.

18. Ibn Hawqal, *op. cit.*, p. 89.

19. Al-Bekri, *op. cit.*, p. 307.

20. Voir sur toute la question du sucre au Maroc sur laquelle nous reviendrons amplement par la suite P. Berthier, *Les Anciennes Sucreries du Maroc* (1966) ainsi que Souad al-Yamani, *Production et Exportation du Sucre marocain du XIe au XVIIe siècle*, thèse de doctorat, université Paris-I-Panthéon-Sorbonne, 1995.

21. Al-Bekri, *op. cit.*, p. 305-306.

22. Ibn Hawqal, *op. cit.*, p. 90.

23. Ibn 'Abd al-Hakam, *op. cit.*, édition A. Gateau, p. 122.

24. Al-Bekri, *op. cit.*, p. 296.

25. Voir à ce sujet, N. Levtzion et J. F. P. Hopkins, *Corpus of Early Arabic Sources for West African History*, Cambridge University Press, 1981, p. 30.

26. Voir à ce sujet le récit d'Ibn Saghir qui relate l'envoi par l'émir de Tahert d'un ambassadeur auprès du « roi des Sudan » (cité par J. Cuoq, *Recueil des sources arabes concernant l'Afrique Occidentale du VIIIe au XVIe siècle*, Editions du CNRS, 1975, p. 58).

27. Tadeusz Lewicki, « L'État nord-africain de Tahert et ses relations avec le Soudan occidental à la fin du VIIIe et au IXe siècle », *Cahiers d'études africaines*, II, 1962, p. 513-535;

Brahim Zerouki, *L'Imamat de Tahart – Premier État musulman du Maghreb (144-296 de l'hégire)*, Paris, L'Harmattan, 1987.

28. Jean Devisse, « Routes de commerce et échanges en Afrique occidentale en relation avec la Méditerranée. Un essai sur le commerce africain médiéval du XIe au XVIe siècle », *Revue d'histoire économique et sociale*, 1, 1972, p. 53.

29. Ibn Hawqal, *op. cit.*, p. 97-99.

30. Al-Bekri, *op. cit.*, p. 282-290.

31. *Ibid.*, p. 290.

32. *Ibid.*, p. 308.

33. Ibn Hawqal, *op. cit.*, p. 99-100.

34. Ibn Khaldun, *op. cit.*, II, p. 69.

DEUXIÈME PARTIE
L'ère des grands empires berbères
4. Les Almoravides

1. Ibn Abi Zar', *Kitab al-Anis al-Mutrib b-Rawd al-Qirtas fi Akhbar Muluk al-Maghrib wa ta'rikh madinat Fas*, cité dans N. Levtzion et J. F. P. Hopkins, *op. cit.*, p. 237-239.

2. Une autre version est présentée par la chronique anonyme *Hulal al-Mawshiyya*, qui donne au terme *ribat* son sens premier de lien, attache – celle reliant tous les premiers combattants almoravides entre eux (voir à ce sujet Vincent Lagardère, *Les Almoravides jusqu'au règne de Yusuf b. Tashfin (1039-1106)*, Paris, L'Harmattan, 1989, p. 59).

3. Ibn 'Idhari, *Al-Bayan al-Mughrib fi akhbar al-Andalus wa-l-Maghrib*, cité dans N. Levtzion et J. F. P. Hopkins, *op. cit.*, p. 218.

4. Ibn Abi Zar', *op. cit.*, p. 241.

5. Al-Bekri, *op. cit.*, p. 314-315.

6. Ibn Khaldun, *op. cit.* II, p.70-71

7. Ibn al-'Athir, dans N. Levtzion et J.F.P. Hopkins, *op. cit.*, p. 160.

8. Ibn Abi Zar', *op. cit.*, p. 243-244.

9. Ibn 'Idhari (*op. cit.*, p. 223-224) la décrit comme une sorcière pouvant parler aux djinns et une magicienne dotée de facultés surhumaines : après leur mariage, elle conduisit son mari, les yeux bandés, dans un palais souterrain rempli d'or,

d'argent, de perles précieuses et de rubis. « Ceci est à toi, lui lança-t-elle lorsqu'il se dévoila les yeux. C'est Dieu qui te l'envoie par mon intermédiaire. »

10. Ibn Khaldun, *op. cit.*, p. 72.

11. Ibn Abi Zar', *op. cit.*, trad. française, p. 190-191.

12. Ibn al-'Idhari, *op. cit.*, p. 226-227.

13. *Ibid.*, p. 229.

14. Vincent Lagardère, « Esquisse de l'organisation militaire des Murabitun à l'époque de Yusuf b. Tashfin 430/1039-500/1106 », *ROMM*, XXVII, 1, 1979, p. 99-114.

15. Ibn Abi Zar', *op. cit.*, p. 247-248.

16. *Al-Hulal al-Mawshiyya*, cité dans N. Levtzion et J. F. P. Hopkins, *op. cit.*, p. 315.

17. Vincent Lagardère, « Le gouvernorat des villes et la suprématie des Banu Turgut au Maroc et en Andalus de 1075 à 1106 », *ROMM*, XXV, 1, 1978, p. 49-65.

18. Ronald A. Messier, « The Almoravids – West African Gold and the Gold Currency of the Mediterranean Basin », *JESHO*, XVII, 1, 1972, p. 31-47 ; « Quantitative Analysis of Almoravid Dinars », *JESHO*, XXIII, 1-2, 1978, p. 102-118.

19. Aimée Launois, « Influence des docteurs malékites sur le monnayage ziride de type sunnite et sur celui des Almoravides », *Arabica*, XI, 1964, p. 127-130.

20. III, 85.

21. Ibn Khaldun, *op. cit.*, II, p. 76.

22. Ibn Khallikan, *Wafayat al-A'yan wa anba abna al-Zaman*, cité dans N. Levtzion et J. F. P. Hopkins, *op. cit.*, p. 164-165.

23. Sur les Almoravides en Espagne, voir Jacinto Bosch Vila, *Los Almoravides*, Grenade, 1990.

24. Ronald A.Messier, « Re-Thinking the Almoravids, Re-Thinking Ibn Khaldun », dans Julia Clancy-Smith, *North Africa, Islam and the Mediterranean World : From the Almoravids to the Algerian War*, Londres, Frank Cass, 2001, p. 66-68.

25. E. Lévi-Provençal, *Séville musulmane au début du XIIe siècle. Le traité d'Ibn 'Abdun sur la vie urbaine et les corps de métier*, Paris, G. P. Maisonneuve, 1947.

26. Al-Ghazali, *Ihya 'Ulum al-Din*, cité par J. A. Williams, *Themes of Islamic Civilization*, 1971, p. 138.

27. Ch.-A. Julien, *Histoire de l'Afrique du Nord*, Payot, 1951-1953, II, p. 87-88.

28. Il s'agit de puits reliés entre eux par une galerie souterraine qui amène l'eau à fleur du sol par une pente plus douce que la déclivité de la plaine. À la suite de cette innovation technique, la ville fut couverte de jardins qui prirent le nom de *buhayra*. (G. Deverdun, *Marrakech des origines à 1912*, p. 85 *sq*.)

29. Voir sur cette question Henri Pérès, « La poésie à Fès sous les Almoravides et les Almohades », *Hespéris*, XVIII, 1934, p. 9-40.

30. Ibn Abi Zar', *op. cit.*, trad. française, p. 238-239.

31. J. Devisse, *op. cit.*, p. 57-65.

32. Al-Marrakushi, éd. Dozy, cité partiellement par Ch.-A. Julien, *op. cit.*,II, p. 86.

33. Gaston Deverdun, *op. cit.*, p. 131-147.

5. Les Almohades

1. Sur al-Ghazzali et son œuvre, voir le résumé qu'en donne Albert Hourani, *Histoire des peuples arabes*, 1993, p. 229-233.

2. E. Lévi-Provençal, *Documents inédits sur l'histoire des Almohades*, 1928, « Lettre du Mahdi à la communauté almohade », p. 6. Voir aussi Rachid Bourouiba, *Ibn Tumart*, Alger, SNED, 1974, p. 28 auquel nous devons une des meilleures biographies du fondateur des Almohades.

3. Ibn Khaldun, *op. cit.*, p. 166.

4. E. Lévi-Provençal, *Documents inédits*, *op. cit.*, p. 79.

5. *Histoire des Almohades* d'Abd El-Wahid al-Marrakushi, traduite et annotée par E. Fagnan, Alger, 1898, p. 172.

6. E. Lévi-Provençal, *Documents inédits*, *op. cit.*, p. 85-88 ; voir aussi sur cette rencontre la note critique d'Amor ben Hammadi, « La rencontre entre le Faqih du Sus et le "Flambeau des Almohades" », *IBLA*, *Revue de l'Institut des belles-lettres arabes*, LIV, 1991, p. 3-11.

7. I. Goldziher, *Le Livre de Mohammed Ibn Tumart*, Alger 1903, p. 88.

8. *Ibid.*, p. 101.

9. E. Lévi-Provençal, *Documents inédits*, *op. cit.*, p. 108-112.

10. *Ibid.*, p. 6.

11. *Ibid.*, p. 15.

12. *Histoire des Almohades* d'Abd El-Wahid al-Marrakushi, *op. cit.*, p. 163.

13. E. Lévi-Provençal, *Documents inédits, op. cit.*, p. 13-14.

14. Ibn Khaldun, *op. cit.*, p. 169.

15. Ce terme est utilisé en toutes lettres dans le *Kitab al-Ansab* cité dans E. Lévi-Provençal, *op. cit.*, p. 61.

16. Mohamed ibn Tumart « l'Arabe, le Qurayshite, le Hashimite, le descendant de Muhammad par Fatima et al-Hassan », c'est ainsi qu'il se désigna dans une missive qu'il adressa au sultan almoravide « de la part de celui qui se dresse pour la vérité à celui qui est plongé dans les séductions de la vie », (E. Lévi-Provençal, *op. cit.*, p. 17 et 19.

17. Voir à ce sujet Maribel Fierro, « Le mahdi Ibn Tumart et al-Andalus : l'élaboration de la légitimité almohade », *Revue du monde musulman et de la Méditerranée*, 91-94, 2000, p. 107-125.

18. Ibn Abi Zar', *op. cit.*, p. 243.

19. Ch.-A. Julien, *op. cit.*, p. 98.

20. Al-Marrakushi, *op. cit.*, p. 165.

21. E. Lévi-Provençal, *Documents inédits, op. cit.*

22. P. Gaudefroy-Demombynes, *« Introduction » au Masalik al-Absar fi Mamalik al-Amsar d'Al-'Omari*, 1927, p. XI-XVIII, et Ch.-A. Julien, *op. cit.*, p. 99-100.

23. Voir à ce sujet Henri Basset et Henri Terrasse, « Sanctuaires et forteresses almohades », *Hespéris*, VII, 1927, p. 157-171.

24. Voir sur cette bataille Gaston Deverdun, *Marrakech des origines à nos jours*, 1959, p. 155-157.

25. E. Lévi-Provençal, *Documents indédits, op. cit.*, p. 128-129.

26. Ibn Abi Zar', *op. cit.*, p. 257.

27. Ibn Khaldun, *op. cit.*, p. 173-174.

28. *Ibid.*, p. 175.

29. E. Lévi-Provençal, « Notes d'histoire almohade », *Hespéris*, X, 1930, p. 77-78.

30. *Ibid.*, p. 87.

31. E. Lévi-Provençal, *Documents inédits, op. cit.*, p. 184-185.

32. Al-Marrakushi, *op. cit.*, p. 199.

33. E. Lévi-Provençal, « Un recueil de lettres officielles almohades », *Hespéris*, 1941, p. 33-34.

34. Al-Marrakushi, *op. cit.*

35. Ibn Khaldun, *op. cit.*, p. 82.

36. Sur l'art et l'œuvre architecturale de la dynastie almohade, voir notamment les travaux toujours indépassables d'Henri Terrasse, *L'Art hispano-mauresque des origines au* XIIIe *siècle*, Paris, 1932.

37. Sur cette mosquée, voir l'étude magistrale d'Henri Basset et Henri Terrasse, « Sanctuaires et forteresses almohades », *Hespéris*, VI, 1926, p. 107-270.

38. Ibn Khaldun, *op. cit.*, p. 198.

39. *Ibid.*, p. 205.

40. Al-Marrakushi, *op. cit.*, p. 226.

41. Ibn Abi Zar', *op. cit.*, p. 321-322.

42. Al-Marrakushi, *op. cit.*, p. 249-250.

43. Ibn Abi Zar', *op. cit.*, p. 342.

44. Ibn Khaldun, *op. cit.*, II, p. 228.

45. Ibn Abi Zar', *op. cit.*, p. 359.

46. *Ibid.*, p. 360-363 ; Ibn Khaldun, *op. cit.*, II, p. 236-237.

47. Ibn Abi Zar', *op. cit.*, p. 373.

48. Ibn Khaldun, *op. cit.*, IV, p. 82-83.

49. Al-Marrakushi, *op. cit.*, p. 221.

50. A. Laroui, *op. cit.*, p. 170.

51. Voir sur cette question Christophe Picard, *La Mer et les musulmans d'Occident au Moyen Âge*, Paris, PUF, 1997, p. 75-84.

52. *Risalat al-Fusul du Calife*, reproduite par E. Lévi-Provençal, *Documents inédits, op. cit.*, p. 21-25.

53. Al-Marrakushi, *op. cit.*, p. 220.

54. *Ibid.*, p. 240-242.

55. *Ibid.*, p. 243.

56. *Ibid.*, p.221-222.

57. En référence à un dicton arabe disant que le Mahdi viendrait quand on verrait des dinars carrés.

58. *Kitab al-Istibsar*, p. 186.

59. *Ibid.*, p. 71-72.

60. *Ibid.*, p. 70.

61. *Ibid.*, p. 86-87.

62. *Ibid.*, p. 76-77.

63. Idris Mohamed b. Mohamed al-Idrissi, *Description de l'Afrique et de l'Espagne*, p. 83.

64. Léon l'Africain, *Description de l'Afrique*, 1956, p. 264-267 ; voir sur cette ville Mohamed Chérif, *Ceuta aux époques almohade et mérinide*, Paris, L'Harmattan, 1996.

65. Al-Idrissi, *op. cit.*, p. 96, 103-105.

66. Mohamed Kably, *Société, pouvoir et religion au Maroc à la fin du Moyen Âge*, Paris, Maisonneuve et Larose, p. 96.

67. II, 256.

68. H. Z. Hirshberg, « De la persécution almohade et du commerce de l'Inde » (en hébreu), *Mélanges I. F. Baer*, Jérusalem, 1961, p. 134-153.

69. Abraham Ibn Daoud, *Séfer Ha-Qabbalah*, éd. par G. S. Cohen, *The Book of Tradition*, Philadelphie, 1967, p. 70-72.

70. D'après certaines sources musulmanes, Maïmonide a dû se convertir à l'islam pour pouvoir séjourner au Maroc. Cela paraît vraisemblable et logique, mais ni Maïmonide lui-même ni aucune autre source juive ne confirment cette éventualité.

71. Ou *Iggeret Ha-Shmad*, trad. française dans Moïse Maïmonide, *Épîtres*, Paris, Verdier, 1983, p. 38.

72. *Ibid.*

73. D'après al-Marrakushi, le sultan Ya'qub al-Mansur expliqua en ces termes sa politique à l'égard des néomusulmans : « Si j'étais sûr, disait-il, qu'ils sont de vrais musulmans, je leur permettrais de se confondre avec les musulmans par les mariages et sous tous les autres rapports ; si, au contraire, j'étais sûr que ce sont des infidèles, je ferais tuer les hommes, je réduirais leurs enfants en servitude et je confisquerais leurs biens au profit des musulmans. Mais j'hésite à leur égard. »

74. Al-Marrakushi, *op. cit.*, p. 264-265.

75. Il est à noter que cet ostracisme à l'égard des anciens convertis, appelés communément *bildiyyin*, persista pendant longtemps dans la société musulmane de Fès, comme l'a montré Mercedes Garcia-Arenal dans son important article « Les *Bildiyyin* de Fès, un groupe de néo-musulmans d'origine juive », *Studia Islamica*, LXVI, 1987, p. 113-144.

76. *Kitab al-Istibsar*, cité dans N. Levtzion et J. F. P. Hopkins, *op. cit.*, p. 140.

77. M. Talbi, « Le christianisme maghrébin, de la conquête musulmane à sa disparition » dans M. Gervers et R. J. Bikhazi (éd.),

Conversion and Continuity : Indigenous Christian Communities in Islamic Lands, 8th to 18th centuries, Toronto, 1990, p. 313-351.

78. Sur la situation des chrétiens du Maroc sous les Almohades, voir E. Tisserant et Gaston Wiet, « Une lettre de l'Almohade Murtada au pape Innocent IV », *Hespéris*, VI, 1926, p. 27-54 ; Pierre de Cénival, « L'Église chrétienne de Marrakech au XIIIe siècle », *Hespéris*, VII, 1927, p. 69-83.

6. Mérinides et Wattasides

1. Ibn Khaldun, *Discours sur l'histoire universelle, op. cit.*, p. 332.

2. *Ibid.*, p. 311.

3. Selon les renseignements fournis par d'autres sources. Cette mosquée existe encore de nos jours et porte le nom de Jami' Mashwar al-Dakakin.

4. Ibn Abi Zar', *op. cit.*, p. 428-429.

5. Charles-Emmanuel Dufourcq, *L'Espagne catalane et le Maghrib*, Paris, PUF, 1965, p. 214.

6. Ibn Khaldun, *op. cit.*, p. 127.

7. *Ibid.*, p. 131.

8. Ibn Abi Zar', *op. cit.*, p. 540.

9. Ibn Khaldun, *op. cit.*, p. 141.

10. *Ibid.*, p. 143.

11. *Ibid.*

12. Ibin Abi Zar', *op. cit.*, p. 547.

13. *Ibid.*, p. 558.

14. Voir sur cette question l'étude pénétrante de Herman L. Beck, *L'Image d'Idris II, ses descendants de Fas et la politique sharifienne des sultans marinides (656-869/1258-1465)*, Leiden, E.J. Brill, 1989, chap. II.

15. Ch.-E. Dufourcq, *op. cit.*, p. 459.

16. Ibn Khaldun, *op. cit.*, p. 193-195.

17. Ibn Abi Zar', *op. cit.*, p. 564-565.

18. Ibn Khaldun, *op. cit.*, p. 212.

19. Abu 'Abd Allah Ibn Marzuk al-Khatib, auteur de l'*al-Musnad al-Sahih al-Hassan fi ma'atir Mawlana Abi al-Hassan*, cité par E. Lévi-Provençal, « Un nouveau texte d'histoire mérinide : le *Musnad* d'Ibn Marzouk », *Hespéris*, V, 1925, p. 60.

20. *Ibid.*, p. 231.

21. Ibn Marzuk, *op. cit.*, p. 74.

22. Voir sur cette ambassade M. Canard, « Les relations entre les Mérinides et les Mamelouks au XIVe siècle », *Annales de l'Institut des études orientales d'Alger*, 1939-1941, p. 41-81.

23. Ibn Khaldun, *op. cit.*, p. 240.

24. *Ibid.*, p. 243.

25. *Ibid.*, p. 269.

26. *Ibid.*, p. 313.

27. D'après une chronique de Mustafa b. al-Hassan Hussayni Djennabi citée par E. Fagnan, *Extraits inédits relatifs au Maghreb*, Alger, 1924, p. 299-300.

28. Emmené dans la mosquée des Qarawiyyin, il fut égorgé le 23 mai 1465, suivant le rite suivi pour le sacrifice du mouton de l'Aid al-Kabir.

29. D'après Djennabi, *op. cit.*, p. 313, l'émeute éclata après un geste désobligeant du ministre juif envers une musulmane d'ascendance chérifienne ; selon toute vraisemblance, la raison principale en était la réforme fiscale qu'il voulut mettre en œuvre et qui prévoyait la réduction des sommes allouées aux Shorfa et aux autres dignitaires religieux de la ville. (A. Cour, *L'Établissement des dynasties des Chérifs au Maroc et leur rivalité avec les Turcs de la Régence d'Alger, 1509-1830*, 1904, republié par les éditions Bouchene, 2004, p. 55). Sur Aharon Ben Batash, voir le portrait qu'en laissa 'Abd al-Khalil b. Basit publié par Robert Brunschvig, *Deux récits de voyage en Afrique du Nord au XVe siècle*, Paris, 1936, p. 113-115.

30. *Ibid.*

31. Sur ces événements, H. Z. Hirshberg, *Histoire des Juifs d'Afrique du Nord, op. cit.*, p. 290-295 ; Mercedes Garcia-Arenal, « The revolution of Fas in 869/1465 and the death of Sultan 'Abd al-Haqq al-Marini », *Bulletin of the School of Oriental and African Studies*, XLI, 1978, p. 43-66. John O. Hunwick, « Al-Maghili and the Jews od Tuwat : the demise of a community », *Studia Islamica*, 61, 1985, p. 155-183.

32. Léon l'Africain, *Description de l'Afrique, op. cit.*, p. 106-107.

33. *Ibid.*, p. 109.

34. J. D. Latham, « Towns and Cities of Barbary – The Andalusian influence », *Islamic Quarterly*, XVI, 3-4, 1972, p. 189-204.

35. Voir à ce sujet la thèse de Mohammed Hajji, *L'Activité intellectuelle au Maroc à l'époque sa'dide*, Rabat, 1976, I, p. 62-63.

36. Léon l'Africain, *op. cit.*, p. 191.

37. Citée par A. Cour, *op. cit.*, p. 60-61.

38. Voir pour de plus amples détails l'étude d'Ahmed Khaneboubi, *Les Premiers Sultans mérinides*, Paris, L'Harmattan, 1987, p. 111-119.

39. Léon l'Africain, *op. cit.*, p. 236-237.

40. *Ibid.*, p. 238.

41. Al-'Umari, *op. cit.*, p. 211-212.

42. Léon l'Africain, *op. cit.*, p. 239.

43. Al-'Umari, *op. cit.*, p. 173.

44. Léon l'Africain, *op. cit.*, p. 238.

45. Ibn Abi Zar', *op. cit.*, p. 426, ainsi qu'Ahmed Khaneboubi, *op. cit.*, p. 121.

46. Depuis cette date, tous les quartiers juifs des villes du Maroc portèrent le nom de *mellah* qui, à l'origine, était un toponyme strictement fassi.

47. Ibn Fadl Allah al-'Umari, *Masalik al Absar fi Mamali al-Amsar*, trad. Gaudefroy-Demombynes, 1927, p. 139-141.

48. Ibn Marzouk, *op. cit.*, p. 69.

49. Voir à ce sujet Mohamed Kably, *op. cit.*, p. 280.

50. Sur ce sanctuaire, voir l'article magistral que lui consacrèrent Henri Basset et Évariste Lévi-Provençal, « Chella : une nécropole mérinide », *Hespéris*, II, 1922, p. 1-92, 256-316, 386-425.

51. Léon l'Africain, *op. cit.*, p. 186.

52. Robert Montagne, *Les Berbères et le Makhzen dans le Sud du Maroc*, Paris, Alcan, 1930.

53. Ernest Gellner, *Saints of the Atlas*, Weindelfeld and Nicholson, 1969.

54. G.S. Colin, « Les mines marocaines et les Marocains », *Bulletin économique du Maroc*, III, 11, 1936, p. 194-200 ; B. Rosenberger, « Les vieilles exploitations minières et les centres métallurgiques du Maroc », *Revue de géographie du Maroc*, XVII-XVIII, 1970, p. 71-107, 59-102.

55. Sur ces relations, Ch.-E. Dufourcq, *L'Espagne catalane et le Maghreb au XIIIe et au XIVe siècle*, 1966 ; J. Heers, *L'Occident aux XIVe-XVe siècles. Aspects économiques et sociaux*, 1970, ainsi que les

actes du colloque consacré à *L'Occident musulman et l'Occident chrétien au Moyen Âge*, Rabat, faculté des lettres, 1995.

56. Halima Ferhat, *Sabta des origines au XIVe siècle*, p. 342.

57. Ch.-E. Dufourcq, *op. cit.*, p. 138-139.

58. Sur le rôle des communautés juives dans le commerce entre le royaume de Tlemcen et l'Aragon, voir *ibid.*, p. 139-144.

59. Léon l'Africain, *op. cit.*, p. 93-94.

60. *Ibid.*, p. 430.

61. Robert Brunschvig, *La Berbérie orientale sous les Hafsides*, p. 410-411.

62. *Ibid.*, p. 414.

63. Voir à ce sujet Michel Abitbol, « Juifs maghrébins et commerce transsaharien », *Le Sol, la parole et l'écrit. Mélanges en hommage à Raymond Mauny*, Paris, Société française d'histoire d'outre-mer, 1981, p. 561-577.

64. Mas Latrie, *Traités de commerce entre les États barbaresques au Moyen Âge*, p. 273-277, cité par Charles de La Roncière, *Découverte de l'Afrique au Moyen Âge*, 1925, p. 146-147.

65. Léon l'Africain, *op. cit.*, p. 436.

66. Voir à ce sujet Ch.-E. Dufourcq, *op. cit.*, p. 141.

67. Ch. de La Roncière, *op. cit.*, p. 121-135.

68. Sur la pénétration portugaise au Maroc et en Afrique de l'Ouest, voir l'œuvre magistrale de V. Magalhaes-Godinho, *L'Économie de l'Empire portugais aux XVe et XVIe siècles*, Paris, 1969.

69. Valentim Fernandes, *Description de l'Afrique de Ceuta au Sénégal (1506-1507)*, trad. française, 1938, p. 41.

70. R. Ricard, « Le commerce de Berbérie et l'organisation économique de l'Empire portugais aux XVe et XVIe siècles », *Annales de l'Institut d'études orientales d'Alger*, II, 1936, p. 266-290.

71. Valentim Fernandes, *op. cit.*, p. 61.

72. Alvise Ca da Mosto, *Relation des voyages à la côte occidentale d'Afrique d'Alvise Ca da Mosto, 1443-1457*, 1897, p. 48.

73. Duarte Pacheco Pereira, *Esmeraldo de situ orbis (Côte occidentale d'Afrique du Sud marocain au Gabon)*, trad. par Raymond Mauny, 1956, p. 53.

74. Léon l'Africain, *op. cit.*, p. 89, p. 93.

75. V. Magalhaes-Godinho, *op. cit.*, p. 161-162, 179.

76. Léon l'Africain, *op. cit.*, p. 421.

77. B. Rosenberger, « Autour d'une grande mine d'argent du Moyen Âge marocain : le Jebel Aouam », *Hespéris-Tamuda*, V, 1964, p. 15-78 ; « Tamdult, cité minière et caravanière pré-saharienne, IXe-XIVe siècle », *Hespéris-Tamuda*, XI, 1970, p. 103-139.

78. N. Levtzion, *Ancient Ghana and Mali*, *op. cit.*, p. 151-152.

79. Sur l'évolution intellectuelle d'al-Jazuli, voir notamment Vincent J. Cornell, *op. cit.*, p. 167-191.

80. Léon l'Africain, *op. cit.*, p. 88.

81. Mercedes Garcia-Arenal, « Mahdi, Murabit, Sharif : l'avènement de la dynastie sa'dienne », *Studia Islamica*, LXXI, 1990, p. 77-115.

82. Voir sur cette question les contributions très instructives de Bernard Rosenberger et Mercedes Garcia-Arenal dans *Mahdisme – crise et changement dans l'histoire du Maroc*, édité par Abdelmajid Kddouri, Rabat, Publications de la faculté des lettres et des sciences humaines, 1994.

83. Al-Ifrani, *Nuzhat al-Hadi*, trad. O. Houdas, 1889, p. 12.

84. Djennabi, cité par E. Fagnan, *Extraits inédits relatifs au Maghreb*, 1924, p. 339-340.

85. Luys del Marmol, *L'Afrique*, traduit par Nicolas Perrot sieur d'Amblancourt, 1667, p. 444.

TROISIÈME PARTIE
Le temps des chérifs

7. Les Sa'diens

1. Al-Ifrani, *op. cit.*, p. 35.

2. Diego de Torres, *Description...*, p. 166.

3. Luys del Marmol, *op. cit.*, p. 461.

4. Roger Le Tourneau, « Fès et la naissance du pouvoir sa'dien », *Al-Andalus*, XVIII, 1953, p. 271-294 ; Mercedes Garcia-Arenal, « Sainteté et pouvoir dynastique au Maroc : la résistance de Fès aux Sa'diens », *Annales ESC*, juillet-août 1990, p. 1019-1042.

5. Diego de Torres, *op. cit.*, p. 207-209.

6. Al-Ifrani, *op. cit.*, p. 78-79.

7. Al-Zayyani, « Histoire de la dynastie sa'dide », trad. R. Le Tourneau, *Revue de l'Occident musulman et de la Méditerranée*, XXIII-XXIV, 1977, p. 18.

8. *Chronique anonyme sur la dynastie sa'dienne*, éd. E. Fagnan, 1924, p. 374.

9. Al-Zayyani, *op. cit.*, p. 19.

10. Selon Al-Zayyani, ils s'en allèrent « Gros-Jean comme devant », Abu Hassoun refusant de leur verser la somme promise, « alléguant leur traîtrise et leur manque de parole » (*ibid.*, p. 19).

11. *Chronique anonyme…*, *op. cit.*, p. 377.

12. *Ibid.*, p. 367.

13. *Ibid.*, p. 378-379.

14. Souad al-Yamani, *Production et exportation du sucre marocain, op. cit.*, p. 170-215.

15. Diego de Torres, *op. cit.*, p. 213.

16. Djennabi, *op. cit.*, p. 348.

17. Suivant le *Nashr al-Mathani*, celui-ci se consacra plutôt « à la recherche des trésors de la science », *Archives marocaines*, p. 164.

18. Sources inédites de l'histoire du Maroc (ci-après SIHM), 1re série, France, II, p. 400.

19. G. Deverdun, *op. cit.*, p. 363-373.

20. Al-Zayyani, *op. cit.*, p. 20.

21. Djennabi, *op. cit.*, p. 347.

22. Al-Ifrani, *op. cit.*, p. 82-83, 87.

23. Diego de Torres, *op. cit.*, p. 49.

24. SIHM, France, I, « Relation de Fray Luis Nieto », p. 502-503.

25. Andrzej Dzubinski, « L'armée et la flotte de guerre marocaines à l'époque des sultans de la dynastie saadienne », *Hespéris-Tamuda*, XIII, 1972, p. 61-94.

26. Al-Zayyani, *op. cit.*, p. 26.

27. Al-Nasiri, *Kitab al-Istiqsa*, Archives marocaines, XXXIV, 1936, p. 108-109.

28. SIHM, France, I, p. 671.

29. Al-Ifrani, *op. cit.*, p.114-117.

30. Relation de Fray Luis Nieto, *op. cit.*, p. 475.

31. Une littérature relativement volumineuse a été consacrée à cette bataille. Nous nous sommes référé en premier lieu à la brillante étude de Lucette Valensi, *Fables de la Mémoire – La glorieuse bataille des Trois Rois*, Paris, Le Seuil, 1992, ainsi qu'à Pierre Berthier, *La Bataille de l'oued El-Makhazin dite bataille*

des Trois Rois (4 août 1578), Paris, Éditions du CNRS, 1985, E.W. Bovill, *The Battle of Alcazar – An Account of the Defeat of Dom Sebastian of Portugal at El-Ksar el-Kebir*, Londres, 1952.

32. Selon al-Ifrani, il aurait été empoisonné par l'un de ses gardes renégats, du nom de Ridwan (Nozhet al-Hadi, *op. cit.*, p. 137).

33. SIHM, France, I, p. 383.

34. *Chronique anonyme…*, *op. cit.*, p. 409.

35. P. Berthier, *op. cit.*, p. 127-147.

36. Al-Zayyani, *op. cit.*, p. 34; *Chronique anonyme…*, *op. cit.*, p. 410.

37. SIHM, Angleterre, I, « Lettre d'un médecin juif à son frère », p. 312-321.

38. D'après le chroniqueur syrien Mustafa Djennabi, « il mourut de joie ou, selon une autre version, par suite d'un mouvement désordonné; comme il était à cheval, il se pencha et faillit tomber; on le porta dans un char où il mourut aussitôt » (Djennabi, *op. cit.*, p. 352).

39. *Chronique anonyme…*, *op. cit.*, p. 413.

40. SIHM, Angleterre, I, p. 319.

41. SIHM, France, I, p. 499.

42. Il est assez significatif, à ce propos, que le calendrier des fêtes juives du Maroc du Nord se soit enrichi d'une célébration spéciale appelée *Purim de los Cristianos* ou *Purim Sebastiano*, à la suite de la mort du roi du Portugal Dom Sébastien. Événement considérable qui serait le juste prix payé pour les souffrances endurées par les Juifs d'Espagne réfugiés au Portugal, écrira le « correcteur » anonyme de la chronique *Emeq Habakha* (« La vallée des Larmes ») publiée au XVIe siècle par Joseph Ha-Kohen d'Avignon.

43. Selon Mustafa Djennabi, le cadavre de Dom Sebastien fut racheté pour la somme astronomique de 460 000 pièces d'or. De fait, le corps fut restitué aux Portugais au cours du mois de décembre et fut enterré à Ceuta avant d'être transporté à Belem en 1582.

44. Al-Ifrani, *op. cit.*, p. 140.

45. *Chronique anonyme…*, *op. cit.*, p. 412.

46. *Relation de Fray Luis Nieto*, *op. cit.*, p. 502-503.

47. Al-Zayyani, *op. cit.*, p. 35.

48. Sur les ambitions califales d'al-Mansur, voir les articles de Bernard Rosemberger et de Mercedes Garcia-Arenal dans A. Kaddouri, *op. cit.*

49. Al-Ifrani, *op. cit.*, p. 170-171.

50. Al-Fishtali, *Manahil al-Safa*, p. 246.

51. Al-Ifrani, *op. cit.*, p. 139.

52. Al-Nasiri, *op. cit.*, p. 193.

53. Al-Fishtali, *op. cit.*, p. 66.

54. Al-Nasiri, *op. cit.*, p. 182.

55. Voir à ce sujet Dahiru Yahya, *Morocco in the Sixteenth Century : Problems and Patterns in African Foreign Policy*, p. 92-130.

56. SIHM, 1re série, Pays-Bas, II, p. 273-275, 299.

57. SIHM, Angleterre, II, p. 142-144, 149-150, 170-171, 206-209.

58. En 1581, Elizabeth d'Angleterre acceptait de lui fournir 600 tonnes de « bois de Sussex et de Southampton » destinées à la construction d'unités navales (SIHM, 1re série, Angleterre, I, p. 391).

59. Al-Ifrani, *op. cit.*, p. 180-181.

60. *Ibid.*

61. *Ibid.*, p. 182-184.

62. *Ibid.*, p. 182-184.

63. SIHM, 1re série, Pays-Bas, III, p. 633.

64. Al-Zayyani, *op. cit.*, p. 48.

65. Mohammed al-Tamgruti, *Al-Nafha al-Miskiya fi Sifarat al-Turkiya*, p. 94-95.

66. Al-Ifrani, *op. cit.*, p. 195-199.

67. Sur cette procession qui n'avait lieu semble-t-il qu'à Marrakech et à Salé, voir notamment V. Loubignac, « La procession des cierges à Salé », *Hespéris*, XXXIII, 1-2, 1946, p. 5-30.

68. Al-Nasiri, *op. cit.* (1936), p. 268-272.

69. Tamgruti, *op. cit.*, p. 88-89.

70. *Chronique anonyme…*, *op. cit.*, p. 419.

71. Al-Ifrani, *op. cit.*, p. 148-149.

72. Al-Fishtali, *Manahil al-Safa*, p. 169-174.

73. SIHM, 1re série, Angleterre, I, p. 184.

74. *Ibid.*, p. 530-532, 547-548 ; T. S. Willan, *Elizabethan Trade*, p. 276-289, ainsi que Souad El-Yamani, *op. cit.*, p. 267-279.

75. Paul Berthiet, *Les Anciennes Sucreries…*, p. 272-278.

76. J.D. Brethes, *Contribution à l'histoire du Maroc...*, p. 198.
77. Marmol, *op. cit.*, III, p. 62.
78. Al-Sa'di, *Ta'rikh al-Sudan*, trad., p. 163-164.
79. *Ibid.*, p. 172, ainsi qu'al-Fishtali, *op. cit.*, p. 55.
80. SIHM, 1re série, Angleterre, I, p. 29.
81. *Ibid.*, p. 466.
82. J.D. Brethes, *op. cit.*, p. 203-205.
83. SIHM, France, Angleterre, Pays-Bas, I, p. 537-538.
84. A. Texiera da Moto, « Un document... », *Bol. Cul. da Gine Portuguese*, XXIV, 1965, p. 274 ; Marmol, *op. cit.*, p. 7.
85. *Al-Rasa'il al-Sa'diyya*, p. 133-134.
86. Al-Zayyani, *op. cit.*, p. 39.
87. D'après une chronique locale citée par A.G.P. Martin, *Quatre siècles d'histoire saharienne...*, p. 35.
88. Al-Fishtali, *op. cit.*, p. 36-40.
89. Voir à ce sujet B.G. Martin, « Kanem, Bornu and the Fezzan », *Journal of African History*, X, 1, 1969, p. 15-27.
90. Al-Nasiri, *op. cit.* (1936), p. 182-183 ; voir aussi sur cette visite al-Zayyani, *op. cit.*, p. 41-43.
91. *Ibid.*
92. Al-Fishtali, *op. cit.*, p. 60-61.
93. Al-Sa'di, *Ta'rikh al-Sudan, op. cit.*, p. 194.
94. *Chronique anonyme...*, *op. cit.*, p. 415-416.
95. Al-Fishtali, *op. cit.*, p. 61.
96. SIHM, Angleterre, II, p. 226.
97. Ou Gao, capitale du Songhaï.
98. Al-Ifrani, *op. cit.*, p. 159-161.
99. Oiseau légendaire figuré par la perdrix d'Égypte.
100. Al-Ifrani, *op. cit.*, p. 161-162.
101. Cité *ibid.*, p. 170.
102. Sur ce personnage, *ibid.*, p. 170 ainsi que Al-Sa'di, *op. cit.*, pp. 258-266.
103. *Ta'rikh al-Fattash*, *op. cit.*, p. 300-301.
104. Voir à ce sujet Michel Abitbol, *Tombouctou et les Arma*.
105. Al-Fishtali, *op. cit.*, p. 92-93.
106. Lettre d'Al-Mansur à Elizabeth Ire, 13 septembre 1600 (SIHM, Angleterre, II, p. 177-179).
107. Al-Ifrani, *op. cit.*, p. 167.
108. A. Teseira da Mota, « Un document... », *op. cit.*, p. 274.

109. Al-Ifrani, *op. cit.*, p. 167 ; J.D. Brethes, *op. cit.*, p. 205-207.
110. SIHM, 1re série, Angleterre, II, p. 146.
111 SIHM, France, II, p. 358-359.
112. SIHM, Angleterre, II, p. 453.
113. Al-Zayyani, *op. cit.*, p. 53. La caravane comptait également une centaine d'éléphants dont un seul survécut au voyage. Al-Mansur en fit don à son fils al-Ma'mun qui était à l'époque vice-roi de Fès ; 100 000 personnes vinrent assister à son entrée dans la ville.
114. Al-Ifrani, *op. cit.*, p. 237-238.
115. Il s'agit de Juifs.
116. G.Vajda, « Un recueil de textes historiques judéo-marocains », *Hespéris*, p. 326-327.
117. *Chronique anonyme…*, *op. cit.*, p. 448.
118. Selon l'auteur anglais George Wilkins, qui était en relation avec les membres de la Barbary Company (et avec William Shakespeare par ailleurs), la peste aurait fait « dans une année » à Marrakech 700 000 morts et à Fès 500 000 (SIHM, Angleterre, II, « Relation de George Wilkins », p. 249).
119. B. Rosenberger et H. Triki, « Épidémies et famines… », *op. cit.*, p. 157-167.
120. SIHM, 1re série, Angleterre, I, p. 126.
121. Al-Ifrani, *op. cit.*, p. 298-300.
122. *Ibid.*, p. 301.
123. Al-Ifrani, *op. cit.*, p. 307.
124. J. Mocquet, *op. cit.*, p. 402.
125. Voir sur ce personnage Jacques Berque, « L'homme qui voulut être roi », *Ulémas, fondateurs, insurgés du Maghreb*, Actes Sud, « Sindbad », 1998, p. 47-80.
126. SIHM, 1re série, Pays-Bas, II, « Histoire d'Abou Mahalli » par Moïse Pallache (1614), p. 116-123.
127. Al-Ifrani, *op. cit.*, p. 337-339 ; voir aussi sur ce personnage A. Kaddouri, « Ibn Abi Mahalli : À propos de l'itinéraire psycho-social d'un Mahdi », dans A. Kaddouri (éd.), *Mahdisme, crise et changement…*, *op. cit.*, p. 119-125.
128. « Abu Mahalli entra donc dans le palais impérial de Marrakech et s'y installa en maître ; il donna même le nom de Zidan à un fils qui lui naquit alors dans ce palais et l'on assure qu'il épousa la mère de Zidan et qu'il consomma le mariage

avec cette princesse. L'ivresse du pouvoir souverain lui troubla dès lors l'esprit, et bientôt il négligea la dévotion et la piété qui avaient été les bases de sa fortune » (al-Ifrani, *op. cit.*, p. 308).

129. Voir à ce sujet, Larbi Mezzine, *Le Tafilelt – Contribution à l'histoire du Maroc aux* XVIIe*-*XVIIIe *siècles*, Rabat, 1987, p. 287-290.

130. Sur ce personnage et sur la *zawiya* d'Iligh, voir notamment Mukhtar al-Susi, *Iligh, qadiman wa-hadithan*, Rabat, 1966, ainsi que colonel Justinard, « Notes sur l'histoire du Sous au XVIIe siècle », *Archives marocaines*, XXIX, 1933, et P. Pascon, « La maison d'Iligh », *Annales ESC*, XXXV, 1980, p. 700-729.

131. Mukhtar al-Susi, *Iligh, op. cit.*, p. 27-35, 59-60, 87-91 ; al-Ifrani, *op. cit.*, p. 475-476 ; colonel Justinard, *op. cit.*, p. 10-17.

132. SIHM, 1re série, Pays-Bas, IV, p. 532-533. Membre de la famille judéo-marocaine des Pallache, qui était au service des Sa'diens depuis al-Mansur, Isaac Pallache n'était pas encore au bout de ses peines : converti au christianisme, il fut accusé par ses détracteurs hollandais d'avoir renié sa nouvelle religion auprès du marabout qui le pressait de savoir pourquoi il avait cessé d'être juif. Ce qu'il démentit vigoureusement, mais cela ne l'empêcha pas d'être banni par l'Église à son retour aux Pays-Bas, ne pouvant déjà plus se mêler « aux Turcs ou aux Juifs » (*ibid.*, p. 558).

133. Jacques Berque, « Une perspective nationale manquée », dans *Ulémas, fondateurs, op. cit.*, p. 100-102.

134. Sur ce personnage et sa *zawiya* qui furent particulièrement actifs au début de l'ascension des 'Alawites, voir A. Hammoudi, « Sainteté, pouvoir et société – Tamgrout aux XVIIe et XVIIIe siècles », *Annales*, 1980, p. 615-641.

135. Al-Ifrani, *op. cit.*, p. 391-394.

136. Al-Nasiri, *Istiqsa*, VII, p. 23-25 ; J. Berque, *op. cit.*, p. 115.

137. Guillermo Gozalbes Busto, *Los Moriscos en Marruecos*, Grenade, 1992.

138. SIHM, 1re série, France, III, p. 115-116.

139. *Ibid.*, p. 397-411.

8. Le Maroc sous le règne des 'Alawites

1. Al-Nasiri, *op. cit.*, p. 32-34.

2. *Nashr al-Mathani*, trad. Michaux-Bellaire, *Archives marocaines*, XXIV, p. 99-100. Sur cette légende et sa commémoration,

la meilleure étude demeure celle de Pierre de Cénival, « La Légende du Juif Ibn Mech'al et la fête du sultan des Tolba à Fès », *Hespéris*, p. 237-218.

3. *Tadhkirat al-Nisyan, op. cit.* (texte arabe), p. 185.

4. Al-Nasiri, *op. cit.*, p. 39.

5. Germain Mouette, *Description du Maroc* (1683), SIHM, 2e série, France, III, p. 162-163.

6. Al-Zayyani, *op. cit.*, p. 54.

7. Al-Nasiri, *op. cit.*, p. 72.

8. *Ibid.*

9. Al-Zayyani, *op. cit.*, p. 28.

10. Al-Nasiri, *op. cit.*, p. 78.

11. Al-Zayyani, *op. cit.*, p. 29.

12. Al-Nasiri, *op. cit.* (1906), p. 128-131.

13. Al-Zayyani, *op. cit.*, p. 30.

14. Pour marquer cet événement, le sultan interdit le port des babouches noires qui ne devaient plus être portées que par les Juifs, raconte al-Nasiri (*op. cit.*, p. 148).

15. *Ibid.*, p. 239.

16. *Adventures of Thomas Pellow* (1890) d'après la traduction de Magali Morsy, p. 133.

17. Voir un exemple de décompte très détaillé de ces impôts perçus dans le Touat à la fin du XVIIe siècle par les émissaires de Mawlay Isma'il, A. G. P. Martin, *Quatre siècles d'histoire marocaine*, p. 65-70.

18. Entre autres « contributions » extraordinaires, les Juifs fournissaient le palais en volailles, les marchands de tissu en vêtements et les armuriers en épées, tandis que les tailleurs musulmans de Fès avaient la charge de confectionner les habits du roi.

19. SIHM, 2e série, France, IV, « Mémoire de J. B. Estelle » (octobre 1698), p. 708-710.

20. Voir à ce sujet Abdellah Hammoudi, *Maîtres et disciples – Genèse et fondements des pouvoirs autoritaires dans les sociétés arabes – Essai d'anthropologie politique*, Paris, Maisonneuve et Larose, 2001, p. 81.

21. Chantal de la Véronne, *Vie de Moulay Isma'il, roi de Fès d'après José de León*, p. 65.

22. Voir le texte entier de cette lettre dans Michel Abitbol, *Tombouctou et les Arma, op. cit.*, p. 247-248.

23. Archives nationales (Paris), Fonds des Affaires étrangères, Correspondance consulaire, Maroc – B1, 826 (1693-1698), 24 juin 1697.

24. Relation des pères de la Merci citée dans SIHM, 2e série, France, VI, p. 688.

25. *Tadhklrat al-Nisyan, op. cit.*, p. 153.

26. Paul Marty, *L'Émirat des Trarzas*, 1919, p. 69-70.

27. Al-Nasiri, *op. cit.* (1906), p. 76.

28. Al-Ifrani, *op. cit.*, p. 505.

29. Paul Marty, « Fragments des Chroniques de Oualata », REI, I, 4, 1917, p. 558-559, 562.

30. Heinrich Barth, *Travels…*, V, p. 490-491.

31. G. Boyer, *Un peuple de l'ouest africain : les Diawara* (1953), p. 37.

32. Archives nationales (Paris), Sénégal Ancien C 6, 8 : 20 juin 1724.

33. *Adventures of Thomas Pellow, op. cit.*, p. 162-163. Les sources françaises signalent de temps à autre la présence de renégats parmi les soldats marocains dont celui appelé Francoine (C 6, 6 : 6 août 1721).

34. *Ibid.*, p. 165.

35. *Tadhkirat al-Nisyan, op. cit.*, p. 116-117, 119.

36. Voir par exemple SIHM, 2e série, France, V, p. 230.

37. Voir à ce sujet Michel Abitbol, *Tombouctou et les Arma, op. cit.*, p. 124-125.

38. Chantal de la Véronne, *op. cit.*, p. 69-72.

39. Relation des pères de la Merci…, SIHM, 2e série, France, VI, p. 688.

40. Al-Nasiri, *Kitabal-Istiqsa* (1906), p. 124; destiné apparemment à succéder à son père, Moulay Zidan mourut subitement en 1708-1709, empoisonné vraisemblablement par l'un des nombreux prétendants au trône.

41. *Ibid.*, p. 132-133.

42. *Ibid.*, p. 133.

43. Thomas Pellow, *op. cit.*, p. 131.

44. Al-Nasiri, *op. cit.* (1906), p. 263.

45. SIHM, « Mémoire de J.B. Estelle », *op. cit.*, p. 701.

46. Al-Nasiri, *op. cit.* (1906), p. 264.

47. Magali Morsy, « Le tremblement de terre de 1755 d'après des témoignages d'époque », *Hespéris-Tamuda*, XVI, 1975, p. 89-97.

48. Georges Vajda, *op. cit.*, p. 165.

49. Al-Nasiri, *op. cit.* (1906), p. 332-333.

50. Louis Chénier, *Recherches sur les Maures*, III, p. 499.

51. Al-Zayyani, *op. cit.*, p. 182.

52. Sur cette épidémie, voir l'étude remarquable du Dr H.-P.-J. Renaud, « La peste de 1799 », *Hespéris*, I, 1921, p. 160-182.

53. J. G. Jackson, *op. cit.*, p. 175.

54. Voir l'étude que le Dr H.-P.-J. Renaud consacra aussi à cet nouveau fléau, « La peste de 1818 au Maroc », *Hespéris*, III, 1923, p. 13-35.

55. Circulaire en langue arabe sur la peste et son traitement citée par Dr Renaud, *op. cit.*, p. 38.

56. SIHM, « Mémoire de J. B. Estelle », *op. cit.*, p. 698.

57. G. Mouette, SIHM, 2e partie, France, III, 1683 ; voir aussi sur l'alimentation au Maroc, à cette époque, l'étude de Bernard Rosenberger, « Cultures complémentaires et nourritures de substitution au Maroc (xve-xviiie siècles), *Annales*, 1980, p. 477-503.

58. Louis de Chénier, *op. cit.*, p. 50.

59. G. Lemprière, *op. cit.*, p. 82.

60. Voir à ce sujet Hassan el-Boudrari, « L'exotisme à l'envers : les premiers voyageurs marocains en Occident (Espagne, xviie-xviiie siècles) et leur expérience de l'altérité », *D'un Orient à l'autre*, Paris, Éditions du CNRS, 1991, vol. I, p. 377-404.

61. P. Marty, *Études sur l'islam et les tribus du Soudan (1920-1921)*, t. III : *Les Tribus maures du Sahel et du Hodh*, p. 382-384.

62. M. I. Kettani, « Les manuscrits de l'Occident africain dans les bibliothèques du Maroc », *Hespéris-Tamuda*, IX, 1, 1968, p. 62.

63. Al-Nasiri, *op. cit.* (1907), p. 12-13, 38-40 ; G. Drague, *Esquisse d'histoire religieuse…*, p. 85 ; A. Laroui, *L'Histoire du Maghreb*, p. 257-258.

64. Mungo Park, *Travels…*, 1802, p. 287-288.

65. L. Panet, « Relation d'un voyage du Sénégal à Souéra (Mogador) », *Revue coloniale*, II, 1850, p. 385-390 ; Bou el-Moghdad, « Voyage par terre entre le Sénégal et le Maroc », *Revue maritime et coloniale*, 1861, p. 482.

66. René Caillié, *Journal d'un voyage…*, II, p. 380.

67. *Tadhkirat al-Nisyan, op. cit.*, p. 109.

68. Charles de Foucauld, *Reconnaissance du Maroc*, 1888, p. 130-131.

69. A. G. P. Martin, *op. cit.*, p. 79-93.

70. Pour plus de détails, voir Michel Abitbol, *Tombouctou, op. cit.*, p. 204-205.

71. Grâce aux liens établis de part et d'autre du Sahara par les grandes confréries, la diffusion d'ouvrages soudanais s'amplifia à la même époque au Maroc. M. I. el-Kettani recensa ainsi dans les bibliothèques du Maroc une trentaine de livres d'Ahmed Baba, plus d'une cinquantaine d'ouvrages du cheikh al-Mukhtar al-Kunti, ainsi que plusieurs opuscules ayant pour auteurs les dirigeants du mouvement djihadiste soudanais du XIXe siècle 'Uthman Fodio et Mohammed Bello.

72. Selon René Caillié, seuls les riches négociants de Djenné et de Tomboluctou consommaient du thé (R. Caillié, *op. cit.*, II, p. 331).

73. G. Lemprière, *op. cit.*, p. 290.

74. Graberg di Hemsö, *Specchio geografico e statistico...*, 1834, p. 146.

75. L. Godard, *Le Maroc*, 1859, p. 117-120.

76. C.W. Newbury, « North African and Western Sudan Trade in the XIXth century : a reevaluation », *Journal of African History*, VII, 2, 1966, p. 233-246.

77. Louis Chénier, *Recherches historiques sur les Maures*, 1787, III, p. 476-477.

78. Al-Nasiri, *op. cit.* (1906), p. 358.

79. *Ibid.*

80. Sur cette *zawiya*, voir l'étude magistrale de Dale F. Eickelman, *Moroccan Islam – Tradition and Society in a Pilgrimage Center*, University of Texas Press, 1976.

81. *Ibid.*, p. 270-271.

82. Archives nationales (Paris), Colonies F 61 : dépêche de Le Brasseur, citée par M. Abitbol, *Tombouctou, op. cit.*, p. 187.

83. Lettre de Joseph Matra à Lord Sydney (28 mars 1789), citée par R. Hallet (éd.), *Records of the African Association*, 1964, p. 81.

84. Voir à ce sujet M. Abitbol, *Tombouctou, op. cit.*, p. 224-225.

85. Eugène Aubin, *Le Maroc dans la tourmente*, 1902-1903, réédité par Jean-François Durand, Éditions Paris-Méditerranée, 2004.

86. G. Lempriere, *op. cit.*, p. 66-67; J.G. Jackson, *An Account…*, p. 47; Louis Chénier, *op. cit.*, III, p. 39.

87. G. Lempriere, *op. cit.*, p. 250.

88. Sur cette question, la meilleure étude demeure celle de Jacques Caillé, *Les Accords internationaux du Sultan Sidi Mohammed Ben Abdallah (1757-1790)*.

89. Voir à ce sujet G. Ayache « Beliounech et le destin de Ceuta », dans *Études d'histoire marocaine*, Rabat, 1983, p. 307-338.

90. G. Lempriere, *op. cit.*, p. 7.

91. Voir à ce sujet Mohamed el-Mansour, « The Sanctuary (Hurm) in Precolonial Morocco », dans R. Bourgia, S. Gilson Miller, *In the Shadow of the Sultan*, Harvard University Press, 1999, p. 49-73.

92. Georges Vajda, *Un recueil de textes historiques…*, p. 79-92; Samuel Romanelli, *op. cit.*, p. 136-147.

93. Al-Zayyani, *op. cit.*, p. 195.

94. *Ibid.*, p. 169.

95. Al-Nasiri, *op. cit.* (1906), p. 384.

96. *Voyages d'Ali Bey*, p. 81.

97. Voir à ce sujet Amina Ihrai-Aouchar, « Les relations du Maroc avec l'Europe à l'époque de la Révolution française et de l'Empire (1789-1815) », *Hespéris-Tamuda*, XXVIII, 1990, p. 29-46.

98. Lettre de Moulay Sliman au gouverneur de Tétouan al-Hajj 'Abd al-Rahman b. 'Abd al-Qadir Ash'ash, citée par Jean-Louis Miège, M'hammed Benaboud, Nadia Erzini, *Tétouan, ville andalouse marocaine*, Paris, Éditions du CNRS, 1996, p. 82-83.

99. « La sainteté dans cette partie de l'Afrique, écrit Louis Chénier, est une profession des plus distinguées, et peut-être des plus lucratives ; c'est un héritage de famille, qui passe de père en fils, et quelquefois du maître au valet ; un saint dit avec confiance qu'il est saint comme un tailleur dit qu'il est tailleur » (Louis Chénier, *op. cit.*, III, p. 147).

100. Cité par Georges Drague, *Esquisse d'histoire religieuse du Maroc*, 1955, p. 89-90.

101. Al-Zayyani, *op. cit.*, p. 187-188.

102. Al-Nasiri, *op. cit.* (1907), p. 54.

103. *Ibid.*, p. 62.

QUATRIÈME PARTIE

Face à l'Europe

9. Les débuts de la pénétration européenne

1. Sur ce personnage, qui était également agent de la France à Essaouira, voir Daniel J. Schroeter, *The Sultan's Jew – Morocco and the Sephardi World*, Stanford University Press, 2002, *passim* et plus particulièrement p. 105-123.

2. J.-L. Miège, *Le Maroc et l'Europe (1630-1894)*, II, p. 39-45.

3. Cité par Mohammed Kenbib, « The Impact of French Conquest of Algeria on Morocco (1830-1912) », *Hespéris-Tamuda*, XXIX, 1, p. 49.

4. Sur les préparatifs de l'expédition d'Alger, voir Charles-André Julien, *Histoire de l'Algérie contemporaine – La conquête et les débuts de la colonisation (1827-1871)*, Paris, PUF, 1971, p. 20-60.

5. Voir à ce sujet Philippe de Cossé-Brissac, « La France et le Maroc pendant la conquête de l'Algérie », *Hespéris*, XIII, 1931, p. 35-115, 133-189.

6. Al-Nasiri, *op. cit.* (1907), p. 159.

7. *Ibid.*, p. 169-170.

8. *Ibid.*, p. 171.

9. *Ibid.*, p. 170.

10. *Ibid.*, p. 170-171.

11. *Ibid.*, p. 168.

12. Sur les relations de Moulay 'Abd al-Rahman avec l'émir 'Abd el-Kader, voir Katherine Bennison, « The relationships between Mwaly 'Abd al-Rahman and 'Abd el-Kader », *Hespéris-Tamuda*, XXXIII, 1995, p. 39-55.

13. Cité par Ph. de Cossé-Brissac, *op. cit.*, p. 196.

14. Al-Nasiri, *op. cit.* (1907), p. 176.

15. *Ibid.*, p. 159.

10. La France vue du Maroc au lendemain de la bataille de l'Isly

1. Sur ce personnage et sa relation de voyage, voir notamment Susan G. Miller, *Travels of a Moroccan Scholar in France, 1845-6. The Voyage of Mohammed al-Saffar*, 1992, ainsi qu'*Une ambassade marocaine chez Louis-Philippe, Rihlat al-Faqih*

al-Saffar ila Bariz 1845-1846, présentation, notes et traduction française Boussif Ouasti, 2002.

2. *Ibid.*, p. 201.
3. *Ibid.*, p. 153.
4. *Ibid.*
5. *Ibid.*, p. 159.
6. *Ibid.*, p. 153.
7. *Ibid.*, p. 156-157.
8. *Ibid.*, p. 110-111.
9. *Ibid.*, p. 91.
10. *Ibid.*, p. 189.

12. La guerre hispano-marocaine (1859-1860) et ses conséquences

1. Al-Nasiri, *op. cit.* (1907), p. 222.
2. À titre de comparaison, le Makhzen tirait à cette époque un impôt annuel de 70 000 riyals de la riche province des Doukkala.
3. Voir sur toute cette question Germain Ayache, « Aspects de la crise financière au Maroc », *Études d'histoire marocaine* (1983), p. 97-138
4. La moitié de la somme fut couverte par les fonds du Trésor, le reste par les dons du public et l'emprunt anglais.
5. Al-Nasiri (1907), p. 272.

13. La société marocaine à l'épreuve du premier choc européen (1856-1878)

1. J.-L. Miège, *Le Maroc et l'Europe*, II, p. 501-546 ; III, p. 235-260.
2. *Ibid.*, II, p. 452.
3. *Ibid.*, II, p. 415-454 ; III, p. 254-256.
4. D'après les chiffres recueillis par J.-L. Miège, *op. cit.*, IV, p. 397, et Jean Ganiage, *Histoire contemporaine du Maghreb*, Paris, Fayard, 1994, p. 360.
5. Entre parenthèses, le nombre d'habitants juifs.
6. Oskar Lenz, *Voyage à Timbuktu*, p. 35.
7. J.-L. Miège, *op. cit.*, p. 58.
8. O. Lenz, *op. cit.*, p. 163-164.
9. E. Aubin, *Le Maroc dans la tourmente*, p. 77-78.

10. J.-L. Miège, III, p. 33 ; Michel Abitbol, *Les Commerçants du Roi – Tujjar al-Sultan*, 1998.

11. Archives du ministère des Affaires étrangères (Paris), Correspondance consulaire : Mogador III, 11 décembre 1848.

12. Marrakech.

13. J.-L. Miège, *op. cit.*, II, p. 538-545.

14. *Ibid.*, p. 471-478 ; IV, p. 24-33.

15. *Ibid.*, III, p. 261.

16. Voir à ce sujet Claude Vainstein, *Judeopostale*, 2008, p. 138-139 ; Jean-Claude Allain, « La monnaie et le timbre-poste pendant le Protectorat : émissions et représentations », *Présences et Images franco-marocaines au temps du Protectorat*, Paris, L'Harmattan, 2003, p. 195-224.

17. J.-L. Miège, *op. cit.*, IV, p. 330-331.

18. Voir sur les effets sociaux dévastateurs de cette institution, Mohammed Kenbib, « Structures traditionnelles et protections étrangères au Maroc au XIXe siècle », *Hespéris-Tamuda*, XXII, 1862, p. 79-101.

19. Daniel J. Schroter, *Merchants of Eassaouira*, 1988, p. 220-221.

20. O. Lenz, *op. cit.*, p. 32.

21. Voir sur ces personnages, Michel Abitbol, *Le Passé d'une discorde*..., p. 196-199.

22. Cité dans *Al-Wata'iq*, V, 1981, p. 350-351.

23. Charles de Foucauld, *op. cit.*, p. 398.

24. Cité par André Chouraqui, *Histoire des Juifs en Afrique du Nord – II : Le retour en Orient*, Paris, Éditions du Rocher, 1998, p. 40-41.

25. Voir à ce sujet Tudor Parfitt, « La Grande-Bretagne et les relations entre Juifs et musulmans au Maroc », dans Michel Abitbol, *Relations judéo-musulmanes au Maroc*, *op. cit.* p. 105-107.

26. Mohammed Kenbib, *Juifs et musulmans au Maroc*, Rabat, université Mohammed V, 1994, p. 124-127.

27. « Pour les musulmans qui observaient les "signes", commente Mohammed Kenbib, cette "mission" ne présageait rien de bon. La veille de l'entrée de Montefiore à Marrakech (25 janvier), la ville fut en effet endeuillée par l'explosion de 400 quintaux de poudre dans un dépôt situé sur la place centrale

Jma' al-Fna (littéralement « Apocalypse ») ayant fait près de 300 morts parmi les musulmans et soufflé plusieurs dizaines de maisons et de boutiques » (M. Kenbib, *op. cit.* p. 150).

28. Sur ordre du sultan, l'original du *dahir* fut remis au consul d'Angleterre, Montefiore, ses accompagnateurs juifs devant se contenter de copies non scellées du document.

29. Cité par al-Nasiri, *op. cit.* (1907), p. 256-257.

30. *Ibid.*, p. 257-258.

31. Une immense littérature a été consacrée à l'Alliance israélite universelle, à la pensée de ses fondateurs et aux différentes étapes de son développement dans le bassin méditerranéen. Nous citerons, à titre d'exemples, les ouvrages suivants : Narcisse Leven, *Cinquante ans d'histoire*, Paris, 1911-1920 ; André Chouraqui, *L'Alliance israélite universelle et la renaissance juive contemporaine*, Paris, 1960 ; Georges Weill, « Émancipation et humanisme, le discours idéologique de l'Alliance israélite universelle », *Les Nouveaux Cahiers*, LII, 1978, p. 1-20 ; Michael M. Laskier, *The Alliance israélite universelle and the Jewish Communities of Morocco, 1862-1962*, State of New York University Press, 1983.

32. Archives du Quai d'Orsay, Correspondance commerciale, Mogador IV, 21 novembre 1865.

33. *Al-Wata'iq*, V, 1981, p. 19.

34. Cité par Paul Paquignon, « Quelques documents sur la condition des Juifs au Maroc », *Revue du monde musulman*, IX, 1909, p. 121-122.

35. Cité par E. Fumey, *Choix de correspondance marocaine*, Paris, 1903, vol. I, p. 41, trad. française vol. II, p. 15.

36. Al-Nasiri, *op. cit.* (1907) p. 238.

37. *Ibid.*, p. 277.

38. Voir à ce sujet Germain Ayache, « L'apparition de l'imprimerie au Maroc », *Études d'histoire marocaine*, *op. cit.*, p. 139-155.

39. J.-L. Miège, *op. cit.*, IV, p. 96.

40. Al-Nasiri, *op. cit.* (1907), p. 301-302.

41. *Ibid.*, p. 305.

42. Eugène Aubin, *op. cit.*, p. 310-311.

43. Pour une analyse très fine de cette tradition de mobilité chez les rois du Maroc et du Maghreb en général, voir Jocelyne Dakhlia, « Dans la mouvance du prince : la symbolique du

pouvoir itinérant au Maghreb », *Annales ESC*, mai-juin 1988, 3, p. 735-760 ; voir aussi sur les expéditions de Moulay Hassan dans leur ensemble, David Nordman, « Les expéditions de Moulay Hassan », *Hespéris-Tamuda*, XIX, 1980-1981, p. 123-152 ainsi que Mohamed Aafid, « Les harkas hassaniennes d'après l'œuvre de A. Ibn Zidan », *ibid.*, p. 153-168.

44. F. Weisgerber, *Au seuil du Maroc moderne*, Rabat, 1949, p. 47-50.

14. L'engrenage (1878-1894)

1. F. Linares, *Une épidémie de choléra au Maroc en 1878*, 1879.

2. Al-Nasiri, *op. cit.* (1907), p. 319-320.

3. J.-L. Miège, *op. cit.*, III, p. 419.

4. *Ibid.*, p. 398-408.

5. A. Duponchel, *Le Chemin de fer de l'Afrique centrale*, Montpellier, 1875 ; G. Désiré-Vuillemin, « Les premiers projets du transsaharien et l'Afrique du Nord, 1878-1881 », *Revue d'histoire maghrébine*, 1977, p. 107-121.

6. Sur cette expédition et celle de 1886, E. Gérenton, « Les expéditions de Moulay El Hassan dans le Sous, 1882-1886 », *Renseignements coloniaux*, septembre 1924, p. 269-286 ; P. V. Parsons, *The Origins of the Moroccan Question, 1880-1900*, Londres, 1976, p. 346-391.

7. L'ancien consul britannique à Zanzibar avait présenté au sultan, en mai 1892, sur un ton d'ultimatum, une longue série de réclamations : construction d'un chemin de fer britannique de Tanger à Fès, ouverture d'une banque d'État marocaine avec des capitaux anglais jusqu'à l'abolition de l'esclavage, conclusion d'un nouveau traité de commerce entre le Maroc et l'Angleterre. Tout en n'ayant pas consulté au préalable le Foreign Office, l'ambassadeur ne fut pas désavoué par son gouvernement. Ce qui, on s'en doute, déplut fortement au sultan, qui n'était pas habitué à de telles « outrances » de la part des Anglais. Sur la nouvelle orientation de la politique anglaise au Maroc, A. J. P. Taylor, « British Policy in Morocco, 1886-1902 », *The English Historical Review*, LXVI, 1951, p. 342-374.

8. Ministère des Affaires étrangères (Paris), Correspondance politique, Maroc 69 : Tanger, 22 mars 1894.

9. Al-Nasiri, *op. cit.* (1907), p. 347.

10. *Ibid.*, p. 353.

11. *Ibid.*

12. *Ibid.*, p. 354.

13. Voir aussi sur cette question Susan G. Miller et Rassam Amal, « The view from the Court : Moroccan reactions to European Penetration during the late nineteenth century », *The International Journal of African Historical Studies*, XVI, 1, 1983, p. 25-48.

14. Sur ce personnage, Mukhtar al-Susi, *Al-Ma'sul*, 1960, IV, p. 83-101 ; J. Caro Baroja, *Estudios Saharianos*, Madrid, 1955, p. 285-333 ; G. M. Désiré-Vuillemin, « Cheikh Ma al-Ainin ou l'échec d'un moderne Almoravide », *Revue française d'histoire des colonies*, 1958, p. 29-52 ; H. T. Norris, « Shaykh Ma al-'Aynayn al-Qalqmi in the folk-literature of Spanish Sahara », *Bulletin of the School of Oriental and African Studies*, XXXI, 1968, p. 113-136.

15. Ministère des Affaires étrangères (Paris), Correspondance politique, Maroc 79 : Marrakech, 15 décembre 1896.

16. Mukhtar al-Susi, *op. cit.*, p. 92-96.

17. *Histoire de la diplomatie française*, tome II, *De 1815 à nos jours*, Paris, Perrin, 2005, p. 225-228.

18. Sur le détail de ces prélèvements, voir A. G. P. Martin, *Quatre siècles d'histoire marocaine, op. cit.*, p. 393-395.

19. Charles-André Julien, *Le Maroc face aux impérialismes*, 1978, p. 40-42.

20. Nom générique donné à tous les prétendants révoltés depuis que l'un d'eux souleva, au XVIIIe siècle, la tribu des Ruwaga du Gharb.

21. Walter Harris, *Morocco that was*, 1983, p. 179-210.

22. Ch.-A. Julien, *op. cit.* p. 44-46.

23. Ross E. Dunn, *Resistance in the Desert*, p. 218-219.

24. Ch. R. Ageron, *France coloniale ou parti colonial ?*, Paris, PUF, 1978, p. 144-150.

25. *Histoire de la diplomatie française*, *op. cit.*, p. 231-233.

26. Ch.-A. Julien, *op. cit.*, p. 60-61.

27. Voir sur ce mouvement Edmund Burke III, « La Hafidiya (août 1907-janvier 1908) », *Hespéris-Tamuda*, XXXI, 1993,

et du même auteur « Moroccan Ulama, 1860-1912 », dans N.R. Keddie, *Scholars, Saints and Sufis – Muslim Religious Institutions since 1500*, University of California Press, 1978, p. 93-125, ainsi qu'Abdallah Laroui, *Les Origines sociales et culturelles du nationalisme marocain, 1830-1912*, Paris, Maspéro, 1977, p. 371-413.

28. Voir le texte de cette *bay'a* chez A. G. P. Martin, *op. cit.*, p. 451-455.

29. Sur cet événement, voir l'étude exhaustive de Jonathan G. Katz, *Murder in Marrakech – Emile Mauchamp & the French Colonial Adventure*, Indiana University Press, 2006.

30. Mohammed Kenbib, *op. cit.*, p. 341.

31. Cité *ibid.*, p. 342.

32. André Chouraqui, *Histoire des Juifs d'Afrique du Nord*, II, p. 45.

33. Henry Munson Jr, *Religion and Power in Morocco*, Yale University Press, 1993, chap. III : « Al-Kattani and the Ulama (1904-1909) », p. 56-76 ; A. Laroui, *op. cit.*, p. 374-375.

34. *Ibid.*, p. 395-396.

35. Sur toute cette activité politique, voir Edmund Burke III, *Prelude...*, p. 128-138.

36. Cité par P. Brignon *et al.*, *Histoire du Maroc*, p. 334.

37. A. Laroui, *op. cit.*, p. 403-405.

38. D'après certaines sources anglaises citées par Mohammed Kenbib, les deux généraux français auraient exigé des chefs de la communauté de leur livrer « une centaine de Juives » pour leurs soldats (M. Kenbib, *op. cit.*, p. 368-369).

39. Robert Chastel, « Le coup de Fès », *Hespéris-Tamuda*, XXVIII, 1990, p. 71-90.

40. M. Kenbib, *op. cit.*, p. 371.

41. F. Weisgerber, *op. cit.*, p. 272.

42. Cité par M. Kenbib, *op. cit.*, p. 385.

43. Ross E. Dunn, *op. cit.*, p. 239-241.

44. Sur les circonstances assez rocambolesques de cette abdication, Walter Harris, *op. cit.*, p. 119-139.

45. Sur l'itinéraire de ce personnage, Abdallah Hammoudi, « Aspects de la mobilisation populaire à la campagne vus à travers la biographie d'un Mahdi mort en 1919 », dans *Islam et Politique au Maghreb*, Paris, Éditions du CNRS, 1981, p. 47-55.

CINQUIÈME PARTIE

Le Maroc à l'heure française

15. Le Maroc de Lyautey

1. Cité par Bernard Lugan, *Histoire du Maroc*, Paris, Perrin-Critérion, 2000, p. 247.

2. Cité par Arnaud Teyssier, *Lyautey*, Paris, Perrin, 2004, p. 272.

3. Daniel Rivet, *Le Maghreb à l'épreuve de la colonisation*, Paris, Hachette, 2002, p. 224.

4. Jérôme et Jean Tharaud, *Rabat et les heures marocaines*, 1921, p. 141-149.

5. Cité par Arnaud Teyssier, *op. cit.*, p. 273.

6. C. R. Pennel, *op. cit.*, p. 161-163.

7. Daniel Rivet, *Morocco since 1830*, p. 224-225.

8. *Ibid.*, p. 226.

9. Ch.-A. Julien, *Le Maroc face aux impérialismes, op. cit.*, p. 111.

10. Moshe Gershovich, *French Military Rule in Morocco*, 2000, p. 80.

11. J. Ganiage, *op. cit.*, p. 406-408.

12. Général A. Guillaume, *Les Berbères marocains et la pacification de l'Atlas central*, 1946 ; William A. Hoisington, *Lyautey and the French Conquest of Morocco*, New York, St Martin Press, 1995, p. 59-95 ; Moshe Gershovich, *French Military Rule in Morocco – Colonialism and its consequences*, Franck Cass, 1995.

13. D'après les chiffres recensés par M. Gershovich, *op. cit.*, p. 75.

14. Robert Montagne, *Les Berbères et le Makhzen dans le sud du Maroc*, p. 341.

15. Cité par Jean Wolf, *Maroc : la vérité sur le protectorat franco-espagnol – L'épopée d'Abd El Khaleq Torrès*, Paris, Balland, 1994, p. 116. Sur la guerre du Rif en général, *Abd el-Krim et la République du Rif*, Paris, Maspéro, 1976 ; C. R. Pennel, *A Country with a Gouvernment and a Flag : The Rif War in Morocco*, 1986.

16. L. Gabrielli, *Abd al-Krim et les événements du Rif*, cité par Brignon *et al.*, *Histoire du Maroc*, *op. cit.*, p. 408.

17. C. R. Pennell, « Law, Order and the Formation of an Islamic Resistance to Colonialism : the Rif, 1921-1926 », *Revue d'histoire maghrébine*, XXI, 2, 1981, p. 23-39.

18. W. Hoisington, *op. cit.*, p. 185-202.

19. Voir sur toute cette question, Xavier Huetz de Lemps, « Collaboration franco-espagnole pendant la guerre du Rif », *Hesperis-Tamuda*, XXIX, 1, 1991, p. 85-111.

20. Germain Ayache, « Les implications internationales de la guerre du Rif (1921-1926) », *Hespéris-Tamuda*, XV, 1974, p. 181-224.

21. W. Hoisington, *op. cit.*, p. 196.

22. Cité par Germain Ayache, *op. cit.*, p. 220.

23. Cité par Charles-Robert Ageron, *France coloniale ou parti colonial ?*, *op. cit.*, p. 214.

24. Rapport général sur la situation du Protectorat du 29 novembre 1916, cite in *ibid.*, p. 215-216.

25. Daniel Rivet, *Lyautey et l'institution du Protectorat français au Maroc*, III, p. 12.

26. *Ibid.*, p. 15.

27. Cité par A. Ayache, *Bilan d'une colonisation*, 1956, p. 151-152.

28. Jacques Berque, *Le Maghreb entre les deux guerres*, p. 41.

29. Ch.-A. Julien, *op. cit.*, p. 130.

30. A. Brignon *et al.*, *op. cit.*, p. 356.

31. Collaborateur de Lyautey chargé de l'Enseignement, cité par D. Rivet, *op. cit.*, p. 10.

32. Jérôme et Jean Tharaud, *Marrakech ou les seigneurs de l'Atlas*, 1920, p. 109-114.

33. Abdelmalek Lahlou, *Casablanca à l'heure de l'opération Torch et de la conférence d'Anfa*, 1993, p. 76.

34. Chiffres tirés de l'étude indépassable d'Adam.

35. Daniel Rivet, *op. cit.*, p. 258.

36. Arnaud Teyssier, *op. cit.*, p. 291.

16. D'une guerre à l'autre

1. Cité par Ch.-R. Ageron, *France coloniale ou passé colonial ?*, *op. cit.*, p. 218.

2. Ch.-A.Julien, *op. cit.*, p. 159.

3. Bien que le sultan Mohamed b. Youssef ne soit devenu le roi Mohamed V qu'en 1956, nous utilisons ce dernier titre, pour nous conformer à l'usage courant au Maroc.

4. Ch.-A.Julien, *L'Afrique du Nord en marche*, Paris, Julliard, 1972, p. 131.

5. Gilles Lafuente, « Dossier marocain sur le dahir berbère », *Revue de l'Occident musulman et de la Méditerranée*, XXXVIII, 1981-1982, p. 85.

6. K. Brown, *People of Salé – Tradition and Change in a Moroccan city, 1830-1930*, Harvard University Press, 1980.

7. Cité par Ch.-A. Julien, *Le Maroc face aux impérialismes, op. cit.*, p. 160.

8. C. R. Pennel, *Morocco since 1830 – A History*, p. 212-216.

9. Ch.-A. Julien, *L'Afrique du Nord en marche, op. cit.*, p. 132-136 ; C. R. Pennel, *op. cit.*, p. 227-228.

10. Cité par Jean Wolf, *op. cit.*, p. 192.

11. Augustin Guillaume, *op. cit.*

12. D'après les données recueillies pour le Maroc français par Albert Ayache, *op. cit.*, p. 283.

13. En y ajoutant les chiffres obtenus par le recensement effectué en 1951 en zone espagnole, il s'avère que la population totale du Maroc était de 8 700 000 habitants.

14. A. Ayache, *op. cit.*, p. 138.

15. René Gallissot, *Le Patronat européen au Maroc (1937-1942)*, p. 20.

16. Jean Ganiage, *op. cit.*, p. 452-453.

17. *Tableaux économiques du Maroc*, 1959, p. 88.

18. *Ibid.*, p. 142.

19. L'*Illustration*, mai 1931.

20. P. Brignon *et al.*, *op. cit.*, p. 379.

21. A. Ayache, *op. cit.*, p. 298.

22. Sur ces événements, Mohammed Yakhlef, « Répercussions politiques à Fès des événements de Meknès du 2 septembre 1937 », *Hespéris-Tamuda*, XXXIII, 1995, p. 57-70.

23. Voir sur la presse marocaine de cette époque Amira Ihrai-Aouchar, « La presse marocaine d'opposition au protectorat », *Hespéris-Tamuda*, XX-XXI, 1982-1983, p. 333-347.

24. C. R. Pennel, *op. cit.*, p. 243-245.

25. R. Gallissot, *op. cit.*, p. 158-159.

26. *Ibid.*, p. 91.

27. Éditorial du 4 septembre 1937 signé par Francis Debare, cité par Mohamed Yakhlef, *op. cit.*, p. 65.

28. J. Wolf, *op.cit.*, p. 201-205.

29. C.R. Pennel, *op. cit.*, p. 248-250.

30. D'après les chiffres recensés par Mohammed Kenbib, *op. cit.*, p. 561.

31. Abdelmalek Lahlou, *op. cit.*, p. 67-69.

32. Cité par André Chouraqui, *L'Alliance israélite universelle et la renaissance juive contemporaine*, Paris, PUF, 1960, p. 440-442.

33. Cité par D. Rivet, *op. cit.*, II, p. 267.

34. Ministère des Affaires étrangères (Paris), Levant, 1918-1929 – Palestine, volume XI, Marrakech, 22 novembre 1918.

35. Cité par Mohammed Kenbib, *op. cit.*, p. 424.

36. Cité *ibid.*, p. 436.

37. M. Laskier, *op. cit.*, p. 308.

38. *Ibid.*, p. 311.

39. Jérôme et Jean Tharaud, *Marrakech ou les seigneurs de l'Atlas*, *op. cit.*, p. 131-136.

40. *L'Avenir illustré*, 30 janvier 1926.

41. Carlos de Nesry, *Les Juifs du Maroc à l'heure du choix*, Tanger, 1958, p. 52-54.

42. A. Adam, *op. cit.*, p. 183-203.

43. André Chouraqui, *Histoire des Juifs d'Afrique du Nord*, II, p. 90-91.

44. Ils eurent droit à une étude exhaustive de Pierre Flamand qui en fit l'objet d'un doctorat ès lettres très remarqué à la fin des années 1950 sous le titre *Diaspora en terre d'Islam – les communautés israélites du sud marocain. Essai de description et d'analyse de la vie juive en milieu berbère*.

45. Albert Memmi, *L'Homme dominé*, 1968, p. 58-59.

46. *La Voix nationale*, 1er novembre 1938.

47. Voir sur cette question Charles-Robert Ageron, « Les populations du Maghreb face à la propagande allemande », *Revue d'histoire de la Seconde Guerre mondiale*, avril 1979, p. 1-39.

48. *Al-Wahda al-Maghribiyya*, 20 août 1937, cité par M. Kenbib, *op. cit.*, p. 674.

49. Cité par Ch.-A. Julien, *L'Afrique du Nord en marche*, *op. cit.*, p. 141.

50. M. Kenbib, *op. cit.*, p. 565-569.

17. La Seconde Guerre mondiale et le début de la lutte pour l'indépendance

1. Maxime Weygand, *Mémoires*, tome III, *Rappelé au service*, 1950, p. 243 ; voir sur toute cette question du repli en Afrique du Nord Christine Levisse-Touzé, *L'Afrique du Nord dans la guerre, 1939-1945*, Paris, Albin Michel, 1998, p. 62-87.

2. Jacques Soustelle, *Envers et contre tous*, 1947, p. 58.

3. C. R. Pennel, *op. cit.*, p. 257.

4. Nous renvoyons sur toute cette question à notre ouvrage *Les Juifs d'Afrique du Nord sous Vichy*, Riveneuve éditions, 2008, ainsi qu'au livre de Robert Assarf, *Mohammed V et les Juifs du Maroc sous Vichy*, Paris, Plon, 1997.

5. Christine Levisse-Touzé, *op. cit.*, p. 156.

6. Voir à ce sujet M. Abitbol, *Les Juifs d'Afrique du Nord sous Vichy, op. cit.*, p. 130-141.

7. Lettre des présidents des communautés juives de Casablanca, Meknès, Rabat et Salé (23 juin 1941), citée *in extenso* dans *ibid.*, p. 236-237.

8. Cité par Robert Assaraf, *Mohammed V et les Juifs du Maroc, op. cit.*, p. 140.

9. M. Kenbib, *op. cit.*, p. 607-610.

10. Voir pour plus de détails M. Abitbol, *Les Juifs d'Afrique du Nord sous Vichy, op. cit.*, p. 114-115.

11. Abdelmalek Lahlou, *op. cit.*, p. 149-150.

12. Ch.-A. Julien, *Le Maroc face aux impérialismes, op. cit.*, p. 190.

13. Cité par Stéphane Bernard, *Le Conflit franco-marocain 1943-1956*, Éditions de l'Université libre de Bruxelles, 1963, p. 61.

14. Ch.-A. Julien, *Le Maroc face aux impérialismes, op. cit.*, p. 201.

18. Mohammed V et l'émancipation politique du Maroc

1. Jean et Simonne Lacouture, *Le Maroc à l'épreuve*, Paris, Le Seuil, 1958, p. 106.

2. L'expression est de C. R. Pennel, *op. cit.*, p. 272.

3. Abdel Aziz Belal, *L'Investissement au Maroc (1912-1964) et ses enseignements en matière de développement économique*, Les Éditions maghrébines, 1976, p. 9.

4. D'après le recensement officiel de 1951-1952.

5. Abdel Aziz Belal, *op. cit.*, p. 190.

6. *Tableaux économiques du Maroc*, 1959, p. 88.

7. Ladislav Cerych, *Fin d'un régime colonial – Sociologie du conflit franco-marocain (1930-1956)*, Bruges, 1964, p. 131-132.

8. Cité *ibid.*, p. 131.

9. *Ibid.*, p. 122.

10. Selon les calculs de René Gallissot, le revenu moyen par habitant français du Protectorat était supérieur de 130 % par rapport à celui de la métropole, qui était de 110 % supérieur à celui des Français d'Algérie.

11. Abdel Aziz Belal, *op. cit.*, p. 88.

12. En kilogrammes

13. Pour 100 habitants.

14. A. Ayache, *op. cit.*, p. 138.

15. Témoignage cité par Ch. A. Julien, *op. cit.*, p. 223-224 ; voir aussi C. R. Pennel, *op. cit.*, p. 273-274, ainsi que Pierre Vermeren, *Histoire du Maroc depuis l'indépendance*, Paris, La Découverte, 2006, p. 14.

16. Ladislav Cerych, *op. cit.*, p. 296.

17. Habib Bourguiba, *Ma vie, mon œuvre, 1944-1951*, 1987, p. 101-107.

18. Voir à ce sujet M. Abitbol, *Le Passé d'une discorde*, 2005, p. 442-446.

19. Cité par M. Kenbib, *op. cit.*, p. 672.

20. Elias et Sarita Harrus, *Témoins associés à l'œuvre de l'Alliance au Maroc*, 2003, p. 105.

21. Soit un taux de scolarisation de 60 % environ dans la population juive contre un taux de 15 % chez les musulmans en âge scolaire.

22. D'après un témoignage anonyme cité par Ch.-A. Julien, *op. cit.*, p. 219.

23. « Un certain jour, raconta-t-il au président Vincent Auriol, alors que le général frappait sur la table, je lui fis observer : "Si vous continuez ainsi, je vous appellerai Monsieur Juin et je me retirerai ; si vous me parlez avec calme et raison, vous serez

alors pour moi le général Juin, représentant de la France » (d'après Jean Lacouture, *Cinq hommes et la France*, p. 205-206).

24. Félix Nataf, *L'Indépendance du Maroc*, Paris, Plon, 1975, p. 39.

25. G. Elgey, *La République des contradictions, 1951-1954*, 2e partie, p. 458.

26. Cité *ibid.*, p. 467-468.

27. Cité par Stéphane Bernard, *op. cit.*, p. 178.

28. G. Elgey, *op. cit.*, p. 472-473.

29. Vincent Auriol, *Journal*, VII, p. 380-381.

30. Hassan II, *Le Défi*, p. 54-55.

31. G. Elgey, *op. cit.*, p. 483.

32. *Ibid.*, p. 488.

SIXIÈME PARTIE
Le Maroc indépendant

19. 1953-1956 : le combat pour l'indépendance et le retour d'exil de Mohammed V

1. Bernard Stéphane, *op. cit.*, p. 277.

2. Ch.-A. Julien, *op. cit.*, p. 440.

3. B. Stéphane, *op. cit.*, p. 350.

4. Hassan II, *op. cit.*, p. 65. Le Glaoui mourut peu après dans sa ville, le 30 janvier 1956.

5. Cité par Robert Assaraf, *op. cit.*, p. 225.

20. Le Maroc indépendant sous Mohamed V

1. Pour un survol magistral de toute cette période, nous renvoyons au témoignage passionnant de Zakya Daoud, cofondatrice de la revue culturelle marocaine *Lamllif*, intitulé *Maroc : les années de plomb 1958-1988. Chroniques d'une résistance*, éditions Manuclus, 2007.

2. C. R. Pennel, *op. cit.*, p.304

3. Abdellah Hammoudi, *Maîtres et disciples*, 2001, p. 49.

4. Abdel Aziz Belal, *op. cit.*

5. J. Ganiage, *op. cit.*, p. 581.

6. J. Waterbury, *The Commander of the Faithful*, 1970, p. 94-109.

7. Bénoist-Méchin, *Histoire des Alaouites*, Paris, Perrin, 1994, p. 167-180.

8. Voir à ce sujet Abdelkhaleq Berramdane, *Le Maroc et l'Occident*, Karthala, 1987, p. 109-127.

9. Voir à ce sujet Agnès Bensimon, *Hassan II et les Juifs*, 1991.

21. Hassan II, « monarque constitutionnel de droit divin » (1961-1999)

1. Malika Zeghal, *Les Islamistes marocains – le défi à la monarchie*, Paris, La Découverte, 2005, p. 83-94.

2. Cité par Z. Daoud, *op. cit.*, p. 62.

3. Mohamed Tozy, *Monarchie et Islam politique au Maroc*, Paris, Presses de Sciences Po, 1999, p. 95.

4. Sur l'attitude à l'égard du référendum de ce personnage très proche de Mohamed V à la veille de l'indépendance, Henry Munson Jr, *Religion and Power in Morocco, op. cit.*, p. 102-112.

5. Pierre Vermeren, *Le Maroc en transition*, Paris, La Découverte, 2001, p. 27.

6. Cité par Z. Daoud, *op. cit.*, p. 151.

7. Hassan II, *op. cit.*

8. *Ibid.*

9. Stephen Smith, *Oufkir, un destin marocain*, Paris, Hachette Littératures, « Pluriel », 2002.

10. Pierre Vermeren, *Histoire du Maroc depuis l'indépendance, op. cit.*, p. 60-61.

11. Z. Daoud, *op. cit.*, p. 212.

12. Voir sur la répartition géographique des volontaires de la Marche verte, Jerome B. Weiner, « The Green March in Historical Perspective », *The Middle East March*, XXXIII, 1, 1979, p. 20-31.

13. Hassan II, *op. cit.*, p. 181.

14. Paul Vermeren, *Le Maroc en transition, op. cit.*, p. 150-152.

15. Rémy Leveau, « Le pouvoir monarchique et la dette internationale », *Maghreb-Mashreq*, octobre-novembre 1987, p. 5-19.

16. P. Vermeren, *L'Histoire du Maroc depuis l'indépendance, op. cit.*, p. 63.

17. Abdessalam Yassine, *L'Islam ou le déluge*, cité par Malika Zeghal, *Les Islamistes marocains*, 2005, p. 136-155.

18. Mohamed Tozy, *op. cit.*, p. 187-189.

19. Malika Zeghal, *op. cit.*, p. 165-174.

20. Cité *ibid.*, p. 201-202.

21. *Ibid.*, p. 208-210.

22. Sur un premier état de la question, voir les différentes contributions réunies par Noureddine el-Aoufi dans *La Société civile au Maroc – Approches*, Rabat, SMER, 1992.

23. Cité dans *Maghreb-Mashreq*, juillet-septembre 1994, p. 21-22.

24. Pierre Vermeren, *Le Maroc en transition, op. cit.*, p. 121-134.

Bibliographie

Abd el-Krim et la République du Rif, Paris, Maspéro, 1976.

Michel Abitbol, *Tombouctou et les Arma*, Paris, Maisonneuve et Larose, 1979.

Michel Abitbol, « Juifs maghrébins et commerce transsaharien », *Le Sol, la parole et l'écrit, Mélanges en hommage à Raymond Mauny*, Paris, Société française d'histoire d'outre-mer, 1981, p. 561-577.

Michel Abitbol, *Tombouctou au milieu du XVIIIe siècle*, Paris, Maisonneuve et Larose, 1982.

Michel Abitbol, « Jihad et nécessité : le Maroc et la conquête française du Soudan occidental et de la Mauritanie », *Studia Islamica*, LXIII, 1984, p. 159-177.

Michel Abitbol, *Les Commerçants du Roi*, Tujjar al-Sultan, Paris, Maisonneuve et Larose, 1998.

Michel Abitbol, *Le Passé d'une discorde*, Paris, Perrin, 1999 ; coll. Tempus no 35, 2003.

Michel Abitbol, *Les Juifs d'Afrique du Nord sous Vichy*, Riveneuve éditions, 2008 ; CNRS Editioins, Biblis no 34, 2012.

André Adam, *Casablanca : essai de transformation de la société marocaine au contact de l'Occident*, Paris, éditions du CNRS, 1972.

Charles-Robert Ageron, *France coloniale ou parti colonial*, Paris, PUF, 1978.

Charles-Robert Ageron, « Les populations du Maghreb face à la propagande allemande », *Revue d'histoire de la Seconde Guerre mondiale*, avril 1979, p. 1-39.

Mohamed El Alami, *Allal El Fassi, Patriarche du nationalisme marocain*, Casablanca, 1972.

Allaoua Amara, « Texte méconnu sur deux groupes hérétiques du Maghreb médiéval », *Arabica*, 2005, p. 348-372.

Robert Assaraf, *Mohamed V et les Juifs du Maroc sous Vichy*, Paris, Plon, 1997.

Noureddine El-Aoufi, *La Société Civile au Maroc – Approches*, Rabat, SMER (1992).

Eugène Aubin, *Le Maroc dans la tourmente* (1902-1903), réédité par Jean-François Durand, éditions Paris-Méditerranée, 2004.

Albert Ayache, *Le Maroc. Bilan d'une colonisation*, Éditions sociales, 1956.

Germain Ayache, « Les implications internationales de la guerre du Rif (1921-1926) », *Hespéris-Tamuda*, XV, 1974, p. 181-224.

Germain Ayache, *Études d'histoire marocaine*, Rabat, 1983.

Badia Y Leyblich, *Voyages d'Ali Bey Abbasi en Afrique et en Asie pendant les années 1803-1807*, Paris, 1814.

Jamaâ Baida, *La Presse marocaine d'expression française des origines à 1956*, Rabat, université Mohamed V, 1996.

Caro Baroja, *Estudios Saharianos*, Madrid, 1955.

Heinrich Barth, *Travels and Discoveries in North and Central Africa, 1849-1855*, 1858.

Kacem Basfao et Jean-Robert Henry (dir.), *Le Maghreb, l'Europe et la France*, Paris, Éditions du CNRS, 1992.

Henri Basset et Évariste Lévi-Provençal, « Chella : une nécropole mérinide », *Hespéris*, II, 1922, p. 1-92, 256-316, 386-425.

Henri Basset et Henri Terrasse, « Sanctuaires et forteresses almohades », *Hespéris*, VI, 1926, p. 107-270.

Henri Basset et Henri Terrasse, « Sanctuaires et forteresses almohades », *Hespéris*, VII, 1927, p. 157-171.

Nicolas Beau et Catherine Graciet, *Quand le Maroc sera islamiste*, Paris, La Découverte, 2007.

Herman L. Beck, *L'Image d'Idriss II, ses descendants de Fas et la politique sharifienne des sultans marinides (656-869/1258-1465)*, Leiden, E. J. Brill, 1989.

Abou-Obeid El-Bekri, *Description de l'Afrique septentrionale*, traduit par Mac Guckin de Slane, édition revue et corrigée, Paris, Adrien-Maisonneuve, 1965.

Abdel Aziz Belal, *L'Investissement au Maroc (1912-1964) et ses enseignements en matière de développement économique*, Les Éditions Maghrébines, 1976.

Amor Ben Hammadi, « La rencontre entre le Faqih du Sus et le "Flambeau des Almohades" », *Revue de l'Institut des belles-lettres arabes* (IBLA), LIV, 1991, p. 3-11.

Katherine Bennison, « The relationships between Mawlay 'Abd al-Rahman and 'Abd el-Kader », *Hespéris-Tamuda*, XXXIII, 1995, p. 39-55.

Jacques Bénoist-Méchin, *Histoire des Alaouites*, Paris, Perrin, 1994.

Agnès Bensimon, *Hassan II et les Juifs. Histoire d'une émigration secrète*, Paris, Le Seuil, 1991.

Stéphane Bernard, *Le Conflit franco-marocain 1943-1956*, Éditions de l'Université libre de Bruxelles, 1963.

Abdelkhaleq Berramdane, *Le Maroc et l'Occident*, Karthala, 1987.

Jacques Berque, *Ulémas, fondateurs, insurgés du Maghreb*, Actes Sud, « Sindbad », 1998.

Jacques Berque, *Le Maghreb entre les deux guerres*, Paris, Le Seuil, 1972.

Pierre Berthier, *Les Anciennes Sucreries du Maroc et leurs réseaux hydrauliques*, Rabat, 1966.

Pierre Berthier, *La Bataille de l'oued El-Makhazin dite bataille des Trois Rois (4 août 1578)*, Paris, Éditions du CNRS, 1985.

Mohamed Amine El-Bezzaz, « La chronique scandaleuse du pèlerin marocain à La Mecque au XIXe siècle », *Hespéris-Tamuda*, XX-XXI, 1982-1983, p. 319-332.

Elias J.Bickerman, *The Jews in the Greek Age*, Harvard University Press, 1988.

John Bidwell, *Morocco under colonial rule – French administration of tribal areas 1912-1956*, Londres, Frank Cass, 1973.

Jacinto Bosch Vila, *Los Almoravides*, Grenade, 1990.

Hassan el-Boudrari, « L'exotisme à l'envers : les premiers voyageurs marocains en Occident (Espagne, XVIIe-XVIIIe siècles) et leur expérience de l'altérité », *D'un Orient à l'autre*, Paris, Éditions du CNRS, 1991, vol. I, p. 377-404.

Habib Bourguiba, *Ma vie, mon œuvre, 1944-1951*, 1987.

Bou el-Moghdad, « Voyage par terre entre le Sénégal et le Maroc », *Revue maritime et coloniale*, 1861.
Rachid Bourouiba, *Ibn Tumart*, Alger, SNED, 1974.
Rahma Bourqia et Susan G. Miller (éd.), *In the Shadow of the Sultan – Culture, Power and Politics in Morocco*, Harvard University Press, 1999.
E.W. Bovill, *The Battle of Alcazar – An Account of the Defeat of Dom Sebastian of Portugal at El-Ksar el-Kebir*, Londres, 1952.
Georges Boyer, *Un peuple de l'ouest africain : les Diawara*, 1953.
J.D. Brethes, *Contribution à l'histoire du Maroc par les recherches numismatiques, Casablanca*, 1939.
Claude Briand-Ponsard et Christophe Hugoniot, *L'Afrique romaine de l'Atlantique à la Tripolitaine, 146 av. J.-C. -533 apr. J.-C.*, Paris, Armand Colin, 2005.
Jean Brignon, Abdelaziz Amine, Brahim Boutaleb, Guy Martinet, Bernard Rosenberger, *Histoire du Maroc*, Paris, Hatier, 1967.
Véronique Brouquier-Reddé et Éliane Lenoir, « La province romaine de Maurétanie Tingitane d'après les sources archéologiques », dans Bernadette Cabouret, *L'Afrique romaine de 69 à 49. Romanisation et christianisation*, Nantes, Éditions du Temps, 2005,p. 74-92.
Kenneth Brown, *People of Salé – Tradition and Change in a Moroccan city, 1830-1930*, Harvard University Press, 1980.
Robert Brunschvig, *Deux récits de voyage en Afrique du Nord au xve siècle*, Paris, 1936.
Robert Brunschvig, « Ibn 'Abdalh'akam et la conquête de l'Afrique du Nord par les Arabes », *Annales de l'Institut d'études orientales de la faculté des lettres d'Alger*, VI, 1942-1947.
François Burgat, *L'Islamisme au Maghreb : la voix du Sud*, Karthala, 1988.
François Burgat, *L'Islamisme en face*, Paris, La Découverte, 1995.
Edmund Burke III, « Pan-Islam and Moroccan Resistance to French Colonial Penetration, 1900-1912 », *Journal of African History*, XIII, 1, 1972, p. 97-118.
Edmund Burke III, *Prelude to Protectorate : Precolonial Protest and Resistance, 1860-1912*, Chicago University Press, 1976.
Edmund Burke III, « La Hafidiya (août 1907-janvier 1908) », *Hespéris-Tamuda*, XXXI, 1993.

Edmund Burke III, « Moroccan Oulémas, 1860-1912 », dans N.R. Keddie, *Scholars, Saints and Sufis – Muslim Religious Institutions since 1500*, University of California Press, 1978, p. 93-125.

Alvise Ca da Mosto, *Relation des voyages à la côte occidentale d'Afrique d'Alvise Ca da Mosto, 1443-1457*, 1897.

Jacques Caillé, *Les Accords internationaux du Sultan Sidi Mohamed Ben Abdallah (1757-1790)*, 1951.

René Caillié, *Journal d'un voyage à Tombouctou et à Jenné dans l'Afrique centrale*, 1830.

Henri Cambon, *Histoire du Maroc*, Paris, Hachette, 1952.

Gabriel Camps, *Les Berbères, Mémoire et Identité*, Arles, Actes Sud, 2007.

Marcel Canard, « Les relations entre les Mérinides et les Mamelouks au XIVe siècle », *Annales de l'Institut des études orientales d'Alger*, 1939-1941, p. 41-81.

Pierre de Cénival, « La Légende du Juif Ibn Mech'al et la fête du sultan des Tolba à Fès », *Hespéris*, 1925, p. 137-218.

Pierre de Cénival, « L'église chrétienne de Marrakech au XIIIe siècle », *Hespéris*, VII, 1927, p. 69-83.

Ladislav Cerych, *Fin d'un régime colonial. Sociologie du conflit franco-marocain (1930-1956)*, Bruges, 1964.

Robert Chastel, « Le coup de Fès », *Hespéris-Tamuda*, XXVIII, 1990, p. 71-90.

Louis Chénier, *Recherches sur les Maures*, 1787.

Mohamed Chérif, *Ceuta aux époques almohade et mérinide*, Paris, L'Harmattan, 1996.

André Chouraqui, *L'Alliance israélite universelle et la renaissance juive contemporaine*, Paris, 1960.

André Chouraqui, *Histoire des Juifs en Afrique du Nord*, Paris, Éditions du Rocher, 1998.

Chronique anonyme sur la dynastie sa'dienne, éd. E. Fagnan, 1924.

Norman Cigar, « Société et vie politique à Fès sous les premiers 'alawites (vers 1660-1830) », *Hespéris-Tamuda*, XVIII, 1978-1979, p. 93-172.

Julia Clancy-Smith, *North Africa, Islam and the Mediterranean World : From the Almoravids to the Algerian War*, Londres, Frank Cass, 2001.

Georges S. Colin, « Les mines marocaines et les Marocains », *Bulletin économique du Maroc*, III, 11, 1936, p. 194-200.

Michèle Coltelloni-Trannoy, *Le Royaume de Maurétanie sous Juba II et Ptolémée*, Paris, Éditions du CNRS, 1997.

Vincent J. Cornell, *Realm of the Saint – Power and Authority in Moroccan Sufism*, University of Texas Press, 1998.

Philippe de Cossé-Brissac, « La France et le Maroc pendant la conquête de l'Algérie », *Hespéris*, XIII, 1931, p. 35-115, 133-189.

Auguste Cour, *L'Établissement des dynasties des Chérifs au Maroc et leur rivalité avec les Turcs de la Régence d'Alger (1509-1830)*, [1904], republié par les éditions Bouchene, 2004.

Joseph M. Cuoq, *Recueil des sources arabes concernant l'Afrique occidentale du VIIIe au XVIe siècle*, Paris, Éditions du CNRS, 1975.

Jocelyne Dakhlia, « Dans la mouvance du prince : la symbolique du pouvoir itinérant au Maghreb », *Annales ESC*, mai-juin 1988, 3, p. 735-760.

John Damis, « The Western Sahara Conflict : Myths and Realities », *The Middle Eastern Journal*, XVII, 2, 1983, p. 169-179.

Zakya Daoud, *Maroc : les années de plomb 1958-1988. Chroniques d'une résistance*, Editions Manuclus, 2007.

François Decret et Mhamed Fantar, *L'Afrique du Nord dans l'Antiquité*, Paris, Payot, 1998.

Jehan Desanges, *Recherches sur l'activité des Méditerranéens aux confins de l'Afrique (VIe siècle avant J.-C.-IVe siècle après J.-C.)*, École française de Rome, 1978.

Geneviève Désiré-Vuillemin, « Cheikh Ma al-Ainin ou l'échec d'un moderne Almoravide », *Revue française d'histoire des colonies*, 1958, p. 29-52.

Geneviève Désiré-Vuillemin, « Les premiers projets du transsaharien et l'Afrique du Nord, 1878-1881 », *Revue d'histoire maghrébine*, 1977, p. 107-121.

Jean Devisse, « Routes de commerce et échanges en Afrique occidentale en relation avec la Méditerranée. Un essai sur le commerce africain médiéval du XIe au XVIe siècle », *Revue d'histoire économique et sociale*, 1, 1972, p. 42-73, 357-397.

Gaston Deverdun, *Marrakech des origines à 1912*, Rabat, 1952.

Georges Drague, *Esquisse d'histoire religieuse du Maroc. Confréries et zaouias*, Peyronnet, 1951.

Charles-Emmanuel Dufourcq, *L'Espagne catalane et le Maghrib*, Paris, PUF, 1965.

Ross E.Dunn, *Resistance in the Desert – Moroccan Response to French Imperialism*, Madison, 1977.

Adolphe Duponchel, *Le Chemin de fer de l'Afrique centrale*, Montpellier, 1875.

Andrzej Dzubinski, « L'armée et la flotte de guerre marocaines à l'époque des sultans de la dynastie saadienne », *Hespéris-Tamuda*, XIII, 1972, p. 61-94.

Dale F. Eickelman, *Moroccan Islam – Tradition and Society in a Pilgrimage Center*, University of Texas Press, 1976.

Georgette Elgey, *Histoire de la Quatrième République*, tome II, *La République des contradictions, 1951-1954*, Paris, Fayard, 1968.

Daniel Eustache, « Les ateliers monétaires marocains », *Hespéris-Tamuda*, XI, 1970, p. 95-102.

Emile Fagnan, *Extraits inédits relatifs au Maghreb (Géographie et Histoire) traduits de l'arabe et annotés*, Alger, Jules Carbonel, 1924.

Valentim Fernandes, *Description de l'Afrique de Ceuta au Sénégal (1506-1507)*, trad. française, Paris, Larose, 1938.

Halima Ferhat, *Sabta des origines au XIVe siècle*, Rabat, Al-Manahil, 1993.

Maribel Fierro, « Le mahdi Ibn Tumart et al-Andalus : l'élaboration de la légitimité almohade », *Revue du monde musulman et de la Méditerranée*, 91-94, 2000, p. 107-125.

Abu Faris 'Abd al-'Aziz Al-Fishtali, *Manahil al-Safa fi Akhbar al-Muluk al-Shurafa*, Rabat, 1964.

Pierre Flamand, *Diaspora en terre d'Islam : les communautés israélites du Sud marocain. Essai de description et d'analyse de la vie juive en milieu berbère*, Casablanca, 1957.

Flavius Josèphe, *The New Complete Works of Josephus*, Kregel Publications, 1999.

Charles de Foucauld, *Reconnaissance du Maroc, 1883-1884*, 1888.

Eugène Fumey, *Choix de correspondance marocaine*, Paris, 1903.

René Gallissot, *Le Patronat européen au Maroc (1931-1942)*, Rabat, 1964.

Jean Ganiage, *Histoire contemporaine du Maghreb*, Paris, Fayard, 1994.

Mercedes Garcia-Arenal, « The revolution of Fas in 869/1465 and the death of Sultan 'Abd al-Haqq al-Marini », *Bulletin of the School of Oriental and African Studies*, XLI, 1978, p. 43-66.

Mercedes Garcia-Arenal, « Les Bildiyyin de Fès : un groupe de néo-musulmans d'origine juive », *Studia Islamica*, LXVI, 1987, p. 113-144.

Mercedes Garcia-Arenal, « Mahdi, Murabit, Sharif : l'avènement de la dynastie sa'dienne », *Studia Islamica*, LXXI, 1990, p. 77-115.

Mercedes Garcia-Arenal, « Sainteté et pouvoir dynastique au Maroc : la résistance de Fès aux Sa'diens », *Annales ESC*, juillet-août 1990, p. 1019-1042.

Mercedes Garcia-Arenal, « Au-dessus des frontières : Samuel Pallache », *Hespéris-Tamuda*, XXXVII, 1999, p. 99-111.

Mercedes Garcia-Arenal et Gérard-Albert Wiegers, *A man of three worlds : Samuel Pallache, a Moroccan Jew in Catholic and Protestant Europe*, Johns Hopkins University Press, 2003.

Émile F. Gauthier, *Le Passé de l'Afrique du Nord. Les siècles obscurs*, Paris, Payot, 1952.

Ernest Gellner, *Saints of the Atlas*, Londres, Weindelfeld and Nicholson, 1969.

Ernest Gellner et Charles Micaud, *Arabs and Berbers – From Tribe to Nation in North Africa*, Londres, Duckworth, 1973.

E. Gérenton, « Les expéditions de Moulay El Hassan dans le Sous, 1882-1886 », *Renseignements coloniaux*, septembre 1924, p. 269-286.

Gabriel Germain, « Le culte du bélier en Afrique du Nord », *Hespéris*, XXXV, 1948, p. 93-123.

Moshe Gershovich, *French Military Rule in Morocco – Colonialism and its consequences*, Franck Cass, 1995.

M. Gervers et R.J. Bikhazi (éd.), *Conversion and Continuity : Indigenous Christian Communities in Islamic Lands, 8th to 18th centuries*, Toronto, 1990.

Augustin Guillaume, *Les Berbères marocains et la pacification de l'Atlas central*, Paris, Julliard, 1946.

Léon Godard, *Le Maroc. Notes d'un voyageur (1858-1859)*, Alger, 1859.

Vitorino Magalhaes-Godinho, *L'Économie de l'Empire portugais aux xve et xvie siècles*, Paris, SEVPEN, 1969.

Ignace Goldziher, *Le Livre de Mohamed Ibn Tumart*, Alger, 1903.

Guillermo Gozalbes Busto, *Los Moriscos en Marruecos*, Grenade, 1992.

J. Graberg di Hemsö, *Specchio geografico e statistico del l'Impero Di Marocco*, Gênes, 1834.

Stéphane Gsell, *Histoire ancienne de l'Afrique du Nord* [1921-1928], réimpression, 1972.

Procope de Césarée, *La Guerre des Vandales*, trad. O. Roques, La Roue à Livres, 1990.

Mohamed Hajji, *L'Activité intellectuelle au Maroc à l'époque sa'dide*, Rabat, 1976.

Robin Hallet (éd.), *Records of the African Association, 1788-1831*, Londres, Th. Nelson and Sons, 1964.

Abdellah Hammoudi, « Sainteté, pouvoir et société. Tamgrout aux XVIIe et XVIIIe siècles », *Annales*, 1980, p. 615-641.

Abdellah Hammoudi, « Aspects de la mobilisation populaire à la campagne vus à travers la biographie d'un Mahdi mort en 1919 », dans *Islam et Politique au Maghreb*, Paris, Éditions du CNRS, 1981, p. 47-55.

Abdellah Hammoudi, *Maîtres et disciples. Genèse et fondements des pouvoirs autoritaires dans les sociétés arabes. Essai d'anthropologie politique*, Paris, Maisonneuve et Larose, 2001.

Walter B. Harris, *Morocco that was*, rééd., 1983.

Elias et Sarita Harrus, *Témoins associés à l'œuvre de l'Alliance au Maroc*, 2003.

Hassan II, *Le Défi*, Paris, Albin Michel, 1976.

Jacques Heers, *L'Occident aux xive-xve siècles. Aspects économiques et sociaux*, 1970.

Hérodote, *L'Enquête*, Paris, Gallimard, « Folio classique », 1985, Livre IV.

Haim Z. Hirshberg, « De la persécution almohade et du commerce de l'Inde » (en hébreu), *Mélanges I.F. Baer*, Jérusalem, 1961, p. 134-153.

Haim Z. Hirshberg, *A History of the Jews in North Africa – From Antiquity in Our Times* (en hébreu), 1965.

Histoire de la diplomatie française, tome II, *De 1815 à nos jours*, Paris, Perrin, 2005.

Histoire des Almohades d'Abd El-Wahid Merrakechi, traduite et annotée par E. Fagnan, Alger, 1898.

Historiens Romains – Historiens de la République, Paris, Gallimard, « La Pléiade », 1968.

William A. Hoisington, *The Casablanca Connection : French Colonial Policy, 1936-1940*, The University of North California Press, 1984.

William A. Hoisington, *Lyautey and the French Conquest of Morocco*, New York, St Martin Press, 1995.

William A. Hoisington, « French Rule and the Moroccan Urban Elite », *Hespéris-Tamuda*, XXXIX, 1, 2001, p. 59-89.

Albert Hourani, *Histoire des peuples arabes*, 1993.

Xavier Huetz de Lemps, « La collaboration franco-espagnole pendant la guerre du Rif : un mariage d'amour ou de raison ? », *Hesperis-Tamuda*, XXIX, 1, 1991, p. 85-111.

John O. Hunwick, « Al-Maghili and the Jews od Tuwat : the demise of a community », *Studia Islamica*, 6, 1985, p. 155-183.

'Abd al-Rahman b. 'Abd Allah Ibn 'Abd al-Hakam, Futuh Misr ed. Charles C. Torrey, *The History of the Conquest of Egypt, North Africa and Spain known as Futuh Misr of Ibn 'Abd al-Hakam*, New Haven, 1922.

Ibn 'Abd al-Hakam, *Conquête de l'Afrique du Nord et de l'Espagne, Futuh Ifriqiya wa-Andalus*, 2e édition et traduction par A. Gateau, Alger, 1948, p. 89.

Ibn Abi Zar', *Roudh al-Qartas. Histoire des souverains du Maghreb (Espagne et Maroc) et Annales de la ville de Fès*, trad. A. Beaumier, 1860.

Abraham Ibn Daoud, *Séfer Ha-Qabbalah*, *The Book of Tradition*, éd. par G.S. Cohen, Philadelphie, 1967.

Ibn Hawqal, *Configuration de la Terre*, introduction et traduction par J.H. Kramers et G. Wiet, Paris, Maisonneuve, 2001.

Ibn Khaldun, *Histoire des Berbères*, traduite de l'arabe par le baron de Slane, 1925.

Ibn Khaldun, *Discours sur l'histoire universelle* (Al-Muqaddima), trad. nouvelle, préface et notes de Vincent Monteil, I, Beyrouth, 1967.

Al-Idrissi, *Description de l'Afrique et de l'Espagne*, éd. R. Dozy et M.J. de Goeje, Leyde, 1866, réimpression, 1968.

Mohamed al-Saghir b. al-Hadj b. 'Abdllah al-Ifrani, *Nuzhat al-Hadi bi-Akhbar Muluk al-Qarn al-Hadi,* trad. O. Houdas, Paris, Leroux, 1888-1889.

Amira Ihrai-Aouchar, « La presse marocaine d'opposition au protectorat », *Hespéris-Tamuda*, XX-XXI, 1982-1983, p. 333-347.

Amira Ihrai-Aouchar, « Les relations du Maroc avec l'Europe à l'époque de la Révolution française et de l'Empire (1789-1815) », *Hespéris-Tamuda*, XXVIII, 1990, p. 29-46.

J.G. Jackson, *An Account of the Empire of Morocco and the Districts of Suse and Tafilet*, Londres, 1811.

Charles-André Julien, *Histoire de l'Afrique du Nord*, Paris, Payot, 1951-1953.

Charles-André Julien, *Histoire de l'Algérie contemporaine. La conquête et les débuts de la colonisation (1827-1871)*, Paris, PUF, 1971.

Charles-André Julien, *L'Afrique du Nord en marche*, Paris, Julliard, 1972.

Charles-André Julien, *Le Maroc face aux impérialismes, 1415-1956*, Paris, Éditions Jeune Afrique, 1978.

Colonel Justinard, « Notes sur l'histoire du Sous », *Archives marocaines*, XXIX, 1933.

Mohamed Kably, *Société, pouvoir et religion au Maroc à la fin du Moyen Âge*, Paris, Maisonneuve et Larose, 1986.

Jonathan G.Katz, *Murder in Marrakech – Emile Maucham & the French Colonial Adventure*, Indiana University Press, 2006.

Abdelmajid Kaddouri (éd.) *Mahdisme. Crise et changement dans l'histoire du Maroc*, Rabat, Publications de la faculté des lettres et des sciences humaines, 1994.

Yvette Katan, *Oujda, une ville frontière du Maroc*, Paris, L'Harmattan, 1990.

Mohamed Kenbib, « Structures traditionnelles et protections étrangères au Maroc au XIXe siècle », *Hespéris-Tamuda*, XXII, 1, p. 79-101.

Mohamed Kenbib, « The Impact of French Conquest of Algeria on Morocco (1830-1912) », *Hespéris-Tamuda*, 1, XXIX.

Mohamed Kenbib, *Juifs et Musulmans au Maroc*, Rabat, université Mohamed V, 1994.

Mohamed Kenbib, *Les Protégés. Contribution à l'histoire contemporaine du Maroc*, Rabat, université Mohammed V, 1996.

M.I. Kettani, « Les manuscrits de l'Occident africain dans les bibliothèques du Maroc », *Hespéris-Tamuda*, IX, 1, 1968.

Ahmed Khaneboubi, *Les Premiers Sultans mérinides*, Paris, L'Harmattan, 1987.

Charles de La Roncière, *Découverte de l'Afrique au Moyen Âge*, 1925.

Chantal de la Véronne, *Vie de Moulay Isma'il, roi de Fès d'après José de León (1708-1728)*, Paris, Geuthner, 1974.

Jean et Simonne Lacouture, *Le Maroc à l'épreuve*, Paris, Le Seuil, 1958.

Jean Lacouture, *Cinq hommes et la France*, Paris, Le Seuil, 1961.

Gilles Lafuente, « Dossier marocain sur le dahir berbère », *Revue de l'Occident musulman et de la Méditerranée*, XXXVIII, 2, 1984.

Vincent Lagardère, « Le gouvernorat des villes et la suprématie des Banu Turgut au Maroc et en Andalus de 1075 à 1106 », *Revue de l'Occident musulman et de la Méditerranée*, XXV, 1, 1978, p. 49-65.

Vincent Lagardère, « Esquisse de l'organisation militaire des Murabitun à l'époque de Yusuf b. Tashfin 430/1039-500/1106 », *Revue de l'Occident musulman et de la Méditerranée*, XXVII, 1, 1979, p. 99-114.

Vincent Lagardère, *Les Almoravides juqu'au règne de Yusuf b. Tashfin (1039-1106)*, Paris, L'Harmattan, 1989.

Abdelmalek Lahlou, *Casablanca à l'heure de l'opération Torch et de la conférence d'Anfa*, 1993.

Abderrahim Lamchichi, *Islam et Contestation au Maghreb*, Paris, L'Harmattan, 1989.

Abdallah Laroui, *L'Histoire du Maghreb*, Paris, Maspéro, 1970.

Abdallah Laroui, *Les Origines sociales et culturelles du nationalisme marocain, 1830-1912*, Paris, Maspéro, 1977.

Michael M. Laskier, *The Alliance israélite universelle and the Jewish Communities of Morocco, 1862-1962*, State of New York University Press, 1983.

John D. Latham, « Towns and Cities of Barbary – The Andalusian influence », *Islamic Quarterly*, XVI, 3-4, 1972, p. 189-204.

Aimée Launois, « Influence des docteurs malékites sur le monnayage ziride de type sunnite et sur celui des Almoravides », *Arabica*, XI, 1964, p. 127-130.

Roger Le Tourneau, *Fès avant le Protectorat*, Casablanca, 1949.

Roger Le Tourneau, « Fès et la naissance du pouvoir sa'dien », *Al-Andalus*, XVIII, 1953, p. 271-294.

Roger Le Tourneau, *The Almohad Movement in North Africa in the Twelfth and the Thirteenth Century*, Princeton University Press, 1969.

George Lempriere, *Voyage dans l'empire de Maroc et le royaume de Fès fait pendant les années 1790-1791*, trad. française, Paris, 1801.

Oskar Lenz, *Timbouctou, voyage au Maroc, au Sahara et au Soudan*, trad. française, Paris, Hachette, 1886-1887.

Jean-Léon l'Africain, *Description de l'Afrique*, Paris, Adrien-Maisonneuve, 1956.

Rémy Leveau, *Le Fellah marocain, défenseur du trône*, Paris, Presses de la Fondation des sciences politiques, 1976.

—, « Le pouvoir monarchique et la dette internationale », *Maghreb-Mashreq*, octobre-novembre 1987, p. 5-19.

Narcisse Leven, *Cinquante ans d'histoire*, Paris, 1911-1920.

Évariste Lévi-Provençal, « Un nouveau texte d'histoire mérinide : le Musnad d'Ibn Marzouk », *Hespéris*, V, 1925.

Évariste Lévi-Provençal, *Documents inédits sur l'histoire des Almohades*, 1928.

Évariste Lévi-Provençal, « Notes d'histoire almohade », *Hespéris*, X, 1930, p. 77-78.

Évariste Lévi-Provençal, « Un recueil de lettres officielles almohades », *Hespéris*, 1941, p. 33-34.

Évariste Lévi-Provençal, *Séville musulmane au début du XIIe siècle. Le traité d'Ibn 'Abdun sur la vie urbaine et les corps de métier*, Paris, G.P. Maisonneuve, 1947.

Évariste Lévi-Provençal, « Un nouveau récit de la conquête de l'Afrique du Nord par les Arabes », *Arabica*, I, 1954, p. 16-34.

Évariste Lévi-Provençal, *Les Historiens des Chorfa*, Paris, Maisonneuve et Larose, 2001.

Christine Levisse-Touzé, *L'Afrique du Nord dans la guerre, 1939-1945*, Paris, Albin Michel, 1998.

Nehemia Levtzion et John F.P. Hopkins, *Corpus of Early Arabic Sources for West African History*, Cambridge University Press, 1981.

Tadeusz Lewicki, « L'État nord-africain de Tahert et ses relations avec le Soudan occidental à la fin du VIIIe et au IXe siècle », *Cahiers d'études africaines*, II, 1962, p. 513-535.

Fernand Linares, *Une épidémie de choléra au Maroc en 1878*, 1879.

Victorien Loubignac, « La procession des cierges à Salé », *Hespéris*, XXXIII, 1945, p. 5-31.

Joseph Luccioni, « L'élaboration du Dahir berbère du 16 mai 1930 », *Revue du monde musulman et de la Méditerranée*, XXXVIII, 1984, p. 75-81.

Bernard Lugan, *Histoire du Maroc*, Paris, Perrin-Critérion, 2000.

Pierre-Jean Luizard (dir.), *Le Choc colonial et l'islam. Les politiques religieuses des puissances coloniales en terres d'islam*, Paris, La Découverte, 2006.

Armand Luquet, « Prospection punique de la côte atlantique du Maroc », *Hespéris*, XLIII, 1956, p. 117-132.

Moïse Maimonide, *Épîtres*, Paris, Verdier, 1983.

Mohamed El Mansour, « The Sanctuary (Hurm) in Precolonial Morocco », dans R. Bourgia, S. Gilson Miller, *In the Shadow of the Sultan*, Harvard University Press, 1999, p. 49-73.

Georges Marçais, *La Berbérie musulmane et l'Orient au Moyen Âge*, Paris, Aubier, 1950.

Jean Marion, « Note sur le peuplement de Tanger à l'époque romaine », *Hespéris*, XXXV, 1948, p. 125-149.

Luys del Marmol, *L'Afrique*, traduit par Nicolas Perrot sieur d'Amblancourt, 1667.

A.G.P. Martin, *Quatre siècles d'histoire saharienne*, Paris, Alcan, 1923.

B.G. Martin, « Kanem, Bornu and the Fezzan », *Journal of African History*, X, 1, 1969, p. 15-27.

Paul Marty, *L'Émirat des Trarzas*, Paris, Leroux, 1919.

Paul Marty, *Études sur l'islam et les tribus du Soudan*, Paris, Leroux, 1920-1921.

I. de Mas Latrie,*Traités de paix et de commerce concernant les relations des chrétiens avec les Arabes de l'Afrique septentrionale au Moyen Âge*, Paris, Plon, 1866-1867.

Masalik al Absar fi Mamalik al-Amsar, trad. Gaudefroy-Demombynes, 1927.

Louis Massignon, *Le Maroc dans les premières années du XVIe siècle*, Alger, 1906.

Raymond Mauny, *Les Siècles obscurs de l'Afrique noire*, Paris, Fayard, 1970.

Joseph Mélèze Modrzejewski, *Les Juifs d'Égypte de Ramsès II à Hadrien*, Paris, Quadrige, 1997.

Albert Memmi, *L'Homme dominé*, 1968.

Ronald A. Messier, « The Almoravids – West African Gold and the Gold Currency of the Mediterranean Basin », *JESHO*, XVII, 1, 1972,p. 31-47.

—, « Quantitative Analysis of Almoravid Dinars », *JESHO*, XXIII, 1-2, 1978, p. 102-118.

Larbi Mezzine, *Le Tafilelt. Contribution à l'histoire du Maroc aux XVIIe-XVIIIe siècles*, Rabat, 1987.

Jean-Louis Miège, *Le Maroc et l'Europe (1830-1894)*, Paris, PUF, 1961-1964.

Jean-Louis Miège, M'hammed Benaboud, Nadia Erzini,*Tétouan, ville andalouse marocaine*, Éditions CNRS, 1996.

Susan G. Miller et Rassam Amal, « The view from the Court : Moroccan reactions to European Penetration during the late nineteenth century », *The International Journal of African Historical Studies*, XVI, 1, 1983, p. 25-48.

Susan G. Miller, *Travels of a Moroccan Scholar in France, 1845-6. The Voyage of Mohamed al-Saffar*, Harvard University Press, 1992.

Paul Monceaux, « Les colonies juives dans l'Afrique romaine », *Revue des études juives*, XLIV, 1904, p. 1-28.

Robert Montagne, *Les Berbères et le Makhzen dans le Sud du Maroc*, Paris, Alcan, 1930.

Magali Morsy, « Le tremblement de terre de 1755 d'après des témoignages d'époque », *Hespéris-Tamuda*, XVI, 1975, p. 89-97.

Magali Morsy, *L'Histoire de la longue captivité et des aventures de Thomas Pellow en Barbarie du Sud*, Nice, 1977.

Henry Munson Jr, *Religion and Power in Morocco*, Yale University Press, 1993.

Ahmad Al-Nasiri al-Slawi, *Kitab al-Istiqsa li Akhbar Duwal al-Maghrib al-Aqsa*, trad. française, Archives marocaines (1906-1907 ; 1936).

Felix Nataf, *L'Indépendance du Maroc*, Paris, Plon, 1975.

Carlos de Nesry, *Les Juifs du Maroc à l'heure du choix*, Tanger, 1958.

C.W. Newbury, « North African and Western Sudan Trade in the XIXth century : a reevaluation », *Journal of African History*, VII, 2, 1966), p. 233-246.

David Nordman, « Les expéditions de Moulay Hassan », *Hespéris-Tamuda*, XIX, 1980-1981, p. 123-152.

H.T. Norris, « Cheikh Ma al-'Aynayn al-Qalqmi in the folk-literature of Spanish Sahara », *Bulletin of the School of Oriental and African Studies*, XXXI, 1968, p. 113-136.

Ibn Fadl Allah al-'Omari, *Masalik al-Absar fi Mamalik al-Amsar*, trad. Maurice Gaudefroy-Demombynes, Paris, Geuthner, 1927.

Boussif Ouasti, *Une ambassade marocaine chez Louis-Philippe*, Rihlat al-Faqih Assafar ila Bariz 1845-6, 2002.

Duarte Pacheco Pereira, *Esmeraldo de situ orbis (Côte occidentale d'Afrique du Sud marocain au Gabon)*, trad. Raymond Mauny, 1956.

Louis Panet, « Relation d'un voyage du Sénégal à Souéra (Mogador) », *Revue coloniale*, II, 1850, p. 385-390.

Paul Paquignon, « Quelques documents sur la condition des Juifs au Maroc », *Revue du monde musulman*, IX, 1909.

Mungo Park,*Travels in the Interior Districts of Africa*, Londres, 1807.

P.V. Parsons, The Origins of the Moroccan Question, 1880-1900 », Londres, 1976.

Paul Pascon, « La maison d'Iligh », Annales ESC, XXXV, 1980, p. 700-729.

The Adventures of Thomas Pellow of Penryn Mariner, Londres, 1890.

C.R. Pennell, « Law, Order and the Formation of an Islamic Resistance to Colonialism : the Rif, 1921-1926 », *Revue d'histoire maghrébine*, XXI, 2, 1981, p. 23-39.

C.R. Pennell, *A Country with a Gouvernment and a Flag : The Rif War in Morocco*, Wishbeth, Mena Press, 1986.

C.R. Pennell, *Morocco since 1830 – A History*, Londres, Hurst and Company, 2000.

Henri Pérès, « La poésie à Fès sous les Almoravides et les Almohades », *Hespéris*, XVIII, 1934, p. 9-40.

François Pidou de Saint-Olon, *État présent de l'Empire de Maroc*, rééd. Paris, Mercure de France, 2002.

Christophe Picard, *La Mer et les Musulmans d'Occident au Moyen Âge*, Paris, PUF, 1997.

Présences et images franco-marocaines au temps du Protectorat, textes réunis et présentés par Jean-Claude Allain, Paris, L'Harmattan, 2003.

Muhammed al-Qadiri, *Nashr al-Mathani*, trad. A. Graulle et P. Maillard, Archives marocaines, XXI, 1913, XXIV, 1917.

Al-Rasa'il al-Sa'diyya, 1964.

Dr H.-P.-J. Renaud, « La peste de 1799 », *Hespéris*, I, 1921, p. 160-182.

Dr H.-P.-J. Renaud, « La peste de 1818 au Maroc », *Hespéris*, III, 1923, p. 13-35.

Robert Ricard, « Le commerce de Berbérie et l'organisation économique de l'empire portugais aux XVe et XVIe siècles », *Annales de l'Institut d'études orientales d'Alger*, II, 1936, p. 266-290.

Robert Ricard, *Études sur l'histoire des Portugais au Maroc*, Acta Universalis Coimbrigensis, 1955.

Daniel Rivet, *Lyautey et l'institution du protectorat français au Maroc*, Paris, L'Harmattan, 1988.

Daniel Rivet, *Le Maghreb à l'épreuve de la colonisation*, Paris, Hachette, 2002.

Daniel Rivet, *Le Maroc de Lyautey à Mohamed V*, Paris, Denoël, 1999.

Daniel Rivet, « Des réformes portées par des réformistes ? La parenthèse de 1944-1947 dans le protectorat français au Maroc », *Hespéris-Tamuda*, XXXIX, 2, 2001, p. 195-213.

Bernard Rosenberger, « Autour d'une grande mine d'argent du Moyen Âge marocain : le Jebel Aouam », *Hespéris-Tamuda*, V, 1964, p. 15-78.

Bernard Rosenberger, « Les vieilles exploitations minières et les centres métallurgiques du Maroc », *Revue de géographie du Maroc*, XVII-XVIII, 1970, p. 71-107, 59-102.

Bernard Rosenberger, « Tamdult, cité minière et caravanière pré-saharienne, IXe-XIVe siècle », *Revue de géographie du Maroc*, XI, 1970, p. 103-139.

Bernard Rosenberger, « Cultures complémentaires et nourritures de substitution au Maroc (XVe-XVIIIe siècles), Annales, 1980, p. 477-501.

Bernard Rosenberger et H. Triki, « Épidémies et famines au Maroc aux XVIe et XVIIe siècles », *Hespéris-Tamuda*, 1973, p. 109-175 ; (1974), p. 5-103.

'Abd al-Rahman Al-Sa'di, *Ta'rikh al-Sudan*, trad. O. Houdas, Paris, Adrien-Maisonneuve, 1964.

Maurice Sartre, *D'Alexandre à Zénobie. Histoire du Levant Antique, IVe siècle av. J.-C.-IIIe siècle apr. J.-C.*, Paris, Fayard, 2001.

Daniel J. Schroter, *Merchants of Essaouira, Urban Society and Imperialism in Southwestern Morocco, 1844-1886*,Cambridge University Press, 1988.

Daniel J. Schroeter, *The Sultan's Jew. Morocco and the Sephardi World*, Stanford University Press, 2002.

Maya Shatzmiller, « Islam de campagne et islam de ville : le facteur religieux à l'avènement des Mérinides », *Studia Islamica*, 1979, p. 123-136.

Maya Shatzmiller, *L'Historiographie mérinide. Ibn Khaldun et ses contemporains*, Leyde, E.J. Bril, 1982.

Brent D. Shaw, *Rulers, Nomads, and Christians in Roman North Africa*, Variorum, 1995.

Marcel Simon, *Recherches d'histoire judéo-chrétienne*, Paris-La Haye, Mouton & Co, 1962.

Stephen Smith, *Oufkir, un destin marocain*, Paris, Hachette Littératures, « Pluriel », 2002.

Les Sources inédites de l'histoire du Maroc, 1re et 2e série éditées par H. de Castries, P. de Cénival, D. Lopès, Ch. de La Véronne, Rabat.

Charles E. Stewart, *The Economy of Morocco, 1912-1963*, Harvard University Press, 1964.

Muhammad Mukhtar al-Susi, *Al-Ma'sul*, 1960.

Muhammad Mukhtar al-Susi, *Iligh, qadiman wa-hadithan*, Rabat, 1966.

Tadhkirat al-Nisyan fi Akhbar Muluk al-Sudan, trad. Houdas, Paris, Adrien-Maisonneuve, 1966.

Mohamed Talbi, « Un nouveau fragment de l'histoire de l'Occident musulman (62-196./682-812). L'épopée d'al-Kahina », *Cahiers de Tunisie*, XIX, 1971, p. 19-52.

Mohamed Talbi, « Hérésie, acculturation et nationalisme des Berbères barghawata », *Actes du premier congrès d'études des cultures méditerranéennes d'influence arabo-berbère*, Alger, 1973, p. 217-233.

Abu al-Hassan 'Ali b. Mohamed al-Tamgruti, *Al-Nafha al-Miskiya fi Sifarat al-Turkiya, Relation d'une ambassade marocaine en Turquie (1589-1591)*, traduite et annotée par H. de Castries, Paris, 1929.

A.J.P. Taylor, « British Policy in Morocco, 1886-1902 », *The English Historical Review*, LXVI, 1951, p. 342-374.

Henri Terrasse, *L'Art hispano-mauresque des origines au* XIIIe *siècle*, Paris, 1932.

Henri Terrasse, *Histoire du Maroc des origines à l'établissement du Protectorat français*, Casablanca, 1949-1950.

Arnaud Teyssier, *Lyautey*, Paris, Perrin, 2004.

A. Texiera da Moto, « Un document nouveau pour l'histoire des Peul du Sénégal », *Bol. Cul. da Gine Portuguese*, XXIV, 1965.

Jérôme et Jean Tharaud, *Marrakech ou les seigneurs de l'Atlas*, 1920.

Jérôme et Jean Tharaud, *Rabat et les heures marocaines*, 1921.

Diego de Torres, *Histoire des Chérifs et des royaumes de Maroc, Fez, de Tarudant et autres provinces*, trad. par le duc d'Angoulême, 1667.

Mohamed Tozy, *Monarchie et Islam politique au Maroc*, Paris, Presses de Sciences Po, 1999.

Jean-François Troin (dir.), *Maroc. Régions, pays, territoires*, Paris, Maisonneuve et Larose, 2002.

Claude Vainstein, *Judeopostale, timbres, lettres, courrier*, Paris, Biro éditeur, 2007.

Georges Vajda, « Un recueil de textes historiques judéo-marocains », *Hespéris*, XXXV, 1948, p. 311-358 ; XXXVI (1949), p. 139-188.

Lucette Valensi, *Le Maghreb avant la prise d'Alger (1790-1830)*, Paris, Flammarion, 1969.

Lucette Valensi, *Fables de la Mémoire. La glorieuse bataille des Trois Rois*, Paris, Le Seuil, 1992.

Pierre Vermeren, *Le Maroc en transition*, Paris, La Découverte, 2001.

Pierre Vermeren, *Histoire du Maroc depuis l'indépendance*, Paris, La Découverte, 2006.

Victor de Vita, *Histoire de la persécution vandale en Afrique*, Paris, Les Belles Lettres, 2002.

John Waterbury, *The Commander of the Faithful*, Londres, Weindelfeld and Nicholson, 1970.

Jerome B. Weiner, « The Green March in Historical Perspective », *The Middle East March*, XXXIII, 1, 1979, p. 20-31.

F. Weisgerber, *Au seuil du Maroc moderne*, Rabat, 1947.

T.S. Willan, *Studies in Elizabethan Foreign Trade*, Manchester University Press,1959.

Jean Wolf, *Maroc : la vérité sur le protectorat franco-espagnol – L'épopée d'Abd El Khaleq Torrès*, Paris, Balland, 1994.

Dahiru Yahya, *Morocco in the Sixteenth Century : Problems and Patterns in African Foreign Policy*, 1981.

Mohamed Yakhlef, « Répercussions politiques à Fès des événements de Meknès du 2 septembre 1937 », *Hespéris-Tamuda*, XXXIII, 1995, p. 57-70.

Souad al-Yamani, *Production et Exportation du sucre marocain du* XI*e au* XVII*e siècle*, thèse de doctorat, université Paris-I-Panthéon-Sorbonne, 1995.

Ahmed b. Abi Ya'qub b. Ja'far b. Wahb (al-Ya'qubi), *Kitab ak-Buldan*, éd. M.J. de Goeje, Leyde, 1892.

Haim Zafrani, *Mille ans de vie juive au Maroc*, Paris, Maisonneuve et Larose, 1983.

'Abd al-Qasim b. Ahamd Al-Zayyani, *Al-Turjuman al-Mu'rib 'an Duwal al-Mashriq wa-l-Maghrib*, trad. O. Houdas, E. Leroux, 1886.

Al-Zayyani, « Histoire de la dynastie sa'dide », trad. R. Le Tourneau, *Revue de l'Occident musulman et de la Méditerranée*, XXIII-XXIV, 1977.

Malika Zeghal, *Les Islamistes marocains : le défi à la monarchie*, Paris, La Découverte, 2005.

Brahim Zerouki, *L'Imamat de Tahart – Premier État musulman du Maghreb (144-296 de l'hégire)*, Paris, L'Harmattan, 1987.

Daniel Zisenwine, *The Emergence of the Moroccan Istiqlal Party, 1942-1953*, thèse de doctorat, Tel-Aviv University, 2003.

CARTES

LE MAROC PRÉ-ROMAIN

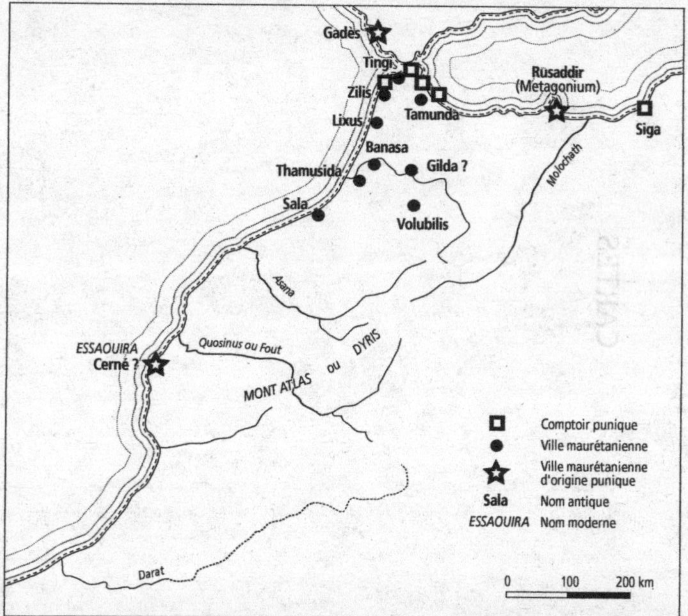

LA MAURÉTANIE TINGITANE

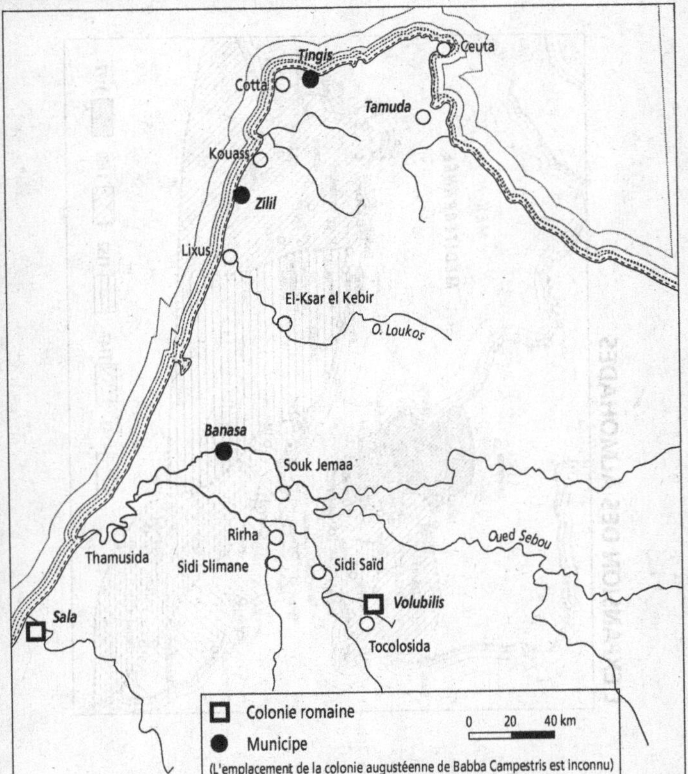

L'EXPANSION DES ALMOHADES

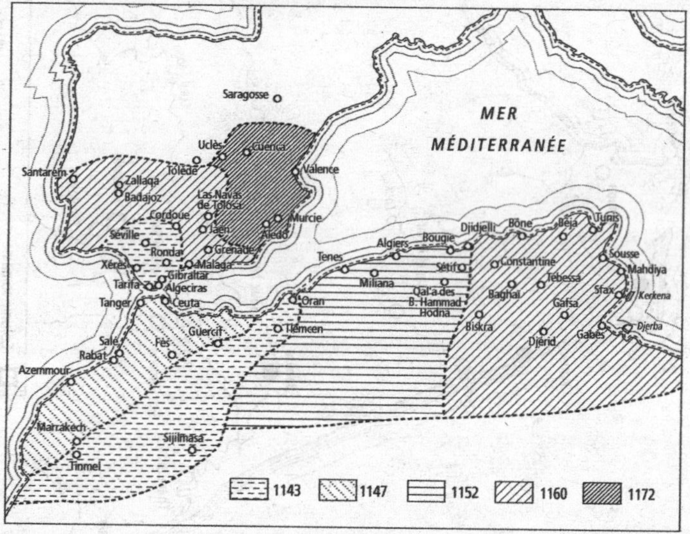

LE MAROC EN 1660

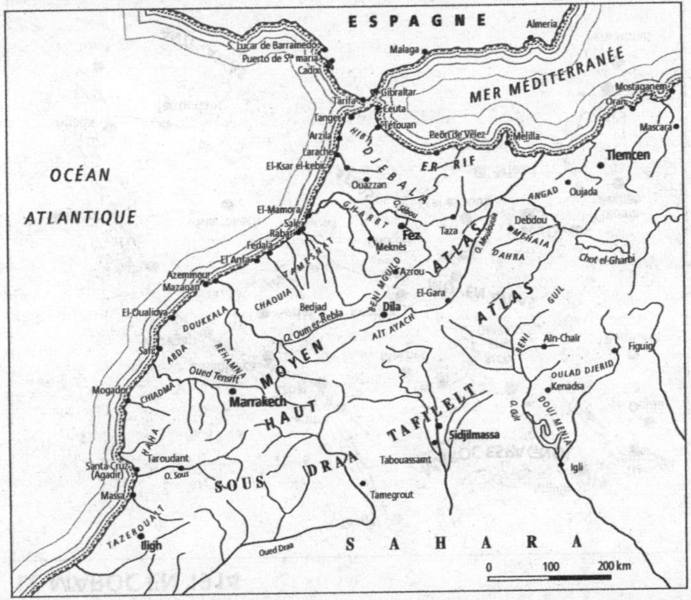

LE MAROC EN 1914

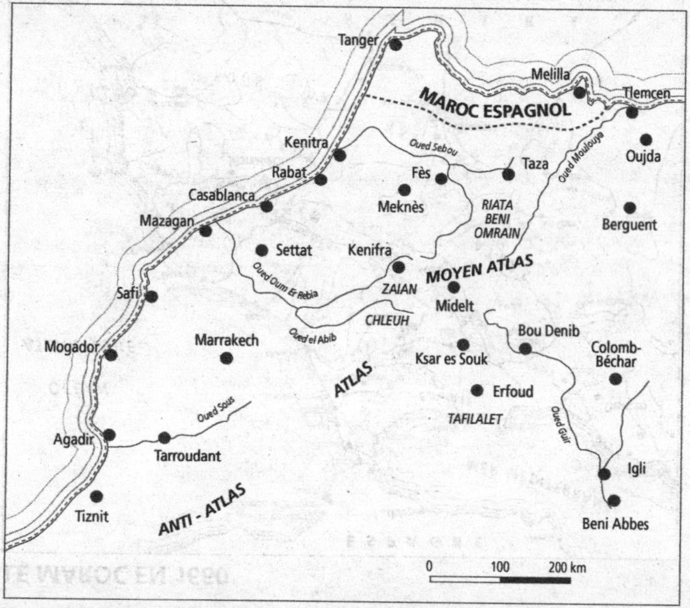

LE MAROC

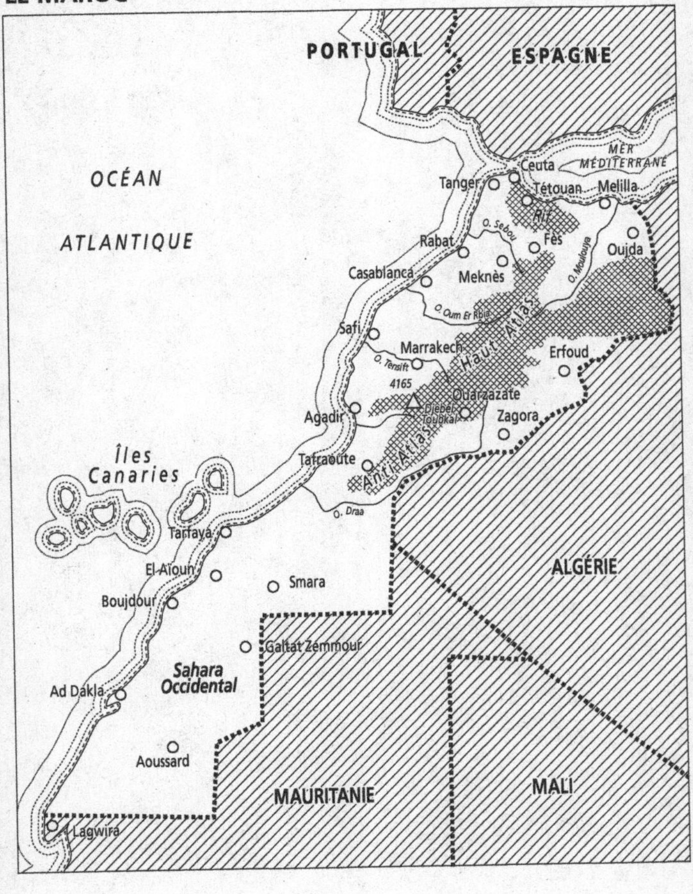
PORTUGAL
ESPAGNE
MER MÉDITERRANÉE
OCÉAN ATLANTIQUE
Ceuta
Tanger
Tétouan
Melilla
Rif
O. Sebou
Rabat
Fès
O. Moulouya
Oujda
Casablanca
Meknès
O. Oum Er Rbia
Safi
Marrakech
Haut Atlas
Erfoud
O. Tensift
4165
Djebel Toubkal
Ouarzazate
Agadir
Zagora
Anti Atlas
Tafraoute
Îles Canaries
O. Draa
Tarfaya
ALGÉRIE
El-Aïoun
Smara
Boujdour
Galtat Zemmour
Sahara Occidental
Ad Dakla
Aoussard
MAURITANIE
MALI
Lagwira

Index général

TABLE

PREMIÈRE PARTIE
DE L'ANTIQUITÉ À LA CONQUÊTE ARABE

DEUXIÈME PARTIE
L'ÈRE DES GRANDS EMPIRES BERBÈRES

TROISIÈME PARTIE

LE TEMPS DES CHÉRIFS

QUATRIÈME PARTIE

FACE À L'EUROPE

CINQUIÈME PARTIE

LE MAROC À L'HEURE FRANÇAISE

collection tempus
Perrin

DÉJÀ PARU

480. *La vie des Huns* – Marcel Brion.
481. *Histoire de Belgrade* – Jean-Christophe Buisson.
482. *Allemagne IIIe Reich* – Mathilde Aycard, Pierre Vallaud.
483. *Le Moyen Age, ombres et lumières* – Jean Verdon.
484. *La saga des Habsbourg* – Jean des Cars.
485. *Aimé Césaire* – Romuald Fonkoua.
486. *L'art du commandement* – John Keegan.
487. *L'histoire des papes, de 1789 à nos jours* – Bernard Lecomte.
488. *Vercingétorix* – Paul M. Martin.
489. *Le défilé des réfractaires* – Bruno de Cessole.
490. *Hitler parle à ses généraux* (prés. Helmut Heiber).
491. *Hermann Goering* – François Kersaudy.
492. *L'affaire des Poisons* – Jean-Christian Petitfils.
493. *Les trente glorieuses chinoises* – Caroline Puel.
494. *La résistance allemande à Hitler* – Joachim Fest.
495. *Histoire des auteurs* – Isabelle Diu, Elisabeth Parinet.
496. *Madame du Barry* – Jacques de Saint Victor.
497. *Dominique de Roux* – Jean-Luc Barré.
498. *Thierry Maulnier* – Étienne de Montety.
499. *Tocqueville* – Jean-Louis Benoît.
500. *Combattant de la France Libre* – Jean-Mathieu Boris.
501. *Himmler*, tome I, *1900-septembre 1939* – Peter Longerich.
502. *Himmler*, tome II, *septembre 1939-mai 1945* – Peter Longerich.
503. *Portraits-souvenirs* – Alain Duhamel.
504. *Le complexe de l'autruche* – Pierre Servent.
505. *L'abbé Mugnier* – Ghislain de Diesbach.
506. *Le Prince* – Nicolas Machiavel.
507. *La traque d'Eichmann* – Neal Bascomb.
508. *Churchill et Hitler* – François Delpla.
509. *Histoire de la Corse et des Corses* – Jean-Marie Arrighi, Olivier Jehasse.
510. *De la guerre en Amérique* – Thomas Rabino.
511. *Histoire du Japon médiéval* – Pierre-François Souyri.

512. *1492, un monde nouveau ?* – Bartolomé et Lucile Bennassar.
513. *Napléon et la guerre d'Espagne* – Jean-Joël Brégeon.
514. *Bismarck* – Jean-Paul Bled.
515. *La Lorraine des ducs* – Henry Bogdan.
516. *Morts pour Vichy* – Alain Decaux.
517. *La duchesse de Chevreuse* – Denis Tillinac.
518. *Histoire intellectuelle des droites* – François Huguenin.
519. *Les crimes de la Wehrmacht* – Wolfram Wette.
520. *L'exode* – Éric Alary.
521. *Les soldats de la honte* – Jean-Yves Le Naour.
522. *Histoire des États-Unis,* tome I, *L'ascension, 1865-1974* – Pierre Melandri.
523. *Histoire des États-Unis,* tome II, *Le déclin ?, Depuis 1974* – Pierre Melandri.
524. *Talleyrand* – Louis Madelin.
525. *Histoire des murs* – Claude Quétel.
526. *Les miscellanées d'un Gallo-Romain* – Lucien Jerphagnon.
527. *Anne de Bretagne* – Philippe Tourault.
528. *Charlemagne* – Georges Minois.
529. *Diên Biên Phu* – Pierre Pellissier.
530. *La dernière chance* – Yves-Marie Bercé.
531. *À la recherche du temps sacré* – Jacques Le Goff.
532. *Les Hohenzollern* – Henry Bogdan.
533. *Paris révolutionnaire* – G. Lenôtre.
534. *L'homme Napoléon* – Louis Chardigny.
535. *Hitler chef de guerre* – Philippe Masson.
536. *Histoire du Consulat et de l'Empire* – Jean-Paul Bertaud.
537. *Hitler et le Vatican* – Peter Godman.
538. *Souvenirs de la campagne de France* – Baron Fain.
539. *Les derniers secrets du Vatican* – Bernard Lecomte.
540. *Dictionnaire des fascismes et du nazisme,* tome I, *A-M* – Serge Berstein, Pierre Milza.
541. *Dictionnaire des fascismes et du nazisme,* tome II, *N-Z* – Serge Berstein, Pierre Milza.
542. *Ciano* – Michel Ostenc.
543. *Histoire de la marine allemande* – François-Emmanuel Brézet.
544. *Kang Sheng* – Roger Faligot, Rémi Kauffer.
545. *Histoire du Maroc* – Michel Abitbol.

Achevé d'imprimer par
Normandie Roto Impression s.a.s.
61250 Lonrai
N° d'impression : 2405750
Dépôt légal : avril 2014

Imprimé en France